글로벌연구

이슈와 쟁점

INTRODUCTION TO GLOBAL STUDIES

John McCormick 지음
김계동·김동성·김현경 옮김

명인문화사

글로벌연구: 이슈와 쟁점

제1쇄 펴낸 날 2023년 2월 24일

지은이 John McCormick
옮긴이 김계동, 김동성, 김현경
펴낸이 박선영
주 간 김계동
디자인 전수연
교 정 김유원

펴낸곳 명인문화사
등 록 제2005-77호(2005.11.10)
주 소 서울시 송파구 백제고분로 36가길 15 미주빌딩 202호
이메일 myunginbooks@hanmail.net
전 화 02)416-3059
팩 스 02)417-3095

ISBN 979-11-6193-064-0
가 격 31,000원

Introduction to Global Studies, 2nd Edition
John McCormick

간략목차

세부목차

도해목차

북과 남 비교

글로벌과 로컬

최근 논쟁

연표

도표

표

지도

각 장의 개요

1장 글로벌시스템의 등장과 발전

이 장은 글로벌시스템의 등장과 발전을 이해할 수 있는 역사적 맥락을 제공한다. 이는 대체로 근대 세계가 서양에 뿌리를 두고 있다는 점에 대한 검토에서 시작하여, 탐험, 식민지화, 산업화, 제국주의를 통한 유럽 영향의 확산을 살펴본다. 그리고 나서 이 장은 두 개의 세계대전, 유럽 제국의 종말, 냉전이 글로벌리즘과 글로벌 아이디어에 미치는 영향을 살펴본다. 그리고 세계화의 의미와 효과에 대한 토론을 통해 오늘날 글로벌시스템 형성의 핵심에 놓여 있는 9가지 주요 추세에 대해 검토를 한다.

2장 인구와 자원

이 장은 인류 인구의 추세와 그것이 천연자원과 맺는 관계를 살펴보는 한편 글로벌시스템의 형성에 영향을 미치는(또는 글로벌시스템의 영향을 받는) 주요 인구학적 경향에도 주목한다. 이 장은 주요 인구변화에 대한 평가로 시작하여 도시화의 원인과 결과를 집중적으로 들여다본다. 이 장은 이어, 점점 늘어나는 인류 인구를 먹여 살리는 것이 양의 문제라기보다는 질의 문제라는 인식 아래 관련 난제들을 살펴본다. 이 장은 에너지, 숲, 대양의 사례들을 중심으로 해당 천연자원이 어떻게 사용되고(또는 오용되고) 있는지에 대한 검토로 마무리를 짓는다.

3장 과학과 기술

이 장은 과학과 기술이 만나는 지점에 초점을 두고 있다. 먼저 과학의 뜻, 과학적 이해의 진전의 함의 및 과학부정에 관한 논의로 시작한다. 그리고 기술로 넘어가 기술이 어떤 방식으로 변화했는지, 그리고 기술이 글로벌시스템의 동학에 어떤 영향을 미쳤는지를 개괄한다. 다음으로는 디지털혁명의 동학과 영향에 대해 살펴보고, 기술발전의 효과를 보여주는 두 가지 사례인 정보통신시스템의 변화와 해외여행과 관광을 촉진하는 기술의 역할에 관해 설명한다.

4장 국가와 정부

우리는 국가의 특성과 변화하는 성격을 충분히 인식하지 않고서는 글로벌시스템을 완전히 이해할 수 없다. 이 장은 국가의 주요 특징들에 대한 조사로 시작하여, 국가의 책임과 시민권의 의미를 검토하고, 1945년 이후 국가시스템이 전 세계적으로 확산된 것을 강조하면서 국가의 진화를 살펴본다. 이 장은 이어 민족 그리고 민족이 국가와 어떻게 다른지를 들여다보고, 정부의 성격과 역할에 대해 논의하고, 민주주의 국가와 권위주의 국가를 비교한다. 이 장은 '국가시스템이 쇠퇴하고 있다, 강화되고 있다, 단순히 형태만 변하고 있다'라는 여러 주장을 대조하면서, 국가시스템의 미래를 검토하는 것으로 끝을 맺는다.

5장 정체성과 문화

이 장의 키워드는 정체성이다. 정체성은 우리가 누구인지를 결정하고, 우리를 남들과 다르게 하고, 우리의 세계관에 영향을 미치는 특성들을 의미한다. 이 장은 정체성 일반의 의미 그리고 글로벌연구에서 국가정체성이 차지하는 위치에 대한 논의로 시작된다. 그 후, 애국주의, 세계주의, 민족주의가 갖고 있는 상호 대조적인 시각들을 살펴보고, 문화 그리고 글로벌문화와 문명에 대한 이해로 초점을 돌린다. 이 장은 이어, 인종과 민족을 둘러싼 어려운 질문들을 들여다보고, 정체성, 젠더, 종교 간의 연결고리에 대한 평가로 끝을 맺는다.

6장 글로벌거버넌스

이 장의 초점은 글로벌거버넌스 시스템의 구조와 변천에 있다. 우선 국제법의 본질을 들여다보고, 국제조약이 어떻게 개발되고 이행되는지를 살펴본다. 그런 다음 국제기구의 활동을 살펴보고, 유엔과 같은 정부간기구의 구조와 목표를 검토한 이후, 국제비정부기구, 다국적기업, 종교단체, 법 밖에서 활동하는 사람들과 같은 비국가행위자들의 활동을 살펴본다. 이 장은 지역통합, 그리고 글로벌시스템에서 지역통합의 특별한 역할에 대한 연구로 끝난다.

7장 인권

이 장은 인권에 초점을 두고 있다. 먼저 세계인권선언에 대한 개요, 그리고 인권이 어떻게 정의되고 이해되는지에 관한 논의로 시작한다. 그리고 인권의 진화와 확대에 대한 논의를, 노예제 문제에서 시작해 성소수자권리와 세대 간 권리에 관해 대두되고 있는 관점들에 이르기까지의 이야기를 추적하며 전개한다. 뒤이어 일련의 조약, 유엔 기구들, 국제재판소, 그리고 국제비정부기구에 기초해 글로벌인권레짐의 구성요소에 대해 개괄한다. 이 장은 여성의 권리와 그것이 제공하는 통찰에 대해 논의하는 것으로 끝을 맺는다.

8장 전쟁, 평화, 그리고 안보

이 장의 키워드는 안보다. 국제분쟁에 대한 핵심적 이론의 설명에 주목하면서, 전쟁의 의미, 유형, 원인에 대한 논의로 시작한다. 그런 다음 전쟁의 부재(소극적 평화)와 적극적 평화를 유지하기 위한 노력 사이의 차이점, 그리고 평화를 위해 필요한 조건들에 대해 언급하면서 평화의 특성을 논한다. 이어 평화유지 및 집단안보에 초점을 맞추면서 글로벌안보레짐의 구조를 살펴본다. 이 장은 테러리즘의 의미와 원인, 그리고 테러리즘이 야기하는 위협의 최근 동향에 대한 검토로 끝맺음을 한다.

9장 글로벌경제

이 장은 글로벌경제에 대한 개괄을 제공한다. 우선 경제를 측정, 비교, 이해하는 다양한 방식에 대한 검토로 시작한다. 그리고 북과 남 간의 균형의 변화, 발전에 관한 논쟁, 브릭스의 등장, 글로벌금융위기의 여파, 코로나19 팬데믹 등 변화하는 글로벌경제의 모습을 살펴본다. 이어 글로벌금융레짐의 특징을 논의한 후 부와 빈곤의 결과를 대조하고 빈곤과 불평등에 대응하거나 간과하는 몇 가지 방식에 대해 살펴본다.

10장 무역

이 장은 제9장의 논의에 기초해 무역에 대해 살펴본다. 글로벌무역의 전반적 현황 및 최근 급성장한 무역량에 대한 개괄로 시작한다. 그리고 1945년 이후 글로벌무역시스템에 일어난 변화를 알아보고 글로벌무역레짐의 속성을 세계무역기구의 역할을 중심으로 살펴본다. 다음으로 이 장은 자유무역의 사례 및 국가 간 상이한 무역협력의 수준을 논의한다. 무역에 기인하는 불평등의 원인과 결과에 대해 살피는 것으로 이 장은 마친다.

11장 이주

이 장에서는 글로벌 문제에서 가장 오래된 이슈 중의 하나를 살펴본다. 이 장은 이주와 관련한 여러 측면의 변화에 대한 검토로부터 시작하여 이주의 유형과 패턴 그리고 이주자의 주요 출신지와 목적지를 살펴본다. 그런 다음 이주의 원인을 들여다보고 난민이라는 구체적인 문제를 살펴본다. 이어 국제 비정부기구들이 핵심적인 역할을 하는 글로벌이주레짐을 평가한다. 이 장은 이주에 대한 논쟁을 개관하고, 이주에 대한 유럽, 미국, 중동의 접근 방식과 태도를 비교하는 것으로 끝을 맺는다.

12장 보건과 질병

이 장은 글로벌 수준의 보건에 초점을 두고 있다. 먼저 글로벌보건의 현황에 대한 개괄로 시작해 공적이고 보편적인 보건의료시스템들을 비교하면서 변화하는 글로벌보건의료의 상황을 살펴본다. 그리고 세계보건기구와 다른 유엔 기구 및 주요 국제 비정부기구들의 역할에 초점을 맞춰 글로벌보건레짐을 살펴보고, 보건에 초점을 둔 몇 개의 국제 조약을 살펴본다. 이 장의 나머지 부분은 전염병 문제와 코로나19의 원인 및 잠재적 결과에 관한 사례 연구를 다룬다.

13장 글로벌환경

이 장에서는 환경을 글로벌이슈 차원에서 살펴본다. 이 장은 환경보호주의의 본질, 환경에 미치는 인간 행동의 영향, 환경문제에 대한 우리의 관점 변화에 대한 개관으로 시작한다. 이어 글로벌환경레짐, 환경 관련 주요 기관들, 그리고 국제환경법의 주안점과 그 효과를 들여다본다. 이 장은 두 개의 이슈에 대한 논의로 끝을 맺는다. 즉, 이 장은 생물다양성이 직면하고 있는 위협 그리고 기후변화라는 궁극적인 글로벌 위협의 원인과 결과를 검토하고, 이에 대한 대응 수립에 영향을 미치는 정치적, 경제적, 사회적 주장들을 논의한다.

약어

BCE(Before the Common Era) 기원전

BRIC(Brazil, Russia, India, and China[or BRICS if South Africa is added]) 브릭(남아프리카공화국을 추가하여 브릭스)

EU(European Union) 유럽연합

FAO(Food and Agricultural Organization of the United Nations) 유엔 식량농업기구

FTA(free trade agreement) 자유무역협정

G7(Group of 7) G7

G20(Group of 20) G20

G77(Group of 77) G77

GATT(General Agreement on Tariffs and Trade) 관세 및 무역에 관한 일반협정

GDP(gross domestic product) 국내총생산

GHG(greenhouse gases) 온실가스

HIPPO(habitat destruction, invasive species, pollution, population, overharvesting) 서식지 파괴, 침입종, 오염, 인구, 과도한 수확

HIV/AIDS(human immunodeficiency virus/acquired immunodeficiency syndrome) 인체면역결핍바이러스/에이즈

ICC(International Criminal Court) 국제형사재판소

IGO(intergovernmental organization) 정부간기구

ILO(International Labour Organization) 국제노동기구

IMF(International Monetary Fund) 국제통화기금

INGO(nternational non-governmental organization) 국제비정부기구

IO(international organization) 국제기구

IPCC(Intergovernmental Panel on Climate Change) 기후변화에 관한 정부간 협의체

IR (international relations) 국제관계

LGBTQ+(lesbian, gay, bisexual, transgender, queer [or questioning] and others) 성소수자

MDG(Millennium Development Goal) 새천년개발목표

MNE(multinational enterprise) 다국적기업

NATO(North Atlantic Treaty Organization) 북대서양조약기구
NGO(non-governmental organization) 비정부기구
OECD(Organization for Economic Cooperation and Development) 경제협력개발기구
SARS(Severe Acute Respiratory Syndrome) 중증급성호흡기증후군(사스)
SDG(Sustainable Development Goal) 지속가능 발전 목표
UDHR(Universal Declaration of Human Rights) 세계인권선언
UN(United Nations) 국제연합
UNDP(United Nations Development Programme) 유엔개발계획
UNEP(United Nations Environment Programme) 유엔환경계획
UNESCO(United Nations Educational, Scientific and Cultural Organization) 유엔 교육·과학·문화기구
UNHCR(United Nations High Commissioner for Refugees) 유엔 난민고등판무관실
WFP(World Food Programme) 유엔세계식량계획
WHO(World Health Organization) 세계보건기구
WTO(World Trade Organization) 세계무역기구

역자서문

냉전이 종식된 이후, 과거의 안보개념이 군사에서 경제, 인권, 환경 등 다양한 분야로 확대되면서, 지금 출판하는 『글로벌연구: 이슈와 쟁점』과 유사한 책들이 다양하게 출판되었고, 명인문화사에서도 몇 가지 서적을 발행한 바 있다. 그런데 이 책을 추가로 번역 출판하는 이유는 이 책이 가장 최신의 관련서적이고, 따라서 가장 최근의 코로나19 팬데믹에 대해서 포괄적으로 다루기 때문이다. 이 책의 제12장인 '보건과 질병'에서 코로나19를 심층적으로 다룰뿐더러 다른 장들에서도 코로나19가 지구상의 모든 일상에 미치는 영향, 그리고 정부, 비정부기구, 국제기구가 팬데믹에 대처해야 하는 문제까지 다루고 있다. 앞으로 이러한 유형의 감염병이 재발될 수 있다는 전문가들의 경고에 대해서 우리가 어떻게 대처해야 하는지에 대해서 과제를 안겨주는 내용이 포괄적으로 다루어지고 있다.

이 책을 선정하여 번역하는 과정에서 본 번역자와 명인문화사 대표가 깊은 고민에 빠진 적이 있다. 그것은 이 책의 재목에 포함되어 있는 'Global Studies'를 어떻게 번역하는가에 대한 것이었다. 우리는 통상 어떤 전문분야 뒤에 study가 붙어 있으면 **학으로 번역한다. 예를 들어, International Studies는 '국제학'으로, Historical Studies는 '역사학'으로 번역한다. 당연히 Global Studies도 '글로벌학'으로 번역해야 한다고 생각했다. 그런데 우리 사회나 학계에서 '글로벌학'이 현재 통용되는 학문 이름인가 고민을 했다. 거의 통용되지 않는 이름을 써서 관심을 끌지 못할 우려가 상업적 마인드에서 생겨났다. 결국 타협점으로 일단 이번에는 큰 무리없는 '글로벌연구'로 하고, 다음에 이런 책을 번역할 때는 '글로벌학'으로 하기로 결정했다. 보통 복합명사는 두 단어 사이를 띄어쓰는 것이 원칙이나, 글로벌이 앞에 나오는 대부분의 경우에 단일명사로 생각하여 붙이기로 했다. 따라서 이 책의 모든 글로벌이 앞서는 명사는 대부분 붙여 쓰기로 했다. 이렇게 단일명사화 하는 것이 '글로벌학'을 정착시키는 첫 단계가 아닌가 생각한다.

앞서 언급한 주제의 시의성과 포괄성이라는 이 책의 강점 이외에도 이 책의 저자인 맥코믹(John McCormick)의 학문적 뛰어남과 글에서 묻어나는 아이디어와 지식이 이 책을 번역 출간하게 되는 결정적 동기가 되었다. 본 역자는 과거 『현대유럽정치론: 정치의 통합과 통합의 정치』라는 책을 집필할 때, 그리고 유럽통합에 대한 강의 및 발표를 할 때 존 맥코믹의 유럽통합에 관한 저서와 논문들로부터 많은 영감과 지식을 전수받을 수 있었다. 그는 유럽통합과 더불어 영국정치 등 비교정치의 전문학자이기도 하다. 최근 본 역자는 맥코믹이 두 명의 다른 저자와 공동집필한 *Comparative Government and Politics*, 12th를 공동번역하고 있다. 다양한 측면에서 맥코믹은 최근 세계에서 가장 활발한 정치학자 중의 한 명으로 꼽히고 있다.

이와 같은 세계적 석학이 집필한 서적을 한국에서 출판이 이루어지기까지는 많은 분들의 노력과 헌신이 있었다. 우선 글로벌이슈 관련 다른 서적이 있음에도 불구하고 이 책의 우수성을 인정하고 아끼지 않고 판권을 구입하여 준 박선영 대표의 공이 크다. 김동성, 김현경 두 공동번역진은 번역이 처음인데도 탁월한 전문적 지식과 능숙한 어학능력을 바탕으로 원문의 의미를 전혀 훼손시키지 않으면서 가독성이 높은 수준의 번역을 해 냈다. 이 책은 특히 저자의 의도를 독자들에게 전달하기 위하여 표, 도표, 글상자 등 요소들이 많은 데에도 하나의 오차 없이 편집을 한 명인문화사의 전수연 편집 디자이너도 이 책이 고품질로 출판되는 데 큰 공헌을 했다.

2023년 2월 10일
번역진 대표 김계동

서론

2020년 초 중국에서 신종 코로나바이러스가 등장했으며, 바로 코로나19(Covid-19)로 명명 되었다. 코로나19는 놀라운 속도로 퍼져나가 전 세계 수백만 명을 감염시켜 수십만 명의 생명을 앗아갔고, 많은 인류에게 장기간의 건강 문제를 안게 만들었다. 인류가 이러한 종류의 팬데믹을 처음 경험한 것은 아니다. 약 1세기 전에 인류는 스페인독감으로 불리는 악성 독감에 집단으로 감염되었고, 이로 인해 5,000만 명에서 1억 명이 사망했다.

두 팬데믹 사이의 주요 차이점 중 하나는 1918년 초 스페인독감의 발생은 보도가 제한되었다는 점인데, 그 이유는 전시 언론의 검열 때문이었고, 전쟁 중인 나라들 사이에 팬데믹의 전파를 인정하면 사기를 떨어뜨리고 약하게 보이게 하며 적국의 군사공격을 고무할 것이라는 우려 때문이었다. 당시에는 글로벌 문제, 그리고 공동 대처를 필요로 하는 공동 문제에 대한 감각이 거의 없었다. 코로나19로 인해 글로벌 연결의 필요성과 함의는 명백해졌고, 감염병에 대한 뉴스가 들불처럼 퍼져 나갔으며, 대부분의 정부들은 즉각적으로 조치를 취하기 시작했으며, 백신을 개발하기 위해서 과학자들이 동원되었으며, 국경이 통제되거나 심지어는 폐쇄되기도 했으며, 공통의 도전에 대해서 글로벌공동체의 모든 부분은 결속되었다.

코로나19는 우리가 글로벌공동체 내에 살고 있다는 점을 상기시켜 주었다. 우리는 이를 항상 기억하지 못하고, 우리는 넓은 세계에서 발생하는 사건들을 종종 인지하지 못하며, 많은 사람들이 직접적이고 눈에 보이는 것 이외의 바깥세상에 대한 관념을 거의 가지지 않고 자신의 일상 업무에 종사한다. 그러나 현실은 우리의 삶이 일상적으로 글로벌 차원의 압력과 영향에 의해 유지되고 형성된다는 것이다. 코로나19의 이야기는 이러한 연관성을 강력하게 상기시켜주었다. 이 경우는 질병을 통해서였지만, 우리는 또한 정치, 경제, 사회, 기술, 그리고 환경을 통해서도 직간접적으로 연결되어 세상을 더 작은 곳으로 만들고 있다.

이러한 연결고리가 글로벌연구의 핵심이다. 다음 장들에서 이 연결의 다양한 측면을 살펴볼 때 우리는 많은 질문을 할 것이다. 이러한 연결들은 어떻게 진화했을까? 그것들은 어떻게 형성되고 영향을 받는가? 그것들은 좋은가, 나쁜가, 아니면 둘의 혼합인가? 그것들은 우리를 결속시키나, 분열시키는가? 그것들이 어떻게 우리의 삶을 바꿔 놓았을까? 세계화와 글로벌시스템은 정확히 무엇인가? 그것들은 우리의 정체성, 우리의 직업, 우리의 사회, 우리의 정부, 그리고 우리의 시장에 무엇을 의미할까? 그러나 이 작업을 수행하기 전에 몇 가지 핵심 개념의 의미를 명확히 해야 한다.

글로벌연구는 무엇인가?

중국의 철학자 공자는 지혜의 시작은 사물을 올바른 이름으로 부르는 것이라고 말한 것으로 유명하다. 공자가 그런 말을 했든 아니든, 우리가 사물을 묘사하기 위해 사용하는 용어의 의미에 동의하지 않는 한 우리 주변의 세계를 이해하는 것은 확실히 어렵다. 반면 사회과학과 인문과학에서는 용어와 아이디어가 종종 해석에 의존하기 때문에 보다 유동적이고, 정의를 내리는 사람들의 다른 관점에 따라 논쟁이 발생한다. 우리는 이에 대한 많은 사례를 다음 장들에서 다룰 것이다. 이 문제는 "내가 어떤 단어를 사용할 때 … 그것은 내가 선택한 의미, 그 이상도 이하도 아니다"라는 『거울 나라의 엘리스』에 나오는 험프티 덤프티(Humpty Dumpty)의 주장을 떠올리게 한다.

하나의 주제로서, 글로벌연구(global studies)는 불확실성, 유동성, 부정확성으로 인해 어려움을 겪고 있다. 글로벌연구의 지적 뿌리는 길고 깊을 수 있지만, 뚜렷한 연구 분야로 확립되는 시기는 새천년의 시작으로 거슬러 올라가는데, 이는 글로벌연구의 내용과 개요에 대한 우리의 이해가 여전히 진화하고 있다는 점을 의미한다. 문제를 복잡하게 만드는 것은, 글로벌연구가 많은 상이한 주제와 아이디어들로 구성되어 있으며, 우리의 이해는 시대, 그리고 그 주제를 평가하는 사람들의 관점에 따라 변한다는 점이다. 문제를 더욱 복잡하게 만드는 것은, 글로벌연구는 네 가지 다른 개념과 쉽게 혼동이 되는데, 이들은 서로 연계되어야 할 분야들이다.

첫째, 말 그대로 둘 또는 그 이상의 국가 사이의 상호작용과 이들 국가가 공유하거나 공통성을 가지는 것과 관련된 **국제연구(international studies)**가 있다. 실제로, 국제연구는 국가를 넘어서 사람, 기관, 과정, 커뮤니티 및 그룹의 국경 간 상호 작용에 관심을 가진다. 경제, 인권, 의료, 보안, 환경과 같은 특정 문제 또는 도전과 관련하여 그들이 어떻게 연결되어 있는지 살펴본다. 전체를 바라보는 글로벌연구와 달리 국제연구는 부분에 더 치중한다.

한편, '연구(studies)'라는 용어는 우리의 관심사가 광범위하며, 역사, 경제, 법, 사회, 문화, 종교, 과학, 기술, 언어, 환경에 이르기까지 다양할 수 있음을 암시한다. 피터스(Jan Nederven Pieterse, 2013)는 '연구'라는 단어를 포함한 주제를 조사하는 것을 피해야 하는데, 이 주제들에는 역사, 정치학, 경제학과 같은 공식적인 학문에서 발견할 수 있는 구조와 깊이가 부재하기 때문이라는 주장을 농담처럼 한다. 그는 또한 '글로벌연구', '국제연구', '젠더연구', '미디어연구' 등에 적용하는 용어의 사용은 비교적 최근의 발전인데, 그렇다고 해서 이러한 연구 분야가 이전의 학문보다 덜 흥미롭거나 덜 중요하다는 것을 의미해서는 안 된다고 지적한다. 그는 새로움이 한 분야의 초점에 대한 불균형과 느슨한 이해를 의미할 수 있다고 경고하지만, 새로움이 또한 가능성을 내포하고 있다는 것을 지적하는 데 실패한다. 글로벌연구는 짧은 기간에 큰 진전을 이루었고, 오늘날 그 어느 때보다도 중요하고 의미 있는 가지를 보유하고 있다.

연관되는 두 번째 개념은 **국제관계(international relations)**다. 일반적으로 적용되고 이해되는 것처럼, 국제관계는 국가 간의 정치적, 경제적 상호작용에 초점을 맞추기 때문에 국제연구보다 더 제한적이다. 일부 국가에서는 국제관계가 정치학의 하위 분야로 간주되며, 비교정치학의 하위 분야와도 관련이 있다 (그러나 대조적이다). 다른 일부 국가에서 국제관계는 독립적인 학문이다. 어느 쪽이든 외교, 전쟁, 평화, 안보, 국제기구, 외교정책과 같은 주제에 관심이 있다. 넓은 '연구' 개념과 대조적으로, 국제관계의 좁은 개념은 국가가 서로 어떻게 '관계'하는가에 초점을 맞춘다. 그러나 일부(예: Barnett and Sikkink, 2011)는 국제관계가 최근 수십 년 동안 단순한 국제적인 이슈가 아니라 글로벌이슈에 대한 새로운 관심으로 이동했다는 확신을 한다.

세 번째 개념은 **세계화(globalization)**인데, 세계 각지에서 사람, 기관, 정

도표 0.1 글로벌연구의 핵심 개념

용어	의미
국제연구	둘 또는 그 이상의 국가를 포함하는 상호작용, 비교, 공통성에 대한 연구.
국제관계	국가 사이의 외교와 정책에 초점을 맞춘 정치적 상호작용에 대한 연구.
세계화	사람, 기관, 국가, 정부 사이의 정치적, 경제적, 사회적, 문화적 연계가 글로벌 수준에서 통합되는 과정.
글로벌리즘	정치, 경제, 사회, 문화, 안보, 환경을 글로벌하게 보는 데 기반을 둔 철학, 이념, 정책.
글로벌연구	글로벌시스템, 그리고 이와 관련된 특징, 성질, 동향, 제도, 과정, 문제에 대한 체계적인 연구.
글로벌시스템	사람, 기관, 원칙, 절차, 규범, 습관을 포함하여 수집된 요소와 구성 요소로서 상호작용이 글로벌 전체를 구성.

부 간의 연결고리의 발전과 진화를 포함하는 과정과 현상을 기술한다는 점에서 국제연구나 국제관계와 구별된다. 로버트슨(Robertson, 1992)이 말했듯이, 세계화는 '세계의 압축과 세계 전체의 의식 강화'라는 결과를 낳았다. '민주화(democratization)', '유럽화(Europeanization)', '분극화(polarization)' 등 '화(-ization)'라는 접미사를 가진 모든 용어와 마찬가지로, 세계화는 항상 움직이고 진화하는 현상을 묘사하며, 정적이지 않고 최종적이지도 않다. 보통 정치적, 경제적 변화와 연관되어 있지만, 세계화는 과학, 통신, 문화, 종교, 이주, 건강을 포함한 인간 노력의 거의 모든 측면에 적용된다고 이해하는 것이 중요하다. 더욱 중요한 것은 세계화라는 용어가 이어지는 장들에서 자주 등장하지만, 세계화는 글로벌연구와 같은 것이 아니며, 이 책은 세계화에 관한 것이 아니라는 것이다.

네 번째 개념은 **글로벌리즘(globalism)**인데, 이는 정치, 경제, 사회에 대한 글로벌 관점을 선호하고 우리가 세계화에서 발견한 경향을 지지하는 이념, 신념체계, 태도다. 자국에 매몰된 시각으로 세계를 보고, 자국의 이익을 우선시하는 민족주의자들과는 대조적으로, 글로벌리스트들(globalists)은 국익이 글로벌 이익의 부분이 되고, 글로벌 이익이 국익을 형성하는 데 도움이 된다고 주장하면서, 세계를 하나의 전체로 본다. 최근 몇 년 동안 글로벌리즘에 반대하는 많은 민족주의 운동(미국의 트럼프, 러시아의 푸틴, 인도의 모디 등에 의하여 주도됨)의 비판에도 불구하고, 두 사상은 상호 배타적이지 않으며, 글로벌리즘을 국가주권에 대한 엘리트주의와 민주주의의 위협이라는 민족주의자들의 주장은 정설을 벗어난 것이라고 보는 시각도 있다. 지역, 국가 및 글로벌 관점을 동시에 추구할 수 있다(Rosenboim, 2017 참조).

이 모든 것이 마침내 우리를 **글로벌연구**의 의미에 이르게 한다. 말 그대로 '국제적(international)'은 '사이(between 또는 among)'라는 의미인 반면, '글로벌'이라는 단어는 세계에 대한 더 전체적인 관점을 암시한다. 다른 모든 관점이 부분적, 분리적, 또는 내포적이라면, 글로벌의 관점은 통합되고 결합되며 연결된다. 국가 경계선을 무시할 수는 없지만, 글로벌연구는 국가를 넘어 법적 경계선을 막론하고 우리 모두에게 공통의 관심사가 되는 사안들과 관련이 있다. 예를 들어, 인권은 우리 모두가 인간이기 때문에 갖는 권리이며, 특정 국가나 공동체의 시민권보다 더 우세한 것이다. 이주는 특정한 시간이나 장소에 국한된 것이 아니다. 이주는 인류의 역사를 통해 일어났고, 상이한 이유와 상이한 결과로 오늘날에도 계속 일어나고 있다. 그리고 대기 오염이 지구 기후의 변화를 일으킬 때, 우리는 단순히 인간이라는 것 외에 우리가 가질 수 있는 어떤 정체성과 관계없이 모두 영향을 받는다.

이 책을 사용하는 경우, 과목의 제목에 '국제', '글로벌' 및/또는 '세계화'라는 단어의 조합이 포함될 것이며, 그 과목은 학과, 프로그램, 학교에서 제공하는 국제연구, 글로벌연구 중의 하나 또는 둘 다를 포함할 수 있다. 이러한 이유로 이 분야는 불명확해 보일 수 있다. 독자들은 이 분야의 다른 교과서 제목들을 간단히 훑어만 봐도 훨씬 더 많은 혼란을 겪게 될 것이다. 이 교과서들은 단지 '글로벌연구'나 '국제연구'뿐만 아니라 때때로 '글로벌이슈'를 포함한다. 국제, 지역, 글로벌연구, 그리고 다양한 주제들이 중복되는 책들의 내용을 살펴보면 복잡성은 더욱 심화된다. 이 책을 준비하면서, 나는 이 주제에 관한 다른 모든 연구를 주의 깊게 살펴보았고, 어느 것도 같은 입장을 취하지는 않는다는 것을 발견했다. 가장 흔한 주제는 경제, 인구, 문화, 전쟁, 보건이었고, 그 다음이 역사, 정부, 인권, 환경이었다. 한편, 몇몇 책들은 독특하게 지리학, 외교정책, 기술, 범죄, 테러리즘을 다루고 있다.

이러한 혼란상에 영향을 받지 않고 관심을 받지 않고 집필된 이 책은 글로벌

연구를 **글로벌시스템**, 그리고 이 시스템과 연관된 특징, 성질, 경향, 제도, 과정, 문제에 대한 체계적인 연구로 정의한다. 한편, 글로벌시스템은 다음 장에서 자주 등장하는 용어로서, 상호작용이 글로벌 전체를 구성하는 사람, 기관, 원칙, 절차, 규범 및 습관을 포함하여 수집된 요소와 구성 요소로 정의된다.

글로벌연구의 세계에서 우리는 글로벌시스템이 어떻게 구성되고 어떻게 작동하는지 이해하는 데 관심을 갖고 있다. 우리는 개인으로 시작해서 가족을 통해 공동체, 지방, 국가, 지역, 국제로 나아가는 과정의 논리적 최종점에 초점을 맞추고 있다. 글로벌 연결과 현상을 이해하는 목적을 가진 글로벌연구는 네 가지 중요한 특성을 가지고 있다.

- 글로벌연구는 '초국가적(transnational)'이며, 국가 경계에 의해 제한되지 않는 사건, 아이디어, 활동 및 현상과 관련이 있다는 것을 의미한다. 분명하게 글로벌연구는 지역, 국가, 국제적으로 기초하고 있다. 이것이 바로 지도 0.1이 세계를 보여주는 이유다. 이 세계지도는 우리가 가장 쉽게 식별할 수 있는 국가의 경계를 나타내고, 그리고 우리에게 가장 즉시 영향을 미치는 대부분의 결정이 어느 수준에서 이루어지는지를 보여준다. 글로벌연구는 이러한 결정에 대한 논의를 초국가적인 수준으로 가져간다.
- 글로벌연구는 '통합적(integral)'이며, 우리를 갈라놓는 것보다는 우리를 하나로 묶는 것, 그리고 글로벌 수준에서 결정이 이루어지고 이행되는 방식에 더 관심이 있다는 것을 의미한다. 우리는 모든 국가가 다른 국가의 행동에 의한 영향을 받고, 경제는 국경을 초월한 투자와 무역에 의해 영향을 받으며, 문화는 서로에게서 차용되어 세계적인 의식을 촉진한다는 점을 알게 될 것이다. 그러나 우리가 세계적인 관점을 취할 때 우리를 흥미롭게 하는 것은 상호 연결성과 상호의존성이다.
- 글로벌연구는 '포괄적(inclusive)'이며, 세계를 어떤 한 집단의 사람들의 관점에서 보는 것이 아니라, 전체 인류의 다양한 시각을 강조하는 것을 의미한다. 우리가 제5장에서 보게 될 것처럼, '민족중심주의(ethnocentrism)'라는 용어는 다른 문화들을 자신의 가치와 기준에 따라 바라보는 현상을 묘사하고 있으며, 어쩌면 심지어는 다른 문화들의 상대적 열등감을 전제로 하는 것일 수도 있다. 그것은 또한 우리가 보는 모든 것에 대해 편협하고 배타적인 관점을 취하는 일반적인 생각을 설명한다. 민족 중심적 관점(또는 민족주의)과는 대조적으로, 글로벌연구는 포괄적인 관점을 취하고, 글로벌문해력(literacy), 인식 및 소속감을 강조하며, 다양한 글로벌공동체 내에서 우리 모두의 위치를 더 잘 이해하도록 돕는 데 기여한다.

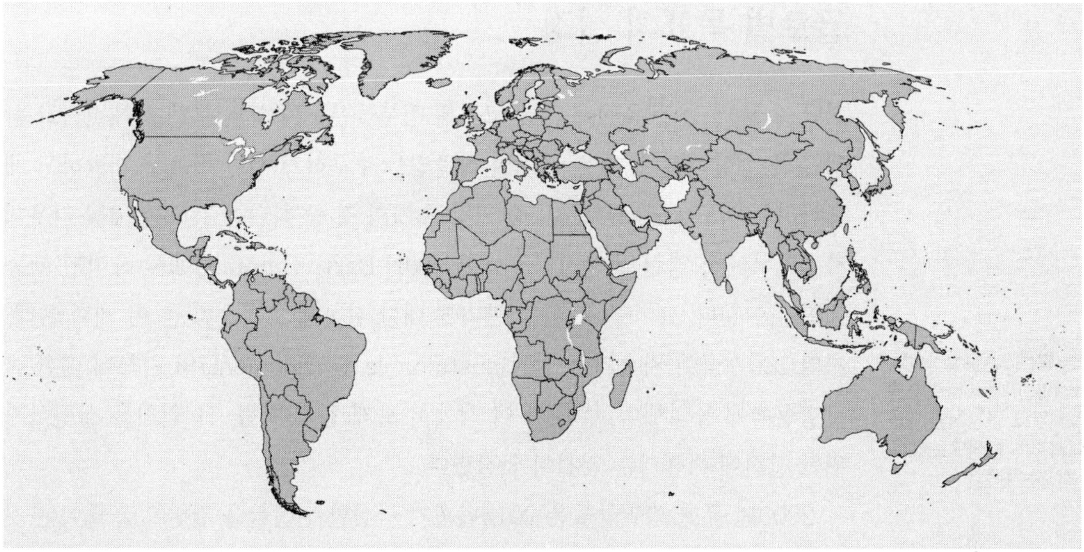

지도 0.1 세계

- 글로벌연구는 '학제적(interdisciplinary)'이며, 역사, 지리, 사회학, 인류학, 인구학, 과학, 기술, 정치, 법, 경제를 포함한 다양한 관점에서 세상을 바라보는 것을 의미한다. 이 책은 겉으로 보기에는 13개의 장으로 나뉘어져 있지만, 그들이 다루는 주제들 중 어느 것도 고립되어 있지 않고, 그들은 지속적으로 중첩된다. 예를 들어, 인권에 관한 장이 있지만, 그러한 권리와 불평등의 지속적인 문제는 책 전체와 각각의 장에서 짜인 실타래이다. 비슷하게, 환경에 관한 장이 있지만, 환경 문제는 과학, 정치, 법, 경제와 밀접하게 관련되어 있다.

서로 다른 국적, 종교, 문화, 학력, 경제상황의 사람들이 세상을 어떻게 보는지 완전히 파악할 수 없을 정도로 세상은 넓고 다양하지만, 글로벌연구는 우리가 미로를 헤쳐 나가는 길을 찾는 데 도움을 줄 수 있다. 시각장애인과 코끼리에 대한 비유를 생각해 보자. 코끼리가 어떻게 생겼는지 알기 위해, 그들은 느낌을 비교하기 전에 동물의 다른 부분을 손으로 만져 본다. 자신이 만진 부분이 전체에 대해 어떤 이야기를 하는지 의견이 엇갈리지만, 다른 사람의 도움을 받으면 더 많은 정보를 모으고 시야가 넓어지며 코끼리가 어떻게 생겼는지 더 정확한 그림을 그릴 수 있다. 글로벌연구는 세계에 대한 여러 관점을 결합하는 유사한 방식을 활용하여 글로벌 전체의 수준과 차원을 더 정확하게 설명할 수 있도록 도와준다.

글로벌 목표의 설정

지난 수십 년 동안 유엔에 의해 고무된 정부들은 지구상의 문제를 해결하고 삶의 질을 향상시킬 수 있는 글로벌 접근법을 추구하기 위한 목표를 개발하고 채택하려는 시도를 해 왔다. 이 중 가장 초기의 것 중 하나는 1992년 6월 리우데자네이루에서 열린 유엔지구정상회의(UN Earth Summit)에서 작성된 행동계획인 어젠다 21이었다. 환경 관리에 대한 접근에 초점을 맞춘 이 계획 아래, 거의 180개국이 **지속가능 발전(sustainable development)**의 원칙에 대한 글로벌협력에 동의했다. 우리가 이 책에서 보게 될 것처럼, 그 원칙을 실행하기 위한 진전에 대해서는 의견이 엇갈렸다.

지속가능 발전(Sustainable development): 미래의 니즈를 손상시키지 않고 단기적인 니즈를 충족시키는 방식으로 계획되고 시행되는 발전.

2000년 유엔 회원국들은 2015년까지 극심한 빈곤률을 절반으로 줄이는 것에서부터 보편적 초등교육을 달성하는 것, 양성평등을 촉진하는 것, 그리고 HIV/AIDS, 말라리아와 다른 질병들과 싸우는 것까지 8개의 새천년개발목표(MDGs: Millennium Development Goals)를 채택하여 더 넓은 접근방식을 강구했다. 이들은 정부와 비정부기구의 업무를 장려하고 조정하는 효과를 보였고, 반기문 유엔 사무총장은 '역사상 가장 성공적인 빈곤 퇴치 운동'이라고 칭송했다 (United Nations, 2015).

불행히도, 행동을 취하려는 정치적 의지가 결여되었고, 빈곤은 지속되었는데, 특히 세계의 같은 지역에 집중되었다. 여성들은 여전히 경제발전과 의료 혜택을 거부당했고, 시골과 도시 사이의 차이는 계속되었으며, 환경은 지속적으로 심각한 위협에 직면했다. 이러한 우려를 염두에 두고, 유엔은 2015년에 지속가능 발전을 위한 어젠다를 시작하여 2030년까지 17개의 지속가능 발전 목표(SDGs: Sustainable Development Goals)를 달성하는 계획을 수립했다. 빈곤과 기아 문제는 표 0.1의 목록에서 구체적으로 언급되는데, 이 표를 참조하면 완전 고용과 지속가능 성장과 같은 경제 목표, 그리고 깨끗한 물, 청정에너지, 자원 보존, 기후변화와 같은 환경 목표를 향해 가중되는 점을 알 수 있다.

MDGs와 SDGs는 세계에 목표와 대상의 목록을 제공하고, 정부가 국민들 대부분이 동의할 수 있는 계획을 수립하도록 장려하는 데 유용하다. 그러나 우리가 1990년대 초부터 많은 분야에서 진전을 이룬 반면에, 목표는 종종 다소 광범위하고 모호하며, 이를 달성하기 위한 수단이 여러 장애물에 의해 훼손된

표 0.1 유엔의 지속가능 발전 목표

목표	이 책의 장	구체적 내용
1. 빈곤 철폐	9	모든 지역에서 모든 형태의 빈곤을 종식시킨다.
2. 기아 종식	2	기아를 종식시키고, 식량안보 및 영양개선을 달성하며, 지속가능한 농업을 장려한다.
3. 건강과 웰빙	12	모든 연령에 걸쳐서 건강한 삶과 웰빙을 보장한다.
4. 질 좋은 교육		포용 교육과 평등한 양질의 교육을 보장하고 모두를 위한 평생 학습 기회를 보장한다.
5. 남녀평등	7	남녀평등을 달성하고 모든 여성과 소녀들에게 정치권을 보장한다.
6. 깨끗한 물과 위생	2, 13	모든 사람에게 물과 위생에 대한 가용성과 지속가능 관리를 보장한다.
7. 저렴한 청정에너지	2	모두를 위해 저렴하고, 안정적이며, 지속가능하고, 현대적인 에너지에 대한 접근을 보장한다.
8. 양질의 일자리와 경제성장	9	지속적이고, 포괄적이며, 지속가능한 경제 성장, 완전하고 생산적인 고용, 그리고 모두를 위한 양질의 일자리를 촉진한다.
9. 산업, 혁신, 인프라	9	탄력적인 인프라를 구축하고, 포괄적이고 지속가능한 산업화를 촉진하며, 혁신을 모색한다.
10. 불평등 축소	다수	국가 내의, 그리고 국가 사이의 불평등을 축소한다.
11. 지속가능한 도시들과 공동체들	2	도시와 인간 거주지를 포괄적이고, 안전하고, 탄력적이며, 지속가능하게 만든다.
12. 책임 있는 소비 및 생산	2, 9	지속가능한 소비 및 생산 패턴을 보장한다.
13. 기후 활동	13	기후변화와 그 영향에 맞서기 위한 긴급 행동을 모색한다.
14. 수중생물	2, 13	해양 자원을 보존하고 지속가능 발전을 위해 사용한다.
15. 육지생물	2, 13	지구 생태계의 지속가능한 사용을 보호, 복원, 촉진하고, 숲을 지속적으로 관리하며, 사막화를 방지하고, 토지 퇴화를 중단 및 역전시키며, 생물 다양성 손실을 방지한다.
16. 평화, 정의, 강력한 제도	4, 6, 8	지속가능 발전을 위한 평화롭고 포용적인 사회를 촉진하고, 모든 사람들에게 정의에 대한 접근을 제공하며, 모든 수준에서 효과적이고, 책임 있고, 포용적인 기관을 건설한다.
17. 목표 달성을 위한 파트너십	6	지속가능 발전을 위한 실행 수단을 강화하고 글로벌파트너십을 활성화한다.

출처: United Nations Department of Economic and Social Affairs (2021).

다. 상이한 수준의 경제적이고 재정적인 능력이 변화를 만드는 것처럼, 상이한 수준의 정치적 의지는 지속적으로 문제가 될 수 있으며, 사람들이 자기 주위의 세계를 다르게 보고 새로운 태도를 가지게 되는 도전을 안겨 준다. 2030년이 다가옴에 따라, 다른 목표를 세워야 할 가능성이 더 크지만, 적어도 현재로선 지속가능 발전 목표(SDGs)는 우리에게 글로벌 요구에 대해 생각할 수 있는 틀을 제공한다. 이어지는 장을 읽으면, SDGs와 그 달성에 관련된 과제에 대한 내용을 파악할 수 있을 것이다.

세계라는 공동체에 사는 100명의 환경

우리의 관심의 초점은 전 세계를 향하고 있다. 하지만, 세계는 크고 복잡한 곳이고, 그 크기와 다양성을 파악하는 것은 쉽지 않다. 세계는 거의 200개의 독립된 국가에 살고 있는 약 78억 명의 사람들을 포함하고 있으며, 수많은 국적과 민족으로 나뉘고, 수천 개의 언어와 방언을 사용하고, 수십 개의 다른 종교를 따르고, 끊임없이 변화하는 관심, 요구, 기회의 망을 통해 직간접적으로 상호작용한다. 비록 우리가 널리 여행하고 여러 언어를 구사한다 하더라도, 우리 중 누구도 이 모든 다양성을 완전히 파악하는 것은 불가능할 것이다. 이 문제를 해결하는 한 가지 방법은 세상을 100명으로 구성된 공동체로 생각함으로써 더 파악하기 쉬운 수준의 비율로 줄이는 것이다. 다음과 같은 결과가 나타난다.

'남녀 사이는 균등하게 분리된다.' 자연이 남녀 사이의 균형을 맞출 것이기 때문에 균등한 분리는 놀랄 일이 아니다. 그러나 이러한 숫자 안에는 중요한 추세가 있다. 예를 들어, 남성의 짧은 수명은 인구가 노령화됨에 따라 여성의 수가 남성보다 증가한다는 것을 의미한다. 지속적인 성 불평등은 또한 남성과 여성이 사회적 역할, 경제적 지위, 그리고 정치적 힘에 있어서 계속 차이를 보인다는 것을 의미한다.

'아시아인이 지배한다.' 세계 공동체에는 약 61종의 아시아인이 있으며, 15종의 아프리카인, 13종의 아메리카인, 11종의 유럽인과 함께 살고 있다. 그러나 중국인, 인도인, 인도네시아인, 일본인, 한국인이 우세함에도 불구하고, 이 공동체는 여전히 서방 소수민족에 의해 지배되고 영향을 받고 있으며, 정치와 경제력의 초점은 유럽과 북미 구성원들에게 오랫동안 집중되어 왔다. 그러나 이것은 아시아인들의 숫자, 부(富), 그리고 세계적인 영향력이 증가함에 따라 변화하고 있다.

'공동체가 고령화되고 있다.' 더 나은 건강관리와 영양 덕분에, 지역사회의 구성원들은 비록 내부적인 격차가 지속되고 있지만, 더 오래 살고 있다. 100명 중 26명은 14세 이하, 9명은 65세 이상으로, 공동체 전체의 3분의 2 가까이가 노동·출산·육아를 최적 연령대 안에 두고 있다. 공동체의 평균 나이는 30세 이하인데, 북미, 중국, 유럽이 평균 37~39세, 아프리카와 중동인이 가장 젊은 평균 20세 이하다.

'교육에 대한 불평등한 접근.' 공동체 내에서 7명만이 대학 학위를 가지고 있는 반면, 그 반대의 끝에 있는 16명은 읽거나 쓸 수 없다. 공동체는 과거 역사 어느 때보다 더 나은 교육을 받고 있고, 교육은 공동체 내의 경제적, 사회적 격차를 평준화하는 것을 돕고 있지만, 고등교육은 여전히 소수의 특권이며, 더 높은 수준의 부와 더 좋은 기회를 제공한다.

'대다수의 사람들은 주거지가 부족하다.' 공동체의 구성원 중 79명이 거주지(이 중 일부는 세련되고 훌륭한 시설과 서비스를 받는다)를 가지고 있는 반면, 나머지 21명은 주거지를 가지고 있지 않다. 주거지가 있는 많은 사람들에게도, 그것은 이상적이지 못하며, 종종 범죄율이 높고 기본적인 서비스와의 연결이 부족한 빈민가 주택과 판잣집으로 구성되어 있다. 대부분의 공동체 사람들은 깨끗한 물과 위생 시설을 이용할 수 있지만, 약 10명의 사람들은 그렇지 않기 때문에, 그들은 결과적인 건강 문제에 더 취약하다.

'소수를 위한 민주주의.' 공동체에서 약 48명의 사람들만이 주로 민주적인 의사결정 체제하에서 살고 있으며, 나머지 52명은 여전히 권위주의적인 통치하에서 고통받고 있다. 민주주의하에 사는 대부분의 사람들은 유럽, 북미, 남미, 인도 구성원들인 반면, 중국과 러시아 공동체의 구성원들은 대부분의 중동과 아프리카 구성원들과 함께 자유롭게 자신들의 목소리를 듣게 하려고 애쓰고, 일상적으로 자신들의 권리가 제한된다는 것을 발견한다. 민주주의 아래 사는 사람들은 자신들의 영향력의 질에 대해 점점 더 우려하고 있으며, 공동체 전반에 걸쳐 불평등, 엘리트주의, 책임과 투명성의 부족에 대해서 숙고하고 있다.

'소수가 대부분의 부를 지배한다.' 비록 공동체는 2000년 이후 경제적 생산의

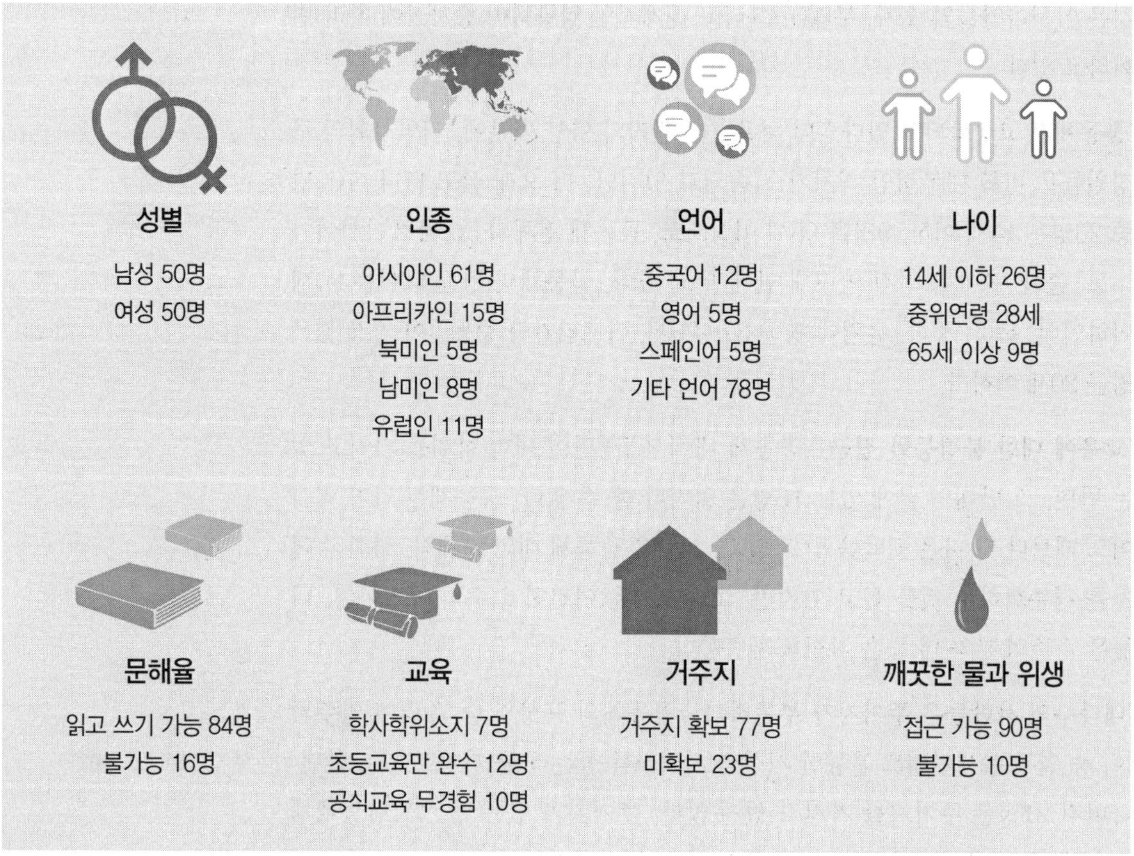

도표 0.2 세계라는 공동체에 사는 100명의 환경

출처: 이어질 이 책의 다른 장들에서 모은 자료로 구성.

가치를 두 배 이상 증가시켰지만, 단지 28명만이 그 생산의 절반을 책임지고 있고, 그들 중 20명은 공동체 자원의 거의 90%를 소비한다. 이들은 거의가 유럽인, 북미인, 동아시아인, 호주인이다. 그러나 이 공동체의 18명의 중국인 구성원들은 빠르게 따라 가고 있으며, 보다 폭 넓게 영향력을 행사하고 있다. 약 80명의 공동체 구성원들은 하루에 10달러 미만으로 살고 있고, 10명은 하루에 1.90달러 미만으로 극심한 가난 속에서 근근이 살고 있다.

'도시 지역이 지배적이다.' 최근까지 공동체의 대부분 사람들은 시골 지역에 살았지만, 수십 년에 걸쳐 도시 지역으로 꾸준히 이동해 54명이 도시 지역에 살고 있다. 이들 54명 중 상당수는 여전히 가난하고 소외된 상태로 남아 있는 반면, 중앙 엘리트들은 부와 권력 대부분을 축적하고 자원의 대부분을 소비하

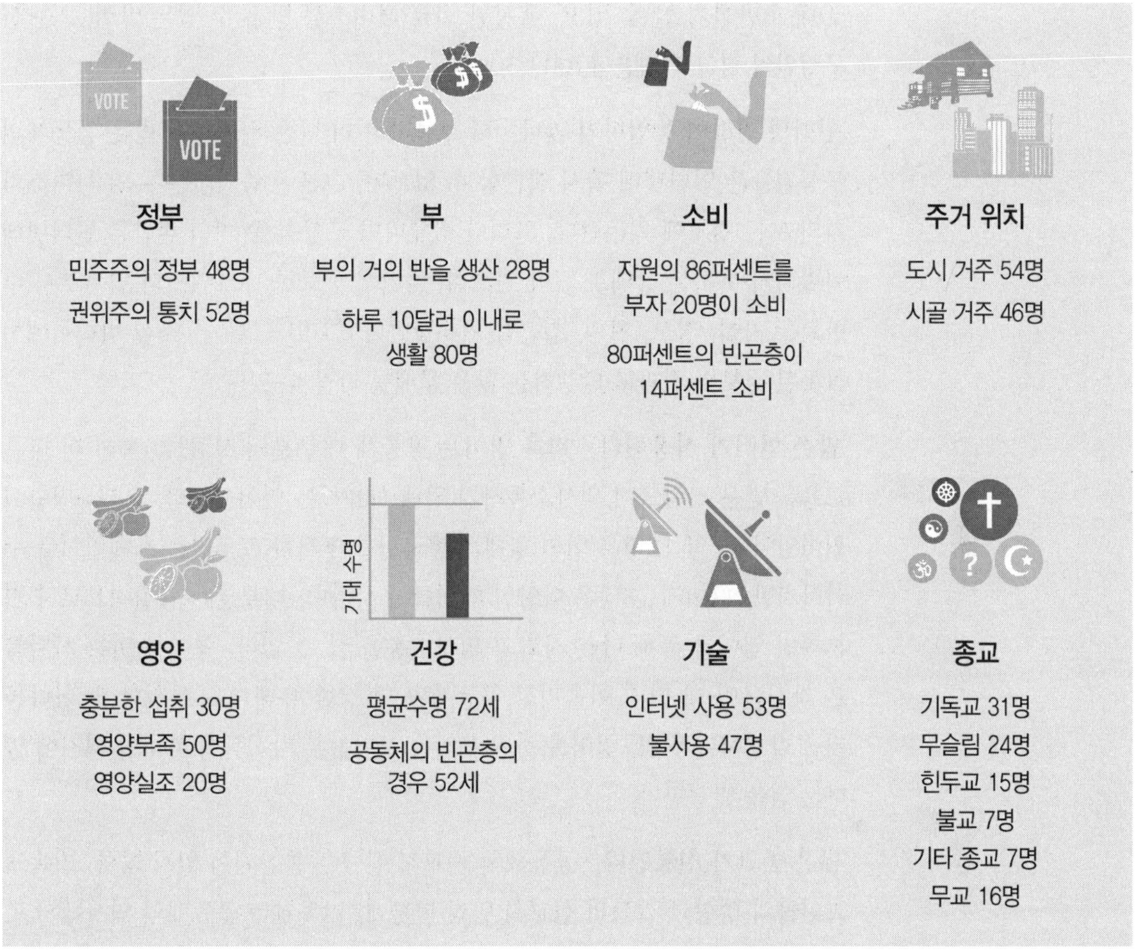

고 있다. 한편, 농촌 지역에 사는 많은 사람들은 공동체가 의존하는 식량을 재배하기 위해 보조금에 의존해야 한다.

'잘 먹는 공동체의 구성원은 많지 않다.' 공동체 구성원 중 약 30명은 충분히 먹고 있으며, 그 중 13명은 너무 많이 먹어서 비만이 되었다. 한편, 약 50명은 영양부족이고 20명은 영양실조이며, 10명은 지속적으로 굶주리고 있다. 문제는 공급보다 분배가 더욱 심각하다는 점이다. 공동체는 스스로 먹기에 충분한 것 이상의 식량을 가지고 있지만, 가난한 구성원들은 종종 분쟁으로 인해 공급에 대한 접근성의 기회를 갖지 못하는 상황이다.

'의료 서비스에 대한 접근이 불평등하다.' 공동체의 건강이 전반적으로 좋아졌다고 해서 모두가 혜택을 받는 것은 아니다. 부유한 구성원들은 70대, 심지어

80대 초반까지 살 수 있고, 훌륭한 의료 서비스를 받을 수 있는 반면, 가난한 구성원의 평균 수명은 40대나 50대다.

'인터넷 연결이 동일하지 않다.' 더 부유하고 더 나은 서비스를 받는 공동체의 구성원들은 인터넷에 즉시 접근할 수 있으며, 그들은 증가하는 수의 서비스와 거의 모든 정보에 의존한다. 그러나 커뮤니티 구성원 중 거의 절반은 인터넷에 연결되지 못하는 상태로 남아 있으며, 따라서 중요한 네트워크의 일부로서 수반되는 지식, 정보, 편의, 접근을 거부당한다 (그러나 그들은 소셜 미디어에서 잘못된 정보의 결과로 발생하는 많은 문제를 피할 수 있다).

'많은 언어가 사용된다.' 비록 영어는 공동체 대부분의 사람들, 특히 더 나은 교육을 받은 사람들이 의사소통하기 위해 사용하는 언어이지만, 오직 5명만이 원어민이다. 약 12명은 여러 형태의 중국어를 구사하고, 5명은 스페인어를 구사하지만, 나머지 78명은 다양한 언어를 구사하며, 대부분은 간접적으로나 기본적인 영어를 통해 다른 사람과 의사소통을 할 수 없다. 영어를 하는 사람들은 자신들이 더 널리 어울리고 공동체와 더 강한 유대감을 형성할 수 있다는 것을 발견하는 반면, 영어를 하지 못하는 사람들은 자신들이 불리한 위치에 있다는 점을 발견한다.

'많은 종교가 신봉된다.' 공동체의 종교적 신념은 통합되어 있지 않다. 기독교 교인들의 영향과 그들의 선교적 업적 덕분에, 기독교는 공동체의 역사에서 중요한 역할을 해왔다. 하지만 회원들 중 거의 3분의 1이 공식적으로 자신들을 기독교인이라고 생각하는 반면, 그들 중 많은 수가 조직화된 종교에서 멀어지고 있다. 한편, 이슬람교도의 수는 빠르게 증가하고 있으며, 공동체 구성원의 약 3분의 1은 다른 종교에 가입하고 있으며, 6분의 1은 전혀 종교가 없다.

물론, 우리가 100명으로 공동체를 유추하는 것은 아직 완전하지 않다. 왜냐하면 현실 세계에서 인구는 계속 증가하고 있고(1970년 이후 두 배로 증가했다) 대부분의 내부 비율은 끊임없이 변화하고 있기 때문이다. 그러나 이러한 수치는, 최근 수십 년간 경제 생산성, 교육, 기본 서비스 제공 및 기술 분야에서 엄청난 발전을 이뤘음에도 불구하고, 글로벌시스템의 다양성과 그 시스템 내에서 계속 유지되고 있는 상당한 불평등에 대한 개념을 우리에게 제공한다.

접근법에 대한 참고사항

이 책의 기본 목표를 아는 것이 중요하며, 그 중 특히 다섯 가지가 의미 있다. 첫째, 이 책의 주요 주제는 불평등이다. 우리 모두는 아마도 지역사회의 불평등에 대해 알고 있을 것이지만, 이러한 불평등은 종종 인간 사회 내에 존재하는 격차가 큰 글로벌 수준에서 복합적으로 작용한다. 불평등은 남자들, 여자들, 그리고 남자와 여자들 사이에서 지속된다. 사람들은 서로, 자원, 음식과 주거, 직업, 기술, 정치 지도자, 의료에 대해 다른 수준으로 접근하고 있다. 그들은 정치적, 경제적, 사회적 상황, 안보와 불안 사이의 균형, 질병, 환경의 질에 의해 다르게 영향을 받는다. 이 상황은 유엔 경제사회위원회(United Nations Department of Economic and Social Affairs, 2020)가 발간한 "세계사회보고서(*World Social Report*)"에 간결하게 요약되어 있는데, 이 보고서는 '소득 격차와 기회 부족이 세대 간 불평등, 좌절, 불만의 악순환'을 만들고 있는 '심각하게 불평등한 글로벌지평'의 존재를 경고하고 있다. 그러나 보고서는 또한 그러한 도전들의 미래 진로는 역전될 수 있으며, 더 공평한 사회의 창조는 우리의 능력 범위 내에 있다고 낙관적으로 주장한다.

둘째, 무엇보다도 이 책은 글로벌연구라는 주제에 새로 입문한, 다양한 환경과 국가에 살고 있는 학생들을 위해 고안된 교재다. 이 책은 내가 가르치는 학생들의 필요와 선호에서 만들어졌고, 그 학생들은 다음 장들에서 다루는 접근법에 대한 귀중한 실험 대상이었다. 이 책에 기록되기 전에 모든 것이 테스트되었고, 학생들은 내가 무엇을 포함시키고 제외해야 하는지 결정하는 데 도움을 주었다. 이 책은 입문서이기 때문에, 글로벌연구의 전체 분야를 다루는 것부터 시작한다. 글로벌연구 내의 다양한 주제들을 맛볼 수 있는 샘플 요리이며, 각각의 주제들을 보다 전문화된 출처와 문헌들을 사용하여 더 깊이 있게 다루고 있다. 또한 이 책은 입문서이기 때문에, 비록 책 전반에 걸쳐 집중적인 초점을 맞추기도 하지만, 가능한 한 많은 관점을 포함하도록 노력한다.

셋째, 비록 각 장이 인구와 자원, 인권, 환경 등 별개의 주제를 다루는 것처럼 보이지만, 이 모든 주제들을 묶는 다수의 유대관계가 있다는 것을 기억하는 것이 중요하다. 예를 들어, 제3장은 과학과 기술에 초점을 맞추고 있지만, 이는 경제, 무역, 건강, 환경에 관한 장에 영향을 미치는 주제들이다. 제3장은 토론의 끝이 아니며, 단순히 글로벌연구의 핵심에 있는 연결의 시작을 보는 것이다.

넷째, 광범위하고 서론적인 관점을 취하는 책에서 일반화는 종종 필요하다. 정확성을 희생한다는 단점이 있지만, 보다 확대된 관점을 조성하는 데 필요한 지름길을 제공한다는 장점이 있다. 앞의 장들에서 잠재적으로 가장 문제가 되는 일반화는 정치적, 경제적, 사회적 특징의 혼합에 기초하여 세계를 두 개의 공동체로 나누는 것이다. 즉 북(North, 더 민주적이고, 더 부유하고, 산업화된 국가들)과 남(South, 덜 민주적이고, 더 가난하고, 산업화되지 않은 국가들)으로 분리되는 것이다. 대부분의 국가들은 이 그룹들 중 하나에 아주 적합하지만, 일부 국가들은 주변적 위치에 있으며, 이 점은 항상 기억할 가치가 있다. 모든 사람이 시대에 뒤떨어진 것으로 치부하는 이러한 분류의 사용을 지지하는 것은 아니지만, 아직 어느 누구도 더 실행 가능한 대안을 내놓지 못했으며, 위의 분류는 복잡한 지구촌을 이해하는 지침으로서 유용할 수 있다. 제1장의 논의를 참조하고, 더 미묘한 정치적 범주는 4장에서 논의되고, 더 미묘한 경제적 범주는 제9장에서 논의된다.

마지막으로, 이 책은 글로벌연구에 관한 책이기 때문에, 글로벌 관점을 가져야 한다는 것은 분명히 중요하다. 어떤 면에서, 이 책 자체는 현재 작동되고 있는 세계의 축소판을 대표하고 있다. 이 책은 영국에 본사를 둔 독일 소유의 출판사(여러 나라에 지점이 있음)를 위해 미국에 기반을 둔 작가(영국에서 태어나 케냐에서 자란 미국과 영국의 시민권 보유자)가 영어로 쓴 책이다. 이민자로서, 그리고 자신을 글로벌시민으로 보는 사람으로서, 저자는 모든 것을 서양(혹은 남성)의 관점에서 보지 않기 위해 특별히 노력했다. 하지만, 주로 다른 서양인에 의해 수행되었고 서양 출판사에 의해 출판된 연구와 자료로부터 많은 것을 끌어내고 있는 서양인으로서, 나는 때때로 행동보다 말이 쉽다는 점을 발견한다. 이 책은 또한 국제적인 관점과 비교적인 관점을 결합한다. 글로벌연구는 공동체들이 서로 비교하는 것만큼이나 서로 어떻게 관계를 맺는지에 대해서도 관심이 많다.

토의주제

1. 코로나19는 글로벌시스템에 어떤 영향을 미쳤으며, 어떤 영향이 가장 오래 지속될 것 같은가?
2. 국제연구와 글로벌연구의 차이점은 무엇인가?
3. 이주 및 인권과 같은 글로벌이슈에 대한 학제간 접근법은 왜 중요한가?
4. 새천년개발목표와 지속가능 발전 목표와 같은 목표를 세우는 연습이 유용한가?
5. '100명의 공동체로 이루어진 세계'라는 구상에서 글로벌시스템의 미래를 이해하는 데 가장 중요한 것은 무엇인가?
6. 친구나 가족 구성원에게 글로벌연구의 중요성을 어떻게 설명할 것인가?

핵심용어

- ▶ 국제관계(International relations)
- ▶ 국제연구(International studies)
- ▶ 글로벌리즘(Globalism)
- ▶ 글로벌시스템(Global system)
- ▶ 글로벌연구(Global studies)
- ▶ 세계화(Globalization)
- ▶ 지속가능 발전(Sustainable development)

유용한 웹사이트

글로벌연구학회(Global Studies Association) https://globalstudiesassoc.wordpress.com
글로벌연구협회(Global Studies Consortium) http://globalstudiesconsortium.org
세계은행 개발지수(World Bank Development Indicators) https://data.worldbank.org/indicator

(참고: 빅토리아 시대의 영국 총리 디즈레일리(Benjamin Disraeli)는 한때 '거짓말, 저주받은 거짓말, 통계'의 세 가지 종류의 거짓말에 대해 비난한 것으로 유명하다. 데이터 출처는 항상 논란이 되겠지만, 세계은행 웹사이트에는 다양한 주제에 대한 신뢰할 수 있는 데이터가 포함되어 있으며, 그 중 많은 부분이 다른 유엔 기구에서 제공한 것이다. 결국, 그들은 대개 국가 정부에 크게 의존한다. 달리 명시되지 않는 한, 이 책에 있는 대부분의 데이터는 그 출처로부터 왔다.

추가 읽을 거리

Chirico, JoAnn (2019) *Global Problems, Global Solutions: Prospects for a Better World* (Sage). 불평등, 범죄, 기후변화와 같은 핵심 글로벌 문제들에 대한 평가와 그들의 잠재적 해결방법 제시.

Guillén, Mauro F. (2020) *2030: How Today's Biggest Trends Will Collide and Reshape the Future of Everything* (St Martin's Press). 국제경영학 교수가 쓴 책이며, 핵심적인 글로벌트렌드를 검토하고 그들이 어떻게 진화할지에 대해서 탐구한다.

Haass, Richard (2020) *The World: A Brief Introduction* (Penguin). 미국의 저명한 관찰자에 의해 작성된 세계에 대한 입문서이며, 세계 역사, 지역 및 글로벌연구의 주요 주제에 대한 장을 포함한다.

Norberg, Johan (2020) *Open: The Story of Human Progress* (Atlantic Books). 변화에 대한 인간의 개방성, 그리고 이것이 과학, 기술, 문화, 정부, 그리고 다

른 노력 분야에서 가져온 성과에 초점을 맞춘 인간 역사에 대한 연구다.

Steger, Manfred B. and Amentahru Wahlrab (2017) *What is Global Studies? Theory and Practice* (Routledge). 세계화와의 연관성을 보여주고 주요 원칙을 개략적으로 설명하는 분야의 연구.

학술저널

다음은 글로벌연구와 세계화를 다루는 주요 학술저널의 일부다.

Asia Journal of Global Studies	http://www.aags.org
Global Affairs	https://www.tandfonline.com/toc/rgaf20/current
Global Challenges	https://onlinelibrary.wiley.com/journal/20566646
Global Environmental Politics	https://www.mitpressjournals.org/loi/glep
Global Governance	https://brill.com/view/journals/gg/ggoverview.xml
Global Media and Communication	https://journals.sagepub.com/home/gmc
Global Networks	https://onlinelibrary.wiley.com/journal/14710374
Global Policy	http://www.globalpolicyjournal.com
Global Social Policy	https://journals.sagepub.com/home/gsp
Global Society	https://www.tandfonline.com/toc/cgsj20/current
Global Studies Law Review	https://openscholarship.wustl.edu/law_globalstudies
Globalization and Health	https://globalizationandhealth.biomedcentral.com
Globalizations	https://www.tandfonline.com/toc/rglo20/current
Identities: Global Studies in Culture and Power	https://www.tandfonline.com/toc/gide20/current
Journal of Global Analysis	https://cesran.org/globalanalysis
Journal of Global Ethics	https://www.tandfonline.com/toc/rjge20/current
Journal of Global Health	http://www.jogh.org/home.htm
Journal of Global History	https://www.cambridge.org/core/journals/journal-of-global-history
Journal of Globalization and Development	https://www.degruyter.com/journal/key/JGD/html
New Global Studies	https://www.degruyter.com/journal/key/NGS/html
Transcience	https://www2.hu-berlin.de/transcience

글로벌시스템의 등장과 발전

1장

개요

이 장은 글로벌시스템의 등장과 발전을 이해할 수 있는 역사적 맥락을 제공한다. 이는 대체로 근대 세계가 서양에 뿌리를 두고 있다는 점에 대한 검토에서 시작하여, 탐험, 식민지화, 산업화, 제국주의를 통한 유럽 영향의 확산을 살펴본다. 그리고 나서 이 장은 두 개의 세계대전, 유럽 제국의 종말, 냉전이 글로벌리즘과 글로벌 아이디어에 미치는 영향을 살펴본다. 그리고 세계화의 의미와 효과에 대한 토론을 통해 오늘날 글로벌시스템 형성의 핵심에 놓여 있는 9가지 주요 추세에 대해 검토를 한다.

차례

핵심사항

- 글로벌시스템의 근원은 수 세기 이전으로 거슬러 올라갈 수 있지만, 시스템 구축은 지난 150년 동안 가속화되었다.
- 유럽이 글로벌한 관심과 연결을 확장함으로써 오늘날 '글로벌'이라고 정의되는 대부분은 서구적인 성격을 갖게 되었다 (물론 지금은 변화하고 있지만).
- 두 차례의 세계대전과 제국의 종말은 글로벌시스템의 구조와 힘의 균형을 극적으로 변화시켰다.
- 냉전은 제3세계의 출현과 함께 두 초강대국(미국과 소련) 사이의 긴장을 가져왔다.
- 오늘날 우리는 경제, 정치, 문화, 기술, 안전보건, 환경변화의 중요한 새로운 추세에 의해 형성된 시대를 살고 있다.
- 글로벌시스템을 이해하는 데 있어서, 비록 세계화가 생각보다 새로운 것은 아니더라도 세계화는 지배적인 주제이며, 그 함의에 대해서는 의견이 분분하다.

출처: Getty Images/Ktsdesign/Science photo library

근대 세계의 근원

포트 지저스(Fort Jesus)는 케냐에서 두 번째로 큰 도시이자 주요 항구인 몸바사항의 입구에 위치하고 있다. 1590년대에 포르투갈에 의해 건설되었으며, 2년간의 포위 끝에 1698년에 오만 아랍인들에게 함락되었다가, 1895년에 마침내 영국에 점령되었다. 이 요새는 더 이상 방어적인 용도로 쓰이지 않지만, 우리가 현재 근대라고 생각하는 세계의 출현을 보여주는 증거로의 의미를 지니고 있다. 이 요새는 포르투갈이 아프리카를 항해하는 데 성공한 후에 건설되었고, 지역의 정치적 영향력이 한 강대국에서 다른 강대국으로 이동함에 따라 소유권이 바뀌었으며, 더 최근에는 주요 군사 강국의 해군 함정, 주요 석유 생산국의 유조선, 글로벌무역시스템을 통해 운반되는 컨테이너, 케냐 해안의 야자수와 백사장을 찾는 관광객, 그리고 정치적인 주장을 하려는 테러리스트들이 도착하는 모습이 발견된다.

이 하나의 건축물은 우리가 현재 글로벌이라고 정의하는 것의 변화하는 많은 특성을 상징하고 포착한다. 그 특성은 사람들이 서로 연결을 구축하고 경계와 기회를 재정의하도록 격려하는 아이디어, 영향, 힘을 포함한다. 우리는 이주하고, 침략하고, 전쟁을 벌였고, 무역 관계를 구축했고, 협력기관을 설립했으며, 상호작용을 관리하기 위한 복잡한 규칙에 합의했다. 그 결과는 우리가 우리 자신과 서로를 보는 방식을 바꾸고, 우리가 상호작용하는 방식을 바꾸고, 문화, 사회, 경제, 그리고 물리적 환경을 변화시키는 것이었다. 어떻게 그리고 왜 이런 일이 일어났을까?

인류 역사의 대부분(우리가 전근대라고 부를 수 있는 시대) 동안, 대부분의 사람들은 경험, 사고방식, 의식의 측면에서 지역적이었다. 어떤 사회들은 유목민의 사회였고, 다른 사회들은 새로운 지역으로의 이주와 침략을 모색했으며, 다른 사회들은 서로 교역했다. 그러나 대부분의 사람들은 여행을 할 능력도 의욕도 없었고, 그들의 흥미와 지식은 가까운 농장, 마을을 훨씬 넘어서는 경우가 거의 없었다. 부유하거나 힘이 세지 않는 한, 대부분은 자신이 태어난 곳에서 멀지 않은 곳에서 살고 죽었으며, 더 넓은 세상에 대해 거의 알지 못했다. 정치적, 경제적 관계는 지리적으로 범위가 제한되어 있었고, 군인, 탐험가, 기업가로 집을 떠난 소수의 사람들조차도 지평선 너머에서 무엇을 발견할지 거의 알지 못했고, 다시 집에 돌아올 수 있을지에 대한 확신도 없었다.

오늘날의 상황은 상당히 다르다. 현대 세계는 인간의 이해와 접촉의 전개, 그리고 상호 연결성에 있어서 특별하다. 사실, 대부분의 사람들은 여전히 집에서 멀리 여행할 시간과 자금이 없고, 그들이 태어난 지역 안이나 근처에서 계속 살고 있지만, 글로벌 연결고리가 증가했고, 더 많은 사람들이 이러한 연결고리로부터 직접적인 영향을 받는다. 더 많은 사람들이 여행을 하고 이주할 수 있으며, 비교적 쉬운 방식으로 뉴스를 보고 전 세계로부터 정보를 수집할 수 있다. 그들은 일상적으로 수백 또는 심지어 수천 킬로미터 떨어진 곳에서 내려진 결정의 영향을 받는다. 동시에, 세계는 기업, 미디어, 기술의 세계적인 확산으로 인해 촉진되는 공통 아이디어, 언어, 문화의 영향을 받는다.

비록 우리는 세계화를 비교적 새로운 현상이라고 생각하지만 (이 장의 뒷부분 참조), 글로벌 연결을 구축하는 과정은 수세기 전부터 시작되었다. 예를 들어, 역사는 서로 다른 민족들 사이에 정치적, 경제적, 사회적 연결을 구축하는 데 영향을 준 제국의 이야기들로 가득 차 있다. 이 이야기들은 기원전 550~330년 절정기에 서남아시아의 많은 부분을 포함했던 아케메네스(Achaemenid) 제국(또는 제1페르시아 제국), 기원전 322년에서 185년 사이에 오늘날의 인도와 파키스탄의 대부분 지역에 퍼진 마우리아 제국, 또는 618년에서 907년 사이에 현재의 중국과 중앙아시아의 대부분을 포함하는 당나라가 포함된다. 한편, 무역로는 동양과 서양(기원전 2세기에 등장한 실크로드), 인도와 그리스-로마 세계(향신료 루트), 그리고 사하라와 지중해 주변의 공동체 등을 포함한다.

그러나 이러한 연결고리는 지역적이었고, 탐험, 식민지화, 산업화에 앞장선 유럽 강대국들의 부상과 함께 글로벌화 되기 시작했다. 그 결과, 글로벌시스템의 구축은 **서양(West)**에서 나오는 가치와 아이디어에 기반을 두었고, 서양은 우리가 **근대(modern)** 세계라고 정의하는 것의 중심에 자리하게 되었다. 우리가 근대라고 정의하는 것의 뿌리는 유럽에서 일어난 변화에 있으며, 대부분의 역사가들은 근대 시대를 16세기 초와 유럽 르네상스로 거슬러 올라간다. 유럽에서 과학, 기술, 정치, 예술에 혁신적 변화가 일어난 것은 근대 초기(약 1450년부터 1789년 프랑스혁명까지 지속 [Wiesner-Hanks, 2013])였고, 서구 사상의 확장과 확산의 기초를 형성했다.

근대성이나 글로벌시스템을 서양적인 것으로만 생각하거나, 서양을 유럽으로만 생각하는 것은 잘못된 것이다. 세계의 다른 지역에서도 많은 일들이 일

서양(West): 유럽 및 유럽인의 정착과 침략으로부터 성장한 지역사회와 연관된 정치적, 경제적, 문화적 개념이다. 아시아, 특히 중국, 일본, 인도와 관련된 동양의 개념과 구별된다.

근대(Modern): 말 그대로 현재(present) 또는 당시의(contemporary) 시대이며, 역사, 기술, 사회규범, 문화, 예술과 관련하여 가장 자주 사용되는 용어다 (modern은 한국어로 '근대' 또는 '현대'로 번역되어 의미가 불분명할 때가 더러 있다 – 역자 주).

어났고, 서양은 외부 사상과 압력에 의해 형성되고 많은 영향을 받았다. 이슬람 황금기(8세기부터 14세기까지)가 과학과 예술에 미친 영향을 고려해 보자. 그 영향은 아라비아 숫자, 십진법, 대수학, 기하학, 0의 개념(인도로부터 아랍인들이 차용한 것), 그리고 서양과학에서 사용되는 '나디르(nadir)', '제니스(zenith)', '알칼리(alkari),' '알코올(alcohol)'과 같은 많은 아랍어 단어들에서 오늘날에도 느껴지고 있다.

다른 상황에서, 유럽인들이 우세하지 않았을 수도 있고, 세계의 역사는 매우 다르게 나타났을 수도 있다. 예를 들어, 1404년과 1433년 사이에 중국의 명나라는 7개의 대규모이면서 비용이 많이 든 해군 원정대를 해외에 파견했는데, 그들은 동남아시아, 그 다음 인도, 그 다음 페르시아 만, 그리고 마지막으로 아프리카의 동쪽 해안에 도달했다. 첫 항해에만 300척이 넘는 배가 동원되었다. 만약 탐험대가 더 나아가서, 중국이 세계의 다른 지역을 식민지로 만들고 정착했다면, 세계화의 이야기는 상당히 달랐을지도 모른다. 사실, 정치적 분열, 과도한 지출, 자연재해의 조합은 항해를 끝내게 했고 중국의 지평은 수축되었다. 이후 18세기에 세계 최대의 경제대국이었던 인도의 무굴(Mughal) 제국이 내부적으로 쇠퇴하지 않았다면 더 큰 영향력을 획득했을 것이다.

출처: MisoKnitl/iStock

이란의 페르세폴리스(Persepolis) 유적은 아케메네스제국의 업적, 그리고 세계화의 초기 사례들 중 하나에 미친 제국의 역할을 상기시킨다.

근대 초기에는 획기적인 사건들이 많았지만, 특히 한 가지 사건이 눈에 띈다. 1648년 5월과 10월 사이에 대표단은 당시 베스트팔렌 공국(Duchy of Westphalia, 현재 독일의 일부)이었던 오스나브루크(Osnabruck)와 뮌스터(Munster)에서 열린 일련의 회의에서 만나, 유럽과 궁극적으로 세계에 중요한 영향을 미칠 몇 가지 결정을 내렸다. 그들의 즉각적인 목표는 신성 로마 제국의 30년전쟁, 그리고 스페인과 네덜란드공화국 사이의 80년전쟁, 두 전쟁을 끝내는 것이었다. 그들은 베스트팔렌 평화조약(Peace of Westphalia)으로 알려진 세 가지 조약에 합의하는 데 성공했다.

그러나 더 넓게 보면, 조약은 중앙유럽에 새로운 정치질서를 가져다주었고, 국가의 경계를 존중하고 국가의 내정에 간섭하지 않는다는 원칙을 수립했다. **베스트팔렌체제(Westphalian system)**라고 알려진 근대 국가체제는 유럽에서 정착되었고, 후에 유럽이 글로벌 차원으로 영향력을 확대하면서 세계의 다른 지역으로 수출되었으며, 오늘날 우리 모두가 살고 있는 국가들로 구성된 글로벌공동체의 핵심이 되었다. 우리가 4장에서 보게 될 것처럼, 많은 사람들이 그 이후로 베스트팔렌체제의 지혜와 현실에 의문을 제기했고, 국가의 미래가 논의되고 있지만, 좋든 나쁘든 그것은 우리가 오늘날의 글로벌시스템을 이해하는 기준점이다.

베스트팔렌체제(Westphalian system): 1648년 베스트팔렌 평화조약으로부터 등장한 근대 국가체제는 국가의 주권과 정치적 자결을 기반으로 한다.

유럽의 글로벌화

이러한 변화에 힘입어, 전근대 시대의 상대적 고립은 오늘날 우리가 알고 있는 글로벌시스템으로 단계적으로 이끌 새로운 연결로 대체되었다 (도표 1.1 참조). 유럽의 역할은 이 과정의 중심이었고, 유럽의 영향력은 근대 세계의 윤곽을 설계하고 수립하는 네 가지 주요 발전을 지원하도록 수출되었는데, 그 발전 내용은 탐험, 식민지화, 산업화, 제국주의다.

'탐험.' 15세기 후반부터 16세기 후반까지 이어진 탐험의 시대는 유럽인들이 세계의 다른 지역을 방문하고 이해하고 연결하기 시작한 시대이고, 세계화의 첫 번째 시대라고 묘사되고 있다 (Black, 2002). 유럽인들이 이러한 행위를 한 첫 번째 사람들은 아니다. 유럽인들 이전에 중국인, 아랍인, 페르시아인들이 활발한 탐험활동을 했다. 그러나 유럽인들은 중요한 이점을 가지고 있었다. 그

도표 1.1 글로벌시스템의 성장 단계

시대	시기	특징
전근대	16세기 초 이전	연결이 없고, 글로벌시스템의 개념 없음.
태동기	16세기 초부터 20세기 초	유럽이 탐험, 식민지화, 산업화, 제국주의를 통해 글로벌행위자로 등장.
세계대전	1914~1945년	유럽이 중심이 된 글로벌전쟁.
냉전	1940년대 후반~1980년대 후반	양극체제: 초강대국 간의 이념대결.
세계화	1990년 이후	다극체제: 글로벌 연결의 강화. 아시아의 부상.

들은 세계의 먼 지역들과 무역을 추구했고, 이를 가능하게 한 장거리 항해 선박을 발명했고, 정부와 후원자들의 지원을 받았다.

유럽인들의 탐험을 포르투갈인과 스페인인들이 이끌었고, 포르투갈의 항해자 앙리(Henry) 왕자(1394~1460년)는 수십 년 동안 탐험에 관심을 가졌다. 유럽 탐험가들은 콜럼버스(Christopher Columbus, 1492년에 아메리카 대륙에 도달한, 스페인의 지원을 받은 이탈리아의 선원), 바스코 다 가마(Vasco da Gama, 1498년에 현재의 인도에 도달한 사람), 카브랄(Pedro Álvares Cabral, 1500년에 현재의 브라질에 도달한 사람), 마젤란(Ferdinand Magellan, 현재 알려진 최초의 세계 일주 항해를 1519년부터 1522년까지 시작한 사람이며, 스페인의 엘카노[Juan Sebastián Elcano]가 완성)의 위업과 함께 성장했다.

'식민지화.' 탐험의 시대의 발견들은 유럽을 변화시켜 유럽 지도자들과 민족들을 새로 드러난 기회를 위한 경쟁으로 이끌었을 뿐만 아니라, 세계의 다른 지역들에 변화를 가져와서 새로운 연결고리를 만들어냈으며, 무역의 기회와 욕망을 확장시켰다. 스페인과 포르투갈은 1492년부터 19세기 초까지 중남미에 대한 영유권을 주장했고, 영국과 프랑스는 아시아, 북아메리카, 그리고 나중에 아프리카에 대한 영유권을 주장하였다 (지도 1.1을 참고할 것). 1600년 인도에 대한 영국의 이익을 감독하기 위해 동인도회사가 런던에 설립되었으며(Robins, 2012), 2년 후 동남아시아를 목표로 하는 네덜란드 동인도 회사가 설립되었다. 무역 이익은 유럽 **식민주의(colonialism)** 시대를 시작하기 위한

식민주의(Colonialism): 한 지역의 정부 또는 시민들이 정착, 경제적 착취 또는 전략적 이익을 목적으로 외국 영토를 점령하고 통제하려는 시도.

정치적 영향력 경쟁과 결합되었으며, 네 가지 주요 동기에 의해 뒷받침되었다.

- 영국의 북미 식민지의 경우와 같은 정착지.
- 향신료, 설탕, 광물, 노예와 같은 상품을 추구하기 위해 무역관계를 설정하려는 노력과 같은 착취. (서아프리카의 해안선은 유럽인들이 곡물해안[Grain Coast], 노예해안[Slave Coast], 상아해안[Ivory Coast], 황금해안[Gold Coast]이라고 이름 지었다.)
- 경제적, 정치적 이익을 보호하기 위한 군사 기지 설립의 경우와 같은 전략적 이점.
- 기독교를 전파하기 위한 선교사들의 노력, 그리고 다른 민족과 문화를 '향상' 시키려는 식민주의자들의 노력으로 표현된 '문명화'에 대한 열망.

16세기 초부터 19세기 초 폐지될 때까지 활발했던 유럽-아메리카 노예무역만큼 깊고 지속적인 영향을 미친 개발은 거의 없었다 (Thomas, 1999). 서아프리카에서 아메리카 대륙으로 노예가 끌려가고, 노예는 유럽으로 수출하

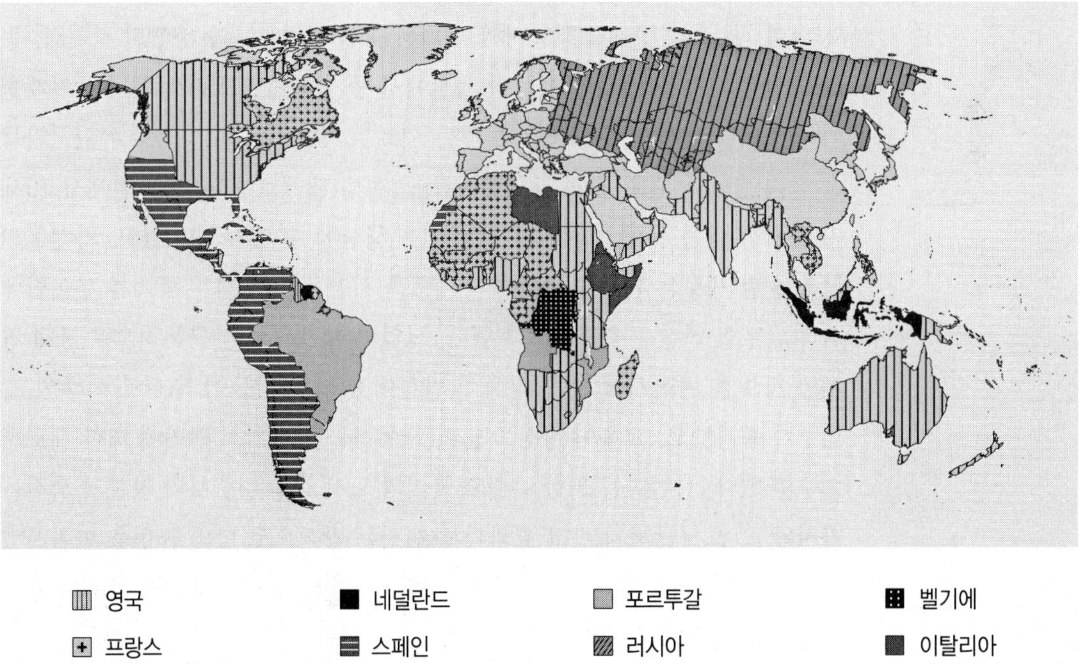

지도 1.1 유럽의 제국들 1800~1950년

주: 이 지도는 동시대의 지도가 아니며, 유럽 제국이 서로 다른 시기에 점령했던 세계의 지역을 보여준다.

기 위해 설탕, 목화, 목재, 광물과 같은 상품을 생산하는 농장과 광산에서 일하고, 유럽의 생산자들이 무기, 섬유와 같은 가공품을 서아프리카로 수출하는 삼각체제를 이루었다. 수백만 명의 노예들이 아메리카 대륙과 카리브해로 끌려갔는데, 그들 대부분은 포르투갈과 스페인의 식민지였으며, 노예들은 이들 지역의 경제뿐만 아니라 주요 노예 강국들(특히 포르투갈, 영국, 프랑스)의 경제 건설에 도움을 주었다. 예를 들어, 밥티스트(Baptist, 2016)는 미국이 현대 산업과 자본주의 사회로 확장하는 핵심에 노예제가 놓여 있다고 언급하면서, 노예제의 경제적, 사회적 효과에 대한 함의는 오늘날에도 여전히 논의되고 있다고 주장한다.

아마도 식민지 정복의 궁극적인 행동은 1884~1885년 베를린회의에서 이루어진 유럽 열강들 사이의 합의였을 것이다. 아프리카의 통제에 대한 긴장감은 '아프리카 쟁탈전'으로 이어졌는데, 이는 아프리카 대륙이 영국, 프랑스, 벨기에, 포르투갈, 독일, 이탈리아, 스페인으로 나뉘는 결과를 낳았다. 아프리카, 특히 사하라 이남에서처럼 식민주의의 영향이 여전히 절실하게 느껴지는 곳은 세계에 거의 없다.

'산업화.' 유럽의 강대국들이 세계의 다른 곳을 바라보느라 바빴던 것처럼, 동물과 인간의 힘을 이용한 제한된 생산에서 증기와 석탄으로 작동되는 기계를 이용한 대량 생산으로 전환할 수 있는 새로운 기술 발명의 결과로 유럽국가들은 극적인 국내 변화를 겪고 있었다. 산업혁명(대체로 18세기 중반에서 19세기 중반까지)은 유럽인들이 더 많은 것을 생산할 수 있게 해주었고, 자신들의 상품을 팔 새로운 원자재 공급원과 새로운 시장을 찾게 하는 동기를 부여함에 따라 글로벌 연결을 추구하도록 했다. 산업의 발전은 또한 근본적으로 국내 경제와 사회를 변화시켰다. 공장들이 만들어졌고, 사람들이 도시로 이주했고, 인구가 증가했고, 교육이 향상되었고, 노동자들은 정치적 권리에 대한 새로운 요구를 했다. 산업화는 또한 유럽과 북미의 도시 중심지에 부와 자본의 축적을 가져왔고, 오늘날까지도 그 효과가 느껴지는 방식으로 힘의 균형을 변화시켰다. 뒤에 이어지는 장에서 보게 되겠지만, 산업화는 또한 자원의 잘못된 관리와 광범위한 환경 피해로 이어졌다.

제국주의(Imperialism): 외교, 경제적 통제, 군사정복을 통해 세력과 영향력을 확대시키기 위한 정부와 국가의 정책.

'제국주의.' 식민주의는 식민세력이 해외영토를 직접 통제한다는 가시적인 변화를 내포하고 있지만, **제국주의(imperialism)**는 식민주의와 세력권 구축 노력 모두에서 표현된 철학과 일련의 효과를 묘사한다. 가장 유명한 유럽 제국주의자들 중 한 명은 영국의 기업가이자 백인 우월주의자였던 로즈(Cecil John Rhodes, 1853~1902년)로, 그의 목표는 영국이 아프리카의 한쪽 끝에서 다른 쪽 끝까지 통치를 하는 것이었지만, 그의 장기적인 희망은 전 세계에 대한 영국의 지배였다. 로즈는 영국인으로 태어난 것을 '생명의 은총'이라고 자랑스러워했다. 그의 이름은 그가 죽은 후에도 남부 아프리카의 북부와 남부 로디지아('Rhodesia', 현재의 잠비아와 짐바브웨) 식민지의 설립과 함께 존속했다. 그는 유언에서 영어권 학생들이 옥스퍼드 대학에서 공부하는 것을 지원하는 로즈 장학금을 지원하도록 했다. 아마도 이 모든 것은 제국주의 열강의 특권 엘리트들에게는 매우 좋은 일이었지만, 제국주의를 성장할 수 있게 하였던 군인과 근로자의 대부분을 차지하는 노동자 계급은 다른 견해를 가졌을 것이다. 좋은 측면에서는 베푼다는 태도를 보였고, 최악의 경우 잔인함으로 대해 졌던 유럽 식민지의 많은 주민들도 그들과 같은 생각을 했을 것이다.

20세기 유럽 제국의 종말이 제국주의의 종말을 의미하는 것은 아니었고, 제국주의 시대의 특징이었던 많은 불평등과 착취가 지속되는 **신제국주의(neo-imperialism)**에 대한 비판은 오늘날에도 계속되고 있다. 국가, 기관, 심지어 기업일 수도 있는 상이한 행위자들이 경제적, 사회적, 심지어 문화적 수단을 사용하여 글로벌하고 국제적인 추세를 형성하고 있다는 주장이 있다 (제9장과 제10장 참조). 세계은행과 국제통화기금(IMF)과 같은 많은 국제은행과 국제조직들이 부국들에 의해 지배되고 있으며, 그들이 종종 대출이나 투자의 대가로 가난한 나라들에게 양보를 요구하는 것은 신제국주의의 한 형태로 종종 비판되고 있다 (Salamah, 2017 참조). 이러한 지도자와 추종자들의 철학은 글로벌시스템에서 지속되고 있는 많은 정치적, 경제적, 사회적 불평등을 설명한다.

신제국주의(Neo-imperialism): 힘이 약한 행위자들에게 변화나 양보를 요구함으로써 영향력을 확장하려는 힘 있는 행위자들의 노력.

세계대전과 제국의 종식

탐험, 식민주의, 산업화, 제국주의가 가져온 글로벌 변화는 20세기 전반(前半) 동안 넓어지고 깊어질 것으로 예상되었다. 그러나 글로벌시스템을 극적으로 재편하고 유럽 글로벌권력의 종말을 가져온 두 번의 **세계대전(World War)** 만큼 정치와 경제의 세력균형 재구성에 더 큰 역할을 한 사건은 거의 없다. 제

세계대전(World War): 세계 여러 지역의 국가들이 포함된 군사 충돌.

1차 세계대전(1914~1918년)과 제2차 세계대전(1939~1945년)은 다른 세력들을 끌어들인 유럽의 내전이었고, 중간에 21년간의 휴식 기간을 가진 하나의 전쟁으로 볼 수 있다.* 첫 번째 전쟁을 발발하게 한 갈등은 제1차 세계대전을 종식시킨 평화조약으로 해소되지 않았고, 제2차 세계대전으로 이어지는 길을 놓았다.

* 역자 주
제1차 세계대전과 2차 세계대전의 사이를 전간기(戰間期, inter-war period)라고 부른다.

1914년 제1차 세계대전이 발발하는 동기가 된 긴장은 명백하지 않았다. 1815년 나폴레옹 전쟁이 끝난 이후 주요 강대국들이 관련된 주요 분쟁은 거의 없었고, 무역이 확대되었고, 의료와 위생이 개선되었으며, 증기선, 공공 철도, 전신, 전화, 자동차의 발명을 필두로 한 신기술은 새로운 수준의 경제 생산을 가져왔다. 평화가 전쟁보다 더 바람직한 상태로 받아들여지면서, 국가들 사이의 글로벌 연결이 강화되었다.

강대국(Great powers): 대규모 군사, 그리고 대륙 또는 글로벌 이해관계를 가진 국가.

그러나 글로벌시스템은 영국, 프랑스, 독일, 러시아 등 소위 **강대국(great powers)**의 지배를 받았으며, 강대국들은 가장 규모가 큰 경제, 가장 강력한 군대, 국제무역에서 가장 강력한 지위, 그리고 대륙 중심 또는 글로벌한 이해관계를 가진 국가들이었다 (Levy, 1983 참조). 한편, 세계의 다른 지역들은 강대국들에 의해 통제되는 제국의 일부이거나, 아니면 (미국처럼) 강대국 경쟁에 연루되는 것을 피하거나, 또는 (중국, 일본, 그리고 남미 대부분처럼) 부상하는 글로벌시스템의 가장자리에 남아 있었다.

강대국들은 서로의 관계에서 평화와 번영을 강조했지만, 무기와 군대에 대규모 투자를 했고, 민족주의적 열망, 경제 경쟁, 식민지 경쟁으로 중첩된 동맹과 외교적 연합의 네트워크를 구축했다 (Macmillan, 2014). 오스트리아-헝가리 왕위 계승자인 페르디난트(Franz Ferdinand) 대공이 1914년 6월에 보스니아 세르비아 민족주의자에 의해 암살당한 사건이 일련의 사건들의 발생으로 이어졌지만, 이 전쟁은 피할 수 있었고 개전으로 이어질 가능성도 크지 않았다 (Clark, 2012). 제1차 세계대전(당시 이 전쟁은 대전쟁[Great War]으로 알려졌고, '모든 전쟁들을 끝낼 수 있는 전쟁'으로 인식되었다)은 주로 벨기에와 프랑스에서 전투가 전개되었지만, 중동과 아프리카의 일부 지역까지 확산되었고, 영국 식민지(특히 호주, 캐나다, 인도, 뉴질랜드)와 미국도 참전했다.

제1차 세계대전의 결과는 참담했다.

- 4,000만 명의 사상자가 발생했는데, 그중에 사망자는 1,800만 명으로 추산

되었다.

- 전쟁의 새로운 기술은 이전의 전쟁들보다 훨씬 더 많은 민간인들의 죽음을 초래했다.
- 주요 참전국들의 경제는 심각한 타격을 입었다.
- 중동의 분열은 나중에 많은 문제를 초래하게 되었다.
- 이 전쟁은 러시아 정권의 붕괴와 소련(USSR: Union of Soviet Socialist Republics, Soviet Union)의 설립을 촉발시켰다.
- 히틀러(Adolf Hitler)가 등장하게 되는 길이 열렸다.

이 전쟁의 또 다른 영향은 국제협력에 대한 지지를 넓히는 것이었고, 1920년 스위스 제네바에 본부를 둔 국제연맹이 창설되었다. 제1차 세계대전을 끝낸 베르사유조약에 따르면, 국제연맹의 목표는 '개방적이고 정의롭고 명예로운 국가 간의 관계'에 기초하여 '국제협력을 촉진하고 국제 평화와 안보를 달성하는 것'이었다. 그러나 국제연맹은 많은 구조적 약점을 가지고 있었는데, 특히 행동을 취하기 위해서 만장일치가 필요했을 뿐더러, 모든 주권국가가 자동적으로 가입하는 것이 허락되지 않았고, 몇몇 주권국들은 가입하기를 거부하거나 (미국의 경우), 가입했다가 탈퇴하거나 (독일의 경우), 가입하였으나 퇴출되었다 (소련의 경우). 국제연맹은 작은 국가들이 관여된 소규모 분쟁들을 해결하는 데 도움을 주었지만, 1931년 일본의 만주 침공과 1935년 이탈리아의 에티오피아 개입을 막을 수가 없었다. 동시에 페데르센(Pedersen, 2015)이 주장하는 바와 같이, 국제연맹이 강대국들로 하여금 자신들의 권위를 유지하기 위한 노력이 처음으로 도전받을 수 있는 채널을 제공하여, 1945년 이후 다가올 변화의 장을 마련했다.

국제연맹의 가장 명백한 실패는 결국 제2차 세계대전으로 이어질 긴장을 해소하지 못했다는 점이다. 여기에는 진행 중인 강대국 경쟁, 1918년 이후 독일에게 요구한 배상, 독일의 군사력 제한, 독일의 정치적 불안정, 일본의 군사화, 독일과 일본의 식민지 소유 욕구가 포함되었다 (Overy, 2017 참조). 경제 문제는 1929년 미국에서 발생한 대공황과 같은 방정식으로 더해졌고, 세계의 모든 주요 경제국에 영향을 미쳤으며, 국제무역의 급격한 감소로 이어졌고, 독일의 정치적 긴장도 고조되었다. 이 문제는 1939년 9월 제1차 세계대전보다 훨씬 더 글로벌한 전쟁 발발의 단계로 이어졌으며, 대부분의 유럽과 식민지들,

출처: curls/iStock

프랑스 베르됭의 북동쪽에 있는 적어도 13만 명의 신원이 확인되지 않은 군인들의 유해를 포함한 전쟁 묘지는 글로벌 수준으로 행해진 전쟁의 대학살과 비극을 상기시켜 주는 역할을 하고 있다.

중동, 미국, 중국, 일본이 개입되었다.

제2차 세계대전의 영향은 제1차 세계대전 때보다 훨씬 더 격렬했다.

- 전쟁으로 인해 약 3,000만 명의 민간인(홀로코스트에서 사망한 600만 명의 유대인과 로마인 포함), 그리고 기아와 질병으로 인한 약 2,300만 명 등 5,000만에서 8,000만 명의 사망자가 발생했다.
- 전쟁기술의 진일보한 발전으로 대전쟁(Great War, 제1차 세계대전)의 경우보다 훨씬 더 많은 파괴가 이루어졌다.
- 유럽의 강대국들은 대규모 군사나 제국을 유지할 능력과 의지를 잃었고, 강력한 **탈식민지화**(decolonization) 과정을 촉발하여 역사상 새로운 국가 창설의 가장 역동적인 국면으로 이어졌다. 1946년부터 1970년 사이에 거의 60개 국가가 독립하였다 (제4장 참조).
- 히로시마와 나가사키에 투하된 원자폭탄이 핵시대를 이끌었다.
- 유럽은 1945년에 평화를 축하했지만 곧 두 개의 진영으로 나뉘었다. 하나는 미국에 의해 지배되었고, 다른 하나는 소련에 의해 지배되었다.
- 국제협력은 1945년 유엔 창설과 함께 더 높은 단계로 접어들었다.

탈식민지화(Decolonization): 한 국가의 다른 국가에 대한, 또는 한 공동체의 다른 공동체에 대한 식민지 지배를 뒷받침하는 구조와 생각의 해체.

두 세계대전의 복합적인 효과는 글로벌시스템을 근본적인 방법으로 재편하는 것이었다. 1945년 이전까지 정치적, 경제적, 군사적 무게 중심은 모두 유럽에 있었지만, 이제는 글로벌시스템의 정의가 바뀌고, 새로운 국가들이 독립성을 주장하고, 글로벌 연결이 성장하며, 글로벌 의식이 성장과 팽창의 새롭고 역동적인 국면으로 접어들면서 새롭고 예상치 못한 방향으로 움직이기 시작했다. 1940년대 후반 세계는 완전히 새로운 종류의 분쟁인 냉전에 휘말려 들었다.

연표 1 글로벌시스템 진화의 주요 사건

시기	사건
1492~1522년	포르투갈과 스페인인들의 아메리카와 인도 탐험
1519년	처음 알려진 단일 세계일주 항해
1648년	베스트팔렌 평화조약
18세기 중반	산업혁명의 시작
1725~1825년	대서양 노예무역의 절정
1804년	세계인구 10억 명 도달
1884~1885년	베를린회의
1914~1918년	제1차 세계대전 (대전쟁[Great War])
1918~1920년	전 세계 독감 유행으로 5,000만에서 1억 명 사망 추정
1920년	국제연맹 창설
1927년	세계인구 20억 명 도달
1929~1933년	대공황의 절정
1939~1945년	제2차 세계대전
1944~1971년	브레튼우즈(Bretton Woods)체제
1945년	유엔 창설
1948년	세계인권선언 채택
1940년대 후반	냉전 시작
1940년대 후반~1960년대 후반	탈식민지화의 시대: 국가 숫자 거의 2배로 증가
1958년	유럽연합의 모태 설립

계속 ▶▶

연표 1 계속

시기	사건
1973년	국제 에너지위기
1979년	이란혁명
1980년	천연두, 인간 노력으로 근절된 첫 번째 전염병
1980년대	개인용 컴퓨터(PC)의 정착 시작/ 기후변화의 잠재적 영향에 대한 첫 번째 경고
1980년대 후반	냉전 종식
1987년	세계인구 50억 명 도달
1991년	소련의 해체
1990년대 초반	인터넷의 글로벌화 시작
1990년대	중국의 글로벌행위자로서 등장 초기 징후
2001년	미국에 대한 테러 공격
2007~2009년	글로벌금융위기 고조
2007년	글로벌도시 인구의 과반수 초과
2011~2015년	아랍의 봄 고조
2012년	세계인구 70억 명 도달
2015년	유엔 지속가능 발전 목표 발간
2019년	2016년과 더불어 역사기록에서 가장 더운 기후
2020년	코로나19 팬데믹 시작

냉전시대

초강대국(Superpower): 글로벌한 차원에서, 특히 군사적인 의미에서 활동할 능력과 의지를 가진 국가.

1945년 4대 강대국은 글로벌 수준에서 지배할 수 있는 새로운 종류의 **초강대국(superpower)**으로 대체되기 시작했다 (이 용어의 개념에 대해서는 Fox, 1944 참조). 초강대국은 미국과 소련 단 두 국가였고, 이들의 글로벌권력은 핵무기 보유에 의해 강화되었다. 다른 나라들(영국, 프랑스, 중국 포함)도 바로 핵 능력을 발전시켰지만, 전후 시대는 미국과 동맹국들을 한 편으로 하고, 소련과 동맹국들을 다른 편으로 하는 진영 사이의 이념적 긴장이 지배했다. 이 시대에는 두 진영 사이에 직접적인 군사적 충돌이 없었고, 대신 상호 의심, 적대감, 불신에 의해 주도된 영향력 경쟁이 있었기 때문에 **냉전(Cold War)**[*]이라고 알려져 있다.

냉전의 긴장이 심화되면서 탈식민지화가 본격적으로 시작되어, 아시아, 아프리카, 중동에 수십 개의 신생 독립국가가 탄생했다. 소위 **제3세계(Third World)**는 새로운 초강대국 대립을 초조하게 지켜보았고, 그중 일부는 미국이나 소련의 편을 들도록 부추기거나 유인되었으며, 다른 국가들은 거리를 두려고 노력했다. 필연적으로 발생할 것이라고 우려되던 핵전쟁은 상호확증파괴(MAD: mutually assured destruction)의 개념에 의해 억제되었고, 대신 냉전의 긴장은 베를린 봉쇄(1948~1949년), 한국전쟁(1950~1953년), 쿠바 미사일위기(1962년), 베트남전쟁(1950년대 중반부터 1975년), 아랍-이스라엘 전쟁, 아프리카 대륙의 독립전쟁들, 1979년 소련의 아프가니스탄 침공을 포함한 수많은 지역 분쟁과 갈등에 반영되었다.

아이러니하게도 국제기구와 국제조약의 수가 늘어났음에도 불구하고 글로벌 긴장과 불평등이 증가했는데, 이 기구와 조약들은 공동의 이익을 위해 함께 추구함으로써 국가 간의 연결을 구축하기 위한 것이었다. 1945년 국제연맹을 대체하기 위해 설립된 유엔은 각 국가들이 의견의 차이를 토론하고 분쟁과 전쟁을 피하기 위한 희망을 가지고 설립된 기구였다. 서유럽인들은 훨씬 더 나아가 수 세기 동안 유럽지역에 너무나 많은 문제들을 가져온 반복되는 전쟁과 분쟁에 대한 해결책을 모색했다. 이는 1950년대에 현재의 유럽연합(EU)이 되는 것을 향한 첫걸음을 내디뎠고, 그 핵심 목표는 통합된 단일 유럽시장을 건설하는 것이었다. EU의 모델은 나중에 세계의 다른 지역의 유사한 지역기구들에게 영감을 주는 것이었다 (6장을 참조할 것).

1944년 7월 뉴햄프셔의 브레튼우즈 리조트에 44개국의 경제학자들과 정부 지도자들이 모여 **브레튼우즈체제(Bretton Woods system)**로 알려진 원칙에 합의함으로써, 글로벌경제시스템도 변화하고 있었다. 여기에는 통화의 태환성, 자유무역, 비차별성, 안정적인 환율 등이 포함되었다 (Conway, 2014 참조). 이 체제는 미국 달러의 새로운 글로벌 강세와 두 개의 새로운 국제기구의 설립을 토대로 했다. 국제통화기금(IMF)은 국제무역을 촉진하는 이익에 있어서 환율의 안정을 장려했고, 세계은행은 유럽국가들이 전쟁에서 회복하는 것을 도왔다 (자세한 내용은 제9장 참조). 동시에 무역장벽의 점진적인 축소를 목표로 하는 협상을 감독하기 위해 관세 및 무역에 관한 일반협정(GATT:

냉전(Cold War): 1940년대 후반과 1980년대 후반 사이에 미국과 소련, 그리고 각각의 동맹국이나 피후견국들이 참여한 논쟁과 아이디어의 전쟁.

* 역자 주
냉전은 소련의 팽창주의에 대해 미국의 봉쇄주의가 맞서면서 시작되었다. 구체적으로 미국은 1947년 트루먼 독트린, 1948년 마셜플랜, 1949년 NATO결성 등 정치, 경제, 군사의 모든 측면에서 냉전 공세를 시작했다.

제3세계(Third World): 20세기 후반 아시아, 아프리카, 중동, 중남미의 신흥국가를 느슨하고 비공식적으로 분류하기 위해 사용된 명칭.

브레튼우즈체제(Bretton Woods system): 자유무역과 환율 안정을 통해 1945년 이후의 평화와 번영을 장려하기 위해 고안된 국제경제체제.

General Agreement on Tariffs and Trade)이 체결되었다.

브레튼우즈체제는 1971년 미국이 인플레이션을 통제하고 베트남전쟁의 비용을 감당하기 위해 고군분투하면서 금과 달러의 교환을 일방적으로 중단한 결과 붕괴되었다. 이는 국제통화의 격변 시대를 열었고, 1973년 10월 이스라엘과 아랍 사이의 전쟁으로 촉발된 국제 에너지위기로 인해 악화되었고, 결국 아랍 석유 생산국들이 석유 가격을 4배로 올리는 결과를 낳았다. 1970년대는 소련의 아프가니스탄 침공으로 끝이 났는데, 이는 소련을 이길 수 없는 전쟁으로 몰아넣었고, 소련의 정치와 경제체제의 많은 내부 약점이 드러났다.

한편, 새로 독립한 국가들은 자신들이 세계무대에서 새로운 행위자라고 주장하기 시작했다 (북과 남 비교 1을 참조할 것). 그들은 1955년 비동맹운동을 추진하였고, 냉전에서 어느 한 편을 들지 않겠다는 자신들의 열망에 대한 별로 확신할 수 없는 메시지를 보내는 노력을 했다. 이들은 1964년 유엔 내에 77개국 집단(Group of 77)으로 모였으며, 그 목표는 회원국들의 집단 이익을 증진시키는 것이었다 (제6장 참조). 그들의 불평등한 지위에도 불구하고, 그들을 무시할 수 없었다. 다수 국가들이 빠르게 증가하는 인구, 대규모 노동력, 그리고 귀중한 원자재들을 보유하고 있었다. 일부 국가들은 냉전에서 중요한 지원 역할을 했고, 다른 국가들은 내부 불안정 때문에 이웃국가들에 부정적인 영향을 미쳤는데, 그 사례로는 난민위기를 촉발시키는 것을 들 수 있다. 중국과 인도가 가장 큰 잠재적 새로운 글로벌 행위자였지만, 1979년 이란혁명 이후 두드러진 이슬람 세계 또한 중요한 새로운 역할을 했는데, 이란혁명으로 친서방 세속체제가 새롭고 보다 급진적인 이슬람공화국으로 대체되었다.

1985년 소련의 지도부가 교체되었는데, 그동안 집권했던 보수주의자들이 보다 진보적인 고르바초프(Mikhail Gorbachev)의 행정부에 의해 교체되었다. 이 변화는 국가에 새로운 개방과 경제적 변화에 대한 열망을 가져왔고, 곧 소련의 지배하에 있던 동유럽국가들에서 민주주의 운동의 영감이 살아났다. 이러한 움직임은 1990년 10월 독일의 재통일, 1991년 12월 소비에트 연방의 해체, 1990년대 유고슬라비아의 해체, 냉전의 종식으로 이어졌다. 소련의 붕괴와 함께 미국이 유일 초강대국이 되었고, 냉전시대의 양극 세계는 적어도 잠시나마 미국의 지배라는 새로운 단극시대로 대체되었다. 그러나 미국의 지배에 대한 의문, 그리고 새로운 **다극**(multipolarity) 시대에 대한 추측으로 이어진 수많은 변화들이 이미 진행되고 있었다. 19세기가 영국의 세기이고, 20세

다극(Multipolarity): 3개 이상의 극 또는 주요 행위자를 기반으로 하는 국제체제. 오늘날 다극의 후보로는 미국, 중국, 유럽연합, 인도가 있다.

북과 남(North and South): '개발된' 그리고 '개발되고 있는' 사회와 경제를 일컫는 짧은 용어이며, 대부분은 각각 세계의 북반구와 남반구에서 발견된다. 종종 '글로벌'이라는 형용사가 앞부분에 위치한다.

북(NORTH)과 남(SOUTH) 비교 1

북과 남에 대한 이해

일반화는 종종 예외, 변형, 뉘앙스를 간과하기 때문에 문제가 될 수 있다. 그러나 일반화는 종종 길고 복잡한 토론과 분석이 될 수 있는 짧은 기준점을 제공하기 위해 필요하다. 이 책에서 사용된 주요 일반화 중 하나는 세계의 국가들을 **북**(North)과 **남**(South) 두 개의 그룹 중 하나로 위치시키는 것이다. 모든 장은 이 장과 같은 상자형 설명이 포함되어 있는데, 이는 북과 남의 시민과 정부의 문제나 현상을 대조적인 관점에서 평가하기 위한 것이다. 더 나아가기 전에, 이 용어의 의미를 더 자세히 설명하고 장단점을 간단히 검토할 가치가 있다.

북과 남이라는 용어의 기원은 1980년대로 거슬러 올라가며 (Independent Commission on International Development Issues, 1980 참조), 냉전시대의 '제1세계'(자본주의적 민주주의 국가), '제2세계'(공산주의 국가), '제3세계'(기타 국가)의 용어의 사용을 대체하기 위한 노력에서 비롯되었다. 북과 남이라는 용어는 아래에서 열거되는 개념과 대안에 포함된 암묵적인 등급보다 선호되고 있는데, 그 개념과 대안은 '선진화된' '개발된' '개발 중인' '덜 개발된' '저개발된' '산업화된' '신흥 산업화된' '부상하고 있는' 등이다. 이 모든 개념들은 명확하게 균형적으로 설명되거나 보편적으로 합의된 적이 없는 정치적, 경제적, 사회적 요인의 부정확한 혼합에 기초하고 있다. 새 용어는 다음과 같이 적용되었다.

- 북과 글로벌 북(Global North)은 유럽, 북미, 일본, 한국, 호주, 뉴질랜드와 가장 많이 연관되어 있으며, 러시아는 조금 예외적인 경우다.
- 남과 글로벌 남은 아시아, 아프리카, 중동, 중남미와 가장 연관되어 있다. 그들 일부(아르헨티나, 브라질, 중국, 싱가포르 등)는 세계에서 가장 역동적이고 빠르게 성장하는 경제들 중 일부를 포함하며, 그러한 나라들이 언제까지 남의 일부로 계속 여겨질지에 대한 의문을 제기한다.

몇 가지 핵심을 거론할 필요가 있는데, 그중 가장 중요한 것은 두 집단의 구분이 지도 1.2가 암시하는 것만큼 명확하지 않다는 점이다. 예를 들어, 남과 북의 도시 엘리트들은 많은 공통점을 가지고 있는 반면, 남의 일부 지역들은 그들의 이웃들보다 더 북에 가깝고, 북의 일부 지역들은 남에 더 가깝다. 우리는 또한 각 집단이 국가마다 중요한 차이가 있고, 북과 남 사이의 힘의 균형이 변화하고 있으며, 세계화가 두 개의 별개 영역에 대한 개념을 약화시키는 데 영향을 미친다는 것을 기억해야 한다. 이러한 문제에도 불구하고, 아무도 더 나은 대안을 제안하지 않았고, 책과 저널 제목(예: Tickner and Smith, 2020 참조), 회의 주제 및 연구 센터의 이름에 나타나면서 널리 사용되고 있다. 이 용어는 세계의 주요 구분을 추상화하는 완전하게 정확하지는 않지만 유용한 수단이며, 지리적이라기보다는 개념적인 것으로 간주해야 한다.

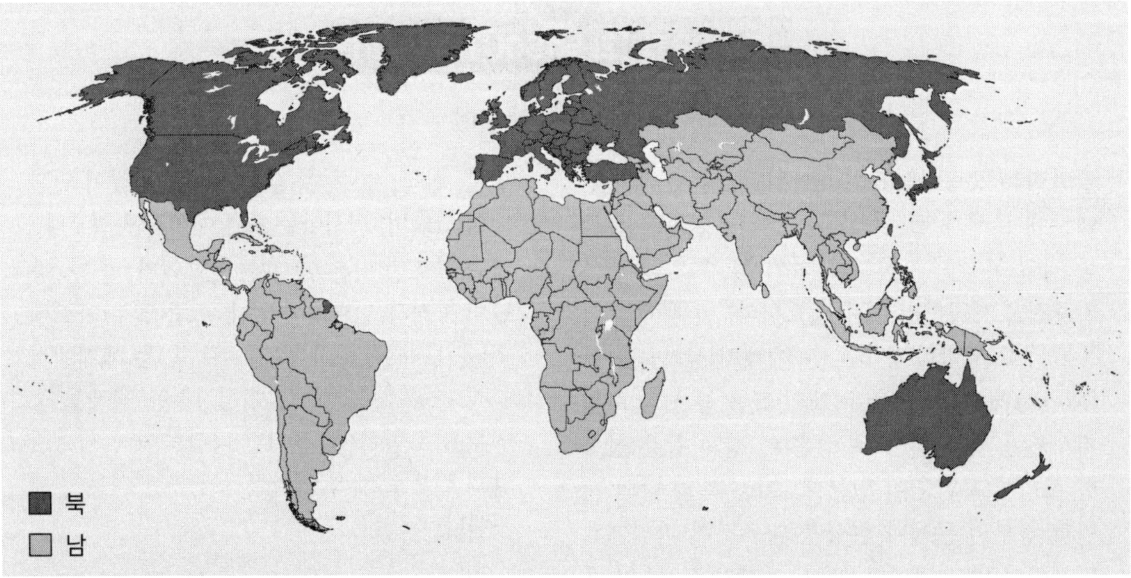

지도 1.2 북과 남

기가 미국의 세기였다면, 아마도 — 우리가 다음 장들에서 보게 될 것처럼 — 21세기는 중국의 세기로 밝혀지게 될 것이다 (Nye, 2015 참조).

9가지 글로벌 추세

역사의 종말(End of history): 정치, 경제, 사회 시스템이 논리적이고 결정적인 최종 상태에 도달한 지경에 이르렀다는 생각.

1989년 미국의 정치경제학자 후쿠야마(Francis Fukuyama)는 동유럽 민주적 전환의 속도에 영감을 받아 민주주의의 마지막 승리를 **역사의 종말(end of history)**로 선언했다. 그는 "우리가 목격하고 있는 것은 냉전의 종말 또는 전후 역사의 특정 시기의 소멸이 아니라 역사의 종말"이라고 썼다. 즉, 인류의 이념적 진화와 서방 자유민주주의의 보편화가 인간 정부의 마지막 형태로 종착점이 된 것이다 (Fukuyama, 1989).

그러나 후쿠야마는 너무 성급하게 언급했다. 냉전은 엄청난 위험의 시대였을지 모르지만, 핵전쟁의 위협 및 미국과 소련의 지배적인 글로벌권력에 의해 초래된 예측가능성과 안정성의 요소가 있었다. 그 혼란스러운 균형의 종말은 이제 새로운 변화의 시대를 열었고, 정치평론가 케이건(Kagan, 2008)이 '역사의 귀환(return of history)'을 집필하기까지는 그리 오래 걸리지 않았다. 그

출처: John McCormick

소련 지도자 브레즈네프(Leonid Brezhnev)와 동독 지도자 호네커(Erich Honeker)가 1979년 악명 높은 '사회주의 형제' 키스를 한 그림이 그려졌다. 이 이미지는 한때 유럽의 냉전 분단의 중심에 서 있던 베를린 장벽의 잔해 일부를 장식하고 있다.

는 국가와 민족주의 야망이 그 어느 때보다도 강했기 때문에 세계는 "다시 정상화되었다"고 주장했고, 자유주의와 독재정치 사이의 오래된 경쟁 (제4장 참조)과 함께 지위와 영향력을 위한 투쟁은 다시 돌아왔다고 하면서, 이에 더하여 급진적 이슬람과 현대의 세속적 문화와 권력 사이의 투쟁을 추가했다. 많은 분석가들이 '새로운 세계 무질서(new world disorder)'의 출현에 대해 쓰기 시작했다.

9가지 특정 추세 (도표 1.2에서 요약)는 새로운 글로벌시스템을 정의하는 데 도움을 준 것으로 주목할 만하다. 첫째, 경제적 힘의 균형이 바뀌었다. 처음에 유럽인들이 지배하고, 그리고 나서 미국인들이 참여한 시기부터, 서방의 상대적 영향력과 힘은 쇠퇴해 왔다. 그 변화는 브라질, 러시아, 인도, 그리고 중국의 새로운 글로벌 역할을 반영하기 위해 2001년에 **브릭(BRIC)**이라는 약자를 고안하는 데에 있어 영감을 주었다 (O'Neill, 2001). 남아프리카공화국은 나중에 이 그룹에 추가 후보로 지명되었고(약자를 브릭스[BRICS]로 변경), MIST 그룹(멕시코, 인도네시아, 한국, 튀르키예[터키])과 같은 새로운 약자를 추가하는 게임이 시작되었다. 그러나 브라질과 러시아는 중국이나 인도와 같은 개념으로 생각하지 않게 되었는데, 중국과 인도의 경제가 훨씬 더 빠르게

브릭(BRIC): 브라질, 러시아, 인도, 중국의 약자로, 그들의 새로운 영향력 있는 글로벌 역할을 반영.

도표 1.2 9개의 글로벌 추세

주제	특징
경제	글로벌시장 확대에 있어서 북의 상대적 쇠퇴와 남의 부상.
정치	힘의 균형에 있어서의 변화와 민주주의의 미래에 대한 질문들.
문화	동질화 또는 혼합화로 이어질 수 있는 문화의 세계화.
기술	디지털혁명의 여파로 사회, 비즈니스 및 커뮤니케이션에 영향을 미치는 급격한 변화.
이동	대중 관광의 성장과 이민 패턴의 새로운 복잡성.
불안	테러리즘, 사이버 위협 및 경제적 우려에 직면한 새로운 불안감.
환경	기후변화의 글로벌 도전으로 강조된, 인간의 행동이 자연계에 미치는 영향에 대한 새로운 인식.
질병	글로벌 연결은 전염병의 확산을 글로벌 문제로 만드는 데 기여.
세계화	정치, 경제, 사회, 문화의 통합.

성장했기 때문이다. 한편, 자유무역협정과 지역연합협정이 발전함에 따라 경제 사이의 관계가 변화하고 있는데, 이 협정들은 시장을 개방하고 무역장벽을 허물기 위해 고안되었다 (더 자세한 내용은 제10장을 참조할 것).

둘째, 정치적 힘의 균형이 바뀌었다. 가장 주목할 만한 것은, 중국과 이슬람 세계가 세계무대에서 중요한 새로운 행위자로 부상한 것이다. 미국은 여전히 군사 및 경제 강국일 수 있지만, 논란이 많은 외교정책 결정들(2001년 아프가니스탄과 2003년 이라크 침공, 더 최근에는 트럼프 행정부의 미국 우선주의 정책 등)의 결과로 많은 신뢰를 잃었다. 한때 유럽연합은 경제력을 정치적 영향력으로 바꿀 수 있을 것으로 보였지만, 제6장에서 보게 될 것처럼, 유럽통합에 대한 반작용이 있었다. 다른 곳에서, 2011년에 시작된 아랍의 봄으로 알려지게 된 민주화 운동이 긍정적인 변화를 거의 가져오지 못한 반면 (실제로는 정치적이고 경제적인 혼란 초래), 브라질, 헝가리, 필리핀, 러시아, 튀르키예 같은 나라에서 권위주의가 심화되면서 더 큰 민주화를 향한 추세는 멈춘 것으로 보인다.

셋째, 문화는 세계화의 영향을 받고 있다 (제5장을 참조할 것). 서양의 지속적인 지배는 글로벌언어로서 영어의 부상, 영어로 만들어진 영화와 텔레비전 프로그램의 인기, 유럽이나 북미에 본부를 둔 사업체(은행, 패스트푸드 매장, 패션 스토어, 기술 회사 포함)의 글로벌 확장, 서양에서 발명된 스포츠(특히 축구, 농구, 크리켓, 테니스, 럭비, 골프)가 그 상징으로 반영되고 있다. 그러나 문화 교류의 패턴은 복잡하다. 만다린 중국어는 다른 어떤 언어보다 더 많은 원어민을 가지고 있고, 발리우드(Bollywood)가 이끄는 인도의 영화산업은 할리우드보다 더 많은 티켓을 판매한다. 문화의 세계화의 효과에 대해서는 의견이 분분한데, 일부 논평가들은 그 동질화 효과에 대해 우려하고 있는 반면, 피터세(Nederveen Pieterse, 2015)는 지역정체성이 변형되고 있더라도 계속해서 보존되는 '글로벌 복합(mélange)문화'가 형성되고 있다고 주장한다.

넷째, 기술 변화가 가속화되고 있으며, 그 변화의 도달 범위는 글로벌 차원으로 확대되고 있다. 라디오, 텔레비전, 페니실린, 에어컨, 제트 엔진, 신용카드 같은 20세기의 발명품들은 결국 모두 글로벌한 것이 되었지만, 대부분의 발명품들은 글로벌화 하는 데 시간이 걸렸다. 개인용 컴퓨터, 인터넷, 이메일, 휴대폰, 디지털 텔레비전, 소셜 미디어를 제공하는 디지털혁명은 적어도 접속할 수 있는 사람들이 서로 소통하는 방식에 극적인 변화를 가져왔다.

다섯째, 개인 이동성은 국가 내부와 국가 간 모두에서 성장하고 있다. 제2차 세계대전 이후 시작된 대규모 관광의 시대는 더 많은 가처분 소득을 가진 사람들이 레저와 개인 만족을 위해 집에서 더 멀리 여행하기 위해 확장된 교통망을 이용했다 (제3장 참조). 관광은 한때 부유한 사람들, 그리고 주로 유럽과 미국인들의 영역이었지만, 지금은 중산층이 충분히 접근할 수 있는 범위 안에 있고, 이제 세계 관광지로 가는 길을 찾는 군중들에 중국인들이 대거 편입되고 있다. 한편, 경제적 필요성, 개인적 선택, 분쟁, 박해, 심지어 환경변화 등 점점 더 복잡한 조합에 의해 이주가 허가되고 불허되는 새로운 패턴이 나타나고 있다. 이민자들이 비슷한 경제적 이유로 한때 몇몇 주요 목적지들로 이주했던 곳으로부터, 이제 새로운 기회, 교육, 전쟁으로부터의 도피, 또는 단순히 삶의 새로운 방식을 추구하면서 더 다양한 목적지를 목표로 한다.

여섯째, 많은 새로운 불안감이 나타나고 있다. 경제가 상호 연계되는 방식은 2007~2009년의 글로벌금융위기와 유럽 채무위기의 영향이 매우 빠르고 광범위하게 확산되는 결과를 초래했다. 국가 간 전쟁이 드물어졌을지 모르지만 (제8장 참조) 국제 테러리즘은 너무 빈번해져서 2001년 9월 미국에 대한 공격과 함께 아프가니스탄, 영국, 이집트, 프랑스, 인도네시아, 이라크, 케냐, 나이지리아, 러시아, 시리아, 튀르키예, 예멘에 인명피해와 파괴를 가져왔다. 한편, 사이버 위협은 새롭고 아직 완전히 이해되지 않은 과제를 가져왔다. 기옌(Guillen, 2016)이 세계가 더 위기에 빠지기 쉽다는 언급을 한 이후 최근의 분석들은 글로벌무질서의 징후를 지적하고 있다 (Fink, 2017 및 Haass, 2017 참조). 기옌은 새로운 글로벌시스템의 구성 요소의 복잡성과 연결성이 '붕괴의 아키텍처' 또는 안정성이 훼손되는 상황을 만들어냈으며, 우리는 글로벌금융위기와 코로나19 팬데믹과 같은 주기적인 혼란에 더 쉽게 노출되었다고 주장한다.

일곱째, 글로벌과 지역 차원의 환경변화에 대한 경고는 새로운 것은 아니지만, 많은 관련된 문제들이 악화됨에 따라 더욱 심각해지고 있다. 이러한 문제들은 그 원인과 해결책에 있어서 한때 지역 차원인 것으로 취급되었지만, 초국경적인 대기오염은 1970년대에 성가신 새로운 문제가 되었다. 주로 북의 오래된 산업 중심지에서 다루어졌으나, 현재는 중국과 인도 등 산업화되고 있는 국가들에서 점점 더 중요한 문제가 되고 있다 (McCormick, 2018 참조). 한편, 1980년대에 오존층으로 비롯된 위협에 대한 우리의 새로운 이해는 환경 문제에 글로벌한 차원을 부가했고, 이 관점은 기후변화의 이슈에 의해 극적으로 강조되어 왔다. 궁극적으로 이 문제는 글로벌화 되었으며, 심지어 실존적인 문제가 되었다. 우리가 바로 이 문제를 다루지 않는다면, 지구상의 생명체 전체의 미래가 균형을 이루지 못할 것이다 (제13장을 참조할 것).

여덟째, 보건의료는 점점 세계적인 문제가 되고 있다. 질병은 오랫동안 국경을 넘어 이동해 왔지만, 세계화와 전염병 확산 사이의 연관성은 2002년 사스 발병, 2014년 에볼라 발병 (제12장 참조), 그리고 물론 2020년 초에 발발한 코로나19 팬데믹과 같은 사건들에 의해 입증되었다. 코로나19가 중국에서 기원하여 전 세계 거의 모든 나라에 영향을 미치는 속도는 글로벌 연결을 강조했을 뿐만 아니라, 정부와 의료시스템이 그러한 위기에 얼마나 준비가 덜 되어있는지를 보여주었다. 코로나19가 어떻게 전 세계 연결을 바꿀 것인지, 앞으로 어떻게 의료가 관리될 것인지, 심지어 우리가 어떻게 우리의 삶을 살 것인지를 말하기는 아직 이르지만, 그것은 의심할 여지 없이 분수령적인 사건이었다.

세방화(Glocalization): 변화는 글로벌 차원과 로컬 차원에서 동시에 일어날 수 있고, 두 차원은 연결되어 있으며, 하나의 차원이 다른 차원을 구동한다는 아이디어다.

이 모든 변화의 전체적인 효과는 극적으로 변화된 글로벌시스템을 만드는 것이다. 변화는 종종 빠르게 오고, 우리를 때로는 흥미롭고, 때로는 경각심을 불러일으키는 방향으로 이끌며, 미래에 대한 예측이 항상 쉽지만은 않은 방향

글로벌과 로컬 1

세계화와 세방화

이 책의 각 장에 '글로벌과 로컬'이라는 제목으로 나타나는 상자는 각 장과 관련된 집중적인 주제를 다루고 글로벌과 로컬 관점을 대조하는 데 사용하도록 설계되었다. 목표는 둘 사이의 연결고리를 탐색하고, 서로가 서로에게 어떤 영향을 미치는지 보여주며, 너무 크고 광범위해 보일 수 있는 주제에 대해 개인적인 관점을 제공하는 것이다. 우리가 이 장의 앞부분에서 북과 남의 대비를 살펴본 것처럼, 이 상자는 세계화(Globalization)와 **세방화(Glocalization)**의 관계를 탐구할 좋은 기회를 제공한다.

'세계화'와 '지방화(localization)'의 개념을 결합한 세방화는 글로벌 차원에서 보다 긴밀한 유대가 구축되고 있지만, 지방의 필요를 충족시키는 것의 중요성을 잊어서는 안 된다는 인식을 기반으로 한다. 다음 사례를 고찰해 본다.

- 정치에서, 국가정부는 정책을 형성하기 위해 지방정부 및 지역공동체와 협력해야 할 뿐만 아니라, 그러한 지역사회들은 서로로부터 더 쉽게 배우기 위해 글로벌 연결고리를 사용할 수 있다. 그들은 농업에서 교육, 교통, 보건의료, 환경에 이르기까지 광범위한 주제에 대해 이를 시행해왔다. 그래서 세계화가 국가정부로 하여금 독립적인 결정을 내리는 것을 더 어렵게 만드는 것은 사실이지만, 그들은 다른 환경에서의 경험으로부터 배움으로써 보완한다.
- 비즈니스에서, 제품과 서비스는 글로벌 차원에서 거래되고 판매될 수 있지만, 로컬 시장과 소비자의 요구에 맞게 조정되거나 특화되어야 한다. 반대로, 그들은 로컬 수준에서 시작할 수 있지만, 그리고 나서 글로벌 수준에서 유통되도록 조정될 수 있다. 각 수준은 다른 수준에 영향을 미친다. 글로벌 패스트푸드 체인점들이 만든 많은 로컬 메뉴 조정이 그 사례다. 예를 들어 (소고기를 식용하지 않는) 인도에서 맥도날드는 닭고기, 양고기, 야채 등을 내용물로 하는 마하자라 맥을 팔고, KFC는 야채 버거와 쌀밥 메뉴를 제공하며, 서브웨이는 샌드위치에 고기를 포함하지 않는다.
- 문화에서, 세계화에 따른 동질화에 대한 우려는 로컬 정체성이 글로벌정체성을 형성하는 데 도움을 주고 있으며, 세계화에 의해 만들어진 연결고리가 우리에게 더 많은 다양성을 준다는 깨달음에 의해 상쇄되었다. 로컬 상점의 제품들은 전 세계에서 오고, 우리는 많은 상이한 문화로부터 만들어진 음악을 듣고, 영화를 볼 수 있다. 그리고 우리는 다양한 종류의 요리를 제공하는 레스토랑에서 식사를 할 수 있다.

여기서 중요하게 고려해야 할 핵심은 세계화가 일방통행이 아니며, 주요 정치 강국과 거대 경제의 힘과 영향력에도 불구하고 글로벌과 로컬이 밀접하게 연결되어 있다는 것이다.

으로 우리를 인도한다. 이러한 모든 변화들을 관통하는 것은 현재의 글로벌 추세 중 아홉 번째이자 가장 광범위한 것인데, 이는 이 장에서 세계화라는 독자적인 절을 차지할 만큼 충분히 중요하다.

세계화

오늘날의 글로벌시스템과 그 시스템 안에서 우리의 위치를 세계화만큼 깊게 형성한 압력은 거의 없다. 이것은 정치, 경제, 문화, 사회적 측면에서 우리 사이의 연결고리가 강화되어 온 과정이다. 세계화를 통하여 서론에서 논의된 국제와 글로벌의 구별을 가장 분명하게 볼 수 있으며, 그 징후는 많은 형태와 장소에서 발견된다.

- 정치에서, 세계화는 국가들이 공유하거나 그들에게 공통적인 문제와 압력을 해결하기 위해 협력해야 하고, 다국적기업과 비정부기구의 부상에 적응해야 하기 때문에, 국가의 주권이 쇠퇴하고 있다는 점을 반영하고 있다. 이는 또한 정부간기구의 활동에 의해서 고무되는 협력의 습관에서도 찾을 수 있다.
- 경제에서, 무역의 성장, 국제 시장의 확대, 경제적 상호의존의 심화, 그리고 새로운 초국가적 동맹이 형성되고 많은 금융 서비스가 국경을 넘게 됨에 따라 많은 금융기구들의 세계화에 반영된다.
- 직업에서, 세계화는 국경이 한때 했던 선택권에 대한 정의를 이제는 중단하는 방식으로 반영된다. 더 많은 일자리가 수출되거나 아웃소싱되고 있고, 오래된 일자리가 사라지고 있으며, 세계화가 제공하는 기회의 결과로 새로운 일자리가 창출되고 있으며, 더 많은 사람들이 일자리를 따라 국경을 넘어 이동하고 있다. 우리가 제11장에서 보게 될 것처럼, 많은 사람들이 자국의 경제 쇠퇴나 정치 불안 때문에 (법적으로든 그렇지 않든) 이민을 갈 수밖에 없지만, 우리는 기꺼이 고국을 떠나 새로운 기회를 따라가는 사람들, 또는 가족을 따라 가서 다른 나라에서 은퇴하는 사람들을 잊어서는 안 된다.
- 문화에서, 세계화는 한때 국가나 지역사회에 특유했던 많은 것들이 수출되는 방식에 반영되어 어디를 가든 거의 똑같은 음식, 음악, 제품, 패션을 발견할 수 있다는 점에 반영된다. 비평가들은 서양의 노선을 따른 글로벌문화의 동질화를 우려하지만 (제5장 참조), 세방화(글로벌과 로컬 1 참조)는 역트렌드의 영향을 지적하며, 문화적 변화는 오랫동안 교차 수정의 과정을 수반해 왔

다. 글로벌문화의 변화를 지배하는 것으로 보이는 서양 공동체들은 세계의 많은 다른 지역들로부터 이주자들과 문화들의 유입으로 서양 자체의 많은 변화를 목도하고 있다.

세계화의 과정은 새로운 것과는 거리가 멀지만, 우리가 세계화의 첫 단계를 찾기 위해 얼마나 멀리 되돌아갈 수 있을지는 논란의 여지가 있다. 우리가 이 장의 앞부분에서 보았듯이, 유럽의 탐험과 식민지의 시대는 제1의 물결을 이루었을지도 모른다. 국제무역이 성장한 1870년과 1914년 사이를 일부에서는 제2의 물결로 간주한다 (모두가 동의하는 것은 아니다. Chandy and Seidel, 2016 참조). 그 다음 물결은 1945년과 1980년 사이에 국제협력의 성장과 새로운 브레튼우즈체제 내의 시장개방에 의해 촉발되었다. 가장 최근의 물결은 디지털 기술의 출현에 달려 있다 (사람에 따라 제2, 제3, 제4 물결이라고 주장한다).

세계화에는 지지자(예: Clausing, 2019 참조)와 비판자(Stiglitz, 2018 참조)와 장단점(최근 논쟁 1 참조)이 있다. 비록 그것이 글로벌리즘이 제공하는 보편적 관점에 대한 지지를 나타내고, 제5장에서 논의된 일종의 민족주의에 대한 거부감을 나타내지만, 세계화는 단일한 논점이 아니며, 세계화에 대한 논쟁에서 다수의 사상 학파가 확인되었다.

- 예를 들어, 초세계주의자(hyperglobalist)들은 우리가 지금 국경 없는 세상에 살고 있으며, 다국적기업의 확산으로 국가정부의 역할이 축소되었다고 믿는다.
- 회의론자들은 세계가 실제로 지난 세기 동안 많이 변하지 않았고, 글로벌경제가 제1차 세계대전 이전보다 덜 개방적이고 덜 통합되었으며, 국가들이 글로벌시스템의 주요 주체라고 주장한다.
- 그러나 다른 사람들은 세계화에 대한 반발, 국가가 그들의 이익을 우선시해야 한다는 주장의 배후에 있는 새로운 에너지, 그리고 이 접근법의 잠재적 위험성을 지적한다 (King, 2017 참조).
- 수 년 동안 세계화가 둔화되어 무역과 국경을 넘나드는 투자가 정체되거나 부진하게 될 수 있다는 주장이 제기되었는데, 『이코노미스트(*The Economist*)』(2019)는 이를 '슬로우발라이제이션(slowbalization)'으로 표현했다.
- 찬반론의 중간 어디엔가, 세계화가 진실된 것이라는 점을 인정하지만, 세계화의 영향이 국가들 사이의 관계, 그리고 국가와 시장 사이의 관계를 변화시킬 만큼 국가의 힘을 감소시키지 않았다고 주장하는 사람들이 있다. 이러한 변화들은 많은 정치적, 경제적 불평등을 낳았고, 세계화가 제공하는 기회들

이 균등하게 확산되지 않는다는 점은 분명하다.

- 한편, 모든 것을 불투명하게 만들고 있는 것은 코로나19가 세계화의 역동성에 어떤 영향을 미칠 것인가, 그리고 그것이 국경을 강화하게 할 것인지 아니면 각국이 더 협력하도록 장려할 것인지에 대한 문제이다.

우리는 다음 장들에서 이러한 주제 중 몇 가지를 다룰 것이다.

최근 논쟁 1

세계화의 장점과 단점

장점	단점
시장개방과 무역확대에 따라 새로운 일자리와 경제적 번영을 창출했다.	부유한 나라에서 일자리가 감소했고, 더 나은 임금과 전망을 가진 나라로 노동자가 빠져나가고, 임금이 낮고 규제가 약한 가난한 나라들을 착취하게 되었다. 무역에 대한 많은 장벽이 남아있다.
국가 간 경제연계를 강화하고 문화적 이해를 넓혀서 국제평화를 촉진했다.	무역, 수입, 기회의 불평등 때문에 국제적 긴장이 초래되었다.
경쟁과 더 큰 시장을 고무하여 기술혁신을 촉진했다.	세계화의 압력이 없었더라도 기술혁신은 일어났을 가능성이 크다.
권위주의 정부에 압력을 가하여 민주주의를 촉진했다.	포퓰리즘과 민족주의의 반발을 초래하여 민주주의를 훼손했다.
새로운 부를 창출하여, 기회를 확대하고, 빈곤을 줄이고, 더 넓은 범위의 제품과 서비스를 낮은 가격에 소비자에게 제공했다.	기업의 이익이 확대된 결과로 가난한 나라들이 더 치열한 경쟁을 하여 글로벌경제와 사회적 불평등이 증가되었다.
정부가 환경에 대한 위협을 해결하기 위해 더욱 긴밀하게 협력하도록 장려했다.	천연자원의 지속불가능한 개발의 결과 환경악화가 가속되었다.

토의주제

1. 서양의 글로벌 영향은 과장된 것인가, 아니면 정확한 것인가?
2. 유럽이 가장 중요한 식민지 강국으로 떠오르지 않았다면 오늘날 세계는 어떻게 되어 있을까?
3. 북과 남이라는 용어가 글로벌시스템을 설명하고 이해하는 데 도움이 되고 유용한가, 아니면 오해를 불러일으키는 일반화인가?
4. 미국의 세기는 끝났나? 중국의 세기가 시작되었는가?
5. 세계화는 유용한 분석 도구인가?
6. 세계화는 느려지고 있는가, 빨라지고 있는가?

핵심용어

- 강대국(Great power)
- 근대/현대(Modern)
- 남(South)
- 냉전(Cold War)
- 다극(Multipolarity)
- 베스트팔렌체제(Westphalian system)
- 북(North)
- 브레튼우즈체제(Bretton Woods system)
- 브릭(BRIC)
- 서양/서방(West)
- 세계대전(World war)
- 세방화(Glocalization)
- 식민주의(Colonialism)
- 신제국주의(Neo-imperialism)
- 역사의 종말(End of history)
- 제3세계(Third World)
- 제국주의(Imperialism)
- 초강대국(Superpower)
- 탈식민지화(Decolonization)

추가 읽을 거리

Fink, Carole K. (2017) *Cold War: An International History*, 2nd edn (Westview Press). 미국-소련의 긴장을 넘어 아프리카, 아시아, 중남미에 영향을 미치는 냉전에 대한 연구.

Hebron, Lui, and John F. Stack (2017) *Globalization: Debunking the Myths*, 3rd edn (Rowman & Littlefield). 세계화에 대한 논쟁에 있어서 상이한 주장들에 대한 평가로, 세계화의 장단점을 좀 더 고려할 필요가 있다는 주장.

Marks, Robert B. (2020) *The Origins of the Modern World: A Global and Environmental Narrative from the Fifteenth to the Twenty-First Century*, 4th edn (Rowman & Littlefield). 유럽 외부의 변화와 현대 세계의 환경적 결과에 대해 대부분의 유사한 연구보다 더 많은 관심을 기울이는 광범위한 역사적 조사.

Steger, Manfred B. (2017) *Globalization: A Very Short Introduction* (Oxford: Oxford University Press). 아주 짧은 소개 시리즈의 많은 제목들 중 하나인 이 제목은 세계화의 의미와 다른 차원을 깔끔하게 요약.

Tickner, Arlene B., and Karen Smith (eds) (2020) *International Relations from the Global South* (Abingdon: Routledge). 국제관계에 대한 논의를 남의 관점을 포함하여 확장하려고 편집된 서적.

인구와 자원

2장

개요

이 장은 인류 인구의 추세와 그것이 천연자원과 맺는 관계를 살펴보는 한편 글로벌시스템의 형성에 영향을 미치는(또는 글로벌시스템의 영향을 받는) 주요 인구학적 경향에도 주목한다. 이 장은 주요 인구변화에 대한 평가로 시작하여 도시화의 원인과 결과를 집중적으로 들여다본다. 이 장은 이어, 점점 늘어나는 인류 인구를 먹여 살리는 것이 양의 문제라기보다는 질의 문제라는 인식 아래 관련 난제들을 살펴본다. 이 장은 에너지, 숲, 대양의 사례들을 중심으로 해당 천연자원이 어떻게 사용되고(또는 오용되고) 있는지에 대한 검토로 마무리를 짓는다.

차례

출처: Getty Images/iStockphoto/123ArtistImages

핵심사항

- 글로벌인구의 증가는 최근 수십 년간 가속화되어서 식량 및 기타 자원들과의 불일치를 우려하는 많은 논의를 일으키고 있다.
- 글로벌인구는 증가하고 있지만, 북(North)의 인구는 안정적인 모습을 보이고 있으며 (일부 국가들에서는 인구가 심지어 감소하고 있다), 글로벌인구의 숫자적 우위는 아시아로 옮겨가고 있다.
- 인구변화의 가장 중요한 양상 중의 하나가 타운과 도시로의 인구 이동이다. 오늘날 세계 인구의 절반 이상이 도시화된 지역에 살고 있다.
- 우리는 글로벌 수요를 만족시키기에 충분한 식량을 갖고 있으나, 식량을 배분하는 데에 있어서 문제점들을 안고 있다. 또한, 기후변화는 미래의 식량 생산에 위협을 던져주고 있다.
- 세계는 오염 유발 및 재생불가능한 에너지원에 여전히 크게 의존하고 있다. 이러한 의존의 여파로 많은 문제점이 초래되고 있다.
- 에너지, 숲, 대양에 대한 우리의 엇갈린 성적표에서 볼 수 있듯이, 천연자원을 이용하는 데에 있어 글로벌한 접근을 취하는 것은 쉬운 일이 아니었다.

글로벌인구

1798년 영국에서 『인구론(*An Essay on the Principle of Population*)』이라는 제목을 가진 서적이 출간되었다. 성직자이자 학자인 맬서스(Thomas Malthus)가 쓴 이 책은 곧 베스트셀러가 되었다. 당시의 글로벌인구는 10억 명이 채 안 되어서 오늘날의 인구보다는 훨씬 적었지만, 맬서스는 자신이 목도하고 있는 것을 걱정하였다. 그는 인구의 자연증가율은 기하급수적이지만(매 25년마다 2배씩 증가), 식량 생산의 자연증가율은 산술급수적(일정 비율로 증가)이라고 주장하면서, 이로 인해 인구수가 종국적으로는 가용 가능한 식량 공급을 추월하면서 인류는 대대적인 기근에 봉착하게 될 것이라고 예측하였다 (Malthus, 1978). 세계에 대한 이와 같은 비관적 시각 때문에 맬서스는 '음울한 사람(dismal person)'이라는 별명을 얻었다.

맬서스의 주장은 도발적이었지만 시기적으로는 타이밍이 좋지 않았다. 맬서스의 주장은 영국이 산업혁명을 겪는 와중에 제기되었기 때문이다. 산업혁명은 경제 전반을 변환시켰으며 특히 농업분야에서 그랬다. 농사 기법은 개선되었고, 무역은 확대되었으며, 호주와 아르헨티나와 같은 신흥 식량생산국들이 글로벌경제의 일원이 되었다. 식량 공급이 늘어나고 삶의 질이 나아짐에 따라 맬서스의 논지는 적실성이 점점 떨어졌다.

1960년대로 훌쩍 넘어가면서, 인구에 대한 논쟁이 또 다른 서적의 출간으로 새롭게 촉발되었다. 그 책은 미국의 생물학자인 에얼릭(Paul Ehrlich, 1968)이 저술한 『인구 폭탄(*The Population Bomb*)』이었다. 글로벌인구는 당시 약 35억 명 수준으로 늘어나 있었고, 이에 에얼릭은 (맬서스와 유사하게) 인구 증가를 통제하는 행동이 수반되지 않는 한, 인류의 전통적 수단에 의한 식량 생산 능력은 한계에 이를 것이며, 수백만 명이 굶주림으로 죽음을 맞이할 것이라고 경고하였다. 에얼릭의 책 또한 베스트셀러가 되었지만, 이 책도 또다시 시기적으로는 불운했다. 이 책은 식량 생산을 한층 더 높은 수준으로 끌어올린 일대 사건 즉, **녹색혁명(green revolution)**이 정점에 달했을 때 출간되었기 때문이다.

녹색혁명(Green revolution): 제2차 세계대전 후 글로벌식량 생산의 성장을 말하는 것으로서 화학물질 사용, 물 공급 개선, 다수확 농작물 개발 등 농업과학의 변화에 기인.

50년 이상이 지난 지금, 글로벌인구는 78억 명에 이르렀으며 이번 세기 중반까지 거의 100억 명에 이르고 이후 증가율이 둔화되기 시작할 것으로 예측되고 있다. 맬서스와 에얼릭이 경고한 기근이 어떠한 종류의 것들인지 모르는 바는 아니나, 기근이 인구수와 식량 공급 간의 불일치에 따른 결과로 발생하는 경우는 분명히 말해서 거의 없다. 오히려 기근은 전쟁, 분쟁, 그리고 공급망 붕괴의 결과로 나타나는 경우가 더 많다. 지구에는 전 세계 인류의 수요를 충족시키고도 남을 식량과 물이 있으며, 사람들이 돌아다니기에 충분하고도 남을 만한 공간이 널려 있다 (비록, 이와 같은 주장이 도시의 붐비는 빈민가에 살고 있는 수백만의 사람들 그리고 농경지를 얻기 위해 고군분투하는 또 다른 수백만의 사람들에게는 설득력이 없을지라도 그렇다).

그럼에도 불구하고, 인구 증가의 이정표들 간에 간격이 점차 줄어들고 있다는 것을 지적하는 비관론자들과 더불어, 인구와 자원 간의 관계에 대한 논쟁은 결코 전적으로 사라지지는 않았다 (Harper, 2016 참조). 1804년 인류 인구가 10억 명에 이르기까지 몇 세기가 걸렸으나, 20억 명까지 도달하는 데에는 123년만 걸렸으며, 60억 명에서 70억 명으로 증가하는 데에는 단지 13년만 소요되었다 (도표 2.1 참조). 그러나 유엔인구기금(UNFPA: United Nations Population Fund)의 예측은, 주로 출산율 감소에 힘입어 글로벌인구 성장이 둔화될 것이며, 전체 인구는 이번 세기말 약 110억 명에서 안정화될 것이라고 전망하고 있다.

사람 수와 식량 공급 간의 관계는 **인구학**(demography)이 찾아낸 많은 발

인구학(Demography): 출생률과 사망률, 소득, 질병, 연령, 그리고 교육 등 인구 관련 통계와 추세에 관한 학문.

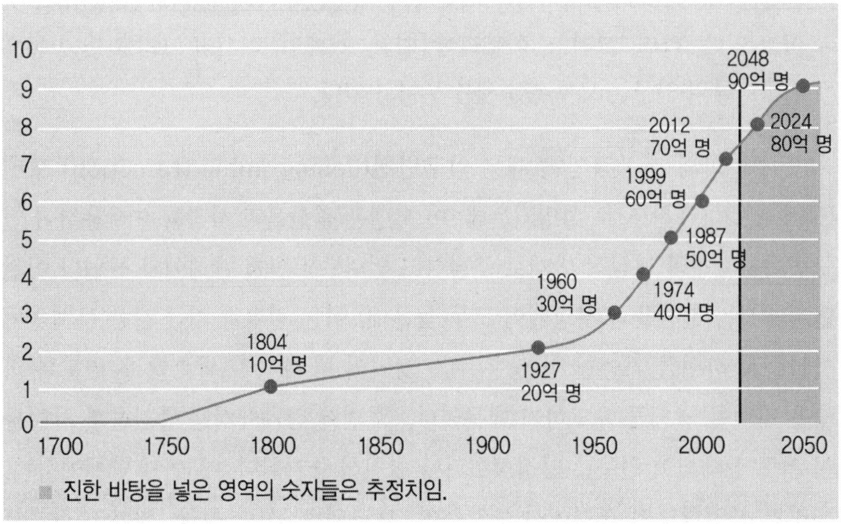

도표 2.1 글로벌인구 성장

출처: United Nations Population Division (2020)에 기초.

견들 중의 한 예에 불과하다 (간결한 개관을 위해서는 Harper, 2018 참조). 무엇보다도, 인구학은 인구 추세를 이해하는 데에 있어서는 절대적 숫자들뿐만 아니라 그 숫자들 뒤에 숨겨져 있는 세부사항들도 아울러 살펴야 한다는 것을 보여주고 있다. 이와 관련하여, 다음의 4가지 핵심 척도를 고려해야 한다.

- '출산율(Fertility)', 또는 여성이 낳는 평균 자녀 수. 전 세계적으로, 이 수치는 1970년 이래 4.5명에서 2.5명으로 떨어졌다. 그러나 아프리카 일부 지역들에서는 이 수치가 5.0명 또는 그 이상에 이르고 있다. 반면에 중국, 일본, 그리고 유럽 일부 지역들에서는 이 수치가 최저 1.5명까지 내려갔다.
- '사망률(Mortality)', 또는 영아 사망률과 기대 수명의 조합에 기반한 인간의 사망률. 보건의료와 영양 공급에서의 개선 덕분에 (제12장 참조), 영아 사망률은 내려가고 기대 수명은 올라가면서, 인류 인구의 전반적 증가를 가져왔다.
- '대체율(Replacement)', 또는 인구수가 안정적으로 유지되는 비율로서, 사망률이 낮은 사회에서는 부부 당 2.1명의 자녀수를 갖는 것으로 계산. 자녀수가 이 숫자를 초과하면 인구가 증가하고 이 숫자 미만이면 인구가 감소한다.
- '성장률(Growth)', 또는 연간 인구성장률. 인구성장률은 산업혁명 이전까지는 0.5퍼센트보다 큰 적이 없었으나, 제2차 세계대전 종전 후에는 2퍼센트에 이르렀으며, 이후 점차 감소하여 현재는 1퍼센트를 조금 넘는 수준으로 줄어들었다. 몇몇 아프리카국가들은 최대 4퍼센트의 인구성장률을 기록하고 있는 반면에, 여러 유럽국가들은 **제로 인구 성장**(zero population growth)을 보이고 있다. 한편, 그리스, 이탈리아, 일본, 스페인, 러시아 그리고 몇몇 동유럽국가들의 인구는 모두 감소세를 보이고 있다.

제로 인구 성장(Zero population growth): 출산율과 사망률이 서로 평형을 이루어 인구가 늘어나지도 또 줄어들지도 않는 상태.

인구변천(Demographic transition): 인구수가 경제와 사회 유형의 변화 그리고 보건의료의 향상에 조응하여 어떻게 변화하는가를 설명하는 모델.

인구변화의 전반적인 추세는 **인구변천**(demographic transition) 모델(Dyson, 2010 참조)로 설명되는데, 이 모델은 출산율과 사망률을 사용하여 인구변화를 4개의 핵심적 단계로 구별하고 있다. 첫 번째 단계이자 산업화 이전 단계에서는 출산율과 사망률이 모두 높은데, 이는 질병과 기근 같은 문제들이 사람들로 하여금 가능한 한 많은 수가 성인이 될 때까지 생존할 수 있도록 더 많은 자녀를 낳게끔 유도하기 때문이다. 첫 번째 단계에서는 출산율과 사망률이 서로 상쇄되어 인구는 안정적이거나 천천히 증가한다. 두 번째 단계에서는, 우리가 산업혁명의 과정에서 보았듯이, 보건의료, 식량 공급, 생활 여건에서의 개선들이 서로 결합하여 사망률의 감소를 가져오지만, 출산율은 사회적 기대 그리고 삶의 질 변화에 대한 반응 속도의 지체로 여전히 높은 수치를 기록

출처: Getty Images/filadendron, Todor Tsvetkov

군중들이 튀르키예 이스탄불의 거리를 무리를 지어 다니는 모습으로서 새로운 다수로서 등장한 도시 거주자들과 인류 인구의 증가를 잘 예시하고 있다.

한다. 유럽과 북미에서는 이 단계에서 예전보다 더 많은 아이들이 영아기를 넘어 생존하였고, 대개 이들은 농장과 도시 노동력의 필수적인 요소로 여겨졌다. 그 결과, 인구는 급격히 늘어나기 시작했다.

세 번째 단계에서는, 각 가정이 줄어든 사망률 그리고 더 나은 교육과 피임의 보급이 가져온 변화들에 적응하면서 출산율은 떨어지기 시작한다. 그 결과, 인구 증가는 둔화된다. 대부분의 북반구 국가들이 진입한 네 번째 단계에서는 더 많은 여성들이 노동 인구로 진입하면서 출산을 통해 어머니가 되는 것은 미루고 있는 것을 볼 수 있다. 또한, 자녀를 갖는 것은 이들의 영양, 주거 그리고 교육에 소요되는 비용을 감안할 때 갈수록 돈이 많이 들어가는 과제가 되고 있다. 네 번째 단계에서는 장기적으로 출산율과 인구 증가율이 모두 감소한다.

비록 인구변천 모델이 유럽의 경험에 기초하고 있으며 문화적 또는 지역적 차이를 감안하고 있지 않지만, 19세기 유럽에서 나타난 경향들은 지금 아시아와 아프리카에서 되풀이되고 있다. 대부분의 아시아와 아프리카 지역들은 현재 인구변천의 2단계에 와있으며 높은 출산율과 급속한 인구 성장을 보이고 있다 (북과 남 비교 2 참조). 그 결과, 인구의 지역별 비중이 변화하고 있다. 1960년에는 세계 인구의 약 4분의 1이 북에 살았다. 북의 인구 점유율은 이후 15퍼센트로 떨어졌으며 유엔은 이 수치가 계속해서 떨어질 것으로 내다보고

북과 남 비교 2

인구변화가 주는 도전들

인구 추세에 관한 개괄적인 숫자들은 세계 인구가 지난 세기 동안 급격히 증가했으며 앞으로도 향후 수십 년 동안은 계속 증가한 연후에야 인구 증가세가 수그러들 것임을 알려주고 있다. 그러나 이러한 개괄적 숫자들은 성장률, 출산율 그리고 대체율이 내포하고 있는 미묘한 의미들을 많이 놓치고 있다. 이 미묘한 의미들을 보다 자세히 살펴보면 북과 남의 인구 추세에서 몇 가지 중요한 차이점들이 있음을 알 수 있다 (도표 2.2의 예시들 참조).

북(또는 북반구)의 많은 지역들에서는 인구 증가보다는 인구 '감소'에 대한 우려가 더 크다. 자녀를 갖는 사람들이 줄어들고 부모가 되는 것을 미루는 사람들이 많아지면서, 출산율은 떨어지고 있다. 한편, 이들 국가의 사람들은 더 오래 살며 그들의 중위 연령은 40세 또는 그 이상까지 올라가 있다. 인구가 고령화되고 또 전체 인구수가 줄어들거나 정체 상태를 유지하면서, 경제활동에 투입되는 신규 근로자들은 점점 더 적어지고 있고, 상대적으로 젊은 근로자들은 은퇴자들의 보건의료 및 사회보장 비용 마련에 더 큰 부담을 짊어져야만 하는 상황이다.

이러한 우려는 이민에 대한 논쟁으로 번졌다. 즉, 일각에서는 너무 많은 이민자들이 북미와 부유한 유럽국가들에 들어오고 있다고 걱정하고 있고, 다른 일각에서는 그럼에도 불구하고 이들 지역에서 노동력을 크게 늘리기 위한 가장 현실적인 방안은 이민을 허용하는 것이라고 말하고 있다. 카삼 등(Kassam et al., 2015)은 아기를 더 많이 낳거나 이민자를 더 많이 받아들이지 않는다면, 유럽은 '인구 재앙(population disaster)'에 직면할 것이라고 주장하고 있다. 만약 이 방안들을 받아들이지 않는다면, 유일한 대안은 근로자의 생산성을 늘리거나, 은퇴 연령을 높이거나, 근로자가 자신의 은퇴 비용을 스스로 더 많이 부담하게 하는 것 외에는 없다.

반면에, 남(또는 남반구)에서는 그 반대의 문제가 일어나고 있다. 즉, 높은 출산율은 감소하는 사망률과 결합하여 높은 인구 성장을 가져왔다. 대화의 주제는 고령자들을 어떻게 돌보는가보다는, 어떻게 하면 일자리 창출, 교육, 보건의

도표 2.2 출산율과 인구 성장률 비교

출처: World Bank Economic Indicators (2021). 숫자는 2019년 기준.

계속 ▸▸

료, 주거, 깨끗한 물, 식량 공급 및 기반시설에 대한 투자를 국민 수요에 맞추어 창출할 수 있는가에 더 많이 기울어져 있다. 남의 많은 도시들(그러나 전부는 아니지만)에서 발견되는 빈민가, 혼잡한 거리, 범죄, 부적절한 수질 및 위생 등의 문제점들이 보여주듯이 관련 노력들의 결과는 성공과 실패가 혼재되어 있다.

세계에서 가장 인구가 많은 두 국가인 중국과 인도보다 더 큰 압력에 처한 지역은 거의 없다. 인도의 인구는 곧 중국을 추월하여 거의 20억 명에 이를 것이며, 2050년 이후에야 인구감소가 시작될 것으로 예상된다. 아프리카도 상당한 인구 성장이 예상되는데, 세계에서 가장 가난한 국가들 일부를 포함하여 아프리카의 많은 국가들이 높은 출산율을 보이고 있다. 변화는 빠르게 일어나고 있다. 이 책의 저자는 케냐의 인구가 약 1,000만~1,200만 명이고 수도인 나이로비의 인구가 약 50만 명이었을 때 케냐에서 자랐다. 1980년대까지 케냐는 세계에서 가장 빠른 인구 성장률을 보였다 (케냐는 인구 성장률 4퍼센트 지표를 넘어선 최초의 국가였다). 오늘날에는 5,000만 명 이상의 케냐 사람들이 살고 있다. 한편, 나이지리아는 2050년에는 미국을 제치고 세계에서 세 번째로 인구가 많은 국가가 될 것으로 예상된다.

있다. 주로 중국과 인도에서의 인구변화 덕분에 오늘날 인류 인구는 아시아의 동부와 남동부에 가장 크게 집중되어 있다 (지도 2.1 참조).

지도 2.1 아시아의 인구 우위

새로운 다수의 도시 거주자

유엔의 연구에 따르면 2007년 어느 시점에서 인류 역사상 처음으로 타운과 도시에 사는 사람들의 수가 시골 지역에 사는 사람들의 수보다 많게 만든 한 어린이가 세계 어딘가에서 태어났다 (도표 2.3 참조). 땅에 살던 대부분의 사람들이 마을이나 부락에 독립된 거주지를 마련하여 가정을 이루고 난 수천 년 후, 마침내 이들은 숫자 면에서 도시에 사는 사람들에게 추월당했다. 도시로의 이와 같은 전환은 산업혁명과 함께 씨앗이 뿌려져 오랜 시간에 걸쳐 이루어졌다. 공장과 대량생산의 증가는 유럽과 북미의 시골 지역 사람들을 나날이 커가는 타운과 도시로 끌어들였다. 그러나 1960년까지만 해도 인류의 약 3분의 2가 여전히 시골 지역에 살고 있었다. 왜냐하면 산업화가 남(South)의 대부분 지역에서는 아직 자리 잡지 않았기 때문이다. 시간이 흘러, 아시아, 아프리카 및 중남미에서 새로운 산업, 보건의료 개선, 인구 증가가 상호 상승작용을 일으키기 시작했으며, 이 지역들의 타운과 도시는 유럽과 북미의 선례들과 동일한 성장 패턴을 따르기 시작했다. 오늘날 인류의 약 54퍼센트가 타운이나 도시에 거주하고 있으며, 2050년에 가서는 도시와 시골의 거주 비율이 1960년의 수치와 정반대가 되어 세계 인구의 3분의 2가 타운과 도시에서 살 것으로 예상된다.

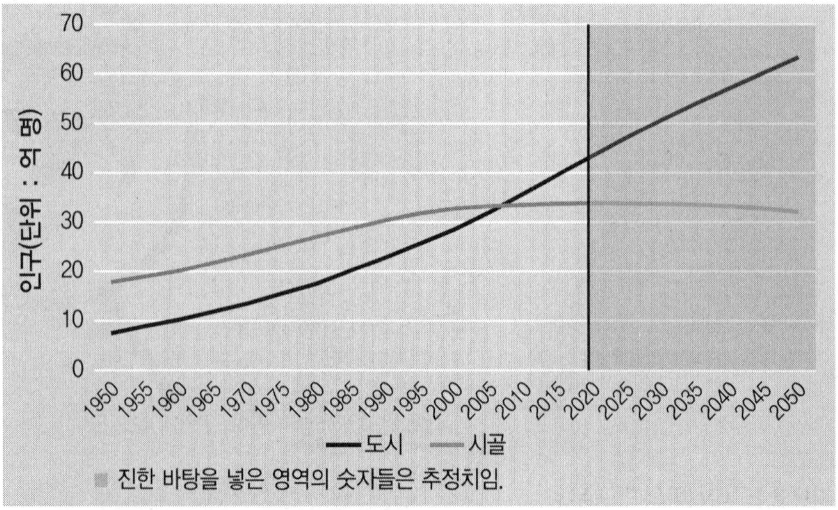

도표 2.3 도시-시골 간 인구 분할 변화

출처: United Nations Population Division (2019).

'도시(urban)'라는 용어를 정의하는 데에 있어 일관성을 찾기는 어렵다. 어떤 정부가 정의하느냐에 따라 도시는 수천 명이 모여 사는 곳을 의미하거나 아니면 수백만 명이 모여 사는 곳을 의미하기도 한다. 그럼에도 불구하고, 유엔의 데이터는, 예를 들어 세계 최대 도시들 관련 숫자들에서 나타나는 것처럼, 몇 가지 놀랄만한 변화상을 보여주고 있다. 1950년대에는 세계 최대 도시들은 거의 모두 북에 있었고 그중 **메가시티**(megacity)로 분류될 수 있는 도시는 각각 약 1,200만 명이 거주하는 뉴욕과 도쿄 두 곳뿐이었다. 오늘날, 세계에는 28개의 메가시티가 있으며 6개를 제외하고는 모두 남에 있다. 메가시티는 2030년까지 모두 41개에 이를 것으로 예상되고 있다 (United Nations Population Division, 2019). 도시 성장과 관련하여 가장 큰 변화는 아시아와 중남미에서 일어났지만 (도표 2.4의 예시들 참조), 아프리카가 따라잡을 것으로 예상된다. 2100년에 세계에서 가장 큰 도시들은 나이지리아의 라고스와 콩고민주공화국의 킨샤사가 될 것이며 이 두 도시에는 각각 8,000만 명 이상의 인구가 거주할 것이라고 전망하는 예측 (Hoornweg and Pope, 2014)도 나오고 있다. 반면에, 오늘날 세계에서 가장 큰 도시인 도쿄는 거주 인구가 2,500만 명으로 줄어들고 글로벌 순위도 28위까지 떨어질 것으로 예측되고 있다. 북의 소재 도시들 중 두 곳(뉴욕과 로스앤젤레스)만 상위 50위 안에 남아 있을 것이다.

메가시티(Megacity): 인구가 최소한 천만 명 이상인 도시. 메가시티 리스트는 늘어나고 있으며, 오늘날 도쿄, 델리, 상하이, 멕시코시티, 그리고 상파울루가 수위를 차지하고 있다.

도시가 제공하는 기회를 쫓아 몰려드는 사람들에게 일정 부분 힘입어 도시

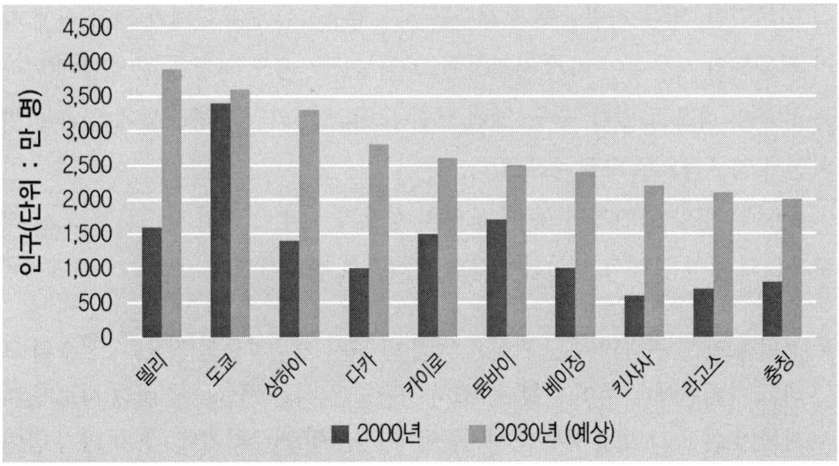

도표 2.4 세계 10대 도시들, 2030년

출처: United Nations Population Division (2019).

는 성장해 왔지만, 도시 생활의 질은 다양하다. 한편으로, 도시는 다양한 직업, 학교, 병원, 소비자제품, 사업기회, 엔터테인먼트, 서비스, 상대적으로 높은 생활수준, 고급통신시스템, 대중교통, 향상된 시민생활 참여 기회, 다른 도시 및 세계 다른 지역과의 보다 용이한 연결편 등에 접근 가능하게 해준다. 다른 한편으로는, 많은 도시들이 악몽 같은 혼잡에 시달리고 있으며, 거주자들의 삶은 종종 범죄와 오염으로 인해 더 열악해지고, 부촌과 빈촌이 서로 근접해 있는 곳에서는 부유와 빈곤의 구분이 보다 적나라하게 드러나고 있으며, 아울러 노숙자 문제도 발생하고 있다. 남에서 가장 빠르게 성장하는 도시들, 그리고 심지어 북의 일부 도시들에서조차 우수한 교통, 깨끗한 물, 안정적인 서비스에 대한 수요를 도시계획가들은 충족시키지 못해 왔다 (Webster and Burke, 2012).

도시는 이처럼 뒤섞인 성적표에도 불구하고 글레이저(Glaeser, 2012)가 지적하듯이 역사의 전 과정에서 성장과 혁신의 엔진이었다. 북에서는 도시들이 '산업화시대의 파란만장한 최후에서 살아남아 지금은 그 어느 때보다 더 부유하고 더 건강하며 더 매력적으로 변모한' 반면에, 남에서는 "도시로의 인구 밀집이 빈곤에서 번영으로 나아가는 가장 명확한 길을 제공하기 때문에 도시들이 엄청나게 팽창하고 있다"고 그는 주장한다. 그러나 코로나19의 결과로 변화가 올 수도 있다. 코로나19의 영향 가운데 좀 더 주목할 만한 것들 중의 하나는 사람들의 재택근무가 권장되고 도시 중심가에 가장 밀집해서 자리하고 있는 상점, 레스토랑, 바, 극장을 찾는 사람들이 줄어들면서 도심이 비워지고 있다는 것이다. 이것이 거대 도시 지역들에 어떤 영향을 미칠지 판단하기에는 아직 이르지만, 많은 사람들에게 재택근무가 영구적인 근무형태가 되고 이에 따라 건물들의 사무실이 비기 시작하면 그 건물들은 용도 변경을 해야 할 것이라는 관측이 나오고 있다. 통근 패턴 또한 도시의 거리와 대중교통에 영향을 미치면서 영구적으로 바뀔 수도 있다.

글로벌 영향 측면에서 볼 때 도시의 성장과 세계 인구의 다수로서 도시 거주자들의 부상은 세상을 여러 다양한 방식으로 변화시켰다.

- 정치적으로, 권력의 주된 관심은 점점 더 도시 거주자들의 필요, 우선순위 그리고 가치관에 맞추어져 왔다. 도시 사람들은 시골 사람들에 비해 서로가 더 가까이 살고 그리고 정부 소재지들에 더 가까이 거주하기에, 정치 과정 참여 그리고 정치 관여를 위한 다양한 채널 동원에 더 적극적이다. 도시가 이처럼 정치적 우위를 점유하면서 시골 지역에서는 이에 대한 분노가 종종 일어나곤

했다. 예를 들어, 최근 수년간 유럽과 미국의 주류 정당들이 외면 받고 있는 것에 대한 설명은 자신들이 도시 거주자들에 비해 무시당하고 있다고 느끼는 시골 유권자들의 인식에서 최소한 일정 부분 찾을 수 있다.

- 경제적으로, 도시는 시골에 비해 정부 지출에서 더 큰 부분을 집어삼켜 왔고 (비록 도시가 정부 수입에서 더 큰 부분을 생산하기도 하지만), 더 많은 식량과 에너지를 소비하고 있다. 생활비 또한 도시가 더 높다. 더 많은 사람들이 거주 또는 사업 목적으로 부동산을 찾아다니기에 이들이 가질 수 있는 부동산의 크기는 점점 더 작아지고 있다. 부와 소득의 불평등은 대부분의 도시들이 더 부유한 지역과 더 가난한 지역으로 나뉘어 있는 것에서 분명하게 드러난다. 도시의 높은 물가와 혼잡이 도시 거주자들을 점점 더 많이 교외 지역 또는 심지어 인근 타운으로까지 이주하도록 내몰면서 도시의 경제적 족적은 지속적으로 확장되고 있다.
- 환경적으로, 도시는 오염과 폐기물을 더 많이 발생시켜 왔으며, 어떤 도시들은 매우 거대해져서 심지어 지역 날씨 패턴에도 영향을 미칠 정도가 되었다. 즉, 이런 도시들은 자신을 둘러싸고 있는 주변 시골 지역보다 온도가 높아서 도시 안에 열섬들이 형성되는데 이 열섬들은 대기로 열기를 더 많이 방출하고 강수량도 더 많이 생성해내고 있다. 또한 도시들은 쓰레기 매립지에 묻거나 재활용해야만 하는 폐기물을 더 많이 배출하고 있으며, 오염물도 강과 지하수로 더 많이 유출하고 있다.
- 사회적으로, 도시는 사람들 간에 관계 맺는 방식을 변화시켰다. 도시에서는 사람들이 보다 많은 다른 사람들과 상호 교류를 하게 되어 좋을 수도 있지만, 도시 인구가 갖는 유동성은 공동체 의식의 저하로 이어져 사람들에게 고립감을 키워줄 수 있다. 또한, 도시에서 산다는 것은 시골 생활에 비해 높은 범죄율, 전염성 질병들에 대한 노출 기회 확대, 그리고 심장병과 암의 높은 발병 건수로 인한 높은 사망률을 의미할 수 있다. 아울러, 도시 거주자들은 가공식품이나 패스트푸드는 더 많이 먹고, 운동은 덜 하기 때문에, 건강이 더 안 좋을 수가 있다. 한편, 코로나19가 도시의 사회적 특성에 어떤 영향을 미칠지는 더 두고 봐야 한다.

요약하자면, 도시는 사람들 사이의 관계를 변화시켰고, 사람들이 주변 세상을 바라보는 방식에 크게 영향을 미쳤다. 글로벌도시의 부상처럼 도시 변화가 글로벌시스템에 그렇게 극적으로 영향을 미친 방식은 찾기 힘들다 (글로벌과 로컬 2 참조).

글로벌과 로컬 2

글로벌도시의 부상

도시화의 영향은 변화하는 인구수뿐만 아니라 도시의 역할 변화에서도 볼 수 있다. 도시 중에서 가장 큰 것들은 이웃 지역 그리고 다른 큰 도시들과 오랜 기간 연결되어 있었으며, 제국의 수도인 경우에는 심지어 더 넓은 세계로까지 연결이 이루어졌다. 그러나 주목할 만한 새로운 현상은 **글로벌도시(global city)**의 부상이다 (Sassen, 2005 참조). 글로벌도시는 단순히 거대하기만 한 것이 아니라, 금융, 무역, 통신의 글로벌네트워크에서 새로운 영향력을 행사하는 데에 도움이 되는 매력과 우위도 아울러 갖춘 도시 센터를 말한다. 글로벌도시는 한 국가의 수도일 필요는 없다. 그 대신에, 글로벌도시는 글로벌시스템의 심장부에 자리 잡기 위하여 경제적 또는 지리적 기회를 적극 활용해왔다. 글로벌도시는 급성장하는 경제를 갖고 있으며, 경제가 성장하는 지역들에 가까이 있고, 정치적으로 안정적이며, 외국인 투자 유치에 매력적이다. 그리고 글로벌도시가 보유한 글로벌커넥션은 거주자들에게는 적어도 본국과의 커넥션만큼이나 중요하게 되었다. 글로벌도시의 대표적인 예로는 두바이, 홍콩, 런던, 멕시코시티, 뉴욕, 상하이, 도쿄 등이 있다 (Kotkin, 2014 참조).

대부분의 글로벌도시들은 전 세계에서 찾아 온 방문객들로 인해 도시 특성의 변화를 겪어왔다. 방문객들의 일부는 비즈니스를 하고, 다른 일부는 일자리를 찾고, 또 다른 일부는 관광객으로서 그저 구경만 한다. 이러한 글로벌도시들 중 상당수는 변화의 과정에서 상호 동질화되어, 자기 역사와 개성의 일부를 잃어버리고, 심지어는 때때로 서로가 똑같아 보이기까지 하고 있다. 두바이만큼 그렇게 크게 변화한 도시는 거의 없다. 두바이는 아랍에미리트의 일원으로서 동일한 이름을 가진 토후국 두바이의 수도이다 (사진). 두바이는 오랫동안 중요한 항구였지만, 1980년대에 국제 무역과 석유 수입을 바탕으로 성장하기 전까지는 상대적으로 지방의 한 도시였다. 오늘날 두바이는 중동에서 가장 크고 가장 비싼 도시들 중 하나이며, 교통과 비즈니스의 주요 허브이며, 야심 찬 건축과 호화로운 호텔들로 유명하다.

그러나 두바이에 대한 브룩(Brook, 2013)의 이 비판적 평가를 숙고해보자.

> 두바이는 아랍어보다는 영어를 사용하고, 야외시장보다는 쇼핑몰에서 물건을 사고, 슈퍼마켓에서는 돼지고기를 팔고, 호텔에서는 술을 따르는 등 자신의 고유한 지역 전통들을 허옇게 분칠해 감추어 버리면서, 장소성도 없고 아무런 맛도 안 나는 그런 글로벌

출처: Ian McCormick

계속 ▸▸

미래를 만들기 위해서 아랍 세계의 전통들이 의도적으로 음소거된 도시다.

브룩은 계속해서 현대 도시로서의 두바이는 새로운 것이지만 아이디어로서의 두바이는 그렇지 않다고 결론짓는다. 즉, 두바이는 서구를 모델로 한 '즉석 도시(instant city)'의 한 예에 불과하며, '뒤처진 지역을 현대 세계로' 끌어당기기 위한 노력의 일환으로 건설되었을 뿐이라고 말하고 있다. 글로벌도시는 새로운 부와 영향력을 자신이 속해 있는 지역에 가져다주지만, 아울러 지역적인 것과 글로벌한 것이 뒤섞여 만들어내는 잡탕물의 골치 아픈 사례로 대두되기도 한다.

천연자원의 이해

글로벌도시(Global city): 도시의 규모와 정치적/경제적 역량이 막대하여 자신이 지리적으로 속한 국가를 넘어서까지 영향력을 행사하는 도시.

천연자원(Natural resources): 지구에서 자연적으로 발견되는 것으로서 인간과 다른 생물들에게 가치가 있는 물질이나 원자재. 천연자원에는 토지, 식량, 물, 식물, 동물, 토양, 광물, 에너지 그리고 목재 등이 있다.

인구변화는 **천연자원**(natural resources)의 소비와 밀접하게 연관되어 있기에, 한가지 핵심적이고 근본적인 질문이 제기된다. 즉, 우리는 늘어나는 글로벌인구의 수요를 충족시킬 만큼 충분한 식량, 깨끗한 물, 깨끗한 공기, 에너지, 광물, 그리고 땅을 가지고 있는가? 이에 대한 답은 정치적, 경제적, 그리고 자연적 여건의 조합에 따라, 각 자원마다 그리고 세계의 각 지역마다 다르게 나타난다. 요약하면, 자원들이 적절한 형태로, 적절한 장소에서, 적절한 시기에 맞추어 언제나 이용 가능한 것은 아니며, 수요와 공급의 불균형으로 인해 야기된 문제들은 관리 부실 그리고 변화하는 수요에 대한 상시적 대응의 실패로 인해 더욱 복잡해졌다. 특히 산업혁명 이후에 그리고 인류 인구의 급속한 증가의 결과로, 식량과 천연자원에 대한 수요가 늘어났지만, 우리는 아직 이들을 지속가능하게 관리하는 기술을 터득하지 못하고 있다 (Chiras and Reganold, 2009 참조).

문제의 일단은 소유권의 형태에서 비롯되고 있다. 즉, 대부분의 자원들은 개별국가들에 귀속되어 있는데, 이들 국가는 글로벌 추세와 수요에 대해서는 생각하지 않으면서 자신들의 자원을 국가자원으로 활용할 권리가 있다고 나름 합리적으로 주장하고 있다. 달리 말하면, 우리는 글로벌한 관점이 아닌 국가적인 관점에서 자원 관리에 접근하는 경향이 있으며, 이에 따라 자원의 지속적인 공급을 더 잘 보장할 수 있는 범세계적 자원 관리 방식을 개발하는 데에 어려움을 겪고 있다. 이것이, 우리가 이 장에서 나중에 보게 될 것처럼, 숲과 수산 관리에 대한 효과적인 접근법 개발에 실패하게 된 이유다.

문제의 또 다른 일단은 재생가능한 자원과 재생불가능한 자원의 관리라는 상호 대조적인 난제들에서 비롯된다. 만약 효과적으로 관리된다면 (제13장의 지속가능 발전에 대한 논의 참조), 목재, 수산, 농경지, 깨끗한 물과 같은 재생가능한 자원들은 우리의 필요를 계속해서 무기한 충족시킬 것이다. 그러나 상업용 에너지와 관련하여 우리가 택해 온 선택들이 보여주듯이, 이들 자원을 현명하게 관리하고 사용하는 데에 있어 우리가 거둔 성적은 기껏해야 반반이다. 대기, 담수, 숲, 그리고 경작지를 포함하여 다른 재생가능한 천연자원에 관해서도 우리의 성적은 눈부신 것은 아니었다. 남용, 오용, 낭비 등은 오염, 삼림파괴, 토양침식, 산더미 같은 쓰레기, 사막의 확산 등과 같은 수많은 문제들을 남겼다.

천연자원의 관리와 관련하여, 우리는 다양한 종류의 재화를 다루어야 하는 어려움에 마주쳐 있는데, 이들 재화 중 세 가지가 두드러지고 있다.

- '사유재(Private goods)'는 소비하기 위해서는 일반적으로, 구매하고 소유해야 하며, 한 사람이 사용하면 다른 사람의 사용은 배제되는 재화다. 다시 말해서, 소유하지 않거나 구매비용을 지불하지 않는 사람은 사용할 수 없다. 사유재에는 식품, 소비자제품, 개인소유 주택이나 차량, 그리고 개인소유의 토지, 숲, 어장 등이 있다.
- '공공재(Public goods)'는 사회나 지역의 모든 구성원이 직접적인 비용 지불 없이 누구나 사용할 수 있는 재화를 말한다. 공공재에는 깨끗한 공기, 공원, 개방된 공간, 경치, 그리고 국방 등이 있다.
- '공유재(Common goods)' (또는 **공동이용자원**[common pool resources])는 사용을 통제하는 것이 어렵거나 불가능하게 만드는 특성을 가진 재화로서, 대기, 바다, 수산 및 대수층 등이 있다.

공동이용자원(Common pool resources): 대기나 바다와 같이 그 크기나 범위로 인해 개인들의 사용을 막는 것이 어렵거나 불가능한 자원.

사유재와 공공재에 대한 대부분의 결정은 시장(market)의 힘에 의한 도움받아 정부, 기업, 그리고 소비자들에 의해 이루어진다. 이와 더불어 정부, 기업, 소비자들은 재화를 얼마나 많이 만들거나, 건설하거나, 재배하는가를 정하게 되고, 또 그 재화를 어디에서 그리고 어떤 가격에 구득할 수 있는지를 정하게 된다. 이런 재화들에 대한 대부분의 결정은 현명하게 관리하고 지속적으로 사용할 수 있게 보장하는 글로벌 관점에서가 아니라 가능하면 소진될 때까지 수익성을 고려하여 사용하는 국가적 관점에서 접근한다.

그러나 공유재와 관련해서는 상황이 상당히 다르다. 즉, 공유재의 경우에서는 일부 사용자들이 이기적으로 자신의 몫보다 더 많은 것을 얻고자 하는 (또는 대기 그리고 강과 바다를 자신들 폐기물의 무료 쓰레기통으로 사용하고자 하는) 경향이 있다. 즉, 이들은 혜택은 누리면서 비용은 다른 사용자들에게 전가하는 것이다. 만약 모든 사용자가 이러한 접근 방식을 취하면, 자원은 고갈되거나 질이 떨어지면서 모든 사람이 손해를 입게 된다. 이 현상은 미국의 생태학자 하딘(Garrett Hardin, 1968)이 1968년에 발표한 영향력 있는 에세이에서 **공유지의 비극**(tragedy of the commons)으로 기술되었다.

공유지의 비극(Tragedy of the commons): 사회 전체의 안녕보다는 개인적 이득을 우선하는 개인들의 이기주의가 공동이용자원의 남용을 조장한다는 경제학 이론.

하딘은 모든 소 사육 농부들이 이용할 수 있는 어느 가상 목초지의 예를 들었다. 이 목초지 내의 소 사육 수가 통제되는 한, 모든 것이 괜찮았다. 그러나 농부들 중 한 명이 다른 농부들의 희생 위에 자신의 이윤을 늘릴 수 있다는 계산을 하면서 소 한 마리를 목초지의 소 떼에 추가하기로 결정한다면 문제는 시작된다. 목초지에는 너무 많은 소가 있게 될 것이다. 즉, 다른 농부들도 첫 번째 농부를 따라잡기 위해 똑같은 계산을 할 것이고, 소의 늘어나는 개체 수는 목초지의 수용력을 더 한층 초과할 것이다. 하딘은 이것이 비극이라고 말했다. "각자가 자기 소 떼를 무제한으로 늘리도록 강박 받는 시스템에 갇혀 있다. 그런데 세상은 무제한이 아니다. 모든 사람들이 파멸이라는 목적지를 향해서 달려가게 된다. 공유지에서는 누구나 자유라고 믿는 사회에서 이들은 각자 자신만의 최고 이익을 추구한다. 공유지에서의 자유는 모두에게 파멸을 가져온다."

하딘은 이후 너무 비관적이라고 비판을 받았으며, 전혀 규제받지 않는 공유재는 거의 없다는 것을 제대로 언급하지 않았다는 비판도 받았다. 2009년 자신에게 노벨 경제학상 수상을 가져다 준 연구에서, 오스트롬(Elinor Ostrom, 1990)은 공동이용자원의 안정적 사용을 가져다 줄 수 있는 설계 원칙을 제시하였다. 설계 원칙은 다음의 내용들을 담고 있다.

- 그룹의 경계를 명확하게 정의하기.
- 공유재 사용의 관리 규칙을 해당 지역의 필요와 여건에 맞추기.
- 규칙의 영향을 받는 사람들이 규칙의 수정에도 참여할 수 있도록 보장하기.
- 커뮤니티 구성원들의 규칙 제정 권한이 외부 당국에 의해서 존중되었는지 확인하기.
- 효과적인 모니터링을 위한 시스템 개발하기.
- 규칙 위반자에 대해서는 단계적으로 제재 부과하기.

- 분쟁 해결을 위해 이용 가능한 수단들 제공하기.

요컨대, 우리가 합리적이고, 조율되고, 그리고 공통적인 정책을 추구한다면 공유재 또는 공동이용자원의 질이 저하되거나 남용되어야 할 특별한 이유가 없다. 그러나 이 목표를 달성하기 위해서 우리는 경제적 고려와 환경적 고려 간의 균형을 유지해야 하고, 개별국가들은 다른 국가들과 함께 협력하면서 최상의 자원 관리 및 사용법 강구에 있어 글로벌 시각을 가져야 한다. 이렇게 하는 것은 말하기는 쉬우나 실제 행동으로 옮기기는 어렵다. 왜냐하면 다양한 압박과 우선순위들이 영향을 끼치기 때문이다. 경제적이고 정치적인 관점에서 볼 때, 자원은 통상적으로 인간들에게 가져다주는 가치로 정의되는데, 인간들은 자원을 생계, 부, 이윤 및 권력의 원천으로 삼으면서 최대한 신속하고 값싸게 이용하려고 하고 있다. 이러한 관점에서 보면, 자연은 우리 인간들의 편의를 위해 재구성되어야 할 대상이다.

반면에 우리가 환경적 관점에서 문제를 바라본다면, 자연은 엄청난 생태적 가치를 갖고 있으며, 자연은 가능한 한 있는 그대로 내버려 두거나, 아니면 지속가능한 방식으로 사용해야 한다는 것을 더 잘 이해하게 된다. 자연을 지속가능한 방식으로 사용한다는 것은 경제적·사회적 혜택을 산출하는 방식으로 자연의 자원을 이용하면서도, 자원의 생태적 가치를 인식하고, 자연의 지속적 보호와 인류를 향한 자원의 지속적 공급을 확실히 하기 위한 관리의 중요성을 깨닫는 것을 말한다. 불행히도, 식량, 에너지, 숲, 대양에 대한 우리의 접근 사례들에서 볼 수 있듯이 우리의 실적은 그다지 인상적이지 못했다.

세계를 먹여 살리기

2020년 노벨평화상은 유엔의 덜 알려진 기구들 중의 하나인 유엔세계식량계획(WFP: World Food Programme)에 수여되었다. WFP는 1961년에 설립된 이래, 기아 퇴치와 식량안보 구축에 활동의 중점을 두고 있는 세계 최대의 인도주의 단체가 되었다. WFP는 단체의 활동 유지를 위해 정부와 민간의 기부에 의존하면서, 자연재해 및 기타 재해로 고통받는 세계 여러 지역에 긴급 식량 구호를 전개하고, 빈곤한 국가들이 식량안보를 확보하고 기후변화의 영향을 상쇄할 수 있는 스스로의 역량을 구축할 수 있도록 지원하고 있다. 식량안보가 평화 구축을 돕거나 심지어 이를 대체할 수 있는 지 여부는 논쟁의 여지가 있지만, 노벨상 위원회는 WFP가 '기아 퇴치를 위한 노력, 분쟁지역의 평화 여건 개선에 기여, 기아를 전쟁과 분쟁의 무기로 사용하는 것을 방지하는 원동력 역할 수행' 등의 공적을 거두었다고 인정하였다.*

* 역자 주
WFP는 북한이 심각한 식량난에 직면하여 아사자가 증가하자, 1995년부터 북한에 대한 식량과 영유아를 위한 영양을 대규모로 지원해 오고 있다.

WFP의 활동은 인구 증가에서 비롯된 가장 오래된 질문들 중 하나를 다시 상기시켜주고 있다. 즉, 세계는 얼마나 오랫동안 스스로를 먹여 살릴 수 있을까? 언뜻 보기에, 그리고 맬서스의 말이 옳다고 한다면, 수요가 인구수 측면뿐만 아니라 소비되는 식량의 양과 다양성 측면에서도 늘어나면, 공급 또한 증가된 압력에 놓일 것이라고 가정하는 것이 논리적일 수 있다. 그러나 녹색혁명이 제2차 세계대전 이후 수십 년 동안 작물 수확량의 괄목할 만한 증가를 가져오면서, 공급이 수요를 확실하게 따라갈 수 있도록 했다. 그렇다면 2019년에 8억 2,000만 명이 넘는 사람들이 식량 부족에 빠진 이유는 무엇인가 (Food and Agriculture Organization, 2020a)? 그 대답은, 앞서 언급한 것처럼, 우리가 공급보다는 분배에서 문제를 갖고 있기 때문이다.

최고의 관심 의제는 **식량안보**(food security) 문제로서, 세계인권선언(제7장 참조)에 식량안보는 기본 인권으로 등재되어 있다. 그럼에도 불구하고 수백만 명의 사람들이 식량 부족에 직면하여 최악의 경우, 성장 부진, 단백질 결핍, 인지 장애, 질병에 대한 면역력 약화 등과 같은 **영양실조**(malnutrition)에 기인한 신체적 악영향들에 고통 받고 있으며 심지어는 굶주림으로 인한 사망까지 겪고 있다. 이러한 문제들은 식량이 부족해서라기보다는 많은 사람들이 너무 가난하여 필요한 것을 살 수 없거나 전쟁이나 자연 재해로 인해 식량 공급이 중단되기 때문에 흔히 발생하고 있다. 예를 들어, 예멘에서는 내전이 문제가 되고 있다. 2015년 사우디아라비아와 이란이 각기 지원하는 파벌들 사이에 발생한 분쟁은 국제적 봉쇄를 야기하여 예멘의 2,800만 인구 대부분에게 식량과 의료물품의 공급이 이루어지지 못하였다. 대부분의 의료 시설들이 문을 닫았고, 2017년에는 콜레라가 발생하여 고통이 가중되었다. 주요 도시들에는 식량이 풍부했지만, 많은 예멘인들은 식량을 살 여유가 없었다 (Craig, 2017).

식량안보(Food security): 사람들이 안전하고 영양가 있는 식량을 충분히 입수하고 섭취할 수 있는 상태.

영양실조(Malnutrition): 영양의 수요와 공급 그리고 질 간의 불일치를 말하는 것으로서, 음식을 과소 섭취하거나 저질의 음식을 과다 섭취하는 것을 의미.

식량안보 저울의 반대쪽 끝에서는, 다른 형태의 영양실조가 비만이라는 모습으로 많은 국가들에 찾아왔다. 수백만 명의 사람들이 자신들이 필요한 것보다 더 많이 먹고, 늘 앉아 지내는 생활을 하여, 체중이 증가해서 (유전적 특징과 신진대사도 일정부분 역할을 한다), 고혈압, 관절장애, 심장병, 당뇨병, 암

그리고 조기 사망 등에 이를 위험에 더 크게 노출되어 있다. 이런 상황은 북뿐만 아니라 남의 여러 국가들에서도 발생하고 있는데 특히 도시 지역들이 그렇다. 세계보건기구(WHO: World Health Organization, 2020a)의 추산에 따르면, 전 세계 인구의 비만율이 1975년에서 2016년 사이에 세 배가 증가하여 수백만 명의 어린이들과 약 6억 5,000만 명의 성인들(전체의 13퍼센트)이 비만이 되었다. 비만율은 미국, 호주, 영국, 멕시코, 남아프리카공화국(26~33퍼센트) 등과 더불어 태평양의 여러 도서 국가들(성인 인구의 40~50퍼센트) 그리고 중동의 여러 국가들(사우디아라비아와 리비아를 포함)에서 가장 높게 나타났다. 비만이 가장 적은 국가들에는 대부분의 사하라 이남 아프리카국가들과 대부분의 남아시아와 동남아시아국가들이 포함되는데, 이들 국가 모두가 7퍼센트 미만의 비만율을 보이고 있다.

식량 공급에서 고려해야 할 또 다른 요소는 식량 사슬(food chain)에서 일어나는 손실(공급 쪽 끝에서 발생)과 낭비(소비 쪽 끝에서 발생)이다. 여러 부유한 국가들의 경우, 사람들이 식당이나 집에서 먹기 위해 구매하는 식품의 최대 40퍼센트가 그냥 버려지고 있을 것이다. 유엔 식량농업기구(FAO: Food and Agriculture Organization)는 인류가 소비하기 위해 생산하는 식량의 약 3분의 1가량이 매년 손실되거나 낭비되고 있다고 추정하고 있는데, 이는 인류 인구 1인당 175kg(385파운드)에 해당한다 (Food and Agriculture Organization, 2019). 도표 2.5는 식량 생산에서 손실이 가장 크게 발생하는 지역들은 아시아 남부, 북미, 유럽임을 보여주고 있다. 소비자 낭비에 대한 데이터는 찾기 어렵지만, 연구에 따르면 낭비 수준은 북미와 유럽에서 가장 높고, 사하라 이남 아프리카, 인도, 중국 및 동남아시아에서 가장 낮은 것으로 제시되고 있다.

식량 공급과 관련하여 염두에 두어야 할 마지막 요소는 환경적인 것이다. 녹색혁명은 놀라운 결과를 가져왔을지 모르지만, 이는 대부분 화학 살충제, 살균제, 제초제 및 비료를 더 집중적으로 사용하였고, 더 많고 더 예측 가능한 수준의 생산을 산출해내기 위해 밀, 옥수수, 쌀 및 기타 기초식품들의 변종을 새롭게 설계했기 때문이다. 이것은 농약 회사들과 대규모의 기계화된 농장들의 이익에는 좋았겠지만, 우리의 식량에 더 많은 화학 물질을 사용함으로써 환경에 나빴고 소규모의 영세 농부들에게도 나빴다. 현대 농업기술 또한 생산에 쓰이는 에너지와 식량에서 생산되는 칼로리 간의 균형 측면에서 종종 비효율성

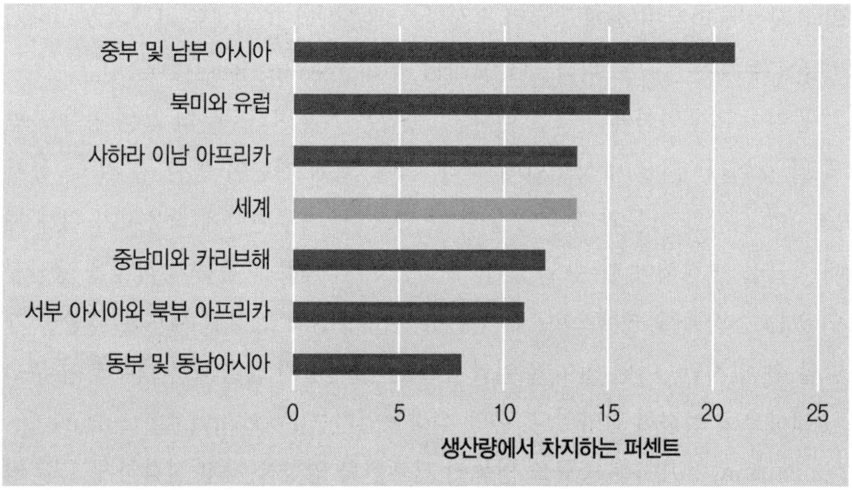

도표 2.5 전 세계 식량 손실 비교

출처: Food and Agriculture Organization (2019). 숫자들은 식량 사슬에서 공급 쪽 끝에서의 손실만을 나타내며 소비 쪽 끝의 손실을 나타내는 것은 아님.

을 보이고 있고(많은 양의 식량이 소비자에게 도달하기 위해 장거리 운송되기 때문에), 더 많은 화학오염물들을 강과 지하수로 유출시키고 있다.

북의 지역들에서는 이런 문제들에 대한 반작용이 유기농(무화학) 농업 지지, 각종 GMO(genetically-modified organisms, 유전자 변형 유기체로서 가장 신랄한 비판자들은 '프랑켄슈타인 식품[Frankenfoods]'으로 인식)에 대한 거부, 소영농을 옹호하고 신선한 재료와 현지 원료를 고집하는 '농장에서 식탁까지 레스토랑(farm to table restaurants)'의 인기 등의 형태로 나타났다. 그러나 유기농 식품과 농장 직거래 식품(farm to table food)에 대한 규정들은 종종 모호하고, GMO의 영향에 대한 과학적 발견과 지식은 논쟁의 여지가 있으며, 이들 중에서 그 어느 것도 세계의 가난한 지역 농부들에게 해줄 수 있는 것은 많지 않다. 그저 생존하기에 급급한 이들 가난한 농부들에게는 북의 생산자와 소비자가 누리는 종류의 선택은 사치에 불과하기 때문이다.

기후변화가 작금에 야기하는 문제들과 관련해서는 북과 남의 구분이 별로 중요하지 않다. 화학 물질과 대량생산에의 의존, 그리고 소비자 만족 유지라는 욕구로 인해 현대 농업은 두 가지 주요 온실가스의 배출량 증가를 가져왔다. 즉, 이산화탄소는 비료의 사용, 그리고 농산물의 저장과 운송에 따른 부산물이며, 메탄은 벼가 자라는 논과 배에 가스가 가득 찬 가축들이 만들어내고 있다. 최근의 추정들에 따르면 현재 글로벌 온실가스 배출량의 10퍼센트 이상이 농업에서 비롯될 수 있는 것으로 나타났다 (World Resources Institute, 2021a).

농업이 기후변화에 일조를 했다면, 농업은 기후변화로부터 많은 영향도 받게 될 것이다. 기온이 상승함에 따라, 작물 재배 패턴이 변할 수 있고, 농부들은 더 심각한 가뭄과 홍수에 놓일 수 있으며, 기후변화에 적응하기 위해 재배 작물을 변경해야 할 수도 있다. 우리는 이미 새로운 품종의 작물을 생산할 수 있는 능력을 입증했으며, 과학을 통해 내열성이 향상된 새로운 품종을 개발할 수 있지만, 어떤 일이 일어날지 또는 일어나지 않을지는 대부분이 추측의 대상으로 여전히 남아있다. 유엔 식량농업기구(Food and Agriculture Organization, 2016)는 소규모 영농이 기후변화 영향을 가장 심각하게 느낄 가능성이 있다고 경고하고 있다. 이는, 식량안보 수준이 이미 가장 낮은 국가들의 식량 생산이 가장 큰 타격을 받을 것임을 의미한다. 식량 가격은 오를지도 모르고, 수확량은 떨어질 수도 있고, 기아와 빈곤 완화 노력은 약화될 수도 있다. 그리고 농업에 생계를 의존하는 수백만 명의 시골 사람들의 삶이 영향을 받으면서, 잠재적으로, 훨씬 더 많은 수의 환경 이민자와 환경 난민을 만들어 낼 수 있다 (제13장 참조).

에너지 수요에 부응하기

우리는 모두 음식을 요리하고, 난방과 냉방을 하고, 운송시스템에 연료를 공급하기 위해 에너지가 필요하다. 또한, 조명을 밝히고, 사람들 대부분이 (적어도 북 그리고 남의 도시 지역들에서는) 그 사용을 당연하게 생각하는 컴퓨터, 휴대폰, 냉장고, 오븐, 전자레인지, 텔레비전 등과 같은 가전제품에 공급할 전력을 생성하는 데에도 에너지가 필요하다. 그러나 에너지의 명백한 중요성에도 불구하고, 우리는 에너지를 추출하고 관리하고 사용하는 데 있어 무계획적인 접근방식을 취했으며, 이에 따라 우리는 '글로벌에너지 구멍(global energy hole)' 같은 곳에 우리 자신을 푹 빠뜨리는 결과를 초래했다.

산업혁명 이전에는 대부분의 사람들이 요리와 난방을 할 때 땔나무에 의존했으며, 운송은 사람이나 짐승의 힘으로 이루어졌다. 산업화는 영국에서 그 첫 발걸음이 시작되었다. 영국은 신산업기술(증기기관 그리고 마침내는 발전 등과 같은)의 연료로 사용되는 석탄을 대량으로 그리고 어느 때든 공급할 수 있었다. 석탄에 이어 나중에 석유(운송의 주요 에너지원)가 등장하였고, 제2차 세계대전 이후에는 천연가스(난방, 발전 및 운송에 사용)가 추가되었다. 이와 같은 에너지원 사용의 장기적 결과는 **화석 연료(fossil fuels)**에 대한 압도적인 의존으로 나타났다. 오늘날 화석 연료는 글로벌에너지 수요의 80퍼센트를 차지하고 있다 (도표 2.6 참조).

화석 연료(Fossil fuels): 유기체가 수백만 년간 부패 변성되면서 생성된 연료로서 석탄, 석유, 천연가스 등이 있다.

화석 연료는 저렴하고 풍부하지만 많은 불편함도 갖고 있다. 그중 가장 주요한 불편은 화석 연료는 추출, 처리 및 운송하기에 종종 위험하며, 대기오염 문제의 주요 원인이며, 기후변화와 관련된 가스의 주요 배출원이라는 점이다 (제13장 참조). 화석 연료의 매장도 균등하지 않게 분포되어 있어, 석유(사우디아라비아, 러시아 등)와 석탄(중국, 호주 등)이 풍부한 국가들은 에너지 초강대국이 되지만, 많은 다른 국가들은 수입에 의존할 수밖에 없다. 화석 연료가 산업 및 경제에서 차지하는 중요성으로 인해 화석 연료(특히, 석유)의 주요 생산자들은 전략적 우위를 누리게 되는데, 이 전략적 우위는 화석 연료를 제외하고 다른 자원이나 다른 종류의 영향력을 기준으로 측정할 때 이들이 부여받을 수 있는 글로벌 위상과는 전혀 걸맞지 않게 이를 훨씬 넘어서는 수준인 경

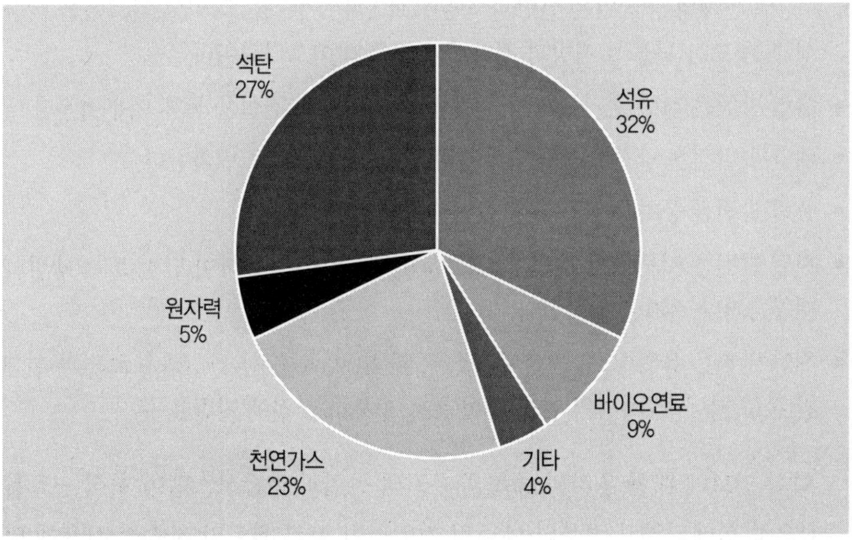

도표 2.6 글로벌 주요 일차에너지원

출처: International Energy Agency (2020).

주: 숫자들은 반올림하였음.

우가 종종 있다.

화석 연료는 공급도 한정되어 있다. 우리가 앞으로도 사용할 수 있는 화석 연료를 아직은 많이 갖고 있지만, 화석 연료는 천천히 고갈되어 가고 있다. 따라서 미래의 에너지 계획에 대해 더 적극적으로 고민해야 한다. **재생가능 에너지(renewable energy)**로 전환하는 것이 거의 모든 면에서 한층 합리적이다. 재생가능 에너지는 더 깨끗하고, 더 널리 구할 수 있으며, 환경적으로 덜 해롭고, 그리고 대부분의 경우 공급이 무한하다 (Peake, 2018 참조). 그러나 우리는 그동안 재생가능한 것들에 대한 투자에 더뎠으며, 우리에게 열린 수많은 대안들에도 불구하고 현재 재생가능 에너지는 글로벌에너지 수요의 5분의 1도 못 채우고 있다.

재생가능 에너지(Renewable energy): 태양력, 풍력, 수력 등과 같이 잠재적이든 실제이든 무한 공급이 가능한 원천으로부터 생성되는 에너지.

- 가장 큰 투자는 원자력 에너지에서 이루어졌다. 원자력 에너지는 낮은 비용과 무한한 공급 잠재력으로 인해 한때 에너지 생산의 큰 희망으로 여겨졌다. 그러나 원자력 에너지는 핵무기와의 연관성에 대한 염려, 원자력 발전소의 비용 및 안전성에 대한 우려, 방사성 폐기물의 안전 저장 문제 등으로 논란을 빚어 왔다.
- 재생가능 에너지의 가장 큰 공급원은 나무, 목탄, 또는 작물 잔여물 등의 유기 물질을 총칭하는 바이오연료(biofuels) 또는 바이오에너지(bioenergy)이다. 두 번째의 공급원은 설탕과 전분으로 만든 에탄올, 그리고 알코올을 식물성 기름 또는 동물성 지방과 결합하여 만든 바이오디젤이다.
- 수력 발전은 터빈을 가동하여 전기를 생성하는 댐 건설을 통해 이루어진다.
- 태양광 발전은 광전지를 사용하여 태양 광선을 전기로 변환한다.
- 풍력 발전은 풍차를 사용하여 전기를 생산한다.
- 지열 발전은 지구에서 자연적으로 생성되는 열을 사용하여 난방 또는 냉방을 제공하거나 전기를 생성한다.
- 해양 발전은 유입 및 유출 조수, 조류, 파력(wave power),* 해수 표면과 심해 간 온도 차이, 강어귀의 염도 차이 등을 활용하는 것에 기반을 둔다.

* 역자 주
파력발전은 파도의 상하운동 에너지를 이용해서 동력을 얻어 발전하는 방법이다.

화석 연료에 대한 우리의 중독은 우리의 산업과 운송시스템이 화석 연료를 중심으로 설계되었고 정부와 에너지 기업들이 화석 연료의 지속적 사용에 막대한 투자를 하였다는 것을 주된 이유로 하여 고착화되고 있다. 그러나 변화는 우리에게 달려있다. 예를 들어, 신기술은 배터리 성능의 향상을 가져와 도로주

미국의 석탄 화력발전소. 석탄은 오랜 기간 북반구의 주요 에너지원으로 사용되면서 지역 및 국제 대기오염과 기후변화 야기에 일조하였다.

행 차량의 동력으로 전기를 사용하는 것이 보다 용이해졌다. 화석 연료와 관련된 여러 문제들은 화석 연료의 평판을 점점 더 나쁘게 하고 있으며, 석유와 석탄 회사의 기업 가치를 떨어뜨리고, 청정에너지를 추구하는 시장의 추세를 북돋고 있다.

북은 지금까지 상업용 재생가능 에너지 이용에 있어 가장 큰 진전을 이루어, 그 효과 중 하나로서 대부분의 북반구 도시들이 더 깨끗하고 더 효율적인 대중교통에 힘입어 더 깨끗해진 대기를 갖게 되었다. 한편, 남의 주요 도시들 상당수에서는 급속한 인구 증가가 도로 교통량 가중 및 석탄 사용과 맞물려 종종 심각한 대기오염을 초래하고 있는데 특히 중국과 인도의 상황이 그렇다. 세계보건기구(World Health Organization, 2020b)에 따르면 전 세계적으로 매년 400만 명 이상이 대기오염의 노출로 사망하고 있다. 최악의 대기오염 효과는 도시화와 산업화는 가장 빠르게 일어나지만 규제는 가장 약한 경우가 많은 동남아시아와 서태평양지역에서 나타나고 있다. 인도만 해도 세계에서 가장 오염된 20개 도시 중 13개가 있으며, 이들 중 델리가 세계오염도시 1위를 차지하고 있다.

남반구 도시들의 외곽에서는 땔나무에 대한 과도한 의존에서 비롯된 다른 종류의 에너지위기가 일어나고 있다. 땔나무는 재생가능 에너지의 한 형태이고 숲이 잘 관리만 된다면 저렴하면서 이용하기도 쉽지만, 땔나무에 대한 수요는 계속 늘어나고 있고 이에 따라 시골의 빈곤층은 땔감용 나무와 초목을 베어내기 위해 종종 더 멀리 숲을 찾아 헤매야만 한다. 지피(ground cover, 땅을 덮고 있는 식물)가 제거됨에 따라 토양 침식이 더욱 악화하면서 강과 호수의 실트 퇴적, 홍수 발생, 사막 환경 확산으로 이어지고 있다. 세계에서 가장 빈곤한 국가 중 하나인 아이티보다 이러한 종류의 문제를 더 심각하게 겪는 국가들은 거의 없다. 아이티는 전기를 공급받을 수 있는 인구가 전체의 3분의 1이 채 되지 않는다. 그나마 전기 공급이 예측 불가하고 정전마저 자주 발생하여 많은 학교와 병원에서는 자체 발전기에 의존해야만 하는 실정이다. 한편, 아이티의 타운들과 도시들 밖에서는 목탄과 땔나무에 대한 수요가 숲의 감소를 가져와 아이티의 숲의 면적은 1920년대 전체 토지의 약 60퍼센트에서 오늘날 약 30퍼센트로 줄어들었다.

오늘날 세계에서 가장 중요한 에너지 추세는 석유와 석탄에서 전기로의 꾸준한 이동이다. 전기는 크고 값비싼 원자력 발전소에서부터 작고 단순한 수력 및 풍력 설비에 이르기까지 다양한 기술을 사용하여 거의 전 세계 어느 곳에서도 생산할 수 있기에 석탄을 사용해야 할 필요성은 줄고 있다. 석유 기반 운송에서 전기 기반 운송으로 전환하는 기술적 문제들도 해결되어 가고 있다. 예를 들어, 전기 또는 하이브리드 자동차 구매도 겨우 한 세대 전과 비교해 훨씬 쉽고 저렴해졌다. 그러나 화석 연료 산업의 영향력 그리고 기득권 포기에 반발하는 이들 산업의 저항이라는 정치적·경제적 도전 과제들이 남아있으며, 다량의 전기를 생성하기 위한 기술 수단의 개발도 여전히 필요하다.

숲과 대양을 관리하기

숲은 귀중한 천연자원이다. 숲은 자연 서식지, 산소 생산자, 물 공급 관리자, 그리고 구름과 비의 발생원으로서 매우 긴요한 생태학적 기능을 수행할 뿐만 아니라 건설 또는 땔나무 용도로 사용하는 목재의 재생가능 공급원이기도 하다. 특히, 숲이 날씨를 형성하고 기후변화를 상쇄하는 데에 있어 기여하는 역할을 고려하면, 숲은 글로벌자원이며 글로벌 숲 레짐의 구축이 필요하다고 합리적으로 주장할 수 있다. 그러나 숲 관리에 관한 구속력 있는 국제 협정은 없으며 숲을 다루는 방법에 대해서도 북과 남은 의견 차이가 있다. 대부분의 북반구 국가들은 숲이 글로벌자원으로 간주되기를 원하지만, 대부분의 남반구 국가들은 숲을 국가자원으로 바라보기를 선호한다. 그러는 동안에, 숲은 자기 복원이 따라가지 못하는 속도로 일상적으로 계속 깎이어 나가고 있어, 토양 침식, 홍수, 강과 댐의 실트 퇴적, 동·식물종의 멸종, 사막 환경 확산을 가져오고 있다.

농업이 보급되고 인간의 거주지가 확산하면서, 지구 육지의 숲 면적 비율은 산업혁명 이전의 약 45퍼센트에서 오늘날의 31퍼센트로 감소했다. 다행히, 더 많은 정부들이 지속가능한 숲 정책 추구에 노력하면서, 숲의 전반적인 손실률은 최근 수년간 내려갔다. 예를 들어, 유럽연합에서는 1990년에서 2020년 사이에 숲 피복률이 35퍼센트에서 38퍼센트로 증가했다 (Food and Agriculture Organization, 2020b). 그러나 사하라 이남 아프리카의 이야기는 그리 긍정적이지 않다. 같은 시기에 사하라 이남 아프리카의 숲 면적은 11퍼센트 감소했다. 이 지역에서는 지속가능 관리 정책을 수립한 국가들이 거의 없으며, 이 지역의 숲은 인구 증가, 땔감 채취 목적의 나무 남벌, 북반구 국가들의 수요 충족(그리고, 점차 커지고 있는 중국의 수요도 포함해서)을 위한 벌목, 그리고 광산, 석유, 가스 회사들이 매번 새로이 제기하는 숲 사용 요구 등 네 겹의 위협에 직면해 있다.

지구상에 펼쳐져 있는 숲 중에서 열대 우림만큼 가치가 있거나 열대 우림보다 더 심각한 위협에 처해 있는 숲은 거의 없다. 주로 남미, 아프리카, 그리고 동남아시아에서 볼 수 있는 열대 우림은 지구 육지 면적의 약 6퍼센트에 불과하지만, 지구 식물의 약 80퍼센트를 수용하고 있다. 열대 우림에는 숲을 짙고 무성하게 만들어 주는 폭우가 내리며, 수많은 동식물종이 서식하고 있다. 열대 우림은 또한 지구의 기후 조정을 돕는 중요한 역할을 한다. 그러나 열대 우림의 이러한 보편적 가치는 정부들, 목재 회사들, 광부들 및 농지를 찾아다니는 가난한 농부들의 머릿속 계산에는 거의 들어있지 않다. 그들은 열대 우림을 개발의 장애물로 여기고 있다. 그 결과, 열대 우림들이 공격적으로 없어지고 있다. 위성 이미지는 2000년에서 2019년 사이에만 전 세계 열대 우림의 약 10%가 사라져버린 모습을 보여주고 있다 (World Resources Institute, 2021b). 이 문제를 해결하는 방법은 어떤 식으로든 간에 정부, 상거래, 지역사회의 이익들과 더불어 글로벌과 지역의 이해관계를 상호 융합하는 것이다. 이것은 결코 쉽지 않은 주문이다.

대양에 관해서 말하자면, 대양은 그 대부분이 국가들의 관할 밖에 있기에 훨씬 더 명확하게 글로벌자원이다. 대양은 지구 표면의 71퍼센트를 덮고 있으며, 엄청난 생물 자원(지구 산소의 절반을 생산하는 식물, 그리고 높은 영양가와 경제적 가치를 지닌 어족 등을 포함하여)의 보고이며, 글로벌기상 패턴과 기후를 조절하는 데 중요한 역할을 하며, 석유와 천연가스라는 귀중한 물자를 담아놓고 있는 장소이며, 주요한 운송 통로이다. 이 모든 것들에도 불구하고, 우리는 대양에 대해 아는 것이 놀라울 만큼 적고, 대양을 형편없이 취급해 왔고, 대양을 잘 관리할 의지나 수단을 발전시키는 데에 여태껏 실패해왔다.

예를 들어, 대양에 대한 관할권을 확립하는 데에 있어 우리가 마주쳐 온 어려움들을 생각해보라. 오래 전인 1609년에 네덜란드 법학자 그로티우스(Hugo Grotius)는 바다는 점유될 수 없다는 단지 그 이유만으로도 바다는 자유로워야 한다고 주장했다 (Treves가 인용, 2015). 바다에서의 자유에 대한 이러한 사고는 지속해서 유지되어 왔다. 1949년과 1982년 사이에 국제해양협정들을 만들기 위한 여러 노력들이 있었지만, 유엔해양법협약(UNCLOS: UN Convention on the Law of the Sea, 1982년에 서명)이 발효될 만큼 충분한 지지를 얻게 된 것은 1994년에 이르러서였다.

이 협약의 취지는 해안에서 최대 200해리(370km)까지의 바다에 각각 다른 권리와 의무를 수반하는 여러 통제 구역을 설치하자는 것이었다 (표 2.1 참조). 비록 이것이 올바른 방향으로 가는 발걸음이었지만, UNCLOS는 대부분 강제 시행할 수가 없다. 왜냐하면 대양은 너무 광대하고, 협약 시행을 감독할 권한이 있는 국제기구가 존재하지 않고, 설사 존재한다고 하더라도 협약 시행을 강제하기 위해 투입되어야 하는 자원이 상당할 것이기 때문이다. 이에 따라, 인간은 대양을 다소 자유롭게 자기 원하는 대로 이용하고 있는데, 바다를 쓰레기 투척에 편리한 장소로 사용하거나, 거의 아무런 통제도 받지 않고 마구잡이 어획 장소로 사용하는 것들이 여기에 포함된다.

그 결과는 글로벌수산 추세에 반영되고 있다. 1950년에서 2018년 사이에 글로벌어획량은 거의 900퍼센트의 비율로 증가했지만 (Food and Agriculture Organization, 2020c), 지속가능한 어장의 수는 전체의 90퍼센트에서 70퍼센트를 겨우 넘는 수준으로 감소했다. 지속불가능한 어업이 초래하는 손실은 페루 안초비(멸치의 일종 – 역자 주) 산업이 겪은 고난에서 잘 나타나 있다 (Nielsen, 2010 참조). 페루와 칠레의 연안 바다는 한때 세계에서 가장 큰 안초비 어장이었으며 연간 안초비 어획량은 1,000만 톤을 상회했다. 그러나 안

표 2.1 국제법상 해양수역

유형	위치	국가의 권리
영해 (Territorial waters)	해안에서 최대 12해리(22km).	국가는 주권과 관할권을 보유.
배타적 경제 수역 (Exclusive Economic Zone)	수심과 관계없이 해안에서 최대 200해리(370km).	국가는 어업, 광업, 석유나 가스 탐사를 포함한 경제적 자원을 통제.
대륙붕 (Continental shelf)	수심이 비교적 얕은 경우 해안에서 최대 200해리(370km).	일단 소유권을 주장하면, 국가는 대륙붕 자원에 대한 주권적 권리를 보유.
공해 (High seas)	영해 밖.	없음.
국제해저 (International sea bed)	영해 밖.	자원은 글로벌 공동 유산으로 취급해야 하며, 평화적 목적으로만 사용.

초비 남획과 엘니뇨(태평양에서 주기적으로 발생하는 대양 온난화 주기)로 인한 대양 온도 변화가 상호 결합하면서 1972년 어장 붕괴가 일어났다. 해수가 다시 차가워지고 어로 활동이 보다 조심스럽게 이루어지자(치어나 알을 밴 물고기는 잡지 않는 것을 포함하여), 어장은 회복되었지만, 남획과 엘니뇨의 재방문이 새로운 주기로 찾아오면서 안초비 어업은 2015년까지 다시 한번 위기에 처했다. 아이러니하게도, 안초비 어획량 중 인간들이 직접 먹기 위해 사용되는 것은 거의 없으며(영양실조가 페루의 어린이들 사이에서 심각한 문제가 되고 있음에도 그렇다), 대부분은 저 멀리 미국과 중국에 있는 어류와 가축의 사료용으로 쓰이기 위해 가공되고 있다.

어업에 대한 국제 협정이 없는 상황에서, 기술의 진전으로 어선들이 더 멀리 나가 어로 활동을 할 수 있게 되었고, 어선에서 어획물 처리의 전 공정이 가능해짐에 따라(어획물의 분류, 내장 제거, 냉각, 저장이 선내에서 가능), 더 많은 물고기가 잡히고 있다. 더욱 걱정스럽게도, 더 많은 물고기가 너무 어릴 때 잡혀 쓰레기로 버려지고 있으며, 더 많은 해양생물(바다거북, 돌고래, 알바트로스, 게, 불가사리 등)도 그 과정에서 잡히고 죽어가고 있다. 요약하면, 대양과 수산에 대한 관리 실패는 공동이용자원이 안고 있는 문제점의 고전적인 예시이나, 이 예시가 자원 관리 문제를 다루는 데 있어 맞닥뜨리게 되는 많은 난제들은 알려주고 있지만 불행히도 해결책은 거의 제시하지 못하고 있다.

토의주제

1. 우리는 글로벌인구 성장률을 걱정해야 하는가?
2. 인구변천모델이 남반구의 인구 추세를 살펴보기에 유용한 방법인가?
3. 도시화의 정치적, 경제적, 사회적 효과는 무엇인가?
4. 음식물 쓰레기를 줄이기 위해 무엇을 할 수 있는가?
5. 무엇이 우리를 화석 연료에 대한 글로벌의존에서 벗어나게 할 수 있는가?
6. 숲, 어장 등과 같은 천연자원은 어느 정도까지 국가자원이 아닌 글로벌자원으로 간주하고 관리해야 하며, 이러한 강조점 변화는 어떻게 달성할 수 있는가?

핵심용어

- 공동이용자원(Common pool resources)
- 공유지의 비극(Tragedy of the commons)
- 글로벌도시(Global city)
- 녹색혁명(Green revolution)
- 메가시티(Megacity)
- 식량안보(Food security)
- 영양실조(Malnutrition)
- 인구변천(Demographic transition)
- 인구학(Demography)
- 재생가능 에너지(Renewable energy)
- 제로 인구 성장(Zero population growth)
- 천연자원(Natural resources)
- 화석 연료(Fossil fuels)

유용한 웹사이트

국제에너지기구(International Energy Agency) https://www.iea.org
유엔 식량농업기구(Food and Agriculture Organization of the UN) http://www.fao.org
유엔인구기금(United Nations Population Fund) https://www.unfpa.org
유엔해양법협약(UN Convention on the Law of the Sea) http://www.un.org/depts/los

추가 읽을 거리

Glaeser, Edward (2012) *Triumph of the City: How Urban Spaces Make Us Human* (Pan). 도시들의 과거와 가능한 미래에 대한 강렬하고 읽기 편한 분석 (코로나19 이후 재차 읽어보아야만 할 수도 있다).

Harper, Sarah (2018) *Demography: A Very Short Introduction* (Oxford University Press). 옥스퍼드 대학 출판사의 Very Short Introduction 시리즈 중 하나로서 과거, 현재, 미래 인구의 주요 개념을 요약 정리.

Holt-Giménez, Eric (2018) *Can We Feed the World Without Destroying It?* (Polity Press). 글로벌 미래에 대한 일련의 예측 보고서 중의 하나로서 향후 수십 년간 식량의 생산과 공급이 어떻게 전개될지를 탐구.

Kuzemko, Caroline, Andreas Goldthau, and Michael

F. Keating (2015) *The Global Energy Challenge: Environment, Development and Security* (Red Globe Press). 글로벌에너지 전반에 관한 일반 개론이며 에너지가 환경에 미치는 영향도 상세히 기술.

Tietenberg, Tom, and Lynne Lewis (2020) *Natural Resource Economics: The Essentials* (Routledge). 천연자원 경제학에 관한 교과서적 개론서로서 에너지, 어장, 숲, 토지, 물 등을 포함.

과학과 기술

3장

개요

이 장은 과학과 기술이 만나는 지점에 초점을 두고 있다. 먼저 과학의 뜻, 과학적 이해의 진전이 갖는 함의 및 과학부정(denial of science)에 관한 논의로 시작한다. 그리고 기술로 넘어가 기술이 어떤 방식으로 변화했는지, 그리고 기술이 글로벌시스템의 동학에 어떤 영향을 미쳤는지를 개괄한다. 다음으로는 디지털혁명의 동학과 영향에 대해 살펴보고, 기술발전의 효과를 보여주는 두 가지 사례인 정보통신시스템의 변화와 해외여행과 관광을 촉진하는 기술의 역할에 관해 설명한다.

차례

핵심사항

- 과학은 지식의 추구와 관련이 있지만 물리과학(physical science)과 사회과학(social science)이 이해되고 사용되는 방식에는 차이가 있다.
- 가치, 선호, 인식에 따라 사실을 거부하는 경향이 확산되면서 과학부정이라는 문제가 만연하게 되었다.
- 기술은 지식의 실제적인 적용과 관련이 있고 그것의 가치는 유용성, 단순성, 비용, 실용성, 접근성에 기반해 측정된다.
- 디지털혁명은 글로벌시스템에 깊고, 넓고, 빠르며, 여전히 진화하고 있는 변화를 가져왔다.
- 기술변화의 효과는 정보통신시스템의 세계화에 잘 나타나지만, 우리의 선택지가 넓어진 만큼 많은 이들이 탈진실 세계로 이동하는 것 또한 부추겼다.
- 기술은 제2차 세계대전 이래 해외여행의 폭발적 증가를 촉진하여 더 많은 이들이 다른 사회를 직접적으로 경험하는 것을 가능케 하였지만 동시에 많은 의문스러운 결과도 낳았다.

출처: Image by Arek Socha from Pixabay

과학의 이해

우리 대부분은 아마도 끓는 솥 안의 개구리 비유를 들어본 적 있을 것이다. 물을 끓여 개구리를 그 끓는 물 속에 집어넣으면 개구리는 삶아져 죽게 된다. 그러나 개구리를 미지근한 물이 담긴 솥에 넣고 그 물을 천천히 끓이면 개구리는 무슨 일이 일어나고 있는지 잘 감지하지 못할 것이고 깨달았을 때는 이미 너무 늦어버린 상태일 것이라는 이야기이다. 이 이야기는 과학적으로는 완전히 정확하지는 않지만, 인간이 이미 너무 늦어버린 상태에 이르기 전에는 자신들에게 천천히 일어나고 있는 변화를 받아들이는 데에 실패하는 경향이 있음을 보여주는 이야기이다. 이를 최근의 경험에 비추어 좀 더 확장할 수도 있는데, 물이 실제로 뜨거워지고 있음을 믿기 거부하거나, 혹은 뜨거워지는 과정 자체가 가능하거나 위험하다는 것조차 인정하기를 거부하는 어떤 이들의 경향과 연관시킬 수도 있다.

오늘날 기후변화만큼 이 비유가 직접적으로 적용되는 예도 흔치 않다. 파괴적인 산림화재, 녹아내리는 극지방의 만년설, 글로벌·지역·로컬 수준에서 신기록을 경신하는 기온에 대한 뉴스가 한 달이 멀다 하고 끊임없이 들려온다. 사실 이러한 일들이 놀랍지 않은 것은 기후변화에 관한 과학적 주장은 이미 한 세기 전에 제시되었고, 기후변화에 관한 반박하기 어려운 첫 번째 증거가 1950년대에 등장했기 때문이다 (제13장 참조). 그런데도 많은 이들은 천천히 뜨거워지고 있는 물속에 들어앉아 있는 개구리와 같이, 무언가 행동에 나서거나 문제가 있음을 인정하기를 거부하고, 또 어떤 정치지도자나 기업인들은 행동을 취하는 데에 실패하고 심지어 어떤 경우에는 기후변화의 과학을 계속해서 부인하고 있다.

이 책의 각 장은 독자적인 주제와 개념을 다루고 있지만 중첩되는 부분이 적지 않고 각각 분리해서는 완전히 이해되기 어렵다는 점은 이미 살펴본 바와 같다. **과학(science)**과 관련해서는 더욱 그러하다. 과학은 지식의 추구와 관련있지만('과학'이라는 단어는 지식을 뜻하는 라틴어 'scientia'에서 유래했음) 이처럼 단순한 설명 속에는 이러한 지식이 수집되고 해석되고 적용되는 과정에서의 다양한 도전이 감추어져 있다. 제2장에서 우리는 인구추세, 영양, 에너지 공급 및 산림과 해양의 관리에 있어서 과학의 역할에 대해 살펴보았다. 이 장에서 우리는 과학과 기술이 통신과 교통이라는 영역에 있어서 어떻게 상호

과학(Science): 핵심적인 사실을 정립하고 일반이론과 법칙을 발전시키는 것을 목적으로 하는 물리·자연·사회 세계에 대한 체계적 연구.

작용하는지 실례를 살펴볼 것이다. 이 책의 뒷부분에서는 과학과 보건의료의 연결고리와 그것이 인간의 활동이 환경에 미치는 영향에 관해 무엇을 말해주는지 살펴볼 것이다.

'과학'이라는 용어의 의미를 명확히 정의하기 위해서 우선 **사회과학(social science)**과 물리·자연과학을 구분할 필요가 있다. 우리가 글로벌연구라고 정의하는 것의 대부분은 사회과학의 문제 또는 인류학자, 경제학자, 역사가, 정치학자, 사회학자 등이 수행하는 인간사회에 관한 연구와 같은 종류에 집중한다. 사회과학은 인간의 행동에 관심이 있고 너무나 많은 유동적인 변수를 다루기 때문에 엄격한 규칙에 제한되는 경우가 많지 않다. 이 책에서 자주 보게 되겠지만 그 결과 중 하나는 사회과학자들에 의해 사용되는 용어들('문화', '민족', '정치', '국민', '국가', '권리'와 같은)의 의미가 돌판에 새겨진 불변의 것이 아니고 늘 논쟁의 대상이 된다는 것이다. 이는 결과적으로 사회과학에서 이루어지는 많은 논의의 방향이 끊임없이 변화하는 주관적인 선호나 편향에 의해 전환되곤 하는 이유이기도 하다.

사회과학(Social science): 인간사회와 사회 안의 사람들 간 상호작용에 관한 연구.

이러한 어려움에도 불구하고 사회가 작동하는 방식과 사람과 사람이 관계하는 방식을 이해하는 데 있어서 사회과학의 도움은 필수적이다. 사회과학은 우리 자신과 우리가 가진 공적 선택지를 더 잘 이해하도록 도움으로써 우리의 지평을 넓혀준다는 의미에서 글로벌연구의 가장 핵심을 관통한다. 우드워드(Woodward, 2014)가 주장하듯, 사회과학은 변화를 이해하고 '글로벌 사건과 일상의 경험' 간의 연결고리를 보여주며 사회적, 정치적, 문화적, 경제적 삶에 대해 사고하고 이해하는 비판적인 방법을 제시한다. 사회과학자들의 작업이 없다면 오늘날 우리가 목도하는 세계에서 일어나고 있는 많은 일들, 즉 민족주의의 부상, 민주주의의 수난, 무역의 문화적 결과, 이주 문제의 배후에 있는 압력, 기후변화를 둘러싼 논쟁 등과 같은 문제를 이해하기란 어려울 것이다.

안타깝게도 사회과학은 특정한 지식과 경제성장을 가져오는 '참된' 과학이 아니라는 비판(Spracklen, 2016)과 어떤 이들에게는 받아들이기 어려운 연구 결과를 생산한다는 비판을 받아왔다. 다음의 사례를 보자.

- 미국에서 일어나고 있는 정부의 사회과학 연구 지원을 중단시키기 위한 노력.
- 2015년, '사회의 필요에 더욱 부응하는' 직업 프로그램을 위해 대학의 사회과학 및 인문학 프로그램을 폐쇄하기로 한 일본 정부의 결정 (Traphagan,

2015).

- 2018년, 헝가리 과학 아카데미(헝가리 대학들의 가장 중추적인 연구 지원 통로)를 통제하고자 한 헝가리정부의 조치.
- 2020년, 브라질의 보우소나루(Jair Bolsonaro)정부가 내린 대학교의 철학과 및 사회학과에 대한 지원 중단 결정.

사실(Fact): 실재하거나 참인 것으로 알려지거나 입증된 현상 또는 양(quantity).

이론(Theory): 하나의 현상이나 일련의 현상들을, 이를 뒷받침하는 상당한 양의 증거를 바탕으로 설명하거나 이해하고자 하는 추상적인 혹은 일반화된 접근.

'과학'이라는 용어를 이해하기 위한 두 번째 요건은 **사실(fact)**과 이론(theory)을 구분하는 것이다. 사실이라는 것은 참이라고 알려진 무언가이고, 이론은 사실들을 설명하고 사실을 더 넓은 맥락 속에 놓기 위해 사용되는 수단이다(안타깝게도 이론이라는 용어는 공적 논쟁에서 직감이나 의구심을 뜻하는 말로 사용되거나 자신이 동의하지 않는 어떤 생각을 일축하기 위해 사용되어 혼동을 야기하기도 한다). 사회과학과 비교해 자연과학에서 통용되는 규칙은 더욱 고정적이고, 실험은 일관된 결과를 산출하며, 연구는 계량적인 데이터에 기반하고, 연구는 비판적 분석보다는 입증 가능한 사실을 주로 다룬다. 이렇게 볼 때 자연과학은 사회과학보다 더욱 확실하고 객관적일 것 같지만 이러한 시각은 틀린 것이다. 이 두 종류의 과학 모두 객관적 진실의 추구에 기반을 두고 있으나, 연구 대상을 선택하고 그 결과를 해석하는 방식에서 두 종류의 과학

출처: Vladimir Borovic/ iStock

과학은 지식의 추구와 관련이 있지만 물리과학 및 사회과학에 대한 우리의 이해가 높아짐과 동시에 경험적 증거를 부정하는 양과 빈도도 높아지고 있다.

모두 주관성의 요소가 더해지게 된다.

기후변화의 예로 돌아가 보자. 국제 과학공동체는 기후변화가 실제로 일어나고 있다는 점에 거의 합의를 이루고 있고 설문조사 결과를 보면 대부분의 나라에서 인구 대다수가 이를 이해하고 있으며 인간의 활동이 가장 큰 원인이라고 믿고 있는 것으로 나타난다. 그러나 도표 3.1에서 보듯 소수의 사람들은 여전히 기후가 전혀 변화하고 있지 않거나 변화하더라도 인간의 활동은 책임이 없다고 믿고 있다. 우려스러운 것은 이와 관련된 과학을 계속해서 의심하는 정치지도자의 숫자이다. 한 예로 미국에서는 트럼프(Donald Trump)가 화석 연료의 옹호자로서 기후변화를 거짓말이라 부르며 기후변화를 부정하는 이들을 주요 직책에 임명하고 2016년 파리기후변화협정에서 탈퇴하였다 (바이든 대통령에 의해 이 결정은 빠르게 뒤집혔다). 인구당 온실가스 배출량이 가장 많은 국가 중 하나인 호주에서는 2018년 취임한 모리슨(Scott Morrison) 총리가 기후변화의 과학을 인정하기를 거부하고 호주의 거대한 석탄산업에 대한 지원을 축소하는 것은 '무모한' 것이라며 거부하였다.

이러한 종류의 **과학부정**(science denial)은 다양한 이슈와 관련해 나타난다. 다윈의 진화론이 하나의 이론에 불과하다는 일각의 주장, 백신 접종에 저항하는 소위 백신 반대론자(이들은 백신의 위험성이 이익을 압도한다고 주장하고 제약회사에 대한 불신을 가지고 있음), 코로나19는 보건의료전문가들이 주장

과학부정(Science denial): 어떤 현상의 경험적 증거가 개인적 가치, 선호, 혹은 인식과 배치되는 경우 이를 받아들이기를 꺼리는 것.

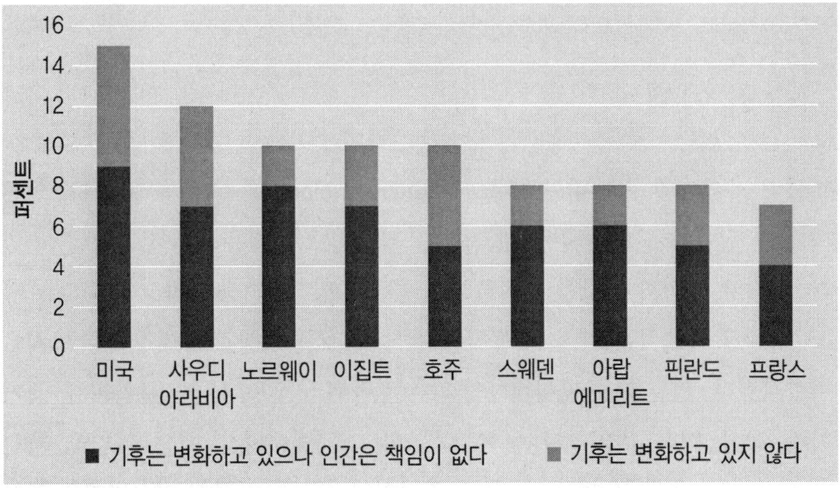

도표 3.1 기후변화 부정 정도의 비교

출처: YouGov (2019). 26개국 설문조사에 기초함.

하는 것만큼 심각한 것은 아니라든가, 혹은 중국에 의해 고의로 퍼졌다고 주장하는 여러 국가의 많은 이들이 그 예에 포함된다. 또한, 코로나19를 막기 위한 사회적 거리두기나 마스크 착용 권고와 같은 정부의 노력도, 때로는 개인들의 권리를 제한하고자 하는 정부의 고의적인 노력이라며 거부되기도 하였다.

물론 과학이 언제나 옳은 것은 아니며, 인간이 한때는 지구가 평평하고 우주는 고정되어 있고 콜레라와 같은 질병이 '나쁜 공기'에 의해 유발된다고 생각했었던 예에서 보듯이 자연 현상에 대한 우리의 이해는 시간에 따라 변할 수 있다. 그러나 최근 들어 과학에 대한 정치적 공격이 보여주는 새로운 차원의 넓이와 깊이, 그리고 많은 이들의 진실을 거부하고자 하는 의지의 정도는 우려를 자아내고 있다. 미국 과학자 세이건(Carl Sagan, 1996)의 주장을 보자.

> 역사의 가장 슬픈 교훈 중 하나는 이것이다. 만약 우리가 오랫동안 속아왔다면 우리는 그것이 속임수임을 입증하는 어떤 증거도 부인하게 되는 경향이 있다. 우리는 진실을 발견하는 데에 더는 관심을 두지 않게 된다. 속임수가 우리를 사로잡아버린 것이다.

이 장의 뒷부분에서 보게 되겠지만, 과학이 우리에게 말하는 바를 이해하는 데에 실패하거나 우리의 가치나 인식에 어긋나는 과학적 발견을 수용하기를 꺼리는 것은 민주주의, 지식의 추구, 충분한 정보와 식견을 갖춘 시민성의 유지, 그리고 인류의 진보에 상당한 장해물로 작용한다.

기술의 이해

기술(Technology): 문제를 해결하고, 상품과 서비스를 생산하고, 삶의 질을 높이며, 생명을 연장하는 데에 사용되는 방편, 기량, 방법 및 과정.

인터넷(Internet): 표준화된 통신 프로토콜을 통해 연결된 컴퓨터 네트워크의 글로벌시스템으로서 '월드 와이드 웹(World Wide Web)'과 이메일과 같은 서비스를 전달함.

과학이 지식의 추구와 관련 있다면 **기술**(technology)은 문제를 해결하고 인류의 삶의 질을 개선하기 위해 그 지식을 실제적으로 적용하는 것과 관련이 있다. 기술은 우리가 작물을 수확하고 가공하는 방식, 전쟁을 하고 소통하는 방식, 상품을 제조하는 방식, 이동하는 방식, 정보를 생산하고 저장하는 방식을 변화시켰다. 인류 진보와 세계화의 역사는 바퀴, 창, 종이, 화약, 인쇄기, 증기기관, 전신, 냉각, 내연기관, 동력 비행, 라디오, 텔레비전, 백신, 피임약, 개인용 컴퓨터와 **인터넷**(internet) 등의 획기적인 발명을 포함한 기술변화의 역사이기도 하다. 각각은 나름대로 인간이 상호작용하는 경계를 변화시켜왔고 인간 실존의 가능성을 재정의하는 데에 영향을 주었다. 기술은 대부분 우리의 삶을 더 편안하게 만드는 데 도움을 주지만, 수많은 환경문제의 발생과 대량살상 무기라는 위협의 등장에서 보듯 때로 더 악화시키기도 한다.

기술은 세계화가 진행되는 과정에서도 핵심적이었다. 이는 산업혁명의 예에서 여실히 드러나는데, 1712년 증기기관의 발명은 철도, 공장시스템, 도시의 성장 및 대량 생산의 길을 열었다. 이는 다시 천연자원과 원료 확보를 위한 노력의 세계화로 이어졌고, 운송과 보관 기술의 발전은 더 쉽고, 싸고, 빠르게 원료를 가공하여 완제품을 시장으로 수송하는 것을 가능케 했다. 무역로와 공급망은 더 길고 복잡해졌고, 통신선은 더 빨라졌으며, 새롭게 추가되는 글로벌 연결망을 가능케 하는 글로벌금융시스템이 만들어졌다. 기술은 컨테이너 무역(containerization; 제10장 참조)으로의 전환을 촉발하였고, 이제 우리는 3D 프린팅(적층제조[additive manufacturing]*라고도 알려진)의 가능성에 거의 다가섰는데, 각자 나름대로 셈하는 방식에 따라 3차 산업혁명일 수도, 혹은 4차 산업혁명이 될 수도 있겠지만, 하여간 이 기술이 새로운 산업혁명으로 이끌 것이라 주장하는 이도 있다.

* 역자 주

적층제조는 3D 프린팅 기술을 제조업에 적용한 것으로, 부품을 생산하고 조립하여 완성품을 제조하던 기존 제조공정과 달리, 고밀도 열원을 이용해 원료를 한층씩 적층하여 조립공정 없이 형상을 3차원적으로 쌓아 올려 완성품을 제조하는 기법을 말한다.

출처: Getty Images/Marin Tomas

자동화된 자동차 생산라인은 기술이 편리성과 효율성을 제공하는 대신 인간이 일하는 방식을 변화시키면서 종종 인간의 노동을 대체해 온 방식을 전형적으로 보여준다.

기술발전이 가속화되어 온 것은 의문의 여지가 없다. 동물을 가축화하고 식량 생산이 개선되기 시작했던 약 일만 년 전 시작된 첫 번째 농업혁명이 인간의 대규모 정착과 교역 네트워크의 등장으로 진행되는 과정에는 수천 년이 걸렸다. 내연기관의 발명이 철로의 탄생으로 이어지는 데에는 약 백 년이 걸렸다. 오늘날 새로운 방법과 제품이 우리 삶으로 파고드는 속도는 측정이 불가능할 정도로 빨라져 새로운 발전은 소화되기도 전에 구식으로 느껴질 정도이다. 음악의 전달방식을 예로 들면, 축음기(1877년 발명), 78rpm 디스크(1920년대), 릴 테이프(1930년대),* 45rpm와 33rpm 디스크(1940년대), 스테레오 디스크(1960년대), 컴팩트 카세트테이프(1960년대), 8-트랙 카세트테이프(1970년대), 컴팩트 디스크, 디지털 오디오테이프(1980년대)에 이르기까지 각각의 발명 기간은 점점 짧아졌고, 다양한 음원으로부터 음악을 다운로드하거나 스트리밍할 수 있게 된 2000년대에 이르러 이들은 모두 대체되었다.

* 역자 주
릴에 감아서 사용하는 녹음테이프로 후에 이것을 축소시킨 카세트테이프가 등장하게 됨.

그사이 기술은 더 복잡하고 비싸고 정교해졌다. 유용성, 단순성, 비용, 실용성, 접근성을 모두 고려해 가치를 측정한다면, 바퀴의 발명이 완벽한 혁신이었는데, 그것은 혁명적이지만 동시에 단순하고 저렴하며, 보편적이고 불변하는 효과를 가졌기 때문이다. 반면 전쟁의 기술은 그 진보의 측면에서는 괄목할만하나 (제8장 참조), 파괴력의 측면에서 본다면 매우 우려스럽다고 하겠다. 기술은 우리를 막대기와 다듬은 돌로 만든 조야한 창으로부터 핵무기에 잠재된 거대한 힘의 시대로 이동시켰다. 1961년 10월 30일 북극해의 노바야 제믈랴(Novaya Zemlya) 제도에서 폭발한 차르 봄바(Tsar Bomba, '폭탄의 왕[King of Bombs]')라고 알려진 소비에트의 RDS-220 수소폭탄은 인간에 의해 만들어진 가장 강력한 폭발이다. 50메가톤의 폭발력을 보였고 이는 미국이 1945년 히로시마에 떨어뜨린 폭탄의 3,800배에 달한다.

우리가 정보를 수집하고 사용하는 방식만큼 기술변화의 특성을 확실하고 보편적으로 느끼게 하는 것도 없을 것이다. 사실 기술이란 단어는 상품만큼이나 정보와 깊은 연관성을 띠게 되어 지식의 실제적 적용이라는 본래의 일반적인 의미를 상당히 상실하였고, 이제는 데이터의 생성, 저장, 가공에 있어서의 변화라는 문맥에서 주로 사용되는 상황에 이르렀다. 데이터를 0과 1의 이진법으로 변환하는 것은 우리 대부분이 살아가는 방식을 바꾸었고, 세계화의 핵심에 있으며, 가히 혁명적이라고 할 수 있는 결과를 동반하면서 또 다른 변화를 낳고 있다.

디지털혁명

2017년 1월, 푸에르토리코 가수인 폰시(Luis Fonsi)는 〈데스파시토(*Despacito*)〉라는 곡을 발표하였다. 라틴과 어반(urban) 리듬이 혼합되어 귀에 쏙쏙 들어오는 이 곡은 곧 인기를 끌게 되어 캐나다 가수인 저스틴 비버(Justin Bieber)에 의해 몇 주 후에 리믹스 버전이 나오게 되었다. 팝 음악 역사상 가장 인기 있는 스페인어 노래 중 하나가 된 이 곡 덕에 스페인어권 음악은 다시금 주류 음악으로 복귀했고, 이 곡의 비디오는 유튜브(YouTube)에서 3년간 가장 많이 시청되면서 30억, 40억, 50억, 60억, 70억 뷰를 연달아 달성하는 최초의 비디오가 되었다. 2017년에는 가장 많이 재생된 비디오가 되었고 미국, 캐나다, 스페인, 독일, 오스트리아, 멕시코, 브라질 및 그 외 24개국에서 가장 많이 판매된 곡 중 하나가 되었다.

데스파시토 이야기는 오늘날 문화적 현상이 세계로 퍼져나가게 되는 속도를 보여줄 뿐만 아니라 **디지털혁명**(digital revolution)이 가져온 놀라운 변화를 상기시킨다. 컴퓨터와 정보관리의 발전에 기반한 디지털혁명은 이전의 어느 기술발전의 시대에도 보지 못했던 빠르고 깊고 넓은 변화를 만들어내고 있다. 디지털혁명은 또한 진정으로 글로벌한 속성을 가짐으로써 우리가 '기술'이란 말로 뜻하는 바를 정의할 뿐 아니라 우리가 '글로벌'이라 말할 때의 의미를 정의하는 정도에까지 이르러, 전기, 인터넷, 개인용 컴퓨터, 휴대전화의 접근성에 따라 정도의 차이는 있을지언정 인류 역사상 최초로 세계의 거의 모든 곳이 연결된 시대에 살게 된 것이다. 시작은 정보의 생성과 공유의 혁명이었지만 이제는 우리 삶의 어떤 부분도 영향을 받지 않는 구석이 없다시피 하다 (표 3.1. 참조).

디지털혁명(Digital revolution): 디지털 정보의 생성, 저장 및 가공, 그리고 상거래, 교육, 정치와 같이 다양한 영역에서의 온라인 기회의 창출에 있어서 일어난 혁명.

슈왑(Schwab, 2016)은 디지털혁명을 증기기관의 발명에 기반한 1차 산업혁명과 대량생산체제에 기반한 2차 산업혁명에 뒤이은 3차 산업혁명이라 부른다. 그는 글을 쓰는 당시 시점에서 (기술은 빠른 속도로 움직이므로) 우리가 "스마트하고 연결된 기계와 시스템"을 넘어 유전자 서열, 나노기술, 재생 에너지, 자율주행차, 양자 컴퓨터 등의 새로운 영역으로의 진입을 약속하는 4차 산업혁명을 목전에 두고 있는지도 모른다고 주장하였다. 이러한 기술은 서로 결합해 물리적 경계와 디지털 경계 및 생물학적 경계를 넘어 상호작용하고(**사물인터넷**[internet of things]), 그 총체적인 결과는 "모든 것을 바꾼다"는 의미

사물인터넷(Internet of things): 전력망, 스마트자동차, 스마트홈등과 같은 물리적인 것과 디지털의 결합.

표 3.1 디지털 기술의 활용

활용	결과
의료	새로운 약제, 의료기기, 보건의료에 대한 접근을 개발하는 것과 개인의 보건의료 데이터를 수집 및 분석하여 조치를 취하는 것을 도움.
산업	재무실적, 일터의 성격, 시장의 통합, 상품의 디자인과 납품 및 소비자의 이익을 개선하는 데에 활용.
교육	코로나19 이후 가속화된 온라인 수업과 학습으로의 전환.
금융	2007~2009년 글로벌금융위기로 촉발된 변화에 기반하여 디지털 기술은 은행 업무와 금융서비스를 재편하는 데에 활용.
상거래	이 역시 코로나19의 경험으로 가속화된 변화로서 더 많은 이들이 온라인으로 상품을 구매하여 집으로 배송되도록 하고 있음.
정치	온라인으로 선거 캠페인을 조직하고 투표하고 다른 이들과 연결하는 등 정치참여의 새로운 방식을 제공.

일 것으로 예측하였다. 그러나 그는 동시에 우리가 앞으로 올 변화에 대해 대응할 리더십과 이해력을 필요한 정도로 갖추지 못함을 경고하였고, 따라오는 기회와 도전의 윤곽을 보여주는 동시에 변화에 대한 대중적 반발을 방지할 수 있는 서사(narrative)를 결여하고 있음도 지적하였다. 사람은 변화에 적응할 수 있지만 그것이 너무 깊고 빠르게 일어나는 경우, 공포, 적대감, 저항을 야기할 수 있다.

인터넷과 웹(Web)은 기술변화의 속도, 깊이, 폭을 보여주는 좋은 예이다(연표 3 참조). 인터넷은 불과 1960년대에, 웹은 1989년에야 시작되었지만 뒤이은 변화와 발전이 빨라서, 셀 수 없이 많이 연결된 파생물을 낳고, 사용자들에게는 이제 당연히 여겨지는 컴퓨터와 통신 기술에 접목되고 있다. 종종 잊기 쉬운 것은 수동 타자기와 다이얼 전화기에서 지금 우리가 사용하는 전기 또는 전자식으로 바뀌는데 거의 한 세대가 걸렸다는 점이다. 그 결과는 단순히 정보통신혁명이 아니라 우리가 일하고 비즈니스를 하고 서로와 관계를 맺고 연구를 수행하고 정치에 관여하고 구매를 하거나 공과금 납부를 하는 방식에서의 혁명인 것이다. 그럼에도 불구하고 세계 인구의 절반 정도만이 인터넷에 즉각적인 접근이 가능하여 나라 간 그리고 한 나라 안에서 **디지털 격차**(digital divide)가 만들어지고 글로벌과 로컬, 그리고 부자와 빈민 간에 장벽이 세워지고 있는데 여기서 우리는 다시 글로벌 불평등을 직면하게 된다 (북과 남 비교 3 참조).

디지털 격차(Digital divide): 개인 간, 공동체 간, 지리적 공간 간 또는 국가 간 정보통신 기술에의 접근수준의 차이.

연표 3 인터넷과 웹 발전의 주요 사건

연대	발전
1960년대	미 국방부가 지원하는 ARPANET 프로젝트를 통해 네 개의 사이트가 연결됨(1969).
1970년대	네트워크의 확장; '인터넷'이라는 용어의 탄생(1972), 마이크로소프트(1975)와 애플(1976)의 설립.
1980년대	민간 인터넷 서비스 제공업체의 등장; 이메일 전송 프로토콜의 공개(1980), 어도비(1982), AOL(1985), 화웨이(1987)의 설립, World Wide Web의 출현(1989).
1990년대	이메일과 인터넷 접근이 보다 광범위하게 가능해지고, 웹 브라우저의 상업용 제한이 없어졌으며, 검색 엔진이 확장되고, 파일 공유가 가능해짐. 야후와 아마존(1994), 이베이(1995), 익스피디아(1996), 넷플릭스(1997), 구글과 페이팔(1998), 알리바바와 세일즈포스(1999), 바이두(2000)의 설립. Wi-Fi라는 명칭이 붙여짐(1999).
2000년대 이후	온라인 쇼핑, 개인 웹사이트, 블로그, 모바일 혁명(2007년 안드로이드의 등장, 2006년 아이폰 및 2009년 아이패드의 출시), 이북(e-book), 소셜미디어, 트윗, 앱(apps), 밈(memes), 클라우드, 블록체인(비트코인의 기반으로서, 거래를 기록하는 수단) 및 사물인터넷의 등장. 위키피디아(2001), 스카이프(2002), 페이스북과 아이튠즈(2003), 유튜브와 웨이페어(2005), 트위터와 스포티파이(2006), 킨들과 드롭박스(2007), 우버와 비트코인(2009), 핀터레스트와 인스타그램(2010), 줌(2011), 아마존 알렉사(2014), 틱톡과 구글어시스턴트(2016)의 설립. 2009년 클라우드 컴퓨팅이 광범위하게 가능해지기 시작함. 애플은 최초의 디지털 어시스턴트(Siri)를 발표하고(2011) '셀피'(우리말로 '셀카'에 해당함 – 역자 주)라는 용어가 처음으로 유행함(2012).

기술변화의 빠른 속도는 통신, 교통, 제조, 교육, 일터, 보건의료에 놀라운 변화를 가져오며 앞으로도 계속될 것으로 기대된다. 『뉴욕타임즈』 칼럼니스트인 프리드먼(Thomas Friedman)은 저서 『늦어서 고마워: 가속의 시대에 적응하기 위한 낙관주의자의 안내서(*Thank You for Being Late: An Optimist's Guide to Thriving in the Age of Accelerations*)』에서 '세계를 재편하고 있는 지질학적 변동'을 말하는데, 그는 이를 세계화 (제1장 참조), 기후변화와 생물학적 다양성의 소실 (제13장 참조), 기술변화라는 세 가지 덩어리로 구별한다. 기술변화에 관해 설명하면서 그는 무어의 법칙(Moore's Law)을 언급하는데, 마이크로칩의 발전에 있어 선구자였던 무어(Gordon Moore)는 1965년 논문에서 마이크로칩의 크기가 기하급수적으로 작아지고 강력해지고 저렴해질 것으로 예측하였다 (Moore, 1965). 마이크로칩 기술이 얼마나 진보해왔는지 가늠하기 위해서 인텔(Intel)의 엔지니어들은 폭스바겐(Volkswagen)의 비틀(Beetle) 차의 비유를 들기도 하였는데, 이들의 계산에 따르면 1971년과 2016년 사이의 기간에 마이크로칩이 발전한 속도로 비틀이 진보해왔다면 지금쯤 시간당 50만 킬로미터의 속도를 낼 수 있고 50리터의 연료로 300만 킬로미터

북과 남 비교 3

디지털 격차

디지털혁명의 효과를 칭송하는 목소리가 높으나 여전히 많은 이들이 그것이 제공하는 기회로부터 단절되어 있어 그 잠재력은 충분히 발휘되고 있지 못한 상태이고, 세계와 연결된 이들과 삶의 반경이 주로 국소적으로 한정된 이들 간에 디지털 격차가 존재한다. 전자는 글로벌 수준의 기회를 십분 활용하기 위해 인터넷을 사용할 수 있으나 후자는 소외되어 있어 삶의 관점과 기회가 디지털혁명 이전과 비교해 이후에도 크게 달라지지 않았다.

전 세계적으로 절반이 약간 넘는 인구가 인터넷을 사용하는데 이는 인터넷으로 교육, 일자리, 은행 업무, 온라인 상품 및 서비스 구매 등에 접근 가능하다는 뜻이다. 하지만 유럽의 경우 이 수치가 거의 85퍼센트에 이르나 아프리카는 20퍼센트 이하로 떨어진다 (도표 3.2 참조). 인터넷 연결비율은 북(도표 3.2의 '선진국')에서 가장 높을 뿐만 아니라 이들 국가는 디지털 기술의 발전 역시 선도하고 있으며 구글, 아마존, 페이스북과 같은 주요 인터넷 기업의 고향이다. 남은 주로 알리바바, 바이두, 화웨이, 레노보와 같은 중국 기업을 필두로 여전히 뒤를 쫓고 있다. 스리니바산(Srinivasan, 2017)은 그 결과 "세계 인구의 99퍼센트가 인터넷과 디지털 기술의 미래와 관련한 대부분의 결정으로부터 소외되어 있다"고 주장한다.

디지털 격차는 북과 남 사이에만이 아니라 각 나라 안에서도 존재하는데 아직도 광대역에 접근이 어려운 북의 지역도 여기에 포함된다. 일상의 너무나 많은 부분이 온라인에서 돌아가기 때문에 인터넷 연결이 불가능한 이들은 뒤처지게 되고, 가장 높은 수준의 접근성을 가진 이들은 가장 부유하고 가장 높은 교육 수준을 가진 도시 지역 거주자일 가능성이 크다. 한편 낮은 접근성은 가난, 낮은 수준의 교육, 광대역망과 휴대전화 서비스, 또는 심지어 전기가 없는 시골 지역 거주와 동일시되곤 한다.

혹자는 코로나19 팬데믹이 인터넷 사용의 가속화에 기여했을 것으로 추측한다. 도시 봉쇄, 온라인 교육의 확대, 재택근무 확대, 식당 영업 금지, 박물관과 스포츠 관람의 제한으로 2020~2021년 기간 북, 그리고 남의 도시 지역에서는 인터넷 사용이 늘었다. 그러나 동시에 팬데믹이 디지털 격차의 확대를 불러올 수 있다는 우려가 존재하는데, 인터넷 접근이 가능한 이들은 더 활발히 온라인으로 이동했지만, 북과 남의 가난하고 인터넷 연결이 없는 이들은 뒤처졌다.

단절된다는 것은 단순히 기술적이거나 경제적인 문제만은 아니고, 정부가 인터넷을 검열하거나 접근을 차단할 경우는 정치적인 문제가 된다. 중국의 만리방화벽(Great Firewall, 중국정부가 만든 인터넷 검열시스템 – 역자 주)이 그 예인데, 중국정부는 외국의 웹사이트 접근을 제한하고 페이스북이나 위키피디아와 같은 외국의 도구를 차단한다. 이러한 종류의 통제는 전통적인 시민권에 대한 개념이 어느 정도로 **디지털 시민권(digital citizenship)**으로 확장될 수 있는가에 대한 논쟁과도 관련이 있다. 유엔은 인터넷 접근을 기본적 인권으로 선언하기까지 하였다. 유럽의 몇몇 국가에서 불법 파일 공유를 저지른 범죄

계속 ▸▸

자에게는 인터넷 접속을 제한하는 조치를 허용하는 법률을 통과시켰고 이는 유엔 인권이사회의 특별보고서에서 인터넷 접근이 다른 권리(표현과 집회의 자유 등)를 '가능케 하는' 권리이며 경제적 및 사회적 발달에 있어 중요하다고 주장하는 데에 영향을 주었다 (La Rue, 2011).

를 달릴 수 있으며 미국 돈 4센트에 구매가 가능할 것이다 (Friedman, 2016).

디지털 시민권(Digital citizenship): 정치, 정부, 사회, 공동체에 관여하기 위해 정보기술을 이용하는 것.

이러한 기술이 어떻게 진보하고 있는지 뿐만 아니라 세계를 어떻게 바꾸는지에 대해 생각해 볼 필요가 있다. "디지털 기술은 중립적이지 않다"라고 스리니바산(Srinivasan, 2017)은 우리에게 상기시킨다. 새로운 기술과 오래된 기술 모두 특정한 곳의 특정한 이들이 만든 도구이며, 따라서 그 고안자는 특정한 가치와 전제를 가지고 접근을 한다는 의미에서 사회적으로 구성된다(socially constructed)는 것이다. 그러므로 새로운 기술을 고정된 것이 아닌 '그 기술이 아니었다면 주변부에 머물렀을 목소리와 관점에 열린 것'으로 생각하는 것이 중요하다. 이미 살펴본 것처럼 이제까지 디지털혁명은 주로 북의 필요와 선호에 의해 추동됐다. 기술변화를 이끄는 데에 있어 남의 역할이 커짐에 따라 우리는 흥미진진하고 새로운 발전들을 보게 될 것이다.

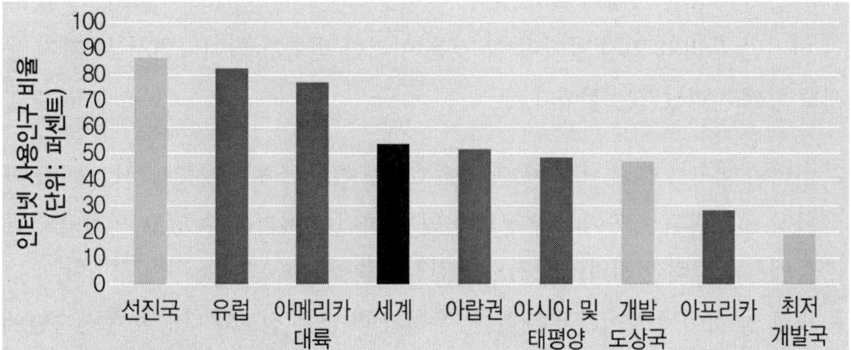

도표 3.2 인터넷 사용수준 비교

출처: International Telecommunications Union (2019).

정보와 통신

정보와 통신 분야만큼 과학과 기술의 결합이 혁명적인 변화(글로벌한 결과를 낳는)를 가져온 영역도 많지 않다. 대단치 않은 주제에 관한 정보를 찾고 수집하는 것에도 많은 시간이 걸리고, 보통은 도서관(근처에 도서관이 있다면)을 방문하거나 예전에 나온 여러 책을 통해 연구하는 것을 의미했던 게 그리 오래된 일이 아니다. 지금은 한때 정보 고속도로(information superhighway)라고 알려졌던 것의 뒤를 이어 단 한 번의 스크린 터치나 마우스 클릭으로 엄청난 양의 정보에 즉시 접근이 가능하게 되었다.

통신과 관련해서는, 과거에는 뉴스가 비교적 가까운 거리를 이동하는 데에도 며칠이 걸리고 세계의 한 지역에서 다른 지역으로 전달되는 데에는 몇 주, 심지어는 몇 달이 걸렸다. 그 결과 사람들 대부분은 자신의 지역사회 밖에서 무슨 일이 일어났는지 별로 아는 것이 없었고 글로벌 의식이라는 것은 별로 없거나 전혀 없었다. 오늘날 우리는 사건 발생과 동시에 그것이 어디에서 발생했든 간에 뉴스가 상시적으로 전 세계로 송출되고, 전화나 컴퓨터를 가지고 있는 누구에게나 (종종 무료로) 이야기할 수 있으며, 경제적인 여력과 적절한 서류를 갖추었다면 우리 자신이 직접 수천 킬로미터를 여행해 세계를 눈으로 볼 수 있는 것이 가능한 시대에 살고 있다.

하지만 우리가 잊지 말아야 할 것은 이러한 변화가 일어나면서 세 가지 문제도 함께 자라났다는 점이다.

- 디지털 격차를 통해 보듯 정보에 접근할 수 있는 수준은 불평등하다. 가장 가난하고 고립된 지역에서는 정보를 찾기 여전히 어려울 수 있고 세계의 다른 곳에서는 그러한 지역이 과거와 마찬가지로 낯설고 멀게 느껴질 것이다.
- 질과 양 사이에 차이가 존재한다. 우리가 더 많은 정보와 다양한 통신수단에 접근할 수 있게 되었다고 해서 더 잘 알게 되거나 세계를 더 잘 이해할 수 있게 된 것은 아닐 수 있다. 실제로 많은 사람은 앎의 범위가 점점 더 협애해지거나 잘못된 지식을 얻고 있다.
- 우리 대부분이 선조들이 상상할 수 있었던 것보다 깊고 넓게 연결되어 있음에도 외로움과 고립감이 보편적인 문제가 되고 있다는 사실에는 분명한 아이러니가 있다.

처음에는 정보통신 기술의 변화가 느리게 왔다. 최초의 인쇄책은 686년 중국에서 만들어졌으나 구텐베르그 인쇄기로 활자를 이용한 인쇄를 하기까지는 800년이 더 흘러야 했고, 최초의 신문은 그로부터 150년이 지나서야 출현했다. 최초의 대량부수 신문이 나오는 데에는 또다시 150년이 걸렸고 이 무렵에야 변화에 가속도가 붙어 우리는 **매스미디어**(mass media)의 시대로 신속하게 진입하였다 (Kovarik, 2016 참조). 라디오, 텔레비전, 인터넷, 소셜미디어의 출현은 과거의 어느 때보다 더 빠르고 광범위하고 즉각적인 통신을 가능케 했다 (표 3.2 참조).

매스미디어(Mass media): 텔레비전, 라디오, 웹사이트와 같이 다수에게 도달하는 커뮤니케이션의 통로.

어떤 변화는 캐나다의 미디어학 교수인 맥루한(Marshall McLuhan)에 의해 1960년대 초반 이미 예측된 바 있는데, 그는 라디오와 텔레비전의 등장이 세계를 은유적 의미에서 수축시키고 있음을 묘사하기 위해 **지구촌**(global village)이라는 용어를 만들었다. 그의 주장에 따르면 "전기적 수축으로 지구는 하나의 마을과 다름없다. 모든 사회적이고 정치적 기능이 갑작스러운 폭발로 하나로 모여지는 전기적 속도는 책임에 관한 인간의 자각을 강렬하게 고조시켰다." 사회의 상이한 집단들은 더는 폐쇄된 채로 지낼 수 없으며, "그들은 우리의 삶에 개입되어 있고, 우리도 그들에 대하여 마찬가지이다" (McLuhan, 1964).

지구촌(Global village): 전자미디어가 인간 간의 연결을 단단히 조여서 세계의 크기를 줄였다는 발상을 전달하기 위한 비유.

매스미디어의 확대는 맥루한이 저술하던 때로부터 먼 길을 지나왔고, 많은

표 3.2 매스커뮤니케이션의 변화

매체	영향
라디오	1930년대 출현한 라디오는 뉴스가 국제적으로 확산하는 데 걸리는 시간을 크게 단축했음.
텔레비전	1950년대 등장했으나 채널은 처음에는 많지 않았고 뉴스는 대부분 지역에 관한 것으로 한정되었음.
케이블과 위성	이러한 변화로 인해 텔레비전 프로그램의 선택지가 많아졌으나 시청자 역시 파편화되기 시작함.
글로벌뉴스	1990년대 인터넷과 24시간 글로벌 텔레비전 뉴스의 등장으로 국제적인 통신매체가 확대됨.
이동전화	2000년대 초반 유선전화를 대체하기 시작해 정보는 보다 쉽게 접근 가능해지고 보다 즉각적인 통신이 가능해짐.
소셜미디어와 쌍방향뉴스	신문은 주변부로 밀려나고 구조화된 텔레비전 선택지는 스트리밍(서비스가 제공되는 곳에서는)으로 인해 개인화된 프로그램으로 대체되고, 소셜미디어는 우리가 소통하는 방식의 핵심으로 이동하였음.

선택지가 변화함에 따라 이 확대과정은 여전히 진행 중이며, 우리는 그 변화가 우리가 세계를 바라보는 방식과 서로 상호작용하는 방식에 갖는 함의가 무엇인지 이해하려고 씨름하고 있다. 1776년의 미국 독립선언의 소식이 영국에 닿는 데에는 한 달이 걸렸고 영국의 반응이 식민지에 침투하는 데에는 또다시 몇 주가 소요되었다 (Martelle, 2014). 오늘날 우리는 지구상의 어느 곳에서든 중요한 뉴스를 실시간으로 접하게 되리라 기대할 수 있을 뿐 아니라 종종 다양한 출처와 시각으로부터의 정교한 분석까지도 함께 제공된다. 통신 장벽으로서의 물리적 거리는 사라진 것이나 마찬가지인 것이다 (물론 완전히는 아니다. 글로벌과 로컬 3 참조).

거리는 좁혀졌고 선택지는 많아졌지만, 인터넷, 소셜미디어, 스트리밍의 등장으로 우리 마음에 들지 않거나 불쾌하게 느끼는 뉴스나 분석으로부터 우리 스스로를 차단하는 것 또한 가능해졌다. 보다 많은 정보를 보다 빠르게 얻는 것이 가능해진 반면, 기술은 세계를 바라보는 우리의 관점을 우리의 선호에 맞게 구성할 수 있는 수단을 제공하고, 소셜미디어 기업으로 하여금 그러한 선호를 부추기기 위해 그들이 우리에 관해 아는 것을 활용할 수 있는 능력을 갖게 하였다. 이로써 우리는 경쟁적인 생각이나 의견에 덜 노출되는 **반향실**(echo chamber)에 살게 되었다. 지구촌이라는 은유가 더 많은 이에게 더 실제적인 것이 되기 시작하자마자 그곳에 사는 주민들은 스스로 자신의 은유적 집 안에 고립되기를 선택하고 있다. 그들은 자신들이 동의하는 이들과만 온라인으로 소통하고 자신들이 읽거나 듣고 싶은 뉴스만 선택한다. 그 결과 많은 이가 세계와 국내 상황을 이해하는 식견이 좁아지게 된다. 더 심하게는 거짓말과 조종에 더욱 취약해진다.

반향실(Echo chamber): 폐쇄적인 시스템 안에서 생각들이 유포되고 반복을 통해 확대되고 강화되는 방식을 묘사하기 위한 비유.

탈진실 세계

허위, 조작, 음모는 언제나 인간 소통의 특징이었고, 속이고자 하는 의도적인 욕구 때문이든 스스로 잘못 알고 있기 때문이든 타인을 속이는 이들과 속임을 당하기 쉬운 이들은 언제나 존재했다. 그것을 거짓말, 허위, 왜곡 또는 트럼프 대통령의 참모였던 콘웨이(Kellyanne Conway)의 말을 빌리면 "대안적 사실(alternative facts)"이라 부르든 간에 그렇게 지속되는 기만은 놀라운 지속

글로벌과 로컬 3

뉴스 공급의 경향

이 장은 지구촌과 정보 고속도로에 관한 이야기와 함께 통신의 발달이 세계에 가져온 변화에 초점을 맞추고 있다. 우리 대부분이 이전보다 즉각적이고 완전하게 연결된 것은 사실이지만, 글로벌과 로컬 간 격차는 여전히 남아있다. 문맹률이 높고 인터넷 및 다양한 매스미디어에 접근하지 못하는 이들이 많으며 권위주의 정부가 뉴스의 흐름을 통제하는 세계의 가장 가난한 지역은 여전히 지역적인 이슈에 함몰되어 있고, 종종 뉴스의 주된 공급원으로 루머나 가십에 의존한다. 세계에서 가장 부유한 나라라도 고속 인터넷 서비스나 와이파이(Wi-Fi)가 여전히 없는 지역에서는 사람들이 전국적이거나 글로벌뉴스보다는 로컬 뉴스에 집중한다.

로컬 뉴스는 보통 가장 직접적으로 우리의 삶에 영향을 미치는 종류의 것이고 아마도 가장 밀접성을 느끼며(왜냐하면 우리는 보통 지역사회의 직접적인 경험의 맥락에서 뉴스를 이해하는 것을 수월하다고 느끼기 때문에), 우리는 가장 직접적으로 우리 삶의 선택지를 형성하는 지역적인 현상들의 이해당사자란 의미에서, 관련하여 행동을 취하기가 용이하다. 반면 글로벌뉴스는 우리에게 즉각적으로 영향을 미치는 경우가 드물고 그 주제는 나와는 거리가 떨어져 있는 경우가 많으며 직접적으로 행동을 취하기가 어렵다. 예를 들어 우리가 먹는 초콜릿 판매의 수익이 코트디부아르나 가나의 코코아 농부들에게 너무나 적게 돌아간다는 사실을 알게 되어 공정무역 초콜릿(제10장 참조)을 찾아다니겠다고 결심할 수 있겠지만 이런 종류의 개별 행동이 멀리 떨어져 있는 사건들에 미칠 수 있는 영향은 제한적이다.

글로벌뉴스, 또는 글로벌 수준에서 생산되어 전파되는 뉴스는 최근 수십 년에 걸쳐 그 가치를 손상시켜온 몇 가지 변화를 겪었다.

- 그것은 더 상업화됨으로써 많은 언론매체가 의존하는 광고 비용을 대는 이들의 이익에 더욱 큰 영향을 받게 되었다.
- 그것은 더욱 파편화되어 사용자들에게 이전보다 협소한 뉴스 출처들을 더욱 다양하게 제공한다.
- 그것은 쌍방향성이 강화되어 사용자가 정보의 출처를 형성할 수 있고, 소셜미디어 기업들은 그들이 우리에 대해 알고 있는 것에 기반해 우리 선호에 맞춘 정보를 제공하는 알고리듬을 개발하였다.
- 그것은 더욱 집중화되어 넷플릭스(Netflix), 월트디즈니(Walt Disney), 컴캐스트(Comcast), 에이티앤티(AT&T; 디렉티브이[DirecTV] 소유주), 알파벳(Alphabet; 구글[Google] 소유주), 폭스(Fox Corporation), 페이스북(Facebook), 소니(Sony)와 같이 주로 북에 기반을 둔 소수의 기업들이 주요 언론매체를 소유하고 있다.

우리가 우리 주변의 세계를 정의하고 이해하는데 필요한 정보를 얻기 위해서는 매스미디어에 크게 의존하므로, 이와 같은 경향은 큰 우려를 낳는 요인이다.

력을 갖는 경우가 종종 있다. 영국계 아일랜드 문필가이자 성직자인 스위프트(Jonathan Swift)는 1710년에 이미 "거짓은 날아오지만 진실은 그 뒤를 절뚝거리며 따라온다"라며 한탄했다 (이러한 견해의 기원이 트웨인[Mark Twain]의 "진실이 신발을 신는 동안 거짓말은 지구를 반 바퀴 돌 수 있다"란 인용구라고 후일 널리 퍼지게 되는데 이는 잘못 알려진 것이다).

탈진실(Post-truth): 의견을 형성하는 데에 있어서 객관적 사실과 증거가 가치, 감정, 믿음에 호소하는 것보다 덜 중요해지는 세계에 우리가 살고 있다는 생각.

인터넷의 시대에 이 문제는 확대되었다. 더 많은 정보가 획득 가능해지면서 더 많은 이가 정보의 양에 압도되어 반향실에 사는 것을 선택하고, 사실과 허구를 구분할 능력이나 의사가 없음으로 인해 **탈진실(post-truth)** 세계로 알려진 것의 효과에 더 취약해진다. 이 용어는 2015~2016년 영국의 브렉시트(Brexit) 운동을 통해 유럽연합에 관한 잘못된 사실의 유포와 2016년 미국 대통령 선거 전후 트럼프 대통령의 많은 거짓 주장으로 인해 본격적으로 통용되기 시작했다. 아마도 가장 악명높은 것은 그가 오바마(Barack Obama)가 미국 태생이 아니므로 대통령 자격이 없다고 하는 출생 음모론(birther conspiracy)의 대표 신봉자라는 사실일 것이다. 더 심각한 사안은 트럼프가 2020년 미국 대통령 선거의 승자는 자신이라는 근거 없는 주장을 계속하였고 미국 인구 중 상당수가 이를 믿게 만들었다는 것이다.

허위정보(Disinformation): 사람들을 고의적으로 호도하려는 목적에서 퍼뜨려지는 현혹하거나 거짓되거나 편향된 정보 (잘못된 정보[misinformation]는 호도하려는 의도와 관계없이 제공된 거짓 정보).

탈진실이라는 개념은 민주주의에서부터 보건의료, 역사적 지식, 문화적 이해, 이주, 기후변화, 경제학에 이르기까지 모든 것에 대한 '가짜 뉴스(fake news)', **허위정보(disinformation)**, 잘못된 정보(misinformation)*가 낳은 해로운 결과에 대한 우려를 담고 있다. 코로나19 팬데믹 기간에는 그 우려가 커져 몇몇 유엔 기구가 인포데믹(infodemic, 정보의 과잉)에 대한 우려를 표명하며 아래와 같은 공동성명을 발표하기에 이르렀다.

* 역자 주

disinformation은 고의적으로 유포되는 거짓 또는 편향된 정보인 데 반해, misinformation은 고의성 없이 잘못 알고 유포되는 정보다.

> (코로나19)는 인간을 안전하고 정보를 손쉽게 얻고 생산적이고 잘 연결되어 있도록 기술과 소셜미디어가 대규모로 사용되고 있는 역사상 최초의 팬데믹이다. 동시에, 연결을 유지하고 정보를 얻기 위해 우리가 의지하는 기술은 글로벌 대응을 약화시키고 팬데믹을 통제하기 위한 조치를 위태롭게 하는 인포데믹을 용이하게 하고 증폭시키고 있다.
>
> 잘못된 정보는 인명손실을 가져온다. 적절한 신뢰와 올바른 정보가 없다면 사람들이 진단 테스트를 회피하고 예방접종 캠페인(또는 효과적인 백신을 장려하기 위한 캠페인)이 목표를 달성하지 못하여 바이러스는 계속하여 위세가 꺾이지 않을 것이다. …

> 더구나 허위정보는 코로나19 관련 주제에 관한 공적 논쟁의 양극화를 야기하고, 혐오 발언을 증폭하고, 갈등과 폭력과 인권침해의 위험도를 높이며, 민주주의와 인권과 사회통합을 증진하기 위한 장기적 전망을 위협하고 있다 (World Health Organization and other UN bodies, 2020).

오늘날 허위정보가 너무나 만연해지고 그 해악이 명백하므로 그 원인과 결과에 관한 새로운 연구가 많이 나오고 있다. 한 예로 2018년 미국 MIT의 한 연구팀이 수행한 광범위한 연구가 통찰을 제공해준다. 십 년의 기간에 걸쳐 트위터(Twitter)에서 공유된 12만 6,000개의 이야기를 검토해 연구팀이 내린 결론은 거짓된 뉴스가 진실보다 더 많은 사람에게 전파되고 "그 종류와 관계없이 거짓은 진실보다 훨씬 더 멀리, 빨리, 깊이, 그리고 넓게 퍼져나간다는 것"이었다. 색다름이란 그 자체가 여기에 기여했고, 사람들은 무언가 다르고 선정적인 것에 매료되는 경향이 있기 때문에 거짓을 공유하는 것에 심리적으로 이끌렸다 (Vosoughi et al., 2018).

탈진실 세계의 영향을 분석하면서 파르카스와 슈(Farkas and Schou, 2019)는 경고하기를 서구 사회는 특히나 그들이 보기에 '민주주의의 핵심을 침식하는' 어떤 경향, 즉 지식인, 언론인, 정치지도자에 의해 유통되는 허위정보에 의해 '포획'되어 있다. 한편, 『어떻게 민주주의를 트롤 부대,* 기만적인 로봇, 쓰레기 뉴스 그리고 정치 공작으로부터 구할 것인가』라는 부제를 붙인 책에서 하워드(Howard, 2020)는 공인을 공격하고 음모론을 퍼뜨리고 분열을 생산하는 '거짓말 제조기(lie machines)'의 작동에 대해 경고한다. 홉스(Renee Hobbs, 2020)는 엔터테인먼트, 정보 그리고 설득 사이의 경계가 모호해지는 현상에 관해 책 『미디어를 지배하는 정신(*Mind Over Media*)』에서 지적하면서 **프로파간다(propaganda)**의 동학을 이해하는 것과 학생들에게 뉴스와 정보를 비판적으로 그리고 정확하게 해석할 수 있는 도구를 제공하는 것이 중요함을 강조한다.

허위정보에 관한 대부분의 논쟁이 인터넷과 소셜미디어를 가장 많이 사용하는 나라들에 초점이 맞춰져 있지만, 이 문제는 전 세계적으로 영향을 미친다. 이 점이 바로 코센티노(Cosentino, 2020)가 세계 많은 나라에서 발견되는 정부 신뢰 수준의 하락 및 경제적 불평등의 지속(그리고 증가)이라는 현상과 허위정보가 깊은 관련이 있다고 지적하는 부분이다. 그는 러시아의 인터넷 부대가 외국의 선거 결과에 영향을 미치기 위해 작업한 사례, 페이스북 사용자들이 미얀마의 무슬림을 대상으로 한 불교도들의 폭력을 지원하기 위해 거짓된

*** 역자 주**
트롤 부대(troll army): 온라인상에서 공격적이거나 무례한 태도로, 선정적이거나 주제와 무관한 내용을 올려 토론의 흐름을 깨뜨리고 생산적인 공론장의 형성을 고의로 방해하는 행위를 하는 이들.

프로파간다(Propaganda): 어떤 의제를 지지하기 위해, 또는 사람들이 믿는 것이나 느끼는 방식을 변화시키기 위해 퍼뜨려지는 정보.

정보를 퍼뜨렸던 사례, 왓츠앱(WhatsApp) 사용자들이 브라질의 2018년 대선 기간에 허위정보를 퍼뜨리는 것을 도왔던 사례, 미국과 유럽의 소셜미디어 사용자들에 의해 시리아의 바샤르 알아사드(Bashar al-Assad)정부에 관해 허구의 이야기들이 퍼져나갔던 사례 등을 그 예로 인용하였다.

물론 이것은 새로운 현상은 아니고, 역사는 뉴스와 정보를 조작하기 위해 노력했던 사례로 가득하며, 권위주의 정부는 애당초 진실에는 거의 무관심하므로 탈진실 시대에 아예 진입한 적도 없다. 글로벌 민주주의 연간 보고서 (제4장 참조)에서 미국에 기반을 두고 있는 연구소인 프리덤하우스(Freedom House)는 최근 수십 년 동안 세계 많은 지역에서 진행된 언론 자유의 붕괴에 대해 한탄하였다. 중국, 러시아, 북한, 사우디아라비아, 수단, 시리아 (지도 3.1 참조) 등의 국가에서 언론 자유의 제약이 지속되고 있음을 관찰하면서, 동시에 헝가리, 이스라엘, 인도, 심지어 미국과 같은 민주주의 국가에서 발견되는 경향들에 대해서도 경고하였다. 이에 활용되는 수단은 정부에 의한 소유권 변화, 규제나 재정적 압력, 언론인에 대한 공공연한 비난, 우호적인 언론과의 정부 계약, 유리한 규제 결정, 국가정보에 접근할 수 있는 특혜 등이다. 결론적으로 그 목적은 "언론이 대중보다는 권력자에게 복무하게 만드는 것"이다 (Repucci, 2019).

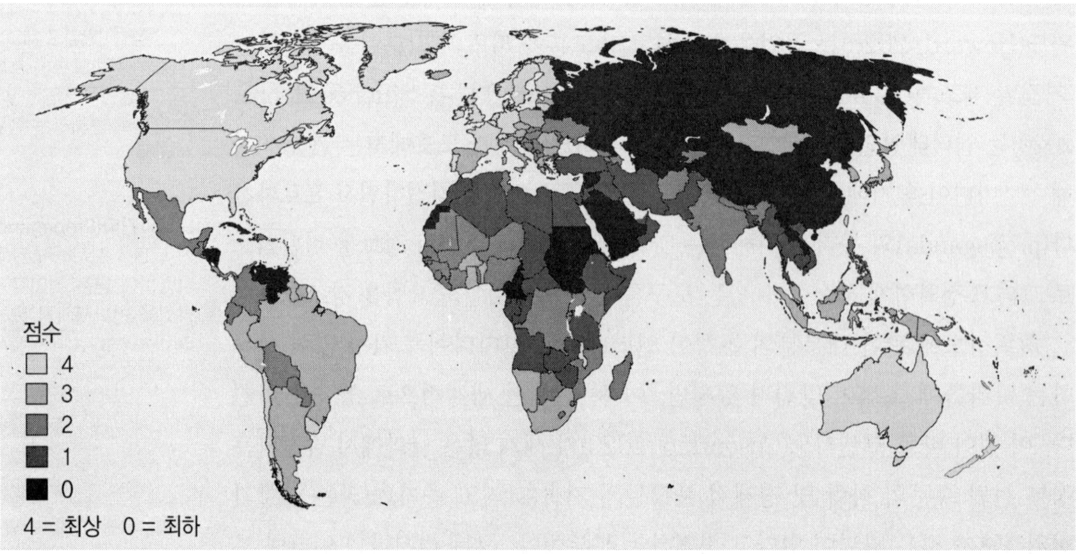

지도 3.1 언론 자유의 비교

출처: Freedom House (2019). 자유 독립 언론을 대상으로 한 순위.

기술과 여행

기술이 우리가 정보를 습득하고 정보를 다루고 상호 간 소통하는 방식을 재편했듯이, 기술은 여행이라는 개념을 완전히 바꿔 놓았는데, 집을 떠날 수 있는 시간과 경제적 수단을 가진 이들은 역사상 그 어느 때보다 더 멀리, 더 빠르게, 더 낮은 비용으로 더 편안하게 여행할 수 있게 되었다. 기술은 이것을 가능케 하였고, 전체 금속으로 된 항공기 제작(이후에는 더 가볍고 내구성이 뛰어난 합금과 복합재가 이를 대체), 더 뛰어난 엔진의 발전, 전산화된 예약 시스템, 위성 항법, 개선된 이착륙 이격거리 시스템, 난기류를 피하기 위한 새로운 방법의 도입과 같은 비행 기술의 발전이 큰 기여를 했다. 이러한 변화는 민간 항공 여행을 더 안전하고 편리하게 만드는 데에 일조했고 그 결과 **관광(tourism)**은 글로벌산업으로 성장해 경제, 문화, 교육, 환경, 글로벌 관점에 있어서 많은 영향을 미쳤다 (최근 논쟁 3 참조). 기술의 역할은 예전에는 많은 이들에게 닿을 수 없었던 세계 많은 지역에 대한 접근성을 높이는 결과를 가져온 아래와 같은 주요한 발전을 통해 잘 알 수 있다.

관광(Tourism): 비즈니스나 즐거움을 위해 하는 단기 여행.

- 최초로 세계 일주를 한 것으로 알려진 마젤란(Ferdinand Magellan)이 이끈 원정대는 1519년에 출발해 일주를 마치는 데에 3년이 걸렸다.
- 유럽인들이 무역이나 전쟁을 위해서든 또는 식민지를 개척하거나 이주를 위해서든 대규모로 고향을 떠났을 때, 아메리카에 도착하는 데에는 몇 주의 시간이, 아시아와 오세아니아에는 몇 달이 소요되었고 많은 경우는 귀국할 계획이 없는 영구이주였다.
- 제2차 세계대전 무렵까지 해상 여행은 중요한 대중 운송 수단을 제공했으나 19세기 초반 대양을 항해하는 증기선의 보급 후에도 이동에는 몇 주나 소요되었다.
- 1950년대 최초의 민간 제트기의 도입으로 해외여행은 단 몇 시간으로 소요시간이 줄었으나 여전히 비쌌다.
- 2011년, 보잉 787이 시애틀에서 시애틀로 되돌아오는 데에 방글라데시의 다카에서의 단 한 번의 경유를 거쳐 43시간 걸렸다.
- 항공권을 살 여력만 된다면 오늘날 우리는 대륙을 옮겨가며 아침, 점심, 저녁 식사를 할 수도 있다.

최근 논쟁 3

국제 관광의 장단점

장점	단점
다른 자원이 많지 않기 십상인 지역에서 일자리를 창출하고 투자를 촉진함.	이러한 일자리는 계절을 타거나 저임금일 가능성이 높고, 관광 수입은 종종 지역사회보다는 다국적기업에게 돌아감.
사람들이 전 세계의 다양한 문화와 환경을 개인적으로 경험하는 것을 가능케 함.	관광객은 집과 같은 편안함을 재현하길 원하므로 관광산업은 지역문화를 압도하고 세계를 동질화시킬 수 있음.
도로, 호텔, 공항을 포함한 인프라의 공급을 불러옴.	인프라는 지역주민보다 관광객의 필요에 맞춰지고 지역주민들에게 높은 가격과 혼잡함을 야기함.
관광객에 의한 소비지출을 지역문화와 환경 보호에 사용할 수 있음.	더 잘 보호되어야 할 높은 생태적, 문화적 가치가 있는 지역에 오히려 투자가 집중되는 경향이 있음.
관광객으로 인해 지역 음식, 전통, 공예에 대한 수요 창출.	이러한 수요의 상당 부분은 관광객만을 대상으로 하고 그 결과 이들은 지역주민의 삶을 있는 그대로 경험하지 못함.

2019년, 45억 명이라는 기록적인 숫자의 여행객이 세계의 어떤 지역에서 항공기에 탑승해 업무를 위해서든 여가를 즐기기 위해서든 다른 목적지로 이동했다 (International Air Transport Association, 2020). 이 숫자는 코로나19가 아니었더라면 더욱 증가했겠지만, 코로나19로 인해 항공 여객 수송은 단기간에 60퍼센트 감소했다. 물론 이러한 수치들은 빈번히 여행하는 사람들을 포함한 것이고 세계에는 아직도 비행기를 타 본 적 없는 수십억의 사람들이 있다. 그러나 2019년 기록은 1950년과 비교하면 990퍼센트 증가라는 놀라운 기록인데, 심지어 이는 코로나19 이전의 시점에서 계산한 2035년 항공 여객 예상치의 절반에도 못 미친다. 물론 모든 이가 여행을 할 수도 없고(또는 원하지 않고) 해외여행은 여전히 경제적인 여유가 있거나 직업적인 필요가 있는 이들의 전유물이다. 그렇긴 하지만 과거에 비해 훨씬 흔해진 것은 사실이다. 제11장에서 보겠지만 이민으로 인한 (일반적인 경우의) 영구적인 이동은 과거에

는 이주할 동기와 수단이 있는 이들에게만 가능했다. 더 단기적인 여행은 보통은 탐험, 정복, 정착과 같은 현실적인 이유 때문이었고, 지도나 이동 수단의 가용 여부에 의해 지리적인 제약을 받았다. 19세기 초에 이르러서야 관광을 위한 여행이라는 개념이 보다 흔해졌지만 그래도 여전히 부유한 소수의 전유물이었다. 대중적인 해외여행의 시대는 제2차 세계대전 이후에야 시작되어 세계의 가장 중요한 경제활동으로 급성장하여 2019년 기준 8조 9,000억 달러 또는 총 글로벌경제 활동 가치의 10퍼센트를 차지한다 (World Travel and Tourism Council, 2020).

코로나19는 국내외 여행객 및 관광객의 급격한 감소를 야기했다. 세계관광기구(World Tourism Organization, 2020b)에 따르면, 해외 관광객 입국은 2020년 상반기에만 65퍼센트 감소해 4,600억 달러의 수입 손실을 낳았다. 항공 교통량도 감소하고 호텔 객실 점유율도 감소했으며 크루즈 노선의 출항은 취소되었고 검역 제한은 강화되고 입국이 종종 금지되고 관광명소는 폐쇄되거나 방문객의 수를 제한하는 조치가 내려졌고 식당은 일시적 또는 영구적으로 문을 닫기도 하였는데, 2019년 수준으로 회복하는 데에는 몇 년이 걸릴 것으로 생각된다. 다만 한 가지 사소한 좋은 점이라면 주요 관광명소가 지나치게 붐비는 일이 사라졌다는 점일텐데, 캄보디아의 앙코르와트나 이탈리아의 피렌

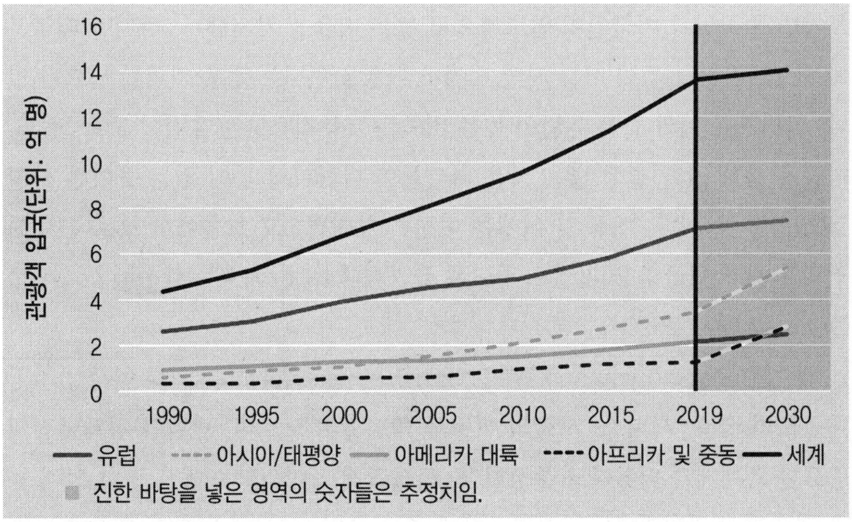

도표 3.3 국제 관광

출처: World Tourism Organization (2021) 자료에 기초함. 수치는 코로나19 효과를 반영하지 않음.
주: 진한 바탕 부분은 예상치를 보여줌.

출처: PEDRE/iStock

관광객들이 중국 만리장성에서 떼를 지어 가고 있다. 기술발전의 중요한 결과 중 하나는 사람들의 장거리 여행을 더 쉽고 저렴하게 만들었다는 것이지만, 글로벌관광산업의 성장은 엇갈린 혜택을 가져왔다.

체 또는 페루의 마추픽추를 방문할 수 있었던 소수의 관광객들은 다른 관광객들의 방해 없이 온전히 즐길 수 있었을 것이다.

팬데믹 이전에 유럽은 전체 관광객의 절반 정도의 여행목적지였고, 지출로 보자면 중국인과 미국인이 압도적으로 높은 비율을 차지했다. 하지만 대부분의 사람들은 자신들이 사는 지역 내에서 여행을 한다는 점을 기억할 필요가 있다. 그러므로 이와 같은 유럽의 높은 비중은 부분적으로는 유럽이 도로, 철도, 항공을 통해 잘 연결된 많은 작은 나라들이 다닥다닥 붙어 있는 곳이란 사실로 설명할 수 있다. 대륙 간 여행은 여전히 상대적으로 드물어서 코로나19 이전의 관광객 입국의 20퍼센트 정도에 불과했다 (모든 자료는 World Tourism Organization, 2020a).

라이온과 웰스(Lyon and Wells, 2012)는, 글로벌관광은 인류 역사상 가장 대규모의 상품, 서비스, 사람의 이동을 의미할지 모르며, 변화와 경제발전의 중요한 촉매제가 되었다고 주장한다. 안타깝게도 이러한 이동은 또한 인기 높은 관광지의 과밀과 훼손, 지역문화에 주는 부담, 생태계 변화와 온실가스 배출 증가로 인한 환경문제를 뜻하기도 한다. 지속가능 발전, 책임 있는 소비, 해양자원과 토양 생태계의 보호 및 기후 행동과 같은 여러 개의 유엔 지속가능 발전 목표는 이와 같은 관광의 딜레마의 핵심과 맞닿아 있다. 이러한 목표는 코로나19 이전에도 언제나 달성하기 어려웠고, **생태관광**(ecotourism)이 증가 추세이지만 관광산업에서 작은 비중을 차지할 뿐이고 여전히 대중의 이동과 인프라 구축으로 인해 환경에 해로운 영향을 수반한다.

생태관광(Ecotourism): 지역주민을 방해하거나 서식지와 생태계를 손상하지 않고 야생 지역을 경험하고자 하는 방문객에 맞춤한 관광.

문화적 교류와 관련해서는 인기 높은 관광지의 방문객이 (기념품이나 관광상품을 판매하는 이들을 제외하고는) 지역주민과 어울릴 수 있는 기회는 많지 않고 지역주민들의 삶이 어떤지를 경험할 기회는 거의 없다. 라이온과 웰스(Lyon and Wells, 2012)는 글로벌 상호연결성의 결과로서 '일상의 장소'와 '관광의 장소' 간의 차이점은 점차 희미해져 왔다고 본다. 여행이 사람들의 세계관을 확장하고, 사람들은 다른 사회에 대해 배우기 위해 여행을 활용하는 것인가? 아니면 사람들은 단순히 수영장에서 여유를 즐기고 음식과 술을 즐기며 다른 수많은 관광객과 함께 인기 있는 관광지를 방문할 기회를 찾고 있는 것에 불과한 것인가?

편리한 여행, 통신수단의 개선, 인프라 확충, 전 세계에서 돈을 사용하기 쉽게 된 것과 같이 기술이란 것은 우리가 더 쉽게 여행하고 소통하고, 인간사회의 다양성과 물리적 환경을 직접적으로 경험하고 관찰하는 것을 도와주었다. 이 모든 것이 실제로 일어나고 있기는 하나, 우리는 또한 선택지가 줄어드는 것을 목도하고 있을지도 모르는데, 바꿔 말하자면 사람들이 더 좁은 범위의 아이디어와 견해를 접하고 심지어 여행할 때조차 인간 경험의 다양성보다는 자신의 취향과 편리함에 맞춰 제공된 것만을 경험하고 있을 가능성이 있는 것이다.

토의주제

1. 사회과학, 물리과학, 자연과학은 우리가 글로벌시스템을 이해하는 것을 돕는 데 있어서 어떤 역할을 하는가?
2. 과학부정에 대한 최선의 대응은 무엇인가?
3. 당신은 디지털혁명의 가능성에 대해 기대가 되는가, 우려하거나 걱정하는가?
4. 어떻게 디지털 격차를 극복할 수 있는가?
5. 지구촌의 특성은 무엇인가? 그것은 과연 존재하는가?
6. 사려 깊은 관광객의 특징은 무엇인가?

핵심용어

- 과학(Science)
- 과학부정(Science denial)
- 관광(Tourism)
- 기술(Technology)
- 디지털 격차(Digital divide)
- 디지털 시민권(Digital citizenship)
- 디지털혁명(Digital revolution)
- 매스미디어(Mass media)
- 반향실(Echo chamber)
- 사물인터넷(Internet of things)
- 사실(Fact)
- 사회과학(Social science)
- 생태관광(Ecotourism)
- 이론(Theory)
- 인터넷(Internet)
- 지구촌(Global village)
- 탈진실(Post-truth)
- 프로파간다(Propaganda)
- 허위정보(Disinformation)

유용한 웹사이트

국제과학이사회(International Science Council) https://council.science
세계관광기구(World Tourism Organization) https://www.unwto.org
유네스코(유엔 교육·과학·문화기구, UN Educational, Scientific and Cultural Organization) https://en.unesco.org
인터넷거버넌스포럼(Internet Governance Forum) https://www.intgovforum.org

추가 읽을 거리

Becker, Elizabeth (2013) *Overbooked: The Exploding Business of Travel and Tourism* (Simon & Schuster). 여행과 관광산업 및 그것이 문화, 환경, 글로벌경제에 미치는 효과에 대한 한 언론인의 견해.

Cosentino, Gabriele (2020) *Social Media and the Post-Truth World Order: The Global Dynamics of Disin-*

formation (Palgrave). 다양한 맥락 속에서 일어나는 탈진실 활동의 효과에 관한 평가.

Friedman, Thomas L. (2016) *Thank You for Being Late: An Optimist's Guide to Thriving in the Age of Accelerations* (Picador). 기술, 세계화, 환경변화에 초점을 맞춰 세계에서 일어나고 있는 '지각 변동'에 대한 평가.

Kamalipour, Yahya R. (ed) (2020) *Global Communication: A Multicultural Perspective*, 3rd edn (Rowman & Littlefield). 세계화, 초국가적 미디어, 정보기술 변화의 문화적 함의에 관한 국제적 커뮤니케이션 연구 편저.

Srinivasan, Ramesh (2017) *Whose Global Village? Rethinking how Technology Shapes our World* (New York University Press). 서구의 디지털 기술발전에 대한 지배와 미래의 적용에 있어서 다른 목소리와 문화를 고려하는 것의 중요성에 대한 비판적 평가.

국가와 정부

4장

차례

개요

우리는 국가의 특성과 변화하는 성격을 충분히 인식하지 않고서는 글로벌시스템을 완전히 이해할 수 없다. 이 장은 국가의 주요 특징들에 대한 조사로 시작하여, 국가의 책임과 시민권의 의미를 검토하고, 1945년 이후 국가시스템이 전 세계적으로 확산된 것을 강조하면서 국가의 진화를 살펴본다. 이 장은 이어 민족 그리고 민족이 국가와 어떻게 다른지를 들여다보고, 정부의 성격과 역할에 대해 논의하고, 민주주의 국가와 권위주의 국가를 비교한다. 이 장은 '국가시스템이 쇠퇴하고 있다, 강화되고 있다, 단순히 형태만 변하고 있다'라는 여러 주장을 대조하면서, 국가시스템의 미래를 검토하는 것으로 끝을 맺는다.

출처: Photo by Jason Leung on Unsplash

핵심사항

- 글로벌시스템의 기반이 되는 초석들은 전 세계의 거의 200개에 달하는 독립국가들이다.
- 현대 국가시스템은 유럽에서 기원했지만 1945년 이후 탈식민지화의 결과로 많은 새로운 국가가 생성되면서 그 범위가 전 세계로 확대되었다.
- 국가는 법적, 정치적 개념이지만, 민족은 주로 문화적, 역사적 개념이다.
- 정부는 국민과 국가의 영토를 관리하고, 국가 간의 관계에 영향을 미치는 결정을 내릴 권한을 갖고 있다.
- 세계 인구의 약 절반은 민주주의 국가에 살고, 나머지 절반은 권위주의체제에 살고 있다.
- 국가가 점점 더 강해지고 있는지, 더 약해지고 있는지, 아니면 진화하는 글로벌시스템 내에서 단순히 형태만 바뀌고 있는지에 대해서는 의견이 분분하다.

국가의 이해

당신이 해외여행을 해본 적이 있다면, 거의 모든 단계에서 국가의 존재를 다시금 느꼈을 것이다. 당신은 당신이 시민으로 속해 있는 국가의 여권을 소지해야 했을 것이며 (이 장의 뒷부분 설명 참조), 출발항과 도착항 모두에서 여권을 제시했을 것이며 (당신은 비자까지도 신청해야 했을 수도 있다), 도착항에서 세관 및 출입국 관리소를 거쳤을 것이며, 당신이 여행한 국가의 정부는, 특별한 허가가 없는 한, 당신이 머물 수 있도록 허용된 기간에 제한이 있음을 아마도 당신에게 분명히 통보했을 것이다.

당신이 집으로 돌아와도 국가는 사라지지 않을 것이다. 그런 일은 절대로 없을 것이다. 당신은 우리 모두가 지켜야 하는 법률들에서 그리고 경찰, 법원 및 관료들이 이 법률들을 집행하는 것을 통해서 국가의 작동을 볼 수 있다. 국가는 또한 인프라(예: 도로, 에너지 공급, 운송시스템), 교육, 그리고 복지의 분배 등과 같이 우리가 당연하다고 생각하는 서비스의 상당수를 공급할 책임을 일반적으로 지고 있다. 끝으로, 국가는 지역적이든, 국내적이든, 국제적이든, 제반 위협으로부터 우리를 보호하기 위해 존재한다.

대부분, 우리는 국가들로 구성된 세계에 살고 있으며, 이들 국가들 간의 역동적 관계는 글로벌연구의 원동력이 되고 있다. 국가들은 세계의 영토와 그 영토의 거주자들에 대해 제1순위의 권한을 행사하고 있으며, 다른 국가들과 함께 글로벌시스템의 성격을 규정하고 형성하는 결정들의 대부분을 내린다. 물론, 글로벌시스템은 개인, 기업, 이익집단 등이 내리는 수많은 결정들에 의해서도 규정될 수 있으며, 글로벌시스템 내 국가들의 역할도 변화하고 있다. 즉, 국가들은 처음에 보이는 것처럼 그렇게 독립적이지 않으며, 일부에서는 국가들이 약해지고 있다고 주장한다. 그럼에도 불구하고, 우리는 국가는 무엇이고, 어떻게 작동하며, 다른 국가들과 어떻게 상호 작용하는지를 먼저 이해하지 않고서는 글로벌시스템을 완전히 이해할 수 없다.

국가(State): 인구와 정부가 있으며, 국제법에 의거하여 존재와 독립을 인정받은 영토.

간단히 정의하면, **국가(state)**는 국경으로 표시되고, 인구를 포함하며, 자국 국민과 다른 국가 정부들로부터 권위, 정통성, 주권을 인정받은 정부에 의해 감독되는 영토다 (Jessop, 2016 참조) (도표 4.1 참조). 국가는 흔히 나라(country)라고도 불리지만, 이는 지리적 의미를 담은 용어로서 대부분의 사회과학자와 법학자의 입장에서 볼 때는 너무 모호하다고 여겨질 수 있다. 또한,

도표 4.1 국가의 주요 특징

특징	속성
정부	공동체 주민들의 필요를 관리 및 처리하는 책임을 맡은 제도·절차·법률체계.
인구	시민과 비시민권자로 구성된 영구 거주 인구.
권위	국가 또는 정부가 행동하거나 통치할 수 있도록 인정받은 권리.
정통성	국가의 법적 존재와 자국 내 권한 행사 권리에 대한 인정.
영토	국경으로 표시된 지리적 영역.
주권	국가는 자신보다 더 높은 정치적 또는 법적 권위를 인정하지 않는다는 원칙.

국가는 때때로 그리고 그릇되게 민족(nation)이라고 지칭되기도 하는데, 민족은 이 장에서 나중에 살펴보듯이 별도의 의미를 가진 용어이다.

국가가 어떻게 작동하는가를 이해하려면, 우리는 네 가지 주요 개념의 의미를 명확히 이해해야 한다. 첫째, 모든 국가는 국가의 운영 지속에 필요한 기

출처: VelhoJunior / iStock

브라질의 수도 브라질리아에 있는 국회. 정부 기관들과 소속 공무원들은 그 국가의 주요 특징을 이룬다.

정부(Government): 공동체 주민들의 요구를 관리하고 처리하는 책임을 맡은 제도·절차·법률체계.

관들로 구성된 **정부(government)**를 갖고 있다. 여기에는 행정부(대통령 또는 총리), 입법부, 법원, 그리고 법률 및 공공정책을 집행하는 관료조직이 포함된다. 우리는 정부의 개념을 확장하여 경찰, 군대, 그리고 국가와 지방의 모든 관공서들까지도 정부에 포함할 수 있다. 정부는 국가를 위해 활동한다는 점에서 국가와 다르며, 국가라는 추상적 관념보다 더 구체적이며, 영속적인 관념의 국가와는 대조적으로 일시적이다.

권위(Authority): 국가 또는 정부가 행동하거나 통치할 수 있도록 인정받은 권리.

둘째, 국가의 정부는 **권위(authority)**를 갖고 있다. 권위는 행동하거나 통치할 수 있도록 인정받은 권리를 의미한다. 즉, 하급자가 상급자의 합법적인 명령 지시권을 받아들일 때 존재하는 조건이다. 권력(power)이 무언가를 통제하고 의도한 효과를 가져올 수 있는 자질 또는 능력이라면, 권위는 힘을 표출하고 사용할 수 있는 권리이다. 당신에게 장전된 총을 겨누는 사람은 자기가 말하는 대로 당신이 따르도록 할 수 있지만, 그가 경찰 또는 군인이거나 법적 의무를 수행할 때만 총을 사용할 수 있는 권위를 보유한다. 국가의 권위를 인정함으로써, 우리는 국가의 결정권을 수용하고(그 결정에 항상 동의하지는 않을지라도), 국가에 대한 우리 자신의 복종 의무를 받아들인다 (Huemer, 2013).

정통성(Legitimacy): 국가의 법적 존재와 자국 내 권한 행사 권리에 대한 인정.

셋째, 국가는 **정통성(legitimacy)**을 가지고 있다. 정통성은 국가의 존재가 그곳에 살고 있는 사람들에게 일반적으로 받아들여지고 있고, 다른 국가들의 정부 및 시민에 의해서도 인정되고 있음을 의미한다. 정통성은 정치적이고 도덕적인 개념으로서, 국가의 권위가 받아들여지고 있는지 여부에 기반하고 있으며, 최근 몇 년 동안 많은 논쟁을 가져왔던 주제이다 (Gilley, 2009 참조). 모든 국가가 자신들이 취한 행동에 대해 동일한 정통성을 인정받는 것은 아니며(예를 들어, 국가의 행동이 지나쳐서 시민들의 사생활을 침해했는가?), 심지어 자신들의 존재에 대해서도 똑같은 정통성을 부여받고 있는 것은 아니다. 코소보의 경우를 보자. 세르비아의 한 지역이었던 코소보는 2008년에 독립을 선언했지만, 코소보의 국제적 위상은 논란이 되고 있다. 2020년 기준으로, 유엔 회원국들중 겨우 60퍼센트만 코소보를 인정했으며, 이웃 국가들인 보스니아와 세르비아, 그리고 중국, 그리스, 러시아, 스페인 등은 코소보를 인정하지 않고 있다.

주권(Sovereignty): 국가는 자신보다 더 높은 정치적 또는 법적 권위를 인정하지 않는다는 원칙.

끝으로, 국가는 **주권(sovereignty)**을 갖고 있다. 이는 국가는 자신보다 더 높은 권위에 응답하지 않으며 (국가는 자신보다 더 높은 권위를 인정하지 않는다는 의미 – 역자 주), 모든 결정을 스스로 내릴 수 있다는 점에서 법적으로 독립적이라는 의미이다 (Jackson, 2007). 그러나 실제로 국가들은 여러 면에서 매우 밀접하게 상호 연결되어 있기 때문에, 진정한 독립은 신화일 뿐이다. 국가는 스스로를 통치하고, 법을 만들고, 세금을 부과할 수 있는 권한을 가질 수 있지만, 국가의 결정은 종종 다른 국가들의 결정이나 그 국가가 속한 글로벌시스템의 압박에 의해서 영향을 받는다 (글로벌과 로컬 4 참조). 또한, 우리 삶에 영향을 미치는 결정들 중 많은 것들이 국가나 정부에서 만들어지는 것이 아니다. 다국적기업들과 같은 비국가행위자들도 역할을 하고 있기 때문이다 (제6장 참조).

이 네 가지 특성 중 어느 것도 항상 고정되어 있거나 직접적으로 측정할 수 있는 것은 아니다. 국가는 국경의 불확실성을 일으키는 정치적 분쟁에 때때로 말려들고, 국가가 성장하고 또 사람들이 국경을 넘어 이동함에 따라 국가의 인구가 변화하고, 국가는 주기적으로 자신의 권위와 정통성에 대한 도전에 직면하고(어떤 국가는 다른 국가보다 더 그렇고), 국가의 주권은 외부의 경제적, 정치적 압력에 항상 제약받고, 정부의 형태는 여러 가지로 상이하게 나타나 각각의 형태별로 시민들 그리고 여타 정부들과의 관계가 다르게 형성되기도 한다. 그러나 정도의 차이는 있겠지만, 모든 국가는 이 네 가지 특성을 모두 갖고 있다.

국가의 범위

국가에 대한 이와 같은 지식을 활용하면, 세계의 모든 국가를 식별할 수 있고 국가들이 모두 몇 개인지 파악하는 것이 쉬워야 한다. 단정하고 정돈된 세계에서는 모든 영토는 국가들의 관할권 아래에 있게 되며 모든 국가는 동일한 핵심적 특징과 권한을 갖게 된다. 그러나 불행히도 세상은 단정하고 정돈된 곳이 아니기에, '세상에는 국가가 몇 개나 되는가?'라는 단순한 질문에 답하기 어렵다. 가장 잘 갖추어진 국가 목록은 현재 193개 국가가 가입되어 있는 유엔의 회원국 명단에서 찾을 수 있다. 그러나 이 목록에는 몇 가지 문제가 있다.

- 유럽의 4개 유엔 회원국(안도라, 리히텐슈타인, 모나코, 산마리노)은 미소(微小) 국가에 불과한 국가들로서, 자신들을 둘러싸고 있는 더 큰 국가들에 거의 모든 면에서 통합되어 있다.

글로벌과 로컬 4

글로벌하게 생각하고 지역적으로 행동하기

1970년대 어느 시점부터 "글로벌하게 생각하고, 지역적으로 행동하라"는 문구가 책과 회의의 제목, 심지어 자동차 범퍼 스티커에도 등장하기 시작했다. 이 문구는 사람들이 지구 전체의 건강과 복지 그리고 글로벌시스템에서 자신이 속한 위치를 깊이 고려하는 글로벌 관점을 취하면서, 자신이 사는 지역공동체 내에서 이를 행동으로 실천해야 한다는 정서를 표현했다. 이 문구의 논리는, 각 지역에서 생활하는 개인들의 긍정적인 행동이 수백만 건 쌓이게 되면 이것이 글로벌 효과를 가져올 수 있다는 것이다. 이 문구는 아마도 환경에 대한 염려에서 비롯되었겠지만, 그 이후에도 특히 교육, 상업, 금융, 농업, 마케팅, 도시 계획 등에서 사용되었다.

국가는 이 아이디어에서 중심적 역할을 담당한다. 국가는 글로벌과 지역 간의 중개자이기 때문이다. 글로벌시스템은 대체로 국가들의 힘과 국가 간 상호 작용에 따라 정의되지만, 국가는 시민들의 지역적 이해관계에도 관심을 기울여 이상적으로는 시민들의 이해관계가 다시 글로벌 차원에서 반영되도록 한다. 요컨대 시민들이 행하는 일과 시민들의 위상은 하향식 관점과 상향식 관점 모두에서 이해해야 한다.

글로벌 차원에서 국가의 정부들은 서로가 어떻게 관계를 맺어야 할지를 결정한다. 국가는 무역에서 군사 협력에 이르기까지 모든 것에 관해 협정을 맺으며, 예를 들어, 인권이나 이주 등에 대한 우리의 생각이나 대처방안 형성에 영향을 미치는 상당수 결정들을 내린다. 국가들은 글로벌 관점하에서 공통의 문제를 함께 해결하려고 할 수도 있고, 뒤로 물러나 자신들의 국가이익을 우선시할 수도 있다. 우리는 제2차 세계대전 종전 이래 국가 간 상호 협력을 많이 보았지만, 최근 몇 년 동안은 많은 정부들이 자국 산업을 보호하고 이민을 단속해야 한다고 외치는 것도 보았다. 트럼프(Donald Trump) 대통령의 미국, 모디(Narendra Modi) 총리의 인도, 그리고 보수 정부하의 여러 유럽국가들이 이 사례들에 포함된다.

사람들 대부분이 글로벌 차원에서 큰 영향을 발휘하는 것은 어렵겠지만, 지역 차원에서 취한 행동들이 누적되어 글로벌 효과를 가져올 수는 있다. 예를 들어, 우리는 기후변화를 개인들이 해결하기에는 너무 큰 문제라고 생각할 수 있겠지만, 모든 사람이 자신들의 에너지 소비 방식을 바꾼다면 (예를 들어, 대중교통 이용하기, 재활용하기, 병에 든 물 사지 않기, 전력 소비 줄이기 등을 통해), 온실가스의 배출은 감소할 것이다 (제13장 참조). 한층 광범위한 정치적·경제적 변화들도 지역 차원에서 일어나고 있는데, 이 변화들은 중앙정부가 내린 선택과 때때로 충돌하기도 하면서 글로벌 차원의 영향력을 보여주고 있다. 이주가 좋은 예이다. 지역사회는 이주 정책에 대해 중앙정부와 종종 의견을 달리한다. 어떤 지역사회들은 중앙정부의 이주 정책을 더 환영하고 또 어떤 지역사회들은 그다지 환영하지 않는다. 이들 지역사회의 태도는 국가정책의 형성에 영향을 미치고, 국가정책은 다시 글로벌정책의 형성에 영향을 미친다.

- 세계의 몇몇 영토는 독립적인 영토가 아니거나(버뮤다, 케이맨 제도, 푸에르토리코가 그 사례로 떠오른다), 국제적으로 국가로 인정받지 못하기 때문에 이 목록에 기재되어 있지 않다. 대만의 경우를 생각해 보자. 대만은 1971년까지 유엔 회원국이었지만 중국을 유엔에 가입시키면서 유엔에서 쫓겨났다. 대만은 실제 존재하고 있으며, 영토, 인구, 권위, 주권, 그리고 정부를 가지고 있다. 그러나 대만은 정통성을 결여하고 있다. 한편, 유엔 회원국 가입이 의무 사항은 아니다. 스위스는 세계에서 가장 오래된 국가 중 하나이지만, 2002년까지 유엔의 정회원 국가가 아니었다.
- 몇몇 국가들에서는 분리 독립운동이 벌어져서 기존 국가가 해체되고 국경선이 다시 그려지고 있다. 분리 독립운동은 예를 들어, 1990년대에 구 유고슬라비아(지금은 7개의 개별국가들로 분리)에서 일어났으며, 2011년에는 분리 독립운동의 결과로 남수단이 수단에서 독립하였다. 영국과 스페인을 포함하여 몇몇 유럽국가들도 심각한 수준의 분리 독립운동을 겪고 있다. 또한, 중국과 티베트의 경우에서 볼 수 있듯이 권위주의적 정부에 의해 분리 독립운동이 억제되고 있는 국가들도 여럿 있다.
- 국가가 자국 내 영토와 사람들을 실제로 통제하는 정도는 국가에 따라 다르다. 대다수의 유엔 회원국들은 주권과 정통성을 모두 가지고 있지만, 이라크나 소말리아와 같은 일부 회원국들은 국가로서 존재는 하고 있으나 자국 영토의 상당 부분에 대한 통제력을 상실하고 있어서 준국가(quasi-state)로 취급되고 있다. 어떤 국가들은 사실상의 '국가(de facto state)'로서 영토에 대한 통제력을 갖추고 거버넌스를 제공하고 있으나, 국제 사회 일반으로부터 정식 국가로 인정받지 못하고 있으며 유엔 회원국도 아니다. 이런 국가들의 예시로 압하지야(Abkhazia), 쿠르디스탄(Kurdistan), 나고르노카라바흐(Nagorno-Karabakh), 트란스니스트리아(Transnistria), 북키프로스튀르크공화국(Turkish Republic of Northern Cyprus) 등이 있다 (Caspersen, 2011 참조).

결과적으로, 아프가니스탄에서 짐바브웨에 이르기까지 유엔 회원국 명단을 보면 국가에 대한 모든 표준 정의를 충족하는 국가들만 찾을 수 있다. 이들 국가는 인구 규모, 경제 규모, 지리적 영역, 내부 동질성 면에서 모두 같지는 않지만, 자신들을 글로벌시스템에서 자율적인 행위자로 행세할 수 있게 하는 권위와 정통성 같은 것을 거의들 갖고 있다. 이리하여, 이들 국가의 상호 작용은 글로벌시스템을 구동하는 연료의 역할을 한다.

시민권(Citizenship): 출생 또는 시민권 부여의 결과로 어느 특정 국가에 법적으로 '속해 있고', 이와 관련된 권리와 책임을 가지고 있다는 개념.

정확한 숫자에 대해서는 논란의 여지가 있겠지만, 세계의 거의 모든 사람들은 국가의 권위하에서 살고 있으며, 국가가 하는 행위들로부터 직접적인 영향을 받고 있으며, 국가가 주는 효과를 여러 중요한 경로들을 통해 겪고 있다 (도표 4.2 참조). 우리는 특히 **시민권(citizenship)**의 개념을 통해 국가의 효과를 느끼고 있다. 시민권은 자기 나라에서 살 수 있는 모든 권리 그리고 자기 나라의 공공 생활에 참여할 권리를 제공해준다 (Bellamy, 2008 참조). 시민으로서 우리의 권리에는 다음과 같은 것들이 포함된다.

- 자기 나라에서 살 권리.
- 정치적 공직 선거에서 투표하거나 출마할 권리.
- 다른 국가에서 행한 범죄로 인해 인도되지 않는 한 자기 나라에서 추방되지 않거나, 다른 국가에서 돌아올 때 입국이 거부되지 않을 권리.

도표 4.2 국가의 책무

책무	속성
법과 질서	경찰력 및 형사 사법체계를 구축하고 유지하기.
국가안보	외부의 위협으로부터 국가를 보호하고 군대를 운영 관리하기.
화폐	통화 공급과 이자율을 관리하기.
세금	세금을 징수하고 공적자금 지출을 감독하기.
무역	다른 국가와의 무역 이해관계를 감독하고 보호하기.
규제	환경 관리, 식품 안전, 가격 통제, 노동 환경, 알코올 및 약물 구입 등 모든 것에 대한 규정 및 표준을 채택하기.
복지	공공보건의료, 실업 급여, 교육 보조금, 농민 지원 등 제반 형태의 복지를 제공하기.
인프라	도로, 학교, 물과 에너지 공급 등 기본 서비스를 제공하고 유지하기.
법적 의무	국제법에 따른 의무를 준수하기.
시민권	시민의 권리를 정의하고 보호하기.

- 자기 나라에서 발급한 여권을 소지할 권리와 자기 나라 정부의 보호를 받으며 국경을 넘어 여행할 수 있는 권리.

시민권은 일련의 책임들도 포함하고 있다. 올바른 시민으로서 우리는 자기 나라의 시민 생활에 참여하고, 투표하고, 법률을 준수하고, 배심원 의무를 수행하고(배심 재판 제도가 있는 경우), 필요한 경우 군 복무를 해야 한다. 간단히 말해, 시민이 된다는 것은, 적어도 민주주의 국가에서는, 법의 완전한 보호와 최소한의 경제적·사회적 복지 등을 포함하여 모든 권리와 기회를 동료 시민들과 동일하게 향유하는 것을 의미한다. 그런데 이것들은 측정하고 정량화하기가 때때로 어려운 속성들로서 적어도 세 가지의 서로 다른 현실 문제들로 인해 그 과정이 복잡해지고 있다.

- 국가의 합법적인 비시민권자는 시민과 거의 동일한 권리를 가진다. 그들은 투표하거나 공직에 출마하는 것이 허용되지 않을 수 있으며, 국법을 위반하는 경우 추방될 수 있지만, 다른 상황에서는 공공 생활에 참여할 기회를 정식 시민들과 동일하게 갖는다. 약 2억 5,000만 명(세계 인구의 3퍼센트)이 자신의 본국 말고 다른 국가의 합법적인 거주자로 살고 있다.
- 이중 국적은 점점 보편화되고 있으며 일부 사람들은 두 개, 세 개 또는 그 이상의 여권을 소지하고 있어 권리와 의무의 경계가 모호해지고 있다 (우리는 시민권이 왜 국가와 연계되어야 하는지, 그리고 제5장에서 보게 되듯이, 왜 우리가 세계의 시민이 될 수 없는지, 그 이유를 묻는 질문들도 있음을 잊지 말아야 한다).
- 제11장에서 보게 되듯이, 국가의 승인 없이 거주하는 사람들이 많이 존재한다. 그들은 일반 시민이 누리는 권리는 그 어느 것도 가질 수 없지만, 여전히 국가 및 지역공동체의 구성원이다.

국가들은 개별적인 법적 존재들이지만 글로벌시스템의 구성 요소를 이루고 있다. 국가들은 서로 거래하고 사업을 하고, 서로에게 투자하고, 그들의 시민들은 국경을 넘어 이동하고, 서로에게서 배우고, 다른 국가들의 정치 및 경제 상황 전개에 반응을 보이며, 그리고 제6장에서 보게 되듯이, 국제기구의 작동과 국제 조약의 서명을 통해 서로가 묶여 있다. 우리는 각 국가가 안고 있는 독자적 역사와 서로 다른 사회적 상황들을 바탕으로 상당수 국가들을 이해할 수 있지만, 국가들이 각각 기능하고 있는 주변 환경의 변화를 충분히 이해하려면 각 개별국가의 국경 너머 그 이상을 바라보아야 한다.

국가의 진화

인구를 기준으로 했을 때 세계에서 가장 큰 국가는 중국이다. 중국은 또한 현존하는 국가들 중 가장 오래된 국가중의 하나로서, 중국의 기원은 수천 년 전으로 거슬러 올라간다. 중국의 국경은 끊임없이 바뀌었고, 현대의 중국 국경은 오로지 20세기에 얻어진 것이다. 중국은 또한 상대적으로 고립되어 지낸 오랜 역사를 가지고 있으며, 글로벌한 영향을 줄 수 있는 것들을 오랫동안 많이 이루지 못했다. 바로 이것이 우리가 지금 이해하고 있는 글로벌시스템이 서구의 사상과 영향에 그토록 크게 기반을 두고 있는 이유이다. 하지만, 모든 것은 곧 바뀔 것이다. 중국은 마오쩌둥(毛澤東) 시대(1949~1976년)의 고립과 내적 몰입에서 벗어나, 경제가 급성장하고, 군사력이 강화되고, 기술력이 확대되고, 정치적 영향력이 심화되고 있다. 중국의 등장은 수 세기 동안 국가의 생성, 재편, 그리고 퇴출을 중심으로 전개되고 있는 글로벌권력의 재정렬 과정에서 일어난 가장 최근의 극적인 변화일 뿐이다.

근대 국가시스템의 기원은 약 300~500년 전으로 거슬러 올라갈 수 있지만(Anderson, 1998 참조), 오늘날의 국가들 대부분은 그보다 훨씬 더 젊다. 우리가 제1장에서 보았듯이, 근대 국가의 뿌리는 중세 유럽, 특히 전쟁에 두고 있지만, 근대 국가의 출현을 표시하는 단일 사건은 없었다. 그때까지 거버넌스가 군주, 봉건영주, 가톨릭교회에 의해 지배되던 곳에서 14세기에 화약이 도입되면서 군대의 규모와 전술이 바뀌었고 조직화된 보병과 포병이 말을 탄 기사를 대체했다. 그 결과 유럽에서 값비싼 군비 경쟁이 벌어졌고, 이는 통치자들이 행정관들을 고용하여 상비군을 모집하고 훈련시키고 장비를 지급하고 보수를 지불하도록 하면서 현대 관료제의 토대를 마련하게 했다. 정치적 단위는 더 커졌고, 각 지방에서의 행정과 사법 패턴은 더 균일해졌다. 무역이 성장하고 통치자들은 외국 상대국과 공식적인 외교 관계를 수립하기 시작했다. 동시에 종교개혁은 중세체제의 종교적 토대를 허물었다.

1648년의 베스트팔렌 평화조약은 유럽 대부분 지역에서 출현하고 있는 중앙집권적 권위들*을 인정했지만, 이에 대한 법적 정당화는 여전히 필요했다.

* 역자 주
봉건시대의 분권화된 국가 권위에 비해 근세에 이르러 보다 집중화되기 시작한 국가 권위를 의미.

중앙집권적 권위 중 결정적인 개념은 주권에 대한 것으로서, 시민들이 통치받는 것에 동의해야만 한다는 조건이 나중에 이 주권 개념에 덧붙여졌다. 주권자는 제한과 통제의 대상이 되어야 한다는 생각은 영국 철학자 로크(John Locke, 1632~1704년)에 의해 더 확고한 근거를 갖게 되었다. 로크는 시민들은 자신의 생명, 자유, 재산에 대해서 자연권을 갖고 있으며 법에 기초해서 통치해야 하는 통치자들은 시민들의 자연권을 보호해야 한다고 주장했다. 로크는 시민들이 법에 복종하기로 동의했지만, 통치자가 시민들의 자연권을 침해한다면, 시민들은 이에 저항할 권리가 있다고 주장했다 (제7장 참조).

19세기 동안 안보의 이유로 국경에 대한 경계와 출입에 대한 통제가 이루어지면서 유럽국가들의 윤곽이 분명해지고 강화되었다. 오늘날에는 믿기 힘들겠지만, 제1차 세계대전 이전만 해도 국경을 오고 가는 여행에 제한이 거의 없었다. 당시만 해도 다른 나라를 방문할 수단이나 목적을 가진 사람들이 거의 없었다는 것이 주된 이유였다. 여권은 제1차 세계대전 중 유럽에 도입되어 정부들이 국가 간 이동을 통제할 수 있게 했으며 각국은 보호주의 정책 추구를 바탕으로 자국 경제에 대한 통제를 강화했다. 국가마다 소득세가 도입되었고, 국가의 기능은 확장되어 교육, 공장 규제, 치안 등이 국가 기능에 포함되었다.

20세기 동안 국가의 범위는 국가 간 갈등이 증대하면서 더욱 확장되었는바, 두 차례의 세계대전으로 갈등의 폭과 깊이는 새로운 수준으로 진입하였다. 국가 간 갈등에 대처하기 위해 스스로 채비를 갖춘다는 것은 국가가 시민, 경제, 사회에 걸쳐 유례없는 동원(mobilization)을 일으켜야만 하는 것을 의미했으며, 이는 다시 효과적이고 체계적으로 세금을 부과할 수 있는 능력의 확장을 의미했으며, 이는 다시 정부의 규모를 확장하고 정부가 시민들의 삶까지 관여할 수 있도록 정부의 범위를 확장할 필요가 있음을 의미했다. 한편, 국가들이 서로 간에 싸우지 않을 때는, 국가들 특히 유럽국가들은 시민들을 질병, 문맹, 실업, 노령으로부터 보호하는 데 더 많은 책임을 지고자 하였다. 전쟁국가(warfare state)는 복지국가(welfare state)에 길을 비켜주었다.

국가시스템의 글로벌 확장은 네 차례의 서로 뚜렷이 구분되는 물결 속에서 이루어졌음을 알 수 있다 (Huntington, 1991).

- 첫 번째 물결은 스페인과 포르투갈의 중남미 식민지들이 독립을 시작하던 19세기 초에 왔다. 이 첫 물결에서 아르헨티나, 브라질, 멕시코를 포함해 15개

의 새로운 국가들이 탄생했다. 이들 신생 국가들의 헌법은 민주적이지도 않고 제대로 시행되지도 않았다. 그 결과로 권위주의적 정부 그리고 종종 군사정부들이 출현하는 전통이 생겨났으며, 정치적·경제적 불평등도 초래되어 오늘날에도 다수의 이들 국가에서는 불평등이 여전히 그리고 명백하게 지속되고 있다.

- 두 번째 물결은 제1차 세계대전의 결과로 발생했다. 제1차 세계대전은 오스트리아-헝가리 제국과 오스만 제국의 최종 붕괴로 이어졌다. 이로 인해 오스트리아, 체코슬로바키아, 헝가리, 폴란드, 튀르키예, 유고슬라비아를 포함해 12개의 새로운 국가가 생겨났다. 이 중 많은 국가가 새로 등장한 소련의 세력권으로 편입되었으며, 서유럽만큼의 민주주의와 자본주의 발전을 이루는 데에는 실패했다.
- 세 번째이자 가장 큰 물결은 1945년 이후에 찾아왔는데 전쟁으로 지친 유럽 국가들이 자신들의 제국을 해체한 결과로 나타났다 (도표 4.3 참조). 신생 유엔은 1945년 51개 회원국들로 시작하였으나, 그 후 40년 동안 아프리카, 카리브해, 아시아·태평양지역에서 거의 90개의 새로운 국가들(현재 유엔 회원국 명단의 거의 절반에 해당)이 등장했다. 그러나 많은 국가들이 내부의 민족적, 지역적, 종교적 구분과 차이에 거의 주의를 기울이지 않은 채 만들어졌던 식민지의 계승물이었다. 이에 따라 이들 국가 중 상당수는 그 후과를 감당해야 했으며 때때로 내전까지 겪어야 했다.
- 네 번째 물결은 1990년대 공산주의의 붕괴로 촉발되어 도래했다. 공산주의의 붕괴로 인해 소련은 러시아, 우크라이나, 카자흐스탄을 포함한 15개의 후계 국가들로 분열되었다. 또한, 공산주의의 붕괴는 헝가리와 폴란드를 위시하여 동유럽에 있는 12개 이상의 소련 위성국들에도 새로운 자유가 찾아왔음을 의미했다. 이러한 새로운 탈공산주의 국가들이 겪은 경험들은 다양하다. 발트해 연안 국가들은 경제적, 정치적 안정을 얻고 유럽연합의 회원이 되었지만, 벨라루스는 여전히 권위주의 국가로 남아 있으며, 몇몇 국가는 러시아와의 관계를 유지하는 것과 좀 더 독립적인 노선으로 나아가는 것 사이에서 갈등을 겪고 있다.

변화는 계속되었다. 수단이 분리되고 (남수단이 수단에서 독립 – 역자 주), 에티오피아에서 에리트레아, 인도네시아에서 동티모르가 독립하였고, 세르비아에서 몬테네그로와 코소보의 이탈이 있었다. 또한, 여러 유럽국가들에서 분리주의 운동이 지속되고 있는데, 예를 들어 '독립국 스코틀랜드'나 '독립국 카

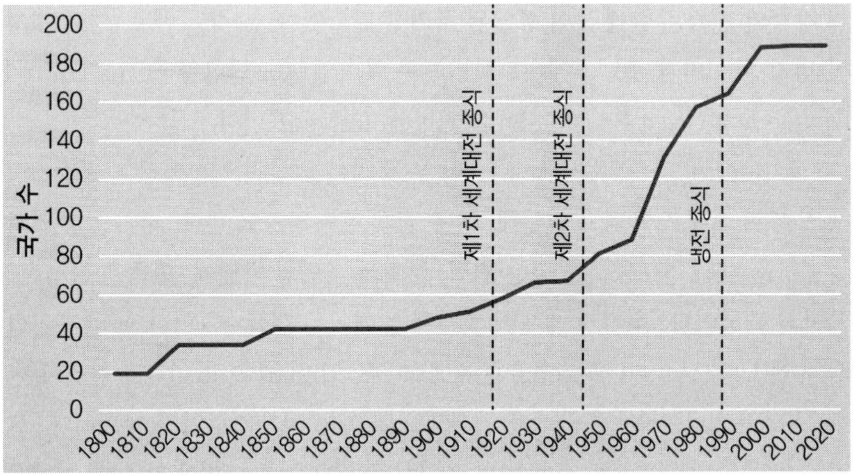

도표 4.3 국가의 생성

출처: Crawford (2007)의 부록에 기초 및 추정.

주: 2021년 중반 기준으로 주권을 가진 독립국가로 국제적 인정을 받은 국가들만 포함. 유럽의 미소(微小)국가들은 불포함.

탈루냐'의 현실화 가능성이 더 커지고 있다. 국가에 대한 압박 증가는 세계화와 결합하여 국가를 약하게 만들었다는 주장이 있는 반면에, 국가는 여러 면에서 스스로의 위상을 재확인했으며 오늘날 그 어느 때보다도 강력하다는 주장도 있다. 이 질문을 더 깊이 탐구하기 전에, 국가(state)와 일상적으로 혼동되고 있는 또 다른 관련 개념을 살펴볼 필요가 있다. 그것은 민족(nation)이다.

민족의 이해

외국인은 영국을 바라보면서 영국은 단일한 정치적·문화적 단위라고 여길 수 있다. 영국은 국경이 분명하고, 국기가 있고, 정부가 있고, 유엔에 의석을 갖고 있으며, 국가로서 기능하는 데 필요한 거의 모든 것을 갖추고 있기 때문이다. 그러나 조금 더 자세히 살펴보면, 영국에는 중요한 내부적 분열이 있음을 곧바로 알 수 있다. 우선, 영국은 잉글랜드, 스코틀랜드, 웨일스라는 세 개의 독립 개체로 이루어진 연합왕국이며, 여기에 1921년의 아일랜드 분할로 생겨난 북아일랜드가 추가되어 있다. 이러한 '독립 개체'는 각각이 고유의 언어, 정당, 교육체계, 그리고 문화를 가진 하나의 민족이다. 그러나 정치적 목적을 위해 각각의 민족은 함께 모여 통일된 국가를 만들었다. 그것이 바로 (영국의 정식 명칭인 – 역자 주) '그레이트브리튼과 북아일랜드 연합왕국(The United Kingdom of Great Britain and Northern Ireland)' 이다.

'국가(state)'와 '민족(nation)', 이 두 용어는 일상적으로 그리고 혼란스럽게도 서로 섞여 사용되고 있는데, 종종 잘못 혼용되기도 한다. 국가는 주권과 정통성을 가진 영토를 포함하는 법적·정치적 개념인 반면에, **민족**은 문화적·역사적 개념이다. 우리가 세세한 것들에 얽매이는 현학자들이라면, 국제연합 즉 유엔(UN: United Nations)은 유에스(US: United States)라고 불러야 한다. 유엔은 민족이 아닌 국가를 구성원으로 하는 국제기구이기 때문이다. 그리고 아담 스미스(Adam Smith)의 유명한 경제학 논문 (제9장 참조)은 실제로 "The Wealth of Nations" 이 아니라 "The Wealth of States"라는 제목을 가졌어야 했다.*

국가는 법에 따라 존재하고 이에 따라 비교적 식별하기 쉬운 반면에 (세계 지도에서의 국경은 어느 국가가 어디에 있는지를 찾을 수 있게 알려준다), 민족은 '상상의 공동체(imagined communities)'라고 주장했던 앤더슨(Anderson, 1983)의 주장에서 볼 수 있는 것처럼 민족은 훨씬 더 느슨한 개념이라고 하면서 이를 통해 국가와 민족의 차이를 설명하려고 하는 것은 그다지 도움이 되지 않는다. 문제를 더욱 복잡하게 만드는 것은 민족(nation)이라는 용어가 때때로 종족(ethnicity)이라는 용어와 혼용되고 있다는 것이다.** 예를 들어, 유럽인들은 자신들의 민족적 차이에 대해 이야기하는 반면에, 아프리카인들은 자신들의 종족적 차이에 대해 이야기할 수 있다. 따라서 유럽인은 독일 민족, 이탈리아 민족, 헝가리 민족을 구분하려 하고, 남아프리카인은 줄루족, 코사족, 바소토족을 구분하려 한다.

민족은 때때로 국가와 서로 일치하여 **민족국가**(nation-state)라고 불리는 것을 형성하지만, 이러한 국가들은 많지 않다. 일본, 아이슬란드, 레소토, 에스와티니 등이 민족국가의 얼마 안 되는 예시들이다. 일본은 수 세기에 걸친 물리적, 문화적 고립 덕분에 인구의 98퍼센트 이상이 일본인이며, 나머지 대부분은 중국인, 한국인, 필리핀인 등의 소수 집단으로 구성되어 있다. 아이슬란드도 물리적 고립 덕분에 33만 명의 인구가 작은 커뮤니티 내에서부터 내려온 가계를 공유하고 있고 가계도도 문서화가 잘되어 있어, 국가가 보유한 시민 출생기록들이 유전 연구에 완벽한 실험실 역할을 하고 있다. 한편, 비슷한 맥

민족(Nation): 역사, 문화, 언어, 신화의 공유를 바탕으로 서로를 동일시하는 사람들의 집단.

*** 역자 주**

영국의 정치경제학자인 스미스는 1776년 『국부론(*The Wealth of Nations*)』으로 알려져 있는 논문 "국부(國富)의 성질과 원인에 관한 연구(An Inquiry into the nature and causes of the Wealth of Nations)"를 발표했다.

**** 역자 주**

이 장에서는 ethnicity를 nation과 구분하기 위하여 '종족'이라고 번역을 하였으나, 이 책의 다른 장들에서는 ethnicity를 공동번역자들 간의 합의에 의하여 '민족'으로 통일하여 번역하였다.

민족국가(Nation-state): 언어와 문화의 공유를 기반으로 공통의 민족 정체성을 가진 시민들로 구성된 국가.

락에서, 레소토와 에스와티니의 인구는 거의 전부가 (각각) 바소토족과 스와지족이다.

세계에는 민족국가보다 더 많은 수의 **다민족국가들(multinational states)**이 존재하며, 특히 유럽과 아프리카에 많이 있다. 전자는 상호 교류의 오랜 역사 때문에, 후자는 국경들 대부분이 19세기에 식민 세력에 의해 부과되었기 때문이다. 벨기에와 인도의 예를 보자. 전자는 작은 국가라고 할 수 있겠지만(인구가 1,100만 명이 조금 넘음), 벨기에 고유의 언어는 없으며 약간의 벨기에 문화만 있다. 벨기에인의 약 60퍼센트는 네덜란드어를 사용하는 플라망족, 약 30퍼센트는 프랑스어를 사용하는 왈론족이며, 수도인 브뤼셀에서는 두 언어가 모두 사용되고 있고, 인구의 나머지 약 10퍼센트는 독일어를 모국어로 사용하는 집단과 이탈리아 이민자들 커뮤니티를 포함하여 여러 소수 민족으로 구성되어 있다. 한편, 인도의 경우는 문화적·언어적 다양성을 참으로 대단하게 보여주고 있다. 인도에는 세 가지 인종 (아리아인, 드라비다인, 원시 오스트랄로이드), 16개의 주요 언어 (영어와 힌디어가 두 개의 공식 국가 언어), 각기 100만 명 또는 그 이상이 사용하는 30개의 기타 언어, 그리고 많은 종류의 다양한 문자들이 있다.

다민족국가(Multinational state): 하나의 정부 아래 여러 다른 민족들이 함께 살고 있는 국가.

한 국가 내에서 발견되는 민족적(또는 종족적) 다양성과 더불어 글로벌 차원에서도 민족적 또는 종족적 다양성을 발견할 수 있는데 이는 **디아스포라(diaspora)** 현상을 일으키고 있다. 한때 이 용어는 신화 속의 고향 또는 실제의 고향과 관련하여 사용되었으며, 특히 유대 민족과 연관이 되어 있었으며, 디아스포라 구성원들이 여전히 그 고향과 일체감을 가지면서 언젠가는 그 고향을 복원하거나 그 고향에 돌아갈 수 있기를 희망하고 있다는 가정에 기초했었다 (Cohen and Fischer, 2019 참조). 디아스포라의 의미와 용도는 그 이후 공통의 유산을 가진 사람들을 기술하기 위해 확장되었으며, 디아스포라의 이러한 개념은 이들이 여전히 '집(home)'과의 일체감을 느끼고 있는지 여부와 그곳으로 돌아가려고 계획하는지 여부에 상관없이 사용되고 있다. 디아스포라의 예시들로는 19세기 감자 기근의 여파로 미국으로 이주한 아일랜드 이민자들, 영국인들이 노동자로 동부 및 남부 아프리카로 송출한 인도인들, 또는 최근에 대규모로 캐나다와 미국으로 이주한 사람들을 들 수 있다.

디아스포라(Diaspora): 자기의 출신 지역이나 태어난 모국을 벗어나는 인구 분산이나 인구 이동, 또는 모국 밖에서 널리 퍼져 거주하는 인구.

아마도 현대에서 가장 큰 디아스포라는 15세기와 19세기 사이에 아메리카 대륙으로 끌려온 노예들의 후손으로 구성된 아프리카인들의 예일 것이다

(Gomez, 2020). 아프리카인 중에서 조상들이 주로 잡혀 왔던 서아프리카의 지역들과 일시적인 관계 이상을 유지하는 사람은 거의 없지만, 아프리카인들은 현재 살고 있는 국가들의 문화 특히, 브라질, 쿠바, 미국의 문화에 독특한 특성을 계속해서 부여하고 있다. 유럽은, 아메리카 대륙으로 건너가 원주민들을 쫓아내거나 이들과 뒤섞여 통혼했던 스페인 및 포르투갈 이주자들을 비롯하여 주요 디아스포라들의 근원지이기도 했다. 보다 최근에는, 우리가 제8장에서 볼 수 있듯이, 분쟁과 전쟁으로 인해 시리아, 콜롬비아, 아프가니스탄, 이라크, 남수단, 짐바브웨와 같은 국가에서 많은 난민이 이주하면서 새 디아스포라들이 생겨났다. 많은 이들은 그들의 이주가 고향에 평화가 돌아올 때까지 일시적인 것이라고 생각하지만, 또 다른 많은 이들에게는 그 이주가 영구적일 수 있다.

또 다른 유형의 디아스포라는 자신의 본래 고향 땅에서 살고는 있지만, 그 땅에 대한 공식적인 통제력을 못 가진 사람들에 대한 것이다. 1948년 이스라엘의 건국은 팔레스타인인들이 이미 점유하고 있는 영토의 몰수를 불러왔다. 팔레스타인인들은 이후 팔레스타인 국가의 건립을 위해 노력해 왔지만, 아직 이를 이루지는 못했다. 숫자에 대해서는 논란의 여지가 있지만, 약 170만 명의 팔레스타인인이 이스라엘에 살고 있고, 또 다른 400만~500만 명이 인접 팔레스타인 자치정부 지역에 살고 있으며, 아마도 또 다른 600만 명이 어딘가에 살고 있다. 인근에는, 약 3,000만 명의 쿠르드족이 향후 쿠르디스탄 국가의 창설을 희망하면서 쿠르디스탄지역과 그 주변에 살고 있다. 쿠르디스탄지역은 현재 이란, 이라크, 시리아, 튀르키예로 분할되어 있다 (지도 4.1 참조).

쉽게 혼동될 수 있는 것을 요약하자면, 국가와 민족을 서로 구분하는 것이 중요하다. 국가의 법적 특성들에 대해서는 일반적인 합의가 존재하며 대부분의 국가 이름은 유엔 회원국 명단에 표시되어 있다. 정치적 그리고 경제적으로, 국가는 글로벌시스템의 특징을 규정하는 데 지배적인 역할을 하고 있다. 그러나 세계의 모든 영토가 국가 소속인 것만은 아니며, 국가가 그 나라의 지도자와 시민들이 여기고 싶은 만큼 항상 독립적인 것도 아니며, 민족도 사람들이 자기 자신을 어떻게 정의하는지를 이해하는 데 있어 최소한 국가만큼 중요하다. 국가는 민족과 정확히 일치하지는 않으며, 민족의 분산은 디아스포라를 만들어냈다. 이는 우리에게 유동적인 상황을 가져다주었으며, 이 유동적인 상황은 이주 패턴이 더 복잡해짐에 따라 (제11장 참조) 더 유동적으로 바뀌고 있다.

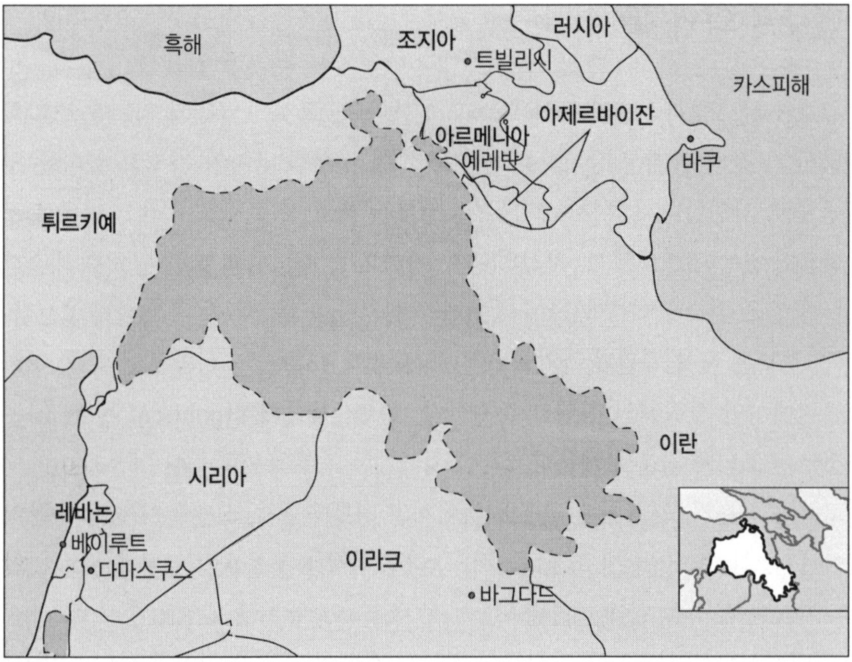

지도 4.1 쿠르디스탄

출처: Hindustan Times / Getty Images

세계에서 가장 큰 민주주의 국가라고 종종 불리는 인도의 선거 유세장에서 한 후보자가 연설하고 있다. 선거는 민주주의의 활력소로서, 유권자들이 자신이 원하는 정부를 선택할 수 있게 해준다.

민주주의와 독재*

국가가 글로벌시스템의 구성 요소라고 한다면, 그것은 국민과 영토를 관리하고 국가 간의 관계를 감독하는 권한을 가진 정부를 국가가 가지고 있다는 것에 주로 기인한다. 앞에서 보았듯이, 정부는 제도, 프로세스 그리고 법률로 구성되어 있는 구조체로서, 자신의 관할 아래 사는 사람들의 제반 필요를 해결하는 책임을 지고 있다. 제6장에서 보게 되겠지만, 세계정부는 존재하지 않는다. 즉, 정부는 국가 차원과 국가를 구성하는 지역, 도, 군, 도시와 같은 부속 정치 단위에서만 실질적인 형태로 존재한다. 한편, **정치체계**(political system)는 정부 구조의 특징을 보여준다. 즉, 정치체계는 정부의 기관들이 어떻게 설계되고 기능하는지, 규칙이 어떻게 만들어지고 시행되는지, 시민들이 어떻게 참여하는지, 선거는 어떻게 조직되는지, 그리고 각각의 부분들이 어떻게 서로 결합되어 있는지 등을 알게 해준다.

이상적으로 시민들은 자신들의 정부를 선택할 권리가 있어야 하며 (일반적으로 대표자 선출을 통해), 정부는 자신의 관할 아래 있는 모든 사람들의 필요에 응답해야 한다. 그러나 이상은 좀처럼 현실에서 일어나지 않으며, 국가들은 각자가 갖고 있는 정부의 깊이, 안정성, 투명성 측면에서 서로 똑같지 않다. 가장 민주적인 체제에서도, 사람들이 자신들의 지도자를 선택하는 가장 좋은 방법은 무엇인가, 정치체계를 가장 잘 구축하는 방법은 무엇인가, 정부가 사람들의 필요를 가장 잘 측정하고, 상충되는 요구와 수요를 가장 잘 해소할 수 있는 방법은 무엇인가 등 답을 주기 어려운 질문들이 항상 존재한다. 정부는 시민들의 소망에 그저 응답만 하고 있는 것이 아니다. 정부는 자체의 이념적 성향, 사회 안에서 권력과 자원을 가진 자들의 영향, 그리고 다른 정부들의 행동과 요구 등에 따라서도 움직인다.

민주주의의 수준에 따라 국가를 분류하는 시스템 중에서 보편적으로 인정받은 것은 없지만, 뉴스 주간지인 『이코노미스트(*The Economist*)』에서 집계한 민주주의지수(Democracy Index)는 우리가 미로를 통과하는 데 유용한 지침을 제공해주고 있다. 이 지수는 세계 대부분의 국가를 완전한 민주주의 국가, 결함 있는 민주주의 국가, 혼합체제 국가, 권위주의체제 국가의 네 가지 집단으로 나누고 있다 (지도 4.2 참조). 이것을 더 단순화하면 두 개의 광범위한 범주가 남게 된다.

* 역자 주
democracy는 원어 그대로 번역하면 '민주주의체제' 또는 '민주정(民主政)'이라고 해야 하나, 우리나라에서는 일반적으로 '민주주의'라고 번역되고 또 그렇게 통용되어 왔다. 이에 따라, 이 장에서 democracy는 '민주주의'와 '민주주의체제' 두 가지로 혼용하여 번역한다.

정치체계(Political system): 사회가 집단적 결정을 내리고 이를 시행하게 하는 상호작용과 기구(정부 포함).

이 두 개의 범주 중 첫 번째는 민주주의 국가들이다. **민주주의/민주주의체제(democracy)**라는 용어에 대해서는 일반적으로 합의된 정의는 없지만, 민주주의 국가에는 대의정부, 자유선거, 법치 존중, 개인권리 보호 등이 최소한 포함되어 있다. 그러나 이 개념들은 각각 다수의 질문에 놓여있다. '대의'는 무엇을 의미하며, 자유선거를 구성하는 것은 무엇이며, 모든 개인의 권리가 동등하게 보호된다는 것은 어떻게 확신할 수 있는가? 가장 효율적인 민주주의 국가도 여전히 엘리트주의, 대의성의 한계, 불평등, 비효율과 부패, 정책 실패, 개인 및 집단 권리의 상호 침해 등의 문제들을 겪고 있다. 언젠가 처칠(Winston Churchill)은 민주주의체제는 다른 모든 정부 형태를 제외하고는 최악의 정부 형태라는 유명한 말을 했다. 그 의미는 민주주의체제가 불완전하기는 하지만 우리가 채택해왔던 것들 중에서는 최선의 제도라는 뜻이다.

민주주의/민주주의체제(Democracy): 국가내 합법적 시민 자격을 갖춘 모두의 공정하고 공개적인 위임에 의거하여 정부가 구성되고, 정해진 법적 절차에 따라 정부가 운영되는 정치체제.

전 세계 사람들의 약 49퍼센트가 자신은 민주주의체제에서 살고 있다고 나름 주장할 수 있다. 민주주의라는 아이디어는 유럽에서 시작하여 호주, 브라질, 캐나다, 인도, 일본, 멕시코, 뉴질랜드, 미국 등을 포함하여 세계의 다른 많은 지역으로 퍼져 나갔다. 그러나 민주주의 국가는 고정적이거나 절대적

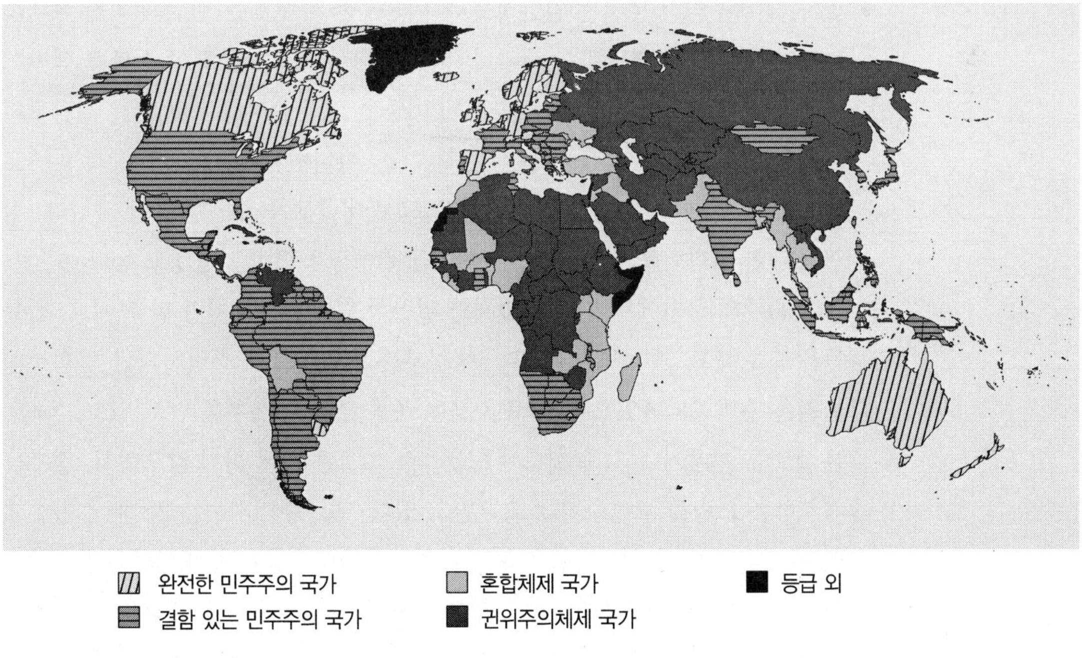

지도 4.2 민주주의지수

출처: Economist Intelligence Unit (2021).

인 개념이 결코 아니다. 민주주의지수는 약 24개 국가들에게는 완전한 민주주의 국가라는 등급을 부여하지만, 50개 이상의 국가들에게는 결함 있는 민주주의 국가라는 등급을 매기고 있다. 후자의 국가들은 민주주의 국가의 자질들 대부분을 가지고는 있지만, 취약한 거버넌스와 낙후된 정치문화 등의 문제를 겪고 있다. 브라질, 인도, 이탈리아, 일본, 한국, 미국 등이 이들 결함 있는 민주주의 국가에 포함된다. 결함 있는 민주주의 국가로 구분되는 국가들 중 몇몇은 **민주화(democratization)** 과정을 겪고 있다. 즉, 이전에 비해 정치제도와 절차가 보다 안정화되고, 개인의 권리는 더 잘 보호되고, 국민들의 목소리는 보다 명확하게 들리게 됐다 (Grugel and Bishop, 2014). 그러나 다른 국가들은 (이 절의 뒷부분 참조) 자국의 민주적 지속성을 이루어내기 위해 힘겨운 노력을 펼치고 있다.

민주화(Democratization): 안정된 민주주의체제 구축에 필요한 제도와 절차를 국가가 건설하는 과정.

두 번째의 광범위한 정치적 범주는 **권위주의(authoritarianism)**로서, '독재(dictatorship)', '전제주의(despotism)', '전제정(autocracy)', '절대주의(absolutism)' 등 여러 다양한 대안적 용어들과 맥을 같이 한다. 이런 체제들의 전형적인 특징은 엘리트에 의한 정부, 조작된 선거, 법치주의에 대한 지지 및 존중 불이행, 개인의 권리 보호 소홀, 반대 의견에 대한 무관용 등을 담고 있다. 권위주의적 통치는 일반적으로 독재자 한 사람 또는 단일의 가장 우세한 지도자의 통치와 연관지어 생각하지만, 이러한 지도자들도 스스로의 힘만으로는 권력을 잡고 유지할 수 없다. 즉, 이들은 권력 유지를 위해 다른 사람들의 도움을 필요로 하는데, 군부든, 부유층이든, 아니면 특정 종족 또는 특정 종교의 구성원이든, 도움을 주는 사람들은 그 반대급부를 요구할 뿐만 아니라, 정권에 대한 영향력을 얻기 위해 자기들 간에 다툼을 벌일 가능성도 높다.

권위주의(Authoritarianism): 권력 유지를 위해 사회 전체를 조작하려는 지배 엘리트들의 수중에 권력이 집중되어 있는 정치체제.

권위주의 국가에도 헌법은 있지만 일관성 없이 적용되기만 할 뿐이고, 법률들은 모호하고 상호 모순적이며, 행정부는 일반적으로 강력하지만 입법부와 법원은 주변화되어있으며, 소수자들은 종종 열악한 대우를 받고 있고, '국민'은 소란을 피우거나 기존 제도에 도전하는 일들은 결코 하지 않으면서, 정부를 지지하는 모습을 보여주기를 요구받고 있다. 민주주의지수는 35개 국가에 대해서는 '혼합체제'라는 라벨을 붙이고 있지만, 57개 국가에 대해서는 본격적인 권위주의체제로 간주하고 있다. 전자는 민주주의의 흔적을 아직은 가지고 있지만, 정치적 다원주의는 후자에서는 거의 사라졌다. 대부분의 권위주의 국가들은 아프리카, 중동 그리고 아시아에서 나타나고 있다.

민주주의체제와 권위주의체제는 서로의 내부적 특징이 대조적일 뿐만 아니라 (표 4.1, 그리고 북과 남 비교 4 참조), 글로벌시스템 내에서도 대조적인 입장을 보이고 있다. 전자는 주로 보다 개방적이고 관여적인 반면에, 후자는 보다 폐쇄적이고 방어적이다. 두 유형 모두 위협에 대해 염려하고, 다른 국가와 협상할 때 자신의 이익을 최우선 의제로 삼는다. 두 유형 모두 다른 국가가 자신의 관점을 취하도록 유도하거나, 다른 국가의 달갑지 않은 사상들이 자국에 영향을 미치는 것을 방지하려고 한다. 그러나 전반적으로, 민주주의체제를 가진 국가는 국제기구의 활동이나 국제조약의 합의에 있어 보다 더 협력적이고 보다 더 주도적인 역할을 수행하는 실적을 보이고 있다.

우리는 제1장에서 후쿠야마(Francis Fukuyama)가 1989년에 역사의 종언(민주주의의 글로벌승리)을 선언한 것은 성급한 판단이었음을 보았다. 1989년 이후로 민주주의 국가들에서는 세계화와 이민이 야기한 위협이라고 흔히 간주되고 있는 것들에 대해 반작용의 조짐들이 있어 왔다. 위협이라고 여겨지는 것

표 4.1 민주주의체제와 권위주의체제 비교

특징	민주주의체제	권위주의체제
선거	정기적이고, 공정하며, 비밀투표이며, 경쟁적임.	사기, 조작, 폭력이 종종 수반됨.
정치제도 및 절차	권력의 배분과 정치적 견제와 균형 시스템을 기반으로 하여 잘 규정되어 있고, 안정적이며, 예측 가능함.	권력이 지도자와 엘리트에게 중앙 집중화되어 있어, 취약하거나, 미숙하거나, 불명확하게 규정되어 있음.
정치 참여	서로 다른 플랫폼을 가진 다수의 정당을 비롯하여 폭넓고 다양하게 제도화된 채널을 통해 참여.	채널 선택의 제한, 그리고 시민들의 목소리가 제대로 반영되리라는 확신 불가.
정부의 권한	제한되어 있으며, 개인의 권리와 자유는 법에 의해 보호를 받고, 법은 독립적인 사법부에 의해 유지됨.	제한이 적으며, 개인의 권리와 자유는 법에 의한 보호를 못 받을 수도 있고, 사법부는 독립적이지 않음.
정치적 반대	활동적, 효과적이며, 보호됨	제약을 받고 있으며, 위협에 시달리고, 심지어 폭력에까지 노출됨.
언론	다양하고 독립적이며, 정치적 통제가 거의 없으며, 다양한 의견을 자유롭게 공유할 수 있음.	제한적이고 통제되며, 정치적 간섭을 받으며, 공식적으로 승인된 의견만 자유롭게 공유할 수 있음.
국가 예시	호주, 브라질, 캐나다, 인도, 일본, 멕시코, 한국, 미국 그리고 대부분의 유럽국가들.	중국, 이란, 북한, 러시아, 그리고 대부분의 중동, 북아프리카, 그리고 사하라 이남 아프리카국가들.

북과 남 비교 4

국가의 국정수행 성과: 노르웨이와 콩고민주공화국

국가와 정부의 성적을 제대로 이해하려면, 우리는 이들 국가와 정부를 서로 비교해야 한다. 국가를 비교하여 순위를 매기는 방식은 많은데, 각기 폭넓고 다양한 정치적, 경제적, 사회적 기준에 따라 국가를 평가하고 있으며, 이 책에서도 그중 몇 가지를 사용하고 있다. 각 비교 방법별로 결과는 다양하게 나오지만, 국가들 사이에 높은 수준의 중복과 우연의 일치가 나타나며, 이는 일상적으로 모든 척도의 양 극단에 있는 두 국가를 비교하는 사례를 통하여 확인할 수 있다. 즉, 노르웨이는 대체로 상위권으로 순위가 부여되고, 콩고민주공화국(Democratic Republic of The Congo)은 대개 최하위권 순위가 매겨진다(순위가 매겨질 수 있는 한 그렇다 - 표 4.2 참조). 국가적 차원에서의 성공과 실패가 무엇을 의미하는 것인가에 대한 통찰을 얻기 위해서 두 국가를 비교하는 것은 충분히 그럴만한 가치가 있다. 그러나 두 국가를 비교하기 전에, 그들의 상대적 성적이 각각의 국내적 결정과 상황으로만 모두 설명될 수 있는 것은 아니고, 글로벌시스템 내에서 그들이 서로 상이하게 차지하고 있는 위치도 반영하고 있음을 아울러 주목하는 것이 필요하다.

노르웨이는 상대적으로 동질적인 사회로서 비록 1905년에 들어와서야 완전히 독립했지만 수백 년의 역사를 가지고 있다. 또한, 노르웨이는 석유, 천연가스, 산림, 광물을 포함해 광범위한 천연자원을 보유하고 있으며, 500만 명이 조금 넘는 소규모의 인구를 갖고 있다. 노르웨이는 경제적 자유라는 한 가지 척도에서만 설문조사에서 최상급 순위를 차지하지 못했다. 이는 노르웨이 사람들과 다른 스칸디나비아 사람들이 강력한 복지 및 재분배시스템을 지지하면서 상대적으로 높은 세율의 세금을 지불하고 있기 때문이다. 이에 대한 대가로, 그들은 교육, 보건의료, 넉넉한 사회 보장을 포함하여 세계 최고의 공공서비스를 받고 있다.

콩고민주공화국(DRC)은 거의 모든 면에서 상당히 다르다. DRC는 1960년 벨기에로부터 독립한 이래 혼란과 불안정의 쓰라린 역사를 겪어왔다. DRC는 전쟁, 분리 독립, 종족 분열, 그리고 거의 30년에 걸쳐 독재자 모부투 세세 세코(Mobutu Sese Seko, 1971년 국가명칭을 자이르로 개명) 치하의 일당 지배로 고통을 겪었으며, DRC가 이름을 되찾은 1990년대 후반에는 국가를 황폐화시킨 내전을 더 많이 치렀다. 아이러니하게도, 콩고민주공화국은 구리, 금, 콜탄(휴대전화, 노트북 및 기타 전자 장치의 콘덴서에 사용됨)과 같은 천연자원과 중요 재생 에너지(주로 태양열 및 수력 발전)의 잠재력이 풍부하다. 그러나 DRC는 수십 년간의 식민 착취로 인해 성공적 개발을 위한 기반을 거의 갖추지 못했다. 게다가, 약 8,500만 명으로 추산되는 인구는 200개 이상의 종족으로 쪼개져 있고, 기반 시설에 대한 투자는 최소한으로만 되어 있고, 행정부는 만연한 부패로 허물어져 있고, 경제는 만성적으로 잘못 관리되고 있고, 커다란 난민 문제를 안고 있고, 정부는 불안정한 상태에 있다는 것이 문제를 더욱 악화시키고 있다.

표 4.2 노르웨이와 콩고민주공화국(DRC)의 순위

지수	창안자	순위부여 국가 수	노르웨이	DRC
세계자유지수	프리덤 하우스(Freedom House)	195	1=	165
민주주의지수	이코노미스트(The Economist)	167	1	166
취약국가지수	평화기금회(Fund for Peace)	178	2	173
부패인식지수	국제투명성기구(Transparency International)	180	7	168
1인당 GDP	세계은행(World Bank)	190	4	181
경제자유지수	헤리티지 재단(Heritage Foundation)	180	28	162
인간개발지수	유엔개발계획(UN Development Programme)	189	1	175

출처: 각 지수별 2019~2020년 발간물.

들은 경제적 문제, 더 커지는 불평등, 주권 통제력의 상실, 대표성과 책임감의 상실 등이다. 오랫동안 글로벌시스템에 그토록 개방적이었던 민주주의 국가들의 시민 중 많은 수가 이민과 세계화에 반대하는 우파의 새로운 정당들을 지지하고, 민족주의적 정강을 기반으로 하는 지도자들을 선출하면서, 이제는 글로벌시스템에 반발하는 것처럼 보인다. 브라운(Brown, 2010)은 이스라엘을 팔레스타인으로부터, 남아프리카공화국을 짐바브웨로부터, 미국을 멕시코로부터 구분 짓는 장벽들과 같이 국경을 표시하는 장벽들의 확산에 담겨 있는 상징성을 지적하고 있다. 그녀는 대개의 경우 장벽들은 수시로 철거되는 '연극 무대의 소품들'에 지나지 않는다고 말하며, 장벽들은 국가 주권이라는 이미지를 투사하고 있지만, 이와 동시에 세계화의 많은 영향에 제대로 대처하지 못하는 국가 무능력에 대한 의구심도 아울러 제기하고 있다고 주장한다.

후쿠야마는 또한 최근 수십 년간의 또 다른 우려스러운 경향에 의해서도 틀린 것으로 판명되었다. 즉, 그 지역이 민주주의적이든 권위주의적이든 세계의 많은 지역들에서 민주주의의 진전이 역전된 것이다. 다이아몬드(Diamond, 2015)는 1974년에서 2007년 사이 민주주의의 '역사적 변혁'과 '놀라운 글로벌 행보'를 찬양하면서도, 이후 자유와 민주주의의 확장에 제동이 걸리면서 초래된 '민주주의 침체(democratic recession)'를 우려스럽게 바라보았다. '민주주의 침체'는 중국, 러시아, 베네수엘라와 같은 권위주의 국가들뿐만 아니라 과거 튼튼한 민주주의 역사를 가진 여러 국가들(예: 미국) 또는, 이전에

포퓰리즘(Populism): 지배 엘리트에 대항하여 국민들(people)의 권리와 이익을 옹호하는 정치 프로그램 또는 정치 운동.

민주주의를 향해 긍정적 경향을 표출했던 국가들(예: 헝가리와 폴란드)에서도 관찰되어 왔다. 이들 국가 중 여럿에서는 지도자들과 정당들이 **포퓰리즘(populism)**에 토대를 둔 사상을 받아들이고 있다. 포퓰리즘은 느슨하게 정의된 사상으로서, 정치와 경제 '엘리트'에 대한 비판, '국민들(people)'에게로의 권력 반환 요구, 이민과 세계화에 대한 반대(Eatwell and Goodwin, 2018 참조)를 일부 구성 내용으로 하는 민족주의에 대한 호소(제5장 참조) 등에 기반하고 있다.

이러한 추세는 프리덤 하우스(Freedom House)가 수행한 분석에 나타나 있다. 프리덤 하우스는 미국에 기반을 둔 연구기관으로서 전 세계 민주주의의 현황에 대해 정기적으로 보고서를 발행하고 있다. 프리덤 하우스는 2020년 보고서(Freedom House, 2020)에서 정치적 권리와 시민의 자유가 14년 연속 순감소했음을 지적하고 다음과 같은 암울한 결론을 내렸다.

> 민주주의와 다원주의가 공격을 받고 있다. 독재자들은 자국 내 반대의견은 마지막 흔적조차 짓밟아 없애면서 자신들의 해로운 영향력은 세계의 새로운 구석구석까지 퍼뜨리기 위해 애쓰고 있다. 그와 동시에, 자유롭게 선출된 많은 지도자들은 자신들의 관심사를 편협한 시야로 해석한 국익들만으로 급격하게 좁혀버리고 있다. 실제로, 세계에서 두 개의 가장 큰 민주주의 국가인 미국과 인도의 행정 수반들을 비롯하여 이런 종류의 지도자들은, 자신들의 포퓰리스트적 의제를 추구하는 과정에서, 기존의 제도적 안전장치들을 허물어뜨리려 하고 비판자와 소수자의 권리를 무시하려는 모습을 점점 더 많이 보이고 있다.

코로나19가 이러한 추세에 미친 영향에 대해서 여러 우려가 제기되어 왔다. 즉, 세계 여러 지역의 정부들이 질병의 확산을 막기 위해 만들어진 통제 수단들을 정치적 자유를 제한하는 데에 사용해 왔다는 것이다. 아브라모비츠(Abramowitz, 2020)는 '전 세계적 보건위기로 시작된 것이 민주주의의 글로벌위기의 일부가 되었다'라고 주장하고 있다. 그는 '전 세계 모든 곳의 정부들은 공중 보건이라는 이름으로 자기들의 권력을 남용하며 민주주의와 인권을 훼손하는 기회로 삼았다'라고 비판하고 있다. 그러나 자유로운 논의를 바탕으로 하여 일시적으로 공중 보건 제한을 부과한 정부와 중국, 이집트 등과 같이 정부의 통제 조치가 권위주의적 통치를 강화해준 것으로 의심받는 정부 간에는 구별이 있어야 한다 (Hamid, 2020). 볼 등(Bol et al., 2020)의 연구는 팬데믹 기간 동안 민주주의 국가들에 의해 시행된 종류의 봉쇄령은 결과에 따라서는 정부에 대한 신뢰 수준과 만족도를 높일 수 있음을 보여주고 있다. 분명, 이 논쟁은 가야 할 길이 아직 많이 남아 있다.

길리(Gilley, 2009)는 얼마 전 국가의 통치 능력에 대한 시민들의 믿음이 하락하고 있는 것에 의문을 품고, 국가의 안정성을 위협하는 국가의 정통성위기 관련 지표들에 주의를 기울일 것을 촉구하였다. 그는 프랑스와 인도처럼 확립된 민주주의 국가들조차 사회에 대한 도덕적 청구권을 상실하고 있는 반면에, 중국과 이란 같은 권위주의 국가들은 강력한 대중적 지지를 누리고 있다고 밝혔다. 다이아몬드 등(Diamond et al., 2016)의 연구에 따르면, 이러한 권위주의 국가들은 민주주의의 확산을 억제하고 자유주의적 국제정치 질서에 도전하기 위한 도구와 전략을 새로이 개발하면서 최근 들어 글로벌 무대에서 새롭게 영향력을 얻어 가고 있다. 반면에, 선진 민주주의 국가들은 독재자들이 가하는 위협에 제대로 대응하지 못하면서 후퇴해왔다.

출처: LewisTsePuiLung / iStock

중국정부의 홍콩에 대한 통제 강화 시도에 항의하는 홍콩 시위대들이 최루가스로부터 스스로를 보호하기 위해 우산을 이용하고 있다. 이 사진은 세계의 많은 지역에서 정치적 자유에 대한 통제가 점점 강화되고 있음을 상징적으로 보여주고 있다.

국가의 미래

우리가 국가의 존재를 당연하게 여기고, 거의 모든 사람이 어디이든 하나의 국가에 살면서 시민권도 갖고 있지만, 사실 국가의 안정성과 미래에 대해서는 오랫동안 의문들이 제기되어 왔다. 1945년 이래 국가의 수는 늘어났으며, 국가들을 서로 묶는 연결고리도 증가했다. 국가들이 직면하고 있는 문제들도 바뀌면서, 국가들이 이러한 문제들을 해결할 준비가 얼마나 잘 되어 있는지에 대한 논쟁도 거세지고 있다. 국가가 강해지고 있다고 믿는 사람, 국가가 약해지고 있다고 믿는 사람, 진화하는 글로벌시스템 내에서 국가가 단순히 형태만 바뀌고 있다고 생각하는 사람 등 의견은 분분하다.

국가의 힘은 군대의 통제와 사용에 대한 지속적인 독점, 경제 생산과 국제무역을 관리하는 핵심 행위자의 역할 계속, 시민들이 자신이 속한 국가의 권위를 인정하고 주로 그 국가와 여전히 일체감을 가진다는 사실 등에서 찾을 수 있다. 국가는 국제 테러리즘, 이민, 코로나19 팬데믹과 같은 도전들에 직면하여 새로운 통제 조치를 시행하고 있으며 이는 국경을 넘나드는 여행을 더 어렵게(또는 적어도 더 복잡하게) 만들고 있다. 우리는 또한 **보안국가(security state)**의 등장도 목도하고 있다. 보안국가는, 소비자들의 경향을 학습하려는 기업과 이러한 경향을 기반으로 알고리즘을 개발하려는 소셜 미디어 등의 새로운 시도들과 결합하면서, 감시사찰, 시민 자유 위협, 정보기관 준동, 사생활 보호권 제약 등을 우려하는 시민들의 반발을 불러왔다 (제7장 참조).

보안국가(Security state): CCTV, 전화 감청 및 인터넷 사용 감시, 그리고 여타 수단을 동원해서 시민들의 동태를 추적하는 국가.

국가 역할 및 국가 권력의 변화는 **민족주의(nationalism)**에 대한 지지 증가에서도 볼 수 있다. 민족주의는 항상 민족과 국가의 행위에 영향을 미치는 요인이었지만, 이 새로운 민족주의는 국가와 민족의 이익을 하나로 융합하여 이를 지역 또는 글로벌 수준에서 강력하게 주장하려는 노력을 담고 있다 (자세한 내용은 제5장 참조). 국가들은 여전히 상호 협력하고 있으며, 여전히 국제기구의 회원국들이며, 여전히 다른 국가들과 국제 협정을 체결하고 있지만, 자국의 많은 유권자들이 세계화와 이민에 비판적인 정책을 지지하기 때문에, 많은 국가가 자신들의 이해관계를 다시금 강하게 내세우고 있다. 브라질의 보우소나루(Jair Bolsonaro)와 필리핀의 두테르테(Rodrigo Duterte)와 같은 지도자의 선출, 푸틴(Vladimir Putin)이 러시아 국내에서 누리는 인기, (브렉시트[Brexit]로 알려진) 영국의 유럽연합 탈퇴 결정, 그리고 프랑스, 헝가리, 인도,

민족주의(Nationalism): 민족은 자신의 운명을 스스로 결정하고, 스스로 다스리고, 자신만의 국가를 가지며, 자신의 이익을 다른 민족들의 이익보다 우선하며, 자신의 국경을 통제할 권리가 있다는 믿음.

네덜란드, 튀르키예에서 민족주의 정당들에 대한 최근의 지지세가 이를 잘 반영하고 있다.

반면에, 국가가 곤경에 처했다고 주장하는 사람들도 많은데, 이는 이미 1946년에 국가는 '위기에 처한 거대 괴수(leviathan in crisis)'라고 묘사하면서 제기되었던 주장이다 (Browne, 1946). 국가 비판론자들은 국가들이 습관적으로 인류를 향한 더 광범위한 이익보다 편협한 이익을 우선시하고, 인류사회의 정치적 분열을 인위적으로 획책하고, 인간들에게 상호 간의 유사성보다는 차이점을 상기시킴으로써, 국가들 간에 너무 자주 마찰을 빚게 하고 있다고 책망한다. 경제적 측면에서는 국가가 자유 시장의 기능을 침해하는 방식으로 국내 시장을 보호하고, 무역에 제한을 가해 혁신과 효율을 저해하고, 모든 주민이 혜택을 받을 수 있도록 경제와 국가자원을 관리하는 데에 실패하고 있다고 비판한다 (그러나 어떤 국가들은 자유 시장의 노예가 되어버리고, 은행 산업에 대한 사례처럼, 충분한 규제를 부과하지 않고 있다는 이유로 비판을 받기도 한다). 마지막으로, 국가는 자기 자신의 이익을 보호하고 증진하는 데 지나치게 관심을 쏟는 바람에, 테러리즘, 불법 이민, 전염병, 그리고 기후변화와 같은 문제들에 효과적으로 대처하지 못하고 있다고 비판을 받는다. 요컨대, 국가 비판론자들은 국가는 안전, 정의, 번영에 대한 주민들의 요구를 충족시킬 능력이 없다고 지적한다.

글로벌시스템 안에서 국가의 역할 축소에 대한 또 다른 단서는 국제 협력의 확대에서 찾을 수 있다. 비록 세계화와 이민에 대해 비판적인 사람들이 여러 국가에서 민족주의적 반작용을 고무시켰을지 모르지만, 제6장에서 우리가 보게 되는 것처럼, 국제기구의 활동은 계속되고 있고, 국제 조약에 따른 책무는 확장되고 있으며, 대부분의 정부들은 국가들이 다양한 문제들에 대해 계속해서 함께 작업하는 것이 최선이라는 데 동의하고 있다. 예를 들어, 테러리즘은 민족주의를 불러일으켰지만, 정보 수집과 정보 공유에 대한 협력의 중요성을 강하게 보여주기도 했다.

국가의 약화에 대한 추가적 지표는 글로벌시장의 폭과 깊이에서 찾을 수 있다. 사회가 조직화되어 존재하는 동안, 인간은 서로 거래해 왔지만, 글로벌시장의 범위와 효과는 제2차 세계대전 종전 이후 급증하였다 (제10장 참조). 글로벌시장의 기본적 역학은 정부(그리고, 국가)보다는 다국적기업에 의해서 상당수 결정되고 있다. 다국적기업의 결정은 소비자들의 수요에 반응하여 이루어지며,

신기술 개발, 작업장 특성 변화, 무역 흐름, 그리고 투자에 영향을 준다.

마지막으로, 국가의 약화된 위상은 이주 증가의 조합(합법적 이주와 비승인 이주)에서 찾을 수 있다. 이주는 국가 간의 문화적 차이를 희석시키고 국가에 대한 일반 대중의 충성도 약화로 이어진다. 예전에는 대부분의 사람들이 자신이 태어난 곳에서 멀리 여행하지 않던 지역에서도, 우리가 제11장에서 보게 되듯이, 이민은 이제 한층 더 보편화되었으며, 국제 관광의 증가가 이를 촉진하고 부추겼다. 교육과 직업을 위해 이용 가능한 다양한 옵션들에 대해 더 많은 사람들이 더 잘 알게 되었으며, 이는 사람들을 새로운 국가와 문화로 인도해, 인간 사회의 다양성에 대해 더 많이 배울 수 있게 해줄 것이며, 세상을 자신의 모국이나 민족의 관점에서만 바라보던 기존의 경향을 점차 줄여줄 것이다.

실패하는 국가(Failing state): 내부의 중대한 분열, 취약한 정부 기구, 실패했거나 실패하는 경제 등 심각한 구조적 문제들을 안고 있는 국가.

가장 극단적인 경우들을 보면, 일부 국가들은 국내의 구조적 문제가 너무 많고 글로벌시스템에서도 하찮은 위치에 있어 국가 붕괴 직전에서 비틀거리고 있다. 이들 국가는 약한 국가, 취약 국가, 실패 국가, **실패하는 국가**(failing states, 이를 표현하는 가장 좋은 용어에 대한 합의는 없음) 등 다양한 칭호로 분류되고 있다. 이들 국가의 숫자에 대한 추정치는 이들 국가를 정의하는 방법에 따라 약 20개에서 약 60개까지 다양하게 나온다. 이와 관련하여 유용한 참고 자료 하나는 미국에 기반을 둔 평화기금회(Fund for Peace)가 매년 발표하는 취약국가지수(Fragile State Index)로서 서로 다른 국가들을 평가하기 위해 일련의 정치적, 경제적, 사회적 척도를 사용하고 있다. 평화기금회는 2020년 지수에서 대부분의 민주주의 국가들이 지속가능 또는 매우 안정적이라고 기술했다. 그러나, 아프가니스탄, 이라크, 소말리아, 남수단, 수단, 시리아를 포함한 여러 아프리카 및 중동국가들에 대해서는 경고를 발령했다 (Collier, 2007의 논의 참조). 평화기금회가 취약국가지수 생성에서 사용한 척도에는 다음과 같은 것들이 포함되어 있다.

- 안보 위협.
- 사회의 제반 그룹 간 분열.
- 경제적 쇠퇴와 높은 수준의 빈곤.
- 불균등한 경제 발전.
- 국가 정통성 수준.
- 공공 서비스의 질.

- 인권과 법치 존중.

국가의 미래는 어느 때보다도 분명하거나 아니면 어느 때보다도 불분명하다. 국가는 많은 기본 서비스를 관리하고, 시민들에게 안전을 제공하고, 글로벌경제 압박 대처에 필요한 교육과 기술을 시민들에게 준비시키고, 국제 테러리즘에 맞서고, 그리고 질병 및 환경 악화와 같은 공동의 글로벌 문제에 대응하기 위한 원동력을 제공해야 하기에, 앞으로도 계속 필요할 것이다. 국가는 쇠퇴하고 있다기보다는 세계화의 영향과 글로벌 자원 배분의 변화에 대응해 나가면서 오히려 개혁의 과정을 겪고 있다고 할 수 있다. 국가들이 어떤 곳으로 향하고 있든, 국가들은 계속해서 글로벌시스템을 규정하는 핵심에 있을 것이다.

토의주제

1. 한 국가의 시민이라는 지위가 당신의 삶에 어떻게 영향을 미치는가?
2. 국가 간 경계선은 글로벌시스템을 정의하는 측면에서 예전만큼 중요한가?
3. 글로벌하게 생각하고 지역적으로 행동한다는 아이디어가 현실적인가? 아니면 그저 편리한 슬로건인가?
4. 민족을 상상의 공동체로 생각하는 것이 합당한가? 아니면 민족은 이것이 시사하는 것보다 정치적으로 그리고 법적으로 더 실체가 있는 것인가?
5. 다른 국가들은 그렇지 않은데 왜 어떤 국가들은 안정적이고 성공적인가?
6. 현재 나타나고 있는 정치적 권리와 자유의 쇠퇴는 다시 되돌려질 것인가 아니면 계속해서 악화할 것인가?

핵심용어

- 국가(State)
- 권위(Authority)
- 권위주의(Authoritarianism)
- 다민족국가(Multinational state)
- 디아스포라(Diaspora)
- 민족(Nation)
- 민족국가(Nation-state)
- 민족주의(Nationalism)
- 민주주의/민주주의체제(Democracy)
- 민주화(Democratization)
- 보안국가(Security state)
- 시민권(Citizenship)
- 실패하는 국가(Failing state)
- 정부(Government)
- 정치체계(Political system)
- 정통성(Legitimacy)
- 주권(Sovereignty)
- 포퓰리즘(Populism)

유용한 웹사이트

민주주의지수(Democracy Index) https://www.eiu.com/n/campaigns/democracy-index-2020
세계자유지수(Freedom in the World) https://freedomhouse.org/report/freedom-world
유엔 회원국(Membership of the United Nations) https://www.un.org/en/member-states
취약국가지수(Fragile States Index) https://fragilestatesindex.org

추가 읽을 거리

Diener, Alexander C., and Joshua Hagen (2012) *Borders: A Very Short Introduction*; Richard Bellamy (2008) *Citizenship: A Very Short Introduction*; and Steven Grosby (2005) *Nationalism: A Very Short Introduction* (Oxford University Press). 이 세 권의 책 시리즈에는 이 장과 관련된 주제들을 담

고 있다.

Greenfield, Liah (2019) *Nationalism: A Short History* (Brookings Institution Press). 민족주의의 기원, 성격 및 미래에 대한 간략한 리뷰.

Hague, Rod, Martin Harrop, and John McCormick (2019) *Comparative Government and Politics: An Introduction*, 11th edn (Red Globe Press). 전 세계 국가의 정치체제와 정부 기관 및 프로세스에 대한 비교 조사.

Jessop, Bob (2016) *The State: Past, Present, Future* (Polity Press). 이 책은 국가에 대한 조사연구이며 국가의 구조, 국가와 민족의 관계, 국가체제의 향후 진로 고찰에 대한 별도의 장들을 수록.

Levitsky, Steven, and Daniel Ziblatt (2018) *How Democracies Die* (Crown). 현대 체제의 붕괴를 역사적 사례들을 들어 고찰하면서 민주주의가 직면 가능한 위험들에 대해 비판적 평가를 제시.

정체성과 문화

5장

개요

이 장의 키워드는 정체성(identity)이다. 정체성은 우리가 누구인지를 결정하고, 우리를 남들과 다르게 하고, 우리의 세계관에 영향을 미치는 특성들을 의미한다. 이 장은 정체성 일반의 의미 그리고 글로벌연구에서 국가정체성이 차지하는 위치에 대한 논의로 시작된다. 그 후, 애국주의, 세계주의, 민족주의가 갖고 있는 상호 대조적인 시각들을 살펴보고, 문화 그리고 글로벌문화와 문명에 대한 이해로 초점을 돌린다. 이 장은 이어, 인종과 민족을 둘러싼 어려운 질문들을 들여다보고, 정체성, 젠더, 종교 간의 연결고리에 대한 평가로 끝을 맺는다.

차례

핵심사항

- 정체성은 우리의 세계관을 형성하는 데 핵심 역할을 하고 있다. 그러나 정체성은 여러 가지 영향에 의해 좌우되며, 이 영향들은 모두 세계화로 인해 변화를 겪고 있다.
- 정체성에서 핵심적인 갈등 중 하나는 애국주의와 세계주의의 상충되는 개념들이다.
- 문화를 정의하기는 어렵지만 개별 문화정체성들은 다문화주의와 글로벌문화 개념에 의해 점점 더 많은 도전을 받고있는 것은 분명하다.
- '인종'과 '민족'이라는 용어는 종종 (그리고 혼동되게) 서로 바꾸어 사용되지만, 아울러 용어 자체도 크게 논쟁거리가 되고 있다.
- 젠더에 대한 생각들은 최근 몇 년 동안 급격한 변환을 겪으면서, 기존 정체성 논쟁에 또 다른 이슈를 더해주고 있다.
- 종교는 정체성 그리고 문화와 세계관에 대한 아이디어에서 여전히 중요한 부분을 차지하고 있다.

출처: ANGELA WEISS/AFP via Getty Images

정체성의 이해

매일 해가 질 때, 인도와 파키스탄의 국경 건널목 여러 곳에서 두 나라의 국기를 내리는 정교한 의식이 거행된다. 특별 훈련을 받은 두 나라의 병사들이 공격적이고 빠른 행군과 기동을 포함하는 정교하고 복잡한 동작을 반복하면서 다리를 최대한 높이 들어 올린다. 의식은 인도와 파키스탄 경비병들이 서로 무뚝뚝한 악수를 나누고, 국경문이 닫히면서 마무리된다. 이 의식은 1959년부터 거행되어 왔고 이제는 인기 있는 관광 자원으로 자리 잡았지만, 인구 대부분이 각기 힌두교도이고 이슬람교도인 두 핵보유국들 간에 존재하는 긴장 관계를 상징적으로 보여주고 있다. 양국을 전쟁으로 몰아넣고 수년에 걸쳐 여러 차례의 군사적 대치를 빚게 만든 두 나라의 서로 상이한 민족적·종교적 정체성을 이 의식은 화려하지만 긴장감 있게 표현하고 있다.

이 의식은 우리 모두가 글로벌 인류공동체의 일원이지만, 적극적으로 자기 자신을 그렇다고 생각하거나, 우리가 공통의 경험이나 유대감으로 서로 연결되어 있다고 생각하는 사람은 거의 없다는 것을 상기시켜주는 작은 징표이다. 그 대신, 일반적으로 우리는 우리들만의 영역 안에서 살아간다고 생각하거나, 우리 자신을 특정 종교나 특정 국가의 일부로 생각하며, 우리만이 느끼는 **정체성**(identity)을 가진 것으로 생각한다. 정체성은 우리가 누구인지 또는 우리가 스스로를 누구라고 생각하는지를 만들어 내는 속성들로서, 여기에는 나이, 젠더, 성적 지향, 사회 계층, 민족, 시민권, 출생지, 언어, 종교, 우리가 하는 일 등등이 포함된다 (도표 5.1 참조).

정체성(Identity): 나이, 젠더, 문화, 민족, 출생지, 직업, 언어 등 경우에 따라 유동적이기도 한 속성들에 기초한 자아 개념.

정체성은 이어 우리의 **세계관**(worldview), 즉 우리가 세상을 바라보는 방식 그리고 그 세상에서 우리가 차지하는 위치를 보는 방식에 중요한 영향을 미친다. 세계관은 우리가 직접적인 경험으로 아는 세계와 간접적으로만 경험하는 세계를 고찰할 때, 우리가 사용하는 경험, 아이디어, 추측, 지식, 그리고 편견에 의해 형성된다. 우리가 여행을 하면 할수록, 우리가 세계 뉴스를 뒤처지지 않고 계속 따라잡을수록, 우리가 더 넓은 세상에 대해 더 많이 생각할수록, 우리가 우리들만으로 구성된 그룹 말고 외부에 있는 사람들을 더 많이 경험할수록, 우리의 세계관은 (일반적으로) 더 넓어질 것이고, 우리는 우리 자신의 경험과 결론에 더 많이 의지할 수 있게 된다. 우리가 이러한 것들을 적게 하면 할수록, 우리들의 세계관은 더 특이해질 가능성이 높아지며, 우리의 사고방식 형

세계관(Worldview): 개인 또는 같은 생각을 가진 그룹의 구성원으로서, 우리 각자가 우리 주변의 세계를 인식하는 방식.

도표 5.1 정체성의 동인(動因)

속성	특징
생체	연령처럼 측정 가능한 속성들.
젠더	남성, 여성, 남녀혼성, 또는 모두 아님의 정체성.
심리	개성 및 자긍심과 관련된 사안들.
사회	사회 계층과 우리가 속해 있는 사회 그룹 관련 사안들.
문화	역사, 가치, 믿음, 태도를 포함.
민족	선조로부터 내려오는 요소들과 사회적 요소들.
국적	특정 국가에 법적으로 '속해 있는' 상태.

성을 위해 우리가 속한 그룹의 철학에 더 많이 의존할 가능성이 높아진다. 바로 이 이유로 세계관에 '이슬람', '서구', '러시아', '생태적', '페미니스트'와 같은 한정 형용사가 종종 따라붙는 것이다.

세계화로 인해 우리가 새로운 아이디어와 경험, 그리고 새로운 도전에 직면하게 되면서, 우리는 다음 세 가지 방법 중 하나로 대응할 수 있다.

- 우리는 세계화를 우리의 정체성에 대한 위협으로 보고, 우리 자신의 문화, 인종, 민족, 종교를 포함하여 우리가 편안해하고 친숙해하는 것들과 우리 자신을 보다 더 강력히 결합하는 것을 선택할 수 있다.
- 우리는 세계화를 기회로 보고, 새로운 문화와 경험에 대한 노출은 긍정적이고 삶을 풍부하게 해주는 것으로 간주하고, 인류 공동체의 다양성을 흔쾌히 받아들이고, 새롭고 다른 것에 개방적이면서 우리가 가진 공통점을 깨닫고자 노력할 수 있다.
- 우리는 여러 다양한 정체성들의 공존을 인정하면서, 세계화를 위협 아니면 기회라는 이분법적 시각으로 바라보는 대신, 우리가 사는 지역과의 유대를 유지하면서도 글로벌 시각을 취할 수 있다.

우리가 제4장에서 보았듯이, 우리는 독립된 국가들 또는 나라들로 구성되어 있는 세계에 살고 있다. 우리들 중 많은 사람들은 세계에서 자신의 위치를 규정하는 방법으로 자신이 시민권을 통해 '속해 있는' 국가와 자기 자신을 연계하는 방식을 사용하고 있다. 우리는 또한 민족들로 구성되어 있는 세계에 살고 있다 (민족이라는 용어는, 우리가 제4장에서 또한 보았듯이, 보다 특정한 문화적, 역사적 의미를 담고 있는데, 국가나 나라를 표현하는 것으로 종종 잘못 사용되고 있다). **국가정체성**(national identity)은 우리들 각자와 글로벌공동체라는 아이디어 사이에 가장 분명하게 자리 잡고있는 하나의 정체성이 되었다. 국가정체성은 한 국가의 시민이라는 법적 신분을 넘어, 우리가 속한 국가의 가치, 역사, 명성과의 결합을 포함하고 있으며, 심지어 국가 이미지와의 결합마저 담고 있다. 예를 들어, 호주인과 인도네시아인이 만나게 되면, 거의 확실하게 그들은 각자가 상대방 국가에 대해 알고 있는 것을 기반으로 서로에 대한 추측을 어느 정도 할 것이고, 또한 거의 확실하게 그들은 자신들의 모국과 결합되어 있는 몇 가지 속성들을 상대방에게 표출하게 될 것이다 (국가정체성 토론에 대한 자세한 내용은 McCrone and Bechhofer, 2015의 제1장 참조).

국가정체성(National identity): 언어, 출생지, 시민권의 조합으로 결정되는 국가 또는 민족과의 자기 일체화.

대부분의 사람들은 국경일을 축하하거나, 다른 나라에서 온 사람과 대화하거나, 다른 나라를 방문하거나, 자신의 나라가 스포츠 이벤트든 외교 문제든 다른 나라와 교류하는 모습을 보기 전까지는 자신의 국가정체성에 대해서 별로 생각하지 않을 것이다. 사람들은 이런 상황들에 마주치는 그때서야 자신이 '어디서 왔는지'를 상기하게 된다. 14개국을 대상으로 한 설문조사에 따르면 (Stokes, 2017), 국가 간 차이를 가장 잘 상기시켜주는 것들은 언어, 출생국가(country of birth), 시민권 발급 국가(country of citizenship), 그리고 관습과 전통이다. 흥미롭게도, 이 목록에서 악센트는 누락이 되었다. 다른 국가의 사람들이 같은 언어를 사용하는 경우 사람들은 악센트로 서로 서로를 쉽게 구분할 수 있음에도 말이다. 예를 들어, 독일어를 사용하는 오스트리아인과 독일인 또는 스페인어를 사용하는 아르헨티나인과 멕시코인 등이 그 사례다.

언어가 국가 간 차이를 가장 잘 상기시키는 것이라면, 언어는 또한 정체성과 문화의 가장 중요한 상징이기도 하다. 당신이 말하지 못하는 언어를 사용하는 나라를 방문해 보라. 당신의 언어를 구사하는 사람을 찾을 수 없다면, 당신은 그 곳에서 버티는 것이 매우 힘겨울 것이다. 호텔이나 레스토랑으로 가는 길, 택시나 버스를 타는 방법 등과 같은 사소한 것들을 질문하는 것은 인간 사회가 다양하다는 것을 상기시켜줄 뿐만 아니라, 말이 통하지 않는 외국에서 현지인들에게 이런 것들을 묻는 행위 그 자체가 우리가 말을 건네는 사람들과의 연결 또는 그들이 사는 사회와의 연결에 있어 힘겨운 일이 아닐 수 없다.

글로벌 차원에서 볼 때 언어의 지형은 복잡하다. 한 추정에 따르면 전 세계에는 7,000개 이상의 언어가 있으며 150개 이상의 어족으로 나뉜다 (Simons and Fennig, 2020). 도표 5.2는 원어민의 수로 측정한 주요 언어들을 보여주지만 이들 언어가 각기 전 세계적으로 얼마나 널리 사용되는지는 반영하지 않고 있다. 영어는 만다린 중국어* 보다 원어민의 수가 절반 이하이겠지만, 영어는 지금까지 세계에서 가장 널리 사용되는 언어이며 제2언어로 가장 많이 선택되고 있다. 영어는 영국 식민주의와 함께 부상하기 시작하여, 미국 문화를 배경으로 확장되었으며, 좀 더 최근에는 비즈니스와 인터넷에 의해 한층 더 힘을 받았다. 비록 세계에는 영어를 못하는 사람들이 여전히 많지만(대부분의 추정에 따르면 7명 중에 6명), 영어는 외교, 대중문화, 상업, 대중매체에서 선호하는 언어가 되었다.

* 역자 주
북방 중국어를 말하며 중국 관리들이 주로 사용하던 언어로서 현대 표준 중국어의 바탕이 된다.

애국주의, 세계주의, 민족주의

국가정체성은 **애국주의**(patriotism) 또는 애국심이라는 개념과 밀접하게 관련되어 있다. 애국주의가 자기 국가의 장점과 업적에 대한 지지를 토대로 움직이는 경우, 그 애국주의는 가치에 기반하고 있는 것이라 할 수 있다. 반면에,

애국주의(Patriotism): 나라의 역사, 상징, 신화에 대한 자부심에 나타나있듯이 나라에의 헌신, 나라와 개인의 일체화, 나라사랑 등을 의미.

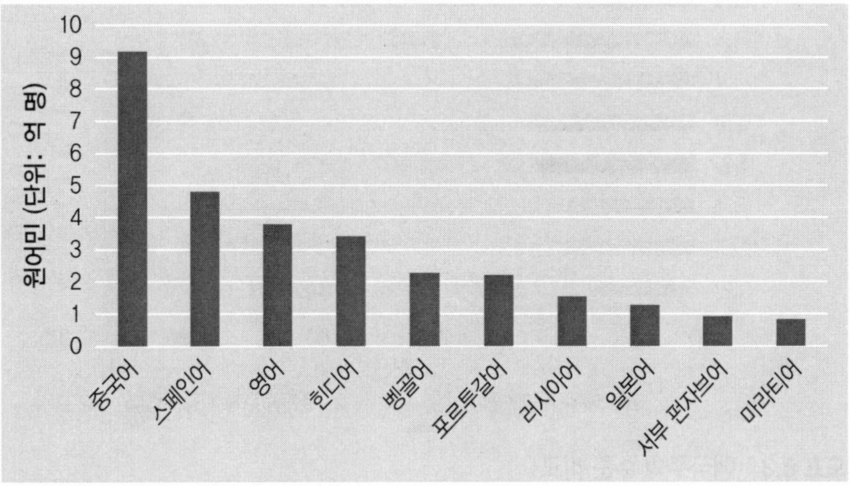

도표 5.2 세계에서 가장 많이 사용되는 10대 언어

출처: Simons and Fennig (2020)의 데이터에 기초.

애국주의가 국가와의 개인적 유대 즉, 애국자는 단순히 자기 국가이기 때문에 국가를 사랑해야 한다는 차원에서 주도된다면 (Primoratz and Pavković, 2007), 그 애국주의는 자기중심적일 수 있다. 긍정적인 측면에서 볼 때, 애국주의는 자기 국가의 역사, 업적, 상징에 대한 인지적 동의와 결부되어 있을 수 있으며, 애국자는 국가가 어렵거나, 축하할 일이 있거나, 안보위협에 처했을 때, 국가의 깃발 아래 모이게 된다.

애국주의의 수준은 국가마다 다르며 국가의 건국 햇수와 내부 다양성, 국가의 정통성, 국가 역사의 궤적(역사적 사건들이 어떻게 발생하고 진행되었는지에 따라 국민들에게 자부심 또는 의구심의 씨앗을 심을 수 있음), 그리고 신화와 상징의 사용 등과 같은 요인들의 영향을 받는다. 도표 5.3은 애국주의에 대한 일단의 비교 데이터를 보여주지만, 이들 데이터가 기반하고 있는 연구는 왜 수치들이 다르게 나오는지에 대해서는 아무런 설명을 제공하지 않아, 우리가 그 원인을 추측할 수밖에 없다. 예를 들어, 미국은 애국주의 문화를 가지고 있

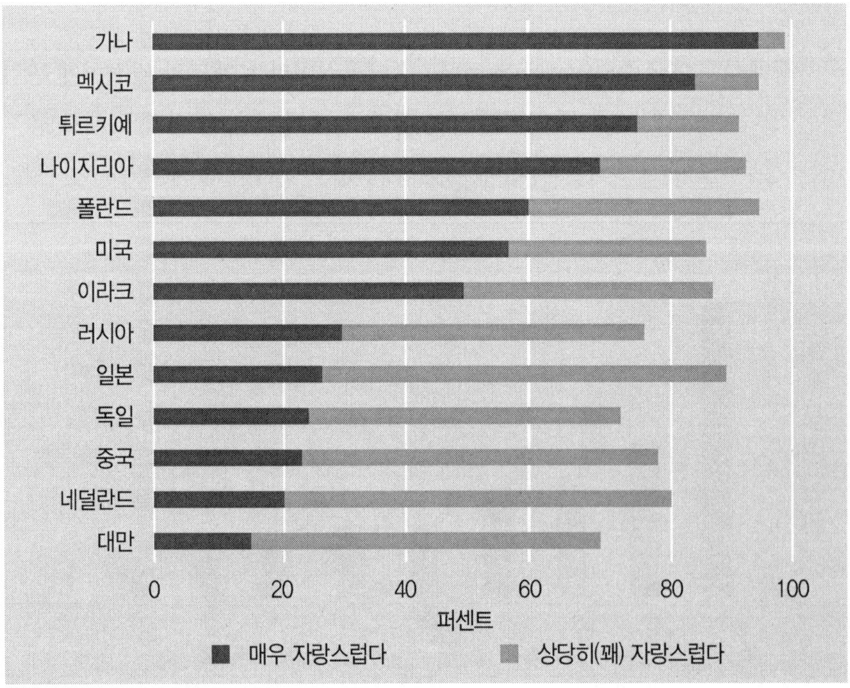

도표 5.3 애국주의 수준 비교

출처: Beauchamp (2014).

주: World Values Survey, 2010~2014년의 데이터에 기초.

다. 미국인들은 어렸을 때부터, 국기에 대한 충성을 맹세하고, 국가가 울리면 (손을 가슴에 얹고) 일어나 서있고, 자기 나라인 미국이 여하튼 지구상에서 가장 좋고, 가장 자유롭고, 가장 강력한 국가이며, 심지어 예외적인 국가라는 믿음을 갖도록 북돋움을 받고 있다. 한편, 대부분의 유럽인들은 애국주의가 갖고 있는 민족주의 및 전쟁과의 역사적 연관성 때문에 애국주의에 대해 보다 미심쩍어하고 있으며, 독일인들은 특히나 그렇게 생각한다. 그러나 최근 몇 년 동안 민족주의적이고 종종 반이민적인 정당과 운동이 부상하면서 애국주의는 유럽의 많은 지역에서 더 많이 눈에 띄고 있다.

모든 사람이 애국자이거나 애국주의를 편안하게 받아들이는 것은 아니다. 이들은 "우리가 훌륭한 애국자가 되려면 우리는 나머지 인류의 적이 되어야 한다"는 프랑스 철학자 볼테르(Voltaire)의 냉소적 의견에 동의할지 모른다. 애국주의에 대한 한 가지 대안은 **세계주의(cosmopolitanism)**로서, 세계주의에 따르면 지역의 관심사와 글로벌 관심사는 서로 구분되거나 분리될 수 없으며, 세계는 우리 각자가 살고있는 지역공동체 또는 국가로부터 따로 떼어져 존재하는 것이 아니라, 세계만이 중요성을 가진 유일한 공동체라는 것이다. 어떤 사람들은 우리는 우리 스스로를 세계의 시민으로 여기도록 노력해야 한다고까지 말하고 있다 (글로벌과 로컬 5 참조). 이들은 모든 인간은 평등하게 대우받아야 한다고 주장하며, 서로 다른 전통과 문화를 활용하고, 삶의 다른 방식들에 열린 자세를 취하는 것이 중요하다고 강조하고 있다 (Jacob, 2006 참조). 백(Beck, 2006)이 표현했듯이, 민족주의가 '이것 아니면 저것 / 또는(either/or)'의 원칙에 기반하고 있다면, 세계주의는 '둘 다 모두 / 그리고(both/and)'의 원칙에 기반하고 있다.

세계주의(Cosmopolitanism): 세계와의 유대, 보편적 사상과의 제휴, 그리고 모든 인간은 국경과 국가정체성을 초월하는 하나의 공동체에 속한다는 신념과의 결합.

애국주의에 대한 또 다른 대안은 제4장에서 논의한 종류의 민족주의로서, 정체성에 대한 사고를 아주 다른 방향으로 이끌고 있다. 민족주의의 원래 의미이자 고전적 의미는, 19세기와 20세기에 흔히 사용했듯이, 민족은 자신의 운명을 스스로 결정할 권리가 있다는 것이다. 그러나 최근 들어 민족주의는 기존의 민족 자결권과 민족적 자부심을 넘어, 두 번째이자 더 곤혹스러운 의미를 갖게 되었다. 즉, 이제 민족주의는 민족주의자 그룹들이 우월성과 배제의 조합을 통해 자신들의 이익을 증진하면서 이들이 취하게 되는 보다 극단적인 행동들을 의미하게 되었다.

글로벌과 로컬 5

당신은 세계시민이 될 수 있습니까?

글로벌한 것과 지역적인 것은 시민권의 개념을 두고 서로 대비하여 비교할 수 있다. 우리가 제4장에서 보았듯이, 시민권은 법률적 용어로 풀이하면 특정 국가(또는, 하나 이상의 시민권을 가진 소수의 사람들 경우에는 여러 국가)에 속해 있다는 개념이라고 보통 정의된다. 반면에, 법률적 의미가 아닌 차원에서는, 우리가 일하는 장소든 우리가 사는 지역이든, 우리는 지역공동체의 훌륭한 시민이 될 수 있다고 말할 수 있다. 이 말의 의미는 우리가 해당 공동체의 원활한 작동을 지지하고 기여한다는 뜻이다.

그렇다면, 우리는 글로벌 인류공동체의 구성원이기 때문에 글로벌시민이 될 수도 있는 것은 아닌가? 그리스 철학자 디오게네스(Diogenes, 기원전 412~323년경)는 그가 어디에서 왔는지 누가 물었을 때, 자기는 세계의 시민(kosmopolitês)이라고 언명하였다. 유사하게, 3세기 로마와 그리스의 스토아학파는 모든 인간은 두 개의 공동체, 즉 출생 공동체 그리고 논쟁과 열망의 인간 공동체에 속한다고 주장했다. 보다 최근에는 세계인권선언에 이러한 아이디어가 반영되었다. 세계인권선언은 인종, 젠더, 종교, 출신국가(또는 출신사회), 자신이 속해 있는 나라(또는 지역)의 정치적, 사법관할권적, 국제적 지위에 관계없이 모든 사람이 응당 누려야 하는 권리인 인권을 수호하는 데에 초점을 맞추고 있다 (제7장 참조).

그러나 글로벌시민이 되고 글로벌정체성을 갖는 것은 법적 개념보다는 인식의 문제라고 할 수 있다 (Sterri, 2014 논의 참조). 우리는 법률적으로는 세계시민이 될 수 없다. 세계에는 세계여권을 발급하고, 세계시민의 권리를 보호할 수 있는 글로벌 법률 당국이 없고, 글로벌 이동이나 거주의 자유가 없다는 바로 이 단순하고 실제적인 이유들 때문에 세계시민이 될 수 없다는 것이다. 그러나 그렇다고 해서, 우리의 선택에 따라 우리 스스로를 글로벌시민으로 생각하는 것조차 할 수 없다는 의미는 아니며, 우리 자신을 글로벌시민으로 생각할 수 있는 기회들은 세계화에 따른 변화와 함께 계속 늘어나고 있다. 글로벌시민들은 넓은 세계관을 가지고 있고, 글로벌 문제에 관심을 보이고, 세상을 글로벌 관점에서 바라보고, 어느 하나의 특정 국가보다는 인류 전체에게서 더 큰 일체감을 느낀다.

여기서의 유일한 문제는, 글로벌시민이 된다는 것은 글로벌하게 인식한다는 것을 의미하며, 이는 다시 글로벌커뮤니티 내에서 개인의 위치에 대한 감각을 육성하는 데 도움이 되는 종류의 정보와 자원에 접근할 수 있음을 의미한다. 이것은 주로 이에 상응하는 교양과 자원을 가진 사람들에게만 가능하다. 그렇기에, 글로벌시민이 된다는 것은 국경이 없는 세상에서 이득을 보면서 세상을 여행 다니며 새 여권 구매에 투자할 재원이 있는 엘리트들에게나 해당된다는 인식이 널리 퍼져 있다. 글로벌시민을 종종 약어로 WEIRD와 연관 짓는데, WEIRD는 Western(서구의), educated(교양 있는), industrialized(산업화 되고), rich(부유한), 그리고 democratic(민주당원)의 줄임말이다 (Henrich et al., 2010 참조).[*] 글로벌시민들은, 상황에 따라서는, 생각이 같은 사람들과만 교류할 수밖에 없게 된다는 주

계속 ▸▸

장도 또한 제기되고 있다. 스코브가드-스미스(Skovgaard-Smith, 2017)는 "다양하고 국제적인 커뮤니티의 일원이 되는 기회는 주로 거대 메트로폴리탄 도시들에서(만) 얻을 수 있다"라고 말하며, 이 커뮤니티의 밖에 사는 사람들은 커뮤니티에 대한 소속감을 키우지 못할 수가 있어, 새로운 종류의 '우리 대 그들(us versus them)'이 만들어지고 있다고 지적한다.

- 독일의 나치에게는 민족주의는 삶의 공간(영어로는 Living Space, 독일어로는 Lebensraum – 역자 주)과 소위 열등한 인종들에 대한 독일인의 지배를 의미했다.
- 러시아와 중국의 경우 민족주의는 이들 두 나라에 살고있는 많은 소수 민족들을 단일한 국가 관점 아래 지배하는 것이었다.
- 트럼프(Donald Trump, 미국 제45대 대통령)에게는 민족주의가 여러 정책 중에서 보호주의 정책과 반이민 정책을 추진하여 '미국을 다시 위대하게 만들 것'이라는 그의 주장에 동력을 제공했다.
- 여러 국가에 존재하는 백인 우월주의자들에게 민족주의는 '그들의' 문화를 다른 사람들의 침투로부터 확실하게 보호하는 것이었다.
- 코로나19의 여파 차원에서 볼 때, 민족주의는 국경 폐쇄 그리고 어느 나라가 팬데믹의 발원지인지를 놓고 중국과 미국정부가 벌이는 상호 비난을 말하는 것이었다 (Weiss, 2020).

* 역자 주
WEIRD의 소문자 weird는 '이상한', '기묘한', '별난'이라는 뜻을 가진 형용사로서, 원저자는 WEIRD에서 weird를 연상시키는 중의적 기법을 의도적으로 사용했다.

그린필드(Greenfield, 2019)에 따르면, 민족주의는 1700년대 후반의 미국과 프랑스 혁명에서 20세기의 공산주의와 파시스트 운동에 이르기까지 수세기 동안 세계정세의 모든 중요한 사건들의 배후에 있었으며, 최근 수십 년간은 여러 나라에서 포퓰리즘 형태로 새롭게 등장해왔다. 월트(Walt, 2019)는 민족주의는 세계에서 가장 강력한 힘이며 적어도 지난 500년 동안의 역사 형성에서 결정적인 역할을 했음에도 불구하고 많은 사람들이 민족주의의 영향력을 이해하지 못하고 있다고 말한다. 미어샤이머(Mearsheimer, 2018)의 견해로는, 민족주의의 힘은 부분적으로 국가와의 공생 관계에 기반하고 있다. 국가들간 경쟁이 격화되는 상황에서 국가는 시민들이 국가에 충성하고 국가를 위해 더 기꺼이 희생할 수 있도록 국민통합을 고취하려는 강한 동기를 갖게 된다. 시민들의 충성과 희생은 국가가 독립적인 문화 그룹으로서 생존하는 것을 보장하고, 보다 통합된 경제와 보다 생산적인 인구를 창출하는 데 기여한다.

세계화는 애국주의, 세계주의, 민족주의 모두에서 상호 대조적인 경향들을 불러왔다. 점점 더 많은 사람들이 예전 그 어느 때보다도 국제 뉴스, 세계 각지로부터 전해 온 아이디어와 제품, 그리고 다른 문화들에 더 많이 접하게 되면서 글로벌한 것에 익숙해졌다. 또한, 해외여행이 점차 쉬워짐에 따라 많은 사람들이 다른 문화들에 대한 직접적인 경험을 갖게 되었다. 어떤 사람들은 이러한 추세를 즐기면서 세계화가 가져오는 다양성에 대해 경험하는 것을 이롭다고 생각한다. 그러나 다른 사람들은 글로벌한 것에 더 익숙해지면서도 그것이 가져오는 변화에는 더 저항적인 모습을 보인다. 특히, 그들은 국제무역과 이주가 일자리와 시장에 미치는 영향에 반발하고, 이 두 가지가 국가정체성에 미치는 영향을 걱정하고, 친숙한 것과 지역적인 것에서 편안함을 찾는 것을 선호한다.

문화의 이해

문화(Culture): 사회 또는 공동체가 종종 무의식적으로 그리고 개인별 차이에도 불구하고 함께 신봉하고 호응하는 가치, 신념, 습관, 태도, 그리고/또는 규범.

우리가 이 책 전반에 걸쳐 보게 되겠지만, 글로벌연구물들을 제대로 이해하려면 그 의미가 논쟁적인 수많은 개념들을 이해해야 한다. **문화(culture)**보다 그 의미를 붙잡아 매기 어려운 것은 별로 없다. 문화는 역사를 공유하고 공통의

출처: bauhaus1000 / iStock

미국 노스캐롤라이나주의 거리에 있는 집들에 미국 국기가 걸려 있다. 이 사진은 많은 미국인들이 자신의 나라에 대해 국가적 정체성과 애국심을 깊이 느끼고 있다는 것을 상기시켜주고 있다.

가치, 신념, 관습을 가진 사람들의 공동체를 인류학적 또는 사회학적 맥락에서 기술하는 데 일반적으로 사용되는 용어이다. 문화는 예술, 요리, 문학, 또는 음악의 형태로 공동체가 발현하는 것을 기술하는 데에 사용될 수 있으며, 제도나 사회와 관련해 공동체가 가지고 있는 일련의 전제들을 기술할 수도 있다. 즉, 어떻게 작동하며, 무엇이 정상이고 무엇이 비정상이며, 추구할만한 가치가 있는 목표들은 무엇인가에 대한 모델을 문화를 통해 그려낼 수 있다. 예를 들어, 정치 문화는 한 사회의 정치적 성격을 묘사하고 있는데, 이 정치적 성격은 그 사회 전체가 바람직하고 정상적인 것이라고 간주하는 정치적 규범과 가치에 드러나 있다.

문화는 학습되는 것이며, 의식, 표현 형식, 위계, 신화, 상징, 역사 공유 인식 등을 포함하고 있다. 문화는 종종 습관과 금기의 조합에서 가장 분명하게 드러난다. 예를 들어, 자신의 나라가 아닌 다른 나라에서 생활하려는 사람이라면 누구나 다양한 인사 방식에서부터 일반적으로 사회가 구성원들에게 기대하는 것들 그리고 쇼핑, 여행, 엔터테인먼트 등과 관련하여 습득해야 할 작동 규범에 이르기까지 새로운 방식의 일 처리에 적응해야 한다는 사실을 곧 알게 될 것이다. 사람들은 또한 한 문화에서 받아들일 수 있는 가치와 습관이 다른 문화에서는 받아들여지지 않을 수 있다는 점을 이해해야 할 것이다. 예를 들어, 베트남 사람은 한 손가락이 아닌 손 전체로 방향을 가리킨다. 모든 무슬림 세계에서는 음식은 왼손이 아닌 오른손으로 먹는다. 덴마크에서는 누군가의 집에 초대되면 정시에 도착해야 하지만, 파키스탄에서는 늦게 도착하기를 바란다. 중국에서는 숫자 4가 불길한 것으로 간주되고, 일본에서는 숫자 9가 그러하지만, 대부분의 영어권 국가에서는 숫자 13이 불길하게 여겨진다.

문화적 차이가 글로벌공동체 의식을 가로막는 정도는 사람들이 한 문화에서 다른 문화로 옮겨갈 때 많이 직면하게 되는 **문화 충격(culture shock)**에서 볼 수 있다. 대체로, 사람들은 자신들이 익숙한 규칙, 습관, 전제 등이 더 이상 적용되지 않는다는 것을 알게 되면 이에 적응하려고 애를 쓰게 된다. 사람들은 새로운 환경에 자신을 맞추려고 노력하는 반응을 보일 수도 있고, 아니면 자기 고향 문화를 같이 하는 다른 사람들과 계속 교류하면서, 고향 문화의 특질을 단단히 부여잡고, 자신이 처해 있는 새로운 환경을 (최선의 경우) 자기 고향 문화와 다른 것으로 보거나, (최악의 경우) 적대적이거나 열등한 것으로 간주할 수도 있다. 많은 것들이 새로운 문화와 고향 문화 간의 격차 정도와 새로운 문

문화 충격(Culture shock): 자기에게 가장 친숙한 문화가 아닌 다른 문화로 이동하거나 이를 경험할 때 사람들이 느낄 수 있는 불편함.

화가 신입자들에게 보이는 수용성의 정도에 달려 있다.

문화는 다양한 형태로 나타나며 여러 층위에서 찾을 수 있다 (표 5.1 참조). 넓게 바라본다면, 우리는 인간 문화(human culture)에 대해 말할 수 있다. 인간 문화는 모든 인간이 그가 어디에서 왔든 공통으로 갖고 있고 인간의 보편적 욕구와 능력을 이해하는 데 도움이 되는 신념과 가치를 기술하고 있다. 예를 들어, 우리 대부분은 가능한 한 건강하게 그리고 오래 생존하고, 배우고, 영감을 받고, 목적의식을 갖고, 사랑하고, 다른 사람들과 어울리는 것을 추구한다. 글로벌정체성 인식을 구축하고자 하는 노력은 우리의 모든 가시적·비가시적 차이에도 불구하고 우리는 모두 궁극적으로 인간이며 비슷한 열망을 보유하고 있다는 주장을 주기적으로 제기해왔다.

글로벌문화(Global culture): 글로벌 차원의 문화.

인간 문화와 관련된 것으로서 **글로벌문화(global culture)**를 얘기할 수 있다. 글로벌문화는 우리가 세상에서 어디를 가든지, 우리는 똑같은 경험을 많이 하게 될 것이고, 똑같은 생각을 많이 듣게 될 것이고, 비슷한 종류의 음식을 먹게 될 것이며, 똑같은 브랜드, 제품, 서비스가 많이 판매되는 것을 보게 될 것이라는 의미를 담고 있다. 글로벌문화라는 것이 존재하는 한, 그 기원은 주로 **서양(Western)** 사상이 식민주의를 통해 세계의 다른 지역으로 침투한 것에서 찾을 수 있다. '서방(West)'과 '서양(Western)'이라는 용어는 원래 유럽(the Occident, 서쪽 세계)을 아시아 및 중동(the Orient: 동쪽 세계)과 구별하기 위해 문자 그대로 지리적 의미로 사용되었지만, 이후에는 유럽, 미주, 오스트랄라시아(오스트레일리아, 태즈메이니아, 뉴질랜드 및 그 부근의 남태평양 제도를 통틀어 이르는 말 – 역자 주)와 연결되어 보다 넓은 정치적, 경제적, 문

서양(Western): 원래는 유럽을 의미했지만 이후 유럽의 식민지 건설에 의해 생성되고 형성된 모든 사회들까지 포함하는, 확장된 개념의 '서방'과 연계된 사상과 가치.

표 5.1 문화의 층위

층위	사례 수	특징
인간	1	모든 인간이 공통적으로 가지고 있는 가치와 열망.
글로벌	1	세계 거의 모든 곳에서 찾을 수 있는 경험, 규범, 아이디어, 브랜드, 제품, 서비스.
문명	12개 미만	광범위하고 집단적이지만 용어의 정의와 의미 면에서는 논쟁의 여지가 있음.
국가	거의 200개	개별 국가들과 연관된 문화들로서, 종종 정치적 동기가 부여되어 있음.
민족	수천 개	민족들과 연관된 문화들로서, 언어, 역사, 가치 등에 기반하고 있음.
지역	수백만 개	국가에 얽매이지 않은 하위 문화들로서, 어떤 것은 수용되고 어떤 것은 위협으로 간주됨.

화적 의미를 갖게 되었으며, 인도, 중국, 일본, 동남아시아 등의 동쪽 세계와 구분 짓는 용어가 되었다. '서양' 사상에는 다음과 같은 것들이 포함되어 있다.

- 민주주의.
- 자유 시장 자본주의.
- 개인주의.
- 검증 가능한 가설을 제안한다는 의미에서의 과학적 사고.
- 인본주의, 또는 신적인 것보다는 인간적인 문제에 대한 강조.
- 합리주의 즉, 행동과 신념은 감정과 종교보다는 이성과 지식에 근거해야 함을 의미.

이와 같이 기술했다고 해서 상기 사상들 모두가 또는 그 중 어느 것이라도 유럽 고유의 것이라고 말하는 것은 아니다(예를 들어, 자유 시장은 유럽의 확장 시대가 시작되기 전에 세계의 다른 많은 지역에서 출현했다). 그보다는 이 사상들이 궁극적으로 서양 문화이기도 한 유럽 문화와 가장 밀접히 결합하게 되었다는 것이다. 글로벌문화에 끼친 서방의 영향에 대한 논의는 흔히 **문화 제국주의(cultural imperialism)**, 균질화, 동화, 미국화, 또는 프렌더개스트(Prendergast, 1993)가 설명하는 코카-식민지화(Coca-colonization, 세상의 일들을 기업 이익이라는 프리즘을 통해 보는 것)와 같은 아이디어들로 가득 차 있다. 그러나 서방이 글로벌문화의 변화에서 오랫동안 우위를 차지해 왔지만, 그 영향력은 약해질 수 있다. 한때 식민 지배를 받았던 지역의 문화가 예전의 식민 국가들로 향하고 있고, 미국과 유럽의 정치적, 경제적 힘이 상대적으로 쇠퇴함에 따라, 아시아 특히, 중국이 세계에 행사하는 영향력이 점점 더 늘어날 가능성이 크다. 최소한, 문화 균질화의 과정보다는 문화 혼합 또는 문화 하이브리드 과정을 더 많이 보게 될 것이다 (Nederveen Pieterse, 2015).

문화 제국주의(Cultural imperialism): 지배 세력이나 국가가 자기보다 약한 국가를 대상으로 자신의 문화를 강요하고 촉진하는 것.

다른 층위에서는, 우리가 헌팅턴(Samuel Huntington, 1996)이 제안한 **문명(civilization)**의 정의에 동의한다면 문화는 문명으로 간주될 수 있다. 헌팅턴은 문명을 "가장 높은 단위에서 인간을 문화적으로 분류한 것이고, 인간과 다른 종들과의 구분 방식을 제외하고는 인간이 가질 수 있는 가장 광범위한 수준의 문화적 정체성"이라고 정의하였다. 그는 문명은 수명이 길지만, 명확한 시작이나 끝이 없으며, 뚜렷한 경계도 없으며, 시간이 지남에 따라 변한다고 말한다. 그는 1990년대 중반에 쓴 책에서 이와 같은 문명으로 아프리카, 불교,

문명(Civilization): 인류 발전의 진보된 단계로서, 정치적·사회적 조직과 같은 특징들을 보이며, 문화와 동의어이지만 더 광범위하고 더 집합적인 의미로 사용.

중국, 힌두, 이슬람, 일본, 중남미, 정교회, 서양 등 모두 9개의 문명이 있다는, 논쟁의 소지가 있는 주장을 제기했다. 그러나 인도의 지도자 간디(Mahatma Gandhi)가 한 것으로 알려진 신랄한 비평이 예시하는 바와 같이, 문명의 존재와 속성들에 대해서는 의구심이 만연하다. 간디는 "서양 문명에 대해 어떻게 생각하는가?"라는 질문에 "나는 서양 문명은 좋은 아이디어가 될 것이라고 생각한다"라고 답하였다고 한다.*

* 역자 주

간디는 서양 문명이라는 것 자체가 존재하지 않으며, 차제에 서양에도 문명이 들어온다면 그것은 좋은 일이라는 식의 비아냥거리는 답변을 하면서, 의도적으로 서양 문명을 무시 내지는 비판하는 입장을 보인 것이다.

또 다른 층위에서는, 우리는 국가와 연관되어 있는 문화를 볼 수 있다 (제4장 참조). 국가는 정치적 창조물이기 때문에 국가 문화는 상당 부분 만들어낸 것이고 인위적인 것이며, 정치적 동기가 들어간 신화와 상징에 때때로 기반을 두고 있다. 국가 문화는 모든 시민들이 역사를 공유하고 있다는 주장에 기반을 두고 있는데, 이러한 주장의 깊이는 국가의 시민들이 문화적으로 얼마나 동질적인가에 따라 다르게 나타난다. 역사는 국가 내 시민들 간에 존재하는 상이점을 인정하기보다는 시민들 간의 단결심을 고취시키기 위해 종종 다시 쓰이고 만들어진다. 국가와 겹치지만, 우리는 수천 개의 민족 또는 종족과 연관된 문화를 찾아볼 수 있다. 이 문화는 언어, 역사, 공유 가치의 조합에 기반하고 있다. 예를 들어, 독일은 국가이지만, 독일인은 하나의 민족을 구성하는 구성원이며, 독일어를 사용하는 소수 집단들은 벨기에, 스위스, 폴란드 및 기타 여러 인근 국가들에서 찾아 볼 수 있다.

마지막으로, 그리고 가장 세밀하게 들어간 층위에서, 우리는 수백만 개의 지역문화와 하위 문화로 구분되어 있는 세계를 발견한다. 이들의 정확한 수를 계산하는 것은 불가능하다. 왜냐하면, 문화는 결코 한자리에 가만히 있지 않고, 가치들은 어김없이 변화하며, 새로운 하위 문화들은 나타났다가 다시 사라지기 때문이다. 많은 사람들이 여행을 많이 하지 않으며, 자신이 속한 지역사회의 밖에서 일어나는 일이거나 심지어는 국가 내에서 일어나는 일에 대해서도 아주 단편적으로만 인식하고 있다는 점을 감안할 때, 지역문화가 국가 문화보다 국가 내에서 일어나는 일을 이해하는 데 더 유용하다. 지역문화는 대부분의 사람들에게 가장 실제적이고 가장 직접적이다.

문화적 다양성의 정도는 아르헨티나, 아이티, 아이슬란드, 일본, 사우디아라비아와 같이 국민들이 비교적 동질적인 국가들은 낮게 나타나는 반면에, 대부분의 사하라 이남 아프리카국가들에서는 높게 나타나는 등 국가별로 상이하다 (Goren, 2013). 아르헨티나와 나이지리아는 이와 같은 대조를 명확히 보여주고 있다. 아르헨티나는 국민들이 거의 전적으로 백인이며 스페인어를 사용하고 가톨릭 신자들이다. 나이지리아는 수십 개의 언어와 종족(정확한 수치에 대해서는 아무도 최종적으로 권위 있게 제시하지 못하고 있음)의 본거지이며, 이슬람교를 믿는 북부와 그렇지 않은 남부로 나누어져 있다. 나이지리아인들은 이와 같은 분열이 끼치는 영향에 대해 충분히 우려해 왔기에, 그들의 헌법은 다음과 같은 문장으로 시작하고 있다. 나이지리아인들은 "나눌 수 없고, 부서뜨릴 수 없는 하나의 주권 국가로서 통합과 화합을 이루며 살기를 굳게 그리고 엄숙하게 (결의하였다) ⋯."

최근 수십 년 동안 여러 국가에서 얘기가 나오는 것 중 하나는 **다문화주의**(multiculturalism, 또는 문화적 다원주의) 그리고 다문화주의가 인정, 용인, 환영받는 정도에 관한 것들이다. 이 주제는 문화적으로 가장 덜 다양한 국가들에서는 보통 제기되지 않지만, 몇몇 유럽국가들에서는 다문화주의가 얼마큼 실패했는지 아니면 얼마큼 성공했는지에 대해 국가적 논쟁이 소란스럽게 벌어져 왔다. 논쟁을 일으킨 불꽃은 최근 수십 년 동안 유럽 외부에서 온 이민자들의 유입이었다. 이들 이민자들은 유럽인들의 주류 이미지와 확연히 달랐다(Chin, 2017; 이 책 제11장 참조). 유럽은 오랫동안 이민자들의 고장이었지

다문화주의(Multiculturalism): 여러 문화로 구성된 사회에 대한 믿음과 그 문화들에 대한 인정.

출처: AFP Contributor / Getty Images

나이지리아의 스포츠 팬들이 2018년 월드컵 축구 예선전에서 자국 팀을 응원하고 있다. 나이지리아는 여러 종족과 종교로 나누어져 있으나, 나이지리아인들은 자국 스포츠 국가대표팀이 국제대회에서 경쟁을 벌이고 있을 때에는 이런 구분들을 무시한다.

만, 일반적으로 핀란드인, 독일인, 폴란드인을 서로 구별하기가 어렵다. 그러나 많은 무슬림들을 포함하여 아프리카, 중동, 남아시아에서 이민자들이 도착하면서, 차이점은 더욱 뚜렷해지고 긴장은 고조되어 갔다.

어떤 국가들은 다문화주의의 아이디어를 인정하고 찬양해왔다. 그 중 대표적인 국가는 캐나다로서, "다문화주의는 캐나다 사회의 문화적, 인종적 다양성을 반영하고, 캐나다의 모든 구성원들이 자기들의 문화적 전통을 보전하고, 증진하고, 공유할 수 있는 자유가 있음을 확인한다"는 내용을 담고 있는 '캐나다 다문화주의법(The Canadian Multiculturalism Act)'을 1988년에 채택하였다. 미국은 이와는 대조적인 견해를 보이고 있다. 미국은 이민자들은 녹아 섞여야 하고 이질적인 사회는 보다 동질적인 사회로 바뀌어야 한다는 용광로 개념을 오랫동안 추구해 왔다. 그러나 미국은 이것에 실패했고, 인종, 종교, 민족 등 그 동인이 무엇이든, 차별은 오랫동안 미국민 삶의 한 요소가 되어 왔다. 보다 최근에는, 라틴계 커뮤니티의 성장과 중동으로부터의 이민으로 긴장은 더 커지고 있다.

인종과 민족 설명하기*

* 역자 주
이 장에서는 'ethnicity'를 공동번역자들 간의 합의에 의하여 '민족'으로 번역하였다. 그러나 문맥에 따라서는 드물게 '종족'으로도 번역하였다.

인종(Race): 피부색 및 얼굴 특징과 같은 유전적인 신체적 차이에 기초한 인간의 그룹화 또는 분류.

정체성(identity)에 관한 모든 개념 중에서 가장 논쟁적인 것은 인종과 민족이다 (Kivisto and Croll, 2012). 이 둘 중에서는 **인종(race)**이 더 문제가 되고 있다. 인종이라는 개념을 어떻게 이해하고 사용해야 하는지, 심지어 인종이라는 것이 객관적으로 측정 가능한 방식으로 실제로 존재하는지 여부에 대한 의문 때문에 그렇다. 유엔 교육·과학·문화기구(UNESCO: United Nations Educational, Scientific and Cultural Organization)는 인종차별이 어떻게 나치즘의 한 토대가 되었는지를 염두에 두고서 발표한 '1950년 인종에 관한 성명서(1950 Statement on Race)'에서, 인종은 '생물학적 현상이라기보다는 사회적 신화'이며, 인종의 의미에 대해 많은 오해들이 있기에, "인류(human race)를 말할 때 '인종'이라는 용어를 완전히 없애고, 민족 집단(ethnic groups)으로 말하는 것이 더 낫다"고 주장하였다 (UN Educational, Scientific and Cultural Organization, 1969). 이후 유럽 대륙에서는 인종을 분석의 단위로 삼는 것을 거부하는 관습이 출현했으며, 유럽연합(EU: European Union)은 여기에 힘입어 2000년에 '인종평등지침(Racial Equality Directive)'을 채택했다. 이 지침은 서문에 "EU는 인류를 서로 다른 인종들로 규정하려는 이론들을 받아들이지 않는다"고 적시하였다.

'인종 신화'를 이야기한 수스만(Sussman, 2014)은 인종의 존재에 대한 믿음이 문화에 너무 깊이 뿌리박혀 있어서 대부분의 사람들이 그것을 사실로 여기고 있으며, 피부색 및 얼굴 구조와 같은 신체적 특징들로 인류를 서로 다른 인종들로 구별해낼 수 있다는 믿음을 갖고 있다고 말한다. 또한, 그는 인종에 대한 사람들의 시각은 단지 신체적인 것들을 넘어서고 있다고 지적한다. 즉, 많은 사람들이 다른 인종에 속하는 사람들은 지능 수준도 다르고, 직업 윤리와 능력도 대조적이고, 가족 결속에 대해서도 접근 방식이 상이하고, 심지어 두뇌 크기에도 차이가 있다는 유해한 가정들을 하고 있다고 말한다. 수스만은 냉소적으로, "우리는 인종은 계층적으로 구조화 되어 있고, 어떤 인종은 다른 인종보다 낫다는 것을 배웠다"라고 결론지었다. 요컨대, 사람들 간 신체적 차이는 심리적, 문화적 차이로까지 번졌고, 인종은 국가 내에서 그리고 글로벌 차원에서 제기되는 '우리'와 '그들'에 대한 논쟁에 있어 상당한 부분을 차지하고 있다(북과 남 비교 5 참조).

인종은 사회적으로 만들어진 산물일 수 있지만 많은 사람들에게 이것은 중요하지 않다. 사람들은 흔히 인종의 지표로 간주되는 눈에 보이는 신체적 차이를 기반으로 여전히 서로를 평가한다. 정부들도 이렇게 한다. 많은 정부들이 자국 인구를 인종에 따라 분류하고 있으며, 이러한 습관은 사라지기보다는 점점 더 미세 조정되고 있다. 예를 들어, 많은 국가의 정부들 그리고 미국의 교육 기관들에서는 '히스패닉'과 '비히스패닉 백인'의 구분을 포함하여 인종의 다양한 구분을 인정하고 있다 (관련하여, '히스패닉[Hispanic]'과 '라티노[Latino]'라는 용어가 마치 동의어인 것처럼 서로 뒤섞여서 사용되고 있는 것도 모순이다. 사실 '히스패닉'은 스페인어를 사용하는 나라들에서 온 사람들을 지칭하는 것이며, '라티노'는 여기에 브라질과 같은 포르투갈어를 사용하는 국가 출신도 포함하여 지칭하는 용어다. 그리고 정말 정확하게 말하자면, '라티노'라는 용어는 특별히 남성을 언급하지 않는 한 사용되어서는 안 된다. '라틴엑스(Latinx)'가 성 중립적인 용어다). 미국 인구조사국(The United States Census Bureau, 2021)은 웹사이트에 다음과 같은 단서를 붙이면서도 자국 인구의 인종에 대한 정보를 계속 수집하고 있다. 즉, 웹사이트에는 "인구조사 설문지에 나와 있는

북과 남 비교 5

우리 대 그들: 인종, 민족, 그리고 편견

비록 인종과 민족이 사회적 구성물로 흔히 간주되더라도, 많은 사람들은 이 둘 다를 실제로 존재하는 것처럼 대하고 있다. 이는, 예를 들어, 많은 사람들이 주로 신체적 차이를 이유로 다른 사람들에게 내비치는 편견에서도 찾아볼 수 있다. 우리는 모두 글로벌 인류공동체의 일원일 수 있지만, 우리 대부분은 자신과 닮은 사람과 그렇지 않은 사람을 구분하지 않을 수 없으며, 그에 따라 종종 우리의 행동과 상대방에 대한 추측도 바뀐다. 여기서 우리의 반응은, 차이를 무시하려는 선의의(그러나 여전히 의식적인) 노력, 우리와 비슷하게 보이고 비슷하게 행동하는 사람들과 주로 어울리고 모이려는 의식적 또는 무의식적 경향, 우리와 다르게 보이거나 다르게 행동하는 사람들에 대한 차별 등 다양한 방식으로 나타날 수 있다. 가장 극단적인 경우는 다른 문화, 다른 민족, 다른 인종, 다른 종교의 상대적 가치와 본질에 대한 차별이 사이비 과학적 사고에 기반하고 있을 때이다.

이 책에 나와 있는 다른 북과 남 비교들은 북반구 국가들과 남반구 국가들 간의 차이점을 대조하고 있지만, 차별만큼은 글로벌 현상이다. 차별이 인종, 민족, 문화, 종교, 또는 기타 요인 등 어디에 기반을 두고 있든 간에, 일반적으로 차별은 두려움, 우월의식, 무지, 역사적 신화, 그리고 서로 다른 사회와 문화에서의 가르침 등이 복합적으로 뒤섞인 결과에 기인한다 (Garner, 2017의 토론 참조). 우리는 유럽과 아메리카 대륙의 백인들이 소수 민족들을 겨냥해 자행한 인종차별을 너무나 잘 알고 있다. 이 인종차별은 최악의 경우 **집단학살(genocide)**로 번져, (예를 들어) 홀로코스트(Holocaust)* 동안에는 유대인과 집시들이, 1995년에는 보스니아의 무슬림들이 집단학살의 대상이 되었다. 이와 함께, 많은 중국인들과 일본인들도 세계의 다른 지역 사람들에게 차별적이며, 인도인들은 일반적으로 흑인 아프리카인들보다는 백인들에게 더 수용적 태도를 보이고 있다 (Stevens, 2017). 민족 차별은 많은 아프리카국가들에서 벌어지는 수많은 갈등의 배후에 있으며, 부룬디, 중앙아프리카공화국, 르완다, 소말리아, 짐바브웨에서는 집단학살로 이어졌다.

차별에 대한 우려는 1965년에 체결되고 1969년에 발효된 '모든 형태의 인종차별철폐에 관한 국제협약(1965)(1965 Convention on the Elimination of All Forms of Racial Discrimination)'의 추진 동기였다. 이 협약은 서명국가에게 '인종차별을 규탄하고, 모든 형태의 인종차별을 철폐하고 인종 간의 이해를 증진하는 정책을 모든 적절한 수단을 동원해서 지체 없이 추진해야 하는' 의무를 부과하고 있다. 이것은 분명 고귀한 목표였으나, 글로벌 상황은 개선될 기미가 거의 보이지 않아, 유엔은 남아프리카공화국 더반에서 '2001년 인종차별반대 세계회의(The 2001 World Conference against Racism)'를 소집했고, 그 결과로 '더반선언 및 행동 계획(Durban Declaration and Programme of Action)'이 채택되었다.

2009년과 2011년에 제네바와 뉴욕에서 후속회의가 열렸으나, 둘 다 여러 국가들이 참가를 거

계속 ▸▸

부했다. 세 회의 모두에서 논란의 상당 부분은 시오니즘(Zionism, 유대인 국가의 존재에 대한 믿음)을 인종주의와 동일시하려는 시도에 대해 의견들이 갈리면서 발생했다. 더반선언(Durban Declaration)은 인종차별이 지속되고 있다는 것을 지적하고, 인종차별의 발생 원인을 큰 틀에서 제시하고, 인종차별의 주요 희생자들(아프리카인, 이민자, 난민, 원주민 등이 특정 표적으로 확인되었음)을 열거하였다. 더반선언은 이어 국가 법률 개정, 교육 개선, 인종차별 피해자를 위한 경제적 기회 개선, 인권 보호 개선을 포함하여 인종차별에 대처할 수 있는 방법에 대해 수많은 권고 사항을 제시하였다.

인종 구분은 이 나라에서 인정되고 있는 인종에 대한 사회적 정의를 일반적으로 반영하고 있을 뿐, 인종을 생물학적, 인류학적, 또는 유전적으로 정의하려는 시도는 아니다"라고 명시되어 있다.

인종과 관련하여 보다 중립적인 용어는 **민족**(ethnicity)이다. 그러나 우리는 논쟁의 여지가 있는 정의의 문제에 다시 한번 직면하게 된다. 민족은 문화와 겹칠 뿐만 아니라(때로는 동일하게 보일 수도 있음), 제4장에서 논의한 민족 개념과도 밀접하게 연관되어 있으며, 많은 사람들이 인종이라고 간주할 수도 있는 것을 표현하는 코드로 사용될 수도 있다. 예를 들어, 영국의 인구 조사에는 '민족' 구분이 있는데, 여기에서는 사람들을 특히, 백인, 흑인 또는 백인 아프리카인, 흑인 또는 백인 카리브인, 아시아인, 아랍인, 혼혈인으로 분류하고 있다. 이 분류는 분명히 인종적 구분이다. 한편, 온라인 사전을 검색하면 민족에 대한 정의로서 민족은 인종과 동의어라고 설명하는 것들을 많이 찾아볼 수 있다.

의미에 대한 합의에 도달하는 것이 어렵다는 것은 민족을 정의하려고 했던 펜톤(Fenton, 2010)의 노력을 통해 잘 알 수 있다. 펜톤은 사회학적 현실과 사회적·지적 구성물 간 대조, 그리고 상상된 것과 상상의 것 사이의 구별에 대한 복잡한 논의를 수행했다. 그러나 그는 (민족을 주제로 다룬 책에서) '민족'이라는 용어를 실제로 정의하는 데 실패했다. 그는 대신에 "민족이란 사회적으로 구성된 혈통과 문화(the social construction of descent and culture)를 의미한다"고 말하고, "혈통과 문화를 공유하고 있다는 주장이 매우 의문스럽다는 사실에도 불구하고", 사람들은 이른바 문화와 조상의 공유에 토대하여 공동체 의식을 정교하게 만들어낼 수 있고 또 그러고 있다고 주장한다. 그렇다면, 그

집단학살(Genocide): 민족, 인종, 종교를 이유로 한 집단의 사람들을 완전히 또는 부분적으로 파괴하려는 의도적인 노력.

* 역자 주

홀로코스트는 독일의 나치가 12년(1933~1945년)간 자행한 대학살을 의미하며, 유대인들이 주요 대상이었다.

민족(Ethnicity): 공통의 조상 그리고 공동의 사회적, 문화적 배경을 기반으로 서로를 동일시하는 사람들의 그룹으로서, 흔히 공통의 언어가 그룹 분류의 기준.

의미는 민족도 인종과 마찬가지로 대부분은 상상된 것이라는 뜻이 된다.

민족이 이처럼 상상된 것일 수 있지만, 민족이라는 용어는 상이한 민족적 기원을 가진 사람들이 서로를 구별하는 지점으로 널리 주창되고 있으며, 많은 사람들이 민족을 실재하는 것으로 받아들이며 여러 상황에서 민족이라는 용어를 사용하고 있다. 예를 들어, 사람들은 '민족' 식당(ethnic restaurant)에서 식사하는 것에 대해 이야기하는데, 이는 그곳에서 제공되는 음식은 지역사회의 대다수 인구가 하는 것과는 뚜렷이 구별되는 요리법을 기반으로 만들어진다는 의미를 갖고 있다. 우리는 또한 '민족' 소수자(ethnic minority)에 대해서도 이야기하는데, 이는 생김새가 다르거나 문화적 혈통이 다르면, 사회의 일반 다수와 다르다는 암시를 담고 있다. 미국인들은 종종 하이픈(-)을 붙여 사람들을 표시하는데, 문화와 민족 배경을 일관성 없이 조합하여 사용하고 있다. 즉, 아프리카계 미국인(African-Americans), 아메리카 원주민(Native-Americans), 아시아계 미국인(Asian-Americans), 폴란드계 미국인(Polish-Americans), 독일계 미국인(German-Americans) 등이 그 사례들이다. 우리는 또한 **민족중심주의(ethnocentrism)**에 대해 걱정하고 있으며, 가장 극악무도한 전쟁 범죄 중 하나는 **인종청소(ethnic cleansing)**이다. 후자의 예로는, 1990년대 유고슬라비아의 붕괴로 인해 생겨난 새로운 국가들에서 다른 소수민족들을 강제로 추방한 것을 들 수 있으며, 미얀마가 2017년에 무슬림 소수민족인 로힝야족을 추방한 것도 한 사례가 된다 (제11장 참조).

민족중심주의(Ethnocentrism): 자신의 가치와 규범의 관점에서 다른 문화를 보거나 판단하는 것.

인종청소(Ethnic cleansing): 민족 동질화를 달성하기 위해 민족의 영토에서 다른 소수 민족을 체계적으로 그리고 대개는 강제적으로 제거하는 것.

세계는 민족으로 정의되는 수천 개의 상이한 그룹들로 구성되어 있지만, 민족이라는 용어의 정확한 의미에 대한 불명확성을 감안할 때, 민족이 모두 몇 개인지 확실히 말할 수는 없다. 유럽의 사례가 이 어려움을 잘 보여주고 있다. 유럽에서 이탈리아인, 그리스인, 불가리아인, 스웨덴인, 독일인 사이에는 분명히 문화적 차이가 있지만, '민족(nation)'과 '민족(또는 종족, ethnicity)'이라는 용어들은 종종 서로 교환하여 사용되며, 지역 내에 얼마나 많은 서로 다른 민족 또는 종족이 있는지에 대해서는 일치된 합의가 존재하지 않는다. 예를 들어, 미나한(Minahan, 2000)은 143개 민족 또는 유럽 러시아(러시아의 유럽 쪽 부분 – 역자 주)를 제외할 경우 106개 민족을 나열한 반면, 판과 파일(Pan and Pfeil, 2004)은 EU에서만 160개 민족을 나열하고 있다. 언어가 민족 또는 종족 간 차이를 나타내는 가장 명확한 지표 중 하나라면, 27개 EU 국가에서만 40개 이상의 다른 언어가 사용되고 있다. 이 중, 24개 언어는 EU의 공식 언어로 구분되어 있어서, EU의 모든 문서는 24개 언어로 번역해야 하며, 요청이 있을 경우 EU 회의에서 24개 언어에 대해서는 동시통역이 제공되어야 하며, EU 시민들은 EU 기관과 24개 언어 중 원하는 것으로 소통할 권리가 있다.

한편, EU의 지역 통합은 유럽에 대한 소속감을 고취하여 최소한 일부 유럽인들이라도 개별 국가, 문화, 민족에 얽매인 배타적인 정체성 인식에서 벗어나도록 하는 데 도움이 되었다. 파벨(Favell, 2008)은 이들을 '유로스타즈(Eurostars, 유럽의 여러 도시들을 연결하는 고속열차의 이름에서 따옴)'로 묘사하며, 지역 통합이 가져온 새로운 이동성 기회를 물리적으로 또는 문화적으로 받아들인 사람들이라고 언급하였다. 보다 성공적인 EU 정책 중 하나는 대학생들이 다른 EU 국가에서 공부할 수 있도록 자금 지원을 제공하는 에라스무스(Erasmus) 프로그램이다. 이른바 에라스무스 세대의 구성원들은 다국어를 구사하고, 종종 다른 EU 국가로 영구적으로 이주하며, 자기 모국에 대한 일체감과 더불어(또는 심지어 아마도 이를 대신하여) 유럽에 대해서도 강한 일체감을 갖고 있다.

젠더의 환경변화

정체성의 여러 범주 중에서 최근 몇 년 동안 **젠더(gender)**만큼 급격한 변화를 겪은 것은 거의 없다. 이 용어는 한때 성별(남성과 여성의 생물학적 차이를 의미)과 서로 호환하여 사용되었지만, 세계보건기구(World Health Organization, 2021a)에서 정의했듯이, 보다 독특한 의미를 갖게 되었다.

젠더(Gender): 생물학적 성별 속성과는 구별되는 남성다움과 여성다움의 특징들과 사회적 또는 문화적으로 구성된 역할들(규범, 기대 및 행동과 연관된) 및 젠더정체성을 지칭.

> 젠더는 여성, 남성, 소녀, 소년의 사회적으로 구성된 특성(socially constructed characteristics)을 가리킨다. 여기에는 여성, 남성, 소녀, 소년이 되는 것과 관련된 규범, 행동, 역할은 물론 서로 간의 관계도 포함되어 있다. 사회적 구성물로서, 젠더는 사회마다 다르며 시간이 지남에 따라 변할 수 있다.

수세기 동안 지배적인 견해는 세상에는 단지 두 가지 범주(남성과 여성)만 있으며 따라서 젠더정체성은 매우 분명하게 판명되는 문제라는 것이었다. 이제 이것은 더 이상 그렇지 않다. 대부분의 사람들은 계속해서 시스젠더(즉, 출생 시 부여된 성별)로 자신들을 식별하지만, 이제 우리는 남성과 여성 사이에는 스펙트럼이 있다는 것을 이해하고 있다. 이 스펙트럼에는 트랜스젠더(내부의 젠더정체성이 태어날 때 부여된 성별과 다른 사람), 인터섹스(간성, 남성과 여성 모두의 성징을 가진 사람), 넌바이너리 또는 젠더플루이드(남성과 여성 어느 한쪽에도 속하지 않는 사람) 등과 같은 여러 젠더정체성들이 존재한다. 전통적으로 여성들에게 속한 것으로 간주되던 역할들을 남성들이 맡으면서(그 반대의 경우도 마찬가지로), 젠더의 역할이 바뀌고 있다. 사람들이 젠더 중립적 용어를 사용하는 것이 더 일반적이게 되었으며(예를 들면, 그와 그녀를 그들로 대체), 많은 국가에서 **젠더정체성(gender identity)**에 대한 법적 보호가 커지고 있다. 젠더가 어느 정도까지 생물학적 사실(성별과 동일한 것)인지 또는 어느 정도까지 (아이들에게 자신의 젠더와 성별을 하나로 합치도록 가르치는) 사회적 과정인지에 대한 질문들이 제기되고 있다. 어떤 사람들은 이러한 변화들이 중요한 전통들을 위협한다고 느끼는 반면에, 어떤 사람들은 이러한 구분들이 새로운 것은 아니며, 과거와 비교해 지금의 유일한 차이점은 이런 것들이 더 널리 알려지고 인정되고 있다는 것뿐이라고 주장한다.

젠더정체성(Gender identity): 사람이 자기 자신에 대해 갖고 있는 개념으로서, 남성, 여성, 둘 다, 또는 둘 다 아님으로 인식할 수 있으며, 이는 예를 들자면 복장, 말, 매너를 통해 표출된다.

인간에게 자신이 남성인지 여성인지를 상기시키는 것에는 많은 방법들이 있으며, 이 방법들 대부분은 우리 삶의 일부가 되어 있기에 우리는 이 방법들을 통해 성별 분류가 일어나고 있다는 사실조차도 거의 알아차리지 못한다. 성별 분류는 출생증명서, 여권, 운전면허증에서 이루어지며, 우리가 옷을 입는 방식에서 나타나며, 대중문화에서 남성과 여성에게 할당되는 역할들에 반영되어 있으며, 공중화장실을 이용하는 사람은 누구나 느끼는 삶의 요소가 되고 있다. 크라니-프란시스 등(Cranny-Francis et al., 2019)은 성별 분류는 현대 사회에서 위계적으로 배열된 역할들의 집합으로 [작동하면서], 방정식의 남성 쪽 절반은 플러스로 여성 쪽 절반은 마이너스로 만들면서 여성을 누르고 남성에게 특권을 주고 있다고 주장한다. 이러한 계층구조는 상대적인 정치적, 경제적 권력 측면에서 남성과 여성을 불평등하게 만들고, 젠더에 따른 차별을 조장하며, 가장 극단적인 경우에는 젠더에 따른 폭력을 초래한다.

데이터와 분석을 통해, 여러 분야에서 남성과 여성의 상대적인 위치가 드러났고, 정체성을 정의하는 데에 있어 젠더가 수행하는 핵심 역할이 밝혀졌음에도 불구하고, 젠더 연구는 불화를 야기하는 주제라고 판단하면서 젠더 연구의 정당성을 부정하려고 애쓰는 사례들이 늘어나고 있다 (Redden, 2018). 예를 들어, 2018년에 헝가리정부는 자국 대학들의 젠더 연구 프로그램에서 정부 인가를 철회하였으며, 브라질의 보우소나루정부는 학교 수업에서 젠더라는 용어의 사용을 금지시키려고 노력하였다. 이것들은 여러 나라에서 우익 포퓰리스트 정당들이 성공을 거둔 이후 젠더 주제에 대한 적대감 표출을 예시한 단지 두 개의 사례에 불과하다. 비평가들은 젠더는 과학이 아니라 이념이라고 종종 비난하고 있다. 쿠하르와 파터노테(Kuhar와 Paternotte, 2017)는 지적하기를, 반대진영은 LGBTQ+의 권리(제7장 참조), 결혼 평등, 낙태, 생식 기술, 젠더 주류화(정책 결정에 양성 평등을 고려하는 것), 성교육, 성적 자유주의, 트랜스젠더의 권리, 차별 금지 정책 등에 대해 자신들이 도전하고 있다는 것을 명백히 하고 있으며, 심지어 젠더 자체에 대한 개념까지도 문제를 삼고 있다.*

* 역자 주
LGBTQ+는 성적소수자들을 말하는 것으로서, 레즈비언, 게이, 양성애자, 트랜스젠더, 성정체성에 의문을 가지는 사람들(Lesbian, Gay, Bisexual, Transgender, or Questioning)과 기타의 젠더정체성을 가진 사람들(+: plus)을 의미한다.

젠더정체성이 남성과 여성에게 적용되면서 최근 수십 년 동안 새로운 주목을 받았지만, 트랜스젠더, 인터섹스, 또는 넌바이너리정체성이 가진 함의에 대해서는 관심이 훨씬 적었다. (젠더정체성의 수는 불분명한데, 영국 BBC에서 어린이를 위해 제작한 일련의 영화에 따르면, 젠더정체성은 12개에서 100개 또는 그 이상에 이르고 있다 [Hellen, 2019].) 이러한 상황에서, 그리고 젠더의 정의를 가장 최소한으로 확장했음에도 불구하고 이처럼 논란이 제기되어 온 것을 고려할 때, 이러한 양상들이 향후에 젠더와 정체성에 대한 논쟁을 어떻게 형성해 나갈지를 말하기에는 아직 이르다.

종교와 정체성

이 장에서 지금까지 사용된 용어들의 의미에 대한 논쟁을 치르고 나니, **종교(religion)**는 상대적으로 쉽게 정의하고 이해하리라고 희망할 수 있다. 즉, 문화와 정체성 두 개 모두의 중심에 있는 종교는 초인간적 통제력에 대한 믿음이라고 정의하고 이해할 수도 있을 것이다. 그러나 종교는 사람에 따라 다른 의미를 가질 수 있으며, 한 종교에서 다른 종교로 넘어가면서 찾아볼 수 있는 일관성이란 거의 없다. 한 비교종교 학자(Sharpe, 1983)는 "종교를 '정의하는' 것은 … 우리가 종교를 접했을 때 그것을 '인식하는' 능력을 소유하는 것보다 훨씬 덜 중요하다"고 지적한 바가 있다. 이것은 스튜어트(Potter Stewart) 대법관이 미국 대법원에서 제기한 주장을 생각나게 한다. 1964년에 있었던 포르노에 대한 법적 토론에서 스튜어트 대법관은 자신은 포르노의 개념을 정의하

종교(Religion): 일반적으로 신 또는 신들의 형태로 나타나는 초인간적 통제력에 대한 믿음과 숭배를 말하며, 믿음, 신화, 의례의 조합에 의해 주도된다.

출처: BRAND X PICTURES

유대교, 기독교, 이슬람교는 예루살렘에서 한데 모인다. 예루살렘에는 성전산(Temple Mount), 통곡의 벽(Wailing Wall), 성묘 교회(Church of the Holy Sepulchre), 바위의 돔(Dome of the Rock), 알 아크사 모스크(Al Aqsa Mosque) 등 서로 다른 종교들이 신성시하는 장소들이 있다.

려고 시도하지 않을 것이며, "아마도 나는 그것을 명료하게 정의하는 데 결코 성공할 수 없을 것입니다. 하지만 나는 포르노를 보면 그것이 포르노인지 알 수 있습니다"라고 말하였다 (Nongbri, 2013에서 인용, 이 책의 제1장은 종교의 의미에 대한 유용한 논의를 담고 있음).

우리가 종교를 어떻게 이해하든 종교는 많은 사람들에게 정체성의 중요한 부분이며 문화 및 세계관과도 밀접하게 연결되어 있다. 그러나 종교가 어느 정도 중요한 지는 사람마다 다르다. 퓨 글로벌 태도 조사(Pew Global Attitudes survey, 도표 5.4 참조)에 따르면, 도덕적인 삶을 살고 좋은 가치를 갖기 위해서는 신을 믿는 것이 중요하다고 말하는 사람들의 수는 인도네시아와 케냐가 기록한 최고 95~96퍼센트에서 스웨덴이 기록한 최저 9퍼센트까지 다양하게 나타나고 있으며, 조사 대상 34개 국가들의 중앙값은 45퍼센트로 기록되었다. 대체로, 퓨 조사에 따르면 부유한 국가보다 가난한 국가에서 종교가 더 중요한 경향이 있으며, 종교가 약한 사람들일수록 소득과 교육 수준이 더 높으며 이념적으로 더 자유주의적인 경향이 있다. 조직화된 종교에의 참여는 전반적으로

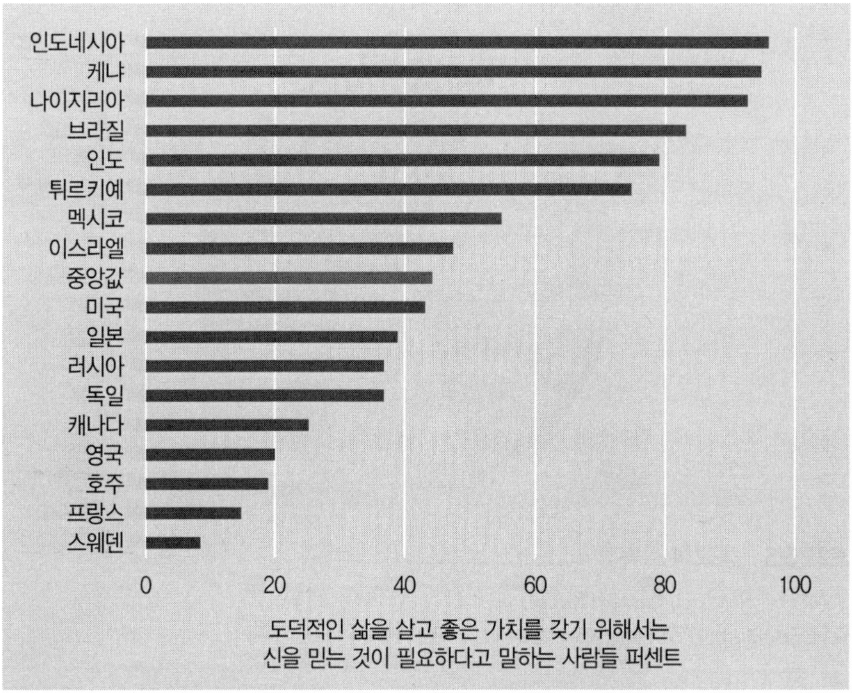

도표 5.4 종교의 중요성 비교

출처: Pew Research Center (2020).

가장 가난한 대륙인 아프리카에서 가장 빠르게 성장하고 있다.

언뜻 보기에, 종교의 글로벌 풍경은 문화나 종족의 글로벌 풍경과 달리 상대적으로 어수선해 보이지 않는다. 종교의 글로벌 풍경에 나와 있는 종교들 중 기독교, 이슬람교, 힌두교, 불교를 따르는 사람들은 글로벌인구의 4분의 3을 조금 넘는다 (도표 5.5 및 지도 5.1 참조). 한편, 인류의 약 16퍼센트는 종교를 가지고 있지 않으며, 나머지 7퍼센트는 수많은 소규모 종교들을 따르는데, 유대교, 신토, 자이나교, 시크교, 도교, 천리교, 그리고 다수의 아프리카 및 아시아 민속 종교 등이 이에 해당한다. 대부분의 사람들은 다수자 종교(majority religion)가 있는 국가에 살고 있다. 이슬람교가 지배적인 국가는 거의 50개에 이르며, 기독교인이 다수를 차지하는 국가들도 거의 40개에 달한다. 퓨 리서치 센터의 연구에 따르면(Pew Research Center, 2017b), 기독교인, 이슬람교도, 힌두교도의 비율은 증가할 것으로 예상되며 (2060년에 이르면 이슬람교도의 수는 기독교인의 수와 거의 동등해질 것임), 불교도, 소규모 종교들의 신도, 그리고 종교가 없는 무교인의 상대적 숫자는 감소할 것으로 예상되고 있다.

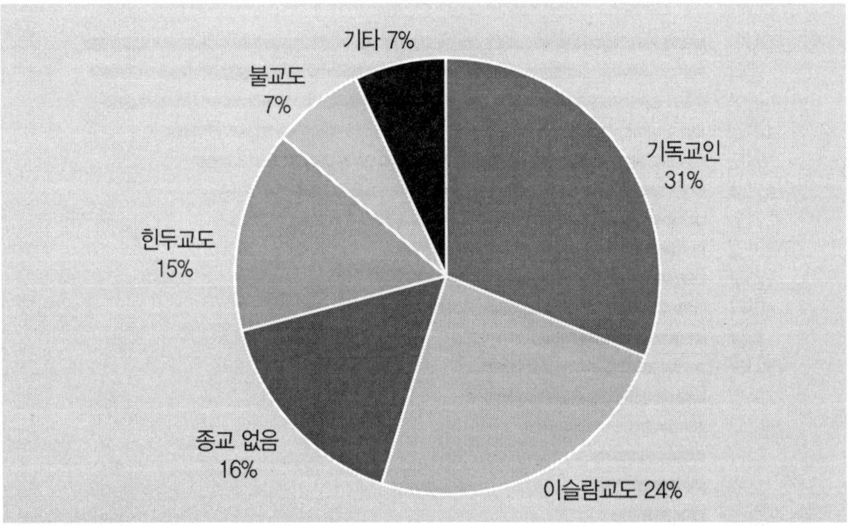

도표 5.5 종교적 소속

출처: Pew Research Center (2017a).
주: 숫자는 2015년 기준이며, 반올림하였음.

세속주의(Secularism): 종교와 국가는 분리되어야 한다는 믿음.

상기의 수치들이 유용하기는 하지만, 종교는 서로 간에 분열되어 있으며, 종교별로 믿음의 대상이 지닌 본질에 대해 서로 다른 생각을 갖고 다양한 형태로 나타난다는 점을 기억해두는 것이 중요하다. 어떤 종교(기독교와 이슬람교)는 하나의 신만을 믿고, 다른 종교(힌두교)는 신이 하나보다 더 많을 수도 있다는 가능성을 믿지만, 또 다른 종교(불교)는 신의 존재에 대해 보다 모호한 입장을 갖고 있다. 공적 생활과 개인 생활에서의 종교의 역할 그리고 정치와 사회를 포함하여 삶의 다른 측면들과 종교 간의 관계에 대해서도 다양한 생각들이 있다. 농브리(Nongbri, 2013)는 종교를 정치나 과학과 구분되는 영역으로 바라보는 것은 비교적 최근에 유럽에서 고안된 발명품이며, **세속주의(secularism)**는 계몽주의(Enlightenment) 이후에야 유럽 사상의 중심으로 자리잡아왔다고 말한다. 아울러, 예를 들어, 기독교로 분류된 국가들에는 기독교를 더 이상 믿지 않거나, 혹시 교회를 간다면 오로지 세례식, 결혼식, 장례식에 참석하기 위해서만 교회에 입장하는 사람들이 많이 있다는 사실을 기억해두는 것도 중요하다.

종교는 교육, 가족, 사회 구조, 과학, 그리고 심지어 국가정체성과의 긴밀한 관계를 통해 글로벌연구에 영향을 미친다. 종교는 또한 오랫동안 세계화와 긴밀한 관계를 유지해 와, 한 저자는 "세계화를 추진하는 데 그 어떤 힘도 종

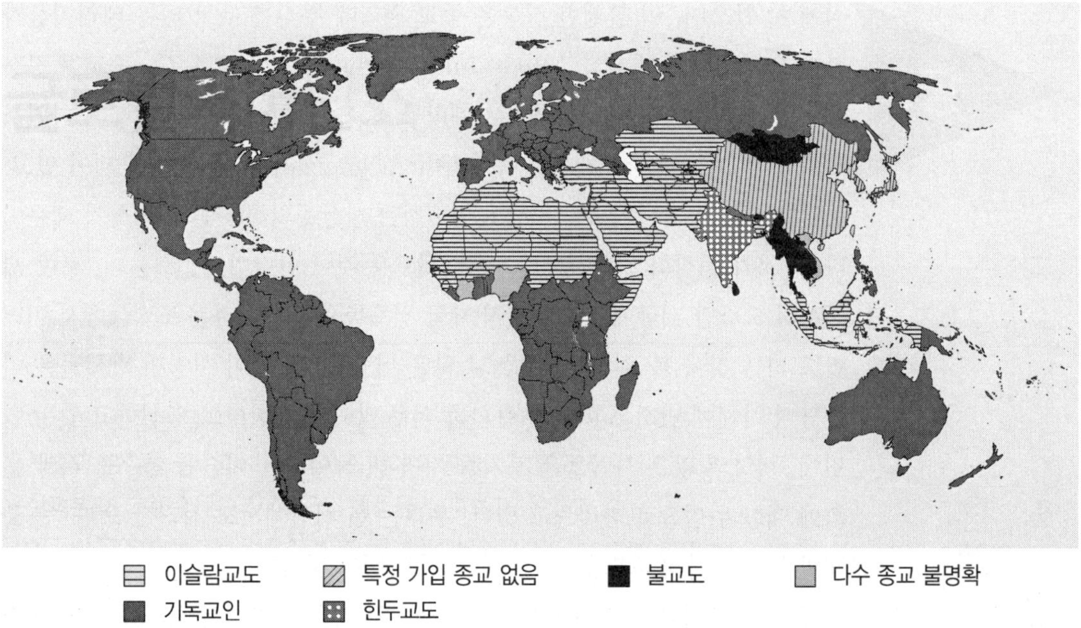

지도 5.1 세계의 주요 종교들

출처: Pew Research Center (2015)에 기초.

교보다 더 큰 영향을 미쳤다고 말할 수 없다"고 주장한다 (Aslan, 2009). 이는 종교가 항상 자신의 발원지를 넘어 메시지를 전파하려고 노력해왔기 때문이다. 폴츠(Foltz, 2010)는 실크로드(Silk Road)가 고대 세계에서 무역뿐만 아니라 문화교류를 촉진하는 중요한 수단이 되면서 세계화는 3,000년 이상 전에 시작되었다고 말한다. 종교와 세계화 간의 연결고리는 선교활동과 개종을 동반한 유럽 식민지 시대에서도 뚜렷하게 드러난다. 이것은 오늘날에도 선교사들의 활동에서 계속 찾아볼 수 있다. 선교사들은 많은 경우 종교적 신앙뿐만 아니라 상호 연관된 정치적, 경제적, 문화적 아이디어 패키지를 전파하기 위해 노력하고 있다. 사실, 종교와 종교적 차이에 대한 논쟁은 그것이 신앙 문제에서 그치는 것인지, 아니면 이와 다른 기저 동기들이 있는지를 물어야 한다. 예를 들어, 이슬람과 서방, 힌두교와 시크교, 또는 근본주의 기독교인들과 여타 사람들 간의 긴장이 종교에 대한 것인가? 아니면, 정치적, 경제적, 또는 문화적 차이에 기반을 두고 있는 것인가?

종교가 평화를 설파하고 있음에도 불구하고 지난 수 세기에 걸쳐 유럽을 괴롭혔던 수많은 종교 전쟁들에서 볼 수 있는 것처럼 종교는 오랫동안 갈등의 중심에 서 왔으며, 이 불행한 전통은 종교 원리에 뿌리를 두고 있는 테러리즘과 함께 오늘날에도 계속되고 있다 (Juergensmeyer, 2017 참조). 종교적 긴장은 부분적으로는 일부 사람들이 세계화를 종교에 대한 위협이라고 간주하면서 일어났다. 이들에게 세계화는 동질화(homogenization)와 관련이 되어 있고, 동질화는 많은 사람이 두려워하고 반대하는 사상들의 확산을 의미하기 때문이다. 종교와 동질화 간의 고리는 결코 새로운 것이 아니며, 예를 들어, 로마 제국부터 오스만 제국에 이르기까지 제국 전체를 동질화하려는 노력들에서 이러한 고리를 찾아 볼 수 있다. 오늘날 많은 이슬람교도들이 서양의 가치들은 이슬람의 가치에 반하고 이슬람 문화를 너무 많이 침해한다고 인식하고 있는 반면에, 서양의 많은 사람들은 자기들 지역 내 늘어나는 이슬람 인구를 서양 문화에 대한 위협으로 바라보고 있다. 우리는 현 시점에서도 이러한 고리 즉, 종교와 동질화 간의 고리를 여전히 목도하고 있는 것이다.

글로벌 풍경을 보면, 종교는 현재 세계의 많은 지역에서 쇠퇴하고 있는 것처럼 보인다. 2007년 세계가치조사(World Values Survey)의 일환으로 수행한 연구에 따르면 조사 대상 49개국 중 33개국에서 1981년 이래 사람들이 더 종교적이 되었다. 이는 대부분의 구 공산주의 국가들과 개발도상국들뿐만 아니라 여러 고소득 국가들에서도 사실이었다. 그러나 2007~2019년 기간에 대한 새로운 연구에서는 그 반대의 결과가 나왔다 (Inglehart, 2020). 고소득 국가에서 저소득 국가에 이르기까지 조사 대상 국가 중 43개국에서 사람들은 덜 종교적으로 변모하였다. 이것은 북반구에서 비교적 종교적인 사회 중 하나로 오랫동안 여겨졌던 미국에서도 마찬가지였다. 하나 주목할 만한 예외는 인도로서, 힌두 민족주의 정당인 인도 인민당(또는 바라티야 자나타당, BJP: Bharatiya Janata Party)은 국가정체성을 종교적 정체성과 결부시켰고, 인도 내 대규모 이슬람 소수 민족에 대한 차별을 옹호했다.

종교의 쇠퇴에 대해 잉글하트(Ronald F. Inglehart)가 제시한 설명 중에는 경제적·기술적 변화, 종교가 부과하는 사회적 제약을 수용하려는 의지 감소, 사회적 결속을 제공하는 데 있어 종교의 역할 감소 등이 있다. 대부분의 사람들이 간신히 살아갔던 초기 농업 사회에서는 종교가 질서와 응집력을 유지하는 데 유용한 역할을 했다. 이와 대조적으로, 현대적이고 보다 안전한 사회에서는 사람들은 자기표현과 자유선택을 더 우선시하고, 종교와 흔히 관련되어 있기 마련인 규범과 가치에서는 벗어나려고 한다.

토의주제

1. 당신의 정체성을 결정하는 가장 중요한 요소들은 무엇이며, 이 각각의 요소들은 당신의 세계관에 어떻게 영향을 미치고 있는가?
2. 애국주의와 세계주의는 공존할 수 있는가?
3. 세계시민이 되려면 무엇이 필요한가?
4. 세상에는 글로벌문화라는 것이 있는가? 있다면 그 특징은 무엇인가?
5. 인종은 여전히 유용한 분석 도구인가?
6. "세계화를 추진하는 데 그 어떤 힘도 종교보다 더 큰 영향을 미친 것은 없다"는 이 장에서 인용한 이 주장에 대해 당신은 어떻게 생각하는가?

핵심용어

- 국가정체성(National identity)
- 글로벌문화(Global culture)
- 다문화주의(Multiculturalism)
- 문명(Civilization)
- 문화 제국주의(Cultural imperialism)
- 문화 충격(Culture shock)
- 문화(Culture)
- 민족(Ethnicity)
- 민족중심주의(Ethnocentrism)
- 서양(Western)
- 세계관(Worldview)
- 세계주의(Cosmopolitanism)
- 세속주의(Secularism)
- 애국주의(Patriotism)
- 인종(Race)
- 인종청소(Ethnic cleansing)
- 정체성(Identity)
- 젠더정체성(Gender identity)
- 젠더(Gender)
- 종교(Religion)
- 집단학살(Genocide)

유용한 웹사이트

글로벌시민(Global Citizen) https://www.globalcitizen.org
글로벌시민 이니셔티브(Global Citizens Initiative) https://www.globalci.org
인종차별에 대한 더반선언(Durban Declaration on Racism) https://www.un.org/WCAR/durban.pdf

추가 읽을 거리

Caliendo, Stephen M., and Charlton D. McIlwain (eds) (2021) *The Routledge Companion to Race and Ethnicity* (Routledge). 인종과 민족에 대한 에세이와 주요 관련 개념들의 전문사전을 결합한 편집 컬렉션.

Gillis, Melissa J., and Andrew T. Jacobs (2020) *Introduction to Women's and Gender Studies*, 2nd edn (Oxford University Press). 여성 및 젠더 관련 이슈들에 대해 학제 간 및 국제적 관점에서 수행한 조사.

Kivisto, Peter, and Paul R. Croll (2012) *Race and Ethnicity: The Basics* (Routledge). 인종, 민족, 인종과 민족의 상호 관계, 그리고 차별, 불평등, 민족 갈등의 원인과 영향에 대한 조사 및 논의.

Nederveen Pieterse, Jan (2020) *Globalization and Culture: Global Melange*, 4th edn (Rowman & Littlefield). 우리는 문화 혼합의 과정을 통해 글로벌 복합문화의 형성을 목격하고 있다고 주장하는 책.

Woodhead, Linda, Christopher Partridge, and Hiroko Kawanami (eds) (2016) *Religions in the Modern World: Traditions and Transformations*, 3rd edn (Routledge). 종교와 세계화, 젠더와 정치에 관한 장을 포함하여 세계의 주요 종교에 대한 조사연구.

글로벌거버넌스

6장

개요

이 장의 초점은 글로벌거버넌스 시스템의 구조와 변천에 있다. 우선 국제법의 본질을 들여다보고, 국제조약이 어떻게 개발되고 이행되는지를 살펴본다. 그런 다음 국제기구의 활동을 살펴보고, 유엔과 같은 정부간 기구의 구조와 목표를 검토한 이후, 국제비정부기구, 다국적기업, 종교단체, 법 밖에서 활동하는 사람들과 같은 비국가행위자들의 활동을 살펴본다. 이 장은 지역통합, 그리고 글로벌시스템에서 지역통합의 특별한 역할에 대한 연구로 끝난다.

차례

핵심사항

- 세계정부 시스템이 없는 상황에서, 국제적 의사결정은 글로벌거버넌스의 과정 안에서 이루어진다.
- 국제기구의 업무와 국제법의 대상은 종종 글로벌거버넌스를 정의하고 개괄하는 레짐으로 결합된다.
- 국제법은 일반적으로 국가 간에 체결된 조약이나 국제기구의 가입 조건에 기초한다.
- 1945년 이래로 국제기구의 수와 범위가 극적으로 증가해왔다.
- 글로벌시스템을 이해하는 것은 국가 구조의 일부가 아닌 비국가행위자들의 활동과 범위를 이해하는 것도 의미한다.
- 세계의 많은 국가는 전통적인 협력을 넘어, 새로운 법체계와 공통정책을 개발하면서 지역통합에 관여해 왔다.

출처: Andrew Michael / Alamy Stock Pho

글로벌거버넌스의 이해

코로나19 팬데믹으로 인한 변화 중 하나는 대면 회의를 줌이나 다른 화상 회의 시스템을 통한 모임으로 대체한 것이다. 이러한 변화는 2020년 11월 G20 정상회의를 사이버 공간에서 개최하여 세계 지도자들에게까지 영향을 미쳤다. 당초 계획은 사우디아라비아의 수도 리야드에서 만나는 것이었지만 코로나19로 인해 미국의 트럼프, 러시아의 푸틴, 독일의 메르켈, 중국의 시진핑 등 대통령과 총리들이 스크린을 통하여 회합하는 모습이 관찰됐다. 국가 지도자들도 팬데믹 동안 전 세계 많은 사람에게 표준이 된 온라인 회의의 참가자들과 크게 다르지 않은 모습을 보였다.

G20는 1999년 국가 지도자들이 모여 중요한 글로벌이슈를 논의하는 국제 포럼으로 설립되었으며, 2020년 논의의 주요 주제는 당연히 코로나19였다. 더 많은 글로벌협력 및 치료와 백신에 대한 더 쉬운 접근을 호소하는 것 외에 회의에서 합의된 것은 별로 없었다. 이 회의에서 트럼프 행정부와 세계의 나머지 지역과의 거리는 특히 명확하게 드러났다. 불과 2주 전에 재선에 실패한 트럼프는 심지어 골프를 치기 위해 일부 정상회담에 불참했다. 요컨대, 그 온라인 회의는 **글로벌거버넌스**(global governance)의 작동과 그것의 근본적인 약점 모두를 상징했다.

글로벌거버넌스(Global governance): 국경을 초월한 요구와 문제를 해결하는 데 도움이 되는 제도, 과정, 합의, 절차, 규범, 행동의 축적.

지난 장에서 우리는, 정부는 사회가 통치되는 제도, 과정, 법률로 구성되어 있고, 그것은 오직 국가 내에서만 실질적인 법적 형태로 존재한다는 것을 이해했다. G20과 같은 기관이 있음에도 불구하고, 세계정부 같은 것은 없다. 사실, 글로벌시스템을 묘사하는 데 사용되는 실용적인 용어 중 하나는 **무정부**(anarchy)다. 그러나 국가들은 서로를 연결하는 정치적, 경제적 유대 때문에 완전히 독립할 수 없다. 그래서 우리가 둘 이상의 국가가 관련된 정치적 관계, 그리고 그 이후에 만들어진 규칙과 제도들을 보고 **거버넌스**(governance)의 과정을 파악하게 된다. 정부(government)와 관련된 공식적인 제도 및 절차와는 대조적으로, 거버넌스는 통치과정이나 방식을 묘사한다.

무정부(Anarchy): 조직적인 정부가 부재한 상태. 무정부주의자(anarchist)들은 정부가 불필요하고 해로우며 자발적 결사에 기반한 자치 사회를 선호한다고 주장.

거버넌스(Governance): 공식 기관의 투입 여부에 관계없이 집단적 의사결정이 이루어지고 이행되는 여러 가지 방법의 총합.

글로벌거버넌스에 대해 이야기할 때, 우리는 정부 및 비정부 세력의 혼합을 통해 글로벌 수준에서 국가 간에 결정이 이루어지는 방식을 설명한다. 그것은 국제조약의 합의와 국제기구의 가입에 가장 명확하게 반영된다. 또한, 상품과 서비스가 국경을 넘어 어떻게 이동하는지, 그리고 의료에서 교육, 경찰수사,

연구, 환경관리, 그리고 우리가 빠르고 효과적으로 소통할 수 있도록 돕는 기술개발에 이르기까지 모든 것에 대한 협력이 어떻게 이루어지는지를 결정하는 수많은 결정, 사건, 행동에서 볼 수 있다 (Weiss, 2013 참조). 마지막으로, 글로벌거버넌스는 다국적기업과 국제비정부기구를 포함한 광범위한 비국가행위자들의 작업에 반영되는데, 비국가행위자에는 반대편 방향의 글로벌범죄 네트워크와 국제 테러리즘도 포함된다 (제8장 참조).

국가와 그 하위 수준에서, 정부는 자체적으로 관할하는 공동체에 대한 결정을 하고 집행할 것으로 기대되며, 이 과정은 적어도 민주국가에서는 직접적 공적 책임성(direct public accountability)이며, 구체적으로 유권자들이 정부에 요구를 하는 반면, 정부는 그 요구에 응답할 책임이 있다는 내용을 포함한다. 글로벌 수준에서는 상당히 다른 성격을 가진다. 제도는 있지만 주권이 없고, 국가가 부여하는 만큼의 권한만 있고, 유권자들과 직접적인 정치적 관계가 없다. 조약의 형태로 된 법률은 있지만, 우리가 다음 절에서 보게 될 것처럼 그 법률은 국가법과 같은 효력을 가지지 못한다. 왜냐하면 집행을 위한 의미 있는 기제가 거의 없고, 조약 서명자들은 처벌에 대한 큰 두려움 없이 그들의 의무로부터 벗어나거나 회피할 수 있기 때문이다.

먼저 제도에 초점을 맞추어 보면, 국가(또는 국가 내의 이익 집단)가 국제협력을 통하여 얻을 수 있는 상호 이익의 기회를 보고, 그 협력을 이끌어 내는 데 도움이 되는 제도를 수립한다. **제도(institution)**는 영(Young, 2002)에 의해 일련의 규칙, 의사결정 절차, 관행을 정의하는 프로그램으로 정의되었으며, 제도는 이러한 관행에의 참여자들에게 역할을 할당하고 상이한 역할을 수행하는 참여자들 간의 상호 작용을 안내한다. 제도는 유엔이나 세계무역기구의 경우처럼 공식적일 수도 있고, 가족, 학교, 종교의 경우처럼 비공식적일 수도 있다. 그들은 또한 국가를 구성원으로 하는 정부적인 것일 수도 있고, 국가 또는 지방의 이익단체, 전문가 집단, 민간 협회, 또는 개인으로 구성되는 비정부적인 것일 수도 있다.

제도(Institution): 실행을 정의하고 역할을 할당하며 상호 작용을 안내하는 비공식 또는 공식적인 규칙 및 절차의 집합.

글로벌 수준에서, 제도와 법에 대한 연구는 **레짐(regime)** 연구와 밀접하게 연관되어 있는데, 크래스너(Krasner, 1983)는 레짐이라는 용어를 '원칙, 규범, 규칙, 의사결정 절차'로 묘사하고 있으며, 이 용어는 행위자들의 기대가 관심 영역에 집중된다는 의미를 가진다. 이러한 레짐의 중심에는 국가들이 있고, 국제 및 글로벌 수준에서 서로 다른 영역의 활동을 정의하고 개괄하는 제도와

레짐(Regime): 주어진 문제를 둘러싼 규칙, 규범, 제도, 합의의 집합이며, 관련된 행위자들의 기대가 수렴됨.

조약이 있으며, 더불어 정부 밖에서 활동하는 단체와 개인의 행동도 포함된다. 이 책의 나머지 장에는 인권, 안보, 경제, 무역, 이민, 의료, 환경 등 글로벌연구의 핵심 주제를 둘러싼 레짐에 대한 리뷰가 포함되어 있다. 이러한 문제에 대해 생각할 때 다음과 같은 몇 가지 핵심 사항을 염두에 둘 필요가 있다.

- 특정 문제에 대해 얼마나 구조화된 조치를 취했는지에 따라 각각의 요소가 변화하는, 레짐을 위한 고정적이고 신속한 틀은 없다.
- 상대적으로 잘 발달된 레짐은 금융 및 무역과 같은 일부 이슈를 위해 존재하지만 (제9장 및 제10장 참조), 다른 문제에 대해서는 보다 분산적이다. 예를 들어, 인권 분야에서 (제7장 참조) 레짐은 집단학살, 인종차별, 고문, 여성 권리, 성적 지향, 장애인의 권리와 같은 다양한 주제를 다룬다. 우리가 환경 레짐(제13장)에 대해 이야기할 때, 기후변화와 생물 다양성에 대해서는 비교적 명확한 특징을 보이지만, 우리가 제2장에서 보았듯이 에너지나 어업을 위한 레짐은 존재하지 않으며, 글로벌해양 레짐을 구축하려는 노력은 바다의 오염을 통제하기 위한 합의를 크게 벗어나지 않는다.
- 상이한 레짐에서 참여자들의 영향력은 결코 동등하지 않다. 더 크고 부유한 회원국들은 대개 더 큰 역할을 하지만, 세계 힘의 균형의 변화는 레짐의 역동성에 새로운 수준의 불평등을 가져다준다. 북과 남 비교 6을 참조할 것.

레짐의 존재가 반드시 진보의 표시는 아니지만 (기후변화 대처에 관한 대화가 종종 중단되었듯이), 레짐의 부재는 대개 진보의 결여를 나타낸다. 예를 들어, 전술 핵무기나 개인정보와 관련되어 식별 가능한 글로벌레짐은 아직 형성되지 않았다.

국제법

모든 레짐의 중심에, 그리고 일반적으로 글로벌시스템이 기능하는 데에는 법률이 있다. 광범위하게 정의하면, 법은 사람이나 기관에 제한과 의무를 부과하는 규칙이며, 법원과 경찰을 포함한 지정된 기관에 의해 집행될 수 있다. 국가 단위 및 그 이하에서 법은 세 가지 형태를 취한다.

- 입법부에 의해 작성되고 채택된 법령.

북과 남 비교 6

국제적 영향력 균형의 변화

유엔이 창설된 1945년 당시 51개 회원국이 있었지만, 이들이 맡은 역할은 전혀 동등하지 않았다. 유엔의 이해관계는 제2차 세계대전 승전국(미국, 소련, 영국, 프랑스, 중국)들의 글로벌 시스템에서의 지배적인 지위에 의해 정의되었다. 이 국가들이 유엔 안전보장이사회 상임이사국 지위와 거부권을 갖는 것은 그 당시에는 합리적이고 논리적으로 보였다. 그러나 1945년 이후 유엔의 회원국이 193개로 증가했고, 소련은 더 이상 존재하지 않으며 (러시아가 승계), 영국과 프랑스는 더 이상 예전의 세계 강대국이 아니며, 중국이 정치와 경제의 모든 면에서 부상하고 있으며, 제2차 세계대전 승자들이 거부권을 보유하는 명분도 많이 약해졌다.

북(North)은 여전히 많은 권력을 행사하고 있는데, 그 이유는 북의 국가들이 세계 최대 경제대국의 대부분을 포함하고 있고, 세계 최대 군사대국의 대부분을 운영하고 있으며, 민주주의와 자유시장의 혜택에 대체로 동의하고 있기 때문이다. 이러한 요소들은 조약의 조건들을 협상하거나 정부간기구의 목표를 정의할 때 그들에게 이점을 준다. 동시에 미국의 세계적인 역할은 줄어들고 있고, 대부분의 유럽국가들은 유럽연합 내에서의 활동을 통해서만 영향력을 행사하고 있으며, 세계화의 무게 중심이 중국, 인도, 브라질, 나이지리아, 그리고 경제와 인구가 가장 빠르게 성장하고 있는 남(South)의 여러 나라들로 점점 더 쏠리고 있다.

이러한 변화는 정치적, 경제적 이해관계가 공유된 국가들의 집단을 한데 모으는 국제기구 또는 제도의 작업에 반영된다 (지도 6.1 참조). 가장 부유한 민주주의 국가인 미국, 캐나다, 일본, 프랑스, 독일, 영국, 이탈리아는 1975년부터 G7 (Group of 7)을 조직하여 협력해왔다. G7의 지도자들은 매년 정상회담을 개최하여 긴박한 이슈들에 대한 논의를 하고 협력적 해결책을 강구하고 있다. 1998년과 2014년 사이 러시아를 가입시켜 잠시 G8으로 확장되었으나, 러시아의 크림반도 합병으로 인해 러시아를 탈퇴시켰다.

한편, 남은 이미 1964년에 77국 집단(Group of 77) 또는 G77을 창설하여 부유한 국가들의 글로벌 영향력을 상쇄하려고 노력했다. 아프리카, 아시아, 중남미 77개국이 유엔 내 협상 능력을 제고하기 위해 G77을 설립했다. 회원국 수는 130여 국으로 확대되었지만, 내부 분열에 직면하여 잠재적인 영향력을 행사할 수 없게 되었다. 1989년에 창설된 'G15(Group of 15)'는 작기 때문에 효율성을 보이고 있으며, 현재 브라질, 인도, 이란, 멕시코, 나이지리아를 포함한 17개의 남 회원국이 가입되어 있다. G7과 G77의 이해관계는 1999년에 만들어진 G20의 활동에 반영되고 있는데, G20는 정치적 성향에 상관없이 세계 최대 경제국들을 하나로 모으기 위해 결성되었으며, G7 국가들과 더불어 아르헨티나, 호주, 브라질, 중국, 유럽연합, 인도, 인도네시아, 멕시코, 러시아, 사우디아라비아, 남아프리카공화국, 한국, 튀르키예가 가입되어 있다.

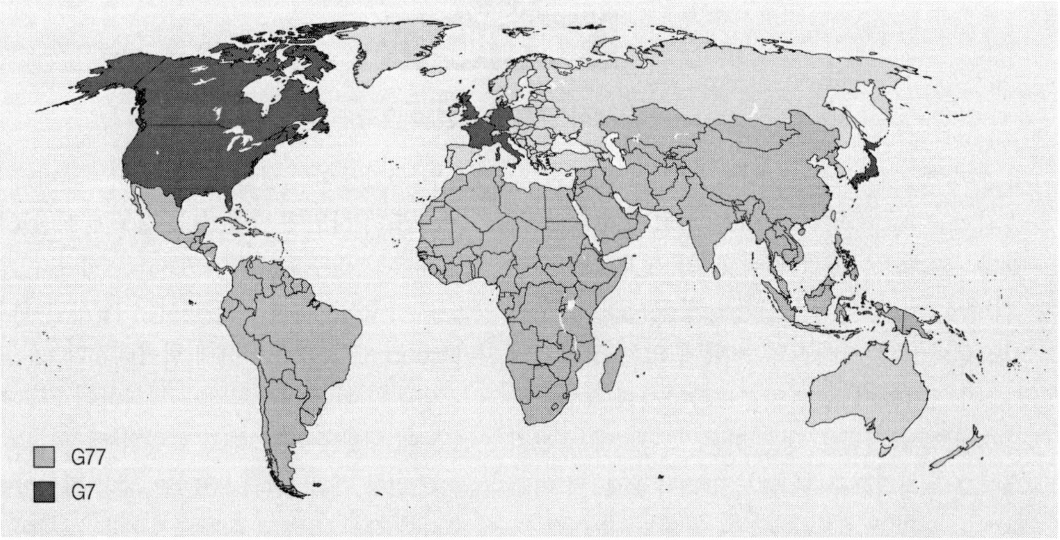

지도 6.1 G7과 G77

- 법원 판결에서 나온 판례법.
- 행정기관에서 만든 규정.

우리 모두는 법이 어떻게 작동하는지 대략적으로 알고 있다. 만약 우리가 국가법이나 지방법을 어겨서 체포되면, 우리는 정부의 제도적 구조의 일부인 경찰력과 법원에 의해 결정되고 집행되는 벌금이나 징역형에 처해질 수 있다. 법의 본체는 끊임없이 발전하고 종종 허점과 모순을 포함하지만, 그것의 근원과 효과는, 법이 적용되는 사람들이 의무와 법을 어길 경우 그들이 직면하는 처벌처럼 비교적 명확하다. 이는 적어도 민주주의 국가에서는 사실이다. 권위주의 국가에서는 법과 그 집행이 더 가변적일 수 있다.

국제법(International law): 국가 간의 관계를 규정하는 일련의 규칙이며, 관습과 공식 협정의 조합으로 구성.

또한, 법은 국제적인 수준에서 존재하지만, 두 가지 주요한 차별성을 가지고 있다. **국제법**(international law)은 개인보다는 국가를 대상으로 하고 있으며, 국가법이나 지방법과 같이 정치, 사법, 경찰체계에 의해 운용되지 않는다. 국제법은 입법부가 작성하지 않고, 법률사건을 심리할 수 있는 국제법원이 거의 없으며, 법의 적용을 감시하고 범법자를 추격할 수 있는 국제경찰대도 없으며, 범법자를 처벌하는 데 사용될 수 있는 통일된 제재 시스템도 없다 (Shaw, 2021). 이 모든 것은 국제법의 중요성에 대한 질문을 제기한다. 만약 규칙이 시행될 수 없다면 무슨 소용이 있겠는가? 이 질문에 답하기 위해서 우리는 먼저 국제법의 근거와 형식을 살펴본 다음, 국제법이 확실하게 지켜지게 하기 위한 수단을 살펴볼 필요가 있다.

국제법은 일반적으로 국가 간에 체결된 조약이나 국제기구의 가입 조건에 기초한다. **조약(treaty)** (또는 협약으로 알려져 있는)은 넓은 범위부터 좁은 범위까지 다양한 목표를 가질 수 있고, 서명국들이 자발적으로 합의하며, 이 국가들이 공동의 목표에 대한 합의를 이루도록 하고, 이 국가들을 정책 공동체로 묶어 행동, 성과, 실패가 모두 면밀하게 감시되고 결과가 공동체 국가들 사이에 공유된다. 조약은 주로 표준 형식을 따르는데, 일반적인 목표를 설명하는 전문(前文)부터 시작하여 합의의 실질 내용과 의견 불일치를 해결하기 위한 수단을 포함하는 일련의 조항, 그리고 서명자 목록을 포함한다. 일부 조약은 양자 간(두 국가의 서명)인 반면, 다른 일부는 다자 간(세 개 이상의 국가)이다.

조약(Treaty): 국가들로 하여금 특정 원칙을 준수하거나 특정 목표와 기한을 달성하게 하도록 책임을 부과하는 국가 사이의 협정.

수많은 다른 주제를 다루는 수만 개의 조약이 존재한다 (일부 사례는 표 6.1 참조). 그러나 양이 반드시 질로 변환되는 것은 아니며, 많은 국제조약들이 의욕적이고 존중받는 반면, 다른 많은 조약들은 일반적이고, 변화를 거의 초래하지 않거나, 느린 변화를 가져온다. 조약이 발효되기 전에, 조약은 종종 길고 힘든 초안 작성과 논의 과정을 거치게 되는데, 이 과정에서 해결되는 문

역자해설 6.1

한미상호방위조약의 체결과정

한미동맹을 이루게 한 조약인 '한미상호방위조약'은 1953년 10월 1일에 체결되었다. 1951년 중반부터 한국전쟁 휴전협상이 시작되자, 이승만 대통령은 북한지역에 공산주의자가 한 명이라도 있는 상태에서의 한국전쟁 휴전을 반대했다. 이승만은 휴전을 하려면 공산군의 재침 시 미국이 군사적으로 도와주겠다는 약속, 즉 동맹조약 체결을 요구했다. 미국은 한미동맹을 처음에는 거부하다가 이승만의 휴전 반대가 거세져서 휴전협정 체결이 위협을 받게 되자, 결국은 한미동맹을 체결해 주기로 하고 이승만으로부터 휴전 동의를 받아 1953년 7월 27일 휴전협정을 체결하게 되었다.

동맹조약 합의를 했으나, 동맹조약의 문구를 조정하느라고 체결이 10월 1일까지 지연되었다. 미국은 남한이 공격을 받을 경우 미국의 '헌법적 절차'에 따라 개입하는 조항을 넣겠다고 주장했다. 다시 말해서 남한이 공격을 받으면 미국 의회의 승인을 받아서 개입을 하겠다는 것이었다. 반면, 한국은 피침 시 '자동적 개입'을 요구하였고, 이에 대한 합의를 하는 데 시간이 걸렸다. 결국 미국이 제시한 방향으로 합의가 되어 한미상호방위조약이 체결되었다.

제의 폭과 복잡성 및 관련 당사자의 수에 따라 목표가 희석될 수 있다 (도표 6.1 참조). 조약에 의해 문제가 해결되어야 한다는 데 동의하는 것조차 몇 년이 걸릴 수 있고, 조약의 내용에 대한 합의에 도달하는 데 더 많은 시간이 걸릴 수 있으며, 조약이 의미 있는 목표의 형태로 시행되는 데 더 많은 시간이 걸릴 수 있다. 일부는 심각한 논란 때문에 시행하기 위한 비준을 받지 못하는데, 그럼에도 불구하고 다른 일부는 정치적으로 달성하기 어려운 목표를 설정한다.

조약은 중요하지만, 항상 문제에 대한 해결책은 아니다. 예를 들어, 글로벌 환경법에 대한 자신의 연구에서 셀린(Selin, 2014)은 환경협정의 협상과 이행은 "협력을 장려하고 가능하게 하지만, 협력을 필요로 하지는 않는 과정이다. 조약은 공통의 규칙과 기준을 확립하는 데 건설적인 역할을 할 수 있지만, 그것들이 문제 해결을 위한 유일한 메커니즘이 될 수는 없다"고 주장한다. 동시에, 셀린은 조약의 준수가 효과성의 유일한 척도가 아니며, 조약이 문제를 완

표 6.1 국제조약: 일부 사례

서명연도	서명장소	주제
1864~1949	스위스 제네바	전쟁 중 포로, 민간인, 병자, 부상자에 대한 인도적 처우에 관한 네 가지 협약.
1919	프랑스 베르사유	제1차 세계대전을 공식적으로 종식시킨 조약.
1949	미국 워싱턴 DC	대서양 안보 조약인 북대서양조약기구(North Atlantic Treaty Organization) 창설.
1957	이탈리아 로마	유럽 경제공동체 설립
1963	다양한 장소	대기권 핵실험 금지
1979	미국 뉴욕	세계 해양의 사용과 관련하여 국가의 권리와 책임을 정의.
1979	미국 뉴욕	모든 형태의 여성차별 철폐.
1992	브라질 리우데자네이루	기후변화에 대처하기 위한 일반적 합의.
1997	캐나다 오타와	대인지뢰 제거 합의 (탱크나 선박 폭파가 아니라 인명살상 용으로 개발된 지뢰).
2003	스위스 제네바	담배 소비와 담배 연기에 노출되는 위험으로부터 현재와 미래 세대 보호.
2006	미국 뉴욕	장애인의 권리 보호.
2017	미국 뉴욕	핵무기 개발, 실험, 제조, 사용의 금지

2016년 유엔에서 열린 기후변화에 관한 파리협약 체결식의 일부로서, 국제조약 체계에 새로 추가되었다.

화하고, 일반적인 관행을 바꾸고, 조약 과정의 한계를 넘어 규범과 결정을 형성하는 정도에 따라 조약을 평가해야 한다고 지적한다.

조약이 효과를 내기 위해서는 두 가지 조건이 충족되어야 한다. 첫째, 조약

도표 6.1 국제조약 발전의 단계

단계	내용
문제 인지	국제적 합의와 행동이 필요한 것으로 정의된 문제.
협상과 합의	조항과 목표 논의, 조약 초안 작성. 통상적으로 조약 당사자에게 특정 의무를 부과하기보다는 문제의 정의에 초점을 맞춤.
서명	체약국들의 서명. 조약의 목표를 훼손하는 행위를 자제하기 위해 보통 선의의 노력만을 약속.
비준	체약국들은 조약 조건을 준수하기로 약속. 조약 발효 전에 특정한 수의 비준 필요.
구체화	후속 당사국 회의에서 상세한 약속이 이루어짐. 조약에 대한 프로토콜 논의와 합의.

은 실질적인 목표가 있어야 한다. 가장 성공적인 조약은 집중적인 이익과 목표, 강력한 정치적 지지, 그리고 제한된 지리적 범위를 가진 조약이다. 예를 들어, 1963년 부분적 핵실험 금지조약(Partial Test Ban Treaty)은 대기 중 핵실험을 중단시켰고, 이로 인해 대기 중 방사성 입자의 농도가 급격히 줄어들었다. 그 조약은 오직 5개 국가(미국, 소련, 중국, 프랑스, 영국)만이 그러한 실험을 수행하고 있었다는 사실, 또한 비서명국인 중국과 프랑스도 인도, 파키스탄과 같은 새로운 핵보유국들과 더불어 조약의 조건을 준수했기 때문에 목표를 달성할 수 있었다. 1996년의 포괄적 핵실험 금지조약(Comprehensive Nuclear Test Ban Treaty)은 충분한 국가들에 의해 비준되지 않은 이유로 정식 발효되지 않았기 때문에 국제적 지지를 얻는 데 어려움을 겪고 있다 (Zartman et al., 2014 참조).

조약의 성공에 영향을 미치는 두 번째, 그리고 가장 중요한 요소는 집행이다. 만약 정부가 조약에 서명하고 비준한다면, 그것은 의무 이행을 약속하는 것이며, 만약 그렇게 한다면 모든 것이 잘 진행될 것이다. 그러나 국가가 서명한 합의 조건을 어기거나 왜곡하더라도 처벌할 수 있는 방안은 거의 없다. 위반사항을 공개하고 수치심을 안겨 줄 수 있고, 심지어 가입 조건을 준수하지 않는 협정이나 국제기구에서 추방될 수도 있다. 이러한 결과가 초래되지 않도록 조약 당사국들의 정기적인 회의 개최(조약국들에게 조항을 상기시키는), 조약을 관리하는 사무처의 설립 (이 장의 후반부 참조), 정기적인 보고 의무 수행 등의 노력을 한다. 그 외에도, 협정을 준수할 의무는 주로 수행하는 게임에 대한 이해와 호혜주의의 이득으로부터 비롯된다. 만약 한 국가가 협정의 조건들을 존중한다면, 다른 모든 국가들도 그렇게 하기를 합리적으로 기대할 수 있다. 만약 그 조건들을 존중하지 않는다면, 조약의 목표 수행을 위태롭게 하고, 그 국가는 협력적이지 않다는 낙인을 찍히게 될 위험이 있다. 마찬가지로, 협력적인 국가는 다른 국가의 협력을 얻을 가능성이 더 높다는 의미에서 협력은 보상을 제공할 수 있다.

국가 및 지방 수준에 존재하는 것과 같은 종류의 법원체계가 국제사회에는 없지만, 관련된 기관의 업무를 판결하고 지원하는 국제법원이 몇 개 있다 (Mackenzie et al., 2010 참조). 예를 들어, 네덜란드 헤이그에 본부를 둔 국제사법재판소(International Court of Justice)는 유엔의 사법기관이며, 유엔 회원국들에 관련된 사건들을 심리할 수 있다. 한편, 스트라스부르에 본부를 둔 유럽사법재판소(European Court of Justice)는 유럽연합의 사법기관이며, EU의 기반이 되는 조약들과 관련된 사건에 대한 판결을 내릴 수 있다. 아프리카연합, 카리브공동체, 안데스공동체와 같은 다른 지역 단체들의 유사한 법원들도 동일한 역할을 수행한다. 인권분야에서는(제7장 참조) 유럽인권재판소(European Court of Human Rights)가 47개 회원국의 사건에 대해 판결을 내리는 반면, 국제형사재판소(ICC: International Criminal Court, 제7장 참조)는 대량학살, 반인도 범죄, 전쟁범죄 등 심각한 인권침해에 대해 가해자에게 책임을 묻는다. 그러나 이 모든 법원이 공통적으로 가지고 있는 것은 그들의 판결을 뒷받침할 수 있는 집행 메커니즘의 약점 또는 부재다.

국제기구

국제기구(IO: International Organization): 국가 간 협력을 증진하기 위해 설립된 기구로, 정부 또는 비정부행위자가 회원으로 있다.

조약 이외에도 글로벌거버넌스는 **국제기구(IO: International Organization)**의 작업에 의해 형성되고 정의된다. 국제기구는 구성원들이 국가의 정부 또는 비정부기구로 구성되어 있으며, 구성원들을 모아 집중적인 이익 추구를 하도록 만들어진 단체다 (Karns et al., 2015). 인간의 노력에 대한 거의 모든 분야에 관련되는 기구들이 있고, 관심사를 충족시키는 국제기구가 적어도 하나가 있을 수 있지만, 더 많을 수도 있다 (일부 예는 표 6.2를 참조할 것).

국제기구의 기원은 19세기로 거슬러 올라가지만, 그 숫자는 국제협력의 새로운 확산에 힘입어 제2차 세계대전이 끝난 이후 폭발적으로 증가했다. 브뤼셀에 본부를 둔 국제협회연합(UIA: Union of International Associations)의 자료에 따르면, 1909년에는 220개 미만의 국제기구가 있었으며, 1951년에도 약 1,000개만 존재했다. 1970년에는 4배 가까이 증가하였고, 1990년에는 2만 7,000개 가까이 증가하였으며, 2020년에는 7만 4,000개에 육박하였다 (도표 6.2 참조). 가장 많은 성장은 비정부기구에서 이루어지고 있는데, 이 기구들은 대중의 기부와 자원봉사자들에 의존하고 있기 때문에 불안정하다. UIA에 따르면, 매년 약 1,200개의 새로운 기구가 기록에 추가되지만 2020년 기록을 보면 44퍼센트 가까이가 휴면상태라고 기술되어있다.

국제기구의 생성과 활동의 동기는 평화 또는 안보 증진과 같은 광범위한 목표에서 연구의 촉진, 전문적 표준의 설정, 국제 프로그램의 관리, 복제의 축

표 6.2 국제기구: 일부 사례

이름	설립연도	본부
라인강 항해 중앙위원회(Central Commission for the Navigation of the Rhine)	1815	프랑스 스트라스부르
국제전기통신연합(International Telecommunication Union)	1865	스위스 제네바
국제올림픽위원회(International Olympic Committee)	1894	스위스 로잔
국제축구연맹(FIFA: International Federation of Association Football)	1904	스위스 취리히
세계침례교연맹(Baptist World Alliance)	1905	미국 버지니아 폴스처치
국제형사경찰기구(INTERPOL: International Criminal Police Organization)	1923	프랑스 리옹
유엔(United Nations)	1945	미국 뉴욕
국제대학연합(International Association of Universities)	1950	프랑스 파리
경제협력개발기구(Organisation for Economic Cooperation and Development)	1960	프랑스 파리
국제지질학연합(International Union of Geological Sciences)	1961	중국 베이징
국제열대농업센터(International Center for Tropical Agriculture)	1967	콜롬비아 팔미라
세계여행기구(World Tourism Organization)	1975	스페인 마드리드
이슬람개발은행(Islamic Development Bank)	1975	사우디아라비아 제다
국제해저기구(International Seabed Authority)	1994	자메이카 킹스턴
국제노동조합연맹(International Trade Union Confederation)	2006	벨기에 브뤼셀

소, 또는 데이터 수집과 같은 보다 집중적인 목표에 이르기까지 다양하다. 국제기구의 형태와 크기는 다양하다.

- 국제기구의 범위는 글로벌, 지역적 또는 양자적일 수 있다.
- 국제기구는 중요한 자원을 가지고 있을 수도 있고 없을 수도 있다.
- 국제기구는 참여 구성원들로부터 상이한 수준의 지지와 의견을 가지고 있다.
- 국제기구는 관심사에 대해 다양한 수준의 전문지식을 가지고 있다.
- 국제기구는 목표를 달성하기 위해 종종 다른 방법을 사용한다.

정부간기구(Intergovernmental Organization): 국가 사이의 협력을 조장하고 촉진하며, 국가들로 구성된 기구.

특정한 종류의 국제기구인 **정부간기구**(IGO: intergovernmental organiza-

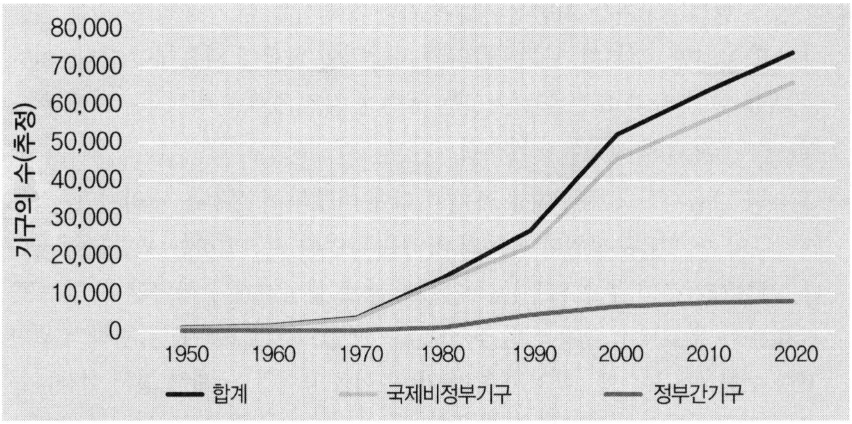

도표 6.2 국제기구의 증가 현황

출처: 국제협회연합(UIA: Union of International Associations)의 데이터에 기초하였음 (다양한 연도).

tion)는 우리가 국제기구를 생각할 때 가장 쉽게 떠오르는 종류의 기구이다. 그 이름이 암시하듯이, 정부간기구는 정부에 의해 설립되고, 기구의 구성원은 국가이며, 기구의 목표는 국가 간의 협력을 증진하는 것이다. 최초의 정부간기구들은 19세기에 유럽에서 설립되었는데, 그들은 라인강 항해 중앙위원회(1815년 설립), 국제전신연합(International Telegraph Union, 국제 표준을 제정하기 위해 1865년 설립, 이후 국제전기통신연합으로 개칭), 그리고 일반우편연합(General Postal Union, 1874년 표준을 확립하기 위해 설립, 이후 만국우편연합[Universal Postal Union]으로 개칭) 등이다. 오늘날 정부간기구 중 가장 유명한 것은 유엔, 그리고 산하의 전문기관 및 프로그램들이다. 다른 정부간기구에는 유럽 대부분이 캐나다 및 미국과 함께 가입한 안보동맹인 북대서양조약기구(NATO, 제8장 참조)가 있으며, 세계무역기구(World Trade Organization, 제10장 참조)는 무역 문제에 초점을 맞춘 글로벌조직이다.

'정부간(intergovernmental)'이라는 용어는 항상 문자 그대로 생각해서는 안 되는데, 그 이유는 많은 정부간기구들이 실제로 정부를 구성원으로 하는 것이 아니기 때문이다. 예를 들어, 정부를 대변하는 관료, 과학자, 또는 전문가들로 정부간기구가 구성되는 경우가 있다. 또한, 정부가 최종 결정을 내리고 재정적 비용을 지불하는 반면, 그들이 향유하는 위상은 정부 밖에서 일하는 단체와 사람들에 의해 형성되고 심지어 실행될 수 있다.

정부간기구의 작업은 세 가지 원칙에 기초한다.

- '자발적 협력'. 국가는 시민을 강요하거나 강제하는 데 사용될 수 있는 법을 가지고 있지만, 정부간기구는 동의와 자발적인 협력에 의존해야 한다. 이들은 대개 회원 자격 요건을 넘어서는 권한을 갖지 못하는데, 이는 지배할 수 있는 능력을 거의 제공하지 않는다.
- '공유된 관심사'. 국가는 대개 자기 이익에 기초하여 결정을 내리지만, 정부간기구의 경우는 구성원이 공동의 이익을 확인하고 작업하는 포럼을 제공한다. 정부간기구의 주요 업무는 국가들이 서로 협상하거나 협력할 수 있는 촉진자 또는 통로로서 행동하는 것인데, 그 방법으로는 표준을 설정하기 위한 정보 수집, 연구 수행, 회의 개최 등이며, 이들 모두는 국제적 정책 어젠다를 형성하는 데 도움이 되도록 설계된다.
- '최소한의 자치권'. 정부간기구는 독립적인 권한이 거의 없으며, 일반적으로 회원국이 허용하는 것만 수행할 수 있다. 예를 들어, 정부간기구는 세금을 부과하거나 그들의 판결을 집행할 힘이 부족하고, 자산이 거의 없으며, 영토를 통제하지 않는다.

정부간기구는 연혁, 규모, 범위, 효과 면에서 매우 다양하다. 정부간기구는 정치적, 군사적, 경제적, 재정적, 사회적, 문화적, 종교적, 또는 교육적 관심사를 가질 수 있고, 단지 두 개의 회원국만을 가질 수도 있고, 글로벌 차원에서 개방적일 수도 있고, 명확하게 정의된 기능적 책임(경찰 협력 또는 고래잡이의 관리와 같은) 또는 광범위한 집단적 이익(경제협력과 같은)을 가질 수도 있으며, 그들의 권력과 역할은 표준설정에서부터 정보수집, 규칙제정, 국가 수행 모니터링에 이르기까지 다양하다. 활동이 국제법과 밀접한 관련이 있는 특정한 종류의 정부간기구는 **조약사무국**(treaty secretariat)이다. 조약사무국은 통상적으로 조약의 조건에 따라 만들어지며, 사무국의 영향력은 자신이 감시하고 있는 조약에 서명한 국가들의 수, 관련된 목표의 심도, 조약에 의해 다루어지는 문제의 규모와 가시성, 조약의 목표를 이행하는 데 있어서 달성되는 진척의 양과 속도, 그리고 사무국이 회원국들과 확립한 신뢰의 수준에 의하여 생성된다. 많은 조약사무국들이 기존 정부간기구들에 속해 있지만, 독립적으로 활동하는 조약사무국들도 있다.

조약사무국(Treaty secretariat): 국제조약의 준수 상황을 감시하고, 서명국들 간의 협상을 촉진하는 업무를 담당하는 기관.

유엔

뉴욕시를 가로지르는 이스트 강(East River)이 내려다보이는 맨해튼의 동쪽 해안에는 유엔(United Nations) 본부가 있다. 1952년에 지어진 연혁을 보여주며, 많은 내부 공간은 현대화와 첨단화의 혜택을 받고 있다. 그럼에도 불구하고, 유엔 빌딩은 지속적으로 바쁜 모습을 보이고 있다. 근처의 대사관과 세계의 먼 곳에서 많은 대표단이 도착하고, 시위자들이 정치적 성명을 발표하기 위해 그 건물을 사용하지 않도록 하는 보안조치도 강화되고 있다. 여행객 집단이 셀프 가이드 여행을 하며 빌딩을 방문하고 있다. 때때로 안보리 5개 상임이사국 대표들과 교대로 구성되는 10명의 비상임이사국 대표들이 긴급하고 중요한 현안에 대해 연설하거나, 총회에서 거의 200명의 대표들이 결의안에 대해 투표한다.

제1차 세계대전 이후 설립되었다가 실패한 국제연맹(League of Nations)의 후계자로서 1945년에 설립된 유엔의 공식적인 목적은 평화에 대한 위협의 제거를 통해 국제평화와 안전을 유지하고 국가 간의 좋은 관계와 협력을 고무하며 인권 존중을 장려하는 것이다. 6가지 핵심 제도적 요소를 사용하여 이를 실현하기 위해 노력한다.

출처: Getty Images/Tetra images RF

뉴욕에 있는 유엔 본부. 정부간기구의 대표적 사례인 유엔은 1945년 이래 각국이 평화와 국제안보를 증진시키기 위해 노력하고 있는 포럼이다.

- '총회(General Assembly)'는 모든 국가가 평등하고, 토론 및 결의안을 통과시킬 수 있는 권한을 가진 주요 회의 장소이다.
- '안전보장이사회(안보리, Security Council)'는 15개 이사국에 초점이 맞추어지며, 거부권을 가진 5개 상임이사국(미국·러시아·영국·프랑스·중국)과 순환되는 10개 비상임이사국으로 구성된다.
- '유엔 경제사회이사회(ECOSOC: Economic and Social Council)'는 유엔의 경제 및 사회 활동을 조정하는 역할을 하며, 특히 표 6.3에 열거된 전문기관 및 프로그램의 업무를 담당한다.
- 헤이그(네덜란드)에 본부를 둔 '국제사법재판소(International Court of Justice)'에는 15명의 판사가 임명되어 있으며, 이들은 9년 임기에 연임이 가능하다.
- 유엔은 교육에서 보건, 환경, 식량안보, 통화 안정성, 여성의 지위, 산업 및 농업 개발, 지적 재산권 등 다양한 문제를 다루는 광범위한 '프로그램과 전문기관'을 보유하고 있다 (표 6.3 참조). 이들 중 몇 가지는 이후 장들에서 자세히 다루어진다.

표 6.3 유엔의 산하 기관 및 프로그램

FAO	유엔 식량농업기구(Food and Agriculture Organization of the UN)
IBRD	세계은행(국제부흥개발은행, International Bank for Reconstruction and Development)
ICAO	국제민간항공기구(International Civil Aviation Organization)
ILO	국제노동기구(International Labour Organization)
IMF	국제통화기금(International Monetary Fund)
IMO	국제해사기구(International Maritime Organization)
UNESCO	유엔 교육·과학·문화기구(UN Educational, Scientific and Cultural Organization)
UNEP	유엔환경계획(UN Environment Programme)
UNIDO	유엔 산업개발기구(UN Industrial Development Organization)
ITU	국제전기통신연합(International Telecommunication Union)
UNWTO	유엔 세계관광기구(UN World Tourism Organization)
UPU	만국우편연합(Universal Postal Union)
WHO	세계보건기구(World Health Organization)
WMO	세계기상기구(World Meteorological Organization)

- 유엔은 국제분쟁지역에 파견되는 국제 평화유지군을 통합하고 관리한다 (8장 참조).

유엔은 우리에게 가장 가까운 국제기구이지만, 독립적인 힘을 가지고 있지 않으며, 회원국들이 허용하는 만큼의 기능만 할 수 있다. 주권이 회원국에 있다는 사실은 유엔 헌장 제2조에 명시되어 있다. "기구는 모든 회원국의 주권 평등의 원칙에 기초한다." 이것은 각 회원국이 국내문제와 국제관계에 대한 결정을 내릴 권리가 있다는 것을 의미한다. 또한, 회원국 자격에는 분쟁의 평화적 해결을 위한 지지, 다른 국가와의 관계에 있어서 무력을 사용하지 않는 (또는 위협을 가하지 않는) 합의, 다른 국가의 국내문제에 대한 불개입 원칙에 대한 지지 등이 포함되어 있는 것으로 이해된다. 유엔은 회원국들의 상이한 세계관과 목표에서 오는 리더십의 부족, 제한된 예산을 비롯한 여러 가지 장애가 존재함에도 불구하고 이러한 원칙들을 시도하고 추구해야 한다.

유엔의 가치에 대한 의견은 나뉘지만 (최근 논쟁 6 참조), 국가들의 상호 교류 과정에서 발생하는 다양한 요구와 기대를 고려할 때, 유엔은 최고의 글로벌 정부간기구일 것이다. 유엔은 낭비, 비효율성, 우선순위에 대한 의견 차이, 상호 효과적인 소통의 실패 등을 포함하여 큰 조직들이 직면하는 많은 일반적인

역자해설 6.2

한국과 유엔

한국은 정부 수립부터 현재까지 유엔과 어느 다른 국가들보다 밀접한 관계를 맺고 있다. 1947년 미국이 소련과의 미소공동위원회에서 한반도 신탁통치를 위한 협상이 실패로 돌아간 후 한반도 문제를 유엔에 상정하였다. 유엔의 결의안에 의하여 남한지역에 유엔 감시 하의 총선거를 1948년 5월 10일에 실시하여 대한민국정부가 수립되었다. 1948년 12월 12일에는 대한민국정부를 남한지역에서의 합법정부로 승인했다.

1950년 6월 25일 한국전쟁이 발생하자 유엔은 안보리에서 6월 25일, 27일, 7월 7일 세 번의 결의안을 통과시켜 세계 16개국 군대를 모아 유엔군 사령부를 만들어서 한국전쟁에 직접 개입하여 전투를 벌였다. 이후 38선 이북 진격문제, 중국의 침략자 결의안, 휴전협상안 등에 대한 총회 결의안을 통과시켜 한국전쟁의 전개과정에도 적극 개입했다.

1953년 7월 27일 유엔사령관 이름으로 한국전쟁 정전협정을 체결했고, 아직도 유엔사령부는 남한에 주재하면서 한국전쟁 정전협정 준수를 감독하고 있다. 1991년에는 남북한이 유엔에 동시 가입하였고, 북한은 유엔 헌장에 의하여 공식 국가로 인정받게 되었다.

최근 논쟁 6

유엔에 대한 찬성과 반대

찬성	반대
회원국의 보편성. 유엔은 거의 전 세계를 아우르고, 광범위한 글로벌 문제들을 다루는 유일한 정부간기구다.	집행 권한이 없다.
국제분쟁에 대해 토론하고 해결할 수 있는 포럼을 제공한다.	안보리에서의 거부권 등 회원국의 권력분배가 구시대적이다.
유엔은 세계 많은 지역에서의 평화와 민주주의 촉진을 돕는다.	유엔 평화유지활동은 분쟁을 종식시키기보다는 안정화시키는 경향이 있다.
유엔 결의안은 국제 행동을 지지하고, 글로벌 합의가 이루어지도록 도움을 준다.	종종 대규모 조직과 관련된 낭비와 비효율성을 겪는다.
전문기관과 프로그램은 국가가 보다 집중적인 문제와 요구를 해결할 수 있는 유용한 수단을 제공한다.	테러단체와 같은 비국가행위자들을 다루는 수단을 제공하는 것이 어렵다는 점이 확인되었다.

문제들을 겪는다. 유엔은 종종 서로 의견이 맞지 않거나 유엔의 방침에 동의하지 않는 국가들의 정치적 지원과 예산 기여에 의존해야 하는 추가적인 문제에 직면한다. 이러한 문제점들에도 불구하고, 논쟁적인 관점에서 우리가 유엔을 가지고 있는 것이 없는 것보다 낫다는 평가를 받고 있다.

비국가행위자

비국가행위자(Non-state actor): 국가 구조에는 속하지 않지만, 지역, 국가, 국제 또는 글로벌 차원에서 정책에 영향을 미치는 기관.

국제협력은 정부 간에만 이루어지는 것이 아니라, 정부 밖의 확대된 **비국가행위자**(non-state actors)의 네트워크에서도 이루어진다 (Higgot et al., 2011). 비국가행위자들이 지역적, 국가적, 국제적 수준에서 활동하든 간에, 그들은 국가들이 국제적으로 또는 글로벌 차원에서 행동하는 방식에 영향을 미칠 수 있고, 종종 국가 업무의 공백을 메우는 기능을 가지고 있거나 국가로부터 반응을 강요하는 방식으로 행동한다. 예를 들면 다음과 같다.

- 다국적기업 또는 산업, 특히 금융, 은행 및 에너지 분야.
- 경제적 이익에 관련되는 노조와 소비자.
- 사회적 관심 대상인 인종집단이나 은퇴한 사람들.
- 종교단체들, 특히 다종교 국가들의 종교단체들.
- 조직범죄나 테러조직 같이 법 밖에서 활동하는 행위자들.

핵심 비국가행위자는 시민사회 내에서 활동하면서 이해관계를 결집하는 **국제비정부기구**(INGO: international non-governmental organizations)다 (글로벌과 로컬 6을 참조할 것). 여기에는 개인, 국내의 비정부기구(NGO) 또는 이익단체, 전문직, 또는 민간협회가 포함된다. 그 사례로 국제사면위원회(국제앰네스티), 국제적십자사, 그린피스 등이 있다 (이들에 대해서는 다음 장들에서 구체적으로 설명한다). 그들의 목표와 방법 측면에서, 대부분의 국제비정부기구는 정부의 일부가 되지 않고 정책에 영향을 미치는 것을 목표로 하면서, 국가 수준에서 활동 중인 집단의 활동을 반영한다. 그들은 정부에 대한 압력을 조정하고, 연구를 수행하고, 기금을 모으고 지출하며, 자신들이 관심 있는 문제들에 대한 언론 보도를 촉진하고, 국가, 기업, 또는 개인에 대한 내부고발을 포함한 다양한 방법을 사용하여 활동한다. 국제비정부기구의 크기와 형태는 다양하다.

국제비정부기구(INGO: international non-governmental organizations): 개인이나 민간단체와 같은 비국가적 회원의 활동을 통해 국제협력을 장려하기 위해 행동하는 단체다.

- 일부는 지역 풀뿌리 조직이고, 다른 일부는 강력하게 국제적으로 연결되어 있다.
- 관심사가 집중된 기구도 있고, 관심사가 광범위한 기구도 있다.
- 어떤 기구는 제한된 예산으로 평범한 사무실에서 활동하고, 다른 기구는 수도의 호화로운 사무실에서 활동한다.
- 어떤 기구는 직접적인 행동(기구가 돕거나 영향력을 행사하려는 사람들 또는 조직과 직접적인 관계)을 하는 반면, 다른 기구는 주요 국제 회합에서 정부와 함께 활동하는 것을 볼 수 있다.

여러 가지 면에서, 국제비정부기구는 지역 또는 글로벌한 문제에 대한 대응에 정부가 동의하지 않는 것을 보완하기 위해서 미진한 부분을 보충하고 있다. 일부는 정치적 부담을 별로 느끼지 않는 일반 시민들에 의해 설립되고 운영된다는 이점을 가지고 있는데, 이는 그들이 다른 국가의 같은 생각을 가진 시민

글로벌과 로컬 6

시민사회

이 장은 글로벌거버넌스, 국제레짐, 국제법에 초점을 맞춘다. 그러나 그들의 실체, 그리고 그들이 어떻게 활동하는지를 이해하는 것은 중요하지만, 글로벌시스템이 **시민사회**(civil society)라고 알려진 정부 밖에서 일하는 사람 및 조직의 활동에 의해 영향을 받는다는 것을 인식하는 것도 똑같이 중요하다. 이들은 넬슨 만델라나 달라이 라마 같은 영향력 있는 지도자, 또는 인권이나 환경 보호와 같은 문제에 집중하는 비정부기구라는 공동체, 또는 노동자의 권리나 여성의 권리와 같은 대중적 이슈에 결집된 대중운동들의 과업에 의해 추진될 수 있다.

글로벌 차원에서, 국제협력 확대에 따른 국제비정부기구의 수와 범위의 성장은 **글로벌시민사회**(global civil society)의 출현을 반영한다. 우리가 글로벌거버넌스를 연구할 때, 우리는 글로벌거버넌스가 수백만 개의 지역 결정에 의해 형성되고 추진된다는 것을 빠르게 깨닫는다. 매튜스(Mathews, 1997)는 환경적 쇠퇴와 같은 '비전통적 위협'의 부상, 그리고 국가안보보다는 인간안보에 대한 새로운 우려의 출현 결과에 따른 글로벌정치의 권력 이동에 대해 기술했다. 그녀는 국가 정부가 "글로벌경제에서 자치권을 상실할 뿐만 아니라, 주권의 핵심에 있는 정치, 사회, 안보 역할을 포함한 권력을 기업, 국제기구, 그리고 다수의 비정부기구와 공유한다"고 결론지었다.

전통적 관점은 NGO와 INGO가 수요와 문제에 대한 '상향식(bottom-up)' 사회적 반응의 결과로 만들어졌다는 것이고, 이는 대체로 사실이다. 대부분의 INGO는 정부가 아닌 일반 사람들에 의해 지역 이니셔티브의 결과로 만들어졌다. 그러나 레이먼(Reimann, 2006)은 '하향식(top-down)' 역동성도 작동되었다고 주장한다. 새로운 자금원과 정치적 접근을 위한 새로운 채널이 NGO와 INGO의 형성과 성장을 장려하는 새로운 국제정치적 기회를 창출했으며, 북(North)의 국가들과 정부간기구(IGO)는 남(South)에로의 NGO 확산을 적극적으로 촉진했다고 주장한다. 특히, 유럽연합과 유엔 기구들은 그들의 프로젝트에 대한 책임의 일부를 INGO에 하청했고, INGO에 자금을 제공했으며, 국가 NGO들이 서로 협력하도록 장려하기 위해 고안된 네트워크 조직을 만들었다.

시민사회(Civil society): 시민들이 공동 관심사를 해결하기 위해 서로 협력하는 공공 영역.

글로벌시민사회(Global civil society): 시민들이 글로벌 수준에서 참여하는 공공 영역.

들과 함께 활동할 수 있는 더 큰 유연성과 자유를 제공한다. 종종, 비정부기구(NGO)는 한 국가에서 만들어지고 다른 국가에 동등한 국가사무소를 만들도록 고무하며, 네트워크는 국제 조정 사무소의 설립에 의해 함께 유지되고 같은 궤도에 놓이게 된다. 예를 들어, 1969년 미국에서 설립된 환경단체 '지구의 친구들(Friends of the Earth)'은 지금은 암스테르담에 있는 국제본부가 조율하는 75개국 국가사무소를 통해 활동하고 있다. 그러나 국제비정부기구는 완벽하지는 않으며, 때때로 편협한 이익의 과도한 촉진과 일관성 없는 자금 지원 같은 문제로 어려움을 겪고 있다.

또 다른 종류의 비국가행위자는 **다국적기업**(MNE: multinational enterprise)이다. 다국적기업이 항상 기존의 국제비정부기구와 동일한 방식으로 고려되고 평가되는 것은 아니지만, 다국적기업은 국제적이면서도 비정부적이다. 국가 차원의 정책을 수립하고 시행하는 데 기업들이 핵심적인 역할을 하듯이, 다국적기업은 글로벌거버넌스 시스템의 중요한 부분이다. 이는 특히 은행, 에너지회사, 자동차 제조업체, 제약회사와 같은 규모가 큰 다국적기업들에게 해당되며, 그들의 영역은 종종 광범위하고 심층적이며 많은 다국적기업들이 세계화의 중심에 위치하고 있다. 국가 내에서 유권자와 여론에 대한 책임을 지는 것과 같은 종류의 공식 제도가 결여된 글로벌거버넌스 시스템에서 다국적기업들은 창의적이고 야심적이며 영향력 있는 이윤을 추구한다는 점에서 일반적인 국제 비정부기구들과 분명히 다르다.

다국적기업(MNE: multinational enterprise): 두 개 이상의 국가에 시설과 소득 창출 자산을 가지고 있으며, 모국에서 글로벌 활동을 관리하는 민간 기업.

다국적기업은 다양한 방식으로 글로벌시스템에 영향을 미친다.

- 국제 무역 주도.
- 해외 투자 대상에 대한 주도적 결정.
- 대규모 재정적 또는 천연자원에 대한 통제권 행사.
- 상품과 서비스의 생산을 주도하여 소비자의 취향과 선택을 바꾸는 데 기여.
- 에너지 사용 방법 결정에 기여.
- 환경정책에 주요 영향 제공.
- 신기술 개발 주도.
- 노동자 권리에 관한 정책 수립, 새로운 일자리 창출, 새로운 일자리 유치 장소 결정 지원.
- 국가들의 경제적 건전성에 중요한 역할 수행.

세계에서 가장 큰 다국적기업은 아니지만, 사람들이 가정용 가구를 구입하는 방식에 거의 글로벌한 영향을 미치고 있는 이케아(IKEA)가 한 사례가 되고 있다. 1943년 스웨덴에서 17세의 캄프라드(Ingvar Kamprad)에 의해 설립된 이케아(IKEA라는 이름은 창립자 이름, 그가 자란 농장의 이름, 그의 고향 이름의 이니셜을 따서 만든 것이다)는 제품의 다양성과 저렴한 가격으로 곧 유명

출처: Lucas Schifres / Getty Images

고객들이 중국 상하이에 있는 이케아 매장을 방문한다. 1943년에 설립된 이후 스웨덴 회사는 소비자의 습관과 취향을 바꾸며 전 세계에 매장을 열었다.

해졌다. 1963년 스웨덴이 아닌 외국에 첫 매장을 열었고, 2018년 캄프라드가 사망할 때까지 50여 개국에 400여 개의 매장을 보유하고 있었으며, 20억 명 이상이 웹사이트를 방문하고 있다. 스칸디나비아의 느낌이 제품의 디자인에 뚜렷한 특색을 보이고 있는데, 이는 이케아가 무역과 일자리 창출에 영향을 미칠 뿐만 아니라 스타일에서도 무역의 우월성을 보인다는 점을 의미한다.

다국적기업의 역사는 그렇게 길지 않으며, 최근 수십 년 동안 글로벌시스템의 성장과 함께 숫자와 주재국 범위가 늘어나고 있다 (Chandler and Mazlish, 2005). 최초의 다국적기업은 제국주의와 산업화의 결과로 영국, 네덜란드, 그리고 다른 유럽 기업가들에 의해 설립된 무역회사였다 (제1장 참조). 세계의 첫 번째 다국적기업들 중 하나는 1600년에 런던에서 설립된 동인도회사였다. 결국 동인도회사는 너무 비대해져서, 자체 군대를 보유했으며 거의 단독으로 인도대륙을 지배했다. 그러나 다국적기업 활동의 첫 번째 광범위한 물결은 1880년대까지 오지 않았고, 두 번째 물결이 1970년대 이후 진행되고 있다.

유엔 자료에 따르면, 다국적기업의 수는 1990년 약 3만 5,000개에서 2002년 약 6만 3,000개, 2020년 약 10만 개로 증가했다 (United Nations Conference on Trade and Development, 2020). 일부는 너무 규모가 비대해져서 칸나(Khanna, 2016)가 묘사하는 '메타내셔널(metanational)'이 되었고, 더

이상 하나의 국가에 본부를 두고 있지 않게 되었다. 그들은 많은 자산을 통제하고 많은 사람들을 고용하게 되어, 일부 다국적기업은 국가보다 더 영향력이 커졌고, 이에 따라 칸나는 “가장 강력한 법은 주권에 의한 것이 아닌 수요와 공급에 의한 것이 되는 시대로 세계가 접어들고 있다”고 주장하게 되었다.

가장 큰 다국적기업들의 위치는 우리에게 세계의 변화하는 경제력과 금융력의 균형에 대해 많은 것을 알려 준다. 한때 다국적기업들은 주로 유럽과 북미에 지점을 두었으나, 빈곤했던 남부 지역, 특히 중국에 지점을 두고 있는 기업들이 늘어나고 있다. 2005년 『포춘(*Fortune*)』지 선정 글로벌 500대 기업 중 18개 기업만이 중국기업이었으나, 2019년에는 124개로 늘어났다. 2001년과 2019년 사이에 목록에 오른 북미 기업의 수는 215개에서 134개로 감소한 반면, 아시아 기업의 수는 116개에서 211개로 증가했다 (사례는 표 6.4 참조).

다국적기업의 성과에 대한 평가는 잘해야 논쟁적이고, 최악의 경우에는 부정적이다. 다국적기업은 사회적 관심사보다 이윤을 우선시하고, 더 높은 기준을 가진 국가에서의 운영을 폐쇄하고, 더 낮은 기준과 임금을 가진 국가로 옮기는 등 국가 환경 및 근로자 기준의 차이를 악용한다는 비난을 받는다. 다국적기

표 6.4 세계 10대 다국적기업

순위	회사명	모국	분야	매출(억 달러)
1	월마트(Walmart)	미국	유통	5,240
2	시노펙그룹(Sinopec Group)	중국	에너지	4,070
3	스테이트 그리드(State Grid)	중국	에너지	3,840
4	중국석유공사(China National Petroleum)	중국	에너지	3,790
5	로열더치쉘(Royal Dutch Shell)	영국/네덜란드	에너지	3,520
6	사우디 아람코(Saudi Aramco)	사우디 아라비아	에너지	3,300
7	폭스바겐(Volkswagen)	독일	자동차	2,830
8	비피(BP)	영국	에너지	2,820
9	아마존(Amazon)	미국	유통	2,810
10	토요타(Toyota)	일본	자동차	2,750

출처: Fortune Global 500 (2020).

주: 매출은 2019년 실적임.

업의 활동은 어떤 대가를 치르더라도 천연자원을 이용하려는 가난한 나라들의 노력에 연관되어 있는데, 그 사례로 다국적 석유회사들이 나이지리아와 같은 나라에서 환경적으로 해로운 석유를 추출하는 이야기가 상기되곤 한다. 반면에, 일부 다국적기업들은 기업의 사회적 책임의 원칙을 준수한다는 증거도 있다. 기업이 사회적, 환경적 이슈를 의사결정의 핵심에 두는 것이 재정적 이익과 연계되기 때문에 준수하고 있는 것이다 (구체적인 사항은 제13장 참조).

다국적기업들과 마찬가지로, 종교단체들은 보통 국제기구로 생각되지 않지만, 정부들의 선택, 그리고 전 세계 수백만 명의 종교 지지자들의 선택은 종종 조직화된 종교의 영향을 받는다. 이는 세계에서 가장 큰 두 종교인 기독교와 이슬람교의 경우에 특히 해당되는데, 우리가 제5장에서 보았듯이, 이 종교들은 세계 절반 이상의 사람들이 신봉한다. 종교를 믿는 사람들은 믿는 종교의 상이한 교의뿐만 아니라 국제종교기구의 활동에 의한 영향을 받는다. 기독교의 경우 종교기구는 세계침례교연맹, 세계교회협의회, 세계프렌즈협의회를 포함하며, 무슬림의 경우 세계무슬림연맹과 세계무슬림회의가 존재한다. 종교 간 협력을 장려하기 위해 활동하는 종교 교류 단체, 그리고 분열된 사회에서 평화를 이루기 위해 활동하는 단체들도 많이 있다.

베스트팔렌체제의 등장 이전에 정치적, 사회적 역할을 담당했던 가톨릭교회보다 더 오래되고 더 광범위한 영향력을 가진 종교단체는 거의 없었다. 오늘날 가톨릭은 세계 인구의 약 16%만을 차지하지만, 가톨릭의 도달 범위는 중남미, 미국, 아일랜드, 스페인, 이탈리아, 폴란드, 필리핀 등 넓게 확산되어 있다. 심지어 가톨릭교회는 바티칸 시국(市國)의 형태로 독자적인 국가형태를 유지하고 있으며, 이는 이전의 영광이 축소된 것으로 생각될 수 있지만 (교황국은 한때 북부 이탈리아를 지배했고, 교황은 한때 유럽 전역에서 거대한 권력을 휘둘렀다), 교황의 영향 범위는 아직 광범위한 것으로 인식되고 있다. 교황은 세계적인 영향력을 가진 몇 안 되는 종교 지도자 중 한 명이고, 바티칸의 의견들은 인권, 산아제한, 핵확산, 기후변화, 빈곤에 대한 태도를 형성하는 데 도움을 주고 있다.

대부분의 비국가행위자들은 비교적 식별하기 쉽고 법안에서 활동하지만, 거버넌스에 대한 논의를 하는 한 편에는 조직적인 범죄와 테러활동이라는 두 가지 다른 어두운 면이 있다. 두 문제 모두 대부분의 사람들이 알고 있는 것보다 훨씬 더 오랫동안 우리와 함께 해왔지만, 두 활동 모두에 대한 각국의 대응은 그들의 범위가 넓어짐에 따라 더욱 강화되어야 했다. 비록 우리가 비행기에 탑승하거나 콘서트나 스포츠 행사에 참석할 때 보안 검사를 받더라도, 거의 모든 사람들이 테러의 영향을 받게 된다. 조직범죄의 영향은 제한적인 경향이 있지만, 조직범죄를 정의하는 방법에 대한 합의가 이루어져야 할 정도로 확대되었다. 즉, 조직이 사업의 형태로 수행하는 범죄로 귀결된다. 조직범죄 집단의 사례로는 시칠리아 마피아, 러시아 마피아, 일본의 야쿠자, 중국의 삼합회 후계자들을 포함한다. 2000년 유엔 초국가적 조직범죄 방지협약(UN Convention against Transnational Organized Crime)은 인신매매와 밀수를 포함한 범죄활동을 통제하고 억압하기 위한 협력을 장려하는 노력으로 합의되었다.

지역통합

대부분의 국제기구들은 협력에 초점을 맞추고 있는데, 이는 국가들로 하여금 주권을 유지하면서 함께 활동하도록 하는 발상이다. 정부간기구는 **정부간주의**(intergovernmentalism)의 원칙에 기초하고 있는데, 이는 정부들이 서로 협력하는 것을 의미한다. 어떤 경우에는 그러한 협력의 깊이가 더 깊어졌고, 국가들은 표준적인 정부간기구보다 더 많은 법적 권한을 가진 공유기관을 만들어서 **지역통합**(regional integration)을 추진한다. 이 작업은 집단행동을 고무하고, 공유된 이익에 대한 공통규칙을 개발한다. 이러한 과정은 여기 참여한 국가들을 **초국가주의**(supranationalism)의 영역으로 이동시키는데, 이는 부분이 아니라 전체의 이익에 부합하는 새로운 수준의 협력을 창조하는 의미다. 이 새로운 기구들의 활동은 보통 대부분의 재래식 조약보다 훨씬 더 많은 의무를 지닌 조약들의 합의에 기초하고 있으며, 새로운 법을 만드는 동시에 구성국들이 협력하기로 동의한 영역에서 공동정책을 개발하는 권한을 가진 행정기관의 설립을 포함한다.

정부간주의(Intergovernmentalism): 국가 간 주요 협력의 결정은 해당 국가 대표 간의 협상의 결과로 이루어진다는 생각에 기초한 이론/모델.

지역통합(Regional integration): 공동의 이익과 목표의 확인에 기초한 주변국 집단 간의 협력과 집단행동 촉진, 그리고 공동정책과 집단법(collective law)의 개발.

초국가주의(Supranationalism): 일반이익에 관련된 국가의 권한을 정부간기구에 이양함으로써 협력하는 국가들의 공동이익을 추진하는 이론/모델.

비록 국가들에 의해서 설립된 기구들은 회원국 정부가 공통의 규칙 및 정책의 채택과 실행에 중요한 역할을 하도록 설계되었음에도 불구하고, 초국가주의를 바탕으로 설립된 기구들은 유엔이나 세계무역기구와 같은 정부간기구들의 가입에 관련된 의무들을 훨씬 능가한다. 이러한 방식은 주권을 포기하는 것이 아니라 주권을 모으는 것이라 할 수 있다. 그들이 이러한 주권의 통합에 대해 얼마나 준비가 되어 있는가 하는 것은 대중과 정치여론에 달려 있다. 이 생각의 가장 열렬한 지지자들은 통합을 결국 경제와 정치적 통합으로 이끌 수 있는 과정의 일부로 보는 반면, 비평가들은 통합을 국가 주권에 대한 위협으로 보고 있다.*

*** 역자 주**

정부간주의를 주장하는 학자들은 통합이 각 회원국 정부 간의 합의에 의해서 추진되어야 한다고 주장하는 반면, 초국가주의를 주장하는 학자들은 통합이 통합기구 내의 집행위원회와 의회 등에 의해서 추진되어야 한다고 주장한다.

지역통합의 가장 탁월한 사례는 유럽연합이다 (McCormick, 2021 참조). 1950년대로 거슬러 올라가 경제적, 정치적 장벽을 무너뜨림으로써 서유럽의 평화를 촉진하려는 노력들을 추적하여 보면, 후에 이루어진 유럽시장의 건설 노력과 이어진다. 현재 20개 이상의 회원국(지도 6.2 참조)과 거의 4억 5,000만 명의 인구, 농업, 망명, 경쟁, 교육, 환경, 대외관계, 이민, 안보, 테러, 무역에 관한 공통 또는 공유 정책을 가지고 있다. 그러나 특히 통합이 국가주권을 훼손하고 있고 국경개방이 더 많은 이민을 의미한다고 우려하는 유럽인들 사이에서, 통합 아이디어는 논란의 여지가 다분히 있다. 적어도 1990년대 초반

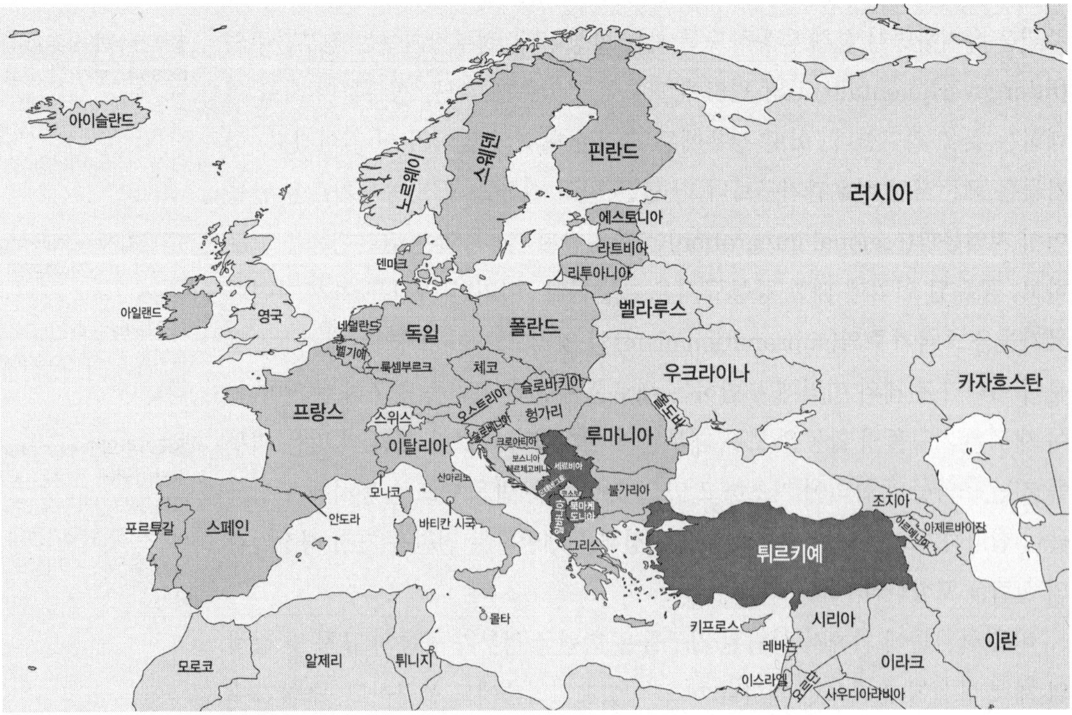

■ EU 회원국 ■ 미래 회원국으로 인정된 후보국

지도 6.2 유럽연합

부터 이 생각에 대한 반발이 일어나면서 우익의 반이민, 반EU 정당들이 부상하고 있으며, EU의 개혁에 찬성하거나 심지어 일부 국가에서는 EU 탈퇴를 찬성하는 의견들이 쏟아져 나오고 있다. 충격파는 2016년 영국에서 실시된 브렉시트(Brexit) 투표로 EU 탈퇴가 결정됐고, 결국 2020년 탈퇴했다.

장점과 효과에 대한 의구심에도 불구하고, 지역통합의 많은 사례를 전 세계적으로 찾아볼 수 있으며, 적어도 하나, 때로는 둘 이상의 지역조직에 관여하지 않는 국가는 거의 없다 (도표 6.3 참조). 이 조직들이 목표를 얼마나 성공적으로 달성할 수 있는가는 나이(Nye, 1970)가 한때 그들의 통합 잠재력으로 설명했던 것에 달려 있으며, 이는 몇 가지 조건을 포함한다.

- 관련된 국가들의 경제적 평등과 호환성.
- 회원국들의 경제정책을 통제하는 엘리트 집단이 같은 생각을 하고 같은 가치를 가지고 있는 정도.
- 지원 및 정보를 제공하기 위한 이익집단 네트워크의 존재 및 활동.

도표 6.3 지역통합: 일부 사례

이름	창립연도	회원국
유럽연합(EU: European Union)	1952	독일, 프랑스, 스페인, 폴란드, 스웨덴, 그리스 등 27개국.
동남아국가연합(아세안) (ASEAN: ASSOCIATION OF SOUTHEAST ASIAN NATIONS)	1967	인도네시아, 말레이시아, 태국 등 10개국.
카리브공동체(CARIBBEAN COMMUNITY)	1973	바하마, 가이아나, 자메이카 등 15개국.
서아프리카경제공동체(ECOWAS: ECONOMIC COMMUNITY OF WEST AFRICAN STATES)	1975	가나, 코트디부아르, 나이지리아 등 15개국.
라틴아메리카통합협회(ALADI: LATIN AMERICAN INTEGRATION ASSOCIATION)	1980	아르헨티나, 브라질, 칠레, 멕시코, 베네수엘라 등 13개국.
남아시아지역협력협회(SOUTH ASIAN ASSOCIATION FOR REGIONAL COOPERATION)	1985	아프가니스탄, 인도, 파키스탄 등 8개국.
아프리카연합(AFRICAN UNION)	2002	아프리카 55개국 전체.

- 회원국들이 공공 수요에 적응하고 대응하는 능력은 국내 안정 수준과 의사결정자의 대응 능력(또는 욕구)의 수준에 의존.

EU는 회원국의 규모, 경제 발전의 수준, 협력에 대한 자세가 다르기 때문에 문제를 겪어왔다. 2002년에 창설된 아프리카연합은 훨씬 더 큰 도전에 직면해 있다. EU와 유사한 제도와 절차를 사용하는 아프리카연합은 국가의 부, 크기, 안정성, 내부 단결 면에서 다양할 뿐만 아니라, 수많은 민족과 종교의 본산이면서 민주주의와 권위주의 정권 모두를 포함하는 아프리카 대륙의 55개 국가를 포함한다. 지역기구의 창설과 폐쇄의 가장 극적인 사례는 남미국가연합(Union of South American Nations)으로, 설립 조약은 2011년에 12개 회원국으로 발효되었다. 곧바로 회원국들은 악화되고 있는 베네수엘라의 정치적 위기에 어떻게 대응할 것인가에 대한 논쟁에 휘말리게 되었고, 아르헨티나, 브라질, 칠레 등 6개국은 조직개편이 있을 때까지 회원 자격을 정지시켰다. 2019년 현재 회원국은 볼리비아, 가이아나, 수리남, 베네수엘라 등 4개국뿐이다.

이러한 대조적인 사례는 지역통합의 가치와 비용에 대한 다양한 견해를 반영한다. 한편으로, 지역통합은 힘이 거의 없고 주로 지원(회원국들이 공동의 목표를 달성하도록 돕는) 역할을 하는 표준적 국제기구의 업무에서 발견되는 협력의 종류보다 훨씬 더 심층적으로 추진될 수 있다. 다른 한편으로, 지역통합은 기구 회원국들의 주권 축소에 대한 근심스러운 의문을 제기하며, 종종 이러한 조직들이 책임감 없는 국제 관료들에 의해 운영된다는 부정확한 비난을 불러일으킨다. 사실, 그러한 모든 기구들은 회원국에 직접 책임이 있으며, 그들의 가치에 대한 진짜 문제는 지역협력이 상호 이익이 되는 것이냐 아니냐 정도로 요약된다.

토의주제

1. 어떠한 면에서 글로벌거버넌스는 글로벌정부에 미치지 못하는가?
2. 중국의 부상은 국제적 영향력의 균형에 무엇을 의미하는가?
3. 지금은 5대 유엔 회원국들로부터 거부권을 없앨 때인가, 아니면 오늘날 세계의 새로운 현실을 반영하기 위해 권력을 재분배할 때인가?
4. 다국적기업의 글로벌 영향력은 정부간기구의 영향력과 어떻게 다른가?
5. 글로벌시민사회 같은 것이 존재하는가?
6. 지역통합은 글로벌 요구를 충족시키기 위해 무엇을 제공해야 하는가?

핵심용어

- 거버넌스(Governance)
- 국제기구(International organization)
- 국제법(International law)
- 국제비정부기구(International non-governmental organization)
- 글로벌거버넌스(Global governance)
- 글로벌시민사회(Global civil society)
- 기관(Institution)
- 다국적기업(Multinational enterprise)
- 레짐(Regime)
- 무정부(Anarchy)
- 비국가행위자(Non-state actor)
- 시민사회(Civil society)
- 정부간기구(Intergovernmental organization)
- 정부간주의(Intergovernmentalism)
- 조약(Treaty)
- 조약사무국(Treaty secretariat)
- 지역통합(Regional integration)
- 초국가주의(Supranationalism)

유용한 웹사이트

G77 http://www.g77.org
국제사법재판소(International Court of Justice) https://www.icj-cij.org
국제협회연합(Union of International Associations) https://uia.org
유럽연합(EU) https://europa.eu
유엔(UN) https://www.un.org

추가 읽을 거리

Hanhimäaki, Jussi M. (2015) *The United Nations: A Very Short Introduction*, 2nd edn (Oxford University Press). 유엔에 대한 간결한 분석이며, 유엔의 역사, 구조, 그리고 잠재적인 미래 발전에 관한 장

포함.

Lowe, Vaughan (2015) *International Law: A Very Short Introduction* (Oxford University Press). 상이한 주제에 대한 일련의 간단한 소개의 일부로서, 국제법의 의미와 효과를 조망.

Pease, Kelly-Kate (2019) *International Organizations: Perspectives on Global Governance*, 6th edn (Routledge). 국제기구의 성격, 구조, 활동에 대한 조사.

Shaw, Malcolm N. (2017) *International Law*, 8th edn (Cambridge University Press), and Malcolm Evans (ed) (2018) *International Law*, 5th edn (Oxford University Press). 국제법의 구조, 범위 및 유형을 살펴보는 여러 가지 일반적인 조사 중 두 가지 서적.

Weiss, Thomas, and Rorden Wilkinson (2019) *Rethinking Global Governance* (Polity Press). 글로벌거버넌스의 기원, 성질 및 가능한 미래 방향에 대한 평가.

인권

7장

개요

이 장은 인권에 초점을 두고 있다. 먼저 세계인권선언(Universal Declaration of Human Rights)에 대한 개요, 그리고 인권이 어떻게 정의되고 이해되는지에 관한 논의로 시작한다. 그리고 인권의 진화와 확대에 대한 논의를, 노예제 문제에서 시작해 성소수자(LGBTQ+)권리와 세대 간 권리에 관해 대두되고 있는 관점들에 이르기까지의 이야기를 추적하며 전개한다. 뒤이어 일련의 조약, 유엔 기구들, 국제재판소, 그리고 국제비정부기구에 기초해 글로벌인권레짐의 구성요소에 대해 개괄한다. 이 장은 여성의 권리와 그것이 제공하는 통찰에 대해 논의하는 것으로 끝을 맺는다.

차례

핵심사항

- 인권은 모든 인간이 누릴 자격이 있는 보편적이고 빼앗을 수 없는 권리이다.
- 이러한 권리의 정의는 1948년 '세계인권선언(Universal Declaration of Human Rights)'의 채택 이래, 새로운 강도의 국면을 맞이해왔다.
- 인권의 정의는 계속해서 확장되고 있으며 최근에는 DNA권리, 성적 지향, 성 정체성과 같은 문제로까지 넓혀지고 있다.
- 인권레짐은 다양한 정부간기구와 국제비정부기구, 그리고 여성, 아동, 부족민, 이주노동자의 인권에 관한 늘어가고 있는 조약들을 포괄한다.
- 국제 수준에서 인권 침해를 기소하고자 하는 노력은 엇갈린 결과를 낳았다.
- 여성의 권리를 정의하고 보호하는 데 있어서 많은 진전이 있었지만 많은 문제와 모순이 잔존한다.

출처: Photo by Mercedes Mehling on Unsplash

인권의 이해

매년 1월 28일에는 국제 사생활 보호의 날(International Privacy Day)을 기념하는 행사가 열린다. 이는 1981년 '협약 108(Convention 108)'로 알려진 새로운 국제 조약의 합의로 거슬러 올라가는데, 이 조약은 거의 모든 유럽국가가 회원으로 가입된 국제기구인 유럽평의회(Council of Europe)의 지지를 받았다. 이 조약은 데이터 보호와 관련해 법적 구속력이 있는 유일한 국제적 합의로서, 민감한 자료의 공유를 금지하고, 데이터 사생활 보호에 관한 국내법의 개발을 장려한다. 이 조약이 발전하게 된 것은, 정부나 기업이 데이터를 수집해 알고리듬에 연결하고(제3장 참조), 한 국가에서 다른 국가로 우리에 대한 정보를 전송함으로써 더 많은 개인정보가 매일 활용 가능해져 인간으로서의 핵심 권리 중 하나인 사생활이 침해되고 있음을 인정하는 것이다.

사생활 보호의 문제에 대한 이와 같은 새로운 관심은 인권의 의미에 관해 벌어지고 있는 공적 논쟁의 가장 최근 사례일 뿐이며, 그 유산은 수 세기를 거슬러 올라가고, 새로운 집단이 보호를 요구하고 새로운 발전으로 인해 더 많은 질문이 수면 위로 떠오름에 따라 그 정의는 계속해서 변화하고 있다. 인간으로서 우리는 모두 서로에 대하여, 그리고 우리가 시민으로 속해있는 국가에 대하여 특정한 권리를 부여받았다고 언급되곤 한다. 그러나 이러한 권리들은 어디에서 시작되고 끝나는가? 이 논의는 주로 정치적으로 결정되는 두 가지 종류의 권리에서부터 시작된다.

시민적 자유(Civil liberty): 인간이 자신의 정부에 대하여 가지는 권리와 자유.

- **시민적 자유(civil liberty)**는 우리가 정부에 대해 가지는 권리와 자유이며, 정부에 의해(적어도 민주주의체제에서는) 부여되거나 인정된다. 여기에는 언론, 결사, 종교, 집회의 자유가 포함되는데, 그 법적 원칙은 정부가 이러한 권리를 약화시킬 수 없다는 것이다.

시민적 권리(Civil right): 인간을 자신이 누구인가에 근거한 차별로부터 보호하는 권리.

- **시민적 권리(civil right)**는 우리가 정부와 타인들, 양자 모두에 대하여 가지는 권리와 자유이며, 인종, 성별, 종교, 나이, 성적 지향(sexual orientation)과 같은 특질에 근거한 차별로부터의 보호를 제공한다. 각 국가와 사회는 보호받아야 할 집단의 목록에 관해 종종 상이한 관념을 가질 것이다.

인권(Human right): 모든 인간이 누릴 자격이 있는 자연적이고 보편적이며 양도불가능한 권리.

이들을 모두 포괄하면서 일부 겹치기도 하는 것은 **인권(human right)**이다. 인권은 정치적 기원을 가지고 있는 것으로 간주되지 않고, 대신에 단순히 인간이라는 이유로 향유할 자격을 갖는 권리로 정의된다는 점에서 독특하다. 이런 의미에서 인권은 정부나 국가로부터가 아니라 인간의 실존으로부터 파생된 '아래'로부터의 권리이다. 인권은 보편적이고(모두가 갖는 권리이므로) 양도할 수 없는(줄 수도, 빼앗을 수도 없으므로) 것으로 여겨진다. 또한, 정부가 어떠한 행동을 하지 않도록 요구하는 소극적 권리(예를 들어, 결사의 자유를 제한하는 등)와 정부가 어떤 행동을 취하도록 요구하는 적극적 권리(학교를 건립함으로써 교육에 대한 권리를 보호하는 등)는 구분되어야 한다. 소극적 권리에는 언론 및 종교의 자유가 포함되며, 적극적 권리에는 음식, 주거, 일자리 및 의료에 대한 권리가 포함된다 (Langlois, 2016 참조).

인권의 목록에 관한 권위 있는 자료는 1948년 12월 유엔총회에서 채택된 **세계인권선언**(UDHR: Universal Declaration of Human Rights)이다. 하지만 당시 유엔 회원국은 56개국뿐이었기 때문에, 오늘날의 193개 회원국 중 대부분은 세계인권선언에 대한 토론이나 최종 표결에 직접 관여하지 않았고, 무엇이 인권을 구성하는가에 관한 상이한 관념을 가진 사회와 국가의 관점으로 인하여 그 이후 인권에 관한 논쟁은 새로운 방향으로 나아가게 되었다. 그럼에도 불구하고 세계인권선언은 여전히 우리에게 참고할 만한 중요한 자료로 남아 있다. 세계인권선언은 전문에서 모든 인간의 "천부의 존엄성과 동등하고 양도할 수 없는 권리를 인정"하는 것이 "세계의 자유, 정의 및 평화의 기초"임을 강조하는 첫 문장으로 시작해 30개의 조항을 담고 있다. 뒤이어 인간이 가진 여러 개의 구체적인 권리와 자유를 나열한다 (표 7.1 참조).

세계인권선언(Universal Declaration of Human Rights): 1948년 유엔총회에서 채택된 인권에 관한 가장 권위 있는 개요.

권리에 관한 논쟁에서 가장 근본적인 의견 불일치 중 하나는 관점에 관한 것이다 (Donnelly and Whelan, 2020 참조). **보편주의**(universalism)는 모든 사람이 그들이 누구인지에 관계없이 동등한 일련의 권리들을 가진다고 주장하는 반면, **상대주의**(relativism)는 문화, 종교, 또는 전통에 기초한 예외가 있어야 하며, 따라서 권리에 관한 관념은 상대적인 관점에서 보아야 한다고 주장한다. 문화상대론자들은 종종 공동체의 권리보다 개인의 권리를 강조하는 등 서구적 관념에 의해 인권의 정의가 너무 많이 이끌려왔다고 주장한다. 보편주의자들은 이 주장이 특정한 집단의 인권을 부정하는 구실로 너무 자주 활용된다고 응수할 것이다.

보편주의(Universalism): 모든 인간은 그들이 누구인지, 어디에 사는지, 또는 어디 출신인지와 관계없이 동등한 일련의 권리를 지닌다는 관점.

상대주의(Relativism): 인권은 문화적으로 상대적이며, 일률적으로 적용되는 권리의 유일무이한 조합은 없다는 관점.

가령 많은 사회에서 여성의 힘이 커지는 것을 거부하는 것과 여성에게 부과되는 문화적 기대를 생각해 보자. 보편주의자들은 세계인권선언의 제16조("혼인은 장래 배우자의 자유롭고 완전한 동의하에서만 성립된다")를 인용하고 지지하겠지만, 아프리카, 아시아, 중남미의 일부 시골 지역을 포함하여 많은 사회는 모든 어린 소녀들에 관해서는 말할 것도 없이 당사자들의 감정을 고려하지 않은 중매혼이 현명하고 적절하다(또는 재정적으로 필요하다)고 주장할 것이다. 마찬가지로 세계인권선언과 서구 사회의 여론은 여성 할례를 혐오하지

* 역자 주
널리 통용되는 유엔 인권최고대표사무소의 한글 번역본에는 원문의 'equal access to public service'가 '동등한 공무담임권'으로 번역되어 있으나 이는 정확한 번역이 아니다.

표 7.1 세계인권선언

생명과 신체의 자유와 안전에 대한 권리.	의견의 자유와 표현의 자유에 대한 권리.
노예가 되지 않을 권리.	평화적인 집회 및 결사의 자유에 대한 권리.
고문, 또는 잔혹하거나 비인도적이거나 굴욕적인 처우를 받지 아니할 권리.	정부에 참여할 권리.
법 앞에 인간으로서 인정받을 권리.	공공서비스에 동등하게 접근할 수 있는 권리.*
법의 동등한 보호를 받을 권리.	사회 보장을 받을 권리.
기본적 권리를 침해하는 행위에 대한 실효성 있는 구제를 받을 권리.	정당하고 유리한 노동조건으로 일할 권리.
자의적인 체포, 구금, 또는 추방되지 아니할 권리.	실업에 대한 보호의 권리.
형사상 혐의를 받는 경우 공평한 법정에서 공정하고 공개된 재판을 받을 권리.	동일한 노동에 대하여 동등한 보수를 받을 권리.
유죄로 입증될 때까지 무죄로 추정받을 권리.	인간의 존엄에 부합하는 생존을 보장하는 정당하고 유리한 보수에 대한 권리.
사생활, 가정, 주거 또는 통신에 대하여 자의적인 간섭을 받지 않을 권리.	노동조합을 결성하고 가입할 권리.
자국 내에서 이동 및 거주의 자유에 대한 권리.	정기적인 유급휴가를 포함하여 휴식과 여가의 권리.
어떠한 나라를 떠날 권리와 돌아올 권리.	의식주, 의료를 포함하여 건강과 안녕에 적합한 생활수준을 누릴 권리.
박해를 피하여 비호를 구하거나 비호를 받을 권리.	실업, 질병, 장애 또는 노령의 상황에서 보장을 받을 권리.
국적을 가질 권리.	교육을 받을 권리
동의하에서 혼인하고 가정을 이룰 권리.	공동체의 문화생활에 자유롭게 참여할 권리.
단독으로 또는 다른 사람과 공동으로 재산을 소유할 권리.	지적재산의 이익을 보호받을 권리.
사상, 양심 및 종교의 자유에 대한 권리.	인권이 완전히 실현될 수 있는 국제적 질서에 대한 권리.

출처: United Nations (2021).

만, 이것이 문화의 한 부분으로 남아 있는 많은 아프리카와 중동 사회의 여성 할례 지지자들은 순결을 지키고 다산을 촉진하는 하나의 성인 의식이라며 이를 지지하고 (Abusharaf, 2006), 이 관행으로부터의 보호는 보편적 인권이 아니라고 주장한다.

이는 권리에 대한 사회적 제한의 예들이지만, 더 흔한 것은 정치적인 이유로 부과된 제한들인데, 여기에는 전 세계 **정치범(political prisoner)**의 수많은 사례가 포함된다. 의심할 여지 없이 20세기의 가장 유명한 정치범은 남아프리카공화국의 만델라(Nelson Mandela)였다. 아파르트헤이트(apartheid, 조직적인 인종 분리) 제도에 반대하는 행동주의를 통해 알려진 그는 1962년 무장 투쟁 운동에 참여했다는 이유로 투옥되었다. 감옥에서 27년을 보낸 만델라는 아파르트헤이트에 대한 저항의 상징이 되었다. 만델라는 1990년 석방되어 아파르트헤이트 종식 협상을 도왔으며, 남아프리카공화국의 대통령으로서 임기를 마쳤고, 사회 정의의 세계적인 우상이 되었다.

정치범(Political prisoner): 현재 정부와 반대되는 행동이나 신념으로 인해 투옥된 사람.

이와 관련된 것으로 **양심수(prisoner of conscience)** 문제가 있는데, 주목할 만한 최근의 예는 버마의 야권 지도자 수치(Aung San Suu Kyi) 여사로, 버마(미얀마로도 알려진)의 군사정부에 저항했다는 이유로 1989년에서 2010년 사이의 오랜 세월을 가택연금 상태로 보냈다. 2015년 선거에서 그녀의 정당은 압도적인 승리를 거두어 수치 여사는 총리에 해당하는 직책에 오를 수 있었다. 불행히도 나중에 버마 정권이 소수 무슬림인 로힝야족을 국외로 추방하려 했을 때 목소리를 내는 데 실패함으로써 그녀는 자신의 명성에 오점을 남겼다 (제11장 참조).

양심수(Prisoner of conscience): 정부나 국가에 의해 자신의 의견을 표명하는 것이 물리적으로 금지된 사람.

가장 심각한 인권 침해는 집단학살(genocide)이나 인종청소(ethnic cleansing)의 경우에서 찾아볼 수 있다. 이 두 용어 모두 상대적으로 새로운 것이지만(관련 논의는 제5장 참조), 두 용어가 묘사하는 행위는 그렇지 않고, 이에 해당하는 사례는 역사에 널려 있는데, 존스(Adam Jones, 2017)는 집단학살을 "인류의 오래된 어두운 그림자 중 하나"라고 묘사한다. 특히 악명 높은 역사적 예는 다음과 같다.

- 유럽 정착민들에 의한 아메리카대륙 원주민 집단학살.
- 현재의 나미비아가 독일령 남서아프리카였던 당시 헤레로(Herero)족과 나마쿠아(Namaqua)족을 말살하려던 시도.

- 제1차 세계대전 당시와 그 이후 오스만 제국의 아르메니아인들을 파괴하려는 조직적인 노력.
- 1933년에서 1945년 사이에 유럽에서 600만 명이 넘는 유태인과 집시의 죽음을 초래한 홀로코스트.
- 최근 신장 북서부 지역의 무슬림 위구르족을 탄압하려는 중국의 노력. 수백만 명이 정부에 의해 '재교육 캠프(re-education camp)'라고 묘사된 곳에 구금되어 있으며, 중국이 위구르인들에게 강제 노역을 시키고 위구르 여성에게 불임 시술을 하고 있다는 보도가 나오고 있음. 중국정부는 이러한 보도들을 부인하고, 대신에 중국정부가 취해온 조치는 테러리즘을 예방하고 이슬람 극단주의를 통제하기 위한 것이라고 주장함.

한편, 인종청소의 최근 사례로는 후세인(Saddam Hussein)에 의한 이라크 내 쿠르드족 대상 가스 살포, 1994년 르완다의 100만 명에 가까운 투치(Tutsi)족과 이들에게 은신처를 제공할 가능성이 있는 이들에 대한 학살, 1990년대 초반 유고슬라비아 해체 이후 벌어진 전쟁 중 크로아티아인, 보스니아인, 세르비아인, 코소보 알바니아인 및 기타 소수민족을 대상으로 했던 공격이 있다.

출처: JordiStock / iStock

중국 도시인 카슈가르의 시장에 위구르족 농부들이 모여있다. 중국정부는 중국의 서쪽 국경 지역에 살고 있는 무슬림 소수민족인 위구르족의 권리를 억압한다는 비판을 받고 있다.

권리의 진화

권리는 조직화된 사회가 존재했던 기간만큼이나 오랜 인간 경험의 일부였지만, 그러한 권리의 정의는 상대적으로 최근에야 더욱 넓어지고 합법화되었고 동질화되었다 (인권의 역사에 대한 연구로는 Hunt, 2007 참조). 기록상 가장 오래된 권리의 윤곽은 종교 경전에서 발견된 것들로서, 유대-기독교 십계명은 살인에 대한 금지(생명에 대한 권리), 간통에 대한 금지(혼인에 대한 권리), 또는 도둑질에 대한 금지(재산에 대한 권리)를 통한 특정한 권리 보호의 한 형태로 볼 수 있는 반면, 무슬림의 꾸란은 평등, 생명에 대한 권리, 재산 소유에 대한 권리를 지지하는 주장들을 포함하고 있다.

1215년 영국에서 서명되어 남작들과 교회에게 군주를 상대로 한 권리를 부여한 '마그나 카르타(Magna Carta)'는 더 폭넓은 법률적 용어로, 중요한 원칙들을 확립했다. 마그나 카르타 이전에는 군주들이 법 위에 있고 그들의 권위는 신에게서 유래한 것으로 여겨졌으나, 마그나 카르타는 군주도 나라의 법에 지배를 받는 것으로 규정하였고, 정부가 사람들을 임의로 구금하는 것을 금지하는 '헤비어스 코퍼스(habeas corpus)'*를 포함해 개인이 누릴 수 있는 특정한 권리들이 있다고 선언했다.

이후 수 세기 동안 중요한 법률의 진전은 거의 없었지만, **자연법(natural law)**에 대한 관념이 아퀴나스(Thomas Aquinas, 1225~1274년), 홉스(Thomas Hobbes, 1588~1679년), 로크(John Locke, 1632~1704년)와 같은 사상가들의 글에서 모습을 드러내었다. 그들의 관점은, 모든 사람이 옳고 그름에 대한 내재된 감각을 가지고 있다는 점과 권리는 그것을 선언하는 국가나 그것을 합법화하기 위한 문서에 의존하지 않는다는 점에 근거해 공통의 인간 도덕성의 존재를 시사하고 있었다. 로크에게 있어, **자연권(natural right)**은 생명, 자유, 재산에 대한 권리를 포함했다. 나중에 등장하는 경쟁학파는 벤담(Jeremy Bentham, 1748~1832년)과 오스틴(John Austin, 1790~1859년)과 같은 이들이 대표적인데, 이들은 각 사람과 정부는 '자연'이라는 단어의 의미에 대해 의견이 불일치하기 때문에 자연법에 자연스러운 것이란 없다고 주장했다. 대신 그들은 국가가 그러한 권리에 동의하였고 그에 따라서 그러한 권리를 정의하였으므로 인권이 존재하는 것이라고 주장했다.

1689년 영국에서 '권리장전(Bill of Rights)'이 통과되면서 인권은 새로운

* 역자 주
위법한 신체구속으로부터 인신의 자유 확보를 위해 발달하게 된 인신보호제도로서, 타인의 신체를 함부로 구금할 수 없도록 한다.

자연법(Natural law): 어떤 권리는 정부나 사회의 규칙이 아닌 자연으로부터 유래한 것이라고 보는 관점.

자연권(Natural right): 자연의 보편적 법칙의 결과로 존재하며, 정부에 의해 부여될 수도 없고 빼앗길 수 없는 권리.

모습을 취하게 되었는데, 이는 군주에 대하여 일반인들에게 더 많은 권력과 보호를 제공했다. 정확히 한 세기 후, '인간과 시민의 권리 선언(Declaration of the Rights of Man and the Citizen)'은 프랑스에서 혁명 이후 통치자와 지배자 사이의 새로운 관계를 기록에 남겼는데, 그것은 "사람은 자유롭게 태어났고, 자유로우며 권리에 있어서 평등하다"고 선언했고, 임의 체포와 처형으로부터의 자유, 종교와 표현의 자유, 사유재산을 보호받을 권리와 같은 구체적인 권리에 대한 언급을 포함했다. 이 진술은 1776년 미국 '독립선언서(Declaration of Independence)'에 나타난 연관된 사상을 반영하고 있는데, 그 유명한 첫 문장은 다음과 같다.

> 우리는 모든 인간이 평등하게 창조되었고, 창조주로부터 어떤 양도할 수 없는 권리를 부여받았으며, 그중에는 생명, 자유, 행복의 추구가 있음을 자명한 진리로 믿는다.

1791년의 미국 권리장전, 즉 새로운 미국 헌법의 수정조항들은 나중에 종교, 표현, 언론, 집회의 자유와 같은 권리를 명시하였지만, 또한 더 논란이 많은, 무기를 소지할 권리란 것도 있음을 시사했다. 이러한 믿음은 미국의 총기 소유자들에게 거의 특수하게 존재하는 것이며, 인권으로서 보편적인 지지를 받는 것은 결코 아니다. 사실 대부분 국가는 총기 소유에 엄격한 제한을 두고 있다.

인권에 대한 이론과 실천이 진화하는 데 수 세기가 걸렸지만, 이러한 권리는 여전히 보편적으로 적용되고 보호되는 것과는 거리가 있고, 그 예로 19세기의 가장 발전된 민주주의체제조차도 여성들에게는 이를 인정하지 않았다. 참정권 운동은 20세기 초반까지 대부분의 서구 국가에서 여전히 확립되지 못했던 여성의 투표권을 달성하기 위한 노력에서 비롯되었다. 한편, 인권에 대한 보다 노골적인 무시 중 하나는 **노예제(slavery)**의 지속에서 찾아볼 수 있었다. 노예가 되는 것만큼 인간 자유에 대한 제약을 포괄적으로 반영하는 조건은 거의 존재하지 않는데, 노예가 된다는 것은 노예 소유자의 개인적인 재산으로 정의되어 삶의 결정과 선택에 있어 가장 일상적인 것을 제외한 모든 것에 대한 통제력을 잃는 것을 뜻한다.

노예제(Slavery): 인간이 재산으로 정의되고, 소유되거나 매매가 가능한 제도.

영국의 노예제 반대 운동은 1807년 대영제국 전체에서 노예무역의 폐지와 1833년 노예제의 폐지라는 결과를 가져왔다. 하지만 노예제도는 여전히 세계 많은 지역에서 합법적이었기에, 이는 1840년 런던에서 열린 '제1차 반노예제 회의(First Anti-Slavery Convention)'와 세계 최초의 글로벌인권 비정부기구인 '반노예제협회(Anti-Slavery Society)'의 설립을 촉진했다. 러시아판 노예제인 농노제는 1861년에야 마침내 폐지되었고, 미국 내부의 노예제는 1863년까지 합법이었다. 현재 노예제도는 보편적으로 불법이지만, 약 4,000만 명(이들 중 71퍼센트가 여성)이 노예 상태에 있는 것으로 추정되며, 북한, 에리트레아, 부룬디, 중앙아프리카공화국, 아프가니스탄에서 가장 심각하다 (Global Slavery Index, 2018). 이는 가장 흔하게는 족쇄에 묶인 노동(빚을 갚기 위해 일함), 강제 이주노동, 아동노동, 성노예의 형태로 나타난다.

인권을 보호하고 증진하려는 대부분의 시도가 국가에 초점을 두고 있는 반면, 국제적인 시도는 제1차 세계대전 이후 국제연맹의 창설과 함께 시작되었고, 국제연맹의 설립 헌장은 국가 내 소수집단의 보호에 대한 언급을 포함하였다. 그러나 국제연맹의 활동은 전쟁으로 인해 거의 이루어지지 않았고, 제2차 세계대전이 끝난 후에야 인권 보호를 위한 국제적인 운동이 본격화되기 시작했다. 전쟁의 공포에서 영감을 얻은 유엔 창설 헌장에는 회원국들이 "기본적인 인권, 인간의 존엄과 가치, 남녀 및 대소 각국의 평등한 권리에 대한 신념을 재확인한다"는 열망을 담은 생각이 포함되어 있었다. 유엔헌장 제1조는 유엔의 목적 중 하나를 "인종, 성별, 언어, 종교에 따른 차별 없이 모든 사람의 인권 및 기본적 자유에 대한 존중을 촉진하고 장려"하는 것으로 명시했다.

1946년 초 유엔의 첫 회의 중 하나에서 인권에 관한 문서 초안이 소개되었고, 이는 1946년 6월 유엔 인권위원회(UN Commission on Human Rights)의 창설로 이어졌는데, 이 위원회는 미국의 영부인이었던 엘리노어 루즈벨트 (Eleanor Roosevelt)가 의장을 맡아 후에 세계인권선언으로 귀결될 작업에 착수했다 (Glendon, 2002 참조). 이것은 1948년 12월 유엔총회에 의해 받아들여졌지만 단지 선언일 뿐 법적 구속력이 있는 문서는 아니었으므로, 결국 여성, 아동, 부족민, 이주노동자, 장애인 및 성적 지향에 초점을 맞춘 추가 합의를 발전시키기 위한 작업은 계속되었다 (이 장 뒷부분 참조).

유엔이 자리를 잡으면서 합의에 상당히 빨리 도달하고 권리의 정의가 전후의 새로운 수용적 분위기 속에서 빠른 진전을 이루기 시작한 것처럼 보일런지 모르지만, 그러한 권리에 대한 논쟁은 단순한 것과는 거리가 멀었고 복잡성이 지속되었다. 예를 들어, 냉전 기간에 미국과 소련은 종종 지지를 약속하는 대가로 자신에게 의존적인 피후견국에 의한 인권 유린을 눈감아 줄 준비가 되어있었다. 미국 측 진영에 속한 이러한 피후견국에는, 아이티의 뒤발리에 부자(François Duvalier, Jean-Claude Duvalier, '파파독[Papa Doc]'과 '베이비독[Baby Doc])'이라는 별칭을 가짐)와 필리핀의 마르코스(Ferdinand Marcos), 자이르의 모부투 세세 세코(Mobutu Sese Seko), 이란의 샤(Shah), 이라크의 후세인(Saddam Hussein) 등 당대 최악의 인권탄압자들이 이끄는 국가들이 포함되어 있었다.

식민주의 시대의 종식과 함께 유엔 회원국이 확대되고 신생 독립국의 입장이 합해지면서 이러한 역학관계는 더욱 복잡해졌다. 서방은 언론과 종교의 자유와 같은 개인의 권리의 중요성에 집중했지만, 소련은 사회주의 모델이 고용, 교육, 보건의료에 대한 권리에 대한 관념에 더 도움이 된다고 주장했다. 한편 남(South)에서는 개인의 권리 자체보다 인간의 더 광범위한 조건에 관심이 있었다.

1982년 '인간과 인민의 권리에 관한 아프리카헌장(African Charter of Human and Peoples' Rights, 반줄헌장[Banjul charter])'은 세계인권선언 및 관련 문서에 의해 제공되는 인권의 정의와 몇 가지 흥미로운 대조를 보인다. 비록 이 두 가지가 여러 면에서 겹치지만, 반줄헌장은 또한 모든 민족의 자결권과 "자유롭게 그들의 정치적 지위를 결정하고 … (중략) … 그들이 자유롭게 선택한 정책에 따라 경제적, 사회적 발전을 추구"할 수 있는 권리에 대해서도 언급하고 있다. 이는 냉전 시대 강대국들이 부패한 정부에 대한 지지와 무기 제공을 통해 개발도상국을 조종했던 것에 대한 우려에 뿌리를 두고 있다.

반줄헌장은 또한 "부와 천연자원의 자유로운 처분"에 대한 권리를 언급하고, 서명국들에게 "자국민이 국가의 자원으로부터 온전히 이익을 얻을 수 있도록 특별히 국제적인 독점기업에 의한 모든 형태의 외세로부터의 착취를 제거하는 데에 착수할 것"을 촉구하며, "그들의 자유와 정체성 및 인류 공통의 유산의 동등한 향유에 대해 마땅히 고려하는 경제적, 사회적, 문화적 발전에 대한 권리"를 언급하고 있다.

권리의 확대

세계인권선언은 우리가 권리를 정의하는 방법에 대한 기초지침이 될 수도 있지만, 또한 특정한 시점의 반영, 또는 1948년 유엔의 회원국이었던 56개국 지도자들이 가졌던 견해의 반영으로도 볼 수 있다. 권리에 대한 논쟁은 끝이 없으며, 더 많은 목소리가 이 논쟁에 참여하고, 세계화가 글로벌시스템의 역학관계를 변화시킴에 따라 권리의 목록은 확대되어왔다. 다음의 예들을 생각해 보자.

'잊힐 권리(The right to be forgotten).' 소셜 미디어의 등장으로 인해 많은 이들에 대한 더 많은 정보가 온라인에서 가용해지면서, 사생활 침해와 과거의 무분별했던 행동을 만인에게 공개하지 않을 권리에 관한 질문이 제기되었다. 이 논의는 1998년 스페인에서 있었던 한 사건, 즉 집이 압류당하고 경매에 부쳐진 몇몇 사람들의 이름의 목록이 한 신문에서 발표되었던 일로부터 시작된다. 이 발표는 곧 인터넷에서 볼 수 있게 되었다. 이 일로 영향을 받은 사람 중에 곤살레스(Mario Costeja González)라는 남자가 있었는데, 그는 집에 대한 압류를 해결하고 채무를 갚았음에도 자신을 온라인에서 검색한 사람은 누구나 자신의 불행했던 일에 대해 알 수 있다는 것에 좌절했다. 그는 강제매각절차는 종결되어 더는 유효하지 않다고 주장하며 신문사에 그 정보를 삭제해 달라고 요청했다. 간단히 말해서, 그는 비슷한 상황에 있는 다른 누구나와 마찬가지로 '잊힐 권리'가 있다고 느꼈다. 이 정보를 온라인에 남기는 것은 가령 고용주, 은행 또는 보험회사에 의해 언제까지나 계속하여 정보가 발견될 수 있고 그에게 불리하게 사용될 수 있음을 의미했다. 이 신문은 구글이 그러했듯 이 요청에 따르기를 거부했고, 그는 법적 절차를 밟기 시작해, 2014년 유럽사법재판소(European Court of Justice)는 구글에 대해 곤살레스의 손을 들어주며 데이터 사생활 보호에 관한 EU의 법률을 준수하라고 명령했다. 그 결과, 이제 특정한 상황에서는 구글에 문제가 있는 인터넷 링크를 삭제하도록 요청하거나 법적 조치를 취할 수 있게 되었다.

'세대 간 권리(Intergenerational right).' 인권은 일반적으로 오늘날 살아있는 사람들과 관련하여 이해되지만, 현세대는 아직 태어나지 않은 누군가의 삶에 부정적인 영향을 미치는 활동에 참여하지 않음으로써 미래 세대의 권리를 보호해야 할 의무가 있다는 주장도 제기되어 왔다 (Thompson, 2009). 어떤 의미에서, 현세대는 자원의 통제권과 미래 세대에 영향을 미칠 수 있는 결정을 내리는 것을 통해 미래 세대에 대한 권력을 갖고 있으며, 잠재적으로 미래 세대의 선택지를 제한하거나 그들의 이익을 저해할 수 있다. 현세대는 심지어는 궁극적으로 미래 세대의 존재 여부 자체(예를 들어, 전면적인 핵전쟁은 인류를 전멸시키고 기후변화는 광범위한 생태적 피해를 유발할 수 있다), 미래에 얼마나 많은 인구가 존재할 것인지, 그리고 그들이 어떤 삶의 질을 가질 것인지를 결정할 수 있다. 간단히 말해서, 인간은 적어도 자신들이 살았던 것보다 최소한 더 악화하지는 않은 상태(이상적으로는 더 나은 상태)의 세상을 남겨놓도록 해야 한다.

'성적 지향(sexual orientation)과 성 정체성(gender identity).' 개인의 권리에 관해 주목받고 있는 새로운 측면은 성적 권리에 관한 것으로, 중매혼과 같이 명확한 사안뿐만 아니라, 동성애, 양성애, 트랜스젠더 권리와 관련된 광범위한 문제들, 동성의 파트너를 선택할 권리, 자신의 성별을 바꾸거나 성 정체성을 선택할 권리를 포함한다. 이러한 문제들은 때때로 종교적인 질문들, 문화적 가치와 전통의 보호에 대한 관념, 동성 간 결합이나 결혼을 위한 법적 조항 및 성전환의 문제와 대립하게 된다. 성소수자의 권리가 어디까지 확장되어야 하는지에 관해서는 미국의 각 주 안에서조차 의견이 나뉘고 있으며, 글로벌 차원의 대화는 이 문제에 대한 매우 다양한 의견으로 인해 복잡하다.

'깨끗한 물에 대한 권리(The right to clean water).' 깨끗한 물에 대한 접근은 대다수가 많이 생각하는 문제는 아니지만, 담수 자원은 균등하게 분포되어 있지 않고, 물은 납과 기타 오염 물질에 의해 오염될 수 있으며, 대부분의 물 공급은 민간 물 회사에 의해 통제되고 판매된다. 깨끗한 물의 이용 가능성은 개선되어 현재 세계 인구의 90퍼센트가 오염되지 않은 물을 이용할 수 있게 되었지만, 유럽 대부분 지역에서 그 비율은 100퍼센트에 달하는 반면 아프리카 일부에서 50~75퍼센트에 불과하는 등 편차가 크다. 세계보건기구(World Health Organization, 2019)가 수집한 자료에 따르면 7억 8,500만 명에 달하는 사람들이 오염되지 않은 물에 접근할 수 없다. 세계인권선언이 제안하듯이, 만약 인간이 "건강과 안녕에 적합한 생활 수준"을 누릴 권리가 있다면, 이러한 목표를 떠받치는 어떤 것이라도 대부분 추가적인 권리로 간주하는 것이 합리적일 것이다. 유엔총회는 2010년에 안전하고 깨끗한 물에 대한 접근권이

* 역자 주

LGBTQ+에서 Q는 'Queer'나 'Questioning'에서 따온 것으로서 후자는 사회가 규정하는 성별에 대한 가정에 물음을 제기하며 성적 지향이나 성 정체성을 스스로 결정하는 과정에 있음을 뜻한다.

북과 남 비교 7

성소수자(LGBTQ+) 권리에 대한 대조적인 접근들

최근 수십 년 동안 LGBTQ+라는 약자로 표현되기도 하는 레즈비언(Lesbian), 게이(Gay), 양성애자(Bisexual), 트랜스젠더(Transgender), 퀴어(Queer 또는 Questioning)* 및 관련 집단의 권리에 대한 관심이 새롭게 형성되고 있다. 대부분의 변화는 북(North)에서 일어나고 있지만(아직도 차별을 널리 찾아볼 수 있고 폴란드와 같은 일부 국가에서는 권리가 퇴보하고 있음에도 불구하고), 남에서는 사회적으로 보수적인 지역에서 더 큰 저항이 지속되고 있다 (Keating and Burack, 2016 참조).

이러한 권리가 인권인지 시민적 권리인지에 대한 논쟁이 계속되고 있고, 법과 정책에 일어난 변화는 법적 조항들이 누더기같은 상태가 되는 결과를 낳아, 그 범위는 현재 동성결혼을 인정하고 있는 30여 개 국가(주로 유럽과 아메리카)에서부터 동성 간 성관계가 불법이거나 심지어 사우디아라비아와 이란과 같이 사형에 처해질 수 있는 70여 개 국가(주로 아프리카, 중동, 카리브해)에 이르기까지 다양하다. 심지어 북에 있는 많은 진보적인 국가에서조차 기류의 변화는 비교적 최근에 일어났는데, 동성 남성 간 성관계는 프랑스에서는 1791년 이후 합법이었고, 네덜란드에서는 1811년 이후 합법이었지만, 영국에서는 1967년 이후에야, 그리고 미국에서는 2003년 이후에야 전역에서 합법화되었다.

성소수자 권리에 대한 논쟁의 핵심은 결혼을 동성 커플에게까지 확장되어야 하는 권리로 간주해야 하는지에 대한 질문으로, 이는 사회 보장, 세금, 이민, 상속, 아동 입양과 같은 문제에 있어서 결혼한 커플이 가진 일반적인 권리를 그들에게 부여한다는 뜻이다. 2001년 네덜란드는 세계 최초로 동성혼을 인정한 국가가 되었으며, 15개의 다른 유럽국가들이 (그 외의 여러 국가 중에서도) 아르헨티나, 브라질, 캐나다, 멕시코, 뉴질랜드, 남아프리카공화국, 미국과 함께 그 뒤를 이었다. 성소수자 권리는 유엔의 의제에 비교적 늦게 편입되었고, 인권이사회는 2011년에야 성적 지향과 성 정체성에 근거한 차별에 관한 보고서를 요구하는 첫 번째 결의안을 통과시켰다. 성소수자 권리에 대한 지지는 오스트랄라시아, 유럽, 아메리카대륙의 거의 전역 및 일본, 필리핀, 남아프리카공화국, 한국 등을 포함해 100여 개국에서 나왔다. 그러나, 주로 북아프리카와 중동의 50개국 이상이 그러한 권리에 반대하고, 나머지 40개 이상의 중앙/남부 아프리카와 아시아국가(중국, 인도, 러시아 포함)는 유엔에서 성소수자 권리에 찬성 혹은 반대 어느 쪽으로도 공식적인 입장을 취하지 않았다. 동성애에 대한 의견은 종교적, 사회적, 정치적 주장의 조합에 기초해 매우 다양하며 (도표 7.1의 사례 참조), 상대주의와 보편주의 사이에 존재하는 긴장 관계를 대표하는 예이다.

"생명에 대한 권리의 완전한 향유에 필수적"이라고 결의하기 위해 움직였지만 (Sultana and Loftus, 2012), 비판자들은 누가 깨끗한 물에 대한 권리를 보장할 책임이 있는지, 그리고 공급이 불평등하게 분포되었음을 감안할 때 이것이 국제 안보에 어떤 영향을 가질지에 관해 의문을 제기했다.

'DNA권리.' 의학 및 과학의 진보는 범죄 사건에서의 표지로서 디옥시리보핵산(DNA: deoxyribonucleic acid)의 가치를 밝혀냈고, 많은 정부가 대규모 DNA 데이터베이스를 구축했다. 이 정보가 범죄를 해결하고 잘못 기소된 이들의 무죄를 입증하는 데 도움을 줄 수 있지만, 이러한 정보의 수집은 남용 및 사생활 권리의 침해에 대한 우려를 불러일으켰다. 2008년의 한 사건에서 유럽인권재판소(European Court of Human Rights)는 범죄로 체포되었지만 무죄가 선고되거나 기소가 취하된 이들의 DNA를 영국정부가 보관함으로써 자국 시민의 권리를 침해했다고 판결했다. 유럽인권재판소는 표본에 포함된 정보의 성격과 양을 고려할 때 이를 보유하는 것은 "당사자들의 사생활을 존중할 권리에 대한 침해로 간주되어야 한다"라고 판시했다. 이와 유사하게, 유전자 검사는 사람들이 위험을 식별하고 장래의 건강상 문제를 방지하기 위해 치료적인 조치를 취할 수 있도록 도울 수 있지만, 그러한 정보가 보험회사나 고용주에 의해 어떻게 사용될 수 있는지에 대한 의문도 제기되어 왔다.

권리 확장의 이와 같은 사례와 여타 사례들은 세계인권선언의 채택 당시에

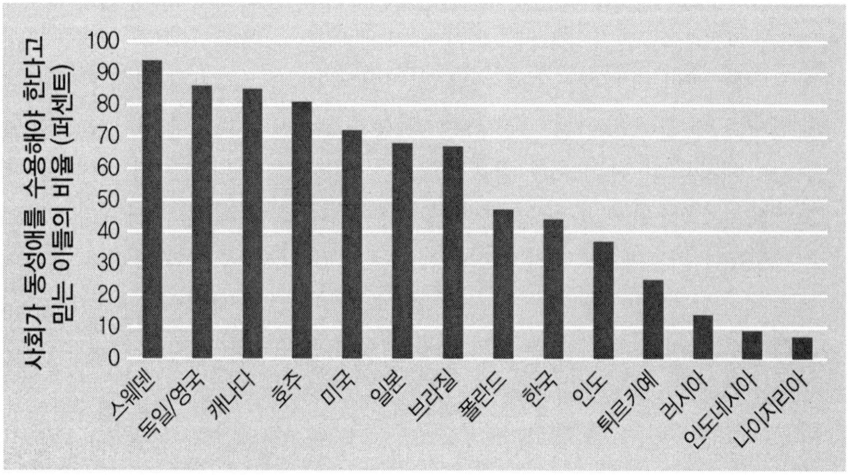

도표 7.1 동성애에 관한 여론 비교

출처: Pew Research Center (2019).

는 몰랐거나 인정되지 않았던 도전에 대한 새로운 자각을 시사하는 동시에, 권리의 확장이 권리의 정의와 보호에 미칠 수 있는 영향에 대한 우려를 높이기도 한다 (최근 논쟁 7 참조).

글로벌인권레짐

국가 및 지역 수준에서는 권리의 보호와 집행이 헌법 및 광범위한 법률제도에 기초하고 있고, 그 책임은 정부, 법원, 경찰에 공동으로 귀속되며, 여론과 밀접한 관련을 맺고 있는 언론과 이익집단에 의해 (적어도 민주주의에서는) 면밀

최근 논쟁 7

인권 확장의 장점과 단점

장점	단점
인권이 너무 협소하게 정의되어 있으므로, 소외집단이 직면하는 법적, 사회적 장벽을 우리가 더 잘 이해하게 될수록 인권의 정의는 확장되어야 한다.	권리의 확장은 인권 시스템을 전반적으로 약화시키는데, 너무나 많은 인권 침해가 계속되고 있기 때문에 더욱 그러하다.
인권의 확장은 권리의 정의를 보다 포용적으로 만듦으로써 인권을 더 많은 사람들에게 더욱 실제적인 것으로 만든다.	권리의 확장은 많은 예외 및 핵심 권리를 손상할 많은 기회를 생산함으로써 핵심 권리를 약화시킬 위험이 있다.
권리는 맥락의 변화에 따라 역사적으로 진화해 왔다.	인권은 우리가 인간이라는 사실 자체로 인해 갖게 되는 보편적 권리이므로 그 정의는 변화하는 가치체계나 특정한 집단에게만 적용 가능한 새로운 권리를 만드는 시도에 의해 영향을 받아서는 안 된다.
더 많은 권리를 만들어내는 것은 더 많은 이들과 조직을 대화에 참여하도록 이끄므로 우리의 권리 보호 역량을 강화하는 데 도움이 된다.	권리의 정의를 확장하는 것은 기존의 권리 보호를 심화할 수 있는 우리의 능력을 약화시킨다.

한 감시를 받는다. 한편, 글로벌 수준에서 인권레짐은 이 책에서 논의된 다른 모든 레짐과 마찬가지로 각국이 자발적인 의무만을 갖고 있는 국제 조약과 정부간기구의 조합에 기초하고 있으며, 다른 국가들, 국제비정부기구(INGO) 및 여론의 압력이 이를 뒷받침하고 있다. 세계화의 압력은 여러 가지 면에서 국가들을 서로 더 가깝게 만들었지만, 지금까지 인권 분야에서는 공정한 경쟁의 장을 만들어내는 데 실패했다.

전후 최초의 인권 조약은 홀로코스트의 참상에 대한 직접적인 반응으로서 1948년 유엔총회에서 채택된 '집단살해죄의 방지와 처벌에 관한 협약(Convention on the Prevention and Punishment of the Crime of Genocide)'이었다. 인권에 관한 더 포괄적인 조약에 합의하고자 한 노력은 미국과 소련 간의 의견 차이로 인해 한계가 있었고, 이로 인해 1966년에 상반된 철학을 가진 두 개의 규약이 채택되는 결과를 낳았는데, (미국이 지지한) '시민적 및 정치적 권리에 관한 국제규약(International Covenant on Civil and Political Rights)'은 소극적 권리를 강조한 반면, (소련이 지지한) '경제적, 사회적 및 문화적 권리에 관한 국제 규약(International Covenant on Economic, Social, and Cultural Rights)'은 적극적 권리를 강조했다. 결과적으로는 양쪽 모두 1976년에 발효되었고, 세계인권선언과 이 두 가지 규약까지 세 개의 문서가 그 이후 국제권리장전(International Bill of Rights) 및 이러한 권리에 관한 최종적 주해를 구성하게 되었다. 인권에 대한 논쟁이 확대되고 깊어짐에 따라 보다 분명한 목표 집단의 권리에 초점을 맞춘 새로운 합의가 이루어졌다 (도표 7.2 참조).

조직의 측면에서 보자면, 선도하는 기구는 유엔으로서 세계인권선언의 형태로 기준을 마련하고, 그 이후에는 표준의 설정을 조정하고, 지식과 인식개선을 촉진하고, 위반에 대해 주의를 환기시키며, 각국이 토론을 벌일 뿐만 아니라 타국에 압력을 가하거나 격려할 수 있는 장으로서의 역할을 담당해왔다. 1946년부터 2006년까지 유엔의 역할에 있어서 핵심적인 것은 유엔 인권위원회였지만, 이 기관은 초기에는 조사보다는 홍보에 집중했고 1960년대부터 보다 개입주의적인 접근으로 선회했다. 1993년에는 제네바에 본부를 둔 유엔 인권고등판무관실(UNHCHR: UN High Commissioner for Human Rights)이 이러한 노력에 가세해 인권 침해에 대한 주의를 환기하고 폭압적인 정부에 압력을 행사하는 일을 해오고 있다. 이 기관은 전에는 유엔 인권위원회와 함께 일했지만, 형편없는 인권 전력을 가진 몇 국가가 인권위원회 이사국으로 선

도표 7.2 국제인권 합의

체결연도	명칭
1948년	집단살해죄의 방지와 처벌에 관한 협약
1965년	모든 형태의 인종차별 철폐에 관한 국제협약
1979년	여성에 대한 모든 형태의 차별 철폐에 관한 협약
1987년	유엔 고문방지협약
1989년	아동의 권리에 관한 협약*
1990년	모든 이주노동자와 그 가족들의 보호를 위한 국제협약
1991년	독립국의 원주민과 부족민에 관한 협약
2006년	장애인의 권리에 관한 협약
2011년	성적 지향 및 성 정체성에 관한 유엔결의안

* 단 두 개의 국가(소말리아, 미국)만이 이 조약을 비준하지 않았음. 미국의 경우, 몇 개의 다른 핵심조약과 마찬가지로 국가 주권 문제에 관해 우려하는 보수적인 공화당 상원의원들의 반대로 인해 비준이 저지되었음.

출된 것에 대한 항의가 거세자, 2006년에 인권고등판무관의 감독 아래 모든 유엔 회원국의 인권 상황에 대해 정기적인 검토를 수행하고 국가뿐만 아니라 개인과 단체로부터도 문제 제기를 받는 권한이 부여된 유엔 인권이사회(UN Human Rights Council)가 유엔 인권위원회를 대체하기로 결정되었다.

인권을 정의하는 문제에 있어서 이뤄진 진전에도 불구하고, 각국의 의무 이행을 감독하는 문제에 있어서는 성과가 엇갈리고, 이행상황에 따라 취할 수 있는 후속 조치는 거의 없다. 위반에 주의를 기울이고, 외교적 압력을 가할 수 있으며, 각국은 최악의 위반국에 대해 무역이나 투자를 중단하는 단독의 혹은 집단적인 조치를 취할 수도 있다. 또한, 전쟁 범죄 또는 여타 더 극악무도한 인권침해를 저지른 가해자를 재판하고 처벌하기 위한 국제재판소를 조직할 수도 있으나 이는 드문 일로, 제2차 세계대전 이후에 독일과 일본에서 수십 명의 전범을 조사하고 다수의 기소 및 처벌로 이어졌던 뉘른베르크 재판(Nuremberg

Trials)과 도쿄 재판(Tokyo Trials)이 열린 바 있다. 보다 최근에는, 유엔 안전보장이사회가 구 유고슬라비아의 인도주의법 위반을 조사하기 위한 재판소를 설립했고, 르완다, 시에라리온, 레바논, 캄보디아, 동티모르에서의 집단학살 및 기타 범죄를 조사하기 위한 재판소가 설립된 바 있다.

인도적 개입(Humanitarian intervention): 인권 침해, 자연재해, 전쟁 범죄, 집단학살 등으로 인해 이루어지는 군사적 개입으로서 난민을 발생시키는 문제를 완화하고자 하는 목적. 인도주의적 개입이라고도 한다.

국가들은 또한 **인도적 개입**(humanitarian intervention)의 원칙에 따라 심각한 인권 침해가 발생할 경우 유엔의 승인 없이 직접 개입할 '권리'가 있다고 주장해오곤 했다. 예를 들어, 이 원칙은 1971년 지금은 방글라데시가 된 영토* 에 대한 인도의 침공, 1979년 탄자니아의 우간다 침공, 1999년 코소보에서 NATO의 무력 사용, 2014~2015년 중동에서 이슬람국가(ISIS)에 대항한 군사적 침략을 정당화하기 위해 사용되었다. 여기서 문제는 국제법에 대한 잠재적 위반의 문제뿐만 아니라, 침략을 정당화하기 위해 어떤 실제적 또는 인지된 위협이라도 인도주의적인 것으로 정의될 수 있다는 점에 있다. 보다 최근의 논쟁은 르완다와 구 유고슬라비아에서의 잔학행위로 인해 2005년 유엔 정상회의에서 채택된 '보호책임(R2P: responsibility to protect)'이라는 개념에 관한 것이다. 이는 국가가 집단학살, 인종청소 또는 이와 유사한 인권 침해로부터 자국민을 보호할 수 없을 때, 국제사회가 이상적으로는 유엔의 승인을 받아 개입할 의무가 있다는 주장이다 (**인도주의**[humanitarianism]라는 용어는 인간의 안

* 역자 주
서파키스탄과 동파키스탄의 분쟁에서 인도의 지원을 받은 동파키스탄이 독립하여 1971년 방글라데시를 건국하였다.

인도주의(Humanitarianism): 인간의 안녕에 관한 일반적인 우려.

출처: STRINGERimage / iStock

네덜란드 헤이그에 있는 국제형사재판소 본부. 집단학살과 같은 심각한 인권 침해에 대한 기소를 위해 설립되었으나 이 재판소는 많은 논란을 불러왔다.

념에 대한 일반적인 우려를 의미하지만, 종종 인권에 대한 우려와도 겹친다).

냉전 기간 중 일어난 많은 대규모 인권 유린 사례를 강대국은 후견관계 있는 피후견국의 지지를 얻기 위해 눈감아주었던 반면, 냉전의 종식은 세계의 지형을 변화시켰다. 인권 유린은 그렇게 쉽게 무시될 수 없었지만, 르완다와 구유고슬라비아에서의 반인도적 범죄를 조사하려는 노력에서 알 수 있듯이, 범죄자들을 기소하기 위한 특별 재판소는 복잡하고 번거로운 것이었다. 이에 따라 집단학살, 반인도적 범죄, 전쟁 범죄 등 가장 심각한 인권 침해의 가해자들을 재판할 수 있는 상설 국제형사재판소(ICC: International Criminal Court)를 설립하기로 결정되었다. 네덜란드 헤이그에 본부를 둔 이 새 재판소는 2002년에 설립되었으며, 국가가 행동을 취할 수 없거나 의지가 없는 경우 최후의 수단으로 개입할 권한을 가지고 있다. 2005년 우간다 군벌들을 겨냥해 첫 체포영장을 발부했고, 2009년에는 국가수반을 기소한 최초 사례로서 수단의 알바시르(Omar al-Bashir)를 다르푸르 서부지역의 준군사조직에 의한 강간과 살인 계획을 지원한 혐의로 기소했다.

ICC는 이스라엘이나 러시아 등 ICC 활동의 대상이 될 수 있는 국가뿐만 아니라 미국으로부터도 강한 반대에 직면해 보편적인 환영을 받지는 못했다. 미국은 자국 군인들이 정치적 동기에 기인한 기소나 경솔한 기소의 대상이 될 수 있다고 불만을 제기하면서, 중국과 협력하여 미국이 거부권을 행사할 수 있는 유엔 안전보장이사회에 이 재판소가 종속될 수 있도록 애를 썼다 (Elsea, 2002 참조). 이 노력이 실패했을 때, 부시(George W. Bush) 대통령은 기소면책특권이 부여되지 않으면 미국병력을 평화유지활동에서 철수시키겠다고 위협하며, 미국 국적의 시민을 이 재판소에 넘기지 않기로 하는 불법적인 '면책 동의안'을 각국 정부와 협상했다. ICC 조약의 비준을 거부함으로써 미국은 중국, 이라크, 이란, 이스라엘, 러시아, 사우디아라비아, 튀르키예가 포함된 69개국 집단과 함께 하는 일원이 되었다.

이 재판소에 대한 비판은 그 이후로 계속되고 있으며, 특히 아프리카국가들은 목표대상이 아프리카에 지나치게 집중되어 있다고 비난하고 있다. 설립 이후 중앙아프리카공화국, 콩고민주공화국, 코트디부아르, 케냐, 리비아, 말리, 수단, 우간다에서 국제법 위반 가능성을 조사했지만, 콜롬비아, 팔레스타인, 베네수엘라, 또는 이라크 주둔 영국군의 행태와 관련된 유사한 우려에 대해서는 조사가 이루어지지 않았다. 그러나 조사가 성공적인 기소를 의미하는 것은 아니므로, 2012~2016년 말리 북부에서 발생한 시민 소요 사태 중 강간과 소년병 활용을 포함한 수많은 전쟁 범죄가 저질러졌음에도 ICC는 문화유산 유적의 파괴와 관련된 단 한 사건만 기소할 수 있을 뿐이었다. 지지자들은 이 재판소가 관할권 안에 있는 상황에 대한 조사를 개시해왔을 뿐이며, 심지어 조사의 가능성만으로도 충분히 국제법에 대한 존중을 촉진한다고 주장한다. 그러나 비판하는 이들은 여기에 동의하지 않는다.

인권에 대해 감시하고 집행하기 위한 국제적인 노력의 효과에 대한 많은 의문이 여전히 남아 있다고 한다면, 지역 수준에서는 프랑스 스트라스부르에 본부를 둔 유럽인권재판소의 역할로 인해 더 많은 진전이 있었다. 이 재판소는 러시아와 튀르키예를 포함한 유럽평의회의 47개 회원국을 모두 포괄한다. 1959년 '유럽인권협약(European Convention on Human Rights)'에 따라 설립됐는데 이 협약은 인권과 기본적 자유를 보호하기 위해 유럽평의회의 후원으로 채택됐다. 이 재판소는 1998년 회원국의 시민들이 직접 접근할 수 있는 상설 기관이 되기 전까지는 임시적인 기구였다. 현재는 매년 수만 건의 신청을 받고 있으며, 연간 1,000건에 달하는 판결을 내리고 있다. 튀르키예, 러시아, 이탈리아는 인권침해국 명단에서 상위권을 차지하고 있으며 (도표 7.3 참조), 가장 흔한 판결은 법적 절차에 걸리는 기간, 공정한 재판을 받을 권리, 재산 보호와 같은 문제에 관한 것이다. 그러나 모든 유사한 국제적인 기구와 마찬가지로 이 재판소는 집행권이 없다.

비국가행위자의 세계에서는 직접적인 활동으로서 혹은 다른 활동의 일환으로서 인권 운동을 하는 국제비정부기구로 구성된 활발한 커뮤니티가 있으며, 특정 집단(여성, 아동, 토착민, 정치범, 장애인 등)의 권리에 초점을 맞추거나 보다 광범위하게 정의된 권리에 초점을 맞추고 있다.

- 이러한 단체 중 가장 오래된 것은 아마도 '반노예제국제연대(Anti-Slavery International)'일텐데, 그 뿌리는 1839년 런던에서 대영제국 내의 노예제 폐지 활동을 위해 설립된 한 위원회로 거슬러 올라간다. 이 단체는 오늘날에도 족쇄에 묶인 노동(bonded labor),* 강제 결혼, 인신매매와 같은 가장 일반적인 유형의 현대판 노예제에 맞서는 일을 계속하고 있다.
- 1922년, 프랑스에서 10개의 전국 인권단체들을 하나로 모으기 위해 '국제인권연맹(International Federation of Human Rights)'이 설립되었다. 오늘날 이 단체는 100여 개국에 200여 개의 관련 조직을 가지고 있다.

* 역자 주
빚을 상환하기 위해 강제노동을 하지만 불공정한 계약조건 등으로 인해 빚을 상환하는 것이 구조적으로 불가능하여 예속을 벗어날 수 없는 상태.

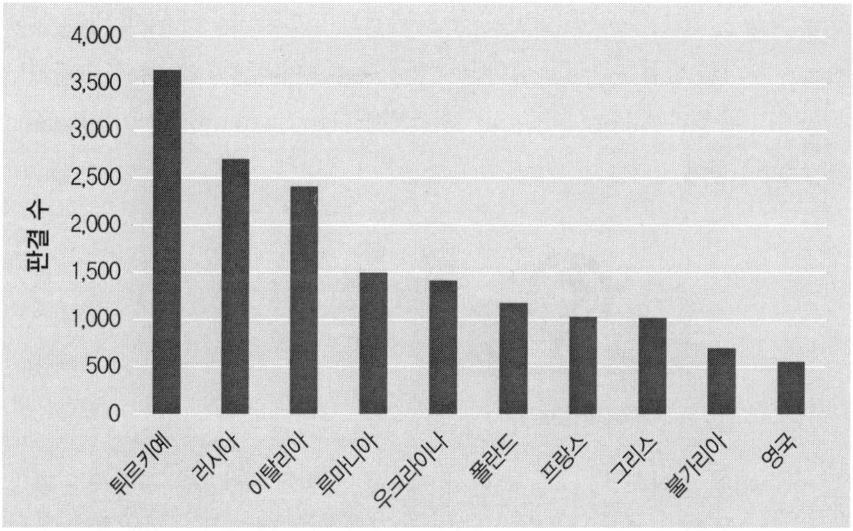

도표 7.3 유럽의 10대 인권침해국

출처: European Court of Human Rights (2020).

주: 숫자는 1959년부터 2019년까지 적어도 한 개의 위반이 발견되어 판결이 내려진 경우를 나타냄.

- 가장 잘 알려진 국제인권단체는 1961년 설립된 '국제앰네스티(Amnesty International, 국제사면위원회)'이다 (글로벌과 로컬 7 참조). 1978년 미국에서 설립된 휴먼라이츠워치(Human Rights Watch)도 이 단체와 함께 전 세계 인권 상황에 대한 보고서와 브리핑을 제공해오고 있다.
- 명확한 목적을 가지고 시작되었지만 점차 그와 관련하여 인권에 대한 관심을 발전시키게 된 국제비정부기구 중 하나는 1971년 프랑스에서 설립된 '국경없는의사회(Médecins San Frontieres/ Doctors Without Borders)'이다. 이 단체의 우선 목표는 전쟁으로 폐허가 된 지역에서 자원봉사 의료 서비스를 제공하는 것이지만, 이는 때로 부패와 전쟁 범죄에 반대하는 목소리를 높이는 것으로도 이어진다. 인도주의적 노력에 대한 공로를 인정받아 1999년 노벨평화상을 수상했다.

한편, 지칠 줄 모르는 많은 개인들이 인권 옹호를 위해 엄청난 개인적 위험을 무릅썼는데, 그들의 이름은 종종 유럽인권상, 유엔인권상, 때로는 노벨평화상 같은 수많은 국내외 인권상 수상자 명단에 올랐다. 이와 같은 상의 수상자에는 카터(Jimmy Carter) 전 미국 대통령, 멜로(Sérgio Vieira de Mello, 2003년 바그다드에서 알카에다의 폭탄 공격으로 사망한 브라질 외교관이자 유엔특별대표), 유사프자이(Malala Yousafzai, 파키스탄 소녀들의 동등한 교육을 받을 수 있는 권리를 위한 운동을 벌였으며 탈레반 무장범에 의한 살해 시도로 부상을 당함), 그리고 남아프리카공화국의 아파르트헤이트에 반대했던 운동가인 루틀리(Albert Luthuli), 서즈먼(Helen Suzman), 만델라(Nelson Mandela) 등이 있다.

글로벌과 로컬 7

인권운동가

글로벌인권레짐이 상당히 구축되어 있다고 해도, 각 국가나 공동체의 인권 수준은 많은 부분, 지역의 운동가들과 단체의 노력에 달려 있다. 글로벌 수준의 합의는 인권을 정의하는 데 도움이 될 수 있고(무엇이 옳고 그른지에 대해서는 의견 차이가 있더라도), 특정 대상 집단의 권리를 규정하는 국제 조약들이 있으며, 이를 뒷받침하는 법적 제도도 일정 부분 존재한다. 하지만 목표가 가장 명확히 정의되고 변화가 가장 효과적으로 달성되는 것은 종종 인권을 위한 투쟁 현장의 최전선에서 일어난다.

글로벌 수준에서 가장 잘 알려진 국제비정부기구는 국제앰네스티(국제사면위원회)로, 양심수들의 처지에 대한 관심을 환기하고 고문과 사형의 종식을 위한 운동을 벌이며 여성, 아동, 소수자의 권리를 증진하기 위해 애쓴다. 이 단체는 영국의 변호사 베넨슨(Peter Benenson, 1921~2005년)에 의해 설립되었는데, 그는 어느 날 출근길에 살라자르(Antonio Salazar) 독재정권에 맞서 '자유'를 위해 건배를 했다는 이유로 장기간의 징역형을 선고받은 두 명의 포르투갈 학생에 관한 신문기사를 읽고 충격을 받았다고 한다. 그는 주간지 『옵저버(*The Observer*)』에 "잊혀진 죄수들(The Forgotten Prisoners)"이라는 제목의 기사를 쓰면서, 독자들에게 이 학생들을 지지하는 편지를 써달라고 요청했다. 더 많은 투서 운동을 조직하기 위해 그는 1961년 7월 국제앰네스티를 설립했다. 이 단체는 1977년 노벨평화상을 수상했고 700만 명 이상의 회원을 거느린 세계 최대의 인권 관련 국제비정부기구가 되었다.

지역 차원에서는, 수백 개의 국가 및 지역 단체들이 해결하고자 하는 문제들과 직접적으로 씨름하고 있지만, 많은 경우 인권 운동은 헌신적인 개인들의 역할을 중심으로 이루어지는데, 이들은 종종 목표로 하는 일을 위해 위험을 감수해야 하곤 한다. 2005년 '사슬없는 여성언론인들(Women Journalists Without Chains)'이라는 이름의 단체를 설립한 예멘 언론인이자 인권운동가인 카르만(Tawakkol Karman)이 좋은 예이다. 그녀는 예멘에서 언론자유 운동을 주도했다는 이유로 여러 차례 살해 위협을 받아왔으며, 2011년 아랍의 봄에서 파생된 반정부 시위에 깊이 관여하여, 같은 해 체포되었고 노벨평화상을 수상했다. 노벨위원회는 여성의 안전 및 평화 구축 노력에 온전히 참여할 수 있는 여성의 권리를 위한 그녀의 비폭력 투쟁을 인정했으며, 그녀는 아랍 여성으로는 최초로, 무슬림 여성으로는 두 번째로 이 상을 수상했다.

출처: James D. Morgan / Getty Images News

11세의 나이에 파키스탄 스왓밸리(Swat Valley)에서 소녀들의 교육받을 권리를 위한 운동을 시작해, 그녀가 침묵하도록 만들기 위해 탈레반이 머리에 총격을 가했으나 살아남아, 이후 영향력 있는 글로벌 인권운동가가 된 유사프자이(Malala Yousafzai).

여성의 권리

인권에 있어서 우리가 어떤 성적을 거두고 있는지를 이해함에 있어서, 여성의 지위는 중요한 사례 연구이자 인간 사회에서 지속되고 있는 불평등의 종류에 관한 핵심적인 예시가 된다. 이러한 불평등을 측정하는 것이 언제나 쉬운 것은 아닌데, 각각의 사회가 잘 작동하는지 그렇지 못한지의 정도를 정량화하는 것이 항상 쉬운 것은 아니며 측정자의 주관적인 관점에 의해 영향을 받을 수 있기 때문이다. 그럼에도 불구하고, 우리가 활용할 수 있는 몇 가지 순위를 매기는 시스템이 있으며, 이들은 결과에 있어서 높은 상관성을 나타내기 때문에 이를 집합적으로 고려한다면 각국이 인권에 있어서 어떻게 작동하고 있는지 잘 알 수 있다.

- 유엔 인권고등판무관은 세계 여러 나라의 상황을 요약한 '인권지수(Human Rights Index)'를 계속 조사해오고 있다.
- 국제앰네스티는 매년 '세계인권현황(State of the World's Human Rights)'을 발표하고, 휴먼라이츠워치는 전 세계 인권 상황에 관한 '세계보고서(World

Report)'를 매년 발간하고 있으며 가장 문제가 심각한 국가들의 상황에 대한 평가를 함께 담고 있다.

- 미국의 카토연구소(Cato Institute), 캐나다의 프레이저연구소(Fraser Institute), 독일의 프리드리히 나우만 재단(Friedrich Naumann Foundation) 등 3개 비정부기구는 인권을 넘어서 개인적, 시민적 및 경제적 자유를 조합한 '인간자유지수(Human Freedom Index)'를 발표해오고 있다.

여성의 권리라는 특정한 사례는 세 가지 순위 체계 모두에 반영되어 있는데, 모두 지난 단 한 세기 만에 엄청난 발전이 이루어졌지만, 여전히 많은 불일치가 존재함을 보여준다. 예를 들어, 많은 나라에서(1893년 뉴질랜드에서 시작해) 수십 년 전에 투표권이 여성에게 확대되었고, 공무담임권이 핵심적인 인권임에도 불구하고 여성들이 천장을 뚫고 나가는 것이 세계 많은 곳에서 뉴스 헤드라인을 장식하기에 충분할 만큼 이목을 끄는 일로 남아 있는, 우리는 여전히 많은 것이 '최초'인 시대를 살고 있다. 수십 개의 국가(아르헨티나, 호주, 브라질, 칠레, 핀란드, 독일, 인도, 이스라엘, 필리핀, 폴란드, 스리랑카, 영국 등)에서 여성이 정부 수반이나 국가 원수가 되었지만, 대다수 국가에서는 그렇지 못했고, 전 세계에 걸쳐 정부는 여전히 남성에 의해 지배되고 있다.

경제적 측면에서 보면, 선진 민주주의 국가에서조차 여성들이 노동력 바깥에 남아 있게 하는 사회적 기대가 여전히 많이 존재하고, 우리는 동일노동 동일임금이라는 기본 인권을 아직도 달성하지 못했다. 이것은 국제노동기구(ILO: International Labour Organization) 헌장에 명시된 원칙이며, 1961년 '유럽사회헌장(European Social Charter)'과 1986년 '인간과 인민의 권리에 관한 아프리카헌장'에 포함되었고 여러 나라에서 법으로도 제정됐다. 이러한 사실 및 동일노동 동일임금을 인권으로 명시한 세계인권선언에도 불구하고, 여성들은 여전히 남성들만큼 많이 벌지 못하고 있다. 국제노동기구(International Labour Organization, 2020a)는 연례 '글로벌임금보고서(Global Wage Report)'를 통해, 자료의 확보가 가능했던 70개 국가에서 여성은 남성보다 약 20퍼센트 적은 소득을 얻고 있음을 발견했다고 보고했다. 평균 차이는 파키스탄과 몇몇 저소득 아프리카국가에서 40~50퍼센트로 높았고, 몇몇 동유럽, 중남미 및 아시아국가에서는 한 자릿수로 낮았다. 코로나19 팬데믹 기간에 해고는 여성 근로자들에게 불균형적으로 영향을 미치면서, 그 격차는 2020년 들어 더욱 심해졌다.

ILO는 여성 근로자가 남성보다 더 나으면 나았지 그에 못지않은 교육수준을 가지고 있으므로 교육이 문제가 아니라고 주장한다. 문제는 직업 분리와 성별 양극화로서, 여성은 전통적으로 보수가 더 높은 남성 주도적인 직종(비즈니스, 법조, 공학, 정부 기관 등)에서 여전히 과소대표되고 있고 전통적으로 여성들에 의해 지배되고 보수가 낮은 직종(소매업, 간호, 관료제, 행정 지원 등)에 끌리거나 내몰린다. 모성은 또한 아버지보다 어머니의 경력을 단절시키는 경우가 더 많으므로 임금에 있어서 불이익을 가져온다.

사회적 관점에서 여성의 **재생산권**(reproductive right)은 종종 제한되며, 정책은 여성보다는 남성들에 의해 형성되는 경우가 많다. 재생산권은 공립학교에서 성교육에 대해 배울 권리, 가족계획에 대한 권리, 피임약을 사용할 권리, 자신들이 가질 자녀의 수와 그 출산 간격을 결정할 권리, 재생산 관련 의료서비스를 받을 권리, 임신을 중단할 권리를 포함한다. 이러한 권리에 대한 가장 극단적인 침해 중 하나는 여성 할례인데, 이것은 세계 여러 지역(특히 서아프리카)에서 문화나 종교적 이유로 행해지고 있지만, 건강상의 이득은 없다. 낙태는 또 다른 논쟁적인 이슈인데, 북의 많은 나라에서는 합법적이지만, 다른 나라에서는 불법이거나 크게 제한되고 있으며, 몇몇 나라들, 특히 미국에서는 낙태 반대 운동이 강하게 일어나고 있다.

재생산권(Reproductive right): 재생산을 할 것인지 하지 않을 것인지 결정하는 것에 대한 권리 및 적절한 정보와 보건의료에 접근할 수 있는 개인의 권리.

여성 인권 침해의 가장 극단적인 예는 가정 폭력부터 성폭력, 구타, 인신매매, 여성 영아 살해에 이르기까지 남성들에 의해 자행되는 신체적, 심리적, 그리고/또는 성적 폭력과 학대에서 찾아볼 수 있다. 자료가 불완전하긴 하지만, 세계보건기구는 전 세계적으로 여성의 약 3분의 1이 그러한 폭력을 경험했으며, 매일 거의 140명의 여성이 가족 구성원에 의해 살해되고 있다고 말한다(UN Women, 2020). 2017년 이후 미국에서는 정치, 언론, 연예계에서 저명한 남성들에 대한 고발이 쇄도하면서 이 문제에 대한 국제적인 관심이 다시 일어났고, 전 세계적인 미투(#MeToo) 운동을 낳게 되었다.

전 세계적으로 여성의 상대적 지위에 관한 의미심장한 비교 평가를 세계경제포럼(World Economic Forum)이 2006년부터 발표하는 '글로벌 성 격차지수(Global Gender Gap Index)'에서 찾아볼 수 있는데, 경제, 교육, 건강 및 정치적 기준을 사용하여 성별에 기초한 격차의 크기에 대한 통찰력을 제공한다. 최근의 보고서는 발전의 상이한 수준보다 접근 정도의 차이에 초점을 맞추고 있는데, 교육과 보건의료에 대한 접근에 있어서는 격차가 좁혀지고 있지만,

경제적 기회와 정치적 참여에 있어서는 격차가 여전히 크다는 것을 발견했다. 2020년 지수의 결과 중 일부는 지도 7.1에 나타나 있는데, 각국은 1.0(완벽한 평등)과 0(최대의 불평등) 사이에서 점수가 매겨지며, 북유럽국가들은 0.8 이상으로 가장 우수한 반면, 아프리카와 중동국가들은 일반적으로 0.6 이하로서 가장 나쁜 성적을 보였다. 르완다(0.79)는 이러한 아프리카의 전형적인 패턴에서 눈에 띄는 예외 중 하나인데, 많은 수의 여성이 의회로 진출하는 데 기여한 할당제와 경제적 기회의 격차를 줄이기 위한 노력 덕분이다.

1979년 '여성에 대한 모든 형태의 차별 철폐에 관한 협약(Convention on the Elimination of All Forms of Discrimination Against Women, 국제 여성권리 장전[International Bill of Rights for Women]으로도 불림)'은 여성의 권리 및 여성 차별에 대한 관심을 환기하기 위한 노력의 일환이었다. 세계 거의 모든 국가가 여기에 서명하고 비준했다 (이란, 소말리아, 수단, 통가는 제외되며, 미국은 서명했지만 비준하지는 않았음). 어떤 이들은 이것이 목표에 있어서 충분히 급진적이지 못하다고 비판하고, 다른 이들은 너무 과격하고 주로 서구 기준에 근거한 자유적이고 진보적인 어젠다를 모든 사회에 강요하도록 설계되었다고 비판한다. 그럼에도 불구하고, 이 협약은 여성의 권리에 있어서 많

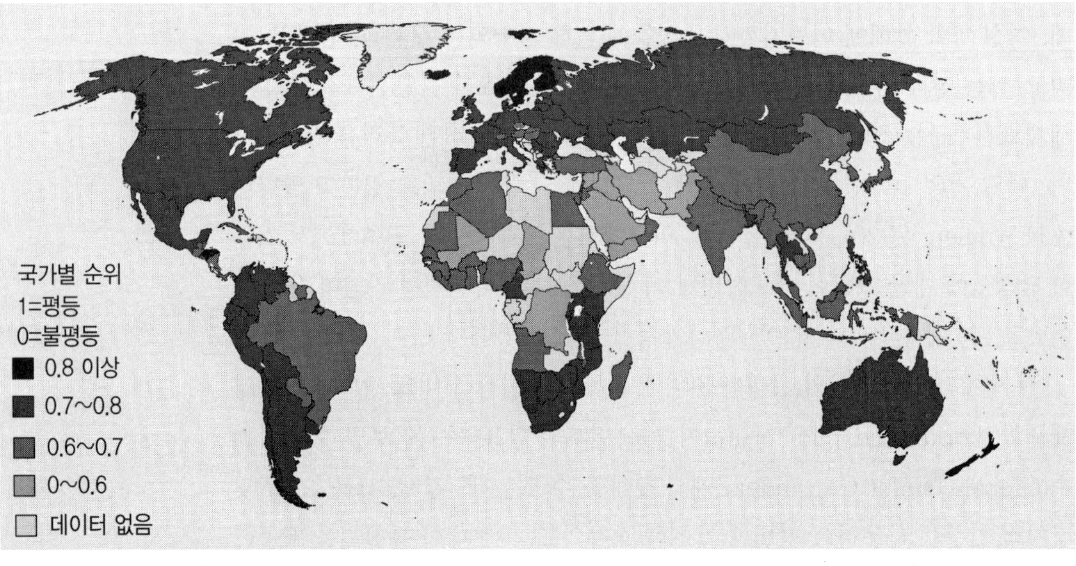

지도 7.1 글로벌 성 격차지수

출처: World Economic Forum (2020).

은 글로벌 기준을 발전시켜왔고, 성별에 근거한 여성에 대한 폭력, 여성의 교육받을 권리, 재해 저감과 기후변화에 있어서의 성별의 위치에 대한 특별한 관심을 이끌어내었다 (Chinkin and Yoshida, 2020).

2010년 유엔총회는 여성들이 여전히 직면하고 있는 도전에 대응하기 위해 유엔여성기구(UN Women, 더 공식적으로는 UN Entity for Gender Equality and the Empowerment of Women)를 발족했다. 유엔의 2015년 지속가능 발전 목표는 성평등의 달성 및 여성과 소녀의 역량 강화를 포함하고 있다. 이러한 계획, 그리고 여성의 인권에 대한 인정 및 적용의 진전에도 불구하고 불평등은 지속되고 있다. 너무나 많은 '최초' 사례가 달성되었기 때문에 정치적, 경제적, 공적 삶에서 여성들의 약진은 점점 덜 도드라진 일이 되어가고 있다. 그러나 평등은 단지 그러한 '최초'에 관한 것이라기보다는, 여전히 남성들이 여성을 동등한 존재로 대하는 것을 방해하는 사회적이고 문화적인 장벽을 제거하는 일에 관한 것이며, 불평등을 계속해서 조장하는(또는 최소한 불평등의 해소를 억제하는) 사회와 제도 안의 구조적 장애물을 제거하는 일에 관한 것이다.

토의주제

1. 인권은 진정으로 보편적인가, 아니면 문화적으로 상대적인 것으로 보는 것이 가장 적절한가?
2. 인권이란 발상이 등장하는 데에 왜 그렇게 오랜 시간이 걸렸는가?
3. 왜 어떤 이들은 다른 이들의 인권을 제한하는 것을 그치지 않는가?
4. 우리는 과거의 경솔한 행동에 대해 '잊힐 권리'를 가지고 있는가?
5. 국제형사재판소는 좋은 발상인가?
6. 왜 남성과 여성의 인권은 아직도 동등하게 보호받지 못하고 있는가?

핵심용어

- 노예제(Slavery)
- 보편주의(Universalism)
- 상대주의(Relativism)
- 세계인권선언(Universal Declaration of Human Rights)
- 시민적 권리(Civil right)
- 시민적 자유(Civil liberty)
- 양심수(Prisoner of conscience)
- 인권(Human right)
- 인도적 개입(Humanitarian intervention)
- 인도주의(Humanitarianism)
- 자연권(Natural right)
- 자연법(Natural law)
- 재생산권(Reproductive right)
- 정치범(Political prisoner)

유용한 웹사이트

국제앰네스티(Amnesty International) https://www.amnesty.org
국제형사재판소(International Criminal Court) https://www.icc-cpi.int
세계인권선언(Universal Declaration of Human Rights) https://www.un.org/en/universal-declaration-human-rights
유럽 인권재판소(European Court of Human Rights) https://www.echr.coe.int
유엔 여성기구(UN Women) https://evaw-global-database.unwomen.org.
유엔 인권고등판무관실(UN High Commissioner for Human Rights) https://www.ohchr.org
유엔 인권이사회(UN Human Rights Council) https://www.ohchr.org/en/hrbodies/hrc
휴먼라이츠워치(Human Rights Watch) https://www.hrw.org

추가 읽을 거리

Bantekas, Ilias, and Lutz Oette (2020) *International Human Rights Law and Practice*, 3rd edn (Cambridge University Press). 인권법에 관한 개요서로, 유엔과 지역적 인권 합의에 관한 장들을 포함.

Clapham, Andrew (2015) *Human Rights: A Very Short Introduction*, 2nd edn (Oxford University Press). 인권의 의미와 역사에 관한 간략한 개요서로서, 표현의 자유, 고문, 차별, 사형과 같은 이슈에 대한 장들을 포함.

Donnelly, Jack, and Daniel J. Whelan (2020) *International Human Rights*, 6th edn (Routledge). 인권의 의미, 발전, 적용에 관한 개요서로서, 글로벌 함의 및 최근 이슈와의 관련성에 관한 장들을 포함.

Jones, Adam (2017) *Genocide: A Comprehensive Introduction*, 3rd edn (Routledge). 인권 침해의 가장 극악무도한 예 중 하나인 집단학살에 관한 개론서.

Örtenblad, Anders, Raili Marling, Snježana Vasiljević (eds) (2017) *Gender Equality in a Global Perspective* (Routledge). 10개국의 성평등에 관한 비교연구편서로서, 이 개념이 일반적으로 적용가능한 것인지 아니면 지역적인 각색이 필요한지에 대한 질문을 다룸.

전쟁, 평화, 그리고 안보

8장

개요

이 장의 키워드는 안보다. 국제분쟁에 대한 핵심적 이론의 설명에 주목하면서, 전쟁의 의미, 유형, 원인에 대한 논의로 시작한다. 그런 다음 전쟁의 부재(소극적 평화)와 적극적 평화를 유지하기 위한 노력 사이의 차이점, 그리고 평화를 위해 필요한 조건들에 대해 언급하면서 평화의 특성을 논한다. 이어 평화유지 및 집단안보에 초점을 맞추면서 글로벌안보레짐의 구조를 살펴본다. 이 장은 테러리즘의 의미와 원인, 그리고 테러리즘이 야기하는 위협의 최근 동향에 대한 검토로 끝맺음을 한다.

차례

출처: guvendemir/Getty Images

핵심사항

- 전쟁은 평화보다 훨씬 더 광범위하게 연구되어 왔는데, 이는 우리가 평화에 필요한 조건보다 전쟁의 원인에 대해 더 잘 이해한다는 것을 의미한다.
- '전쟁'과 '평화'라는 용어의 정의가 불분명하여, 우리가 그들을 이해하고 논의하는 방법에 대해 많은 문제를 제기하고 있다.
- 전쟁을 유발하는 압력이 없다고 진정한 평화를 이룰 수 있을지는 의문이지만, 평화는 전쟁이 없는 것 그 이상을 의미한다.
- 우리는 영구적인 평화를 이루기 위한 칸트의 조건을 달성하는 데 거의 진전을 이루지 못했다.
- 글로벌안보레짐은 외교, 유엔을 통한 협상, 평화유지, 그리고 집단안보 협정의 조합으로 구성되어 있다.
- 많은 사람들에게 테러는 국가 간 전쟁보다 더 심각한 위협이 되고 있다.

전쟁의 이해

2020년 9월 27일 아르메니아와 아제르바이잔의 군대 사이에 전투가 벌어져 44일 동안 6,300명에 가까운 군인, 165명의 민간인이 사망했고, 540명 이상의 시리아 용병이 아제르바이잔 편에서 전투를 벌였다. 이 전투는 나고르노-카라바흐(Nagorno-Karabakh)의 영토 소유에 대한 양국 간의 계속되는 긴장 때문에 촉발되었다 (지도 8.1 참조). 이 지역은 국제법상 아제르바이잔의 영토로 인정되지만, 15만 명 인구의 대부분은 아르메니아인이며, 아르메니아가 그 영토의 영유권을 주장하고 있다. 1988년부터 1994년까지 벌어진 제1차 나고르노-카라바흐전쟁 결과 3만 5,000명의 사망자가 발생했고 아르메니아가 완전 장악했다. 2016년 4일전쟁으로 인해 더 많은 사망자가 발생했으며, 2020년 분쟁은 제2차 나고르노-카라바흐전쟁이라는 명칭이 붙었다. 이러한 명칭에도 불구하고, 이 사건들이 실제로 전쟁이었는지는 의문이다. 일반적으로 '충돌(clash)', '분쟁(conflict)', '무력분쟁(armed conflict)'과 같은 용어들이 그 사건을 묘사하는 데 더 자주 사용된다.

이와 유사하게, 그러나 훨씬 더 큰 규모로, 미국은 1945년 이후 한국, 베트남, 레바논, 보스니아, 아프가니스탄, 이라크에서 수많은 분쟁에 관여한 것으로 유명하다. 그 과정에서 수십만 명이 사망했고, 엄청난 물리적 피해를 남겼

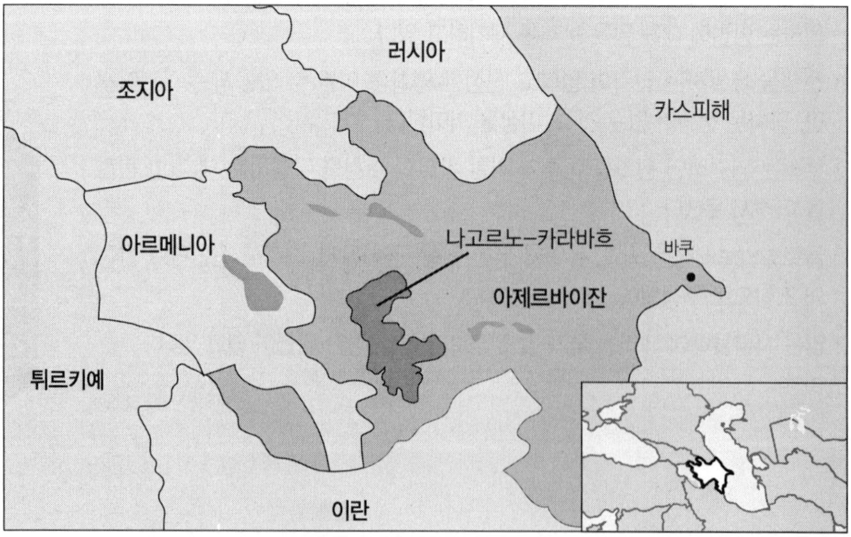

지도 8.1 나고르노-카라바흐 지역

으며, 그 대립은 우리가 전쟁과 연관 짓는 대규모이면서 국가가 지원하는 폭력의 모든 특징을 가지고 있다. 그러나 미국이 공식적으로 다른 나라에 선전포고를 한 것은 1942년 6월 불가리아, 헝가리, 루마니아에 선전포고를 한 것이 마지막이었다. 이는 1945년 제2차 세계대전이 끝난 이후로 전쟁을 하지 않았다는 것을 의미하는가? 만약 그렇지 않다면, 베트남과 이라크에서의 분쟁은 무엇이었을까?

이 두 사례는 인간이 전쟁에 매료되어 수 세기에 걸쳐 우울한 빈도로 서로 전쟁을 벌였지만, 용어에 대한 명확한 정의를 확립하지 못했다는 아이러니를 보여준다. 이 장의 뒷부분에서 보게 될 것처럼, 전쟁에 대한 명확한 개념 확립을 원하지 않은 것은 아닌데, 이는 전쟁이 평화보다 훨씬 더 심층적으로 연구되어 왔다는 점을 보면 알 수 있다. 그럼에도 불구하고, 이 용어는 '무력충돌', '경찰행동', '확장된 군사개입'과 같은 다른 용어들과 느슨하게 계속 중복된다. 그것은 또한 마약과의 '전쟁', 빈곤과의 '전쟁', 기아와의 '전쟁'과 같은 여러 한계 상황과 관련하여 자유롭고 심지어 임의적으로 사용된다.

문제를 더 복잡하게 만드는 것은 전쟁이 행위일 뿐만 아니라 조건으로도 볼 수 있다는 점이다. 국가는 자국의 군대가 적극적으로 교전할 때뿐만 아니라, 선전포고 여부에 관련 없이 무력으로 해결할 수밖에 없는 의견 불일치의 상태일 때 전쟁상태라고 할 수 있다. 예를 들어, 영국과 독일은 1939년 9월 3일부터 공식적으로 전쟁상태에 돌입했지만, 8개월 동안 전쟁이 지속되지 않았고, 이후 이는 '가짜전쟁(phony war)'으로 불리게 되었다. 한국전쟁이 제공하는 또 다른 예는 1953년 7월 휴전협정으로 전투는 끝났지만 평화협정은 체결되지 않았으며, 이는 남북한이 엄밀히 말해 오늘날에도 여전히 서로 전쟁 중이라는 것을 의미한다.

통상적으로 **전쟁(war)**은 국가 간의 지속적인 무력충돌을 의미하는 것으로 이해되며, 이는 제네바협약의 공통 조항 2조에 반영되어 있다. 그 조항은 국가 간 무력충돌을 선언된 전쟁, 또는 어느 한 국가가 전쟁상태라고 인정하지 않더라도 협약을 체결한 둘 또는 그 이상의 국가 사이에 발생한 무력에 의한 충돌로 정의한다. 분쟁의 기간, 사상자 수, 심지어 실제 전투의 필요성에 대한 논의가 없다. 국가 간 전투 외에 다른 것에 대한 언급도 없고, 국가 내 분쟁이나 전쟁에 대한 언급도 없다. 1977년 협약에 대한 의정서가 합의되었는데, 그 내용은 국제 무력충돌은 '식민지배와 외국 점령에 대항해 싸우는 것'과 '자결권을

전쟁(War): 국가, 비국가행위자 및/또는 국가 내 집단이 관련된 지속적이고 조정된 폭력의 기간.

행사하기 위한 인종차별 정권에 대항하는 것'을 포함한다는 내용이 포함되었다. 이러한 비국가행위자들의 포함은 논란이 되었고, 미국, 인도, 이라크, 이스라엘과 같은 나라들이 의정서에 서명하는 것을 단념하게 했다.

'미국에 기초한 전쟁 상관성 프로젝트(US-based Correlates of War Project, 2001)'에 의해 시도된 전쟁에 대한 정의는 적어도 1,000명의 전투 사망자를 수반하는 무력충돌이 전쟁이라는 자의적인 아이디어를 제시했다. 1969년 엘살바도르와 온두라스 간의 '축구전쟁'(1970년 FIFA 월드컵 예선전 중 양국 간 긴장이 폭력으로 전개되었을 때)은 겨우 100시간 동안 지속되었음에도 불구하고 약 2,000명의 사망자를 냈기 때문에 전쟁이라고 할 수 있다. 한편, 포클랜드전쟁(Falklands War, 1982년 영국이 남대서양 포클랜드 제도에서 아르헨티나 침략자를 추방하기 위해 벌인 대규모 군사작전)은 단지 907명의 사망자만 발생했기 때문에 엄밀히 말해 전쟁이 아니었다 (Gvosdev and Stigler, 2011).

전쟁을 정의해야 할 필요성은 교전 중인 국가들이 전시 상황 이외에는 존재하지 않을 수도 있는 특정한 법적 권리와 인도적 의무의 대상이 되기 때문에 중요하다. 예를 들어, 부상당한 군인, 전쟁포로, 그리고 민간인의 처우에 관한 제네바협약은 중대한 무력충돌의 시기에만 적용된다. 2001년 9월 미국에서 발생한 테러 공격 이후 전쟁 정의의 필요성은 특히 명백해졌는데, 그때 부시(George W. Bush) 행정부는 '테러에 대한 글로벌전쟁'을 선포했고, 이는 무력충돌이 있을 때만 적용 가능한 교전국 특권(belligerent privileges)을 부여했다. 예를 들어, 미국은 쿠바의 관타나모 수용소에 수감자들을 무기한 감금할 수 있었고, 경고 없이, 그리고 완전한 면책특권을 가지고, 합법적인 목표물로 정의한 표적에 대해 드론 공격을 할 수 있었다.

이러한 변칙적 상황에 자극을 받은 국제법협회(International Law Association)는 2005년 전쟁의 의미에 대한 5개년 연구를 시작했으며, 전쟁에 대한 법적 통제를 개발하려는 노력은 '제도, 규칙, 규범, 원칙의 탁월한 집합'을 가져왔지만, 여전히 국제법에서 전쟁에 대한 명확한 정의는 없다고 지적했다 (O'Connell, 2012). 보고서에 따르면, 전쟁 정의에 대한 설명의 일부는 전쟁이 종종 '분명하게' 일어났다는 것이다. 국가들의 군대 사이에 또는 국가 내에서 잘 조직된 전투 부대 간에 대규모 전투가 벌어졌을 때, 전쟁은 분명히 진행되고 있는 것이다. 그러나 보고서는 국제사회에서 '무력충돌'이라는 용어가 '전쟁'보다 더 자주 사용되고 있으며, 무장단체의 모든 교전이 무력충돌로 간주될 수 있는 것은 아닌데, 특히 피해나 사망이 발생하지 않는 경우에 그러하다고 지적했다. 보고서는 무장충돌(armed conflict)을 조직화된 집단들 간의 격렬한 무장투쟁(armed fighting)으로 정의함으로써 결론을 내렸다.

현재 이 책의 목적을 위해, 우리는 전쟁이 '정치조직들 간의 지속적이고 조정된 폭력'을 포함하는 조건이라고 제안하는 레비와 톰슨(Levy and Thompson, 2010)에 의해 개발된 정의를 사용할 것이다. 그들은 전쟁이 폭력적이고 (이해충돌, 경쟁, 무력위협과 구별), 전쟁은 둘 이상의 상호 적대적 행위자를 포함해야 하며, 전쟁은 개인이 아닌 조직(국가, 국가 내 집단 또는 테러조직과 같은 비국가행위자)을 포함해야 하며, 전쟁은 목적을 가지고 있어야 하며, 전쟁은 단기간의 교전과 충돌 이상의 것이 되어야 한다. 우리는 또한 국가 대 국가의 전통적인 전쟁 외에도 여러 종류의 다른 전쟁이 있다는 점을 주목해야 한다.

- **내전(civil war)**은 같은 국가 내의 집단과 시민을 포함한다 (글로벌과 로컬 8을 참조할 것). 오늘날의 많은 전쟁들은 영토, 자원, 또는 정부의 통제에 대한 불화로 촉발된 분쟁에 기반을 두고 있다. 아프가니스탄, 이라크, 리비아, 시리아, 예멘은 모두 최근 내전의 현장이었으며, 대부분은 현재 진행 중이다.
- '게릴라전'은 무장세력이 전복과 치고-빠지기 전술을 함께 사용하여 소형 무

내전(Civil war): 동일한 국가, 민족, 공동체 내에서 집단들과 시민들 사이의 분쟁.

출처: Anadolu Agency via Getty Images

시리아 수도 다마스쿠스 외곽에서 민간인들이 전투에 휘말렸다. 시리아내전은 수십만 명의 목숨을 앗아간 최근 역사상 가장 치명적인 전쟁 중 하나였다.

기로 정부와 싸우는 것을 포함한다. 가장 주목할 만한 사례 중 하나는 1959년 쿠바에서 카스트로(Fidel Castro)를 집권시킨 반란이었다.

- '냉전'은 직접적인 군사교전보다는 이데올로기를 수반하는 경쟁으로 특징지어지지만, 1940년대 후반부터 1990년까지 미국과 소련 사이의 냉전의 경우처럼 대리전을 통한 군사적 충돌을 포함할 수 있다. 냉전의 대리전에는 한국과 베트남전쟁이 포함된다.

글로벌과 로컬 8

국가 간, 국가 내 전쟁

비록 전쟁은 전통적으로 국가 간 충돌로 간주되지만, 이러한 전쟁은 점점 드물어지고 있다. 슬로터(Slaughter, 2011)는 대규모의 다년간 분쟁의 시대는 끝났을 수 있으며, 미래 분쟁은 특수부대를 이용하거나 국가보다는 개인을 대상으로 디지털 전선에서 벌어질 가능성이 더 높다고 주장했다. 미국이 주도한 아프가니스탄과 이라크 침공 외에도, 최근 수십 년간 가장 피해를 주고 파괴적인 분쟁은 콜롬비아, 리비아, 소말리아, 수단, 시리아, 예멘에서 발생한 내전이다.

이러한 추세에 대한 설명은 다음과 같다.

- 의견 충돌이 폭력화하기 전에 해결하기 위한 외교적 도구의 발전적 사용.
- 일반인들이 소셜 미디어와 다른 수단을 동원하여 전쟁에 대한 불찬성을 정치적 행동으로 전환시키는 능력.
- 세계화가 국가 간의 경제적 연계를 강화하여, 국가가 전쟁을 일으키지 않도록 하는 역할. 북과 남 비교 8의 민주평화론에 대한 토론을 참조할 것.

이 글상자의 글로벌 요소는 전쟁의 글로벌적 또는 국제적 규모에 관한 것이 아니라, 심화된 글로벌 연결이 국가들을 전쟁으로부터 멀어지게 하는 데 미치는 영향에 관한 것이다. 한편, 국지적인 요소는 많은 저개발 국가들에서 내전이 지속됨에 따라 문제점으로 등장하는데, 이는 요약하기 어려운 주로 국지적인 다양한 상황으로부터 비롯된다.

콜롬비아내전(1960년대 초부터 진행 중)을 예로 들어본다. 1920년대까지 거슬러 올라가는 토지 소유권 분쟁은 냉전 기간 이 지역에서 공산주의의 영향력을 약화시키려는 미국 주도의 노력으로 파급되었는데, 이는 마약 밀매를 동반한 폭력으로 번져나갔다. 2016년 평화협정 체결에도 불구하고 분쟁 관련 폭력은 지속되고 있다.

시리아내전(2011년 이후 진행 중)의 경우, 알아사드(Bashar al-Assad) 대통령의 권위주의 정권에 대한 기존 불만이 단명했던 아랍의 봄으로 촉발된 민주화 운동으로 확산되어 반대세력의 폭력적인 정권 타도를 부추겼다. 이는 국가 군대에 의한 극단적인 폭력에 맞닥뜨렸고, 2013년 이슬람국가(ISIS: Islamic State of Iraq and Syria)가 분쟁에 연루되었을 때 상황은 더 악화되었다.

- '세계대전'은 세계의 다른 지역에 있는 많은 다른 국가들을 포함한다. 제1차 세계대전(1914~1918년)과 제2차 세계대전(1939~1945년)만이 그렇게 분류되었지만, 7년전쟁(1754~1763년)은 러시아와 미주뿐만 아니라 유럽의 대부분을 포함했기 때문에 글로벌한 분쟁이라 할 수 있다.

앞서 설명한 모든 정의에도 불구하고, 현재 세계에서 얼마나 많은 전쟁이 진행되고 있는지를 정확히 제시하기 어려운데, 그 이유는 많은 분쟁이 끝났다가 다시 시작되는 되풀이를 하기 때문이다. 예를 들어, 1947년에 시작된 카슈미르를 둘러싼 인도와 파키스탄 사이의 분쟁은 결코 사라지지 않았고, 소요와 완전한 전쟁 사이의 기간 동안 4만 7,000명이 사망했다. 1994년과 2003년 사이에 절정에 달했던 콩고민주공화국의 분쟁도 마찬가지로 완전히 사라지지 않았다. 이코노미스트(*Economist*, 2018)는 폭력과 혼란에도 불구하고, "싸움이 무엇에 관한 것인지, 누가 누구를 죽였는지 외부인은 거의 알지 못한다"고 지적했다.

아프가니스탄, 이라크, 서아프리카, 멕시코, 시리아에서 내전, 반란, 침략의 조합으로 가장 오랫동안 지속된 전투 기간과 사망자 수가 누적되었다 (표 8.1 참조). 그러나 국내적 또는 글로벌 차원에서의 안보에 대한 위험은 상이한 수준의 정치적 안정에 더 잘 반영된다. 제4장에서 살펴본 바와 같이, 그러한 순위 중 하나는 경제발전, 인권, 인구학적 압력, 집단불만, 외부 개입과 같은 지표를 바탕으로 한 취약국가지수(Fragile States Index)다. 지도 8.2는 불안

표 8.1 진행 중인 주요 분쟁

지역	시작연도	현재까지 인명피해 (명)
아프가니스탄	1978년 (소련침공 1979~1989년)	125만~200만
소말리아	1991년	50만
콩고민주공화국	1994년	100만~600만
이라크	2003년 (미국 주도 침공)	25만~100만
서아프리카-보코하람 반란	2009년	5만 이상
시리아	2011년	35만~60만
남수단	2011년	38만~40만
예멘	2015년	2만 5,000~8만 5,000

정과 분쟁의 중첩을 보여주고 있으며, 아프리카와 중동 일부 지역에서 전쟁이 일어날 가능성이 가장 크다.

전쟁의 원인

비록 전쟁과 평화가 같은 동전의 양면으로 보이지만, 전쟁은 평화보다 훨씬 더 광범위하게 연구되어 왔다. 블레이니(Geoffrey Blainey)는 “전쟁의 원인에 대한 책들이 1,000페이지 분량으로 출판되는 반면, 평화의 원인에 대해 직접 출판된 책은 한 페이지도 안 된다”고 주장한다 (Blainey, 1988). 그에 대한 한 가지 설명은 평화가 정상적인 상태이며, 따라서 전쟁보다 연구의 대상으로서 덜 흥미롭다는 널리 퍼진 (그리고 부정확한) 가정이라고 그는 주장한다. 또한, 전쟁이 평화보다 뉴스 가치가 더 있다는 단순한 이유 때문에 연구 기록보관소는 전쟁의 원인에 대한 역사문서들을 더 많이 보유하고 있다. 블레이니는 평화에 대한 문서도 많이 있지만, 그 내용이 명확하지 않고 주목을 덜 받는다고 지적한다.

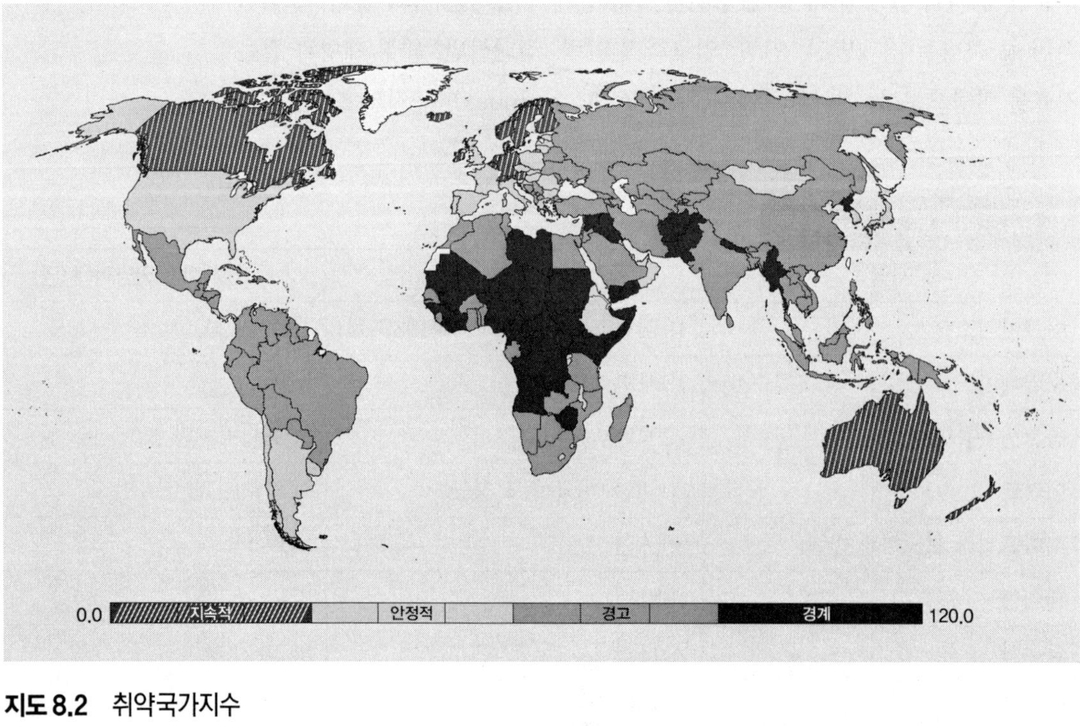

지도 8.2 취약국가지수

출처: Fund for Peace (2020)에 기초.

전쟁에 대한 인간의 지속적인 관심의 일부는 폭스(Fox, 2014)가 묘사한 전쟁에 대한 신화에 담긴 드라마에서 비롯된다. "인류의 역사는 유명한 통치자와 지도자(대부분 남성)가 행한 위대한 업적과 그들이 준비하고 싸운 전쟁에 대한 이야기와 같다. 이러한 관점에서 볼 때 평화는 전쟁 사이의 검토할 가치가 없는 지루하고 무미건조한 기간으로 구성되어 있다." 이러한 생각을 바탕으로 볼 때, 군사력은 국가정체성과 밀접하게 연관되어 있으며, 국가의 지역적이고 글로벌한 확장 범위는 전쟁을 수행할 수 있는 능력(또는 능력의 부족)에 의해 정의되고 있다.

전쟁에 대한 많은 연구와 전쟁이 어떻게 시작되었는지에 대한 많은 이론의 발전에도 불구하고, 전쟁의 원인에 대한 보편적인 설명 같은 것은 없다. 대신 전쟁을 일으키는 불화가 시간, 장소, 전투원들의 능력과 태도에 따라 다르다는 점은 분명하다. 많은 부수적인 질문들은 다음과 같다.

- 무엇이 전쟁을 가능하게 하는가?
- 전쟁은 왜 특정 시기에 일어날까?
- 왜 어떤 국가들은 다른 국가들보다 더 자주 전쟁에 관여하는가?
- 전쟁은 단지 일어나기를 기다리고 있는 사건일까?
- 전쟁을 일으키는 역사적, 문화적 맥락은 무엇인가?
- 전쟁에는 공통의 주제가 있는가, 아니면 모든 전쟁이 다른가?
- 우리는 어떻게 특정한 전쟁의 기원을 설명할 수 있을까?

논쟁의 대부분은 국제관계(글로벌경제에 대한 연구뿐만 아니라)에 대한 **현실주의(realism)**와 **자유주의(liberalism)**의 경쟁적 관점을 중심으로 한다. 한편으로, 현실주의자들은 전쟁이 일어나는 것은 글로벌시스템의 무정부적인 특성 때문이라고 주장하는데, 이러한 특성은 국가의 합리적인 자기이익에서 발생하는 긴장을 해결하는 데 필요한 일종의 국제적 권위가 세계에 존재하지 않는 것을 의미한다. 무정부적인 글로벌시스템에서 국가들은 자국의 안전보장과 이익보호를 위해 갈등과 협력을 이용하도록 동기를 부여받았다. 반면에, 자유주의자들은 국제협력이 가능하고 바람직하며, 전쟁이 불가피하지 않다고 주장한다. 비록 국가들이 폭력에 의존하지 않고 그들의 분쟁을 해결할 수 있는 메커니즘을 세우기 위해 수 세기 동안 많은 노력을 하여 국제연맹과 유엔 같은

현실주의(Realism): 우리가 무정부 상태의 글로벌시스템(규칙이나 국가 수준 이상의 권위체가 없는 시스템)에 살고 있으며, 국제관계는 자기 이익만 추구하는 국가 간의 권력이나 영향력 다툼에 의해 주도된다는 이론.

자유주의(Liberalism): 국제공조는 가능하고 바람직하며, 전쟁은 필연적이지 않으며, 국제관계를 이해하고 견인하는 데 국제기구와 국제법이 중요하다는 이론.

기구를 만들었지만, 전쟁은 불법이 아니며, 전쟁을 예방하거나 한번 시작되면 멈출 수 있는 능력을 가진 국가 수준 이상의 더 높은 권위체는 없다.

전쟁의 가장 분명한 원인은 한 국가가 다른 국가로부터 위협을 받고 있다는 인식이다. 만약 한 국가가 다른 국가를 공격하거나, 실제적이고 즉각적인 안보 위협을 가한다면, 전쟁으로 발전될 가능성이 크다. 그러나 위협은 때때로 실제적이기보다는 상상이거나 의혹적인 것이며, 대신에 전쟁으로 이어지는 긴장은 이념적 또는 종교적 차이로부터, 두려움으로부터, 국가가 자기주장을 달성하려는 욕심으로부터, 또는 국내 정치문제로부터 시민들의 관심을 돌리기 위한 지도자의 노력으로부터 비롯될 수 있다. 어떤 경우에는 도덕적으로 **정의로운 전쟁**(just war)이라 할 수 있는 사례가 있지만, 도덕 관련 문제는 인간들이 다른 도덕적 나침반을 가지고 있다는 점이다. 전쟁을 정의로운 것으로 간주하려면 다음과 같은 특징들을 모두 포함해야 한다 (Walzer, 2015 참조).

정의로운 전쟁(Just war): 도덕적으로 방어할 수 있는 전쟁.

- 합당한 이유가 있어야 한다.
- 전쟁은 최후의 수단으로만 사용되어야 한다.
- 전쟁은 정당한 권위체에 의해 행해져야 한다.
- 전쟁은 억울한 고통을 보상하기 위해서만 수행되어야 한다.
- 전쟁은 반드시 성공할 가망이 있어야 한다.
- 종식은 사용된 수단에 비례해야 한다.
- 전쟁은 합법적인 목표(민간인 제외)에 초점을 맞춰야 한다.
- 최종 목표는 평화를 다시 세우는 것이어야 한다.

국가가 자위(自衛)를 위해 폭력을 사용할 때 정의로운 전쟁의 정의는 비교적 명확하다. 그러나 문제는 자위가 남용되기 쉬운 개념이고, 특히 선제공격이 시작되거나 선제공격의 위협을 받을 때 그러하며, 가정된 위협이 진짜인지 판단하기가 어려울 수도 있다. 예를 들어, 영국과 프랑스가 1939년 9월 3일 독일에 선전포고를 하는 것에 찬성하는 강력한 도덕적 논쟁이 있었다. 이 논쟁의 배경에는 영국과 프랑스가 몇 달 전에 방어를 보장해 준 폴란드에 대한 독일의 침공이 있었지만, 더 큰 동기는 나치의 팽창주의를 막아야 한다는 것이었다. 그것은 선과 악, 옳고 그른 세력을 상대적으로 식별하기 쉬운 전쟁이었다.

이와 대조적으로, 2003년 미국이 주도하여 이라크를 침공한 사례와 마찬가지로 많은 전쟁의 정당성이 의문시되어 왔다. 이는 부시 행정부의 일부 인사들이 2001년 9·11 테러 공격에 대한 대응이라고 주장했는데, 그 테러공격은 알카에다의 지시에 따라 19명의 사우디아라비아 국적인들에 의해 수행되었다. 다른 이들은 이라크의 후세인(Saddam Hussein) 정권이 생물무기와 화학무기 등 대량살상무기를 보유하고 있거나 개발 계획을 가지고 있다고 주장했다. 후세인은 1980년대에 이라크 쿠르드족에 대해 화학무기를 사용했지만, 미국 주도의 침공 이후 그러한 무기는 발견되지 않았고, 쿠르드족에 대한 사용 이후 이라크는 화학무기의 생산과 비축을 중단한 것으로 밝혀졌다.

종교의 이름으로 싸운 전쟁, 정복의 마음으로 벌인 전쟁, 정치적 독립을 추구하는 공동체에 의한 전쟁, 국경 분쟁이나 분리 시도에 의해 촉발된 전쟁 등 오랜 세월 동안 일어난 전쟁의 종류를 보면 전쟁의 원인에 대한 통찰력을 얻을 수 있다. 따라서 전쟁의 원인은 많고 다양하며, 우리는 전쟁의 외견상의 원인과 실제 원인을 구별하는 데 주의해야 한다. 한 국가가 다른 국가와 전쟁을 하는 이유를 확인하는 데 대한 명료한 설명은 거의 없다. 이와 유사하게, 우리가 지금 보게 될 것처럼, 국가 내 또는 국가 간에 평화를 달성하고 유지하는 방법을 결정하는 데 대한 명료한 설명도 거의 없다.

평화의 이해

앞서 언급했듯이, **평화(peace)**는 전쟁보다 훨씬 더 흔하고 바람직하다는 사실에도 불구하고 전쟁보다 훨씬 덜 철저하게 연구되어 왔다. 어느 정도까지는 평화가 정상적인 상태 또는 기본 상황으로 간주된다는 블레이니의 지적(Blainey, 1988) 때문에 평화가 손해 보는 측면이 있다. 따라서 평화롭다는 것은 드문 일이 아닌 반면, 전쟁과 갈등은 그들의 극적인 특성의 영향을 받아 더욱 특이하고 흥미로운 것으로 인식되며, 따라서 더 깊이 연구된다. 그러나 전쟁을 일으키는 상이한 종류의 조건들을 제시하는 것은 비교적 쉽지만, 평화를 이끄는 조건들을 제시하는 데에는 더 큰 보상이 약속된다고 주장할 수도 있다.

평화(Peace): 서로 다른 당사자들이 폭력에 의존하지 않고 의견 불일치를 할 수 있는 조건.

평화에 대한 가장 단순한 정의는 '전쟁의 부재(absence of war)'로, 노르웨이의 사회학자 갈퉁(Johan Galtung)이 묘사한 **소극적 평화(negative peace)**다. 하지만 전쟁을 일으키는 압력이 없다고 해서 정말로 평화가 이루어질 수

소극적 평화(Negative peace): 폭력의 부재에 의해 정의된 평화이며, 적극적 평화의 경우에 발견되는 지속적 평화를 유지하려는 노력과 반대 상황.

있을까? 아인슈타인(Albert Einstein)이 주장했듯이, "전쟁의 예방과 준비를 동시에 할 수 없다" (Nathan and Norden, 1960에 인용). 만약 국가가 전쟁을 수행할 능력을 가지고 있고, 군대를 유지함으로써 전쟁을 계속 준비한다면, 최선이라고 말할 수 있는 것은 그들이 일시적이거나 조건부적으로 평화상태에 있는 것이다. 1940년대 후반에서 1991년 사이의 냉전 기간 대부분은 평화적(미국과 소련의 대리전 외에는)이었지만, 전반적인 평화는 핵보유국들이 글로벌 규모의 전쟁을 일으킬 수 있는 능력을 가졌기 때문에 유지되었다. 이러한 상호확증파괴(MAD: mutually assured destruction, 역자해설 8.1) 아이디어는 바람직한 평화의 형태라고 묘사될 수는 없다. 진정한 평화는 전쟁이 없고 전쟁이 일어날 가능성이 없을 때, 국가와 다른 당사자들이 폭력에 의존하지 않고 (또는 심지어 위협하지 않고) 불화를 해결할 능력이 있을 때, 그리고 전쟁을 위한 준비가 이루어지지 않을 때에만 존재한다.

만약 국가들이 군대를 유지하기 때문에 진정한 평화가 불가능하다면, 오직 20여 개 국가(이 절의 뒷부분 참조)만이 진정한 평화 상태에 놓이게 되는데, 그 이유는 그들이 상비군을 보유하지 않거나 제한된 방위군만을 유지하기 때문이다. 우리는 진정한 평화에 대한 정의를 일본과 같이 오직 자위만을 위해 군대를 유지하는 나라들로 넓힐 수 있을 것이다. 아마도 우리는 오스트리아, 핀란드, 아일랜드, 스웨덴, 스위스와 같이 군대를 유지하면서도 세계문제에 **중립**(neutrality) 정책을 추구하는 국가들을 포함함으로써 평화의 범위를 더 넓힐 수 있을 것이다. 혹은 군대를 보유하고 있더라도 외교, 정의, 인권을 통해 갈등을 방지하기 위해 적극적인 노력을 기울이면 **적극적 평화**(positive peace)의 조건을 만들 수 있다.

중립(Neutrality): 전쟁을 피하고 다른 국가들과 관련된 분쟁에서 어느 한쪽 편을 들지 않는 것에 기반을 둔 정책.

적극적 평화(Positive peace): 분쟁의 건설적인 해결을 촉진하고 모두를 위한 기회와 자원에 대한 평등한 접근을 보장하는 시스템과 네트워크의 구축을 통해 충돌을 피하기 위한 적극적 노력으로 유지되는 평화.

역자해설 8.1

상호확증파괴

상호확증파괴란 적이 핵 공격을 가할 경우 적의 핵 탑재 미사일 등이 도달하기 전에 또는 도달한 후 보유하고 있는 보복력을 이용해 상대편에 치명적 타격을 할 수 있는 보복 핵전략이다.

1960년대 최대 핵보유국이었던 미국과 소련이 구사했던 핵전략으로 1991년 소련이 붕괴될 때까지 핵전쟁을 억제했다. 이 개념은 선제공격으로 완전한 승리를 추구하는 것이 불가능하고 오히려 보복을 받을 우려가 있어서 핵무기를 함부로 사용하지 않게 하는 전략이다. 핵무기의 선제적 사용이 쌍방 모두가 파괴되는 상호파괴를 확증하는 상황으로 전개된다는 논리 구조다.

우리는 또한 평화가 전쟁과 군대의 유지와 관련해서만 정의되어야 하는지 스스로 의문을 가져야 하는데, 그 이유는 평화공존을 방해하는 폭력은 전쟁을 수행할 수 있는 능력에만 해당되는 것이 아니기 때문이다. 예를 들어, 테러리즘은 평화와 양립할 수 없으며, 폭력은 단지 죽이고 부상을 입히려는 노력에 관련된 것이 아니다. 차별적인 제도와 관행의 유지는 사람들이 **구조적 폭력**(structural violence)으로 알려진 상황에서 기본적인 필요와 기회에 접근하는 것을 막음으로써 심리적, 사회적, 경제적으로 해를 끼칠 수 있다. 구조적 폭력은 반드시 군대의 유지와 사용에 기초하는 것은 아니면서도 유사한 수준의 고통을 초래할 수 있다. 평화협정을 통해 종식시킬 수 있는 물리적 폭력이나 전쟁과 달리 구조적 폭력은 사회 구조에 내재돼 있기 때문에 해결이 더 어렵다. 예를 들어, 빈곤에 수반되는 구조적 폭력의 종류는 때때로 식별하기 어려울 뿐만 아니라 멈추기도 어렵다.

구조적 폭력(Structural violence): 차별, 비하, 학대를 통해 사람들을 함정에 빠뜨리는 과정과 조건의 유지.

우리가 가장 바라는 종류의 화합의 성배는 영국 철학자 벤담(Jeremy Bentham)이 1789년 『보편적이고 영구적 평화를 위한 계획(*Plan for an Universal and Perpetual Peace*)』에서 묘사한 **영구적 평화(perpetual peace)**이며, 6년 후 독일 철학자 칸트(Immanuel Kant, 1724~1804년)에 의해 그의 에세이 『영구적 평화: 철학적 에세이(*Perpetual Peace: A Philosophical Essay*)』(Kant, [1795] 2009)에서 더 유명해졌다. 칸트는 인간이 나란히 사는 자연 상태가 전쟁 중 하나라고 주장하면서 (칸트는 이를 공개적 적대감 또는 전쟁의 위협을 뜻한다고 했다), 평화가 의미를 가지기 위해서는 단순히 적대감의 부재에 의존하는 것이 아니라 평화 상태가 확립되어야 한다고 기록했다. 그는 평화를 위해서는 다음과 같은 조건들을 필요로 한다고 열거했다.

영구적 평화(Perpetual peace): 영구적이고 지속가능한 평화이며, 전쟁을 일으킬 수 있는 조건들의 부재로 인해 가능.

- 미래에 전쟁을 유발시킬 가능성을 가진 평화조약을 체결해서는 안 된다 (이는 휴전에 불과하다).
- 어떤 국가도 다른 국가의 지배를 받아서는 안 된다.
- 상비군은 폐지되어야 한다.
- 국가들은 전쟁 중에 이어지는 평화에 대한 신뢰를 훼손하는 적대행위를 허용해서는 안 된다.
- 국가들은 평화조약(단 한 번의 전쟁만 끝내려는 노력)과 구별되는 평화동맹(league of peace, 모든 전쟁을 영원히 끝내려는 노력)하에 살아야 한다.

- 평화로운 이방인(peaceful stranger)은 적으로 취급되어서는 안 된다.

대부분의 국가들이 이러한 조건들 중 극소수만 충족시키기 때문에, 우리는 우리가 영구적 평화의 조건을 달성하는 것과는 다소 다른 글로벌시스템에 살고 있다는 합리적 결론을 내릴 수 있다. 왜 그런가? 많은 사람들이 전쟁의 주역이었던 국가들을 비난하고 심지어 내전으로 이어질 수도 있는 압력을 가한다. 아마도, 만약 우리가 국가를 벗어나, 인간관계와 자원관리에 대해 보다 글로벌한 접근법을 취할 수 있다면, 그리고 국가와 밀접하게 연관된 이념과 종교에 의해 우리 자신을 정의하는 것을 멈출 수 있다면, 우리는 영구적인 평화로 가는 길을 더 나아갈 수 있을 것이다. 아니면 이것은 절망적으로 이상주의적인가?

칸트의 조건 중 거의 진전이 없었던 것은 상비군의 폐지다. 주로 소수의 소규모 국가만이 상이한 이유로 이 아이디어를 채택했다 (표 8.2 참조). 모나코와 같은 유럽의 미소국가들은 침략의 대상이 아니기 때문에 군대를 보유할 필요가 없다고 느꼈고, 몇몇 태평양국가들은 독립 이후 자신들의 방위를 미국에 맡겼으며, 코스타리카 군대는 군사 쿠데타에 의해 권력을 잃을 것을 두려워한 새로운 지도자에 의해 1948년 폐지되었다. 아이티 군대는 쿠데타 실시와 쿠데타 시도 끝에 1995년 해체되었다. 아이티 군대는 (존재하지 않는) 외국의 공격

표 8.2 상비군이 없는 국가

유럽	미주	태평양	인도양
안도라	코스타리카	키리바시	모리셔스
아이슬란드	도미니카공화국	마셜제도	
리히텐슈타인	그레나다	미크로네시아	
모나코	아이티 (1995~2017년)	나우루	
산마리노	파나마	팔라우	
바티칸시티	세인트루시아	사모아	
	세인트빈센트 그레나딘	솔로몬제도	
		투발루	
		바누아투	

출처: Stearns (2013) 기반.

으로부터 보호하는 것보다 국내정치 발전에 위협이 된다는 측면이 더 강하게 작용했다. 2017년 정치 지도자들은 아이티의 자연재해에 대한 대응을 지원할 필요성에 군대를 복원했다.

왜 그렇게 많은 다른 나라들, 특히 중립국들마저도 상비군을 유지하는가? 어떤 국가들은 다른 나라의 문제에 대한 **불개입**(non-intervention) 정책을 추구하더라도 스스로를 방어할 필요성을 느낄 수 있다. 그러나 세계에는 실제 위협에 직면한 국가들이 별로 없고, 그들의 국경 밖에 방어가 필요할지도 모르는 광범위한 이해관계를 가진 국가들도 별로 없다. 그런 일이 발생해도 국가이익은 법적, 호혜적 경제수단과 국제협력을 통해 보호될 수 있다. 대부분의 국가들은 군사력이 인적 측면과 재정적 측면에서 고비용이 들고, 테러리즘과 빈곤 같은 문제 해결에 있어서 거의 가치가 없으며, 항상 이길 수 있는 것도 아니며, 군대가 없었으면 존재하지 않을지도 모르는 긴장이 조성될 수 있다는 점을 알고 있다. 만약 한 국가가 대규모 군대를 유지한다면, 다른 국가들은 위협을 느낄 수 있고, 아마도 방어 능력을 보장하기 위해 스스로 대군을 유지할 필요가 있다는 점을 느낄 수도 있을 것이다.

불개입(Non-intervention): 모든 전쟁(자기방어를 위해 싸우는 전쟁은 제외)과 동맹을 피하고, 다른 나라의 내정에 간섭하지 않는 것을 기반으로 하는 정책.

폭력에 대한 대안은 **비폭력 저항**(non-violent resistance)으로, 인도의 간디(Mahatma Gandhi)와 미국의 킹(Martin Luther King Jr.) 목사 같은 지도자들, 영국과 미국의 여성 참정권 운동과 아르헨티나의 1976년과 1983년 사이의 '더러운 전쟁' 동안 실종된 사랑하는 사람들에 대한 정보를 찾는 여성들의 침묵시위, 1980년대 후반 폴란드에서 공산주의 정부에 도전하기 위한 연대(Solidarity) 노동자 조합의 노력 등이 비폭력 저항의 대표적 사례다. 이 운동의 근본적인 원칙은 폭력이 폭력을 낳기 때문에, 억압적인 정권에서 변화를 가져오는 가장 효과적인 방법은 높은 도덕적 수준을 유지하며 폭력을 거부하는 것이다 (Kurlansky, 2006 참조). 이 방식이 항상 효과가 있는 것은 아니다. 자국의 군대가 평화적인 시위자들을 죽이거나 다치게 하면서 국가가 높은 도덕적 수준을 유지하기는 어렵다.

비폭력 저항(Non-violent resistance): 협력하기를 꺼리거나 법을 어기는 것과 같은 비폭력적(또는 수동적) 수단의 사용을 통해 변화를 이끌어내기 위한 노력.

어느 수준까지는, 노벨평화상 수상자 명단은 평화가 어떻게 이해되고 정의되는지에 대한 통찰력을 제공한다 (표 8.3 참조). 자신의 유언장에서, (아이러니하게도, 다이너마이트의 발명가이자 스웨덴의 무기 회사 보포르스[Bofors]의 한때 소유주였던) 노벨(Alfred Nobel)은 자신이 만든 상들 중 하나는 '국가간 우애, 상비군의 폐지 또는 감축, 그리고 평화회의 개최와 추진을 위해 가장

표 8.3 주요 노벨평화상 수상자

연도	수상자	국적	성과
2019	아흐메드(Abiy Ahmed)	에티오피아	에리트레아와의 갈등을 해결하기 위한 노력.
2016	산토스(Juan Manuel Santos)	콜롬비아	콜롬비아내전을 종식시키기 위한 노력.
2014	유사프자이(Malala Yousafzai)	파키스탄	어린이들을 위한 교육 캠페인.
2012	유럽연합(European Union)		유럽평화 진전.
2009	오바마(Barack Obama)	미국	국제외교 증진.
2001	코피 아난(Kofi Annan) 유엔 사무총장	가나	세계평화 촉진.
1999	국경없는의사회		인도주의 활동.
1997	국제지뢰금지운동(International Campaign to Ban Landmines)		대인지뢰 금지 및 제거 노력.
1993	만델라(Nelson Mandela)와 드 클레르크(F. W. de Klerk)	남아공	남아공의 평화 촉진.
1988	유엔 평화유지군(UN Peacekeeping Forces)		평화 장려 및 감시.
1979	테레사 수녀(Mother Teresa)	알바니아	인도의 가난한 사람들을 위한 인도주의적 활동.
1977	국제앰네스티(Amnesty International)		양심수의 권리 증진.
1964	킹(Martin Luther King Jr.)	미국	비폭력적 변화의 촉진.

많은 또는 가장 훌륭한 일을 한 사람'에게 매년 수여되어야 한다고 명시했다. 수상자들에는 인기 있는 사람들에서부터 논란이 있는 사람들까지 여러 종류의 사람들이 포함되어 있고, 상은 수상자들이 실제로 행한 업적에 대한 보상보다는 이들의 평화 추구를 격려하기 위한 상징적 제스처나 활동으로서 수여되는 경우가 종종 있다.

평화를 위해 필요한 조건

평화가 전쟁의 부재로 정의되는 것과 거의 같은 방식으로, 평화를 위해 필요한 조건은 전쟁의 원인이 없는 것으로 정의될 수 있다. 이러한 정신에서 블레이니(Blainey, 1988)는 전쟁과 평화는 단순히 경쟁하는 국가나 공동체 간의 관계가 교체되는 단계이며, 전쟁 종식과 평화 시작의 동기는 평화 종식과 전쟁 시작 동기의 역전이며, 우리가 전쟁의 원인을 이해할 수 있다면 평화의 원인도 이해할 수 있다고 주장했다. 그러나 이것은 아마도 너무 단순한 풀이인데, 왜냐하면 어떤 하나는 반드시 다른 것과 반대되는 것은 아니기 때문이고, 우리가 전쟁의 원인을 연구하게 되면, 평화에 필요한 조건들에 대해 이야기할 때 더 도움을 받을 수 있다. 여기에는 최소한 다음 것들이 포함된다.

- 사람들은 정부에 자유롭게 참여할 수 있어야 한다. 만약 그들이 자신의 주장이 무시된다고 느낀다면, 그들은 정부에 대해 분노를 느낄 가능성이 높고, 정부의 업무에 저항할 가능성이 높다. 만약 그들이 극히 절박하게 되고, 자기를 동조하는 사람들이 충분히 있다고 느낀다면, 그들은 폭력에 의존할지도 모른다.
- 사람들은 자신의 야망을 성취하기 위해 필요한 자산과 기회를 가져야 한다. 이는 그들이 합리적인 보수를 받는 직업, 안정감을 느끼는 가정, 교육, 건강관리, 에너지 공급, 깨끗한 물, 위생과 같은 기본적인 서비스에 접근할 수 있는 기회가 필요하다는 것을 의미한다.
- 사람들은 신체적 또는 심리적 위협에 대한 두려움이 없어야 하며, 사회가 그들을 동등하고 공정하게 대하고 있다고 믿어야 하며, 보안 시스템의 요원들(경찰 등)이 자신과 함께, 그리고 자신을 위해 일하고 있다는 것을 보장받아야 하며, 그들이 법 앞의 평등에 기초한 공정하고 효율적인 사법체계에 접근할 수 있다고 믿어야 한다.
- 사람들은 다른 국가들로부터 폭력의 위협에 직면하지 않는다는 것을 확신해야 한다. 이는 국경의 신성성에 대한 명확한 인식, 비대칭적 군사력에 대한 우려의 불식, 상이한 정치적, 이념적, 경제적, 사회적, 종교적 가치와 목표를 가질 수 있는 자유를 명확히 인정하는 것을 의미한다.

이들은 주로 국가 내에서 달성되어야 하는 종류의 조건들이다. 즉, 국내 갈등의 원인을 제거하면, 국제적 또는 글로벌 갈등으로 이어지는 조건들을 제거할 가능성이 더 높다는 논리다. 전쟁을 추구하거나 즐기는 사람은 거의 없으며, 대부분은 좌절감이나 자기방어를 위해 폭력에 의존한다. 따라서 이러한 좌절과 위협의 원인을 제거하는 것이 평화를 촉진하는 가장 가능성이 높은 방법이다. 그러나 동시에 우리는 국제관계를 살펴보고, 국가 간 갈등을 초래하는 압력의 종류도 살펴볼 필요가 있으며, 따라서 충돌을 피하기 위해 어떻게 하면 문제를 가장 잘 해결할 수 있는지 살펴봐야 한다 (북과 남 비교 8 참조).

북과 남 비교 8

전쟁과 평화에 대한 관점 비교

북(North), 특히 유럽국가들은 한때 인류 역사상 가장 심각하고 지속적인 전쟁의 현장이었다. 만약 유럽인들이 서로 싸우지 않는다면, 그들은 종종 세계의 다른 지역에서 정복전쟁을 일으키고 있었다. 그러나 제2차 세계대전이 끝난 후 많은 것이 바뀌었고, 현재 세계에서 가장 심각한 분쟁의 대부분은 주로 내전의 형태를 취하면서 남(South)에서 발생하며, 그들 중 대부분은 무슬림이 다수인 국가에서 일어난다고 월터(Walter, 2017)는 주장한다.

왜 북의 국가들은 더 이상 서로 싸우는 위험에 직면하지 않는가? **민주평화론(democratic peace theory)**에 따르면, 위 질문의 답은 그들이 민주주의 국가이며, 서로 전쟁을 하려는 성향을 제한하는 민주기구들을 건설했다는 것이다 (인명피해에 저항하는 여론의 요인). 그들은 대신 의견 불일치를 평화적으로 해결하는 방식에 의존한다 (예를 들어, Doyle, 2011 참조).

민주국가들이 서로 전쟁을 하지 않는 원인 중에는 강력한 경제적 요소도 자리잡고 있는데, 그 이유는 민주국가들은 무역, 투자, 기술을 통해 깊게 연결되어 있어서 서로 군사적 충돌에 관여할 동기를 덜 주기 때문이다. 따라서 자본주의 평화론이라고 하는 것이 더 적절할 수 있다. 이것은 맥도날드 지점을 보유한 두 나라가 서로 전쟁을 한 적이 없다는 프리드먼(Friedman, 2000)의 주장에서 잘 표현되었다. 그러나 모든 사람이 민주평화론의 주장에 동의하는 것은 아니며, 이 주장은 특정 시기와 특정 조건에서만 유효하다는 것을 시사한다.

남의 국가들, 특히 아프리카와 중동의 경우, 이들이 내전을 자주 경험하는 이유에 대한 설명의 일부는 식민주의의 유산에 있다. 식민주의로 인해 인구에 공통점이 거의 없고 역사와 관심사가 다른 여러 민족이 모인 국가가 탄생했고, 이에 따라 상이한 역사와 이해관계를 가진 사람들의 상이한 집단이 동거하게 되었다. 새로운 국가를 건설하려고 할 때, 그들은 종종 정치적 권력과 경제적 자원의 분배에 대해서 다투었고, 이에 따른 긴장은 전쟁으로 이어졌다.

최근 수십 년 동안 남의 국가들의 분쟁은 북 국가들의 침략의 결과로 발생했으며, 대체로 호

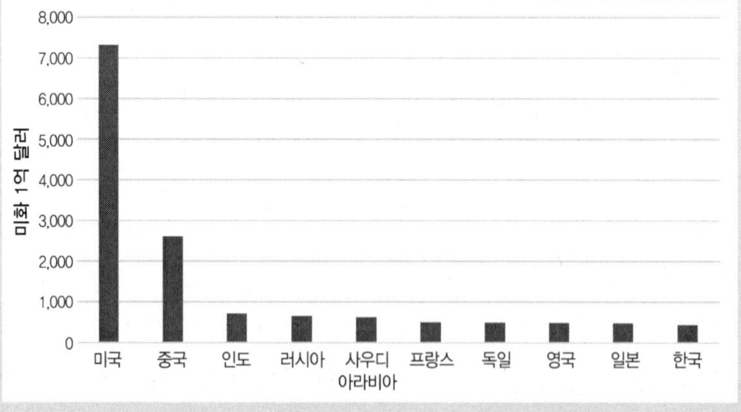

도표 8.1 10대 국방비 지출국

출처: Stockholm International Peace Research Institute (2020).

주: 2019년 통계수치임.

계속 ▸▸

전적인 군사강국의 평판을 받는 미국에 의해 주도된 연합의 형태로 일어났다. 1945년 이후 세계 최대 규모의 군대를 건설했으며, 아프가니스탄, 이라크, 레바논, 베트남 등 세계 곳곳에서 벌어지는 분쟁에 개입해 왔으며, 현재 매년 미국 아래 순위 9개국을 합친 만큼의 국방비를 지출하고 있다 (도표 8.1 참조). 미국은 왜 그렇게 자주 전쟁을 하고, 그렇게 많은 군대를 유지하는가? 위협이 증대했나? 보호해야 할 이해관계가 더 생겼는가? 호전성은 미국 국민정신에 내재되어 있는 것인가? 실제 위협이 없는 상황에서도 미국 방위산업의 힘과 범위가 지출 증가를 보장하도록 했는가? 의문사항은 많은데 제대로 된 답변은 거의 없다.

글로벌안보레짐

유엔개발계획(UNDP, 1994)은 1994년 '인간개발보고서'에서 **안보(security)**의 개념이 너무 오랫동안 외국의 침략으로부터 영토를 보호하는 것으로 해석되어 왔다고 주장했다. 실제로 대부분의 사람들에게 불안감은 재난적인 세계 사건에서 비롯된 것이 아니라 일상생활에 대한 걱정에서 비롯되었다고 한다. UNDP는 이러한 현실을 고려할 때, 우리는 **인간안보(human security)**에 더 많은 관심을 기울여야 한다고 주장했다. 휴(Hough, 2018)가 후에 말했듯, 안보는 인간의 생존 조건이며, 안보 문제는 인간으로서 우리의 안보를 위협하거나 위협하는 것으로 간주되어야 한다.

민주평화론(Democratic peace theory): 민주국가들은 서로 전쟁을 거의 또는 전혀 하지 않는다는 이론.

안보(Security): 물리적, 정치적, 경제적 또는 환경적 위협으로부터 공동체 구성원, 가치, 자원이 보호되는 조건.

인간안보(Human security): 국가나 국익보다는 인간 차원에서 정의되고, 인간의 생명과 존엄성에 대한 우려를 해결하는 안보.

인간안보에 대한 이러한 광범위한 위협은 이 책의 다른 장들에서도 다루어지는데, 그 장들에서 우리는 식량안보, 천연자원, 인권, 경제, 무역, 건강, 환경에 대해 살펴본다. 그러나 이 절에서는 국가들이 서로에게 가하는 위협과 관련된 안보의 전통적인 정의에 초점을 맞춘다. 군사력은 그러한 위협들 중 가장 명백하고 잠재적으로 치명적인 것 중 하나이며, 우리가 이해하는 안보레짐은 국제기구 활동, 조약체결, **외교(diplomacy)** 활동에 의해 달성하는 평화협상과 협력을 통해 국가들이 이익을 보호하는 방식에 기반한다.

외교(Diplomacy): 협상과 타협을 통해 국가 간의 관계를 관리하는 기술과 관행.

안보를 달성하기 위해 **하드 파워(hard power)**와 **소프트 파워(soft power)**의 사용 또는 채찍과 당근의 사용을 구별할 수 있다 (Knorr, 1973; Nye, 2004; Lukes, 2005 참조). 전자는 위협, 강요, 제재를 통해 영향력을 행사하고 안보를 달성하기 위한 노력을 포함하며, 가장 극단적인 경우에 사용되는 군사력은 보통 명확하고, 가시적이고, 시끄럽고, 극적이고, 호전적이다. 후자는

하드 파워(Hard power): 위협과 강압의 사용을 통한 영향력의 행사.

소프트 파워(Soft power): 격려와 인센티브의 사용을 통한 영향력 행사.

외교, 협상, 경제적 투자와 보상 제공과 같은 격려와 인센티브를 사용하여 영향력을 행사하고 안보를 달성하려는 시도이다. 이는 보통 덜 분명하고 덜 가시적이며, 덜 극적이고, 덜 적대적이다. 한편, 하드 및 소프트 파워 둘의 교묘한 균형은 때때로 스마트 파워로 설명된다.

우리가 안보를 유지하기 위한 글로벌레짐 개발에 가장 근접한 것은 유엔의 활동, 특히 안보리의 업무에서 찾을 수 있다 (제6장 참조). 1945년 창설된 이래 평화와 안전은 유엔 헌장 제1조에 명시된 바와 같이 가장 중요한 의제가 되어 오고 있다. 그 목적은 아래와 같이 언급되고 있다.

> 국제평화와 안전을 유지하기 위해, 그리고 그 목적을 위해, 평화에 대한 위협의 예방과 제거, 침략 행위나 다른 평화 위반의 억제를 위한 효과적인 집단조치를 취하기 위해, 평화적인 수단에 의하거나 정의와 국제법의 원칙에 조화시킴으로써 국제갈등 또는 평화를 파괴하는 국제 상황을 조정 또는 해결을 이루기 위해.

평화유지(Peacekeeping): 평화협정이나 휴전 이후 분쟁지역에 중립적인 외국의 군인, 경찰 또는 민간인을 투입하여 평화를 유지하기 위한 노력

예방외교(Preventive diplomacy): 분쟁의 발생 가능성을 방지하거나 감소시키기 위한 외교적 노력.

평화의 전초기지이면서 중심인 유엔은 처음부터 세계 각지에서 **평화유지**(peacekeeping) 활동을 조직해 왔다. 유엔 평화유지활동은 **예방외교**(preventive diplomacy)라는 아이디어에 기초하여 실제 또는 잠재적 분쟁에 관련된 당사국들 간의 합의를 중개한 다음 다국적군을 완충지대에 파견하는 것을 포함한다. 이들 부대는 유엔 평화유지군의 특징인 파란색 헬멧이나 베레모를 쓰고, 보통 비무장 상태이거나 경무장을 하고 있으며, 자기방어를 위해서만 무력을 사용하도록 허용하는 엄격한 조건하에서 작전을 수행한다. 최초의 유엔 평화유지군은 1948년 5월 중동의 휴전을 감시하고 정전협정을 감독하기 위해 배치되었다. 이후 유엔 평화유지군은 인도, 파키스탄, 레바논, 키프로스, 엘살바도르, 아이티, 캄보디아, 소말리아, 르완다, 발칸반도, 앙골라 등에서 활동해 왔다. 그들의 파견이 항상 환영받는 것은 아니지만, 그들의 축적된 업적으로 1988년 유엔 평화유지군은 노벨평화상을 수상했다.

집단안보(Collective security): 안보동맹의 모든 국가들이 한 국가의 안전이 그들 모두의 관심사라는 것에 동의한다는 생각.

군사적 보호를 기반으로 한 평화유지의 형태(칸트가 동의하지 않을 여러 항목 중의 하나이겠지만)는 **집단안보**(collective security)의 원칙이다. 이것은 두 개 이상의 국가가 방어동맹을 맺고, 그들 중 한 나라의 안보가 동맹국 모두의 관심사가 되며, 따라서 한 국가가 위협이나 공격을 받을 경우 나머지 모두가 도와줄 것이라고 공약할 때 이루어진다. 역사적으로 이러한 동맹은 수

출처: KENA BETANCUR/AFP via Getty Images

국제평화와 안전을 유지하기 위한 글로벌포럼에 가장 근접한 기구인 유엔 안전보장이사회 회의.

없이 많이 있어 왔고, 지금까지 유지되는 가장 오래된 동맹은 1373년 체결된 영국-포르투갈 동맹이다. 대부분은 양자 또는 지역동맹이었고, 대부분은 조약에 기반을 두었으며, 새로운 감독기구의 창설로 이어지지 않았다. 예외 중 하나는 1949년 서유럽을 침략해서는 안 된다는 경고를 소련에게 보내기 위해 서방국가들이 설립한 북대서양조약기구(NATO: North Atlantic Treaty Organization)다 (Sayle, 2019). 이 내용은 NATO 조약 제5조에 가장 분명하게 나타나 있다.

> 체결국들은 유럽이나 북미에서 체결국들 중 하나 또는 그 이상에 대한 무력공격이 체결국 모두에 대한 공격으로 간주되어야 한다는 것에 동의하며, 따라서 그러한 무력공격이 발생할 경우, 각 체결국은 유엔 헌장 제51조에 의해 인정된 개별적 또는 집단적 자위권의 행사로서, 북대서양지역의 안전을 회복하고 유지하기 위해, 무력의 사용을 포함한, 필요하다고 판단되는 조치를, 개별적으로 그리고 다른 체결국들과 협력하여 공격을 받은 체결국 또는 체결국들을 지원할 것이다.

1955년 소련은 바르샤바조약(Warsaw Pact, 이전의 우호, 협력, 상호 원조 조약[Treaty of Friendship, Co-operation, and Mutual Assistance])을 체결하여, NATO의 공격에 대한 유사한 메시지를 보내고, 유럽에서의 냉전적 군사

분열을 확인했다. 냉전의 종식과 함께 바르샤바조약은 해체되었고 NATO의 원래 목표는 의미를 잃게 되었다. 그 이후 NATO는 회원국들이 집단안보를 지속적으로 증진할 뿐만 아니라, 발칸반도, 이라크, 아프가니스탄에서의 군사활동, 그리고 아프리카의 뿔 앞바다에서의 해적 봉쇄 활동 등 NATO 지역 밖에서 군사작전을 개시하는 조직으로 발전했다 (역자해설 8.2 참조).

지역 집단안보협정의 또 다른 예는 호주, 뉴질랜드, 미국을 하나로 묶는 ANZUS(태평양안전보장조약, The Australia, New Zealand, United States Security Treaty)다. ANZUS는 NATO와 같은 통합된 방어구조가 없고 또한 동맹군도 없다. ANZUS는 주로 정기회의, 공동 활동 수행, 시설과 정보 공유에 국한된다. 다른 종류의 집단안보체제는 테러리즘과 싸우기 위해 2015년에 설립된 이슬람군사대테러동맹(Islamic Military Counterterrorism Alliance)이다. 이 동맹은 서아프리카국가부터 인도네시아에 이르기까지 40개 이상의 회원국을 보유하고 있지만, 모두 수니파 무슬림 중심의 정부들이며, 이란, 이라크, 시리아 등 시아파 중심의 정부는 가입하지 않았다.

다른 종류의 안보협력이 유럽에서 이루어지고 있는데, 유럽연합은 평화유

역자해설 8.2

NATO 쇠퇴론과 역할변경

동맹의 목적은 동맹체결국 중 어느 한 국가 또는 그 이상의 국가들이 공격을 받으면, 다른 체결국들도 자신이 공격을 받은 것으로 생각하고 개입하여 공격을 막아주는 것이다. 그리고 동맹은 명시적인 적이 존재하여 군사안보적 위협을 받을 때 체결된다. 따라서 냉전시대 NATO군의 활동 목적은 소련과 동유럽의 바르샤바조약기구의 공격을 억지하거나 격퇴하는 것이었고, 활동 지역은 NATO가입국의 지역에 국한되는 것이 원칙이었다.

냉전이 종식된 이후 NATO의 적인 바르샤바조약기구가 해체됨에 따라 NATO의 활동 근거가 사라졌기 때문에 NATO의 필요성에 대한 의문이 제기되었고, NATO의 해체론과 쇠퇴론이 등장하기 시작했다. NATO를 통해 유럽에 대한 안보적 영향력을 행사해 온 미국은 NATO가 해체되거나 쇠퇴하면 미국의 유럽에 대한 영향력이 줄어들 것을 우려하여 NATO를 유지시키기 위해서 NATO를 군사동맹체 역할과 더불어 유럽 등 세계의 안보 문제에 개입하는 안보기구의 역할을 하도록 역할변경을 시도했다. 이에 따라 NATO는 원래 목적인 가입국들에 대한 공격을 막아주는 역할에 더하여 NATO영역 밖에서 발생하는 안보적 갈등과 분쟁에 개입하는 다자안보기구의 역할을 하게 되었다. 이에 따라 역내 분쟁과 충돌을 해결하기 위해 설립된 유럽안보협력기구(OSCE: Organization for Security and Cooperation in Europe)가 유명무실하게 되었다.

지와 분쟁예방에 초점을 맞춘 공동안보 및 방위정책(Common Security and Defence Policy)을 가지고 있다. 비록 EU 국가들이 함께 많은 군사 예산, 많은 병력(140만 명 이상), 군용기와 해군 함정 형태의 막대한 자원을 가지고 있지만, EU는 일상적으로 실제 행동보다는 의욕이 더 컸고, EU는 결코 주요 군사 강국으로 여겨지지 않았다. 심지어 1993년 이후 벨기에, 프랑스, 독일, 스페인의 유로군단(Eurocorps)으로 알려진 다국적 군대를 구축하기 위한 노력도 지지부진하다.

안보에 대한 가장 심각한 위협은 군사적 측면에서 생각되고, 경제적 측면에서도 종종 생각되지만, 대부분의 국가가 심각하게 준비되지 않은 새로운 도전은 **사이버안보(cybersecurity)**다. 컴퓨터나 컴퓨터 네트워크에 대한 공격은 개인에 의한 악성코드(malware)의 삽입과 같은 비교적 사소한 자극 행위, 개인에 의한 데이터나 정보 해킹, 사이버전쟁이나 사이버테러에 이르기까지 다양하다. 후자는 에너지 공급, 운송시스템 또는 정부의 기능을 포함한 중요한 기간시설의 폐쇄로 이어질 수 있다.

사이버안보(Cybersecurity): 인터넷에 연결된 컴퓨터, 네트워크, 모바일 장치, 전자 시스템 및 데이터를 악의적인 공격으로부터 보호하기 위한 노력.

현재까지 심각한 사이버 공격의 사례는 많지 않은데, 2007년 에스토니아 인터넷 접속 차단, 2016년 브렉시트 투표와 미국 대선에의 러시아 개입 가능성, 2017년 우크라이나 은행, 정부 부처, 언론 매체에 대한 공격, 2020년 러시아의 행위로 예측되는 미국정부 부처와 기업에 대한 해킹 등이 있는데, 이들의 잠재력은 상당하다. 연간 국제사이버안보지수(International Telecommunication Union, 2020)는 약 175개국에 대한 준비 수준을 측정하는데, 놀랄만한 측정결과는 별로 없다. 가장 잘 준비된 국가는 가장 발전된 기술과 가장 효율적인 관료제를 갖춘 국가이며, 대부분의 북의 국가들과 함께 싱가포르, 말레이시아, 사우디아라비아, 중국이 포함되고, 가장 준비가 덜 된 국가들은 역시 가장 가난한 국가들이다.

테러리즘

2019년 12월 28일, 소말리아 수도 모가디슈의 검문소에서 경찰이 교통상황을 조사하고 있었다. 붐비는 가운데, 아무도 다가오는 트럭에 특별히 주의를 기울이지 않았는데, 트럭이 검문소에 다다라서 갑자기 폭발했다. 자살 폭탄 테러범이 운전했고, 17명의 경찰관과 4명의 외국인을 포함한 66명의 지나가는 시민들이 폭발로 사망했다. 사망자 84명 외에 148명이 부상을 당했다. 긴급 호출을 받은 구급차와 보안군이 시신과 파편이 흩어진 현장으로 출동했다. 이후 폭발은 동아프리카에서 수년간 활동한 이슬람 무장단체인 알샤밥(al-Shabaab)이 자기들의 소행이라고 자인했고, 이 단체는 소말리아와 이웃 케냐에서의 공격행위로 인해 글로벌 차원에서 테러단체로 지목되었다.

이 사건은 유감스럽게도 세계의 많은 지역, 특히 중동에서 거의 일상적인 삶의 일부가 된 테러사건의 고립된 하나의 사례에 불과하다. 그곳의 많은 사람들에게, 그리고 유럽, 아시아, 북미, 그리고 아프리카에서 **테러리즘(terrorism)**이 위협 또는 실제 사건으로서, 전쟁보다 더 현실적이 되어서 생활방식의 변화를 촉발했다. 공항의 보안 절차는 엄격해졌고, 대형 공공 행사에 참석하는 사람들은 보안검사를 통과해야 하고, 정부 건물 주위에 장벽이 건설되었다. 그리고 많은 군중들에 둘러싸여 있게 된 사람들은 자살 폭탄 테러범들에 의해 공격을 당하거나, 총이나 칼을 휘두르는 위협을 받거나, 자동차나 트럭을 운전하는 사람들에 의해 공격받을 두려움을 가지는 것이 자연스럽게 되었다. 광범위한 의미에서, 테러리즘은 외교정책의 목표, 국가가 직면한 위협의 정의, 그리고 보안기술에 변화를 가져왔다 (코로나19의 출현은 항공여행과

테러리즘(Terrorism): 정치적 또는 사회적 변화를 달성할 목적으로 공포를 조성하기 위해 재산 또는 민간인을 대상으로 폭력을 위협하거나 실제로 사용하는 것.

출처: jacus / iStock

2015년 11월 테러 공격으로 사망한 파리 주민 140명을 추모하기 위해 꽃과 촛불이 설치됐다.

군중 및 대규모 집회의 빈도와 밀도 모두를 감소하는 변화를 가져와 테러범들의 잠재적 표적의 숫자를 축소시켰다).

우리는 이미 이 책에서 테러리즘에도 적용되는 의미를 가진 많은 사례들을 살펴보았다. 한때는 "국민 전체에 공포를 퍼뜨리고 정치 지도자들에게 영향을 미치려고 무고한 사람들을 무작위로 죽이는 계획적 살해"로 이해되었을지도 모르지만 (Walzer, 2004), 이 정의는 다른 두 종류의 테러를 설명하지 않는다.

- '국가 테러', 정부가 시민들과 반대파 구성원들에게 공포를 퍼뜨리려는 시도.
- '국가 지원 테러', 정부가 다른 나라의 테러 단체들의 활동을 지원하는 경우.

동시에, '테러리즘'은 단순한 범죄를 넘어 정치적, 사회적, 종교적 동기를 수반하는 거의 모든 종류의 폭력적 공격을 묘사하기 위해 점점 더 부정적으로 사용되는 용어이다. 출처, 방법, 동기가 무엇이든 간에 테러는 의도적이고(우발적인 것이 아니라), 무작위적이고 예측 불가능하도록 설계되고, 심리적으로 주도되며, 공포를 부추기도록 설계되며, 비전투원을 무차별적으로 목표로 한다는 점을 인식하는 것이 중요하다 (Lutz and Lutz, 2019 참조).

비록 1970년대 이후에 그 현상이 기하급수적으로 증가했음에도 불구하고, 테러는 새로운 것이 아니다. 단체나 개인이 정치적 목적을 위해 무고한 사람들에게 폭력을 행사한 수많은 사건들이 역사적으로 있어왔다. 그 예로는 기원후 1세기 유대(Judaea)에서 로마의 통치에 협력한 자들에 대한 유대인 활동가들의 살해, 11세기 페르시아에서 일어난 하시샤신(Hashshashin: 이 단어로부터 '암살[assassin]'이라는 단어 등장)족 활동, '테러리즘'이라는 용어를 처음으로 사용한 1793~1794년 사이 프랑스에서의 공포정치(Reign of Terror) 등이 있다. 테러리즘은 널리 비난받지만, 테러리스트와 자유투사 사이의 경계는 종종 모호하며, 어제의 테러리스트들이 오늘날의 영웅이 되고 있다. 예를 들어, 미국 독립전쟁에서 반란군들의 업적은 오늘날 널리 칭송받고 있지만, 그들의 방법에는 폭도 공격, 약탈, 인민재판(kangaroo courts: 증거 없이 누군가를 범죄로 재판하기 위해 설치된 비공식 법원), 타르와 깃털(tarring and feathering),* 대중 앞에서의 굴욕, 그리고 재산 몰수가 포함된다. 이와 비슷하게 이스라엘은 자국민과 땅에 대한 테러 공격을 정당하게 비난하지만, 1948년 이스라엘의 국가설립은 1946년 예루살렘 킹 다비드 호텔 폭파로 91명의 목숨을 앗아간 레히(Lehi)와 이르군(Irgun)과 같은 단체의 활동에 의해 부분적으

* 역자 주
뜨거운 타르를 몸에 바르고 깃털을 붙여 조롱하는 린치 방법이며, 영국 공무원들이 혁명전쟁 시기 이 방법으로 고문당했다.

로 달성되었다.

테러의 원인은 천연자원 착취와 동물 실험을 금지시키려는 단체의 활동처럼, 정치적 독립을 위한 투쟁, 종교 또는 정치철학을 전파하려는 노력, 경제적 또는 사회적 행동을 변화시키려는 시도 등 다양하다. 활동 중인 테러의 예로는 독일과 이탈리아의 무정부주의자들, 아일랜드의 재통일을 위해 투쟁하는 아일랜드 민족주의자들, 스페인으로부터 독립을 추구하는 바스크 분리주의자들, 독립된 팔레스타인을 만들기 위해 노력하는 팔레스타인 단체들, 그리고 아프가니스탄과 이라크의 정부를 파괴하려는 반란자들이 있다. 테러리즘의 사용은 불만의 표시이며, 빈곤과 불만을 해결하지 못하는 정부의 실패, 경제적 또는 사회적 규범에 대한 거부, 삶의 방식에 대한 저항, 외국의 점령 또는 외세의 영향력에 대한 저항에서 비롯된다. 이 목록의 많은 동기들이 이 장의 앞부분에서 설명한 평화 조건 목록에서 빠진 것은 우연이 아니다.

2011년과 2014년 사이에 전 세계적으로 테러 발생 건수가 극적으로 증가했는데, 이는 주로 아프가니스탄, 이라크, 나이지리아, 파키스탄, 시리아와 같은 국가에서 문제가 심화되었기 때문이다. 이후 주로 테러리스트 조직인 ISIS의 붕괴와 몇 개국에서의 대테러 작전이 개선된 덕분에 테러발생 건수가 감소했다. 이후 테러의 영향을 받은 공동체의 수, 사망자 수, 글로벌테러의 영향의 상승과 하락이 있었다. 가장 구하기 쉬운 어떤 무기로든 다른 사람을 공격하는

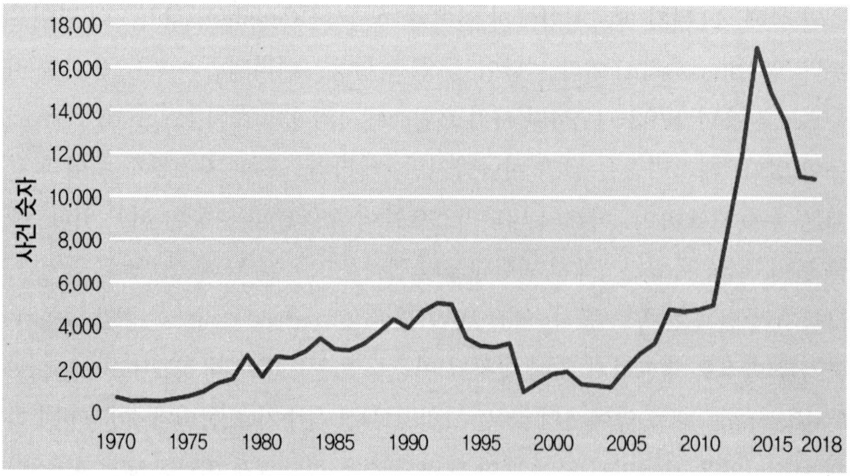

도표 8.2 세계 테러 사건

출처: Global Terrorism Database (2019)의 통계에 기초.

것과 관련해서 사용되는 수단은 자동 무기, 자살 폭탄, 자동차 폭탄, 트럭과 자동차의 군중으로의 돌진, 그리고 건물 안으로 날아드는 비행기 등으로 확장되었다. 글로벌테러리즘의 부상은 국내를 훨씬 뛰어넘는 위협을 가져왔고, 광범위한 국가들에 대한 우려와 정책의 변화를 의미했다. 2000년 이후 주요 테러사건을 경험한 국가들의 명단은 아프가니스탄, 영국, 중국, 콩고민주공화국, 이집트, 프랑스, 인도, 이라크, 케냐, 나이지리아, 파키스탄, 필리핀, 러시아, 스리랑카, 태국, 시리아, 튀르키예, 우크라이나, 미국, 베네수엘라, 예멘 등 다양하다.

오늘날 글로벌테러리즘은 알카에다(al-Qaeda), 알샤밥(al-Shabaab), 탈레반(Taliban), 보코하람(Boko Haram), 그리고 수많은 관련 단체들과 같은 호전적인 이슬람 단체들의 활동과 가장 쉽게 연관되는데, 이 모두는 서양의 자국 내 침입에 대한 저항과 사회적으로 보수적인 형태의 이슬람을 촉진하는 데에 초점을 맞추고 있다. 대부분의 폭력사태는 중동과 보코하람의 경우 나이지리아와 같이 국내적으로 이루어졌지만, 동조자들의 공격이나 계획적인 공격을 통해 국제적인 규모로도 발전해 왔다. 심지어 테러의 위협도 그러한 단체들의 효과적인 무기가 되고 있다. 이 모두는 테러리즘과 세계화가 어느 정도 얽혀 있는지에 대한 의문을 제기한다. 오늘날의 테러 네트워크는 종종 세계화에 대한 두려움(또는 그 혜택에서 제외됨)으로부터 촉발된다. 테러리스트들은 국제적인 대상을 선택하며, 국경 안보를 강화하는 노력 때문에 세계화 자체가 위협받을 수 있다 (Khan and Estrada, 2017 참조).

토의주제

1. 왜 인간들은 그렇게 자주 서로 전쟁을 하는 것일까?
2. 당신은 다년간의 대규모 분쟁의 시대는 아마도 끝났다는 데에 동의하는가?
3. 평화에 필요한 조건을 더 잘 이해하기 위해 우리가 해야 할 일은 무엇인가?
4. 칸트의 영구적 평화를 위한 조건 중 충족된 것이 있다면, 어떤 것인가?
5. 글로벌안보레짐을 개선하기 위해 무엇을 해야 하는가?
6. 테러에 대한 가장 효과적인 대응은 무엇인가?

핵심용어

- 구조적 폭력(Structural violence)
- 내전(Civil war)
- 민주평화론(Democratic peace theory)
- 불개입(Non-intervention)
- 비폭력 저항(Non-violent resistance)
- 사이버안보(Cybersecurity)
- 소극적 평화(Negative peace)
- 소프트 파워(Soft power)
- 안보(Security)
- 영구적 평화(Perpetual peace)
- 예방외교(Preventive diplomacy)
- 외교(Diplomacy)
- 인간안보(Human security)
- 자유주의(Liberalism)
- 적극적 평화(Positive peace)
- 전쟁(War)
- 정의로운 전쟁(Just war)
- 중립(Neutrality)
- 집단안보(Collective security)
- 테러리즘(Terrorism)
- 평화(Peace)
- 평화유지(Peacekeeping)
- 하드 파워(Hard power)
- 현실주의(Realism)

유용한 웹사이트

글로벌테러리즘 데이터베이스(Global Terrorism Database) https://www.start.umd.edu/gtd
노벨평화상(Nobel Peace Prize) https://www.nobelprize.org
북대서양조약기구(NATO:North Atlantic Treaty Organization) https://www.nato.int
유엔 평화유지(UN Peacekeeping) https://peacekeeping.un.org
전쟁 프로젝트의 상관관계(Correlates of War Project) https://correlatesofwar.org

추가 읽을 거리

Barash, David (ed.) (2017) *Approaches to Peace: A Reader in Peace Studies*, 4th edn (Oxford University Press). 전쟁, 소극적 평화, 테러, 적극적 평화, 비폭력의 의미에 대한 논문 모음.

Hough, Peter (2018) *Understanding Global Security*, 4th edn (Routledge). 전쟁과 테러에서부터 기근, 범죄, 질병, 재난과 같은 비군사적 위협에 이르기까지 우리의 삶이 위협받는 다양한 방식에 대한 조사.

Levy, Jack S., and William R. Thompson (2010) *Causes of War* (John Wiley). 국가 간 및 국내적 차원에서의 전쟁과 그 원인에 대한 다양한 이론들 평가.

Martin, Gus (2018) *Understanding Terrorism: Challenges, Perspectives, and Issues*, 6th edn (Sage). 테러의 정의, 원인 및 유형에 대한 교과서적인 조사로, 테러리즘의 국제적 차원의 논의를 포함.

Walzer, Michael (2015) *Just and Unjust Wars: A Moral Argument with Historical Illustrations*, 5th edn (Basic Books). 전쟁의 원인과 행위를 둘러싼 도덕적 문제에 대한 고전적인 철학 서적.

글로벌경제

9장

개요

이 장은 글로벌경제에 대한 개괄을 제공한다. 우선 경제를 측정, 비교, 이해하는 다양한 방식에 대한 검토로 시작한다. 그리고 북과 남 간의 균형의 변화, 발전에 관한 논쟁, 브릭스(BRICS)의 등장, 글로벌금융위기의 여파, 코로나19 팬데믹 등 변화하는 글로벌경제의 모습을 살펴본다. 이어 글로벌금융레짐의 특징을 논의한 후 부와 빈곤의 결과를 대조하고 빈곤과 불평등에 대응하거나 간과하는 몇 가지 방식에 대해 살펴본다.

차례

핵심사항

- 경제는 그 크기, 구조 및 자유와 평등의 상이한 수준에 의해 측정될 수 있다.
- 글로벌경제의 모습은 1945년 이래 극적인 변화를 거쳐왔는데, 북의 지배적 지위는 최근 들어 남의 신흥 경제에 의해 도전받고 있다.
- 글로벌금융레짐은 주로 환율과 해외투자를 중심으로 움직인다.
- 글로벌금융레짐의 주요 행위자로는 세계은행(World Bank), IMF 및 지역개발은행 등이 있다.
- 북의 국가들은 부에 힘입어 인프라, 교육, 보건, 주거에 집중적으로 투자할 수 있는데 이로 인해 상당한 글로벌 영향력을 갖게 된다.
- 세계의 경제성장에도 불구하고 빈곤과 불평등은 국가 내, 그리고 국가 간에 모두 여전히 만연해 있다.

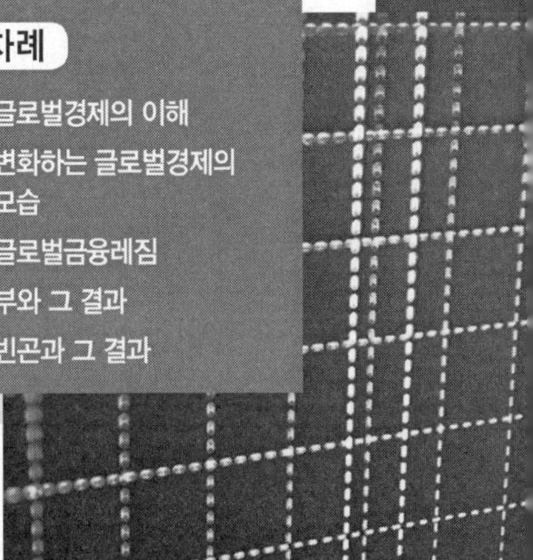

출처: Getty Images/maciek905

글로벌경제의 이해

예외적인 경우를 제외하고 매년 스위스의 스키 휴양지인 다보스에서는 세계경제포럼(World Economic Forum)이라는 단체가 주최하는 모임이 열린다. 각국 지도자, 주요 다국적기업의 최고경영자, 경제학자 및 유명 인사들이 참석하는데, 이들은 아이디어를 공유함으로써 세계의 상태를 개선하는 데에 관심이 있다고 표방한다. 비판적인 이들은 다보스가 대부분의 사람들이 즐기기에 너무 비싼 휴양지이고 많은 참석자들이 개인 전용기를 타고 온다는 점을 지적하고, 이 포럼은 "억만장자들이 백만장자들에게 중산층이 무엇을 느끼는지에 대해 이야기해주는 장소"라고 묘사되어 왔다 (Freed, 2016). 이 포럼은 세계의 가난한 이들의 직접적인 이익을 간과할 뿐만 아니라 비판가들의 눈에는 부자 국가들의 힘과 영향력 및 세계화의 불평등한 효과를 보여주는 예에 불과하다.

경제학(Economics): 재화와 서비스의 생산, 분배, 소비에 관한 학문으로 화폐, 시장, 공급, 수요, 비용, 경쟁, 효율성 등의 문제를 다룬다.

다보스에서 이뤄지는 토의의 핵심에는 **경제학(economics)**이 있는데, 이는 본 책에서 다뤄지는 보다 복잡한 개념 중의 하나로서 그 영향은 정치에서 국가안보, 공중보건, 교육, 이주, 환경의 질, 범죄, 토지 이용, 운송 및 주거에 이르는 모든 것에서 감지된다. 글로벌경제 변화의 뿌리는 근대가 태동하던 시기로 거슬러 올라가고 산업혁명의 영향을 따라 발전했지만, 글로벌경제시스템은 대

출처: AFP / Stringer via Getty Images

연례 세계경제포럼의 참석자들. 이들은 세계 경제의 동향에 관해 토론하지만 비판가들이 보기에는 부유한 나라와 이익의 관점만을 대변할 뿐이다.

부분 1945년 이후 발전의 산물로서, 새로운 영향과 유행은 경제학을 더 복잡하고 다양하게 만들었고 국가와 사람 간 연결을 넓히고 깊게 만들었다.

우리가 제1장에서 살펴본 바와 같이 제1차 세계대전 이전의 글로벌경제는 몇 개의 유럽 열강에 의해 지배되었고 이들 국가의 부의 대부분은 수입 원자재를 사용하는 제조업에 바탕을 두고 있었다. 미국은 이미 경제 강국으로 부상하고 있었고 1945년 이후에는 브레튼우즈(Bretton Woods)체제를 배경으로 세계에서 독보적인 위치로 빠르게 올라섰다. 유럽 열강의 상대적인 영향력은 쇠퇴하였고 중동의 석유강국이 성장하기 시작하였으며 일본과 한국, 뒤이어 중국과 인도가 새로운 경제 세력으로 부상하게 되는 기초가 만들어졌다. 동시에 무역과 소비주의의 새로운 패턴이 형성되었고 시장은 글로벌해졌는데, 이는 세계화를 촉진하는 동시에 세계화에 의해 촉진되는 것이다. 구 산업강국이 아시아와 남미로부터 더 많은 경쟁에 직면함에 따라 이 균형은 오늘날에도 바뀌고 있다. 하지만 동시에 세계의 많은 지역은 여전히 빈곤의 수렁에 빠져있고 불평등은 국가 내에서 그리고 국가 간에 더 커지고 있다.

글로벌경제시스템의 역동성을 파악하기 위해서, 그리고 이 시스템 안에서의 동향을 분별하기 위해서 우리는 네 개의 비교 척도를 지침으로 사용할 수 있다 (도표 9.1의 요약 참조). 첫째로, 우리는 **국내총생산(GDP: Gross Domestic Product)**으로 측정되는 경제활동을 고려해야 한다. 이는 경제의 상대적 규모와 건전성을 말해주므로 표 9.1의 예에서 보듯이 우리는 가장 큰 경제부터 가장 작은 경제까지 순위를 매길 수 있다 (GDP를 둘러싼 논쟁에 관한 통찰을 위해서는 Fioramonti [2013]를 참조. 그는 GDP를 '세계에서 가장 강력한 숫자'로 묘사하였음). 때로는 다른 척도도 사용되는데, 가령 국민총생산(GNP: Gross

국내총생산(Gross domestic product): 경제 규모를 측정하는 핵심적인 지표로서 특정한 연도에 한 국가에서 생산된 모든 재화와 서비스를 화폐가치로 계산한 것이다.

도표 9.1 경제활동의 주요 특징

척도	속성
규모	생산된 재화와 서비스의 가치(국내총생산).
구조	산업, 서비스, 상품 간의 균형.
자유	시장에서 정부 개입의 정도.
평등	소득 분배의 균형.

표 9.1 세계의 경제 대국과 경제 소국

5대 경제 대국	GDP	5대 경제 소국	GDP
미국	21.4조 달러	팔라우	284만 달러
중국	14.3조 달러	마셜제도	221만 달러
일본	5.1조 달러	키리바시	194만 달러
독일	3.9조 달러	나우루	118만 달러
인도	2.9조 달러	투발루	47만 달러

출처: World Bank Economic Indicators (2021).
주: 수치는 2019년 기준으로 반올림하였음.

National Product)은 한 국가의 거주자들이 소유한 모든 생산수단에 의한 생산물을 측정하는 지표이고, 국민총소득(GNI: Gross National Income)은 소득을 측정하는 지표이다.

GDP가 경제의 절대 규모를 말해주기는 하지만 인구 규모에 있어서 국가 간 차이가 매우 크므로(각각 13억이 넘는 인구를 가진 중국과 인도에서부터 몇만 명 규모에 불과한 작은 나라에 이르기까지) GDP는 그림의 일부만을 보여준다. 생산성 수준의 더 정확한 비교는 생산을 인구수로 나눈 1인당 GDP를 통해 알 수 있다. 이 결과의 차이는 가장 생산성이 높은 나라와 낮은 나라의 목록을 담고 있는 표 9.2에서 볼 수 있는데, 표 9.1의 결과와 상당한 차이가 있는 것을 알 수 있다. 특히 은행업과 금융업과 같은 서비스 부문의 비중이 높은 나라들은 이러한 활동의 상대적으로 높은 가치 덕분에 순위 상단으로 올라선 반면, 농업과 같이 수익성이 낮은 부문의 비중이 높은 나라들은 하위권으로 이동했다.

두 번째 비교 척도는 경제 구조로서 각국이 무엇을 생산하는지를 말해준다. 즉 이것은 각국 경제의 성격 및 글로벌시스템에서 어떤 위치를 차지하는지에 대한 통찰을 제공해준다. 이러한 비교를 하기 위해서 우리는 모든 경제 생산은 세 개의 범주 중 하나에 속한다는 가정에서 출발한다.

- '제조업'은 도로의 차량, 건물의 재료, 소비재와 같은 상품 또는 유형의 재화를 생산한다.
- '서비스업'은 소매 활동, 금융서비스, 보건의료, 필수서비스와 같은 무형의 상품으로 이루어진다.

표 9.2 세계에서 생산성이 가장 높은 나라와 낮은 나라

5대 고(高)생산성 국가	1인당 GDP	5대 저(低)생산성 국가	1인당 GDP
룩셈부르크	115,000달러	중앙아프리카공화국	468달러
스위스	82,000달러	수단	440달러
아일랜드	79,000달러	말라위	412달러
노르웨이	75,400달러	부룬디	260달러
아이슬란드	67,000달러	소말리아	127달러

출처: World Bank Economic Indicators (2021).
주: 수치는 2019년 기준으로 반올림하였음.

- '농업'은 농작물, 목재, 육류, 유제품 및 수산물 등 토지(또는 해양)로부터 생산된 모든 것으로 이루어진다.

일반적으로 말해 북(North)의 대다수 국가는 산업화 과정을 빨리 시작했기 때문에 탈산업화에 진입하여 이제는 국내 경제활동 대부분이 서비스 기반이다. 가장 부유한 신흥국가들은 빠르게 따라잡고 있으나, 남(South)의 최빈국들은 여전히 농업과 기초산업에 크게 의존하고 있다. 영국과 프랑스와 같은 서비스 기반 경제국과 인도와 중국과 같은 신흥 산업 강국, 그리고 농업이 GDP의 61퍼센트를 차지하는 개발도상국인 시에라리온을 비교한 도표 9.2가 이를 잘 보여준다.

세 번째 지표로, 우리는 국가 간 상이한 경제적 자유의 수준을 비교해볼 수 있는데 이는 국가 경제에서 정부가 어느 정도의 역할을 하는지에 대한 통찰을 제공한다. 개입의 수준은 두 종류의 핵심적인 경제 운영 방식 사이의 척도를 따라 다양하게 존재한다.

- **자본주의**(capitalism), 혹은 경제적 자유주의는 가능한 많은 경제적 결정을 시장에 맡겨두자는 생각에 기초한다. 이 말은 세금, 규제, 가격 통제, 보조금, 산업과 서비스의 공공소유와 같은 형태로 이루어지는 정부 개입을 줄인다는 뜻이다 (Clark, 2016 참조).

자본주의(Capitalism): 생산, 분배, 가격에 관한 결정을 가능한 시장에 맡겨두자는 경제 철학.

- 사회민주주의와 **사회주의**(socialism)는 재분배를 통한 사회 정의를 촉진하기 위해 자유 시장경제와 함께 정부 프로그램을 활용하는 다양한 국가 중심 경제의 유형을 말한다. 여기에는 누진세(더 많이 버는 사람이 더 많은 세금을 부담

사회주의(Socialism): 보다 적극적인 국가의 시장 개입을 통해 기회와 부를 재분배하자는 경제 철학.

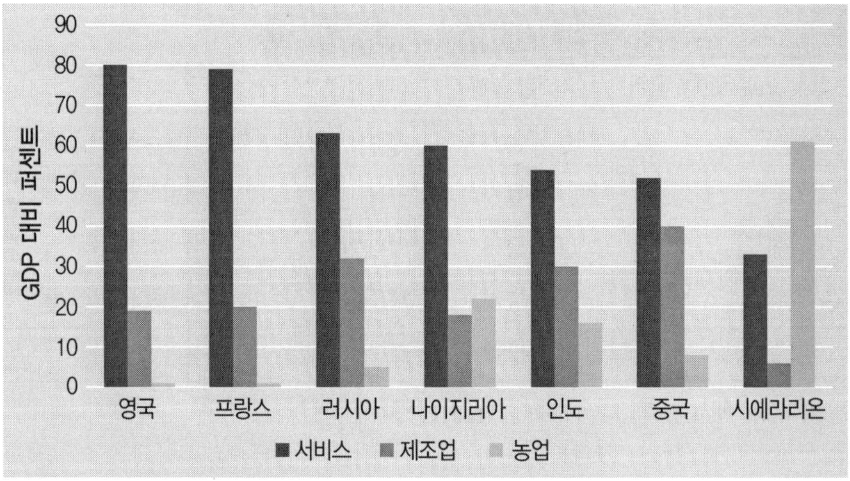

도표 9.2 경제구조의 비교

출처: World Bank Economic Indicators (2021) 자료에 기초함.
주: 수치는 2019년 기준.

하는), 국가 복지, 국가가 운영하는 보건 의료 및 교육과 같은 정책이 포함된다.

모든 정부는 세금, 규제, 보건과 안전 기준, 가격 통제, 보조금 및 복지 제공 등 자본주의와 사회주의 요소를 혼합해 어떠한 형태로든 경제를 조직하고 통제력을 행사하게 된다. 선진국들은 다양한 수준의 경제적 자유주의와 사회주의를 택하여 왔고 **신자유주의(neo-liberalism)**를 채택한 국가도 상당수 존재한다. 신자유주의는 하비(Harvey, 2007)가 "인간의 행복은 사유재산권, 자유시장, 자유 거래를 확실히 보장하는 제도적 틀을 통해 개인의 기업가적 자유와 기량을 해방함으로써 최대로 증진될 수 있다"고 묘사한 경제에 대한 접근방식이다. 그것은 민영화, 탈규제, 자유무역을 강조하고 초기에는 레이건(Ronald Reagan)과 대처(Margaret Thatcher)와 같은 지도자로 대표되었던 이념이다. 신자유주의는 평등을 희생하여 효율성에 집중하고 하위계층의 필요를 간과하면서 부유층을 더 부유하게 만든다는 비판을 많이 받아왔다.

신자유주의(Neo-liberalism): 1980년대 이후 많은 서구 국가에 의해서 채택되어 온 경제적 자유화에 바탕을 둔 경제 철학.

아시아와 남미의 급성장하는 국가들 역시 점차 자유 시장 정책을 채택해 온 반면, 남의 저개발국가들은 이 장에서 후술하겠지만 역사적·대내외적으로 어려운 요인들로 인해 경제 안정을 달성하는 데에 자주 실패해 왔다. 북과 남의 다른 곳에서는 몇몇 국가들(중국, 러시아, 튀르키예를 포함해)이 **국가자본주의(state capitalism)**를 채택했는데 이는 에너지와 기술과 같이 전략적으로 중

국가자본주의(State capitalism): 국가가 경제에 대해 높은 수준의 통제력을 행사하는 체제로서 자본주의체제라면 자유 시장에 맡겨져 있을 많은 기능과 활동에 대해 국가가 책임을 진다.

요한 분야에서 국유기업(SOEs: State-Owned Enterprises)이라고 알려진 대기업의 소유를 통해 경제 운영에 있어서 국가가 보다 직접적인 접근을 취하는 방식을 말한다. 대부분의 권위주의 국가들은 경제를 운영하는 방식이 예측불가능한 측면이 있는데, 정책은 종종 지도자나 지배 엘리트의 변덕스러운 관점에 따라 결정되고 일반적으로 그런 엘리트의 통제력을 강화하는 방향으로 정책이 움직인다.

캐나다의 보수 씽크탱크인 프레이저연구소(Fraser Institute)가 발표하는 경제자유지수(Index of Economic Freedom)는 이런 차이들을 비교하는 데에 통찰을 제공한다 (Gwartney et al., 2020 참조). 이 지수는 정부 규모와 범위, 재산권에 대한 접근방식, 건전한 통화에의 접근수준 및 신용의 규제와 같은 요인들을 중심으로 구성된 42개의 지표에서 각국의 점수를 매기는 방식으로 계산된다. 10점 만점 척도에서 각국은 점수가 부여되며, 경제적 자유가 가장 높은 국가가 높은 점수를 받고 통제가 심한 국가가 낮은 점수를 받게 된다. 도표 9.3은 2020년 지수에서 발췌한 것으로 홍콩과 싱가포르가 가장 높은 순위에 올랐고 대부분의 민주주의 국가는 7.5 이상의 범위에 있으며, 인도와 중국은 각각 105위와 124를 차지하여 아시아, 아프리카, 남미의 국가군과 비슷하게

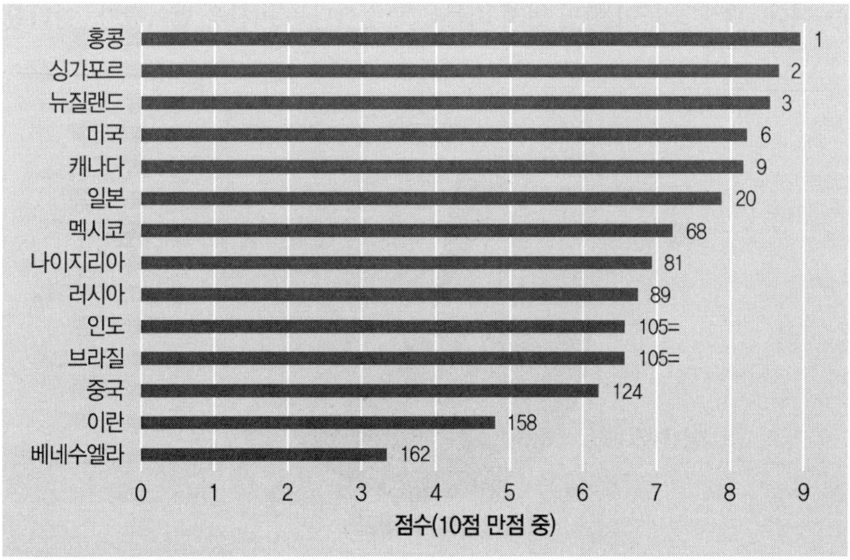

도표 9.3 경제자유지수

출처: Gwartney et al. (2020) 자료에 기초함.

주: 가로막대의 오른쪽 숫자는 각국의 순위

낮은 수준에 머물렀다. 최하위국가는 베네수엘라였고, 30개 이상의 국가는 신뢰할만한 정보의 부족으로 인해 순위를 매길 수 없었다.

네 번째의 비교 경제 지표는 소득분포로서 사람들이 한 국가 내에서, 그리고 국가 간에 어떻게 살아가는지에 대해 우리에게 많은 것을 말해준다. 국가 내 그리고 국가 간 소득분포는 불평등하여, 가장 부유한 국가들이 GDP의 가장 큰 몫을 차지하고 있고, 대부분의 나라에서 가장 부유한 이들이 국부의 많은 부분을 소유하고 통제하고 있는 실정이다. 글로벌 상황은 GDP 점유율에서 볼 수 있는데, 도표 9.4는 탈산업 경제국들, 특히 G7 회원국의 지배적인 우위를 잘 보여준다.

지니계수(Gini coefficient): 특정한 인구집단 내에서 부의 분배를 나타내기 위해 사용되는 소득 불평등의 척도.

글로벌 수준과 국내 수준 모두 소득 불평등은 이탈리아 통계학자인 지니(Corrado Gini)가 1912년 고안한 척도인 **지니계수(Gini coefficient)**를 통해 알 수 있다. 모든 사람이 동등한 소득을 갖는 상태를 0으로 하고 한 명이 모든 부를 소유하는 상태를 1의 값으로 상정하여 계산되며, 글로벌 수준의 지니계수는 계속 증가하여 최근 들어서는 0.79에 이른다 (World Bank Economic Indicators, 2021). 지니계수는 단순하다는 장점이 있지만, 기회보다는 소득을 측정하는 척도이고, 때로는 신뢰 수준이 낮은 GDP와 소득자료에 기반하고 있으며, 비공식시장(가난한 국가에서의 주요한 소득원)을 고려하지 못하는 데다, 평생 소득이 아닌 현재 소득을 측정한다는 비판을 받아왔다. 이러한

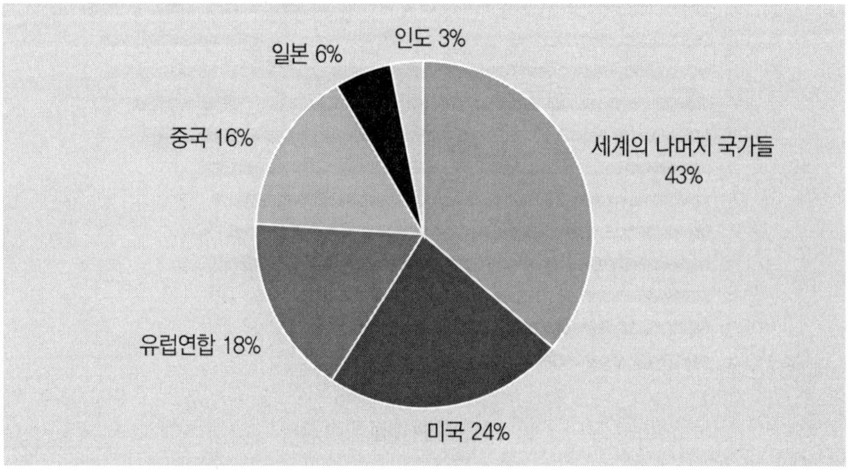

도표 9.4 글로벌GDP의 점유율

출처: World Bank Economic Indicators (2021) 자료에 기초함.
주: 수치는 2019년 기준.

우려는 2013년 팔마비율(Palma ratio)이라는, 상위 10퍼센트와 하위 40퍼센트의 소득점유율의 상대적 비율에 기반한 새로운 척도의 개발로 이어졌다(Cobham and Sumner, 2013). 상대적인 불평등은 바뀌지만, 두 가지 척도 모두에서 동유럽국가들이 가장 평등하고 남미와 몇몇 남부 아프리카국가들의 불평등이 가장 심각한 것으로 나타난다.

변화하는 글로벌경제의 모습

국가 간 연결망이 확대되고 긍정적이든 부정적이든 세계화의 영향이 감지되면서, 1945년 이래 글로벌경제시스템은 극적인 변화를 겪었다. 세계대전 이전 유럽의 지배는 영국의 예가 잘 보여주는데 1914년 그 지배력이 정점을 찍었을 때 대영제국은 글로벌GDP의 25퍼센트, 글로벌 해외직접투자의 44퍼센트를 점유했고 (De Keersmaeker, 2017), 세계에서 가장 강력한 통화인 파운드화에 대한 통제권을 가지고 있었다. 미국은 전간기에 경제강국으로 부상하기 시작했으나 1945년 이후까지는 아직 그 모습이 완연히 드러나지 않았고, 중국과 일본은 기껏해야 지역강국에 불과했으며, 세계의 나머지 지역은 식민지배 아래에 있거나 여전히 개발도상국에 머물러 있었다.

제1장에서 보았듯이 1945년 이후의 변화들은, 안정적인 환율·자유무역·미국 달러화의 새로운 권력을 통해 세계 경제를 개방하려는 계획에 기초한 브레튼우즈체제로부터 파생되었다. 더 많은 변화는 전쟁이 끝나자마자 바로 시작되었던 탈식민화의 물결과 함께 일어났고, 많은 신생 독립국이 글로벌시스템으로 편입되었다. 처음에는 세계를 두 개의 큰 경제블록으로 나뉜 것으로 보고자 하는 경향이 있었다.

- 부유한 자본주의체제로 구성된 선진국 진영. 여기에는 나중에 북으로 알려지게 되는, 가장 생산적인 경제를 가지고 대부분의 부를 소유하며 거대 기업들의 본거지로서 세계 경제에 단단히 결속된 국가들이 포함되어 있었다. 대부분이 일찍이 산업혁명을 겪었고 서비스 기반 경제로 변모 중이었다.
- 예전에는 제3세계로, 나중에는 남으로 알려진 신흥 경제와 빈곤국으로 구성된 개발도상국 진영. 이들은 생산성이 가장 낮고, 가장 적은 부를 가지고 있으며, 주로 선진국에 본거지를 두고 있는 기업들의 원료공급국과 판매시장으

로서, 소득수준이 가장 낮으며 글로벌경제와의 결속이 가장 느슨하였다. 몇몇 국가는 기껏해야 산업혁명의 초기 단계에 있었고 다수는 여전히 농업에 크게 의존했다.

이러한 그림은 언제나 너무 단순하기 마련인데 각 진영 내에서 상당한 차이가 있을 뿐 아니라 두 개의 범주는 소비에트 연방과 그 동맹국 및 중국과 동남아시아 등의 공산주의 국가들이 글로벌시스템에서 차지하고 있는 위치를 간과했기 때문이다. 소비에트식 공산주의는 중앙집중적 통제, 비효율, 환경문제에 대한 무관심, 군사적 이익에 따라 결정되는 경제 생산을 의미했다. 반면, 중국식 공산주의는 이러한 것들과 더불어 농촌 발전에도 역점을 두었는데, 중국, 베트남, 라오스, 캄보디아 및 중국이 영향력을 행사하려고 애쓴 앙골라, 모잠비크, 탄자니아와 같은 아프리카 일부 지역은 여전히 산업 발전의 초기 단계에 있었다. 핵심은, 공산주의로 인해 냉전 기간에 세계의 많은 지역이 주변화된 채로 남아있었다는 점이고, 이로 인해 1990년 이후 많은 국가들에게 자국 경제를 재편성하고 글로벌시스템 안에서 자신들의 위치를 수정해야 하는 과제를 남겨두었다는 것이다.

중동 역시 경제적·정치적으로 더욱 중요해지고 있었지만, 그 이유는 주로 세계의 나머지 지역이 필요로 했던 석유라는 단일 자원이 풍부하게 매장되어 있었기 때문이었다. 유럽, 러시아, 미국은 석유 공급에 대한 통제권을 갖기 위해 중동에서 오랫동안 활발하게 움직였다. 1945년 이후 세계의 석유 수요가 증가하고 냉전의 전략적 긴장이 변수로 등장함에 따라, 그리고 이스라엘과 아랍 간 갈등이 경제적 긴장 상황으로 번짐에 따라 이러한 관심 역시 계속하여 커졌다. 이는 1973년 욤 키푸르(Yom Kippur)전쟁 당시, 이스라엘에 대한 서방의 지원에 맞서 아랍 산유국들이 감산으로 대응하면서 촉발된 에너지위기 때 가장 큰 영향을 나타내었다. 아랍-이스라엘 긴장과 미국의 중동 정책은 추후 국제 테러리즘 및 그와 연관된 이슬람 극단주의가 등장하게 되는 배경이 된다.

개발(Development): 국민, 공동체 또는 국가의 경제적·사회적 복리의 개선. 많은 경우 가난한 국가와 관련된 맥락에서 사용된다.

식민지 시대의 종식과 함께 **개발(development)**이 글로벌경제 어젠다로 떠올라, '개발도상에 있거나(developing)', '덜 발전했거나(less developed)', '저발전된(underdeveloped)' 국가 등 다양한 묘사가 따라붙는 이러한 국가들이 절대적·상대적으로 글로벌시스템에서의 위치를 어떻게 개선할 수 있을지와 관련된 질문들이 제기되었다 (Todaro and Smith, 2016 참조). 이런 국가들을 어떻게 분별하고 이해해야 하는지는 오랜 논쟁의 주제로, GDP, 문해율(literacy rate), 보건의료와 같은 척도를 사용하거나, 또는 어떻게 측정하건 간에 삶의 질(quality of life)이란 개념을 통해 이런 다양한 척도들을 모두 포괄하자는 제안까지, 다양한 제안들이 등장했다. 삶의 질을 비교하기 위한 수단으로는 인간개발지수(Human Development Index; UN Development Programme에 의해 1990년 시작됨)가 유용하다. 이것은 세 개의 핵심 척도(보건의료, 교육, 생활수준)를 사용하고 1.0을 만점으로 하여 세계 대부분의 나라들에게 점수를 매기게 되며 매우 높음, 높음, 중간, 낮음으로 등급이 나눠진다 (지도 9.1 참조).

냉전의 종식은 글로벌시스템 내에서 구별되는 행위자로서의 공산주의 블록의 붕괴를 가져왔을 뿐만 아니라 아시아와 남미의 부상이 부각되었고 가속화되었다. 브라질, 중국, 인도, 인도네시아, 멕시코와 같은 국가의 잠재력은 익히 인식되어 왔지만, 이들의 강화된 위상은 이제 더욱 명백해졌고 이 중 몇 국가에서의 민주주의 강화 흐름은 이를 더욱 촉진했다. 이제는 1950년대 이후 그랬던 것만큼 미국인이나 서구인이 우위를 차지하고 있지 못하고, 그들의 상대적인 힘이나 이점에 관한 오래된 가정들은 재검토될 필요가 있다. 제2장에서 본 것처럼 인구 증가 덕분에 아시아의 전망은 견고하다.

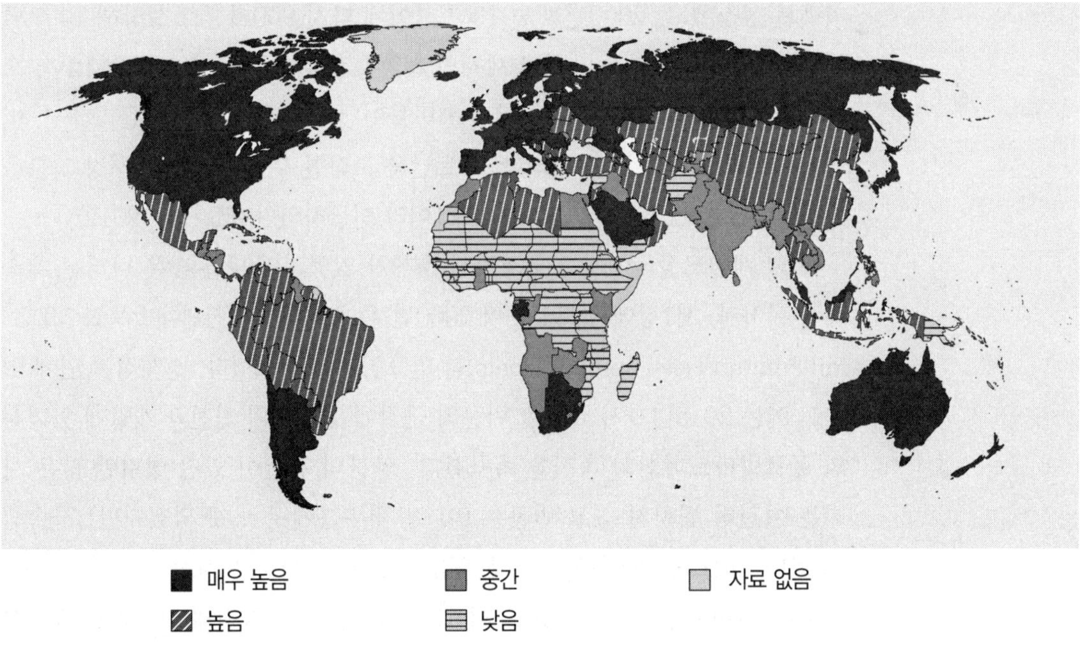

지도 9.1 인간개발지수

출처: United Nations Development Programme (2020).

한편, 유럽연합(EU, 제6장 참조)은 글로벌경제 세력으로의 성장을 지속했다. 1958년 6개 회원국으로 시작해 1986년에 12개로 두 배 증가하는 등 회원국의 수는 단계적으로 증가했다. 냉전 종식은 동유럽을 소비에트 연방의 속박으로부터 해방했고, 2004년 10개의 동유럽국가(과거 소비에트 연방의 일부였던 에스토니아, 라트비아, 리투아니아를 포함해)의 가입으로 인해 EU의 성격은 변모했다. 그 과정에서 EU는 내부의 무역 및 사람과 돈의 자유로운 이동의 장벽을 제거하고, GDP를 기준으로 했을 때, 주요 경제행위자로서 미국을 바짝 따라잡았고, 글로벌무역과 해외투자로는 가장 큰 비중을 차지했다. EU 내의 국가 간 인수합병은 에어버스(Airbus), 폭스바겐(Volkswagen), 악사(AXA), 토탈(Total), 알리안츠(Allianz)와 같은 거대하고 경쟁력 있는 새로운 유럽 다국적기업의 탄생으로 이어졌다 (EU경제에 관한 간략한 개괄을 위해서는 McCormick, 2021의 제7장 참조).

또한, 글로벌경제의 힘의 균형이 북에서부터 이동함에 따라 남의 존재감이 부각되었다. 제1장에서 보았듯이 BRIC이라는 약어는 브라질, 러시아, 인도, 중국의 확대되는 역할을 요약적으로 나타내기 위해 2001년 고안되었다. 이 그룹에서 확실한 리더는 중국으로서 GDP 기준 1990년과 2000년 사이에 300퍼센트 성장했고, 2000년과 2019년 사이에 다시 900퍼센트 성장해 14조 달러를 넘어서서, 일본을 제치고 세계의 제2대 경제 대국이 되었다. 2012년, 오닐(Jim O'Neill; BRIC이라는 약어를 만들어낸 투자은행가)은 방글라데시, 이집트, 이란, 멕시코, 나이지리아, 베트남을 포함한 두 번째의 신흥시장 그룹을 일컬어 넥스트11(Next 11), 또는 N11이라 언급하였다 (Martin, 2012).

몇몇 개발도상국에서는 긍정적인 추세가 있었지만 다른 많은 나라는 계속해서 뒤처져, 제1장에서 보았듯이 2000년 유엔총회가 새천년개발목표(MDG: Millennium Development Goals)를 발표하기에 이르렀다. 경제적 측면에 있어서 이는 2015년까지 극심한 빈곤의 근절에 있어서의 진전과 개발에 있어서의 글로벌파트너십의 촉진을 촉구한다. 약간의 진전이 있긴 했지만 많은 사회는 여전히 뒤처져 있고 빈곤은 (이 장 뒷부분에서 보게 되겠지만) 지속되고 있다. 2015년에 이를 대체해 등장한 17개의 새로운 지속가능 발전 목표(Sustainable Development Goals)는 빈곤의 종식, 양질의 일자리와 경제성장, 혁신과 인프라에 의한 산업성장, 불평등 감소, 책임있는 소비와 생산, 그리고 또다시 이러한 목표를 달성하기 위한 글로벌파트너십을 포함한다 (지속가능 발전에 관해서는 제13장 참조).

2007년, 1930년대의 경제 대공황 이후 가장 최악이었던 **글로벌금융위기**(global financial crisis)의 발발로 국제체제는 큰 충격을 입었다. 정확히는 글로벌 수준의 위기라기보다 북대서양 위기에 가까운 이 금융위기는, 새로운 이윤을 찾던 은행과 금융회사들이 주택가격 상승과 금융규제 완화에 힘입어 저소득 주택구매자들에게 대출을 늘려왔던 미국 서브프라임 모기지(sub-prime mortgage) 산업의 상황으로부터 시작되었다. 이러한 대출은 위험을 전가하고 큰 이윤을 남기기 위한 목적으로 매각될 수 있다. 미국의 부동산 거품이 꺼지자 은행과 금융기관이 보유하던 자산 가격이 하락하고 지급준비금은 바닥을 드러내어 많은 기관이 도산하거나 정부에 구제를 요청했고, 주가는 폭락했으며 많은 이들이 일자리와 집을 잃었고 소비자 수요는 급감하여 기업들이 재정적인 어려움에 빠졌다.

글로벌금융위기(Global financial crisis): 2007년 미국에서 탈(脫) 금융규제와 투기로 촉발되어 유럽으로 급속히 번진 위기.

이러한 소위 악성 자산이 다른 나라(특히, 유럽)의 금융기관에 많이 팔렸었기 때문에 금융위기는 빠르게 확산되어 국제적인 금융위기로 확대되었다. 빠른 확산은 세계화에 내재된 주요 위험 중 하나의 정도를 보여줄 뿐 아니라 선진국들이 효과적인 국내 금융규제를 발전시키고 실행하는 데에 얼마나 실패했는지를 보여준다. 신흥국은 상대적으로 덜 영향을 받았는데 이는 신흥국이 자기 고유의 운동속도를 확보했음을 보여주는 것으로서, 2008~2009년 독일의 GDP는 8퍼센트, 미국의 GDP는 2퍼센트 하락했으나 중국의 GDP는 11퍼센트 성장했다 (World Bank, 2017). 금융위기의 여파는 경제력이 북에서 남으로 이동하고 있음을 확인시켜 준다.

대부분의 국가가 금융위기에서는 회복했으나 2020년 코로나19 팬데믹으로 인해 또 다른 경제적 타격을 입게 되었다. 팬데믹으로 인해 많은 사업의 폐업, 소매 지출의 감소, 실업의 급증, 국제무역의 중단, 해외여행과 관광의 급감, 소비심리의 후퇴 등의 결과가 초래되었다. 하지만 정부의 공동대응과 정책변화가 필요한 구조적 문제였던 글로벌금융위기와 달리 코로나19의 경제적 효과는 거의 대부분 팬데믹과 깊은 관련이 있었다. 따라서 많은 이들은 백신 개발과 팬데믹의 종식으로 경제회복이 빠르게 일어날 것이라 예상했다.

이 모든 변화가 누적된 결과는, 단순하게 요약하기 어렵고 빠르게 변화하며 갈수록 세계화되지만 여전히 거대한 불평등을 포함하는 글로벌경제의 모습이다. 오늘날 세계 인구가 1960년의 두 배 넘게 성장하는 동안 GDP는 같은 기간 50배 이상 성장하였는데, 그 성장의 반절 이상이 2000년 이후 만들어졌고 심지어 코로나19로 인해 2020년 5퍼센트 감소했음에도 불구하고 이루어진 것이다 (도표 9.5 참조). 무역은 자유화되고(제10장 참조), 국가 간 투자 흐름이 성장했으며, 디지털 경제의 경계가 확장되었다. 그러나 눈부신 경제성장과 생활수준의 상당한 향상에도 불구하고 이 장의 뒷부분에서 보게 되겠지만 불평등은 증가하였다.

글로벌금융레짐

글로벌경제의 연결은 넓고도 깊다. 국가들은 서로 교역을 하고, 투자를 하기도 하고 받기도 하며, 사람들은 일자리와 경제적 기회를 찾아 국경을 넘고, 세계의 한 지역에서 일어난 사건은 다른 지역에 도미노효과를 가져온다. 우리가 원한다면 가까운 지역공동체 밖에서 일어나는 많은 일을 마음속에서 무시하거나 그것들로부터 우리 자신을 고립시킬 수 있을지도 모르지만, 경제에 관한 한, 우리를 묶는 끈은 단단하고 그 영향은 어디에서나 느껴진다. 여기에는 거대한 금융레짐(이 장에서 설명)과 무역레짐(제10장에서 설명)이 있는데, 양자 모두 의도적인 정부의 행동과 더 중요하게는 크고 작은 수백만 개의 기업들(글로벌과 로컬 9 참조)의 셀 수 없이 많은 결정의 조합에 의해 구축된 것이다 (경제학

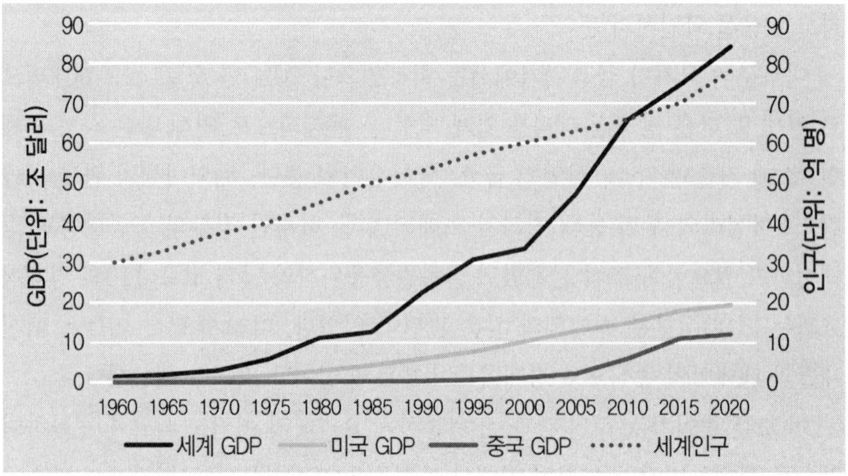

도표 9.5 글로벌경제의 성장

출처: World Bank Economic Indicators (2021) 자료에 기초함.

자 바그와티[Jagdish Bhagwati, 1995]는 세계의 모든 자유무역협정 간의 연결을 스파게티 한 접시에 비유한 적이 있는데, 이는 글로벌금융시스템에도 똑같이 적용될 수 있는 비유이다).

글로벌금융레짐은 국가 통화의 형태로 존재하는 화폐에 기반을 두고 있다. 국가의 핵심 권력 중 하나는 그러한 통화의 창출과 관리이고, 국가 간 통화가 연결되는 방식 및 글로벌시스템이 작동하는 방식은 통화 간 **환율**(exchange

환율(Exchange rate): 한 통화가 다른 통화에 대해 가지는 상대적 가치.

중소기업(Small and medium enterprises): 종업원 수와 매출액이 적은 기업을 말하며, 대기업(및 다국적기업)과 구분된다.

글로벌과 로컬 9

글로벌시장의 소규모 기업들

세계 어디를 여행하든 우리는 여전히 코카콜라, 에이치에스비씨(HSBC), 맥도날드, 나이키, 도요타, 삼성, 스타벅스와 같은 글로벌브랜드를 똑같이 볼 수 있다. 그러나 거대 다국적기업(MNEs: Multinational Enterprises)이 글로벌시장을 장악하고 많은 소비자 선택을 주도하고 있기는 하지만, 이들 모두는 소규모 기업 혹은 어쩌면 한 사람의 영감 어린 창조로부터 시작하였다. 소규모 기업은 세계 각지에 진출하는 브랜드의 기반이 되는 경우가 많을 뿐 아니라 숫자 면에서 대기업을 계속해서 압도하고 세계 노동력의 대다수를 고용하고 있어 경제를 견인하는 데 중요한 역할을 하고 있으므로 관심을 가질 필요가 있다. 이들은 집합적으로 **중소기업**(SMEs: Small and Medium Enterprises)이라고 불리며, 정부마다 다르게 정의하기는 하지만 가장 대표적인 것은 EU의 정의로서, 소기업은 종업원이 50명 미만이고 매출액이 1,000만 유로 미만인 기업이고, 중기업은 종업원이 250명 미만이고 매출액이 5,000만 유로 미만인 기업이다.

수많은 다국적기업이 북에서 출발하여 거기에 기반을 두고 있다는 사실은 글로벌경제 문제에 있어 북의 지배적인 역할뿐만 아니라 소규모 기업이 대기업으로 성장할 수 있었던 환경도 반영하는데, 이는 좋은 아이디어, 큰 내수 시장, 기업 친화적 법률, 그리고 큰 행운이라는 요소를 말한다 (물론, 상업은 경쟁이 치열한 비즈니스이므로 많은 소규모 기업이 작은 채로 남아있거나 실패한다는 사실을 잊어서는 안 될 것이다).

한편, 남의 많은 지역에서 중소기업은 경제발전의 주도적인 원동력 중 하나이며, 새로운 일자리를 창출하거나 경제적 자립을 촉진하는 데 거의 도움이 되지 않았던 지난 수십 년의 정책 실패를 만회하는 데에 많은 면에서 도움을 주고 있다. 투자 기회의 개선과 정부로부터의 규제 관련 지원은 더 많은 소규모 기업가들이 번창하고 그들이 제품을 더 널리 팔 수 있도록 도울 것이고, 또한 북에 기반을 둔 기업들의 확산으로 인한 문화적 침투를 피하는 데 도움을 줄 것이다. 남의 많은 기업가들은 자국의 적대적인 정책 때문에 자신들의 기술을 가지고 북으로 이주하였고, 이는 본국의 발전 전망을 저해하는 두뇌 유출을 낳았다 (제10장 참조).

금본위제(Gold standard): 국가들이 자신들의 통화가치를 금에 고정시켰던 제도. 1930년대 영국과 미국이 이를 포기함으로써 더는 사용되지 않는다.

준비통화(Reserve currency): 정부가 보유하고 있는 외환을 말하며, 채무를 상환하거나 환위험(exchange rate risk)을 낮추기 위해 사용된다.

rate)에 기반하고 있다. 통화의 가치는 한때 거의 고정된 환율을 의미하였던 **금본위제(gold standard)**에 의존하고 있었는데, 제1장에서 보았듯이 금과 여러 통화 간의 최후의 연결고리는 1971년에 끊어져, 이제 통화는 변동환율에 따라 서로에 대한 가치가 결정되고 있다 (이러한 환율은 우리가 달러화를 유로화로 바꾸거나 루블화를 엔화로 바꾸거나 할 때 우리가 얼마나 받게 될지를 말해준다). 모든 국제 금융 거래는 이러한 환율에 기반하고, 환율은 각국의 통화, 시장, 경제에 대한 신뢰 수준에 따라 변동한다. 미국 달러화는 1950년대 이래 세계에서 가장 신뢰할 수 있는 안정적인 통화였고 **준비통화(reserve currency)**로서 달러화의 매력이 그 글로벌한 역할을 잘 보여준다.

EU는 회원국 대부분이 자국 통화를, 회원국의 중앙은행 총재들로 구성된 유럽중앙은행(European Central Bank)이 관리하는 단일통화인 유로화로 대체했다는 점에서 이례적이다. 유로화는 1999년 도입된 이래 많은 문제를 겪어왔으며, 특히 2009년부터 여러 유로 회원국들을 강타한 부채 위기는 심각했다. 그럼에도 불구하고 유로화는 미국 달러화 다음으로 세계에서 두 번째로 강력한 통화로 남아있다.

이와는 대조적으로, 더 가난하거나, 더 불안정하거나, 더 잘 관리되지 않는 경제의 통화는 취약하고 신뢰도가 낮으며 세계의 다른 곳과 금융이 더 느슨하게 연결되어 있다. 짐바브웨의 불행한 이야기는 이러한 문제 몇 가지를 보여준다. 1980년 독립 당시에는 경제기반이 건전했으나, 짐바브웨정부는 토지 소유와 통화 정책과 관련해 일련의 잘못된 결정을 내렸다. 여기에는 백인 농부들이 소유한 농장들을 몰수하여 짐바브웨 독립전쟁의 '참전용사'라고 하는 이들에게 재분배하는 것이 포함되었는데, 이들 중 다수는 사실상 무가베(Robert Mugabe) 대통령체제의 지지자였고 농업에 전문성이 있는 이들은 거의 없었다. 1980년 미국 달러와 거의 같은 가치를 가졌던 짐바브웨 달러는 1990년대 물가상승률이 10~40퍼센트에 이르는 등 약세를 보이기 시작해 초인플레이션 시기로 접어들어 물가상승률이 최고조에 이른 2008년에는 2,300억 퍼센트에 달했다. 수입품은 더 비싸졌고, 상점에는 판매할 제품이 거의 남아있지 않았고, 심지어 빵 한 덩어리의 가격이 1,000만 짐바브웨 달러나 했다. 짐바브웨가 통화를 미국 달러로 전환하면서 많은 문제가 해결되어 절실히 필요로 했던 경제 및 통화 안정을 얻었음에도 불구하고, 경제의 근본적인 기능 장애는 사라지지 않았다.

글로벌 차원에서 두 개의 주요 금융기관은 세계은행과 국제통화기금(IMF:

International Monetary Fund)으로, 둘 다 1945년 브레튼우즈협정의 일환으로 창설된 유엔의 전문기관이며 워싱턴 DC에 본부를 두고 있다. 세계은행의 당면 과제는 전후 유럽의 재건을 돕는 것이었다. 유럽이 회복되면서 세계은행은 세계 다른 지역으로 관심을 옮겼고, 탈식민화가 가속화되면서 남에 초점을 맞췄다. 세계은행은 국가들이 채무 의무를 이행하는 것을 돕고 효율성의 향상과 시장 개방을 위해 고안된 조정을 장려하기 위한 목적으로 저금리 대출을 해준다. 모든 은행과 마찬가지로 세계은행은 대출 조건을 요구하는 경우가 많은데, 여기에는 이 장에서 앞서 설명한 신자유주의적인 아이디어를 조장해 가장 부유한 국가의 이익을 증진하기 위한 새로운 형태의 신식민주의라 비판받는 시장 조정 프로그램이 포함된다 (Babb and Kentikelenis, 2018 참조). 세계은행의 지배력은 세계에서 가장 부유한 나라들의 높은 지분과 미국인을 총재로 임명하는 전통을 통해 여실히 드러난다. 세계은행은 또한 지원하는 많은 프로젝트가 수반하는 환경 비용 때문에 비판을 받아왔고 이에 따라 정책을 수정하기도 했다.

IMF는 세계의 다른 나라들과의 국제수지에 있어 어려움을 겪고 있는 국가들을 돕는다는 보다 구체적인 임무를 가지고 있다. 세계은행과 마찬가지로, IMF는 대출을 해주며 보통 그러한 대출에 대한 조건을 요구하고, 투표권은 부

출처: uschools / iStock

워싱턴 DC에 있는 세계은행 본부. 멀지 않은 곳에 자리한 국제통화기금과 더불어 세계은행의 위치는 어떤 이들에게는 부유한 국가들이 국제 금융기관을 지배하고 있음을 상징한다.

유한 나라들(그중 미국, 일본, 독일, 프랑스와 영국이 삼 분의 일 이상을 가지고 있음)에 의해 지배되며, IMF 총재는 항상 유럽인이었다. 1969년, 세계 표준이었던 금을 대체하는 것으로서, IMF는 각국 통화로 교환할 수 있는 준비금인 **특별인출권(Special Drawing Right)**을 만들었다. 그 가치는 기축통화 바스켓(미국 달러화, 유로화, 중국 위안화, 일본 엔화, 영국 파운드화)에 의해 결정되기 때문에 이는 우리가 글로벌통화를 보유하는 것에 가장 근접하지만, 국가만이 이를 사용할 수 있고 빈곤국의 신용 한도로서 주로 사용된다.

특별인출권(Special Drawing Right): IMF에 의해 만들어져서 유지되는 가상의 통화로, 표준적인 준비통화를 보완한다.

부유한 국가의 금융지배에 관한 우려가 낳은 한 결과는 아시아, 아프리카, 남미 등의 **지역개발은행(regional development bank)** 및 사우디아라비아의 제다(Jeddah)에 위치한 이슬람개발은행(IsDB: Islamic Development Bank)의 창설이다. 비록 부유한 나라들, 특히 미국과 일본 등이 몇몇 이런 은행들(IsDB는 제외)의 주주이긴 하지만 대부분의 지분은 은행들이 운영되는 해당 지역의 국가들이 가지고 있다. 이 은행들은 지역의 필요에 대해 더 잘 알고 투자하며, 남의 대출자들에게 더 큰 발언권을 제공하고, 정책변화를 유도하기 위해 지역 내 동료집단 압력(peer pressure)을 더 잘 활용할 수 있다 (Griffith-Jones et al., 2008 참조). 브릭스(BRICS) 5개국은 좀 더 글로벌 관점에서 2013년 중국 상하이에 본부를 둔 신개발은행(New Development Bank)을 설립하기로 결정했다. 이는 세계은행과 IMF의 업무에 있어 자신들의 경제성장에 상응하는 발언권을 행사하고 있지 못하다는 우려와 급속히 성장하는 남-남 경제협력을 견고히 다지겠다는 바람에서 비롯되었다 (Desai and Freeland, 2014).

지역개발은행(Regional development bank): 한 지역(region)에서 설립 및 운영되는 은행으로, 주주들로부터 기금을 모아 역내 국가를 대상으로 저금리 대출을 제공한다.

글로벌금융시스템의 또 다른 요소는 **해외직접투자(FDI: Foreign Direct Development)**로서, 자국 이외의 국가에서 정부, 기업과 개인에 의해 이루어진 모든 투자로 구성된다. 기업은 한 나라에서 다른 나라로 사업을 확장하거나, 정부는 다른 나라의 토지나 기업을 사들이거나, 개인은 다른 나라에 있는 자산에 투자할 수 있다. 높은 수익 달성을 목표로 하는 투자에서 가장 인기 있는 대상은 개방 경제, 유가 자원(valuable resource), 숙련노동력을 가진 국가이기 때문에, 안정된 국가에 대한 편향된 선호와 불안정하거나 빈곤한 국가, 또는 나쁜 통치에 대한 편향된 불호가 있는 것은 납득할 만하다. FDI의 가장 큰 투자국과 대상국은, 제2차 세계대전 이후 유럽 재건기에 정책조율을 목적으로 만들어진 경제협력개발기구(OECD: Organization for Economic

해외직접투자(Foreign direct investment): 어떤 사업을 대상으로 외국의 정부, 기업 또는 국민에 의해 이루어지는 대규모 투자.

Cooperation and Development) 37개 회원국이다. 현재는 회원국 간 자유로운 시장과 무역을 촉진하는 역할을 담당하며, 호주, 캐나다, 일본, 멕시코, 미국과 같은 비유럽국가도 회원국으로 포함하고 있다 (Woodward, 2009 참조).

부와 그 결과

서론에서 묘사한 100명의 사람이 거주하는 상상 속의 지구촌에서는, 단 17명이 총 경제 생산량의 60퍼센트 이상을 담당하고, 그 대부분은 유럽인, 북미인, 일본인 또는 한국인, 혹은 오스트랄라시아인(호주, 뉴질랜드, 서남 태평양 제도를 포함하는 지역의 사람들 – 역자 주)이다. 이들이 전반적으로 대부분의 생산을 담당할 뿐만 아니라 대부분의 1인당 생산량 (도표 9.6 참조) 및 소비량도 차지하고 있다. 이들 경제의 상대적 **부(wealth)**의 대부분은 제국주의 및 그들에게 유리하게 작용한 글로벌시스템의 이점에 기반하였고(빈곤에 관한 절 참조), 이는 인프라, 교육, 보건의료, 주거에 많은 투자를 하는 것 역시 가능케 하였으며 그들에게 상당한 힘을 부여하여, 글로벌시장과 세계화의 원동력은 상당 부분 이들 정부, 기업, 그리고 이들 국가의 소비자들에 의해 주도된다.

부(Wealth): 양과 질로 측정될 수 있는 화폐, 물질적 소유 및 기회의 풍족함.

그러나 부자들의 세계에서 모든 것이 건강한 것은 아니며, 기회와 문제점을

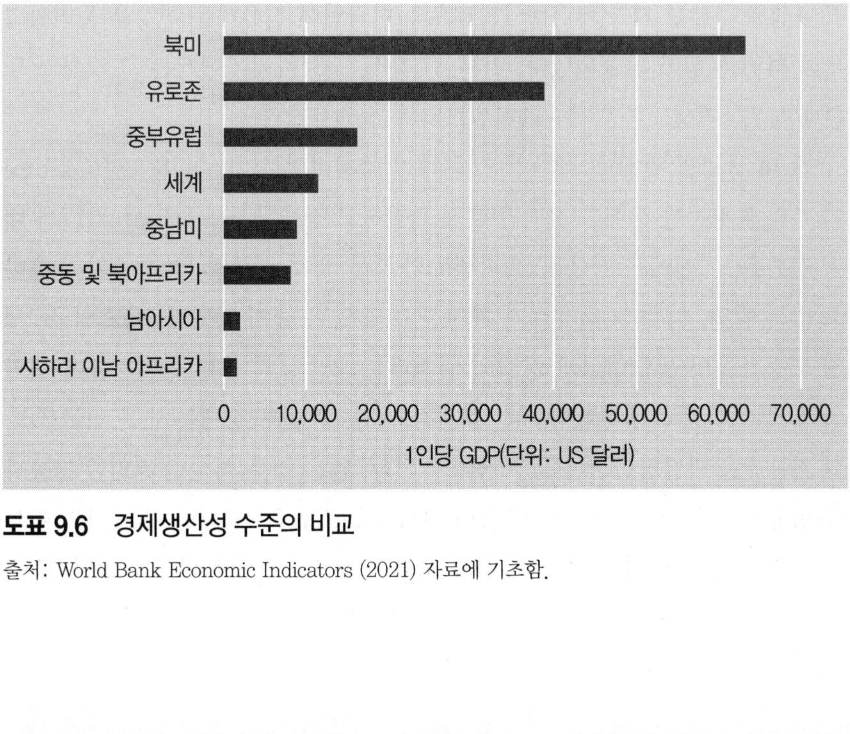

도표 9.6 경제생산성 수준의 비교

출처: World Bank Economic Indicators (2021) 자료에 기초함.

동시에 낳는 자본주의의 위기에 관한 우려 섞인 논의는 끊이지 않는다.

- 기회에는, 비즈니스 및 일자리의 창출 또는 확대, 인프라와 기술 개발에 투자할 수 있는 여력, 신뢰할만한 서비스(가령 깨끗한 물, 위생, 에너지 공급, 운송 등)의 제공, 질 높은 교육과 보건의료에의 투자, 자선활동이 있다.
- 문제점에는, 탐욕이나 게으름에 의한 과도하거나 경솔한(혹은 그 둘 다인) 소비와 그로 인한 낭비, 영양실조(지나치게 적거나 많은 섭취 두 경우 모두에 의해 야기되는), 부의 부적절한 분배, 불평등, 특권의식, 환경 파괴 등이 있다.

한편으로, 가장 중요하고 가치 있는 많은 기술진보는, 기회와 필요 및 자원의 완벽한 조합을 제공하는 부와 밀접한 관련을 맺어왔다. 반면 산업화의 역사는 특히 오물과 쓰레기의 역사이기도 하여 대기오염, 수질오염, 다양한 형태(도시, 농촌, 독성 및 위험, 제13장 참조)의 쓰레기를 만들어냈다. 이윤을 추구하는 것은 오랫동안 개발에 대한 부주의한 접근을 의미해 왔으며, 공정하고 균등한 임금, 노동자 안전, 공중보건과 안전, 지속가능성, 그리고 환경의 질에는 별로 신경을 쓰지 않았다.

경제적 불평등은 도표 9.7이 보여주는데 OECD 몇 개국의 가장 부유한 가구와 가장 가난한 가구가 소유한 부의 정도를 나타낸다. 어느 나라나 격차는 있지만 가장 큰 격차를 보이는 나라는 미국으로, 미국에서는 경제학자 스티글리츠(Stiglitz, 2011)를 포함한 많은 이들이 '1퍼센트'라고 묘사해온 실상, 즉 42퍼센트의 부를 가장 부유한 1퍼센트의 미국인이 점유하는 현상을 둘러싸고 우려 섞인 논쟁이 진행되었다. 일본, 그리스, 슬로바키아에서는 그 격차가 덜한데 상위 1퍼센트가 약 9~11퍼센트의 부를 점유한다.

좀 더 글로벌 관점을 취하면, 빈곤퇴치 국제비정부기구인 옥스팜(Oxfam)이 부의 불평등한 분배를 장기간 추적 관찰하고 정보를 공유하면서 2017년 내린 결론은, 세계에서 창출된 82퍼센트의 부를 세계 인구의 1퍼센트가 소유하고 있는 반면, 하위 50퍼센트가 차지한 부의 양은 늘지 않았다. 옥스팜은 "세계 노동자들의 생활임금과 양질의 일자리는 오늘날의 불평등 위기를 끝내기 위한 기본"이라고 주장했다. "전 세계적으로, 1퍼센트 경제는 빈곤 임금을 받고 기본권을 박탈당한 저임금 노동자에 의해, 많은 경우 여성인 저임금 노동자에 힘입어 만들어진 것이다" (Oxfam International, 2018). 이 격차의 일부는 연간 소득 분배의 국가 간 차이를 보여주는 도표 9.8에 나타나 있다. 범주

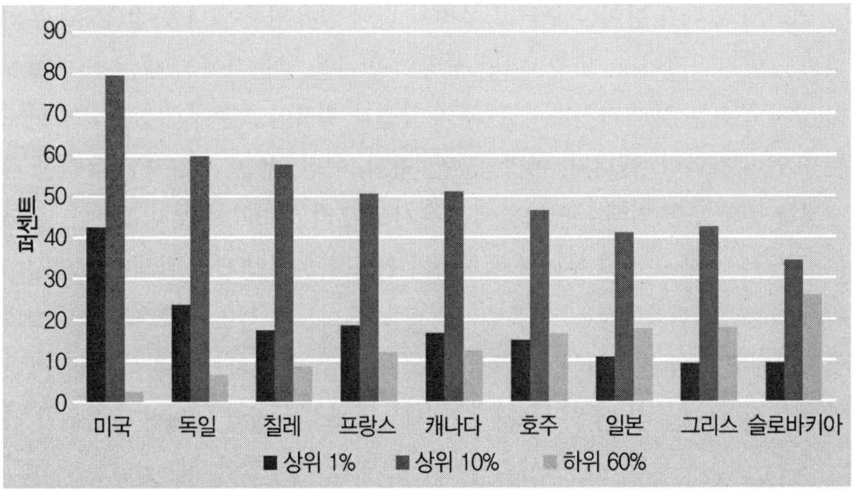

도표 9.7 가구 단위 부(富)의 비교

출처: Balestra and Tonkin (2018) 자료에 기초함.
자료는 2015년 기준.

의 상단에는 상위 10퍼센트가 4만 8,000달러 이상의 소득을 올리는 미국이 있고, 반면 범주의 하단에 위치한 콩고민주공화국에서는 상위 10퍼센트와 하위 10퍼센트 간 소득 격차가 별로 없다.

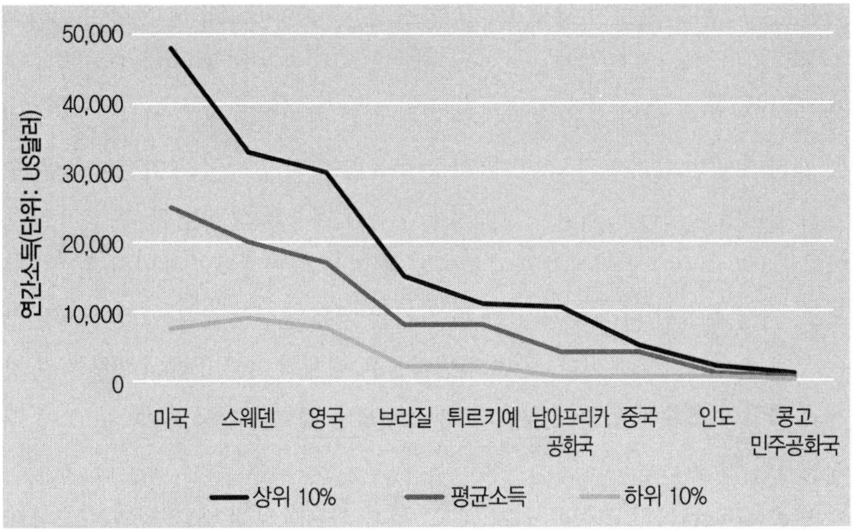

도표 9.8 소득 격차 비교

출처: United Nations Department of Economic and Social Affairs (2020).
자료는 2015년 기준.

빈곤의 결과가 깊이 연구되고 우려가 널리 공유되듯이(다음 절 참조) 부의 결과도 마찬가지이다. 또한, 어떤 상황이 빈곤을 낳는지에 대해 우리가 확실히 알지 못하는 것과 마찬가지로, 부의 창출과 축적이 소수에게 집중되게 만드는 요인이 창의력, 에너지, 야망, 근면, 기회, 이점, 행운, 부유층에 유리한 경제정책 등의 조합 외에 무엇인지에 대해서도 우리는 명확히 알지 못한다. 우리는 또한 부의 더 공평한 분배를 촉진하기 위한 최선의 방법에 관해서도 확신하지 못하는데, (한쪽에서는) 부유층이 부를 소유하도록 하면 새로운 비즈니스와 일자리에 투자할 것이라는 희망에 근거한 낙수효과에 관한 주장에서부터 (다른 편에서는) 세금과 재정지출을 통한 재분배에 이르기까지 의견의 범위가 다양하다. 가장 부유한 나라에서조차 여전히 빈곤 속에 살아가는 사람들이 많고 빈부격차가 계속 커지고 있다는 점을 생각하면, 우리가 부의 창출에 관한 마법 공식을 확립하지 못한 것은 분명하다.

빈곤과 그 결과

최근 글로벌경제 규모의 급속한 성장과 중국과 같은 새로운 경제 대국의 특별히 빠른 부상에도 불구하고 빈곤과 불평등은 여전히 만연해 있다. 서론에서 묘사한 100명 인구를 가진 상상 속 지구촌에서는, 80명이 하루에 10달러 미만으로 생활하고 70명은 영양실조 또는 영양부족 상태일 것이고 23명은 거처가 없을 것이다. 이는 단지 부유한 국가와 빈곤국 간 차이의 문제가 아니고 국가 내의 격차에 관한 문제이기도 한데, 가장 부유한 나라 안에서도 여전히 높은 수준의 빈곤이 존재하고 최빈국 안에서도 부유한 계층의 성장을 볼 수 있기 때문이다. 부의 수준에 있어서의 불일치는 또한 기회와 영향력의 불일치를 의미하므로, 가장 부유한 나라가 가장 큰 힘을 갖는 이유는 상당 부분 그들이 가장 많은 부를 소유하기 때문이다. 반면 최빈국들은 세계의 다른 곳에서 만들어진 경제와 정치의 조류에 휩쓸려가게 되고, 국제적인 정세를 만들기보다는 그에 대응해야만 한다.

빈곤(Poverty): 양과 질로 측정될 수 있는 화폐, 물질적 소유 및 기회의 결핍.

빈곤(poverty)의 측정은 쉽지 않고, 누가 가난한지에 대한 정의는 그들이 살아가고 있는 경제의 전반적인 부와 그들의 상이한 경험에 따라 상대적일 수도, 절대적일 수도 있다 (북과 남 비교 9 참조). 상대적 빈곤은 환경에 의해 결정되는데, 다시 말해 다른 가난한 사람들 틈에서 사는 가난한 이들은, 부유함을 목도하는 가운데 살아가는 이들만큼 박탈감을 느끼지는 않을 것이란 뜻이다. 반면 절대적 빈곤은 기준값을 설정하여 그 하한에 사는 이들을 빈곤층으로 정의하는 것에 기초한다. 마지막으로, 극빈층은 가장 명백하고 가시적인데, 절대적·상대적으로 부와 소득 범주의 최하단 수준에서 사는 이들을 묘사하는 말이다.

북과 남 비교 9

빈곤의 다양한 의미

법률, 규제, 물가, 소비패턴, 문화의 차이로 인해 빈곤은 북과 남에서 다르게 정의된다. 예를 들어, 미국에서는 정부가 정한 기준선 이하에서 사는 이들을 가난하다고 하는데, 가령 4인 가구는 2만 6,000달러, 1인 가구는 1만 3,000달러가 기준이며 '심한 빈곤(deep poverty)'은 이러한 기준의 절반에 못 미치는 가구소득으로 정의한다. 이러한 기준에 따르면 13~15퍼센트의 미국 인구가 빈곤 속에서 살고 있고 5퍼센트는 '심한 빈곤'의 상태에 있다. 그러나 이 정도의 소득도 최빈국 국민을 상대적으로 부유하게 만들 수 있을텐데, 가령 인도나 남아프리카공화국에서 하루에 2달러 미만을 번다면 빈곤에 있다고 여겨질 것이고, 세계은행은 국제 빈곤선을 하루에 1.9달러로 정하였다. 이 척도를 사용한다면 세계의 7억 명가량, 혹은 세계 인구의 10퍼센트가 가난하다.

북에서는 실업급여, 무상 또는 정부 지원을 받는 교육, 정부 지원에 의한 의료의 형태로 안전망을 제공하는 복지 프로그램 및 노동자를 보호하고, 깨끗한 물과 위생시설을 제공하고, 아동노동과 노예제와 같은 학대를 금지하는 규제와 같은 형태로 빈곤은 어느 정도 완화될 수 있다. 그러나 안전망이 모든 것을 거를 수 있는 것은 아니고 복지와 임금수준은 종종 최소한의 삶의 질 그 이상을 보장해주진 못하며 노숙자 문제는 여전히 만연하다. 다른 한편으로 빈부격차는 계속 커지고 있다.

반면 남에서도 가장 가난한 지역에서는, 빈곤층이 법적인 보호도 별로 받지 못하고 체계적인 복지도 누리지 못한다. 생활 여건은 대부분 끔찍하고, 많은 이들은 깨끗한 물이나 위생시설이 없는 슬럼에 거주하면서 범죄에 시달리고, 꽉 막힌 도시 거리를 통과해 일터까지 먼 통근거리를 감수해야 하지만 그런 일자리의 임금수준이란 형편 없다. 또 이런 형편없는 일자리는 부유한 나라의 소비자들을 위해 제품을 생산하는 공장에서의 장시간 노동을 의미하기도 한다. 도시와 시골의 빈곤층 모두에게 있어 좋은 학교의 부족은 많은 이들이 문맹으로 성장하여 빈곤의 굴레에 갇힌다는 것을 의미하고, 많은 이들이 적절한 의료를 누리지 못해 쇠약해지는 건강상의 문제를 갖게 되며, 또 많은 이들이 정부가 약간의 투자를 한다면 막을 수 있는 말라리아와 같은 질병으로 사망한다.

빈곤의 원인은 복잡하고 국내적 요인과 국제적 요인을 모두 포함하며 시간 및 공간적 다양성은 일반화를 어렵게 한다 (Cosgrove and Curtis, 2018). 빈곤의 원인에는 다음과 같은 것들이 있다.

- 식민주의와 노예제의 유산.
- 정치적 불안정.
- 높은 인구성장률.
- 전쟁과 분쟁.
- 사회적·정치적 차별과 성 불평등.
- 교육, 일자리 창출, 보건의료 또는 인프라에 대한 투자 부족.
- 사회적·지리적 소외.
- 가족과 결혼생활의 불안정.
- 자연재해에 대한 취약성.
- 경제와 정치의 나쁜 결정들.
- 부패.

빈곤은 지속가능 발전의 전망을 더 어둡게 하는 다양한 문제를 수반하고, 이는 기아와 영양실조, 건강 문제, 예방가능한 질병으로 인한 병고 또는 사망, 낮은 문해율, 불충분한 주거와 위생시설, 열악한 환경의 질, 부족한 투자, 굴욕감이나 활력 및 동기의 부족과 같은 심리적인 문제를 포함한다. 이러한 문제들을 해결하는 최선의 방법에 관하여 수십 년간 사회학자들이 논쟁을 벌였지만 합의에 도달하거나 명확한 대답을 제시하는 데에 실패했음은 빈곤과 불평등이 지속되고 있다는 사실에서 드러난다. 우리는 모두 더 효율적인 정부와 더 효율적인 경제정책을 바라고 기대하지만, 이러한 목표는 지나치게 광범위하고 일반적이며, 해답은 더 명확한 초점을 가진 해결책에 있다. 이는 교육과 가족계획에 대한 투자, 소규모 기업과 일자리 창출을 장려하는 정책, 인프라의 개선을 포함한다.

여성에 대한 투자는 특별히 우선순위에 두어야 한다. 전 세계 빈곤의 주요 원인 중 하나는 성차별이고, 여성들이 가난할 때 그들이 사는 사회는 불균형적으로 더 나빠지는데, 여성들은 보건의료와 교육에 접근하기 가장 어렵고, 형편없는 저임금 및 무급 가사노동에 갇혀있는 경우가 많으며, 배우자에게 의존하

출처: Duy Doan / iStock

사진 속의 세네갈 여성들과 같이 남의 여성들은 남성들보다 빈곤에 갇힐 가능성이 더 크고, 경제적 상황을 개선하기 위한 노력은 성차별의 벽에 부딪히곤 한다.

고, 남성보다 사업을 시작하고 일구는 데에 있어 선택지가 적으며, 토지나 다른 자산에 접근하기 어렵고, 정치적 발언권이 미약하고, 경제적 개발에 있어서 참여도가 낮고, 성적 착취의 대상이 될 수 있다. 남녀 간 소득 및 빈곤 격차가 몇몇 나라에서는 감소하고 있지만 다른 나라에서는 지속되고 있으며 인구의 반 정도는 억압에 노출되어 있고 더 큰 어려움에 빠져있다. 북의 여성들은 (여전히 많은 경제적·사회적 차별을 직면함에도 불구하고) 더 나은 상황에 있긴 하지만, 남의 여성들은 빈곤층 가운데에서도 가난하며 가장 덜 세계화된 국가들에서 그 불평등도는 가장 높다.

또 다른 우선순위는 **소액금융**(microfinance)이라고 알려진 것을 통해 소규모 사업에 투자하고 대출하는 것이다. 가족 농가나 가족 경영사업은 보통 대형 은행이나 금융기관의 지원을 기대하기 힘들고, 그러한 기관이 정한 대출 조건도 충족하기가 어렵다. 그러나 방글라데시 그라민(Grameen) 은행의 사례는 작은 곳으로 시선을 돌려 사고하는 것이 어떤 결과를 낳을 수 있는지를 보여준다. 1983년 유누스(Muhammad Yunus, 이러한 노력으로 2006년 노벨평화상 수상)가 만든 이 은행은 돈을 빌릴 수가 없거나 빈곤에서 탈출할 수 있는 첫 발걸음을 내딛기 어려운 이들에게 소규모 대출을 한다 (Yunus, 2007).

소액금융(Microfinance): 개발도상국에서 소규모 사업을 대상으로 한 소규모 대출 및 투자.

빈곤의 원인이 시간과 장소에 따라 다르듯이 국가 간 불평등의 뿌리도 마찬가지이다. 가장 자주 거론되는 원인 가운데에는 식민주의의 유산과 불균형한 글로벌경제의 구축을 들 수 있다. 식민주의의 영향이 유럽 제국이 종식된 이후에도 오랫동안 지속되고 있다고 주장하는 사람들이 많다. 이 제국들은 착취에 기반을 두고 건설되었고 제국주의 세력은 식민지의 희생으로 부유해졌으며 그 착취의 정신은, 가난한 나라들이 경쟁하거나 거대 다국적기업을 발전시키거나 자신들의 노동력과 자원으로 최대한 이익을 얻는 것이 어려운 오늘날에도 지속되고 있다.

불평등의 두 번째 원인은 형편없는 국내 정책의 선택이다. 토지, 석유, 광물, 노동력, 그 무엇이 되었든 풍부한 자원을 가졌지만 이를 관리하거나 활용하는 데에 있어서 나쁜 선택을 한 가난한 나라들의 사례가 적지 않다. 어떤 나라들은 **자원의 저주**(resource curse)에 시달리고 있는데, 이는 국가 경제가 정부와 투자자의 관심이 집중된 높은 가치를 가진 단일자원(가령, 나이지리아의 석유)에 지배되어, 가격 및 수급의 변동에 취약하게 된 상황을 뜻한다. 짐바브웨의 경우처럼 부패나 무능에 스스로를 내맡긴 국가들도 있다.

자원의 저주(Resource curse): 수익성 있는 한 자원의 가치가 한 국가에게 경제적 문제들을 안겨주는 상황.

셋째, 많은 가난한 나라들이 정치적 불안정을 겪고 있다. 탄탄한 경제를 건설할 수 있는 잠재력을 가진 많은 나라가 정치적 불안정, 갈등 또는 내전으로 인해 약화되었는데 그 뿌리는 종종 문화, 정치 또는 종교적 현실에 주의를 기울이지 않고 만들어진 국가의 식민지 유산으로 거슬러 올라간다. 이는 앙골라, 콩고민주공화국, 케냐, 모잠비크, 시에라리온, (긴 내전 끝에 2011년 둘로 나뉜) 수단과 같이 국경이 여러 민족집단 주위에 그어져, 이후 서로 간에 권력 경쟁이 벌어지고 있는 여러 아프리카국가에서 특히 문제가 되어 왔다.

마지막으로, 지리와 자연재해의 형태로 나타나는 불운은 불평등을 악화시켜왔다. 가장 가난한 여러 아프리카국가들은 사하라 사막이나 사하라의 반사막 지역에 걸쳐 있어 농경지는 제한적이고 종종 세계 시장과의 연결이 취약한데, 가령 부르키나파소, 차드, 말리, 니제르는 해안이나 항구가 없는 건조한 내륙 국가이다. 한편, 대부분의 카리브해 국가들은 너무 작고 천연자원이 부족해서 (허리케인에 취약할 뿐만 아니라) 관광업 수준 이상의 경제를 건설할 수 없고, 마셜제도, 키리바시, 팔라우, 투발루 같은 태평양의 더 작은 (그리고 더 고립된) 국가들에게는 이조차도 선택지에 없다. 투발루에는 주로 코프라(말린 코코넛 과육) 수출과 '.tv'라는 인터넷 도메인 판매로 생계를 유지하는 1만

1,000명의 인구가 살고 있으며, 이들은 기후변화의 여파로 인한 해수면 상승으로 주택이 물에 잠길지도 모른다는 가능성에 대해 우려하고 있다.

최빈국들은 정치력과 경제력에 있어서 분명히 불평등한 상황에 놓여있지만, 그렇다고 그들이 활용할 수 있는 카드가 없다는 것을 의미하지는 않는다. 예를 들어, 최빈국 중 많은 국가가 부유한 나라들에게 중요한 자원을 가지고 있고, 이 중 아마도 가장 중요한 것은 값싼 노동력일 것이다. 비용을 절감하고 이익을 극대화하기 위해 유럽과 북미의 기업들은 일자리를 **아웃소싱(outsourcing)**함으로써 부유한 국가들의 경제적 결정에 있어 빈곤국은 새로운 역할을 부여받았다. 그러나 대가가 상당했는데, 아웃소싱이 기업 이익에는 도움이 되었지만, 일자리는 종종 더 값싼 노동력과 느슨한 규제가 있는 나라로 이동하면서 환경, 노동자 안전, 노동자의 임금에는 불리했다. 한편 최빈국은 또한 부유한 국가에 대해 다른 두 가지 부정적인 권력을 가지고 있는데, 많은 국가가 불법 이민과 테러리즘의 근원지란 것이고 이 두 가지 문제 모두 (제8장과 제11장에서 논의하듯) 부유한 국가들의 정치적 의제로 떠올랐다.

아웃소싱(Outsourcing): 기업이 일반적으로는 자체적으로 조달했을 서비스를 공급받기 위해 외부 업체를 고용하는 과정.

빈곤과 불평등을 줄이기 위한 한가지 접근은 정부 또는 민간단체를 통한 **개발원조(development aid)**의 제공을 포함한다. 이는 부유한 국가에서 가난한 국가로 주로 흘러가고, 대부분은 한 국가에서 다른 국가로의 양자 원조의 형태를 띠며(나머지는 국제기구가 국가들에 의해 제공된 원조를 분배하는 다자적 형태임), 대부분은 기술원조의 제공, 인프라 구축, 교육과 보건의료 투자를 목표로 한다. 가장 큰 공여는 OECD 개발원조위원회(Development Assistance Committee)의 28개 회원국 및 EU에서 나오는데 전 세계 총액의 약 절반(2018년 기준, 약 1,400억 달러)을 제공하고 있으며, 가장 큰 수원국은 아프리카와 아시아의 최빈국들이다. 1970년 유엔은 공여국이 최소한 국민총소득(GNI)의 0.7퍼센트를 원조하도록 하는 목표를 세웠으나 이 목표를 달성한 나라는 노르웨이, 스웨덴, 룩셈부르크, 덴마크, 영국 등을 제외하고는 거의 없었다. 미국은 절대액으로는 가장 큰 기여를 하지만 이는 미국 GNI의 0.2퍼센트에 불과하며 대부분은 무기와 군사적 조언의 형태를 취한다.

개발원조(Development aid): 장기적으로 빈곤의 경감을 위해 주로 기술지원의 형태로 부유한 국가로부터 빈곤한 국가에게 제공되는 지원.

개발원조의 가치에 대한 의견은 분분한데 비판하는 이들은 원조로 인해 수원국의 경제적 향상이 별로 없었고, 일종의 종속을 조장하며, 많은 경우 공여국의 전략적 동맹국을 상대로 하였기 때문에 종종 조건이 따라붙고, 부패의 새로운 기회를 제공할 뿐이며, 지역문화와 필요를 고려하기보다는 어디서 도움이 필요한지에 대한 공여국의 판단을 기반으로 한다고 주장한다 (Moyo, 2009 참조). 개발원조의 잠재적 혜택 역시 선진국 대비 개발도상국으로부터의 수입 제품에 부과되는 높은 관세, 선진국 농민들에게 주어지는 많은 보조금 등 부유한 나라들이 추구하는 정책에 의해서도 상쇄된다.

토의주제

1. 국내총생산은 경제생산성을 측정하는 적절한 척도인가?
2. 현재 동향을 고려할 때 글로벌경제는 향후 몇십년간 변화할 가능성이 큰가?
3. 세계화의 압력에 직면해, 국가들은 어느 정도의 진정한 경제적 상호의존성을 여전히 가지고 있는가?
4. 자본주의는 어려움에 봉착했는가?
5. 부의 창출과 기회의 평등한 분배를 위한 최적의 조건은 무엇인가?
6. 빈곤의 가장 나은 정의는 무엇이며, 전통적인 척도의 강점과 약점은 무엇인가?

핵심용어

- 개발(Development)
- 개발원조(Development aid)
- 경제학(Economics)
- 국가자본주의(State capitalism)
- 국내총생산(Gross domestic product)
- 글로벌금융위기(Global financial crisis)
- 금본위제(Gold standard)
- 부(Wealth)
- 빈곤(Poverty)
- 사회주의(Socialism)
- 소액금융(Microfinance)
- 신자유주의(Neo-liberalism)
- 아웃소싱(Outsourcing)
- 자본주의(Capitalism)
- 자원의 저주(Resource curse)
- 준비통화(Reserve currency)
- 중소기업(Small and medium enterprises)
- 지니계수(Gini coefficient)
- 지역개발은행(Regional development bank)
- 특별인출권(Special Drawing Right)
- 해외직접투자(Foreign direct investment)
- 환율(Exchange rate)

유용한 웹사이트

UNDP 인간개발지수(UNDP Human Development Index) http://hdr.undp.org/en
경제복잡성 지도(Atlas of Economic Complexity) https://atlas.cid.harvard.edu
경제협력개발기구(Organisation for Economic Cooperation and Development) http://www.oecd.org
국제통화기금(International Monetary Fund) https://www.imf.org
세계불평등 데이터베이스(World Inequality Database) https://wid.world
세계은행(World Bank)http://www.worldbank.org
프레이저연구소 경제자유지수(Fraser Institute Index of Economic Freedom) https://www.fraserinstitute.org

추가 읽을 거리

Clark, Barry (2016) *The Evolution of Economic Systems: Varieties of Capitalism in the Global Economy* (Oxford University Press). 현대의 다양한 경제체제에 관한 개괄로서 각 장은 미국, 몇몇 유럽국가, 러시아, 중국, 신흥국의 사례를 제공.

Louka, Elli (2020) *The Global Economic Order: The International Law and Politics of the Financial and Monetary System* (Edward Elgar). 글로벌금융시스템에 관한 개괄로서 각 장은 그 역사와 핵심 기구를 다룬다.

Sumner, Andy (2016) *Global Poverty: Deprivation, Distribution, and Development since the Cold War* (Oxford University Press). 세계의 빈곤에 대한 평가로서 왜 어떤 이들은 경제성장에도 불구하고 여전히 가난한지에 대한 논의를 포함.

Timmerman, Kelsey (2012) *What Am I Wearing? A Global Tour to the Countries, Factories, and People That Make Our Clothes* (Wiley). 북의 소비자와 세계의 가난한 지역의 의류산업 노동자의 삶이 어떻게 연결되어 있는지에 대한 언론인의 평가.

Todaro, Michael P., and Stephen C. Smith (2020) *Economic Development*, 13th edn (Pearson). 경제개발에 관한 교과서로서 각 장은 핵심 원리와 국내 및 글로벌정책에 주는 함의를 담고 있다.

무역

10장

개요

이 장은 제9장의 논의에 기초해 무역에 대해 살펴본다. 글로벌무역의 전반적 현황 및 최근 급성장한 무역량에 대한 개괄로 시작한다. 그리고 1945년 이후 글로벌무역시스템에 일어난 변화를 알아보고 글로벌무역레짐의 속성을 세계무역기구(World Trade Organization)의 역할을 중심으로 살펴본다. 다음으로 이 장은 자유무역의 사례 및 국가 간 상이한 무역협력의 수준을 논의한다. 무역에 기인하는 불평등의 원인과 결과에 대해 살피는 것으로 이 장은 마친다.

차례

출처: Getty Images/Gonzalo Azumendi

핵심사항

- 무역은 글로벌시스템을 형성하는 데에 있어서 핵심 역할을 담당해왔다.
- 글로벌무역량은 1945년 이래 극적으로 증가하여 무역망 및 도전과 기회로 이루어진 새롭고 복잡한 시스템을 만들어냈다.
- 북은 오랫동안 글로벌무역을 지배해왔지만 남도 중국의 주도하에 상승세에 있다.
- 세계무역기구는 글로벌무역레짐을 이끌어왔으나 그 성과에 관해서는 의견이 분분하다.
- 자유무역은 글로벌무역의 성격에 관한 논쟁에서 핵심을 차지하지만 그것의 장단점에 관해서는 의견이 분분하다.
- 이상적으로는 무역이 부와 기회를 가져다주어야 하겠으나 가난한 국가들은 글로벌시장에 접근하는 데에 있어서 불평등을 겪는다.

무역의 이해

싱가포르는 아시아의 남동쪽 끝에 있는 섬에 위치한 도시 국가이다. 600만 명에 약간 못 미치는 인구가 사는 이곳은 안정적이고 부유하며, 높은 삶의 질과 다문화주의로 잘 알려져 있다. 공식 언어는 영어, 말레이어, 중국어, 타밀어이다. 천연자원이 거의 없음에도 불구하고 전략적 위치를 활용해 세계의 주요 금융 및 해운 거점으로 성장하였고, 싱가포르인들은 그 좁은 영토(베를린이나 런던보다 작음)를 세계에서 두 번째로 바쁜 컨테이너 항만과 공유하고 있으며, 중국 상하이만이 그 물동량에서 앞설 뿐이다. 싱가포르는 아시아를 떠나 세계의 다른 지역으로 떠나는 제품들과 세계의 다른 지역에서 아시아로 도착하는 제품들로 인해 매년 4,000만 개에 가까운 컨테이너를 처리한다. 이곳은 세계에서 가장 바쁜 환적항만으로서 매년 수천 척의 선박이 싱가포르 항구에 정박하여 세계 컨테이너의 5분의 1과 세계 원유 공급의 절반을 처리한다. 이만큼 21세기 글로벌무역시스템의 규모와 범위를 명확히 보여주고 상징하는 도시는 세계에서 드물다.

무역(Trade): 물물교환이든 통화와 같은 교환수단을 사용하든 간에 생산자와 소비자 사이에서 이루어지는 상품과 서비스의 교환.

무역(trade)은 최초의 조직적인 사회가 출현한 이래 인간 경험의 한 부분으로 존재해왔다. 자급자족할 수 있는 국가는 없으며, 대부분 국가는 자급이 때

출처: Delpixart/iStock

글로벌무역시스템의 거점으로서 세계에서 가장 분주한 배송 컨테이너 및 환적항만 중 하나인 싱가포르에서 화물 선적과 양하를 위해 대기하고 있는 선박들.

때로 어려운 다양한 상품과 서비스에 대한 접근을 필요로 하며, 현금을 매개로 하여 필요한 것을 구매하거나, 드물긴 하지만 상호 물물교환이나 거래를 할 수밖에 없다. 국제적 차원에서 개인, 기업, 국가가 상호 교역을 하며, 어떤 경우에는 무역장벽이 완화되거나 제거된 지역 블록에 참여하고 있다. 거래되는 품목과 서비스, 그리고 그에 따른 무역수지는 경제·정치·사회·문화·보건상의 함의를 갖는다. 무역은 세계화의 원인인 동시에 결과이며, 좋든 나쁘든 영향력의 교환과 확산의 통로이다. 무역 패턴은 (매우 큰 정도로) 우리가 살아가는 글로벌시스템의 모습을 만들어왔다.

근대 이전, 무역은 개인 사업가에 의해 이루어졌고, 그들은 종종 상품이 원산지로부터 시장까지 이동하는 데 동행하면서 큰 개인적인 위험을 감수했다(Bernstein, 2008). 무역량이 증가하고 네트워크가 확장됨에 따라 기술과 통신의 정교함도 확대되었고, 대부분의 일반 화물에서부터 가장 가치가 높은 품목에 이르기까지 오늘날 거의 모든 것은 고도로 자동화된 컨테이너선과 온도조절 제트 항공기로 운송되며 많은 경우 목적지까지 단 몇 시간 만에 도착한다. 우리는 물리적이든, 재정적이든, 혹은 디지털적이든 다양한 경로로 연결된 글로벌시장에 살고 있다. 각국 정부는 언제나 자신들이 국익이라 정의하는 것을 도모하고 자국 산업을 보호하기 위한 노력을 기울이며, 누구나 최고 수익과 최저 비용이라는 이상적인 조합을 추구하기 마련이므로, 시장이 완벽히 개방된 시장이 아님은 확실하다. 그럼에도 불구하고 오늘날만큼 우리가 서로 연결되어 있었던 적은 없었다.

이러한 연결은 글로벌무역 규모의 급격한 성장에 잘 나타나 있는데, 무역의 연계가 넓고 깊어지고, 국경을 넘는 판매와 구매의 수단이 늘어나면서 이 수치는 폭발적으로 증가했다. 도표 10.1은 글로벌금융위기 이후와 코로나19 팬데믹 기간 그 규모가 감소했음에도 불구하고 1960년과 2020년 사이에 (서로를 밀접하게 추격하는) 상품 수출과 수입의 가치가 거의 1만 3,000퍼센트 성장했음을 보여준다. 기술변화는 상품과 서비스의 구매, 판매, 운송을 용이하게 만들었고, 인터넷을 기반으로 한 새로운 선택지와 구매 습관은 **전자상거래(e-commerce)**의 세계를 크게 확장했다. 이는 무역을 배후에서 움직이는 영향력에 있어서 그 어느 때보다 큰 역할을 하는 개개인들에게 특히나 해당하는 말이다. 신용과 인터넷을 이용할 수 있다면 지구상 어느 구석에서나 원하는 거의 모든 것을 살 수 있고, 한때 이국적인 것으로 여겨졌던 많은 품목도 이제는 구

전자상거래(E-commerce): 온라인상에서 이루어지는 상품과 서비스의 구매와 판매.

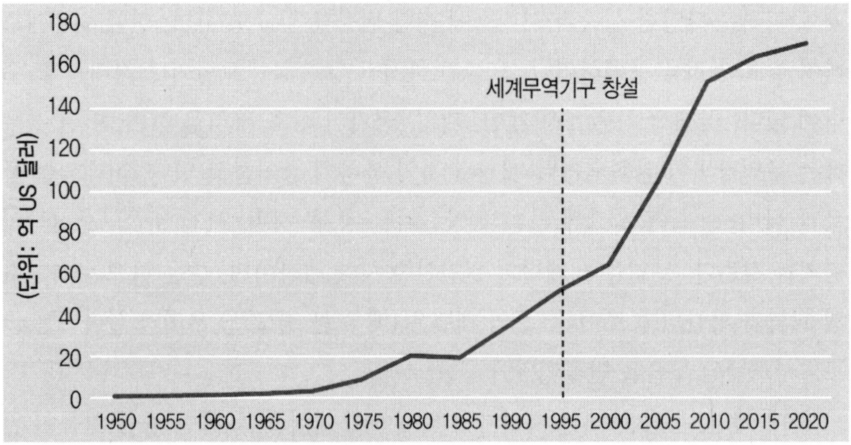

도표 10.1 글로벌무역의 성장

출처: World Trade Organization (2020a) 자료에 기초함.

주: 수치는 상품 수출 기준. 수입동향과 수출동향은 유사함. 2020년 수치는 코로나19 팬데믹으로 인한 9.2퍼센트 감소 예측치에 기초함.

매와 배송 수단이 있는 곳이라면 어디에서든 쉽게 구할 수 있다.

비록 최대 규모의 경제를 가진 국가가 상품과 서비스의 최대 판매자와 구매자이기도 한 경향이 있지만, 그 수치는 어떤 유형의 상품 또는 재화냐에 따라 다르며, 또한 관광, 보험, 금융 서비스, 통신, 건설과 같은 서비스 무역과도 구별된다. 무역 패턴 또한 복잡해서 **무역 흑자**(trade surplus)를 내는 나라도 있고 **무역 적자**(trade deficit)를 내는 나라도 있다. 무역 흐름의 규모와 내용은 함께 달라지는데, 무엇을 구매할 필요가 있는지, 무엇을 팔아야 하는지, 그들이 거래하는 상품들의 가치, 맺은 무역협정, 정치적·경제적 관계의 상태에 따라 개별 국가는 어느 한 국가에 더 중요할 수도, 덜 중요할 수도 있다.

무역 흑자(Trade surplus): 한 국가에서 수출이 수입을 초과하는 상황.

무역 적자(Trade deficit): 한 국가의 수입이 수출을 초과하는 상황.

세계 3대 무역 강국은 유럽연합(EU: European Union), 미국, 중국이며, 이들이 총 수출입의 약 40~45퍼센트를 차지한다 (표 10.1 참조). (EU는 국가라기보다는 다국가 지역기구이지만 단일 통상정책과 단일 내부시장을 가지고 있으므로 글로벌시스템 내에서 하나의 단위로 이해하는 것이 최선이다). 만약 미국인, 중국인, 유럽인들이 무역 목표와 원칙에 있어서 같은 생각을 가지고 있다면, 그들은 글로벌무역시스템에 거의 난공불락 수준의 영향력을 행사했을 것이다. 그러나 미국과 유럽인들은 (최소한) 큰 틀에서의 목표와 교역조건에 동의할지 모르지만, 그들은 또한 치열한 경쟁자이며, 급팽창하고 있는 중국의 입지를 걱정스러운 눈으로 바라보고 있다.

표 10.1 세계 최대 무역국

상품				서비스			
수출	%	수입	%	수출	%	수입	%
중국	16	미국	16	EU	23	EU	21
EU	15	EU	14	미국	17	미국	12
미국	11	중국	13	영국	8	중국	11
일본	5	일본	4	중국	6	영국	6
한국	4	영국	4	인도	4	일본	4
총점유율	49		49		42		46

출처: World Trade Organization (2020a).

주: 반올림한 숫자이며 EU 내 무역은 제외하고 코로나19 영향은 반영하지 않음.

통상정책을 수립함에 있어, 각국은 두 가지 접근법 사이의 어느 지점에서 입장을 취하게 된다.

- **보호주의**(protectionism)는 수입에 규제를 부과함으로써 국내 시장이나 국내 생산자를 보호하려는 노력을 수반한다. 이는 국익을 강조하고(때로는 미국의 트럼프 행정부가 추구한 종류의 '우리가 우선[us first]'이라는 태도로 흐르기도 함), 경쟁국을 희생시키는 정부 규제와 국가 권력의 확장에 의존한다.
- **자유주의**(liberalism)는 개방적인 시장이 최선이며, 무역에 대한 제한을 줄이기 위해 노력해야 한다는 생각에 근거하고 있다. 이 생각은 이 장의 뒷부분에서 논의할 자유무역 발전의 바탕이 되었다.

보호주의(Protectionism): 국제무역이 흔히 유발하는 경쟁으로부터 국내 시장이 보호되어야 한다는 시각.

자유주의(Liberalism): 시장을 개방하고 무역통제를 줄이는 것이 모두의 광범위한 이익에 부합한다는 시각.

국가들은 몇 가지 상이한 무역 규제(표 10.2 참조)를 사용할 수 있는데 각각의 상대적 가치와 효과에 관해서는 의견이 엇갈린다. 각 나라가 활용하는 상이한 무역 규제의 조합은 정치적 요인과 그 나라가 육성하거나 보호하기를 원하는 산업이 무엇인가에 달려있다.

무역은 언제나 원자재가 완제품으로 전환되는 과정의 **공급사슬**(supply chain)에 의해 주도되어왔고, 공급사슬은 더 길고 복잡해져 왔으며, **글로벌가치사슬**(global value chain)에 의해 연결되고 있다. 과거 가까운 곳에서 생산된 상품과 서비스를 구매하던 소비자가 이제는 멀고 광범위한 곳에서 오는 제품을 찾는다. 번스타인(Bernstein, 2008)은 세계가 끊임없는 무역의 흐름에 더욱 의

공급사슬(Supply chain): 원재료와 천연자원에서부터 완제품까지 연결하여 하나의 상품이나 서비스를 소비자에게 공급하는 데에 수반되는 사람, 조직, 정보, 자원의 시스템.

글로벌가치사슬(Global value chain): 완제품이 시장에 도달하기 전 여러 나라에서 각기 다른 공정을 수행함으로써 이루어지는 국제적인 생산 분업.

표 10.2 무역 규제

유형	효과	사례
관세	수입품의 가격이 소비자에게 더 비싸게 책정되게 만들기 위해 부과되는 세금. 일반적으로 국내 산업을 보호하기 위한 목적임.	중국은 수입 가금류에 높은 관세를 부과하고 미국은 대부분의 채소류 및 모직의류와 차량부품에 높은 관세를 부과함.
쿼터	특정한 기간에 한 국가 내로 수입되는 지정된 상품들의 양에 부과되는 제한.	EU가 닭고기, 소고기, 버터와 같은 다수의 농산품 수입과 관련해 교역국과 맺은 협정들.
금수조치 또는 제재	타국의 수출입을 금지하거나 제한하는 조치. 일반적으로 그 국가에 대한 응징이나 정치적 변화를 달성하기 위한 목적임.	2006년 북한의 첫 핵실험 후 다수 국가에 의해 부과되어 현재까지 유효한 경제제재.
보조금	농업이나 특정한 사업에 대한 재정적 지원으로서, 산업의 생존을 돕거나 산업이 기능하는 방식에 있어서 변화를 촉진하기 위한 목적임.	인도의 모디(Narendra Modi) 정부가 지지율을 높이기 위한 목적으로 농부들에게 주는 보조금.
수출입 허가	특정 상품이 국경을 넘어 구매 또는 판매될 수 있는 양에 부과되는 제한.	스포츠 사냥꾼들의 사냥전리품과 털가죽에 부과되는 수출 허가
기술규제	상품의 크기, 모양, 기능, 라벨과 같은 특징에 부과되는 규제.	수입 장난감의 페인트에 포함된 납의 사용 또는 수입 청과물의 농약 성분에 대한 규제.

존하게 되면서 우리는 더 풍요로워졌지만 취약성 또한 커졌다고 지적한다. 그는 심각한 인터넷 사용 장애가 초래할 수 있는 대혼란(무역에 있어서 인터넷의 역할은 역설적이게도 비교적 최근의 일이다)에 대해 경고하였다. 전쟁과 분쟁 역시 무역을 방해할 수 있다. 이제, 2020년 이래 우리는 글로벌팬데믹 또한 무역에 지장을 초래할 수 있음을 깨닫게 되었는데, 코로나19는 원자재와 상품의 공급사슬을 흔들어놓아 2020년 상품교역은 약 9퍼센트 감소하였다 (World Trade Organization, 2020b). 그 결과 소비자들은 수퍼마켓의 진열 선반이 평소보다 비어있는 것을 종종 보게 되었고, 온라인으로 구매한 품목이 도착하는 데 더 오래 걸리거나 재고가 아예 없는 경우도 많아졌다.

무역의 변천

역사는 수메르인, 로마인, 페르시아인들이 참여했던 것과 같은 정교한 무역 네트워크의 사례들로 가득하다. 가장 유명한 것은 기원전 3세기에 중국과 서양을 잇는 무역로였던 실크로드로, 실크, 노예, 향신료를 공급하고 둘 사이를 잇는 상업과 문화의 가교를 제공하였다. 이후 8세기와 9세기에 이슬람의 확산은 중동과 북부 아프리카를 연결하는 무역의 확장을 동반했다.

포르투갈, 스페인, 네덜란드, 영국 및 다른 서유럽인들이 북남미, 아프리카, 아시아와의 관계를 발전시키기 위해 그들의 기술적, 군사적 이점을 이용했던 유럽 탐험의 시대와 함께 무역은 처음으로 세계적인 규모로 발전하기 시작했다. 무역의 연결로는 제국들의 건설로 진화했고, 이는 특혜적인 무역망을 구축하기 위해 식민지 지배의 이점을 활용하는 것으로 이어졌는데, 영국의 예를 들면, 법률로 모든 상품의 교역은 영국 선박과 영국 선원에 의해 영국과 대영제국에 있는 항구 간에 이루어져야 한다고 규정하였다.

중상주의(수입보다 수출을 증진하기 위한 목적으로 무역을 통제하는 것)는 16세기에서 18세기 사이에 서유럽 일부 지역에서 유행했지만, 그 원리는 스미스(Adam Smith)와 리카도(David Ricardo)와 같은 영향력 있는 영국의 경제학자들에 의해 도전받았다. 그들은 무역장벽을 없애는 것이 나라들로 하여금 자신들의 노동, 자원, 자본, 기술의 상대적 수준에 따라 특정한 경제활동에 특화되도록 할 것이라고 주장했다. 이러한 **비교우위**(comparative advantage) 개념은 모두가 자신이 가장 잘하는 것을 할 수 있도록 하고, 글로벌 차원에서는 자원 사용을 최적화하며, 자유무역이 이루어지기만 한다면 모두가 혜택을 누릴 것임을 의미한다. 그러나 비교우위는 공정한 경쟁의 장에서 가장 잘 작동하며, 스미스나 리카도도 그렇게 큰 불균형을 초래한 다국적기업의 부상이나 소수의 거대 행위자와 다수의 중소규모의 행위자 간 힘의 격차의 규모를 예상하지 못했을 것이다.

비교우위(Comparative advantage): 만약 각국이 각자 우위를 가지고 있는(풍부한 부존 또는 값싼 노동력과 같이) 상품과 서비스의 생산에 집중하고, 상호 간 자유로운 교역이 이루어진다면 모두가 혜택을 누릴 것이라는 이론.

1846년 보호주의 무역법 일부를 폐지한 영국을 따라 많은 무역 강국들이 19세기 동안 자유무역 정책을 채택했다. 무역과 자본 흐름의 거대한 확장, 기술과 통신의 획기적인 발전, 운송 비용의 감소, 이민의 폭발적 증가는 아이켄베리(Ikenberry, 2000)가 묘사했던 '최초의 세계화 시대'를 촉발하였다. 그러나 19세기 말에는 보호주의로 회귀하는 움직임이 있었고, 글로벌무역시스템은 유럽 강대국들, 특히 제국을 가진 강대국들이 지배하게 되었다. 무역을 촉진하기 위한 리더십 및 국제적인 시스템의 부재는 각국으로 하여금 개방적인 시장을 회피하게 만들었고, 그 결과 제1차 세계대전 이후 무역량은 감소하였는데, 이러한 경향은 미국을 중심으로 많은 국가가 대공황(1929~1933년) 이후 자국 산업의 보호를 선택하면서 가속화되었다.

제2차 세계대전 이후 세계가 어떻게 나아가야 할지를 결정하는 데 있어서 브레튼우즈의 협상가들은 자유화(liberalization)에 방점을 두는 것을 선택했다. 제1장과 제9장에서 보았듯이 IMF와 세계은행은 환율안정과 전후 경제회복을 지원하기 위해 창설되었다. 유엔 산하 무역기구이자 브레튼우즈체제의 세 번째 축이 될 국제무역기구(ITO: International Trade Organization)를 만들 계획도 있었다. 그러나 미국이 ITO에 의해 부과되는 규제에 반대했기 때문에 각국 정부는 그 대신 무역장벽의 점진적인 축소에 관해 협상할 수 있는 토론의 장으로 고안한 관세 및 무역에 관한 일반협정(GATT: General Agreement on Tariffs and Trade)을 만들기로 하였다. GATT의 이름 아래 일곱 라운드의 협상이 이루어졌는데, 각 협상 라운드는 주로 시작된 장소의 이름을 따서 제네바, 도쿄, 우루과이라운드로 명명되었고, 1964년에 시작된 케네디라운드는 암살된 케네디(John F. Kennedy) 대통령을 기리기 위해 명명되었다. 각 라운드는 기간이 5개월에서 길게는 몇 년에 이르기까지 다양했고, 각각은 새로운 무역협정을 낳았다.

전후 시대는 미국이 군사력과 정치적 힘을 바탕으로 무역 강국으로 부상하면서 이에 깊은 영향을 받았다. 이러한 특성들은 거의 전적으로 국력을 군대에 의존하고 경제가 상대적으로 낙후된 소련에 비해 미국이 냉전의 우위를 점하게 했다. 미국은 자신의 영향력을 서유럽과 일본의 전후 경제 재건을 지원하기 위해 사용했고, 두 지역 모두에 많은 투자를 하였으며, 이후에는 캐나다와 멕시코를 시작으로 대서양과 태평양을 가로질러 자유무역협정을 맺는 데 중요한 역할을 했다.

전후 수십 년에 걸쳐 옛 유럽 식민지들 또한 독립하였는데, 이들이 세계에서 차지하게 되는 새로운 위치는 오래된 이웃 국가들에서 일어나는 변화에 달려있었고 이는 글로벌무역의 산술에 있어서 남(South)의 지위를 바꾸게 될 것이었다. 이들 국가 중 상당수는 1950년대와 1960년대에는 앞선 공업강대국과의 경쟁으로부터 제조업을 보호할 필요가 있다고 생각했지만, 이 접근은 실패했고, 한국과 같은 개방적인 경제의 성적은 자유화의 이점을 보여주는 선례를 제공함으로써 다른 많은 남의 국가들이 보호주의를 탈피하도록 고무하였다(Bhagwati et al., 2016). 중국과 인도를 제외하고는 남의 어떤 나라도 아직은 기존의 무역 강국들과 같은 글로벌 역할을 수행하지 못하고 있지만, 브라질, 인도네시아, 말레이시아, 멕시코, 싱가포르, 남아프리카공화국, 태국 등 몇몇 중견 무역국은 확고한 위치를 만들어가고 있다. 반면 파키스탄, 나이지리아, 방글라데시와 같이 인구가 많은 몇몇 국가는 실적이 저조하고, 가장 부유한 나라와 가장 가난한 나라 사이의 격차는 계속 커지고 있다.

오랫동안 출현하지 못했던 국제적인 무역기구는 1995년 마침내 세계무역기구(WTO)의 창설과 함께 출범하게 되어(이 장 뒷부분 참조) GATT 합의에 따른 협상 진행을 감독하는 책임을 담당하고 있다. 도하라운드(카타르 수도의 이름을 따서 명명됨)는 2001년 출범했지만 7년 뒤 농업무역, 산업관세, 비관세장벽 등을 둘러싼 남북 간 의견 차이 및 농업보조금을 둘러싼 미국과 EU 간 의견 불일치로 인해 결렬되었다. 도하라운드를 되살리려는 노력은 실패했고 2015년 말까지 거의 방치되어 글로벌무역시스템의 미래에 어두운 그림자를 드리웠다. 그럼에도 불구하고, 남-남 교역은 증가했고, 도하라운드 협상에서 합의를 가로막았던 남의 역할은 가능성을 암시하기도 한다.

변화하는 글로벌무역의 모습

오늘날 글로벌무역시스템은 빠르고 놀라운 변화를 겪고 있다. 우선 EU의 모델을 따르는 지역 내 무역블록의 부상을 관찰하게 된다 (제6장 참조). 이는 종종 자유무역을 촉진하기 위한 단순한 노력 이상을 의미하고, 유럽의 경우 세 가지 주요 변화를 의미하였다.

- 단일 시장의 창설로서, 사람, 자본, 상품, 서비스의 거의 완전히 자유로운 이동 (코로나19 팬데믹으로 인해 사람의 이동은 잠시 중단).
- 공동 대외통상정책으로서, EU는 현재 타국과의 거래에 있어 단일주체로서 협상에 참여.
- 아직 모두는 아니지만 대부분의 회원국에서 유로라는 단일 통화 사용.

이제 세계의 거의 모든 나라가 적어도 하나의 지역통합블록의 회원국이고, EU만큼 진전되지는 못했더라도 제6장에서 보았듯이 많은 지역블록이 그러한 방향을 지향한다. 그러나 관련 국가들의 경제적인 대등함과 호환성이 유럽에서와 같은 곳은 거의 없다. 가능성이 가장 높은 곳은 아시아이지만, 중국이나 인도와 같은 행위자들의 규모 그 자체가 어려움을 낳는 요인이다.

두 번째 중요한 변화는 중국이 글로벌 무역강국으로 부상했다는 데에서 뚜렷하게 드러난다. 1970년대 후반 경제를 현대화하려는 첫 번째 노력이 이루어지기 전까지 중국은 소련과 주로 교역을 하며 글로벌무역에서는 존재감이 미미했지만, 이후 빠르게 따라잡아 세계대전 전간기의 글로벌무역에서 2퍼센트 미만을 차지했던 중국이 현재 15퍼센트 이상의 점유율을 보인다. 중국을 변화시킨 발전에는 다음과 같은 것이 있다.

- 미국은 1970년대 초 중국과의 무역 금지를 해제했다 (그리고 이후 중국 소비재의 수입 증가에 힘입어 대규모 무역 적자를 기록하고 있다).
- 1980년대, 제조업에 대규모 투자가 이루어졌다.
- 중국은 세계은행과 IMF와 같은 몇몇 국제기구에 가입했고, 몇 번의 실패 끝에 2001년 시장을 개방하는 대가로 WTO에 가입하는 것이 허용되었다.
- 중국은 국내 무역 조직을 재편했다.
- 중국은 홍콩과 같이 수출에 특화된 경제특구를 만들었다.
- 중국은 외국인 투자를 유치하기 위해 새로운 노력을 기울였다.
- 중국은 공산품 수입국에서 주요 수출국으로 탈바꿈했다.

중국의 발돋움은 동아시아와 중앙아시아를 잇는 새로운 실크로드에 대한 국가적 지원이 잘 보여준다. 일대일로 구상으로 알려진 이 정책의 목표는 역내 중국의 무역 이익을 합리화하고 안정적인 에너지 공급을 보장하며 아시아 인프라의 발전을 촉진하고 중국의 지역적 영향력을 공고화하는 것이다 (Chatzky and McBride, 2020). 그 궁극적인 목표는 중국을 중심으로 한 새로운 무역 네트워크이다 (지도 10.1 참조). 처음에는 이 지역에서 중국과 미국이 자신들의 이익을 확장하면서 양국 간 긴장이 커질 것이라는 우려가 있었지만, 2017년 트럼프 행정부의 환태평양경제동반자협정(Trans-Pacific Partnership, 2016년 체결한 12개국 무역협정) 탈퇴 결정으로 중국에 주도권이 넘어가는 듯했다. 재빨리 뒤를 이어 중국은 2020년 11월, 역내포괄적경제동반자협정(Regional Comprehensive Economic Partnership) 출범을 주도하였는데, 이는 세계 인구와 경제 생산량의 30퍼센트를 차지하는 15개의 아시아-태평양국가가 형성한 세계 최대 자유무역 블록이다. 미국의 부재를 감안할 때 이 새로운 협정은 중국의 해외 시장 및 기술에 대한 의존도를 낮추고 동남

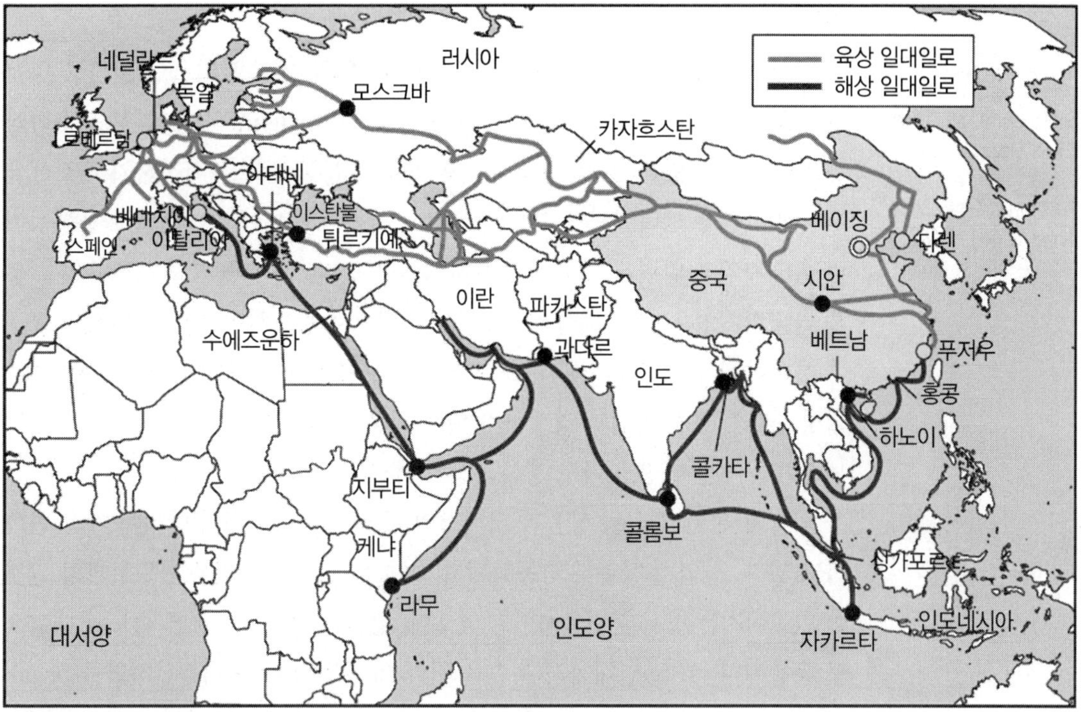

지도 10.1 중국의 일대일로 구상

아시아의 무역규칙을 조성하는 데에 있어서 중국이 더 유리한 위치를 점하는 데에 도움이 될 것으로 보였다.

마지막으로, 우리는 국가와 지역을 가로질러 각국 정부로부터 무역에 대한 통제권을 더 많이 박탈한 두 가지의 발전, 즉 다국적기업(MNC: multinational corporations)의 부상과 기술의 변화를 목격했다. 제6장에서 살펴본 바와 같이, 다국적기업의 수는 1990년 이래 거의 3배로 증가했고 그 다수는 몸집이 거대해졌으며, 전 세계로 진출하여 개별 국가와의 연계는 약화되었고, 무역 관련 결정이나 무역 패턴을 형성하는 데 있어서 중요한 역할을 수행하고 있다. 세계에서 가장 거대한 다국적기업인 월마트(Walmart)는 거의 30개국에서 사업을 벌이고 있으며 고향인 미국 안에서보다 해외에 더 많은 매장을 두고 있다. 그러나 국제적인 수익과 수입은 미국에 비해 적어, 중국, 인도, 일본을 중심으로 국제적인 사업 확대를 도모하고 있다. 한편, 중국 경제의 부상은, 스테이트그리드(State Grid), 시노펙(Sinopec), 중국석유천연가스그룹(Chinese National Petroleum)과 같은, 중국정부가 전적으로 혹은 대부분 지배하는 다국적기업의 성장에 반영되어 있다.

다국적기업이 조직구조의 방식을 바꾸기 위한 노력을 기울인 결과로 일어난 변화도 있다. 다국적기업은 한때 **포드주의**(Fordism)식 통합 및 표준화와 깊은 관련이 있었고, 1970년대 미국과 유럽의 본국 밖으로 확장하기 시작했을 무렵에도 종종 국내에서와 같은 접근법을 취했기 때문에 상대적으로 융통성이 없었고 지역적 압력과 기회에 적응하기를 꺼렸다. 근래 들어 탈포드주의를 통해 다국적기업은 보다 분권적이고 초국가적으로 변모하여 다양한 시장의 요구에 부응하기 위해 신기술과 비즈니스 관행을 활용하고(제1장의 세계화에 대한 설명 참조), 현지 기업과 경쟁하기 위해 더욱 노력하며, 보다 저렴한 노동력과 느슨한 규제를 가진 국가로 생산공정을 이전하고 있다.

포드주의(Fordism): 포드 자동차회사(Ford Motor Company)로부터 유래한 용어로서, 전문적인 반숙련노동을 활용해 조립 라인에서 표준화된 상품을 대량 생산하는 것을 뜻한다.

기술과 관련해서는, 상품과 서비스의 제조, 수송, 판매의 방식이 계속 변화하고 있다. 산업은 갈수록 자동화되고, 기술은 우리가 무엇을 만드는가와 그것이 만들어지는 방식을 변화시키고 있으며, 상품은 이전보다 빠른 속도와 대량으로 운송된다. 1950년대까지 운송을 위한 대부분 상품은 '개품산적화물(break bulk cargo, 컨테이너에 담기지 않은, 포장단위로 선적된 화물 – 역자 주)'라고 알려져 있었는데 이는 개별 자루, 운송용 나무상자 또는 박스에 적재되어 운송 및 하역되는 것을 의미한다. 컨테이너화(containerization)는 1950년대

출처: Teka77/iStock

독일 쾰른 공항에서 대기 중인 페덱스(FedEx) 화물수송기. 항공화물 배송의 성장은 현재 많은 국제무역이 이루어지는 빠른 속도를 역설한다.

에 자리 잡기 시작했고, 상품이 도로, 기차, 컨테이너선으로 운반될 수 있는 표준화된 크기의 컨테이너에 포장됨으로써 시간과 비용이 절약됐다. 소위 비벌크(non-bulk) 화물(포장 화물)의 90퍼센트 이상이 현재 컨테이너선이라고 불리는, 상하이, 싱가포르, 부산, 로테르담, 함부르크, 로스앤젤레스에 있는 것과 같은 대형 터미널에서 적재 및 하역하는 선박에 의해 운송되고 있다.

또한, 기술발전으로 북의 소비자는 물론이거니와 점점 더 많은 남의 도시지역 소비자들까지 전통적인 소매상점으로부터 온라인 쇼핑으로 옮겨가고 있고, 이로 인해 이용 가능한 제품과 공급처가 큰 폭으로 늘어나 하나의 글로벌 디지털쇼핑몰을 창조하였다 (동시에 판매자로 하여금 수요와 공급에 따라 가격을 이전보다 재빨리 인상 또는 인하하도록 유인한다). 페이팔(PayPal), 또는 은행 계좌가 없는 이들을 위한 모바일 지갑으로 2007년 케냐에서 시작된 엠페사(M-Pesa)와 같은 인터넷 결제시스템의 확대에 힘입어 국제적인 판매는 성장하였다. 배송 선택지도 넓어져 페덱스(FedEx) 및 디에이치엘(DHL)과 같은 택배 회사에 더 많은 사업기회를 제공하고, 책이나 음악 스트리밍과 같은 제품에 대한 다운로드 옵션도 늘었으며, 3D 프린팅(적층제조[additive manufacturing]라고도 함)에는 폭넓은 가능성이 잠재되어 있다. 코로나19 팬데믹 기간에 소비자들이 전통적인 상점을 기피하면서 더 많은 이들이 온라인으로 구매를 하였고 이제 온라인 구매는 많은 이들에게 이미 영구적인 습관으로 자리 잡게 되었다.

무역과 혁신 사이에는 항상 긴밀한 관계가 있었는데, 이는 경쟁, 새로운 시장, 그리고 발명이 그 원작자로부터 다른 사용자에게로 확산하는 것을 가능케 하는 **기술이전(technology transfer)**으로 인해 발생하는 압력과 기회 덕분이다. 이상적으로는, 새로운 발명에 접근할 수 있는 허가가 내려지거나 다른 사용자에게 판매됨으로써, 발명은 특허와 저작권, 그리고 상용화와 마케팅의 단계를 밟는다. 덜 이상적인 상황은, 기술이 다른 사용자에 의해 탈취되는 것으로서, 중국은 수십 년 동안 패션 디자인을 위조하고, 영화와 비디오 게임을 불법 복제하고, 특허를 침해하고, 영업 비밀과 독점 기술 및 소프트웨어를 탈취했다는 비난을 받으며 특히 나쁜 평판을 누렸다 (Blair and Alexander, 2017).

기술이전(Technology transfer): 라이선스 등을 통해 원작자로부터 2차 사용자에게 기술을 이전하는 것이다.

좀 더 넓게 보면, 기술변화는 그로 인해 사라지거나 변화하는 일자리에 항상 가장 직접적인 영향을 미쳤다. 예를 들어, 모든 신산업은 디지털 기술로부터 창출되고 있고, 첨단기술제품은 글로벌무역에서 더 큰 비중을 차지하고 있다. 한편, 아웃소싱(outsourcing, 제9장 참조)은 인터넷, 고도의 물류시스템, (적어도 코로나19 이전에는) 손쉬워진 해외여행으로 인해 용이해졌다. 일자리의 이전은 북에서 세계화의 결과와 관련해 가장 일관되게 제기되는 불만 중 하나이다.

특정한 시점에서 각 정부가 어떤 접근방식을 선호하든 간에, 대부분은 그리 놀랍지 않게도 자기 이익을 추구하며, 자국 산업과 소비자를 보호하고, 최소한의 비용으로 최대의 이익을 달성하려고 한다. 그 결과, 글로벌무역시스템은 공정한 경쟁의 장과는 거리가 멀고, 소득, 기회, 평등과 관련해 격차는 크고 증가하고 있으며, 가난한 국가들은 세계 최대 경제 대국들과 다국적기업들의 엄청난 힘과 범위에 대항해 경쟁하느라 씨름하고 있다. 그러나 북이 한때 가지고 있던 유리함을 상실하면서 변화가 일어나고 있다 (북과 남 비교 10 참조).

글로벌무역레짐

무역은 일반적으로 경제성장에 기여하고, 큰 시장은 일반적으로 경제적 확장에 유리하다. 그러나 판매자건 구매자건 기회만 있다면 수단을 가리지 않고 이득을 취하려 할 것이기 때문에 정부와 기업은 불공정하고 부도덕한 무역 관행으로 인한 피해를 보지 않기 위해 주의를 기울여야 한다. 이것이 규칙과 규범이 필요하고, 글로벌무역레짐의 부상의 핵심에 WTO가 있는 이유이다.

이미 살펴보았듯이 WTO의 뿌리는 1940년대 후반 국제무역기구를 창설하고자 한 시도가 실패로 돌아가면서 보다 느슨한 GATT 절차로 이어지게 된 과정으로 거슬러 올라간다. 1995년, GATT체제하의 약정은 스위스 제네바에 본부를 둔 WTO로 통합되었다. WTO는 유엔과 별개의 독립기구로서 무역규칙과 조약의 글로벌시스템을 관장하고, 회원국들에게 국제무역의 조건을 둘러싼 교섭의 장을 제공하며, 무역분쟁에 휘말린 국가가 WTO에 제소하여 판단을 구할 수 있는 분쟁해결절차를 마련해두고 있다 (Hoekman and Mavroidis, 2017). WTO에는 이행을 강제할 수 있는 권한이 없지만, 회원국이 된다는 것은 WTO의 규정과 결정을 준수하고, 보다 자유롭고 예측 가능하며 경쟁적인 글로벌 무역시스템이라는 원칙을 지지하며, 모든 회원국에게 **최혜국 지위(most-favored nation status)**를 부여함으로써 각국을 차별 없이 대하기로 약속한다

최혜국 지위(Most-favored nation status): 모든 회원국은 상호간 동등하게 대우해야 한다는, WTO 가입국에게 요구되는 동의조항.

* 역자 주
북과 남 사이에 벌어졌던 기술발전과 부의 격차가 신흥공업국의 부상 등으로 인해 다시 좁혀지게 됨을 뜻한다.

북과 남 비교 10

무역에서의 변화하는 힘의 균형

무역에서의 기회는 부유한 나라와 가난한 나라, 큰 나라와 작은 나라, 자원이 풍부한 나라와 자원이 부족한 나라 간에 다르게 평가된다. 논리적으로는 더 부유하고 더 크고 더 자원이 풍부한 국가가 유리하겠지만, 문제가 항상 그렇게 간단하지는 않다. 북이 여전히 글로벌시장을 지배하고 있는 건 확실하지만, 글로벌무역시스템의 성격에 있어서 변화는 예상하지 못했던 방식으로 남에 유리하게 작용했다.

수천 년 동안 무역 강국들은 아시아와 중동에 기반을 두고 있었다. 그러나 2세기 만에 역사학자들이 '거대한 분기(great divergence)'라고 부르는 현상, 즉 이들이 오늘날 우리가 북으로 생각하는 더 강력한 국가들에 의해 대체되는 일이 일어났다. 유럽인들이 초기에는 이점을 가지고 있었기에 세계 무역로를 여는 개척자가 되었고, 나중에는 기술발전의 선구자로서 산업혁명을 촉발하기 위해 무역 이점, 국내 자원, 노동력을 활용하였다. 그러나 1945년 이후 제국의 해체는 원자재와 시장에 대해 그들이 가졌던 특권적 접근의 종식 및 미국과 일본으로부터의 새로운 경쟁을 의미했다. 그 후 불과 몇십 년 사이에 볼드윈(Baldwin, 2016)이 '거대한 수렴(great convergence)'*이라고 표현한 것, 즉 균형이 다시 바뀌어 남의 일부 지역에서의 급속한 산업화와 북의 탈산업화의 조합으로 인해 남의 소득 점유율이 증가하고 북의 점유율이 감소하는 일이 벌어졌다.

변화의 원동력 중 하나는 정보기술(IT: information technology)이었다. 정보기술의 발전은 기업이 노동 집약적인 업무를 북에서 남으로 더 쉽고 저렴하게 이전할 수 있게 하였고, 동시에 마케팅, 관리업무 및 IT 업무의 이전도 가능케 하였다. 이는 중국과 인도와 같은 남의 몇몇 선두 국가들의 경제발전을 가속화한 반면, 북의 오래된 국가들은 탈산업화되면서, 양쪽 모두에게 새로운 정책적 도전과 경제적 불확실성을 안겨주었다. 현재로선 부유한 북의 국가들이 서비스, 첨단기술 제품 및 자본을 수출하는 데 유리하고 가난한 남의 국가들은 원자재와 노동력에 있어 유리하다. 그러나 이 균형은 변하고 있고, 이러한 추세는 세계화의 효과에 대한 북의 우려와 일치한다.

오늘날 남은 글로벌무역의 핵심인 상품의 소비자와 생산자로 성장하고 있고, 이들이 가지게 된 글로벌무역에 있어서의 새로운 존재감 있는 역할은 2001년부터 2015년까지의 도하라운드에서의 무역 협상의 실패에서 여실히 드러난다. 물론 그 실패의 주된 원인이 EU와 미국이 농업 보조금에 관해 합의하지 못한 데에 있었지만, 가난한 나라들이 대체로 자기 농부들을 보호하기 위한 특별한 대우를 추구한 것과 달리, 협상에서 단호하게 한 걸음도 물러서지 않으려 한 중국, 인도, 브라질에도 적지 않은 책임이 있다. 도하의 종말은 또한 브릭스(BRICS)의 부상, 글로벌 무역시스템에서 중국의 확대된 입지, 그리고 트럼프 행정부 시절 미국의 경제 리더십의 쇠퇴와 동시에 일어났다.

는 것을 의미한다. 최혜국 지위는 다른 국가에게 특별한 무역 거래를 제공하려는 시도처럼 들리지만, 사실은 모든 국가를 동등하게 '최혜국'으로 대우함으로써 누구도 차별하지 않겠다고 하는 원칙이다.

WTO는 사무총장(director-general)과 거대한 사무국 조직을 두고 있으나 모든 결정은 회원국의 만장일치를 통해 이루어진다. 회원국 수는 GATT의 당사국이었던 128개국으로 시작하여 현재 164개국으로 늘어났다. 가입을 희망하는 국가는 신청서를 제출하고 가입조건을 두고 협상을 진행해야 하는데, 가입조건은 가입신청국의 경제발전 수준과 무역정책에 대한 기존 회원국들에 의한 판단을 거친다. 비회원국 면면을 살펴보면 옵저버(observer)* 지위를 획득하고 가입신청이 계류 중인 알제리, 에티오피아, 이란, 이라크, 시리아가 있고, 에리트레아, 북한, 남수단과 태평양의 6개 도서국은 옵저버도 가입신청국도 아니다. 중국과 러시아는 폐쇄적인 경제체제로 인해 오랫동안 WTO의 역외에 머물러 있어야 했지만, 러시아는 2002년에 비로소 가입에 필요한 요건인 시장경제체제로 EU와 미국에 의해 인정을 받았다. 중국은 마침내 2001년에, 러시아는 2012년에 회원국이 되었다. 그러나 (석유와 천연가스 수출을 제외하고는) 글로벌무역에 참여한 경험이 별로 없던 러시아는 가입 이후에도 WTO의 요구조건에 적응하는 데에 어려움을 겪고 있다.

* 역자 주
옵저버의 목적은 WTO 회의에 참석할 수 있는 자격을 부여함으로써 가입하기 전에 WTO와 그 활동에 적응하고 가입신청을 위한 준비를 할 수 있게 하는 것임. 옵저버는 투표권 등 회원국으로서의 권리를 갖지는 못하고, 가입신청절차를 밟기 전 옵저버가 될 수도 있지만 필수조건은 아니다.

회원국에게 적용되는 규정집의 분량은 3만 쪽이 넘으며 별도의 협약과 협정도 24개가 넘는다. 한편 WTO의 판정을 통해 광범위한 통상법이 계속 축적되고 있는 실정인데 이러한 통상법은 최소한 이론적으로는 무역 제한조치를 억제하고 일관성과 형평성을 제고하며 소비자와 노동자 및 환경을 보호하는 것을 목표로 한다 (Van den Bossche and Prévost, 2016 참조). GATT는 상품교역에 원래 초점이 맞춰져 있다가 확대되어 서비스(이는 1995년 발효된 서비스 교역에 관한 일반협정[General Agreement on Trade in Services]의 발전을 촉진) 및 **지적재산(intellectual property)**까지 포괄하게 되었다. 지적재산의 한 사례로는 '지리적 표시제(geographical indication)'를 들 수 있는데 이는 특정 지역의 이름을 딴 상품(주로 음·식료품)을 말하며 유럽국가들이 특히 적극적인 보호를 주장하는 권리이다. 가령 샴페인, 꼬냑, 로크포르(Roquefort) 치즈(테킬라, 다즐링차, 비달리아 양파뿐만 아니라) 등은 명칭에 나타난 지역의 생산물인 경우에만 그 이름을 붙일 수 있다. 즉, 실제로 프랑스의 샹파뉴 지방에서 생산된 경우가 아니라면 '샴페인'은 '스파클링 와인'이라

지적재산(Intellectual property): 디자인, 저작권, 상표, 특허와 같은 정신적인 발명 및 창조물.

는 명칭을 사용해야만 하는 것이다.

WTO의 영향에 대한 의견은 분분하다. 지지자들은 WTO가 무역을 보다 수월하고 개방적으로 만들고 보호 장벽을 낮추며 건전한 경쟁을 촉진함으로써 글로벌경제성장을 촉진하고 생활 수준을 향상시킨다고 주장한다. 한편, 비판론자들은 WTO가 행동의 자유를 제한함으로써 회원국의 주권을 침해하고, 큰 (그리고 주로 북에 있는) 회원국들은 의제를 형성할 수 있는 너무 많은 힘을 가지고 있고, 의사결정 절차가 충분히 투명하지 않으며, WTO가 주창하는 자유무역이란 일자리를 부유한 나라에서 노동자 권리와 환경의 질이 취약한 가난한 나라로 이전함으로써 노동조합과 환경기준의 약화를 초래함을 의미한다고 주장한다.

WTO의 가장 중요한 책무 중 하나는 무역분쟁을 청취하고 법적공방을 주고받고, 바라건대는 이를 해결할 수 있는 장으로서 기능하는 것이다 (Sacerdoti, 2017 참조). GATT는 비교적 약한 분쟁해결절차를 가지고 있었으나 WTO는 더 강력하고 구속력 있는 시스템을 갖추고 있다. 1995년 이래 WTO가 다루어온 다수의 무역분쟁 중 대부분은 해결을 보았고 또 대부분은 자유무역을 증진시키고 회원국의 권리와 책임을 이전보다 명확히 하는 데에 기여해왔다. 당연하게도 제소건수와 피제소건수가 많은 국가는 무역대국들이고(도표 10.2 참조), 중국은 규모에 비해 덜 활발하긴 하지만 제소건수보다 피제소건수가 상대적으로 많다. 중국을 비롯한 신흥국의 부상은 향후 무역분쟁의 증가를 가져올 수 있겠지만, 반대로 WTO 회원국의 경험으로부터의 학습, 그리고 교역 조건과 조항이 세심하게 다듬어지는 점진적인 과정을 통해 분쟁이 줄어들 수도 있다.

WTO가 결정을 강제할 수 있는 권한이 없다 해도 회원국은 규정을 준수해야 하는 의무를 지니며, 만일 한 회원국이 분쟁 판정을 존중하지 않을 경우에는 제소국이 보복 권한을 WTO에 요청할 수 있다. 무역이란 것은 궁극적으로 호혜성을 띠고 정부는 보통 해롭고 비용과 시간이 많이 소요되는 무역 전쟁을 피하고 싶어한다. 어떤 국가가 WTO 규정을 준수하지 않는다면 오래지 않아 자국의 수출품에 부과되는 관세와 자국 기업의 해외 사업에서의 제한으로 인해 고통받는 자신과 자국 기업들을 보게 될 것이다.

최근 무역분쟁 사례 중 세 가지가 특히 주목할만하다.

- 가치를 기준으로 세계에서 가장 큰 무역분쟁은 미국과 EU 간 각자의 주요 민

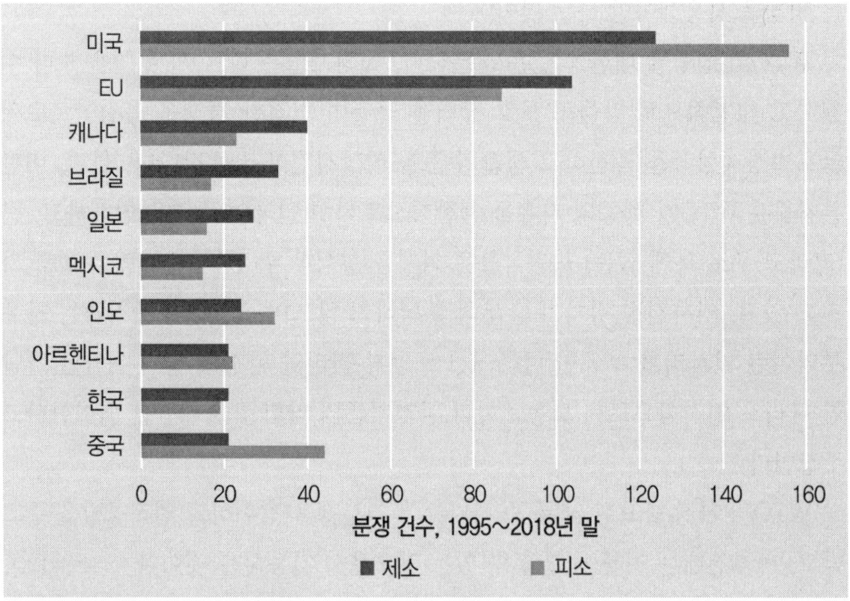

도표 10.2 WTO의 무역분쟁

출처: World Trade Organization (2020c) 자료에 기초함.

간항공기 제조사인 보잉(Boeing)과 에어버스(Airbus)에 지급하는 보조금을 두고 벌어진 분쟁이다. 이 분쟁은 2004년 보잉이 에어버스를 상대로 새 항공기 모델 개발과정에서 정부 보조금을 받았다는 주장을 제기하며 시작되었다. 에어버스는 보잉이 세금감면과 미국정부의 방위 계약으로 혜택을 보았다고 반박하였다. 여러 차례의 WTO 판정에도 불구하고 분쟁은 2020년 현재 여전히 진행형이었고 다른 한편으로는 양사 모두 중국의 국영기업인 중국상용항공기공사(Comac)가 새로운 경쟁자가 되지 않을까 초조한 시선으로 바라보기 시작했다.

- 두 건의 EU와 미국 및 중국을 둘러싼 삼각 분쟁이 진행 중이다. 한 건에서는 EU와 미국이 중국산 상품에 불공정한 반**덤핑(dumping)** 관세를 부과하고 있다고 중국이 주장하고 있고, 다른 한 건의 분쟁에서는 중국이 자동차, 항공기, 컴퓨터, 휴대폰을 생산하는 데에 사용되는 원자재에 대해 불공정한 수출제한을 부과하고 있다고 EU와 미국이 주장한다. 전자의 경우, 미국과 EU는 값싼 중국산 제품의 유입으로부터 자국의 생산자를 보호하는 것에 관심이 있고, 후자의 경우에는 반대로 자국 생산기업의 이익을 보호하는 것에 관심을 두는 것이다.

덤핑(Dumping): 원산지 시장가격보다 낮은 가격에 상품을 대량 수출하여 판매하는 것.

무역은 국가 간에 이루어지는 것이 아니라 개인이나 기업 간에 이루어지기 때문에, 글로벌무역레짐의 대부분은 자국 산업의 이익을 증진하고 보호하는 국가들의 문제이다. 이러한 산업들은 레짐의 기본 요소이며, 이는 다시 다국적 기업들이 글로벌무역의 중심에 있다는 것을 의미한다. 그들은 신기술 개발, 투자 및 일자리 창출에 관한 결정을 주도하고 무역의 흐름을 결정하는 데 중요한 역할을 한다. 그들이 무역에 대한 주도권을 국가의 손아귀에서 상당 부분 빼앗았고 이는 다시 한번 국가의 역할 범위가 감소하고 있음을 역설한다.

자유무역

수 세기 동안 무역의 주요 주제 중 하나는 **자유무역**(free trade)이었는데 이는 이 장의 앞부분에서 설명한 것과 같은 종류의 장벽을 제거함으로써 무역을 가능한 한 개방적으로 만드는 것을 말한다. 자유무역은 언제나 논란이 많았고, 이는 영국 정치인 맥컬리(Thomas Babington Macaulay, [Baldwin, 2016에 인용])의 "정부가 국민에게 줄 수 있는 가장 큰 축복 중 하나인 자유무역은 거의 모든 나라에서 인기가 없다"라는 말에 잘 담겨있다. 국내 일자리를 보호하고, 국내 산업을 해외 경쟁으로부터 보호하고, 소비자들이 국내 생산자들로부터 제품과 서비스를 구매하도록 장려하기 위해 '국기 흔들기(fly the flag)'[※]를 원하는 것은 자연스러운 경향이다. 그러나 소비자들은 항상 최저가격과 최고 품질을 추구하는데, 이 조합을 국내 기업이 항상 제공할 수 있는 것은 아니다. 또한, 우리는 이제 '국산'이 무엇인지 묻지 않을 수 없다. 도요타는 일본 기업, 포드는 미국 기업, 폭스바겐은 독일 기업일지 모르지만, 그들의 자동차는 많은 다른 공급업체의 부품을 사용하여 여러 다른 국가에서 조립된다.

자유무역(Free trade): 무역장벽을 줄이거나 제거하여 두 국가 간 혹은 셋 이상의 국가 간 개방적이고 경쟁적인 시장을 조성하는 것이다.

*** 역자 주**
여기에서는 소비자들의 애국심에 호소하여 국산품 구매와 사용을 부추기는 것을 뜻한다.

국제 합의에 도달하는 데 있어, 몇 가지 선택지가 있다 (표 10.3 참조). 이들 중 가장 느슨한 것은 **특혜무역협정**(preferential trade agreement)이다. 엄밀히 말하면 이런 협정은 WTO 회원국에 대해 원산지에 따른 차별을 금지하는 WTO의 비차별(non-discrimination)원칙에 어긋난다. 그러나 무역장벽을 줄이는 데 어려움을 겪으면서 최근 수십 년간 많은 나라가 무역 자유화로의 보다 수월한 이 경로를 선택했다. 지지자들은 특혜무역이 자유무역을 보완하는 것이라고 주장하지만, 비판하는 이들은 이것이 장벽으로 가로막고 있다고

특혜무역협정(Preferential trade agreement): 하나의 무역블록 내 회원국의 특정 상품에 대한 관세를 제거하는 것은 아니고 낮춤으로써 접근성에 있어서의 특혜를 제공하는 것이다.

표 10.3 무역협력의 정도

유형	속성	예시
특혜무역협정	무역블록 회원국으로부터 오는 특정 상품에 대해 관세를 철폐하지는 않지만 인하함으로써 특혜적인 접근을 제공함.	42개 회원국으로 이루어진 개발도상국간 특혜무역제도에 관한 협정.
자유무역협정	참여국 간에 상호 무역장벽을 낮추거나 제거함.	8개국으로 이루어진 남아시아자유무역지대.
경제연합	사람, 자본, 상품, 서비스의 자유로운 이동 및 공동 대외통상정책을 포함한 참여국 간 단일시장의 형성.	27개 회원국으로 이루어진 EU.
통화연합	참여국 간 단일통화 및 통화공급과 금리의 결정에 있어 공동 정책.	유로, 동카리브달러, 중앙아프리카 세파프랑, 서아프리카 세파프랑.

주장한다 (Bhagwati et al., 2016). 이 협정의 예로는 주로 과거 식민지였던 80개 나라에 EU 시장에 대한 특혜적 접근을 부여하는 프로그램을 낳은, EU가 지원하는 아프리카-카리브-퍼시픽 이니셔티브(Africa Caribbean Pacific initiative)를 들 수 있다.

자유무역협정(Free trade agreement): 참여국 간 상호 무역장벽을 낮추거나 제거하는 것이다.

자유무역협정(FTA: free trade agreements)은 더 큰 헌신이 요구되며, 회원국 간의 시장이 완벽하게 개방될 수는 없으므로 자유무역이라기보다는 '더 자유로운(freer)' 무역과 관계있다. 자유무역에 관한 가장 이른 발상은 고대 그리스와 로마까지 거슬러 올라가지만 그들이 이룩했던 것은 공식적인 FTA라기보다는 자유무역이 지원되고 추구될 수 있는 시스템이었다. 제2차 세계대전 이후 GATT가 촉진한 새로운 환경으로 인해 FTA의 수는 기하급수적으로 증가하여 2020년 WTO 웹사이트의 목록에 따르면 400개 이상의 지역무역협정(regional trade agreement)이 발효 중인 것으로 나온다 (주요 사례로는 지도 10.2 참조). 세계 거의 모든 나라가 하나나 그 이상의 자유무역협정 또는 자유무역지대의 구성원이고, 몇몇은 다자 협정이지만 대부분은 양자 협정이며, 어떤 것들은 상품과 서비스 모두 포괄하지만 어떤 것들은 상품에만 집중하고, 몇몇은 목표가 협소하고 평이하지만 다른 것들은 광범위하고 원대하다. 다시 말해 FTA의 보편적인 형식이란 것은 없다.

경제연합(Economic union): 사람, 자본, 상품, 서비스의 자유로운 이동과 공동의 대외경제정책 등 참여국 간 단일시장을 형성하는 것이다.

더 깊은 통합은 **경제연합(economic union)**, 또는 상품, 서비스, 사람, 자본의 자유로운 이동과 공동 대외통상정책을 갖는 단일시장의 창설을 수반한다. EU가 선도적인 예인 것은 맞지만, 정확히 말해 모든 경제정책이 통합되는 것

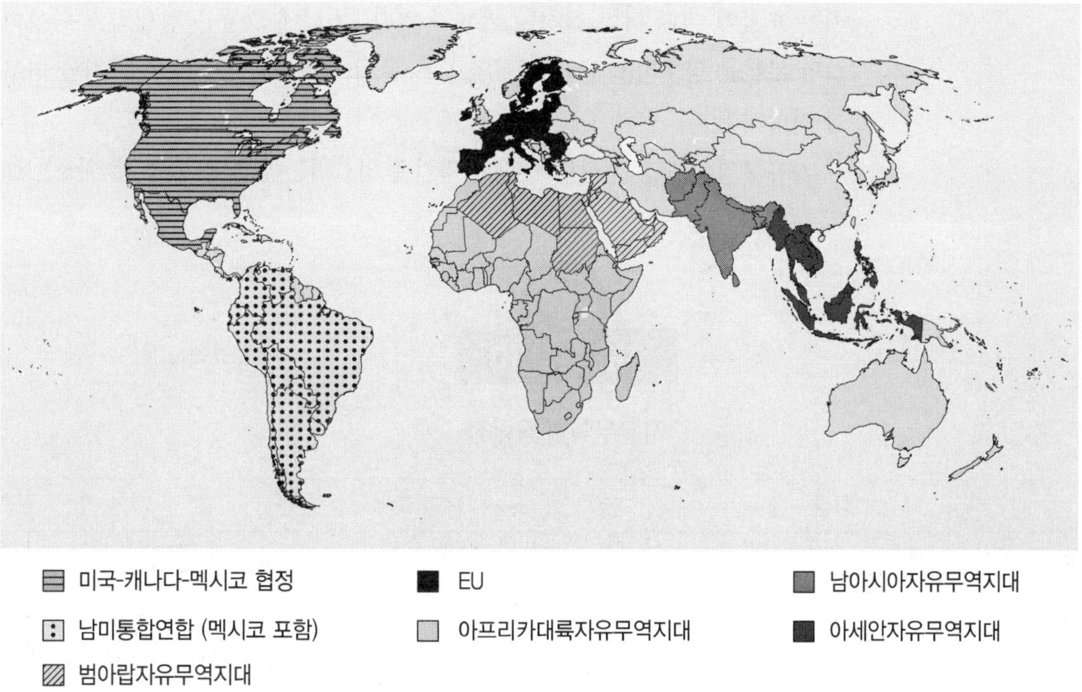

지도 10.2 주요 자유무역협정

은 아니고, 가령 회원국들이 세금이나 재정정책(부채 및 지출)에 있어서 여전히 각자의 길을 갈 수도 있다. 그럼에도 불구하고, 한 EU 국가의 시민이 교육을 계속 받기 위해, 취직을 위해, 또는 은퇴를 위해 큰 어려움 없이 다른 나라로 옮겨 갈 수 있고, 국가의 선거 투표에 참여하거나 공직에 나서는 경우를 제외하고는 거의 모든 면에 있어서 다른 국가의 시민과 똑같이 대우받기를 기대할 수 있다(더 자세한 내용은 McCormick, 2020, 제19장 참조). 덜 발전된 다른 경제연합으로는 카리브단일경제시장(Caribbean Single Market and Economy), 러시아, 아르메니아, 벨라루스, 카자흐스탄 및 키르기스스탄 간 유라시아경제연합(Eurasian Economic Union)이 있다.

완전한 정치적 연합에는 못 미치나 무역 관련 함의를 갖는 가장 깊은 형태의 경제협정은 **통화연합(monetary union)**으로서, 모든 회원국은 각자의 통화를 포기하고 단일통화를 창설한다. 예로는 유로(19개국), 동카리브달러(Eastern Caribbean dollar, 17개국), 중앙아프리카 세파프랑(Central African CFA franc, 6개국), 서아프리카 세파프랑(West African CFA franc, 8개국)이 있다.

통화연합(Monetary union): 참여국 간 단일통화가 존재하고 통화공급과 금리의 통제에 있어 공동 정책이 존재하는 상황.

모든 회원국이 같은 통화를 사용하므로, 환율 변동이 상호 간의 무역에 미치는 효과에 대해 더는 걱정할 필요가 없다. 동시에 그들은 경제적 독립성의 상당 부분을 양도하고 금리 결정과 같은 문제에 있어서 공동보조를 취할 의무를 지니게 된다.

자유무역의 장점과 단점에 관한 의견은 엇갈리는데(최근 논쟁 10 참조), 중

최근 논쟁 10

자유무역의 장단점

장점	단점
발전, 혁신, 번영을 촉진함.	국가 간 경제적 불균형의 효과를 강화함.
새로운 비즈니스, 일자리, 수익 창출에 도움이 됨.	부유층에게만 이로울 수도 있고, 일자리가 값싼 노동력이 있는 나라로 이전된다면 한 나라에서의 일자리는 사라짐.
경쟁을 통해 더욱 역동적인 비즈니스 환경을 촉진함.	작거나 가난한 나라는 세금과 관세 때문에 수입의 감소로 인한 피해를 볼 수 있음.
해외직접투자를 촉진함.	가장 역동적인 경제를 가진 국가로 투자가 모두 흘러갈 수 있음.
기술이전을 촉진함.	지적재산 절도의 위험을 높임.
글로벌경제생산량 확대를 촉진함.	경제생산량의 수준이 다양할 수 있음.
글로벌공동체라는 감각의 고취에 도움이 됨.	동질화를 촉진해 문화적 다양성을 훼손함.
중복을 제거하여 국가들의 특화를 촉진함.	국가들이 특화를 통해 균형 잡힌 보상을 거둘 수 있는 한에서 작동함.
무역을 하는 국가들은 서로 간에 전쟁할 가능성이 낮기 때문에 무역은 평화를 촉진함.	국가의 주권과 독립성을 축소함.
1945년 이래 글로벌 삶의 수준의 상당한 향상을 가져오는 데 도움이 되었음.	다른 국가에서의 경기 불황의 효과에 더 취약하게 함.
기업이 상품과 서비스를 판매할 수 있는 더 큰 시장을 창출함.	더 큰 시장에서 경쟁할 수 있는 국가에게만 이득이 됨.

요한 질문은 원칙과 관련된 생각에 대한 것이라기보다는(대부분은 개방적인 시장이 폐쇄적인 시장보다 낫다는 데에 동의하므로) 해당 무역의 조건, 한 협정의 회원국 간 상대적인 경제의 균형, 그들이 규칙을 얼마나 잘 준수하는지와 관련이 있다. 자유무역은 모든 참가자가 명확한 혜택을 누리고, 경제발전의 수준이 유사하며, 무역블록에 가치 있는 무언가를 가져올 수 있을 때 가장 잘 작동한다. 이러한 조건이 모두 적용되지 않을 때는 가장 엉망으로 작동한다.

무역과 불평등

이상적인 세계라면 무역은 부와 기회를 가져와야 할 것이다. 더 넓은 국제적인 시장, 또는 글로벌시장에 판매할 수 있게 되므로 사업가나 기업은 더 좋은 상품과 더 큰 이윤을 만들 수 있게 되고 이는 상품의 질과 종류에 있어서의 개선, 일자리 창출, 노동자 임금의 상승을 의미한다. 그러나 상거래는 위험투성이고, 많은 새로운 아이디어와 상품은 실패하며, 글로벌무역시스템에 고의적으로 또는 우연히 내재되어 있는 결함은 부, 기회, 평등의 불균형이라는 것의 원인이자 결과이다 (글로벌과 로컬 10 참조).

출처: andresr / iStock

콜롬비아의 커피농부들은 공정무역이라는 아이디어를 통해 수익의 더 큰 부분을 얻을 수 있게 되어 혜택을 보는 이들 중 하나이다.

글로벌과 로컬 10

자유무역 대 공정무역

우리가 글로벌 수준에서 자유무역에 대해 생각할 때 우리는 주로 가장 큰 무역강국들, 이들 중 몇몇이 형성한 무역블록, 거대 다국적기업의 확대되는 범위에 대해 떠올린다. 우리가 운전하는 차량, 구매하는 전자제품, 입는 옷, 우리 아이들이 가지고 노는 장난감 등 우리 주변의 모든 것에서 그들의 존재를 볼 수 있다. 이러한 상품판매를 통한 이윤의 대부분은 여러 나라에서 활동하며 그 범위와 크기가 인간의 범주를 벗어났다고 할 만한 다국적기업에게 돌아간다. 때로 긴 공급사슬의 최종 목표인 우리 소비자들은 많은 곳에서 많은 사람들에 의해 원재료가 우리가 찾는 상품으로 변환되는 과정에서 결합되는 아이디어와 힘든 노동을 잘 깨닫지 못한다.

우리는 또한 이러한 상품의 이윤이 어떻게 축적되고 공유되는지를 결정하곤 하는 불평등에 대해서도 아마도 (기껏해야) 희미하게만 알 것이다. 이윤의 분배에 관해 우리에게 알려줄 수 있는 한 가지 현상이 **공정무역(fair trade)**이다. 이는 소비를 하는 부유한 국가의 글로벌 다국적기업이나 회사에게 상품판매의 수익 대부분을 돌리지 않고 가난한 나라의 지역생산자들에게 더 공정한 비율이 돌아가도록 보장하는 과정을 말한다.

1990년 이후에야 더 큰 관심을 끌게 되었지만 이 아이디어는 1960년 서유럽의 소위 연대무역을 촉진하기 위한 노력으로 거슬러 올라가는데, 급진적인 학생과 노동조합이 신제국주의라는 것에 대항하는 제스처로서 추구했던 것이다. 이러한 생각은 1968년 유엔 무역개발회의(UN Conference on Trade and Development)의 '원조 말고 무역(Trade, Not Aid)'이라는 슬로건의 채택 및 같은 해 전 세계 독립생산자들의 이익향상을 위한 미국의 '홀 어스 카탈로그(Whole Earth Catalog)'의 발족에 반영되어 있다. 국제공정무역연합(International Federation of Fair Trade, 지금은 세계공정무역기구[World Fair Trade Organization])은 1989년 설립되었고 1990년대에는 이러한 정신에 따라 판매되는 제품의 원산지를 보증하는 인증제도 도입을 통해 공정무역에 더욱 일관성을 부여하려는 노력이 이어졌다.

그 이후 공정무역은 커피, 초콜릿, 코코아, 면화, 과일과 같은 농산물에 집중하는 방향으로 확대되었고, 근저에 있는 주장은 이들에게 공정한 가격을 제공하는 것이 가난한 국가들의 발전을 돕는 효과적인 방식이며 해외원조보다 더 효과적인 대안이라는 것이다. 공정무역 지지자들은 공정무역이 세계화가 만든 불평등을 부분적으로 상쇄하는 것을 돕고 글로벌과 로컬 사이의 불균형을 시정할 수 있다고 주장한다 (Brown, 2013 참조). 그러나 비판가들은 혜택이 그 목표 대상에게 실제로 잘 도달하지 못하고, 큰 효과가 있다는 증거가 별로 없다고 주장하면서 공평한 재분배에 대해 별로 확신하지 못하고 있다 (Wydick, 2016 참조).

공정무역(Fair trade): 가난한 나라의 생산자들에게 상품 판매의 수익을 더 많이 배분하자는 사회 운동.

예를 들어, 서비스와 같이 부가가치가 높은 경제활동에서 더 많은 기회를 부여하기보다는 신흥국을 1차 자원의 생산에 한정시키는 비교우위의 정의를 따른다면 신흥국이 자유무역으로부터 혜택을 누리기는 어려울 것이다. 그들의 GDP는 계속 성장하지만, 북과 남의 전반적인 격차 또한 계속 커지곤 한다. 가령 당신의 주 수출품이 코코아이고 국제 투자자와 정부간기구들이 당신이 경제를 다변화하기보다는 코코아에 집중해야 한다고 고집한다면, 자유무역은 그렇게 자유로운 것이 아니다.

많은 점에서 사업과 무역의 성공은 창의성, 인프라, 생존, 행운이라는 네 가지 속성에 기초한다. 이 중 창의성은 사업가가 분명한 필요를 충족시키며 잘, 그리고 널리 팔리는 새로운 상품이나 서비스를 개발할 수 있는 선구안을 가지고 있을 때 역할을 하게 된다. 인프라는 상품의 생산자(혹은 서비스의 제공자)가 그 상품을 잠재적인 소비자에게 전달하는데 필요한 수단에 접근 가능할 때 그 역할을 하게 된다. 생존은 가장 큰 이점과 지원을 가진 사업가가 경쟁을 극복할 때 등장한다. 행운은 누군가가 적합한 장소에서 적합한 때에 서비스나 제품을 제공하는 경우에 작용하는 것이다.

많은 면에서 가난한 국가들은 네 개의 영역 모두에서 불평등함과 불리함을 겪는다.

- 창조적인 아이디어는 투자자, 크고 준비된 잠재적인 시장, 비즈니스 친화적인 법률이 있는 경제에서 현실화될 가능성이 더 크다. 이것이 애플, 마이크로소프트, 아마존, 우버와 같은 많은 기업이 러시아, 중국, 또는 인도가 아닌 미국에서 시작된 이유이다. 남의 많은 국가에서는 이러한 필수적인 속성이 종종 부재하거나 부족하다.
- 만일 상품이나 서비스를 시장에 내놓게 할 인프라(예를 들어, 필수적인 기계, 원자재, 에너지 공급, 또는 신뢰할만한 운송시스템)가 없다면, 상품은 실패할 가능성이 클 것이다.
- 규칙이 가장 거대하고 힘 있는 행위자에게 유리하게 되어있어 다른 모든 이들이 운에 더 많이 의존해야 한다면 생존은 어렵다.
- 시장의 규모가 더 크고 더 많은 잠재적인 투자자와 수요가 있는 곳에서, 행운을 누릴 가능성은 더 커진다.

무역의 증가는 불평등을 교정하고 새로운 기회를 가난한 국가에게 가져다주지만, 대부분의 증거는 무역이 부국과 빈국 간 부의 격차를 줄일 수 있으나 가난한 나라 간 또는 가난한 나라 안의 격차는 여전함을 보여준다. 세계무역의 성장으로부터 가장 혜택을 적게 본 이들은 가장 가난하고 가장 취약한 이들로서, 시골 지역의 빈곤층은 핵심적인 시장으로부터 단절되고 분쟁이나 내전으로 인해 기반이 약화되었을지도 모르는 지역에 거주하는 경우가 많기 때문에 가장 최악의 상황에 놓여있다. 도시 지역 빈곤층은 종종 상대적으로 상황이 낫긴 하지만 여전히 저임금을 받으며 끔찍한 노동조건에서 일하고, 보통은 일자리와 임금으로 삶을 개선하지 못하고, 변화를 위해 정치적인 힘을 발휘하지 못한다 (또는 하지 않는다).

북의 노동자들은 종종 세계화가 자신들의 일자리에 미치는 영향에 대해 우려하는데, 이러한 일자리 중 상당수가 노동력이 값싸고 규제가 약한 나라로 이전되긴 하였지만 이렇게 해서 남에서 창출된 기회가 언제나 더 좋은 결과를 낳은 것은 아니었다. 방글라데시의 의류산업의 예를 보자 (Manik and Yardley, 2013 및 Yardley, 2013 참조). 2013년 방글라데시는 중국의 뒤를 이어 세계에서 두 번째로 큰 의류 수출국이었고, 5,000개 이상의 공장에서 320만 명을 고용하였으며, 이 중 대다수는 여성으로 대부분 한 달에 40달러에 불과한 임금을 받았다. 옹호론자들은 이 산업이 사람들을 빈곤에서 벗어나게 하는 데 일조했고 이 나라가 절실히 필요로 하던 외환을 공급하였다고 주장했지만, 비판론자들은 저임금, 안전하지 못한 노동환경, 잦은 지역 건축법의 위반을 지적했다.

2013년 4월 24일 수요일 아침, 수백 명의 노동자가 수도 다카의 한 의류공장의 익숙한 자기 자리로 갔다. 그 전날에는 공장을 방문한 점검팀이 구조물에 금이 간 것을 발견하고 이 8층짜리 건물이 여러 개의 건축법을 위반했다고 경고했다. 이로 인해 우려를 느낀 아래층에 있는 사업체 소유주들은 문을 닫았지만, 위층들에 있는 의류공장 관리자들은 평소대로 일을 진행해야한다고 고집했다. 노동자들이 제대로 업무에 착수하기도 전에 공장의 콘크리트 바닥이 흔들리기 시작했고 기둥이 무너지고 건물이 붕괴했다. 최종 공식적인 사망자 수는 1,127명이었고 이는 글로벌 의류산업 역사상 가장 치명적인 재난이었다.

이 공장으로부터 공급을 받았던 서구의 주요 의류업체 중 몇몇은 즉각 유감과 공감을 표명했지만 또한 노동 여건에 대해서는 몰랐다고 주장했으며 조치를 취하겠다고 약속했다. 반면, 세계 수백만 명의 소비자들은 자신들의 구매와 방글라데시에서의 노동 여건과 임금수준 간에 어떤 연결고리가 있는지에 대해 별생각 없이 '방글라데시 제조'라는 라벨이 붙여진 옷을 구매해왔다. 이 옷을 떼어다 판 서구기업들은 본국에 더 가까운 곳에서 생산되도록 할 수 있었겠지만, 그랬다면 높은 임금과 더 엄격한 노동 안전 규제를 준수하느라 옷의 가격은 올라갔을 것이고 이는 소비자에게는 덜 매력적이었을 것이다. 수지타산의 관점에서만 본다면, 일자리를 아웃소싱하는 것이 이들에게 훨씬 이득이다. 물론 더 낮은 임금 때문이기도 하지만, 멀리 떨어진 공장에서 부유한 서구 도시의 상점으로 제품을 운반하는 것이 이제 더없이 수월해졌기 때문이다.

토의주제

1. 보호주의 혹은 자유주의, 무엇이 더 나은가?
2. 중국의 부상하는 힘은 글로벌무역시스템의 미래에 무엇을 예고하는가?
3. WTO가 하는 일은 세계화의 장점을 보여주는가, 단점을 보여주는가?
4. 장단점을 모두 고려했을 때, 자유무역은 우리 모두에게 이로운가, 아니면 우리 중 일부에게만 이로운가?
5. 공정무역의 목표는 달성 가능한가?
6. 가난한 나라들이 무역의 증가로부터 더 큰 혜택을 누리게 하기 위해서는 어떤 일이 이루어져야 하는가?

핵심용어

- 경제연합(Economic union)
- 공급사슬(Supply chain)
- 공정무역(Fair trade)
- 글로벌가치사슬(Global value chain)
- 기술이전(Technology transfer)
- 덤핑(Dumping)
- 무역 적자(Trade deficit)
- 무역 흑자(Trade surplus)
- 무역(Trade)
- 보호주의(Protectionism)
- 비교우위(Comparative advantage)
- 자유무역(Free trade)
- 자유무역협정(Free trade agreement)
- 자유주의(Liberalism)
- 전자상거래(E-commerce)
- 지적재산(Intellectual property)
- 최혜국 지위(Most-favored nation status)
- 통화연합(Monetary union)
- 특혜무역협정(Preferential trade agreement)
- 포드주의(Fordism)

유용한 웹사이트

세계공정무역기구(World Fair Trade Organization) https://wfto.com
세계무역기구(World Trade Organization) https://www.wto.org
세계지적재산권기구(World Intellectual Property Organization) https://www.wipo.int

추가 읽을 거리

Bernstein, William J. (2008) *A Splendid Exchange: How Trade Shaped the World* (Atlantic Monthly), and Kenneth Pomeranz and Steven Topik (2018) *The World That Trade Created: Society, Culture, and the World Economy, 1400 to the Present*, 4th edn (Routledge). 무역의 역사와 그것이 글로벌시스템에 가져온 영향에 관한 두 개의 연구.

Bhagwati, Jagdish N., Pravin Krishna, and Arvind

Panagariya (eds) (2016) *The World Trade System: Trends and Challenges* (MIT Press). 글로벌무역의 작동방식에 내재된 기회와 문제점에 관한 연구 편서.

Elsig, Manfred, Bernard Hoekman, and Joost Pauwelyn (eds) (2017) *Assessing the World Trade Organization: Fit for Purpose?* (Cambridge University Press). WTO의 탄생 후 20년간 무엇을 달성했는지에 대한 질문을 제기하는 WTO의 활동에 관한 연구 편서.

Irwin, Douglas A. (2020) *Free Trade Under Fire*, 5th edn (Princeton University Press). 자유무역의 본질과 그것이 종종 불러일으키는 오해에 관해 미국의 관점에서 서술된 논의이지만 광범위한 교훈을 함께 담고 있다.

Rivoli, Pietra (2015) *The Travels of a T-Shirt in the Global Economy: An Economist Examines the Markets, Power, and Politics of World Trade*, 2nd edn (John Wiley). 티셔츠의 생산에서 소비에 이르기까지의 각 단계를 추적하는 티셔츠의 일생에 관한 연구로서 그 과정에서 글로벌경제의 속성에 관한 많은 관찰을 담고 있다.

이주

11장

개요

이 장에서는 글로벌 문제에서 가장 오래된 이슈 중의 하나를 살펴본다. 이 장은 이주와 관련한 여러 측면의 변화에 대한 검토로부터 시작하여 이주의 유형과 패턴 그리고 이주자의 주요 출신지와 목적지를 살펴본다. 그런 다음 이주의 원인을 들여다보고 난민이라는 구체적인 문제를 살펴본다. 이어 국제 비정부기구들이 핵심적인 역할을 하는 글로벌이주레짐을 평가한다. 이 장은 이주에 대한 논쟁을 개관하고, 이주에 대한 유럽, 미국, 중동의 접근 방식과 태도를 비교하는 것으로 끝을 맺는다.

차례

핵심사항

- 이주는 인류의 역사만큼 오래되었지만, 최근 들어 그 폭과 복잡성이 국내 이주와 국외 이주 양 차원에서 모두 증가했다.
- 이주가 갖는 정치적, 경제적, 사회적 중요성에도 불구하고, 이주자를 어떻게 정의할지에 대한 합의는 이루어지지 않고 있다.
- 이주의 원인은 여러 가지가 있는데, 정치적인 것에서부터 교육적인 것에 이르기까지 다양한 푸시(밀어내기) 요인들과 풀(끌어오기) 요인들이 조합되어 있다.
- 가장 문제가 많은 경우는 이주가 난민과 망명 신청자를 유발하는 정치적, 경제적, 환경적 요인에 의해 이루어지는 경우이다.
- 글로벌이주레짐은 활동 반경이 크지 않아 주로 난민과 이주노동자의 필요에 초점을 맞추고 있다.
- 이주에는 비용과 편익이 모두 있는데, 이주에 대한 최근 논쟁의 상당수가 감정적 요소를 담고 있어 합리적 분석에 방해가 되는 경우가 종종 있다.

출처: Luke Dray/Getty Images

이주의 이해

이 책의 지난 판에서는 베네수엘라가 세계의 주요 난민 국가 중 하나로 이름이 올라가 있지 않았다. 이후 베네수엘라는 난민 문제에 있어 시리아에는 뒤지고 아프가니스탄에는 앞서는 세계 2위로 뛰어올랐다. 베네수엘라는 세계 주요 산유국 중 하나이지만 난민위기가 갑작스럽게 발생할 수 있고 또 이 위기가 얼마나 빨리 진행될 수 있는지를 잘 보여주고 있다. 난민 문제를 촉발한 불꽃은 마두로(Nicolas Maduro) 대통령의 권위주의적 행정부에서 발생한 정치적, 경제적 위기였다. 마두로 대통령의 2018년 재선에 대해서는 정당성 논란이 널리 일었다. 2019년 말까지 약 450만 명의 베네수엘라인(인구의 15퍼센트 이상)이 자국을 떠나 주로 중남미와 카리브해의 다른 지역들로 향했으며, 이 중 거의 100만 명이 새로이 거처하게 된 국가에 망명을 신청했다. 유엔 난민고등판무관실(Office of United Nations High Commissioner for Refugees, 2020)은 '이 지역의 최근 역사에서 가장 큰 집단탈출(exodus)이자 세계에서 가장 큰 실향민 사태 중 하나'라고 언급했다.

이주(Migration): 사람들이 한 장소에서 다른 장소로 이동하는 것으로서 밖으로 나가는 이동(emigration)과 밖에서 들어오는 이동(immigration)을 모두 포함.

이 최근의 위기는, 강제적이든 자발적이든, 인류 역사를 채색한 수많은 **이주(migration)** 사례의 한 예일 뿐이다. 인간들은 능력이 되는 한 자신들이 살 새

출처: Joel Carillet / iStock

멕시코의 티후아나와 미국의 산이시드로 간 국경은 세계에서 가장 바쁜 국경통과소 중 하나로서 이곳의 차량 통행은 국가 간 이동성의 현장을 잘 보여주고 있다.

로운 곳들 그리고 이와 함께 오는 새로운 기회들을 종종 찾아다녀왔다. 인간들이 이동하는 동기는 정치적인 것에서부터 사회적인 것까지, 자발적인 것에서부터 강제적인 것까지, 그 범위가 넓다. 이동의 규모와 거리도 다양하다. 단 한 명의 **이주자(migrant)**가 자신의 개인적인 이유로 이동하거나, 보다 더 큰 정치적 이유 또는 경제적 이유로 인해 전체 지역사회가 쫓겨 나가기도 한다. 이동은 국가 내에서 일어나거나, 또는 국경을 넘어 이웃 국가로 향하거나, 또는 대양을 건너 신대륙으로까지 이어질 수 있다 (표 11.1의 예를 참조).

이주자(Migrant): 국가 내 한 지역에서 다른 지역으로 이주하거나, 한 국가에서 다른 국가로 이주한 사람.

대부분의 인류 역사에서 이주의 규모는 경제적, 지리적, 자원적 요인의 조합에 의해 결정되었다. 사람들은 이동해야 할 동기, 소요 교통수단, 자연 장애물들의 부재, 그리고 이주에 필요한 재원이 필요했다. 지난 한 세기와 그 전 반세기 동안 국가 간 경계가 확립됨으로써 이주 절차가 복잡해졌다. 우리가 제4장에서 보았듯이, 이러한 국경이 새로운 것은 아니지만, 정부가 국경을 넘어 들어오는 이민을 통제하기 위해 더 많이 노력을 기울이면서 국경은 더 엄격하게 보호되기 시작했다. 이제는 일반적으로 여권이 있어야 하고, 종종 비자를 구매해야 하며, 이민 할당량이 부과되고, '원하지 않는 사람들(undesirables)'의 입국

표 11.1 역사 속 대이주

지역	시기	내용
유럽	3만 5,000~4만 5,000년 전	중동으로부터 이주한 사람들로 유럽이 식민지화.
대서양	1840~1914년	주로 아일랜드, 독일, 이탈리아 및 동유럽에서 열악한 경제적·사회적 상황을 피해 약 3,000만 명이 대서양을 건너 미국으로 이주.
브라질	19세기	국내에서의 빈곤을 벗어나 해외에서의 새로운 기회를 찾기 위해 주로 포르투갈, 독일, 이탈리아에서 브라질로 이주.
호주	19세기~20세기	'백인 호주 정책(White Australia policy)'이 유럽인들의 이주를 뒷받침하였으며, 동 정책이 1973년에 폐기된 이후에는 아시아로부터의 이민자가 증가.
소련	1920~1952년	인구 과소 지역으로의 강제 이동.
인도-파키스탄	1940년대 후반	1947년 인도 분할에 따른 힌두교도와 이슬람교도의 상호 교환으로 인해 1,000만~1,200만 명이 고향을 떠나 타지로 이주.
중국	1980년대	시골에서 도시로의 인구 이동으로서 경제발전과 도시화가 촉발하였으며, 아마도 인류 역사상 가장 큰 이주일 것으로 추측.
중동	2011년 이후	시리아내전이 가져온 불안정의 결과로 수백만 명의 이재민이 발생.

이 금지되고, 때로는 장벽이 세워지기도 한다. 존스(Jones, 2017)는 "우리는 세계화의 시대에 살고 있을지 모르지만, 세계의 많은 곳에서는 사람들의 자유로운 이동을 제한하는 데 점점 더 골몰하고 있다"라고 말하고 있다. 그러나 이주의 동학이 변화함에 따라 이러한 제약을 부과하는 것이 더 어려워지고 있다.

- 세계화는 사람들을 여러 가지 이유로 이동하도록 부추기는 경제적 변화를 가져왔다. 일단 사람들이 내부적으로 이동하거나 시골에서 도시 지역으로 이동하자, 이주는 점차 국가 간 경계를 넘나드는 것으로 그 범위가 확대되었다.
- 우리가 제3장에서 보았듯이, 국제여행은 더 쉬워지고 더 저렴해졌다. 한때 부자들이나 특권층들만 여행할 수 있었고, 가난한 사람들은 조직된 프로그램들과 정부가 승인한 프로그램들을 통해서만 이주할 수 있었지만, 대중 관광과 저렴한 국제여행의 등장은 사람들에게 선택의 폭을 넓혀주었다.
- **이동성**(mobility)의 증가가 정치적, 경제적 압력들의 변화와 결합하여, 더 많은 사람들이 더 다양한 출신 국가로부터 더 다양한 목적지 국가로 이동하도록 장려하면서 이주의 패턴이 더 복잡해졌다.

이동성(Mobility): 한 장소에서 다른 장소로, 한 직업에서 다른 직업으로, 심지어 한 사회 계층에서 다른 계층으로 이동할 수 있는 역량.

- 세계 여러 지역의 전쟁과 불안정으로 인해 사람들이 자신들의 뜻에 반해 국가 내에서든 국가 간에서든 강제로 이주해야 하면서, 글로벌난민 문제가 악화되었다.
- 교육을 더 받기 위해서든 아니면 좀 더 우호적인 문화나 좀 더 따뜻한 기후에서 살기 위해서든, 더 많은 사람들이 자유 선택에 따라 이주를 하고 있다.
- 허가된 이주가 증가하는 동안 허가받지 않은 이주도 증가하여 정부는 전자를 보호하면서 후자를 제한해야 하는 과제를 안고 있다.
- 숙련 노동자와 비숙련 노동자의 이주 사이에 새로운 긴장이 생겨났고, 정부는 전자를 선호하지만, 후자인 비숙련 노동자도 현지 주민들은 별 매력을 느끼지 못하는 계절적 노동이나 값싼 노동에 활용할 수 있다는 것을 알게 되었다.

모든 이러한 변화가 일어나면서 이주 상황은 더욱 복잡해졌다 (표 11.2 참조). 이주는 국가 안보에 대한 논쟁과 국가정체성에 대한 위협을 제기했으며, 이전에 진보적이었던 사회가 자신들의 커뮤니티가 민족적으로나 종교적으로 더 다양해지는 모습을 지켜보면서 기존의 관용성을 얼마나 간직할 수 있을지를 시험받았다. 예를 들어, 오스트리아, 덴마크, 독일, 헝가리, 스위스를 포함하여 여러 유럽국가에서는 이민 반대를 정책의 핵심으로 하는 민족주의적 정당들이 결성되었다. 한편, 국외 이민자들을 많이 배출하는 나라에서는 가장 의욕적이고 가장 재능 있는 시민들이 다른 곳에서의 새로운 기회를 찾아 떠나면서 두뇌 유출 (이 장의 뒷부분 참조)을 겪게 되었다.

이 모든 것에도 불구하고 이주자를 정확히 어떻게 정의할 것인지에 대한 합의는 이루어지지 않고 있다. 이주자는 외국 시민권을 소지한 사람인가? 외국에서 태어난 사람인가? 또는 두 가지 모두를 포함하는 용어인가? 부모가 해외에 거주하거나 일하고 있는 동안 그 나라에서 태어난 사람들은 어떻게 분류해야 하는가? 직장이나 교육을 위해 일시적으로 외국에 거주하는 사람들은 어떻게 정의해야 하는가? 이주자로 분류되려면 이주한 나라에서 얼마나 오래 살아야 하는가? (유엔은 1년이라고 말하고 있다.) 두 개 이상의 국가 시민권을 가진 사람들은 어떻게 해야 하는가? 국경을 넘지 않는 국내이주자, 농촌에서 도시로 이주하는 이주자, 계절적 이주자는 어떻게 분류해야 하는가? 그리고 허가받지 않은 이주자들은 이 분류 체계에서 어디에 해당하는가?

유엔의 이주기구인 국제이주기구(International Organization for Migration, 2020)는 국제이주자를 '국가 내에서든 국경을 넘어서든, 일시적이든 영구

표 11.2 이주의 유형

유형	속성	사례
내부	국가 내 발생.	가난한 남쪽에서 부유한 북쪽으로 이동하는 이탈리아인들.
시골에서 도시로	사람들이 소도시나 시골 지역을 떠나 기회를 찾아 도시로 이동.	역사적으로는 북반구에서 흔히 볼 수 있었으며, 아프리카와 중국에서 점차 흔해지고 있음.
지역	일자리를 찾아 이웃 국가들로 이동.	짐바브웨, 모잠비크, 보츠와나의 남성들이 남아프리카공화국의 광산에서 일하기 위해 이동.
계절	계절적 노동 수요에 기반.	유럽과 미국의 농업과 관광산업.
임시	일이나 교육을 위해 제한된 기간 동안의 이주.	다른 나라에서 학업을 계속하는 학생들.
비승인	수용국의 승인이 없는 이주.	인도는 이웃 국가들에서 온 비승인 이민자가 수천만 명에 달하는 것으로 추산되고 있어, 세계에서 비승인 이주의 가장 큰 표적 국가일 것으로 예상.
통과	한 나라를 가는 길에 다른 나라를 거치는 것.	멕시코를 거쳐 미국으로 건너가는 중미의 비승인 이민자들.
강제	이동 대상자들의 의지에 반하는 이주.	아메리카 대륙과 중동으로 향하는 아프리카 노예 선적.
귀환	출신 국가 또는 출신 지역으로 돌아가는 이주.	영국으로 귀환하는 영국계 호주 이민자들.

적이든, 다양한 이유로, 평소 거주하던 곳을 떠나는 사람'으로 정의하고 있다. 그러나 이것은 단기 이동과 장기 이동을 구분하지 않는 매우 광범위한 정의라고 할 수 있다. 유엔 인구부서(Population Division of the UN)는 국제이주자를 보다 한정적으로 정의하여, 외국 시민권을 소지하거나 외국에서 태어난 사람들만을 국제이주자라고 칭하고 있다. 이에 기반하면 세계에는 2019년 기준으로 거의 2억 7,200만 명의 이주자가 있으며, 이는 1990년 이래 78퍼센트, 2000년 이래 56퍼센트가 증가한 것이다 (United Nations Population Division, 2019). 세계 인구가 약 78억 명이라는 점을 감안할 때, 이는 세계 인구의 3.5퍼센트가 승인받은 이민자로 구성되어 있음을 의미하며, 이 비율은 2000년의 2.8퍼센트에서 증가한 것이다 (International Organization for Migration, 2018).

한편, 자기 나라가 아닌 다른 나라에서 허가 없이 사는 이민자들에 대해 우리는 어떻게 해야 하는가? 언론에서는 종종 이들을 불법 이민자라고 표현하지만, 이 용어는 논란의 여지가 있으며, 국경을 넘어 밀입국하거나 인신매매되는 이주자들에 한정하여 이 용어를 사용하는 것이 가장 적합하다. 법적 승인이나 관련 서류 없이 국경을 넘는 이주자들을 표현하는 말로는 이밖에 '미등록(undocumented)', '비밀(clandestine)', '비합법(unlawful)', '불준수(non-compliant)', '비정상(irregular)' 및 이 책에서 선호하는 용어인 '비승인(unauthorized)' 등 수많은 용어가 있다. 이들은 허가 없이 한 국가에서 다른 국가로 이동한 사람들이며 목적지 국가의 정부에 의해 탐지될 수도 있고 또 탐지되지 않을 수도 있다. 이들은 당국에 자신들의 존재를 보고하지 않기 때문에 이들의 숫자를 정확히 파악하기가 어렵지만, 다음 세 가지 예를 통해 이런 현상의 규모를 어느 정도 짐작할 수 있다.

- 미국에는 5,000만 명이 넘는 승인된 이민자와 1,000만 명에서 1,200만 명으로 추산되는 승인되지 않은 이민자가 있다 (United States Census Bureau, 2021).
- 유럽연합(EU)에는 외부로부터 5,000만 명이 넘는 승인된 이민자가 와 있으며, 승인되지 않은 이민자의 수는 수백만 명 이내로 추정되고 있다 (Eurostat, 2020).
- 인도는 이주자들의 가장 큰 출발지이자 목적지 중 하나이지만 승인되지 않은 이민자에 대한 데이터는 확인하기 어렵다. 그 수는 수백만 명 이하로 추정되며

대부분은 방글라데시와 파키스탄에서 유입되었다 (Shamshad, 2017 참조).

이주자는 출발지와 목적지 양 측면 모두에서 균일하게 분포되어 있지 않다. 세계에서 이민자가 가장 많이 몰리는 지역은 놀랍지 않게도 미국과 EU인데 이 두 곳은 세계에서 가장 부유한 지역들이기 때문이다. 아울러, 중동의 석유 부국들과 남아프리카의 광산업 등 세계에는 이민자들을 자석처럼 끌어들이는 다른 많은 지역들이 있다. 호주와 캐나다는 이민자를 예전보다 더 환영하는 반면에(비록 이민신청자들에게 높은 교육 수준을 요구하지만), 일본은 그 반대의 대척점에 서서 국외로부터의 이민 유입을 거의 전면 금지하고 있다. 한편, 우리는 숫자를 읽는 방법에 주의할 필요가 있다. 미국과 EU는 절대적인 숫자 측면에서는 이주자들이 가장 많이 가는 목적지일 수 있지만, 국내 인구와 대비하여 이주자 인구의 비율이 가장 높은 국가들은 아랍에미리트, 카타르, 쿠웨이트 등이다. 도표 11.1, 11.2, 11.3은 이주 양상의 복잡성을 일부 이해하는 데에 도움을 주고 있다.

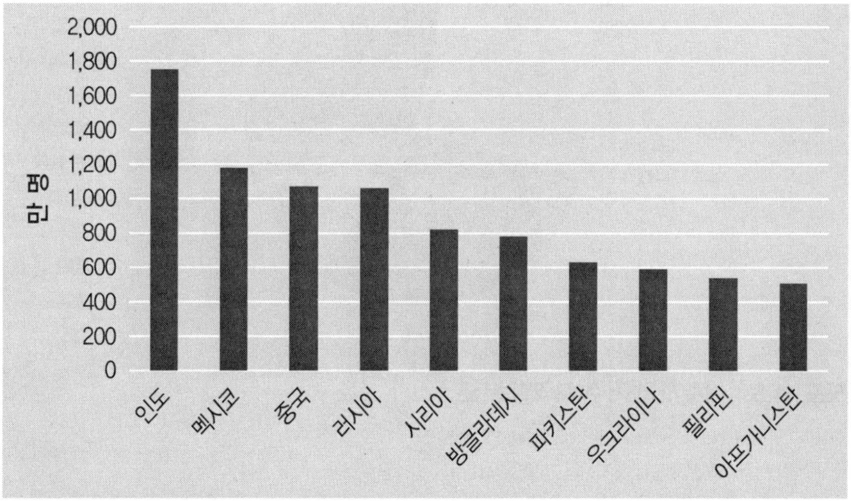

도표 11.1 국제이주자의 10대 배출 국가

출처: United Nations Population Division (2019).

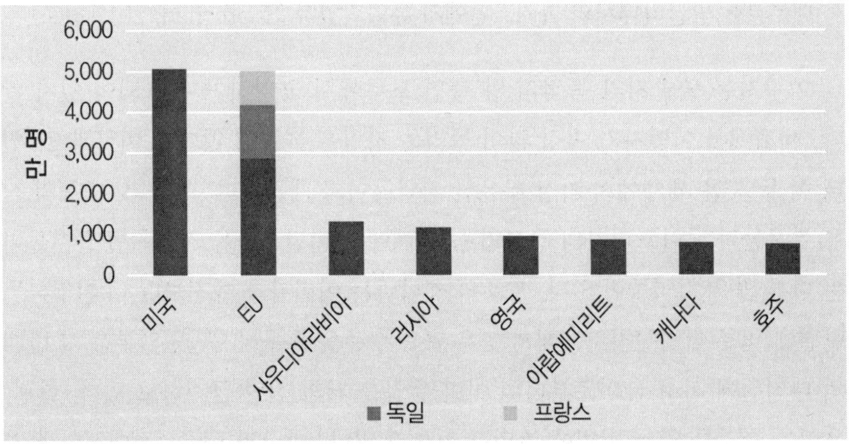

도표 11.2 국제이주자의 10대 목적지 국가

출처: United Nations Population Division (2019). 숫자는 2019년 중반 기준으로 해당국에 거주하는 전체 이주자 수.

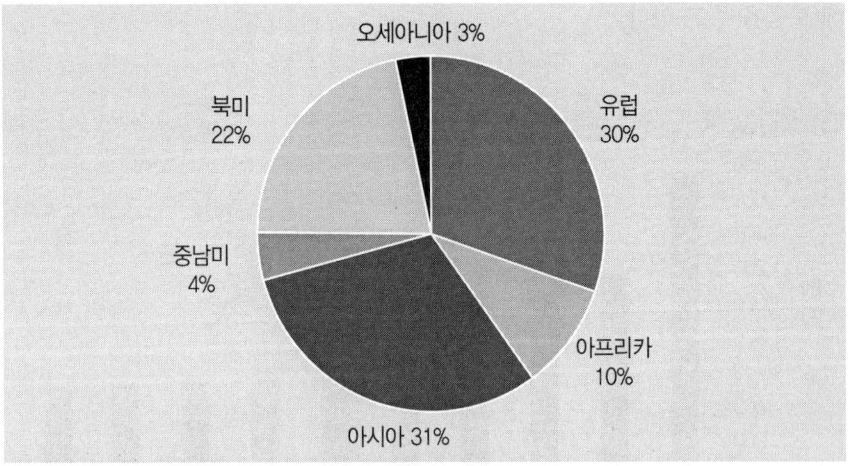

도표 11.3 이주자의 거주 지역별 분포

출처: United Nations Population Division (2019).

주: 숫자는 글로벌 전체에서 차지하는 비율을 의미하며 반올림하였음.

푸시 요인(Push factors): 사람들로 하여금 자기 고향이나 나라를 떠나도록 부추기는 이유와 압력들.

풀 요인(Pull factors): 사람들을 새로운 지역이나 국가로 끌어들이는 기회들.

이주의 원인

사람들은 왜 이주하는가? 이 질문에는 여러 개의 **푸시 요인**(push factors)과 **풀 요인**(full factors)이 뒤섞여 다양한 답변들이 있을 수 있다. 전자는 기회 부족, 박해, 사회적 불안정, 높은 범죄율, 경제 쇠퇴, 인구 과잉, 자연적 또는 인위적 환경 문제, 그리고 전쟁을 포함하고 있다. 한편, 풀 요인은 이주자가 특정 국가 또는 특정 지역으로 이동하도록 이끌거나, 이들 국가의 고용주들이 이주 노동자들을 적극적으로 찾아 나서도록 부추긴다. 이러한 요인들에는 더 나은 경제적 기회, 고임금, 서비스 부문 및 저숙련 노동자에 대한 높은 수요, 생활 안전, 정치적 자유, 교육, 가족 재결합, 그리고 심지어는 좋은 날씨 또는 편안한 사회 환경과 같은 단순한 것들도 포함된다.

이주의 동기는 크게 다섯 가지 주요 그룹으로 나눌 수 있다 (표 11.3에 요약되어 있음).

'**정치적 동기.**' 이주에서 가장 심각한 푸시 요인들은 일반적으로 정치적 요인들로서, 이들 요인은 인권 침해부터 시작하여, 차별, 박해, 불안정, 그리고 전면적 전쟁에까지 이르고 있다. 정치적 동기에 따른 이주 중 가장 소소한 경우는 이주자들이 정치적 상황이 불편하거나 위협적이라고 느껴서 고향을 떠나는 경우이다. 그들은 불안정을 염려하거나, 그들이 반대하는 정책을 내걸고 있는 정부의 지배를 염려하기 때문이다. 가장 극단적인 경우는, 이주자들이 강제로 집을 떠나게 되고 아마도 **난민**(refugee)이 되어서 다른 나라에 **망명**(asylum)을 신청하는 경우다. 자신의 주장을 증명할 수 있다면, 보통의 경우 그들은 새로이 모국으로 선택한 나라에서 영주할 수 있는 자격을 빠른 경로로 받게 된다. 독일과 미국은 최근 몇 년 동안 망명 신청자들이 가장 많이 찾는 목적지 중 하나였다 (난민에 대한 자세한 내용은 이 장의 뒷부분 참조).

난민(Refugee): 전쟁, 폭력, 박해, 자연재해, 또는 환경변화의 결과로 인해 집을 떠나야 하는 사람.

망명(Asylum): 자기 나라로 돌아갈 경우 신변 안전이 위협받을 수 있는 외국인에게 국가가 제공하는 보호.

'**경제적 동기.**' 이주의 경제적 원인은 주로 기회의 유무, 또는 동시에 밀고 당기는 압력들의 조합에 기인한다 (북과 남 비교 11 참조). 예를 들어, 경제적 요

표 11.3 이주의 원인

원인	특징
정치	박해, 불안정, 또는 전쟁으로부터 피신.
경제	빈곤으로부터 탈출, 일자리 찾기, 또는 경력 쌓기.
사회/문화	삶의 질 추구 또는 가족 결합.
환경	환경 문제를 겪고 있는 지역 밖으로 이동.
교육	다른 나라에서 수학.

인들은, 쇠퇴하는 시골 지역에서 성장하는 도시로 사람들이 이주하게끔 부추기면서 오랫동안 국내 이주의 배경이 되었지만, 호주, 캐나다, 독일, 미국 등과 같이 경제가 강한 국가들과 중동의 주요 산유국들로 국제 이주가 이루어지는 배경도 되고 있다. 국제 이주에 있어 어떤 경우는 시장의 힘이 자연스럽게 끌어당긴 것이지만, 어떤 경우는 노동자들을 모집하려는 정부의 의도적인 노력에 기인하고 있다. 이것은 사실이다. 예를 들어, 독일은 1960년대에 튀르키예와 여러 유럽국가들에서 이주노동자를 모집하고자 하였다. 최근 수십 년간은 아랍에미리트, 카타르, 바레인, 쿠웨이트와 같은 페르시아만 국가들이 다른 아랍 국가들과 인도, 방글라데시, 필리핀에서 주로 저숙련 노동자들을 모집하려는 노력을 보여왔다.

부유한 국가들은 비숙련 노동자들의 유입을 꺼리면서도 이들의 중요성은 인정하고 있으며 아울러, 최고의 교육을 받은 노동자들을 끌어오려는 노력을 간간이 기울이고 있다. 미국은 나라에 도움이 되는 귀중한 기술을 가지고 온 이민자들에게는 그린카드(영주권)을 발급할 수 있는 제도를 오랫동안 운영해오고 있는데, 이 카드 소지자는 5년 후에는 미국 시민권을 신청할 수 있다. EU는 블루 카드를 발급 운영하고 있으며 기본 목표는 그린카드와 동일하다. 호주, 영국, 캐나다는 이민 희망자들을 대상으로 포인트 제도를 운용하면서, 업무 경험이 풍부하고, 교육 수준이 높고, 언어 능력이 뛰어나고, 재정적 기반이 튼튼한 사람들에게는 가산점을 주고 있다.

'사회 및 문화적 동기.' 이주는 다른 나라에 이미 가 있는 가족이나 동향 사람들과 합류하려는 욕구와 같은 사회적 또는 문화적 요인에 의해 촉진되는 경우도 있는데, 이는 **연쇄 이주**(chain migration)라고 알려져 있는 과정을 통해 이루어지고 있다 (연쇄 이주는 최근 들어 정치화된 용어로서, 이민의 영향에 대한 묵시적 경고를 담고 있으며, 반 이민적 시각과 결부되어 있으며, 심지어 인종주의와도 연관되어 있다). 더 막연하게는 이민자들은 단순히 더 나은 삶 또는 지금과 다른 삶을 이주를 통해 찾고 있는지도 모른다. 가족 재결합은 이주자들이 같은 동포들이 사는 동네로 이사하게끔 압력을 불어넣는 것 중의 하나이다. 이것이 바로 많은 알제리인들이 프랑스 도시들의 같은 교외에 모여 살고, 많은 인도인들과 파키스탄인들이 런던과 다른 영국 도시들의 같은 교외에 모여 살고, 많은 쿠바인들과 아이티인들이 마이애미의 같은 동네에 모여 사는 이유이다.

연쇄 이주(Chain migration): 소셜 네트워크로 연결된 이민자들이 같은 지역사회 또는 같은 가족 출신의 초기 개척 이민자들을 따라가는 장기적인 과정.

북과 남 비교 11

이주에 대한 상이한 관점

이민은 종종 북에 국한된 현상으로 생각하고 있는데, 이와 같은 생각은 가난한 남의 사람들은 부유한 북반구 국가들이 제공하는 경제적 기회에 이끌려 북으로 온다는 가정에 기초해 있다. 그러나 상황은 그렇게 간단하지 않으며, 세계화로 인해 문제는 더욱 복잡해졌다. 북에서 북으로, 남에서 남으로 이동하는 인구 흐름이 상당할 뿐만 아니라, 많은 수의 사람들이 국경을 넘지 않고 국내에서도 이동하고 있는데 이들을 간과해서는 안 된다. 다음의 숫자들을 살펴보자.

- 전 세계 이주민의 56퍼센트 이상이 북에 거주하고 있지만, 그들 중 약 58퍼센트가 북의 다른 지역들에서 온 사람들이다.
- 전 세계 이주민의 거의 44퍼센트가 남에 거주하고 있지만, 그들 중 약 89퍼센트가 남의 다른 지역들에서 온 사람들이다 (United Nations Population Division, 2019).

남에서 남으로의 이주 흐름은 남에서 북으로의 이주 흐름보다 더 빠르게 증가하여 이주 균형의 변화를 가중시키고 있다. 남-남 이주 중 어떤 것은 사우디아라비아의 유전이나 남아프리카의 금광에서 일자리를 찾으러 가는 노동자들의 경우처럼 이주의 푸시-풀 요인이 경제적인 경우가 있다. 그러나 남-남 이주 흐름은 남반구 국가들이 정치적 분쟁지역에 말 그대로 인접해 있기에 더 늘어나기도 한다. 파키스탄, 레바논, 이란, 요르단과 같은 국가들이 난민들의 주요 수용국가들에 속하는 이유가 바로 이것이다.

대부분의 북반구 국가들은 자기들 나라로 난민을 대량으로 받아들이는 구상에는 반대하며, 그 대신 난민들을 그들의 출신 국가에 최대한 가깝게 묶어두기 위해 인도적 지원을 제공하는데 재원을 투입하고자 한다. 그래서, 예를 들면, 2016년에 유럽연합과 튀르키예 간에 논란의 여지가 많은 협정이 맺어졌다. 이 협정은 튀르키예가 시리아내전의 난민들을 돌보는 대가로 유럽연합이 60억 유로(70억 달러)의 난민 서비스 자금을 제공하기로 한 것인데, 유럽연합은 이를 통해 자기들에게 지워질 난민 수용의 부담을 털어내고자 하였다. 일부 국가들은 난민 문제를 야기하는 압력들을 제거하기 위해 인도적 개입(제7장 참조)에 참여하기도 한다. 그들의 시도는 종종 실패하며, 이러한 접근 방식의 한계는 르완다, 수단의 다르푸르 지역, 시리아, 콩고민주공화국에서 일어난 위기와 잔학 행위들이 잘 보여주고 있다.

국내에서의 이주에 한정해 살펴본다면, 남반구를 생각할 때 가장 빠르게 떠오르는 그림은 남수단이나 콜롬비아와 같은 나라에서 사람들이 내전이나 자연재해로 인해 자신이 살던 곳에서 강제적으로 떠나 국내의 다른 곳으로 이주하는 것이다. 한 연구(Esipova et al., 2013)에 따르면 2008년에서 2013년 사이에 국내에서 이주한 사람들의 수가 전 세계적으로 3억 8,000만 명으로 추산되는데, 남수단과 콜롬비아의 국내 난민들이 분명히 이 수치에서 상당 부분을 차지하고 있을 것이다. 그러나 다른 많은 사람들에게는 국내에서의 이주는 직업 변경과 같은 경제적 동기에 기인하는 것이 더 일반적이며 이는 특히 북반

계속 ▶▶

북과 남 비교 11 계속

구의 국가들에서 그렇다. 앞서 언급한 연구에 따르면 세계에서 이동이 가장 많은 4개국은 뉴질랜드, 미국, 핀란드, 노르웨이였으며 이들 국가는 각각 성인의 약 4분의 1이 이주를 한 것으로 보고되었다. 이 연구는 부유한 국가들에서는 특히 세 그룹의 사람들이 높은 이동성을 보이고 있다고 지적하였다. 즉, 대학 교육을 받은 사람들, 15~29세 사이의 사람들, 그리고 이민 1세대들이 바로 이 연구가 지칭하는 세 그룹이다.

더 나은 삶이나 다른 삶의 질을 추구하는 것은 그 삶의 질에 대한 정의가 사람마다 너무 주관적이기 때문에 측정하기 어렵다. 스웨덴의 은퇴자들이 포르투갈이나 스페인으로, 또는 캐나다의 은퇴자들이 멕시코로 이주하기를 원하는 이유는 비교적 쉽게 이해할 수 있으나(따뜻한 날씨와 보다 다양한 문화의 결합은 적어도 일부의 사람들에게는 거부할 수 없는 [밀고 당기는] 푸시/풀 조합을 만들어낸다), 삶의 질에 영향을 미치는 요인들을 제대로 파악하기는 한층 어렵다. 모든 사람은 삶의 이상적인 상황과 환경에 대해 자기만의 고유한 정의를 가지고 있기 때문이다.

'환경적 동기.' 이주는 또한 환경변화와 자연재해의 영향에 의해 발생할 수 있다. 예를 들어, 미국의 1930년대 더스트 볼(Dust Bowl)의 경우가 그러했다.* 수십 년에 걸쳐 누적된 잘못된 토양 관리의 여파가 가뭄으로 더욱 악화하면서, 엄청난 먼지 폭풍을 불러일으키고, 농경지를 불모지로 만들어, 수만 명의 사람들을 다른 곳으로 이주하게끔 내몰았다. 무분별한 삼림 벌채는 토양 침식, 홍수, 그리고 사막의 확산으로 이어지면서 세계 곳곳에서 비슷한 문제들을 초래해왔으며, 기후변화는 이제 실제로 그리고 잠재적으로 실향의 주요 원인으로 지목되고 있다. '기후 난민(climate refugees)'의 정확한 수에 대해서는 논란의 여지가 있지만, 해수면 상승, 극심한 기상 이변, 그리고 작물 생산 패턴의 변화가 장기적으로는 인구의 새로운 이동으로 이어질 가능성이 있다는 점에는 의심의 여지가 없다. 최근 연구들은, 아직 초기 단계에 있지만, '환경변화, 이동성, 이주 패턴, 인간 안보를 더이상 각기 분리해서 생각할 수 없음'을 분명히 했다고 맥레만과 지멘(McLeman and Gemenne, 2018)은 말하고 있다 (환경 이주자에 대한 자세한 내용은 제13장 참조).

* 역자 주

더스트 볼은 미국의 오클라호마주, 텍사스주, 캔자스주, 콜로라도주, 뉴멕시코주 일대를 일컫는 말로서, 1930년대 중후반 극심한 가뭄과 강력한 먼지 폭풍으로 이 지역의 상당 부분이 황무지로 변모하였고, 이에 따라 지역내 많은 농가들이 집과 토지를 버리고 서부로 이주하였다.

'교육적 동기.' 사람들이 한 국가에서 다른 국가로 이동하는 일반적인 동기 중 하나는 이 책을 지은 저자의 경우처럼 교육을 위해서다. 유학생들 대부분은 고향으로 돌아가려고 계획하고 있지만, 상당수 학생들은 자기가 선택한 국가에 그대로 머무르면서 결국 그 나라의 시민이 되고 있다. 세계화에 힘입어 국외 유학의 기회와 동기가 커졌고, 외국의 대학에 입학하기가 쉬워지면서, 유학생 수가 급격히 증가하였다. 대학들 또한 외국인 학생들을 모집하기 위해 보다 많이 노력을 기울이고 있는데, 이는 표면상으로는 다양한 학습 환경을 조성하기 위해서이지만, 외국인 학생들에게는 내국인 학생들보다 높은 등록금을 부과할 수 있기 때문이기도 하다.

2019년 기준으로 전 세계에 약 530만 명의 유학생들이 고등 교육 기관에 등록하고 있는데 (United Nations Educational, Scientific and Cultural Organization, 2020), 이 수치는 코로나19 팬데믹 동안 감소한 것이지만, 대학들이 외국인 학생 유치를 위해 계속 노력하고 있기에 팬데믹 이후에는 다시 계속해서 증가할 것으로 예상된다. 미국은 유학생들에게는 가장 인기 있는 목적지로서 2019년에만 거의 100만 명을 유치하였다 (도표 11.4 참조). 호주, 영국, 캐나다 등 다른 영어권 국가들도 인기가 있으며, 프랑스와 독일도 수요가 많고, 중국도 유학생 유치 순위에서 상승세를 보이고 있다.

이러한 유학생 이동의 효과는 교육 기회의 제공에만 국한되어 중요한 것이 아니다. 많은 수의 외국인 학생을 받아들임으로써 목적지 국가들은 국제적으

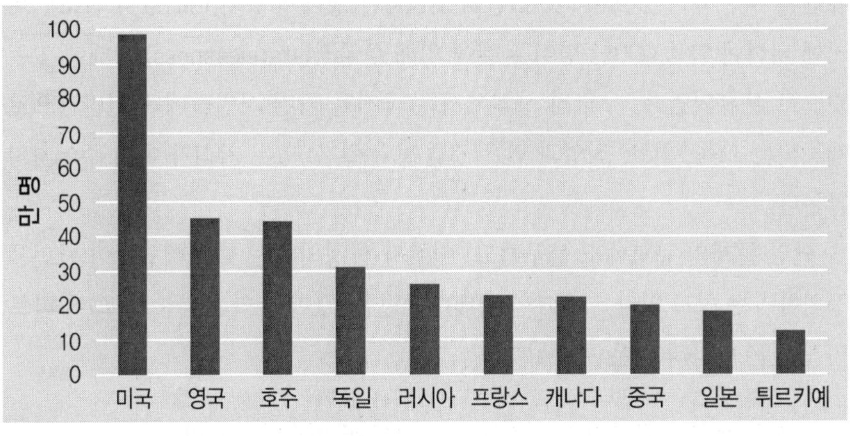

도표 11.4 유학생의 10대 목적지 국가

출처: United Nations Educational, Scientific and Cultural Organization (2020)의 데이터에 기초.

로 영향력이 커지게 되고, 상당수 학생들이 자기들이 공부한 국가에서 영구적으로 머물기 때문에 이들이 거주하는 국가의 노동인구에는 새로운 아이디어와 기술이 더해진다. 유학생들의 이동은 출발지 국가에게는 **두뇌 유출**(brain drain)이고 목적지 국가에게는 **두뇌 획득**(brain gain)이라는 상호관계를 만들어낸다 (이 원리는 숙련 노동자들의 이동에도 마찬가지로 적용된다). 그러나 두뇌의 유출과 획득은 단순한 양자택일이 아니기에 신중하게 살펴볼 필요가 있다. 이 장의 뒷부분에서 살펴보겠지만, 유학생들의 이동은 때때로 출신 국가들에게도 이득이 될 수 있기 때문이다.

두뇌 유출(Brain drain): 훈련이 되어 있거나 재능 있는 개인이 한 국가에서 다른 국가로 이주하는 것을 말하며, 이에 따라 원래의 국가에서는 기술 자원의 손실이 발생.

두뇌 획득(Brain gain): 두뇌 유출의 반대로서 목적지 국가에는 기술 자원의 추가가 발생.

글로벌난민 문제

이주에 대한 논의 중 많은 부분이 난민을 주제로 이루어지고 있다. 난민은 일반적인 이주자들과는 달리 자신의 의지에 반해 집을 떠나야 했고 어쩔 수 없이 다른 곳에서 피난처를 찾아야 하는 사람들이다. 세계는 현재 가장 심각한 난민 위기 중 하나를 겪고 있으며, 규모 면에서는 제2차 세계대전으로 인해 발생했던 유럽의 대규모 실향 사태마저 능가하고 있다. 2019년에는 주로 시리아내전과 베네수엘라의 정치적 불안으로 인해 난민 수가 4년 만에 거의 두 배로 증가하면서 1945년 이후 전 세계적으로 가장 높은 수준의 강제 실향 사태를 기록했다. 2019년 말 기준으로 강제 실향민은 거의 8,000만 명에 달하는 것으로 유엔은 추산하고 있으며 (2005년의 3,800만 명에서 증가, 표 11.4 참조), 여기에 더하여 약 1,000만 명이 유엔에 의해 **무국적**(statelessness) 상태에 있는 것으로 분류되었다. 무국적 상태에서는 국적을 가진 시민들에게 일반적으로 제공되는 교육, 의료, 직업과 같은 것들을 누릴 수 있는 기회가 아예 주어지지 않는다.

무국적(Statelessness): 개인이 한 국가의 시민권을 갖지 못한 상태로서 보통 내전의 결과에 기인.

난민 문제의 규모에도 불구하고, 이주자를 정의하는 것이 어렵듯이 난민을 정의하기는 쉽지 않다. '1951년 제네바난민협약'(이 장의 뒷부분 참조)에 따르면 난민은 다음과 같은 사람이다.

1. 자신의 국적 국가 또는 일상적 거주지의 바깥에 있는 사람.
2. 자신의 인종, 종교, 국적, 특정 사회 집단 가입, 정치적 견해를 이유로 박

해받을 것이라고 충분한 근거하에 두려워하는 사람.

3. 박해가 두려워서, 자기 나라의 보호를 받을 수 없거나/받기를 거부하거나, 자기 나라로 돌아갈 수 없거나/돌아갈 생각이 없는 사람.

그러나 난민에 대한 이와 같은 정의는 **국내실향민들**(internally displaced persons)을 고려하지 않고 있으며, 난민들은 다른 압력들(예를 들어, 자연재해와 같은)보다 박해에 대한 두려움으로 인해 이동하게 되며, 난민들은 집으로 돌아갈 계획이 없다는 식으로 가정하고 있다.

국내실향민(internally displaced person): 혼란의 결과로 고향을 떠나야 했지만 다른 나라의 국경을 넘지 않은 사람.

또한, 난민 문제의 각 차원에 대해 많은 오해가 있는데, 그중에서도 간과할 수 없는 것은 많은 북반구 국가들 정치인들이 난민들은 주로 유럽이나 북미로 향하고 있다는 견해를 내걸고 있다는 것이다. 그런데 실은 남반구의 국가들이 훨씬 더 큰 난민 문제를 안고 있다. 그 주된 이유는 남반구 국가들이 세계에서 정치적, 경제적 혼란을 가장 많이 겪고 있는 지역들에 더 가깝게 위치해 있기 때문이다 (지도 11.1 참조). 예를 들어, 전쟁은 항상 난민들을 발생시키는데, 쿠르드족에 대한 폭력, 미국 주도의 아프가니스탄과 이라크 침공, 2011년 이후 많은 북아프리카 및 중동국가들에서 아랍의 봄(Arab Spring)으로 촉발된 분쟁, 아랍의 봄이 남긴 가장 긴 후유증으로서 아직도 계속되는 리비아와 시리아의 내전 등과 같은 사례들이 이를 잘 보여주고 있다.

가장 오래되고 가장 다루기 힘든 난민 문제는 이스라엘과 팔레스타인 간의 갈등으로 인해 발생한 것으로서, 1948년 이스라엘 건국 이후 지금까지 계속되고 있는데, 이는 모든 관련 당사자가 존립 가능한 팔레스타인 국가 건설을 위한 조건에 합의를 보지 못하고 있기 때문이다. 2020년 현재 거의 600만 명의 팔레스타인 난민들이 있으며, 이들 중 상당수는 요르단, 레바논, 시리아, 가자

표 11.4 세계의 실향민

숫자	분류	특징
2,600만 명	난민	난민의 절반 이상이 18세 미만이며, 시리아, 베네수엘라, 아프가니스탄, 남수단, 미얀마가 5대 난민 배출국.
4,570만 명	국내실향민	국내실향민은 시리아, 콜롬비아, 콩고민주공화국이 최다 국가.
4,200만명	망명 신청자	망명 신청자가 가장 많이 찾는 목적지는 미국, 페루, 튀르키예, 독일.

출처: International Organization for Migration (2021); United Nations High Commissioner for Refugees (2020).

지구, 요르단강 서안 지구에 소재한 약 60개의 난민 캠프 중 하나에서 태어나 난민 캠프에서 평생을 살고 있다.

여기에 시리아 문제가 최근에 추가되었다. 2011년 아랍의 봄으로 알려진 민주화 운동이 시작되자 이는 곧 북아프리카와 중동 일부 지역들로 퍼져나갔고, 시리아에서는 2000년부터 집권해 온 알 아사드(Bashar al-Assad) 대통

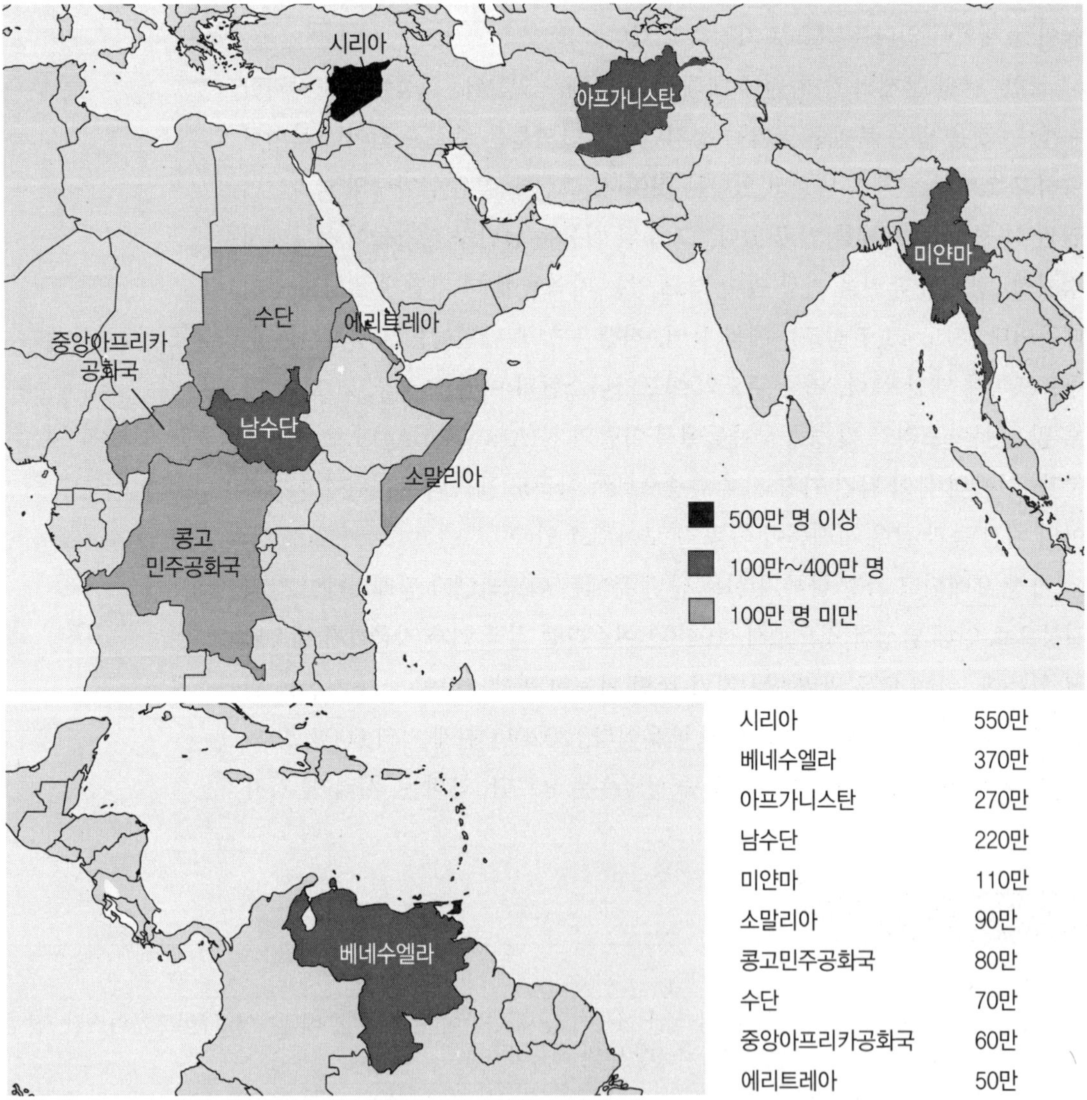

시리아	550만
베네수엘라	370만
아프가니스탄	270만
남수단	220만
미얀마	110만
소말리아	90만
콩고민주공화국	80만
수단	70만
중앙아프리카공화국	60만
에리트레아	50만

지도 11.1 난민의 10대 배출 국가

출처: United Nations High Commissioner for Refugees (2020)에 기초.

주: 2019년 데이터.

령의 권위주의 정권을 타도하자는 요구에 불을 지폈다. 아사드 정부는 폭력적인 진압으로 대응했고, 시리아는 정부군, 반정부군, 이슬람국가(ISIS: Islamic State of Iraq and Syria)로 분열되었으며, 이들 간의 전투로 약 40만~60만 명으로 추산되는 시리아인들이 목숨을 잃었다. 분쟁은 또한 대규모 난민위기를 촉발하여 수백만 명의 사람들이 국내의 좀 더 안전한 지역들로 피신하거나, 국경 넘어 이라크, 요르단, 레바논, 튀르키예로 건너갔다.

최근 또 다른 난민위기가 미얀마에서 발생하여, 불교가 지배적인 국가에서 이슬람교 소수 민족으로 거주하는 로힝야족이 주목을 받고 있다. 로힝야족은 아랍 상인들의 후손이라고 자처하면서 수백 년간 미얀마에서 살아왔음에도 불구하고, 미얀마정부는 그들을 방글라데시에서 온 무단 이민자들로 간주하며 시민권 발급을 거부하고 심지어 국가 인구 조사에서도 제외하였다. 2017년에 로힝야족에 대한 폭력이 발생하여, 수천 명이 사망하고, 여성과 소녀들이 미얀마 군대에 의해 강간당했으며, 마을들이 불탔다는 고발이 여럿 제기되었다. 폭력 사태에 직면하여, 많은 사람이 미얀마를 떠나 방글라데시로 이주하여 임시 난민 캠프에 수용되었다. 유엔은 미얀마의 군사 행동을 '인종청소의 교과서적 사례'라고 묘사했다.

출처: Joel Carillet / iStock

방글라데시의 난민 캠프에서 로힝야족 여성들과 어린이들이 의료 지원을 기다리고 있다. 이들의 곤경이 더해져 글로벌난민 문제의 규모는 최근 들어 더 커졌다.

글로벌이주레짐

이 책 후반부의 다른 장들에서 우리는 인권, 금융, 무역과 같은 영역들에서 레짐이 구축되어 종종 실질적으로 작동하는 것을 보았다. 전 세계의 모든 국가가 이주의 출발지이거나 목적지(또는 둘 다)라는 점을 고려한다면 이주는 분명히 국제 협력을 통해 모두가 혜택을 볼 수 있는 주제이다. 그러나 국가들은 이주자들의 이동을 통제할 수 있는 권리를 절대 내놓지 않으려 하고 있다. 이주자들에 대한 우려는, 우리가 제4장에서 보았듯이, 이주자들의 이동에 더 많은 통제가 가해질 것을 선호하는 민족주의 정당과 포퓰리즘 정당의 등장을 불러왔다. 그 결과, 대부분의 이주 정책은 국가 단위에서 수립되고, 글로벌레짐은 주로 난민들의 필요 그리고 난민만큼은 아니지만 이주노동자들의 필요에 논의의 초점을 맞추어왔다.

제1차 세계대전 이전에는 이주는 이주할 재원이 있는 사람들이나 영국정부의 이주 프로그램처럼 정부가 주관하는 이주 지원 정책에 참여하는 사람들에게나 열려 있는 선택지였다. 영국정부는 호주로의 이민을 장려하기 위해 토지의 무상불하 및 보조금 지급 정책을 펼쳤다. 영국정부가 1960년대와 1970년대에 시행한 이주 경비 및 정착 지원 프로그램은 이주자들이 명목상의 수수료로 10파운드(당시 미화로 약 25달러)를 지불하도록 되어 있어, '10파운드 영국인 이주자들(ten pound poms, 호주사람들이 영국으로부터 온 이주자들에게 붙인 별명)'이라는 호칭을 만들어냈다.

이주자와 외국인 여행자가 드물었기에 처음에는 이들에 대한 문서등록 작업에서 요구되는 것이 거의 없었고, 여권은 제1차 세계대전 중에서야 처음 도입되었다. 여행의 기회가 확대되고, 여행이 훨씬 수월해지고, 여행에 필요한 자원들의 가용성이 커지면서, 이주는 보다 보편화되었고 이에 맞추어 이주 관련 통제들이 새롭게 늘어났다. 항상 따라야 했던 것은 아니었지만, 여권의 디자인은 국제연맹(League of Nations)에 의해 표준화되었으며, 오늘날 우리가 사용하는 책 스타일의 여권은 1920년대 중반부터 도입되기 시작했다. 여권 제작은 국가가 시민들의 이동 상황에 대한 추적 능력을 제고하려고 노력함에 따라 기술적 변화를 겪었다. 여권은 위조하기가 더 어려워졌고, 워터마크 종이와 디지털 사진을 도입하고 마이크로칩과 지문 및 홍채 패턴과 같은 생체데이터를 적용하는 등 보안이 강화되었다.

여권만으로 여행하기에 항상 충분한 것은 아니다. 많은 국가가 자기 나라에 들어오는 방문자들에게 **비자(visa)**를 요구하기 때문이다. 각국 정부들은 비자 시스템을 통해 여행자들의 출입을 보다 엄격하게 통제하고, 출입 기록을 보다 잘 관리할 수 있을 뿐만 아니라, 입국자 숫자를 제한할 수 있다. 비자 요구는 국가마다 다르다. 대부분의 북반구 국가 시민들은 자신들에게 비자를 요구하는 나라들이 상대적으로 거의 없는 반면에, 아프가니스탄과 같은 국가들의 시민은 비자 없이 갈 수 있는 나라들이 거의 없다.

비자(Visa): 외국인의 입국을 허가하는 문서로서, 일반적으로 사업, 교육, 관광 등의 특정한 입국 목적과 최대 체류 기간 등이 명기.

이주노동자 또는 난민을 정의하고 그들의 권리를 명확하게 하려는 국제 조약들과 그들의 필요와 요구를 모니터링하고 해결하기 위해 노력하는 국제기구들이 각국의 법률들에 더해짐에 따라 여행 및 이주에 대한 법적, 제도적 합의들이 강화되었다. 제1차 세계대전과 러시아 혁명은 난민 문제를 불러왔고 이후 난민은 대부분의 국제 협정에서 중심 주제가 되었다. 이런 상황들이 서로 합쳐져서 1933년 '난민의 국제 지위에 관한 협약(Convention Relating to the International Status of Refugees)' 체결을 위한 서명이 촉발되었다. 이는 난민들에게 '강제송환금지(nonrefoulement)'* 권리를 보장하는 최초의 협정으로서, 난민을 박해의 위험이 있는 국가로 강제 이송하는 것을 금지하는 내용을 담고 있다 (자세한 내용은 Fitzmaurice, 2012 참조). 이것은 그 이후로 국제 난민법상의 권리가 되었다.

* 역자 주
농르풀망 원칙(nonrefoulement 原則): 박해를 피하여 망명한 사람을 다시 그 나라로 송환해서는 안 된다는 원칙.

1930년대에 세계가 전쟁을 향해 나아감에 따라 이주민과 난민을 위한 국제 레짐 구축은 진전이 거의 없었으며, 1933년의 협약을 비준한 국가는 8개국에 불과했다. 그러나 이러한 구상의 씨앗은 뿌려졌고, 제2차 세계대전이 제1차 세계대전보다 더 큰 난민 문제를 가져오자, 각국 정부들은 행동에 나서야 한다는 견해를 더 많이 받아들이게 되었다. 제2차 세계대전이 끝나기도 전에 그리고 유엔이 창설되기도 전에, 유엔 구제부흥기관(UN Relief and Rehabilitation Administration)이 설립되어 전쟁 종료 후 난민 보호를 관장하는 임무를 맡게 되었다. 이 기관은 1947년에 폐지되었고, 그 기능의 대부분은 새로이 설립되어 1946년과 1952년 사이에 활동한 국제난민기구(International Refugee Organization)로 이전되었다.

새로이 창설된 유엔 인권위원회(UN Commission on Human Rights)는 1947년에 유럽의 실향민 문제에 대해 빠른 조치를 요청하는 결의안을 채택했다.** 이를 계기로 '난민의 지위에 관한 협약(Convention Relating to the Status

** 역자 주
유엔 인권위원회는 1946년에 창설되었으며, 2006년에 유엔 인권이사회(UNHRC: UN Human Rights Council)로 개편되었다.

of Refugees)'의 초안이 만들어졌으며, 이 협약은 1951년 제네바에서 서명되어 1954년에 발효되었다. 1967년의 의정서에서는 기존의 협약이 전후 유럽에 대해서만 초점을 맞추던 것을 수정했다.* 이 협약은 난민을 정의하고 난민의 권리와 의무에 대한 얼개를 제시하기 위해 마련되었다. 예를 들어, 피난국가 밖에서 반인도적 범죄를 저지른 사람은 난민 지위를 요청할 수 없으며, 난민 지위를 부여받은 사람은 구체적으로 규정된 조건들이 충족되지 않는 한 피난국가에서 추방될 수 없다. 난민으로서 이들은 일할 권리가 있고 주거와 교육을 제공받을 권리가 있는 한편, 자신들을 수용하고 있는 국가의 법률을 따를 의무도 있다.

* 역자 주
본 의정서는 1967년에 채택된 '난민의 지위에 관한 의정서(Protocol Relating to the Status of Refugees)'를 말하는 것으로서, 동 의정서를 통해 난민의 정의에 지리적, 시기적 제한 규정을 두지 않기로 함으로써 1951년의 난민협약은 보편적 성격의 국제 협약으로 확대발전하였다.

유엔 난민고등판무관실(UNHCR)은 유럽이 제2차 세계대전 후 난민위기와 여전히 씨름하고 있던 1950년에 설립되었다. 스위스 제네바에 본부를 두고 있는 이 조직은 국제난민기구의 업무를 계승했으며 초기에 유럽에 맞추었던 활동의 초점을 곧 세계의 다른 지역들로 확대하였다. UNHCR은 거의 전적으로 자발적 기부금으로 운영되는데 기부금의 대부분은 각국 정부들로부터 나오고 있다. UNHCR은 증가하는 글로벌난민 문제들을 해결하기 위해 더 많은 자금을 조달해야 했다. UNHCR의 연간 예산은 1990년대의 10억 달러에서 2020년 91억 달러로 증가했다 (United Nations High Commissioner for Refugees, 2021). UNHCR의 임무는 긴급 지원을 제공하고, 망명 및 안전한

출처: brunoat / iStock

아프가니스탄, 이라크, 시리아에서 온 난민들을 위해서 그리스 아테네의 구 올림픽 야구경기장에 세워진 천막촌으로 UNHCR이 관리하고 있다.

피난처를 신청할 권리를 보호하고, 망명 및 피난처 정책과 관련하여 각국 정부들을 설득하는 것이다. UNHCR은 유엔총회에서 선출된 5년 임기의 연임 가능 고등판무관이 기관의 수장이며, 매년 6월 20일을 세계 난민의 날(World Refugee Day)로 후원하고 있다.

난민 문제에서 보다 세부적으로 초점을 맞추고 있는 또 다른 국제기구는 1949년에 설립된 유엔 팔레스타인난민구호기구(UNRWA: UN Relief Works Agency for Palestinian Refugees in the Near East)이다. 이스라엘과 팔레스타인 간 갈등 해결에 여전히 진전이 없다는 것은 UNRWA의 존재가 필요하지 않게 될 징후가 한동안은 없다는 것을 의미한다. 2020년 기준으로 전 세계 2,600만 명의 난민들 중 560만 명이 UNRWA에 등록된 팔레스타인 난민이고 나머지 2,040만 명이 UNHCR의 임무하에 있다.

제2차 세계대전의 여파로 설립되어 난민 문제보다 더 광범위한 업무 영역을 가진 또 다른 기구는 국제이주기구로서 유럽에서의 이주자 이동에 초점을 두고 1951년에 설치되었다. 유엔의 일부이자 제네바에 본부도 두고 있는 이 기구는 처음에는 이주자들에게 교통수단을 알선하는 수송조정 에이전시로 시작하여 나중에는 이주 이슈들에 대한 이해를 전파하는 주요 국제기구로 확장하면서 기구의 이름과 설립 목적이 여러 번 변경되었다.

난민은 1951년 제네바협약(1951년 제네바에서 서명하고 1954년에 발효된 '난민의 지위에 관한 협약'을 말함 – 역자 주)의 주제였지만, 이주자와 관련해서 이와 가장 유사한 협약인 '모든 이주노동자와 그 가족들의 보호를 위한 국제협약(International Convention on the Protection of the Rights of All Migrant Workers and Members of Their Families)'은 1990년까지 합의에 이르지 못했으며, 많은 국가에서 이주노동자들에 대한 반발 수준이 높았기 때문에 정치적으로 별 호응을 얻지 못했다. 이 협약은 2003년이 되어서야 비로소 협약이 발효될 만큼의 지지를 얻을 수 있었으며, 2020년 말까지 56개 국가만 서명 및 비준했으며, 39개 국가가 추가로 서명했지만 비준하지는 않았다. 협약을 비준한 국가들 대부분은 이주노동자들을 배출하는 국가들이며 이 협약이 자국민을 보호하는 데 중요한 국제적 근거가 될 것이라 여기고 있다. 한편, EU 회원국들을 비롯하여 호주, 캐나다, 남아프리카공화국, 미국, 걸프 국가들 등 이주노동자의 주요 목적지가 되는 국가들은 거의 모두가 이 협약에 서명하지 않거나 비준하지 않았다.

이 협약은 이주노동자를 '자신의 나라가 아닌 국가에서 유급 활동에 종사할 예정이거나 종사하거나 종사한 적이 있는 사람'으로 정의하며 난민이나 학생은 포함하지 않고 있다. 이 협약은 세계인권선언(Universal Declaration of Human Rights, 제7장 참조)에 나와 있는 것과 동일한 많은 권리들을 나열하고 있는데, 사상과 표현의 자유, 종교의 자유, 강제노동 또는 부역을 거부하는 자유, 신체의 자유와 안전을 지킬 권리, 자의적 체포 또는 구금으로부터의 보호 등이 이주노동자들의 권리로 제시되었다.

정부간기구들 및 국제 조약들과 더불어(그리고 종종 이들 기구와 조약의 한계들을 보여주면서), 이주자들의 권리와 필요 그리고 난민들의 어려움을 다루는 국내 및 국제 비정부기구들(NGOs)의 커뮤니티가 있다. 그들은 각국의 이주자 관련 정책(또는 그러한 정책의 부재)에 대해 시시비비를 따질 뿐만 아니라, 국가들이 미처 조치하지 못해 발생하는 빈틈들을 메워주고 있다. 일반적으로 국내 NGOs는 새로이 도착한 이주자들이 국내에서 정착할 수 있도록 돕는 데 초점을 맞추고 있는 반면에, 국제 NGOs는, 빈곤과 보건의료라는 보다 광범위한 기관 관심사의 한 부분에 불과하겠지만, 난민들이 겪고 있는 어려움을 완화하는 데 중점을 두고 있다. 많은 비정부기구 중에서 다음의 기구들이 주목할 만하다.

- '국제적십자위원회(International Committee of the Red Cross)'는 전장에서 부상을 입은 군인들의 치료체계를 개선하기 위해 1863년 제네바에서 설립된 가장 오래되고 가장 잘 알려진 인도주의 단체이다. 국제적십자위원회는 1876년에 현재의 이름을 채택했으며, 기관의 자체적 표현대로, '전쟁과 내부 폭력 희생자들의 생명과 존엄성 보호 및 지원 제공을 독립적인 인도주의 임무로 하는 공정하고 중립적이며 독립적인 조직'으로 기능해오고 있다. 국제적십자위원회는 80개국 이상에 지부를 두고 있으며, 1917년, 1944년, 1963년에 걸쳐 전례 없는 세 차례 노벨평화상을 수상했다.
- '국제구조위원회(International Rescue Committee)'는 뉴욕에 기반을 두고 있는 인도주의적 구호 단체로서 아인슈타인(Albert Einstein)의 제안으로 1933년에 설립되었다. 국제구조위원회는 여러 위기에 대한 대응책으로서 보건의료와 교육을 제공하고, 깨끗한 물과 위생시설 마련에 노력하고, 저축/대출 조합을 운영하고, 법률 지원 및 직업 훈련을 제공하고, 난민들의 재정착을 지원하고 있다.

- '세이브더칠드런(Save the Children)'은 1919년 영국에서 젭(Eglantyne Jebb)과 벅스톤(Dorothy Buxton) 자매가 설립한 자선 단체로서 당초의 설립 목표는 전쟁으로 피해를 입은 어린이들의 영양실조를 치료하기 위해 활동하

글로벌과 로컬 11

이주에서 인간의 얼굴을 찾기

이주는 엄청난 숫자들을 만들어내는 거대한 현상이다. 2억 7,200만 명의 국제이주자, 8,000만 명의 강제 실향민, 7억 6,300만 명의 국내이주자, 그리고 자기 나라를 벗어나 외국에서 공부하는 500만 명 이상의 유학생이 있다. 이와 같은 숫자들은 대개 차갑고 비인간적이나, 여기에 이민자들의 개별적인 이야기들과 그들이 지역사회에 미치는 영향들이 담겨있다고 생각하면 이 숫자들은 더 큰 생동감을 갖게 된다. 다음 예들을 살펴보자 (일부는 가상이고, 일부는 사실이다).

- 한 학생이 인도네시아의 대학을 졸업하고 나서, 호주의 정치학 박사과정에 지원(그리고 합격)하고, 학업을 마친 후 호주 대학의 정규직에 지원한다. 그녀의 학생 비자는 취업 비자로, 그 다음에는 합법적인 거주 허가로 전환되며, 마침내 그녀는 호주 시민권을 신청하고 점차 '집'과의 관계도 느슨해진다.
- 세네갈의 작은 마을에서 태어나고 자란 한 남자는 무라이드 형제단(Mourides) (Judah, 2011)이라고 알려진 수피 이슬람 교단에 모집되어 이탈리아로 가는 길을 도움받는다. 그곳에서 그는 관광객들을 대상으로 모조 핸드백, 지갑, 선글라스 그리고 심지어 가짜 전화 카드까지 판매하면서, '생존'을 이어 가고 있다.
- 시리아 알레포시의 한 가족은 정부와 반대 세력들 간의 전투에 직면해서 어쩔 수 없이 살던 곳을 떠나서, 가능한 모든 수단을 동원해 그리스로 건너가고, 그곳 난민 수용소에 머물게 되고, 고향에서 성공한 사업가였던 아버지는 망명을 신청한다. 비극적이게도, 가족 중 아이 하나가 바다를 건너던 중 익사한다.
- 남아프리카공화국 출신 일론 머스크(Elon Musk)는 17세에 캐나다로 이주하여 어머니를 통해 시민권을 취득한다. 그는 학생 신분으로 미국으로 이주하고, 웹 소프트웨어 회사를 설립하여 그의 나이 28세에 이를 3억 700만 달러에 판매한다. 그런 다음 그는 온라인 결제 회사인 페이팔(PayPal)의 개발을 돕고, 우주 탐사 회사 스페이스X(SpaceX)를 설립하고, 전기 자동차 회사 테슬라(Tesla)의 경영권을 인수한다. 2020년 말, 그의 나이 50세에 그는 세계 5대 부자 중 한 명이 되고, 순자산만 2,000억 달러에 이르게 된다.
- 사는 것이 불안정하고 직업을 구할 가능성도 거의 없는 한 파키스탄인이 고향 카라치시를 박차고 떠나 인근 아랍에미리트에서 일하는 임시노동자직에 지원한다. 그곳에서 그는 이 석유 부국이 자국의 경제 성장과 높은 생활수준 유지를 위해 필요로 하는 거의 800만 명에 달하는 다른 이민자들과 합류한다.

는 것이었다. 세이브더칠드런은 이후에 전 세계의 난민 어린이들을 돕는 것으로 임무를 확장했다.

- '국제난민(Refugees International)'은 실향민들과 무국적자들을 위한 캠페인을 전개하기 위해 1979년에 설립되었으며 워싱턴 DC에 기반을 두고 있다.

정부간기구들과 비정부기구들의 이 같은 네트워크를 하나의 레짐으로 설명하는 것은 이주에 대해 보다 잘 구성된 접근법이 존재한다는 인상을 주게 되는데 실제로는 그렇지 않다. 비록, 이주가 주로 국내적인 사안인 것처럼 취급되더라도, 이주 문제는 국가 간에 서로 연결되어 있기에 어느 한 국가가 다른 국가들과의 공조 없이 단독으로 이주 문제를 다루는 것은 불가능한 일이다.

이주에 대한 논쟁

외국인 혐오(Xenophobia): 지역사회나 국가에서 외국인으로 규정된 사람들을 두려워하거나, 거부하거나, 배제하는 것을 말하는 것으로서, 인종주의 및 토착주의와 밀접하게 관련되어 있다.

토착주의(Nativism): 원주민의 이익이 이민자의 이익보다 우선되어야 한다는 견해.

우리가 이주를 살펴볼 때 푸시 요인과 풀 요인을 이해해야 하는 것처럼, 이주의 영향에 대해서는 배출 국가에 미치는 영향과 목적지 국가에 미치는 영향 두 가지 모두를 이해해야 한다. 그런데, 이 과정에서 미신과 편견이 논의의 방정식에 끼여 들어갈 위험성이 있다. 이는 특히 최근에 EU, 인도, 남아프리카공화국, 미국에서 종종 감정 섞여 벌어지고 있는 이주 관련 논쟁에서 명백하게 나타나고 있다. 어떤 사람들에게는 이주자들이 지역경제와 문화에 보탬이 되는 반가운 존재로 여겨지지만, 다른 사람들에게는 위협으로 비치고 있다. 이 논쟁에는 인종주의, **외국인 혐오**(xenophobia), **토착주의**(nativism)가 깊게 자리 잡고 있으며, 목적지 국가에서 지배적인 민족 문화를 형성하는 구성원들은 이주가 가져오는 사회적, 문화적 다양성의 증가를 종종 의심에 찬 눈초리로 바라보는 경우가 많다 (제5장 참조).

국외 이주가 배출 국가에 미치는 주요 영향은 두뇌 유출 가능성이다. 가장 영민하고 가장 의욕적인 시민들이, 본국에서 찾을 수 있는 기회가 너무 적거나, 낮은 급여, 과도한 규제, 경력 개발 장벽 등으로 인해 밖으로 내몰리면서, 여건이 보다 좋은 환경을 가진 다른 국가로 자신의 기술을 갖고 넘어갈 때 이것은 문제가 될 수 있다. 예를 들어, 미국은 인도의 의사, 엔지니어, 그리고 소프트웨어 엔지니어에게 매력적인 목적지가 되고 있다. 영국 국립보건서비스(British National Health Service)는 외국 국적의 인력들에게 크게 의존하고 있는데,

직원 7명 중 1명꼴로 외국인이며, 인도인, 필리핀인, 아일랜드인, 폴란드인이 가장 큰 외국인 그룹들을 형성하고 있다 (House of Commons Library, 2020).

그러나 두뇌 유출이 항상 반드시 문제가 되는 것은 아니다. 전문직의 국외 배출은 자격을 갖춘 인력들은 풍부하나 이들을 위한 일자리는 충분하지 않은 가난한 국가들의 입장에서는 환영할만한 일일 수도 있다. 국외 이민자들은 바깥의 아이디어와 사업 기회를 본국으로 다시 전달해주는 소중한 채널이 될 수 있으며, 이들 이민자가 본국의 가족에게 보내는 **송금(remittances)**은 가난한 나라의 경제발전에 중요한 역할을 할 수 있다. 인도와 중국은 2020년 기준으로 가장 큰 송금 수취인 국가들로서 각각 600억 달러 이상을 송금받았으며, 멕시코, 필리핀, 이집트, 파키스탄, 나이지리아가 그 뒤를 이었다 (World Bank, 2020).

송금(Remittances): 외국 또는 외지에서 일하는 사람들이 본국의 가족에게 보내는 금전.

이주의 효과는 수용 국가에 더 깊고 더 지속적인 영향을 미치는 경향이 있는데, 이는 이주자들이 자신들이 새로이 거주하는 국가의 정치적, 경제적, 사회적 생활을 다양한 방식으로 변화시키고 있는 것에 주로 기인한다. 하지만, 이민자들에 대한 의견은 나뉘어 있다. 즉, 이민자들을 기회로 보는 사람들이 있는 반면에 그들을 위협으로 보는 사람들도 있다 (최근 논쟁 11 참조). 기회는 수용 국가에 이민자들의 새로운 기술과 아이디어가 들어옴으로써 주로 얻어지게 되는 반면, 위협은 객관적인 분석에 기초하기보다는 종종 인식의 문제에 머무르고 있는데, 이민과 국가안보 간의 관계가 최근 들어 이민 논쟁을 더욱 치열하게 만들고 있다 (Phelps et al., 2018 참조). 이주자들의 가장 큰 3대 목적지인 EU, 미국, 걸프 국가들의 사례는 이주의 원인과 효과에 대해 유사점과 차이점의 일단을 보여주고 있다.

'**유럽연합(EU).**' 유럽은 수세기 동안 전쟁 또는 박해의 결과든 아니면 경제적 기회의 변화든 이주가 활발히 일어나는 현장이었다. 이에 따라, 유럽의 어떤 국가도 단일민족으로 구성되어 있지 않으며 모두 내부에 소수 민족을 갖고 있다. EU 내부의 국경 완화는 회원국 간에 새로운 이민 흐름을 불러왔으며, 유럽의 외부에서 온 이주자들은 여기에 다양성을 더했다. 어떤 유럽인들은 다양성을 환영하였고, 다른 유럽인들은 이민 반대 정당에 대한 지지로 대응하였으며, 또 다른 유럽인들은 낮은 출산율과 국외로의 이주 양상에 비추어 볼 때, 여유로운 사회 보장 제도를 유지하고 노동력을 보충하기 위해서는 이민을 받아들이는 것이 최선이라는 실용적인 견해를 취하였다.

2019년 기준으로 EU 주민들 5명 중 약 1명은 EU의 외부에서 온 승인 이민자이며, 비승인 이민자의 전체 숫자는 아마도 수백만 명 이하에 그칠 것으로 보인다 (표 11.5 참조). EU 회원국 중 부유한 서방 회원국들은 가장 강력한 자석이 빨아들이는 것처럼 이민자들이 몰려드는 반면, 동유럽국가들은 노동력 수입국이 아니라 주로 노동력 수출국이며 전체 인구 중 외국 태생의 인구는 일부 소수에 불과하다.

최근 논쟁 11

이주에 대한 찬성과 반대

찬성	반대
이민자들은 성공하고자 하는 동기가 매우 높다.	모든 이민자가 환영받는 기술과 아이디어를 가져오거나, 경제적 또는 사회적 성장에 기여하는 것은 아니다.
이민자들은 오래 거주한 사람들이 맡기 싫어하는 저임금 서비스 일을 흔히 담당한다.	이민자들은 기존 일자리를 빼앗고 임금을 떨어뜨린다는 비난을 흔히 받는다.
이민자들은 아이디어, 기회 및 송금을 통해 고국을 종종 돕는다.	국외 이민으로 인해 이민자들의 기술과 아이디어를 사용할 기회가 본국에서는 사라진다.
이민자들은 본국과의 관계를 유지함으로써 본국과 국제사회와의 연계를 강화하고 본국의 사회적·경제적 발전에 기여한다.	이민자들이 기존 사회와 통합할 수 없는 한(또는 이민자들의 기존 사회 통합이 허용되지 않는 한), 이민자와 기존 사회 주민들 사이에 긴장이 고조될 수 있다.
다문화 사회는 단일 사회보다 더 흥미롭고 더 역동적이다.	이민은 문화와 국가정체성에 위협을 제기할 수 있으며, 이민에 따른 다문화주의는 주민 간 긴장과 분리를 야기할 수 있다.
이주는 이주 수용국가의 글로벌 이미지를 보다 긍정적으로 만들어준다.	가난한 이민자들은 복지 재원을 더 많이 지출하게 할 수 있다.
이민은 인구가 고령화되는 많은 부유한 국가들에 젊은 노동자와 새로운 납세자를 수혈해준다.	이민은 이미 과잉 인구를 가진 국가들에 새로운 압력으로 작용할 수 있다.

표 11.5 이주자 수 비교

장소	전체 인구	승인 이민자	비승인 이민자	전체 인구에서 승인 이민자의 %
EU	4억 4,700만 명	2,200만 명*	수백만 명 이하	5
미국	3억 2,700만 명	4,800만 명	1,000만~1,200만 명	15
걸프 국가들(GCC, 요르단, 레바논)	7,700만 명	3,500만 명	수백만 명 이하	45

출처: Eurostat (2020), Migration Policy Institute (2020), and International Labour Organization (2020b).
* 이 숫자는 27개 EU 국가의 비시민권자만을 포함하고 있음.

EU는 공동의 정책을 개발하기 위해 노력해야 했으며, 그 시급성은 북아프리카와 중동에서의 전쟁과 불안정성의 여파로 인해 더 커졌다. EU는 외부국경의 관리 그리고 경찰 및 국경 관리들 간의 상호 협력에 있어서는 개선이 있었지만, EU 공동의 이민 정책은 사회적 논쟁을 촉발할 수 있는 휘발성 높은 주제이기에 아직 만들어내지 못했다 (Weinar et al., 2019 참조). 또한, EU 내 많은 사람들이 이민자를 얼마나 많이 받아들일지 결정할 권리는 개별 회원국이 갖고 있어야 하고, EU에는 이미 충분한 인구가 있으며, 국경을 완화하는 것보다는 강화해야 한다는 견해를 지지하고 있다.

'미국.' 미국은 이주자 나라로서의 오랜 역사를 갖고 있다. 미국의 이주자들은 영국 식민지 개척자들로부터 시작하여, 19세기 중반에 북유럽인들(주로 독일인들로서 이들은 여전히 미국에서 가장 큰 민족 그룹을 형성하고 있음)이 뒤를 이었으며, 20세기 초반에는 동유럽인들과 이탈리아인들이 이주를 해왔고, 1945년 이후에는 새로운 이주 물결로서 주로 중남미와 동아시아/동남아시아로부터 이주자들이 도착했다. 물론 미국도 수십만 명의 노예를 미국으로 강제 이주시킨 특수한 경험을 보유하고 있는데, 이들은 주로 16세기와 19세기 사이에 미국으로 들어왔다.

미국은 이민자들의 주요 목적지로서 2020년 기준으로 외국 태생의 승인 이민자는 4,500만 명이 조금 넘는데 이는 미국인 7명 중 1명꼴이다. 미국에 들어오는 이민자들을 가장 많이 배출하는 국가들은 멕시코, 인도, 중국, 필리핀이다. 한편, 미국의 비승인 이민자 수는 약 1,000만~1,200만 명으로 추정되며, 이는 미국 전체 인구의 3퍼센트에 해당한다. 이민은 미국을 인종적으로 다양한 국가로 만드는 데 일조를 하였으며, 현재의 추세에 따르면 미국 인구에서 과반수를 차지하는 단일 인종 또는 단일 민족은 2050년에 이르러서는 더 이상 존재하지 않을 전망이다.

EU와 달리 미국은 단일한 이민 정책을 가지고 있지만, EU와 마찬가지로 미국은 이민자들의 다양성에서 야기되는 갈등에 직면하고 있다. 이러한 갈등은 미국으로 우겨 들어오는 비승인 이민자들의 숫자에 대한 우려와 결합하여 2016년 트럼프(Donald Trump)의 당선에 영향을 미쳤다. 트럼프는 미국-멕시코 국경을 따라 장벽을 건설하겠다고 공약하였으며, 여러 이슬람 국가들로부터의 입국을 제한하였다. 백인 미국(White America)과 백인 유럽(White Europe)을 지지하는 세력들은 자기들 나라의 인종적, 종교적 구성 변화를 걱정하는 토론에 같이 귀를 기울이지만, 대서양 양쪽에서 행해진 여론 조사에 따르면 그러한 우려는 소수의 주민만이 표출하는 것으로 나타나고 있다.

'걸프 국가들.' 걸프협력회의(GCC: Gulf Cooperation Council)의 회원국을 구성하는 바레인, 쿠웨이트, 오만, 카타르, 사우디아라비아, 아랍에미리트를 포함하여 페르시아만을 둘러싼 여러 국가들은 급속한 경제 성장과 노동력 부족의 결합을 바탕으로 최근 수십 년 동안 자석처럼 이민자들을 끌어모았다. 국제노동기구(International Labor Organization, 2020b)에 따르면 이민자들 중 거의 3분의 2가 이주노동자들이며 이들은 대부분 인도, 파키스탄, 방글라데시, 이집트에서 왔다. 카타르와 아랍에미리트의 경우, 이 두 나라의 매력에 끌리고 또 이 나라들 정부의 지원에 힘입어 외국인 노동자들이 몰려들면서 양국 모두 인구의 80퍼센트 이상을 외국인 노동자들이 차지하고 있다.

페르시아만에 거주하는 외국인 대부분은 고숙련이든 저숙련이든 수용국가의 필요에 따른 이주노동자로서 그곳에 있다는 점에서 걸프 국가들의 이민 역학은 EU이나 미국의 그것과는 상당히 다르다. 로리(Noora Lori, 2019)는 자신의 저서 『역외 시민(*Offshore Citizens*)』에서 아랍에미리트가 외국인 노동자들을 다루는 새로운 방식을 기술하고 있다. 즉, 아랍에미리트는 시민권 부여를 통해 외국인 노동자들을 자국민으로 완전히 받아들이지도 않고 또 추방하지도 않고 있다. 아랍에미리트는 그 대신에 외국인 노동자들의 비자 갱신은 무한정 허용하면서도 그들의 귀화신청서 처리는 계속 미룸으로써 많은 외국인 노동자들을 '영구적 임시(permanent temporary)' 신분으로 만들었다. 비승인 이민과 관련해서는, 이주자 대부분이 역내 국가에 합법적으로 입국하지만,

허가 없이 직업을 바꾸는 이주자들은 합법적이었던 신분이 바뀌게 된다.

EU, 미국, 걸프 국가들은 오늘날의 이주에 있어 이주 관련자의 숫자 측면에서 볼 때 가장 큰 세 가지 사례이지만, 이주의 전체적 그림은 이러한 사례들이 시사해주는 것보다 당연히 더 복잡하다. 사람들은 여러 가지 이유로 항상 이동하고 이주해왔으며, 정치적 경계와 장벽의 존재도 이들을 막지 못했다. 글로벌시스템에 대한 우리의 이해에 있어서 이주가 함축하고 있는 의미, 그리고 글로벌시스템의 정치적, 경제적, 사회적 특성들에 이주가 미치는 영향은 항상 결정적으로 중요했으며, 사람들의 이동을 제한하고 통제하려는 정부들의 노력에도 불구하고 이주가 갖는 이러한 중요성은 여전히 남아있을 것이다.

토의주제

1. 세계화, 경제 변화, 이동성 향상의 영향을 고려할 때 이주가 현실적으로 어느 정도 제한될 수 있는가?
2. 이주자란 무엇인가?
3. 외국인 대학생의 증가가 시사해주는 바는 무엇인가?
4. 난민 문제가 해결될 가능성이 과연 있는가? 가능성이 없다면 그 이유는 무엇인가?
5. 글로벌이주레짐의 발전이 왜 그렇게 미미한가?
6. 전반적으로 평가하면, 이주는 좋은 것인가? 나쁜 것인가?

핵심용어

- 국내실향민(Internally displaced person)
- 난민(Refugee)
- 두뇌 유출(Brain drain)
- 두뇌 획득(Brain gain)
- 망명(Asylum)
- 무국적(Statelessness)
- 비자(Visa)
- 송금(Remittances)
- 연쇄 이주(Chain migration)
- 외국인 혐오(Xenophobia)
- 이동성(Mobility)
- 이민(Immigration)
- 이주(Migration)
- 이주자(Migrant)
- 토착주의(Nativism)
- 푸시 요인(Push factors)
- 풀 요인(Pull factors)

유용한 웹사이트

국제구조위원회(International Rescue Committee) https://www.rescue.org
국제이주기구(International Organization for Migration) https://www.iom.int
국제적십자위원회(International Committee of the Red Cross) https://www.icrc.org
유엔 구호기구(UN Relief Works Agency) https://www.unrwa.org
유엔 난민고등판무관실(UN High Commissioner for Refugees) http://www.unhcr.org

추가 읽을 거리

Bhabha, Jacqueline (2018) *Can we Solve the Migration Crisis?* (Polity Press). 이주의 원인과 결과를 잘 이해할 수 있도록 해주는 상세한 소논문.

De Haas, Hein, Stephen Castles, and Mark J. Miller (2020) *The Age of Migration: International Population Movements in the Modern World*, 6th edn (The Guilford Press). 다양한 유형의 이주 및 이주 정책을 포함하여 이주에 대한 최근 논쟁을 개관.

Fiddian-Qasmiyeh, Elena, Gil Loescher, Katy Long, and Nando Sigona (eds) (2014) *The Oxford Hand-*

book of Refugee and Forced Migration Studies (Oxford University Press). 난민 문제의 원인과 범위 그리고 이에 대한 법적 대응을 포함하여 난민 문제 연구물들을 모은 편집 컬렉션.

Koser, Khalid (2016) *International Migration: A Very Short Introduction*, 2nd edn (Oxford University Press). 이주자, 비승인 이주, 난민, 망명 신청자의 정의를 포함하여 이주에 대한 간략한 개론을 제시.

Mavroudi, Elizabeth, and Caroline Nagel (2016) *Global Migration: Patterns, Processes, and Politics* (Routledge). 이주 정치에 대한 개론으로서 이주 정치의 역사와 정치적 대응의 동학을 관찰.

보건과 질병

12장

개요

이 장은 글로벌 수준의 보건에 초점을 두고 있다. 먼저 글로벌보건의 현황에 대한 개괄로 시작해 공적이고 보편적인 보건의료시스템들을 비교하면서 변화하는 글로벌보건의료의 상황을 살펴본다. 그리고 세계보건기구(WHO : World Health Organization)와 다른 유엔 기구 및 주요 국제 비정부기구들의 역할에 초점을 맞춰 글로벌보건레짐을 살펴보고, 보건에 초점을 둔 몇 개의 국제 조약을 살펴본다. 이 장의 나머지 부분은 전염병 문제와 코로나19의 원인 및 잠재적 결과에 관한 사례 연구를 다룬다.

차례

핵심사항

- 글로벌시스템 내의 연결성은 보건의료를 글로벌 문제로 만들었으나, 의학적 진보에 어느 정도 접근 가능한지의 문제에서는 한 국가 내에서, 그리고 국가 간에도 불평등이 존재한다.
- 보건의료의 다양한 질에 관한 척도 중 하나는 일차 의료 및 보편적 의료의 대비되는 효과에 있다.
- 세계보건기구는 오랫동안 보건을 글로벌 시각에서 바라볼 수 있다는 관점을 지지해 온 유일한 대변자였다.
- 몇몇 다른 레짐과 비교할 때 보건의료에 초점을 둔 국제법체계는 상대적으로 발전이 미진한 편이다.
- 독감, 말라리아, 콜레라, 인체면역결핍바이러스/에이즈(HIV/AIDS)와 같은 전염병 확산의 가능성이 환경변화와 같은 요인으로 인해 커졌다.
- 감염병의 국지적 유행과 대유행은 새로운 것이 아니지만 코로나19는 글로벌 수준에서 보건의료의 한계와 가능성에 대한 새로운 관심을 불러왔다.

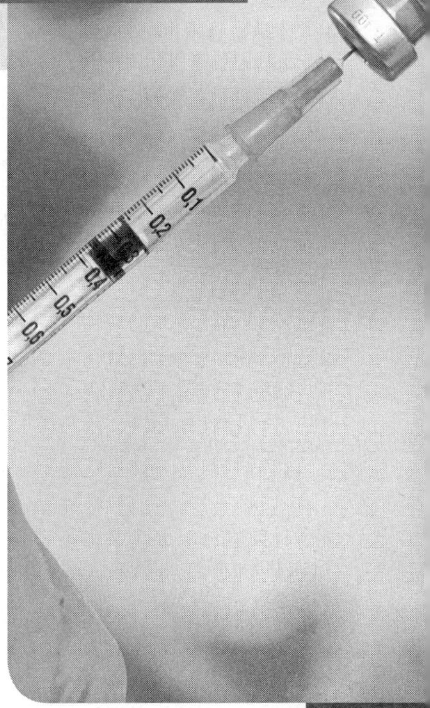

출처: Luke Dray/Getty Images

글로벌보건의 이해

2014년 3월, 세계보건기구는 기니(Guinea)에서 에볼라(Ebola)로 알려진 바이러스성 질병의 인체감염사례가 다수 확인되었다고 발표하였다. 콩고강 주변의 한 마을 명에서 그 이름이 유래한 에볼라는 1976년에야 발견되었는데 아직 입증된 치료법이 없고 야생동물에서 인간으로, 다시 인간에서 인간으로 전염될 수 있는 질병이다. 드물게 발생하긴 하지만 매우 심각하며 치명적인 전염병으로 고열, 근육통, 구토, 설사, 발진 및 신체 내·외부 출혈과 같은 증상을 수반한다. 당시의 심각한 상황은 유드(Youde, 2018)의 표현에 따르면 '글로벌보건 사건에 대한 역사상 가장 대대적인 반응 중 하나'를 촉발하기에 충분했다. 국제적인 기부자들은 수십억 달러의 지원을 약속했고, 유엔 안전보장이사회는 **감염병/전염병**(infectious disease)* 발생을 '국제 평화와 안보에 대한 위협'으로 선언하는 이례적인 조치를 취하였으며, 각국 정부와 비정부기구(NGO)가 구호에 적극 나서, 2년여 만에 **국지적 유행**(epidemic)은 통제되었다. 2만 8,600명 정도가 감염되었고 주로 라이베리아, 시에라리온, 기니 등에서 1만 1,300명 이상이 사망한 것으로 집계되었다.

감염병/전염병(Infectious disease): 박테리아, 바이러스, 기생충과 같이 질병의 숙주로 기능하거나 전달하는 역할을 하는 미생물을 통해 전염되는 질병으로서 인간 대 인간 또는 인수간 전염될 수 있는 질병을 말한다.

* 역자 주

1954년 제정된 '전염병예방법'이 2003년 사스(SARS) 유행을 겪은 후 2009년 '감염병의 예방 및 관리에 관한 법률'이라는 명칭으로 전부개정된 이래 '감염병'이란 용어가 보편화되고 있으나 여전히 감염병과 전염병이란 용어가 널리 혼용되고 있으므로 이 장에서도 이 둘을 혼용하여 문맥에 따라 적절히 번역하였다.

국지적 유행(Epidemic): 특정한 지역에서 특정 기간 감염병의 사례가 급증하는 상황.

팬데믹/대유행(Pandemic): 감염병이 발생하여 국경을 넘어 전 세계적으로까지 확산되기도 하는 감염병 대유행 상황.

에볼라 이전에도 유사한 감염병 상태가 두 번 발생한 바 있다. 첫 번째는 2003년 중국과 주변 몇 나라에서 발생했던 중증급성호흡기증후군(코로나바이러스에 의해 유발되는 SARS)은 각국 정부와 세계보건기구의 신속한 대응으로 6개월 만에 진정되었다. 두 번째는 1918~1920년 스페인독감 **팬데믹/대유행**(pandemic)의 원인으로 알려진 H1N1형 독감(또는 돼지독감)이 또다시 유행한 2009년 상황을 말한다.

세 경우 모두 심각하기는 했지만 2020년 코로나19 팬데믹의 심각성에는 미치지 못하였고, 코로나19야말로 역사상 글로벌보건 사건에 대한 '가장' 대대적인 반응을 촉발했음은 의심할 여지가 없다. 이 감염병으로부터 안전한 나라는 없었고, 각국 정부는 위기에 대처하기 위해 대규모의 자원을 동원해야 했으며, 세계 곳곳에서는 봉쇄조치가 시행되었고 국내외 여행에 제한조치가 내려졌으며, 제약회사들은 단시일 내에 질병을 통제하기 위한 백신 개발에 앞다투어 뛰어들었다. 대유행의 첫해에 7,500만의 인구가 감염된 것으로 확인되었고 200만의 인구가 이와 관련된 합병증으로 사망했다.

전염병의 위협이 인류에게 새로운 것은 아니지만 사스(SARS), 돼지독감,

에볼라 그리고 코로나19는 글로벌시스템의 역동성에 있어서 일어난 변화가 보건 이슈에 미치는 영향과 글로벌보건의료의 불평등에 미치는 영향을 보여줬다는 점에서 주목할 가치가 있다. 돼지독감 대유행 직후 크리스프(Crisp, 2010)는 "21세기 보건과 관련해 가장 놀라운 점은 전 세계가 이제 너무나 상호연결되어있고 상호의존적이라는 것"이라고 결론 내렸다. 하지만 그는 서구 의학계는 이제 자체적인 힘만으로 우리의 건강을 증진하기에 역부족인 상황을 맞이하였으며 글로벌 시각으로의 패러다임 전환 없이는 새롭게 발생하는 문제에 대해 구태의연한 대응만 반복하게 될 것 역시 자명하다고 통찰하였다. 유드(Youde, 2018)는 에볼라의 효과는 보건의 문제를 기술 관료적인 국내 정치의 영역에서 글로벌정치의 주요 의제로 옮겨놓았다는 데에 있다고 주장하였다. 국제사회는 각국이 혼자서 문제를 다루도록 내버려 두기보다는, 특히 저소득 국가나 중진국의 보건 이슈에 대응해야 할 도덕적 의무와 책임이 있다는 데에 공감하게 되었다.

코로나19는 이 모든 것과 그 이상을 확인시켰고, 글로벌보건에 대한 태도에 있어 지난 이십 년 동안 진행되고 있던 혁명적인 변화에 정점을 찍었다. 이 변화는 우리가 직면하는 위협의 심각성에 대해 우리가 새롭게 이해하게 된 데에 부분적으로 기인하기도 하지만, 부분적으로는 감염병의 확산으로 인한 보

출처: Power off flowers/iStock

코로나19 확산으로부터 자신을 보호하기 위해 마스크를 착용한 런던시민들. 2020년 초반, 이 글로벌팬데믹의 발생은 글로벌보건 이슈를 이해하는 데에 있어서 최근 일어나게 된 변화를 역설한다.

건위기 때문이기도 하고, 부분적으로는 북(North)에서는 더는 심각하지 않은 충분히 예방 가능한 질병 때문에 남(South)에서 너무나 많은 사람이 죽어가고 있다는 인식 때문이기도 하며, 또 부분적으로는 보건에 대한 위협을 다루고자 한다면, 그리고 공동의 보건 목표를 달성하려면, 국제 협력은 필수적이라는 새로운 깨달음 때문이다.

의학이 최근 수십 년 동안 눈부신 진전을 이루어 냈다는 데에는 의문의 여지가 없다. 이제 우리를 괴롭히는 것이 무엇인지에 대해 더 잘 알게 되었고 더 많은 질병과 건강 문제를 해결할 수 있게 되었으며, 그 결과 수명은 늘어나고 양질의 영양을 공급받게 되어 지나간 세대를 괴롭혔던 건강의 많은 위협에 대해 더는 걱정할 필요가 없게 되었다. 안타깝게도 우리는 이러한 혜택을 공평하게 누리고 있지 못하며 이는 보건의 질을 나타내는 두 가지 핵심 지표의 결과를 통해 알 수 있다.

기대수명(Life expectancy): 개인이나 집단이 평균적으로 살 수 있을 것으로 기대되는 수명으로서 보건의료, 영양, 질병, 성별, 유전, 경제적 상황 등의 요인에 의해 결정된다.

지표 중 하나인 **기대수명**(life expectancy)은 의료의 질에서부터 영양, 정신건강, 환경의 질, 심지어 공공안전에 이르기까지 다양한 요인에 대해 우리에게 말해주는데, 가령 폭력 범죄가 심각하거나 공기 오염이 심한 도시, 내전을 겪고 있는 국가에서 기대수명은 낮게 나타난다. 인간의 평균수명은 1960년의 52세에서 2018년 72세로, 단기간에 크게 개선되었다. 그러나 도표 12.1의 사례에서 보듯이 국가 내의 편차나 국가 간 편차는 상당히 크며 심지어 성별 간

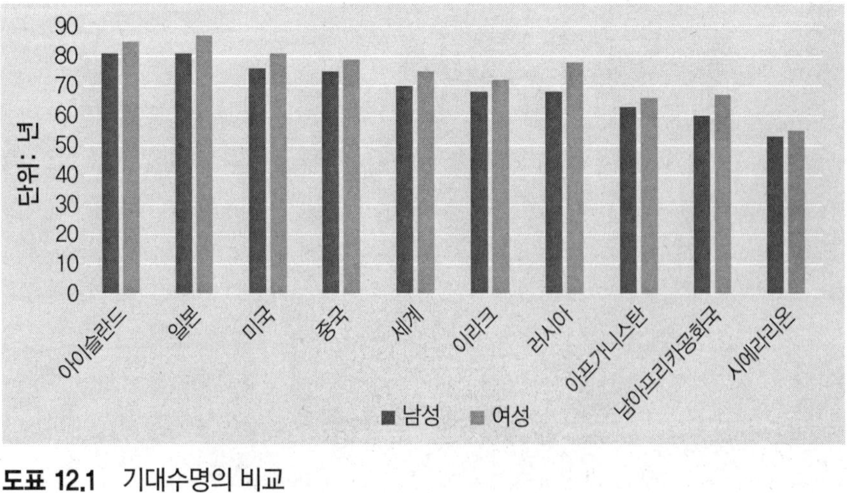

도표 12.1 기대수명의 비교

출처: World Bank Economic Indicators (2021).

주: 수치는 2018년 기준.

에도 상당한 격차가 존재한다. 북이나 남의 도시 지역 중산층 가정에서 태어난 사람은 북이나 남의 도시 지역의 빈민가 출신보다 더 오래 살 가능성이 크고, 후자의 경우와 비교해 아프가니스탄이나 시에라리온과 같은 나라의 가난한 농촌 지역 출신은 기대수명이 더욱 짧다.

두 번째 핵심 지표는 **영아사망률**(infant mortality)로, 이것은 보건의료와 영양의 질을 측정하는 지표이다. 신생아와 그 산모의 건강을 보장할 수 없는 사회는 분명히 더 심각한 문제를 가지고 있다. 출생아 1,000명당 사망률로 표현되며, 0이 이상적이겠지만 의학적 해결책이 존재하지 않는 유전 질환이나 기타 질환을 겪는 신생아는 언제나 존재한다. 전반적으로 1960년과 2019년 사이에 영아사망률은 출생아 1,000명당 65명에서 28명으로 떨어졌지만, 역시 국가 내 그리고 국가 간 차이가 있다. 핀란드, 아이슬란드, 일본, 싱가포르, 스웨덴 등 가장 발달한 의료시스템을 가진 나라에서는 출생아 1,000명당 사망자가 2명으로 줄어든 반면, 차드, 나이지리아, 소말리아, 그리고 (또다시) 시에라리온 등 의료시스템의 발달이 가장 부진한 나라에서는 70~90명의 영아사망률을 보인다.

영아사망률(Infant mortality): 선천적 결함, 산전 관리의 부족, 환경요인, 질병, 오염된 물, 열악한 위생과 같은 요인으로 인한 만 1세 미만 영유아 인구당 사망률.

일본과 시에라리온은 척도의 양 끝에 자리하고 있기 때문에 좀 더 자세히 살펴볼 가치가 있다. 일본의 장점은 보편적인 보건의료뿐만 아니라 좋은 습관에 있다. 대부분의 일본인은 의사를 자주 만나고 (때로는 매달), 북에 있는 대부분의 환자들보다 (필요하다면) 더 오래 병원에 입원하고, 가격이 통제된 약을 누리고, 상대적으로 낮은 비율의 비만, 고혈압, 심장병의 배경이 되는 건강하고 균형 잡힌 식단을 유지한다. 그러나 일본이라고 해서 상황이 완벽한 것과는 거리가 먼데, 복잡한 보건의료의 관료주의, 의사의 부족, 고령화되는 인구로 인해 커지는 의료시스템에 대한 압박과 같은 우려가 존재한다 (Organization for Economic Cooperation and Development, 2015). 그럼에도 불구하고 우수한 보건의료는 일본에서의 삶에 있어 중요한 특징이다.

반면 시에라리온에는 어려움이 산적해 있다. 보편적 보건의료시스템이 없고, 진료소와 의료진은 부족하며, 빈곤은 여전히 만연한 문제이고, 1991년부터 2002년까지 지속된 내전의 영향으로부터 나라는 여전히 회복 중이다. 말라리아, 폐렴, 결핵, 설사병, 인체면역결핍바이러스/에이즈(HIV/AIDS: human immunodeficiency virus/acquired immunodeficiency syndrome)의 발생률을 낮출 영양의 개선, 공교육, 깨끗한 물과 위생의 공급을 통해 해결될 수 있는 문제의 영향으로 많은 이들이 병에 걸리거나 사망한다. 2014년 에볼라 발생이 불러온 비상사태가 이 나라의 보건의 문제점을 잘 보여주는데, 1만 4,000명 이상의 환자와 거의 4,000명의 사망자가 발생한 시에라리온은 라이베리아 다음으로 가장 심각한 영향을 받은 국가였다.

이 책의 다른 몇 개의 장에서 우리는 애국심, 민주주의, 인권, 국방비, 소득, 이민 등에 관한 비교 순위를 살펴보았다. 보건의료에서 이러한 순위를 개발하는 것은 쉽지 않은데, 이는 정기적인 연간 보건의료 지표가 없는 데에 단적으로 반영되어 있으며, 이는 다시 보건의료의 질을 측정하는 것의 어려움을 보여준다. 엠마누엘(Emanuel, 2020)은 주로 어떻게 성과를 측정할 것인가와 관련하여 보건의료시스템의 순위를 매기는 문제를 어렵게 만드는 많은 질문에 관해 지적하는데, 혁신, 장기요양, 예방의학, 병상 및 의료진의 수와 같이 상이한 영역에서 각 시스템은 서로 다른 강점을 가질 것이기 때문이다. 그가 저서 『세계에서 가장 좋은 보건의료시스템을 가진 나라는 어디인가?(*Which Country has the World's Best Health Care System?*)』에서 캐나다, 중국, 미국 및 유럽 몇 나라를 포함한 11개의 시스템을 검토하고 내린 결론은, 이 중 최선이라고 간주할 수 있는 시스템이란 없고, 다만 어떤 시스템이 다른 영역에서 우월하고 어떤 시스템은 열등하다고 할 수 있을 뿐이라는 것이다. 예를 들어, 호주와 노르웨이는 낮은 약제 가격이란 측면에서 더 낫다고 할 수 있고 미국과 스위스는 상대적으로 뒤처진다.

변화하는 글로벌보건의료 상황

세계보건기구(World Health Organization, 2021b)는 건강을 단순히 질병이나 병약함이 없는 상태를 넘어 '신체적, 정신적, 사회적 안녕이 온전한 상태'라고 정의하고 있다. 또한, '달성 가능한 최선의 건강 수준의 향유'는 모든 인간의 기본권 중 하나라고 주장하며 이는 '세계인권선언' 25조(제7장 참조)에 반영되어 있다.

> 모든 사람은 음식, 의복, 주거, 의료, 필수 사회서비스를 포함해 자신과 가족의 건강과 복지에 적합한 삶의 수준을 누릴 권리가 있고, 실업, 질병, 장애, 배우자 사망, 노령, 또는 자신의 통제 밖에 있는 기타 상황으로 인해 생계유지가 어려운 경우 안전을 보장받을 권리가 있다.

2000년 유엔총회에서 채택된 새천년개발목표에도 유사한 관점이 반영되어, 특히 영아 및 모성 사망률 감소, 질병 확산의 중단과 역전, 깨끗한 물에 대한 접근의 확대, 남에서 적정가격의 의약품에 대한 접근의 확대 등과 같은 목표를 통해 건강과 보건의료를 강조하였다. 이는 2015년 지속가능 발전 목표까지 이어져, 그 세 번째 목표는 '모든 연령층의 건강한 삶의 보장과 복지증진'이다. 물론 숭고한 목표이지만, 세계 많은 지역에서 현재 직면하고 있는 문제들은 위에서 언급한 상이한 수명 및 영아사망률 수치와 북과 남 비교 12에서 논의되는 보건의료 접근 수준의 격차에 반영되어 있다.

세계보건기구(WHO, 이 장 뒷부분 참조)와 같은 건강의 질 개선을 옹호하는 이들은 **일차 의료**(PHC: primary health care)와 **보편적 의료**(universal health care)라는 방안에 대해 오랫동안 지지해 왔으며, 특히 후자는 모두를 위한 건강을 보장하는 최선의 방법으로 보는 시각이 많다. 일차 의료는 모두의 핵심적 건강 필요에 초점을 맞추어 적정가격 공급 및 건강의 증진과 질병 예방을 강조한다는 점에서 건강에 관해 사회적 관점을 취한다. 일차 의료의 원칙은 1978년 당시 구소련의 알마아타(현 카자흐스탄의 알마티)에서 열린 국제회의에서 처음 주창되었으며, 당시 무기와 전쟁에 투자되는 자원을 더 잘 사용함으로써 '전 세계인의 용인할만한 건강 수준'이 2000년까지 달성될 수 있을 것으로 예측되었다. 이러한 일은 물론 일어나지 않았다.

일차 의료(Primary health care): 기본적이고 개인적이며 일반적인 보건의료서비스로서 특수하거나 진행이 많이 된 질병을 다루기보다는 초기 치료에 초점을 둔다.

보편적 의료(Universal health care): 모든 의학적 필요를 포괄하며, 기저 질환이나 비용 지불 능력과 관계없이 직접적인 비용을 전혀 부담하지 않거나 소액 부담하는 것을 통해 누릴 수 있는 보건의료 서비스.

보편적 의료는 이와는 다른 제안으로서 보건의료시스템의 설계에 사용되는 여러 선택지 중 최적의 기준을 대표한다. 그것은 사회의 모든 사람들이 필요한 건강 서비스를 이용할 수 있으면서, 이것이 그들에게 재정적인 어려움을 초래하지 않음을 의미한다. 그러나 이 목표를 달성한 국가는 30개국밖에 되지 않으며 (표 12.1 참조), 지속가능 발전 목표(SDG: Sustainable Development Goal) 중 하나인 '2030년까지 모두를 위한 보편적 의료의 달성'이라는 목표는 야심차지만 비현실적이다. 대부분 국가는 사회보험, 공적보험, 민간보험의 다양한 조합을 기반으로 보건의료 재원을 충당하기 위한 상이한 수단을 사용하고 그 결과는 다양한데, 세계보건기구(World Health Organization, 2020c)의 추정에 따르면 세계 인구의 절반(주로 남에 사는)이 필요한 의료서비스를 이용할 수 없는 반면, 주로 북에 거주하는 약 9억 3,000만의 사람들은 가계 재정의 10퍼센트 이상을 의료비로 지출하고, 약 1억 명의 사람들이 의료비의 본인부담금으로 인해 매년 극심한 빈곤으로 내몰리고 있다.

북과 남 비교 12

보건의료 접근성

질 높은 보건의료에 대한 접근성만큼 세계의 가장 부유한 나라와 가장 가난한 나라 간 차이를 명확하게 드러내는 비교 포인트는 별로 없다. 북에 있는 대부분의 국가(미국은 눈에 띄는 예외)에 사는 사람은 최첨단 의료 기술과 광범위한 종류의 의약품을 사용하는 우수한 의료진에 의해 제공되는 보편적 보건의료 서비스를, 직접적인 비용을 전혀 부담하지 않고도, 또는 아주 적은 액수의 부담만으로도 이용할 수 있다. 그 사이, 남의 일부 성공적인 국가에서는 보건의료와 의학이 모두 빠르게 따라잡고 있다. 아르헨티나, 보츠와나, 브라질, 중국, 쿠바, 인도, 멕시코, 스리랑카를 포함한 많은 나라가 주민들에게 무료로 보편 보건의료 서비스를 제공하고 있으며, 그 혜택은 높아진 수명과 삶의 질에 반영되어 있다. 하지만 남에 있는 많은 국가에서 보건의료는 일차 수준에서만 무료이고, 아프가니스탄, 캄보디아, 아이티, 케냐, 나이지리아를 포함한 다른 많은 국가에서는 이는 무료도 아니고 보편적이지도 않다.

동시에 건강의 질에 있어서 차이는 단순히 부와 가난, 또는 보건의료시스템의 성격으로 귀결되지 않는다. 마못(Marmot, 2016)은 글로벌 건강격차에 관해 서술하면서, 종종 이는 사회적 사다리에서 개인 또는 공동체가 자리하고 있는 위치의 함수라고 주장한다. 그는 모든 나라에서 상대적으로 불리한 사회적 위치에 있는 이들은 종종 그들의 상대적 부와 상관없이 상대적으로 건강에 있어서 불리함을 겪게 된다고 주장한다. 따라서 부유한 나라에서 사회적 지위가 낮은 사람은 가난한 나라에서 사회적 지위가 높은 사람보다 수명이 짧을 가능성이 크다. 보건의료의 개선과 행동 교정을 통해 건강상의 필요에 대응하는 데에 있어서 한계가 존재하고, 반드시 사회적 불평등을 함께 고려해야만 한다.

북에 사는 많은 사람들로 하여금 건강이 풍요의 대가를 치르는 것을 경험하게 하는 흥미로운 역의 관계도 존재한다. 비록 대부분이 과거 어느 때보다 더 오래 그리고 일반적으로 더 건강한 삶을 살지만, 많은 사람은 늘어난 기대수명과 앉아서 생활하는 생활방식과 연관된 새로운 문제(전자의 경우 치매, 후자의 경우 당뇨, 비만 등)를 경험한다. 코로나19 팬데믹 기간에 북에서 가장 높은 사망률을 보인 이들 중에는 고령자와 당뇨병, 고혈압, 비만과 같은 기저 질환을 가진 사람들이 있었다. 풍요로 인한 문제들이 남에 사는 이들에게서도 나타나기 시작하고 있지만, 비만은 북과 남의 부유층뿐만 아니라 빈곤층에게도 영향을 미친다.

한편, 남의 시골 지역에서는 많은 이들이 보건의료에 대한 낮은 접근성뿐만 아니라, 말라리아, 오염된 물이나 위생시설 부족으로 인한 설사병, 결핵과 같이 (보통은 예방 가능한) 전염병으로 인한 질환이나 사망으로부터 보호할 수 있는 저렴한 약품의 부족으로 인해서도 고통을 겪는다. 보건의료 접근성이 양호한 경우에도 때로는 사회적인 태도가 방해요인이 될 수 있다. 세계 대부분 지역에서 이제는 과거와 달리 더는 사형선고로 여겨지지 않는 HIV/AIDS의 경우를 생각해보자. 그러나 사하라 이남 아프리카에서는 성교육, 피임, 동성애에 대한 종교적, 문화적 금기가 부실한 거버넌스 및 부패와 결합해, 많은 이들이 HIV나 에이즈에 대해 이야기하거나 확산을 막기 위한 필요 조치를 취하는 것을 주저하게 만든다(Dionne, 2018 참조).

표 12.1 보건의료시스템의 비교

유형	특징	국가
정부 지원	모든 시민(심지어, 종종 시민이 아닌 거주자 포함)에게 제공되는 보건의료.	대부분의 유럽국가 및 호주, 브라질, 캐나다, 쿠바, 말레이시아, 사우디아라비아, 남아프리카공화국.
사회의료보험	노동자의 임금에서 보험료가 납부되는 보험에 기반함.	대부분의 동유럽국가 및 중국, 이란, 일본, 러시아, 한국.
공적-민간보험	어떤 이들은 민간보험에 의해, 다른 이들은 정부 프로그램에 의해 보장됨.	상대적으로 희소함. 아르헨티나, 칠레, 독일, 멕시코 등.
민간보험	저소득층을 위한 보조금과 더불어 의무적인 민간보험.	몇 안 되는 사례들: 이스라엘, 네덜란드, 스위스.
비보편적 보험	민간보험, 정부 보조의 의료서비스(노인 및 빈곤층) 및 보장의 부재가 혼재.	상대적으로 희소함. 이집트, 인도, 인도네시아, 나이지리아, 미국 등.

의학과 기술의 진보, 그리고 기대수명과 같은 핵심 지표에 있어서 긍정적인 동향에도 불구하고 모두를 위한 건강한 삶과 복지라는 SDG를 달성하기 위해서는 아직 갈 길이 멀다. 어떤 난관은 구조적이고, 어떤 것은 경제적이고, 어떤 것은 사회적이고, 어떤 것은 정치적이다. 국가는 여전히 보건의료 필요에 대한

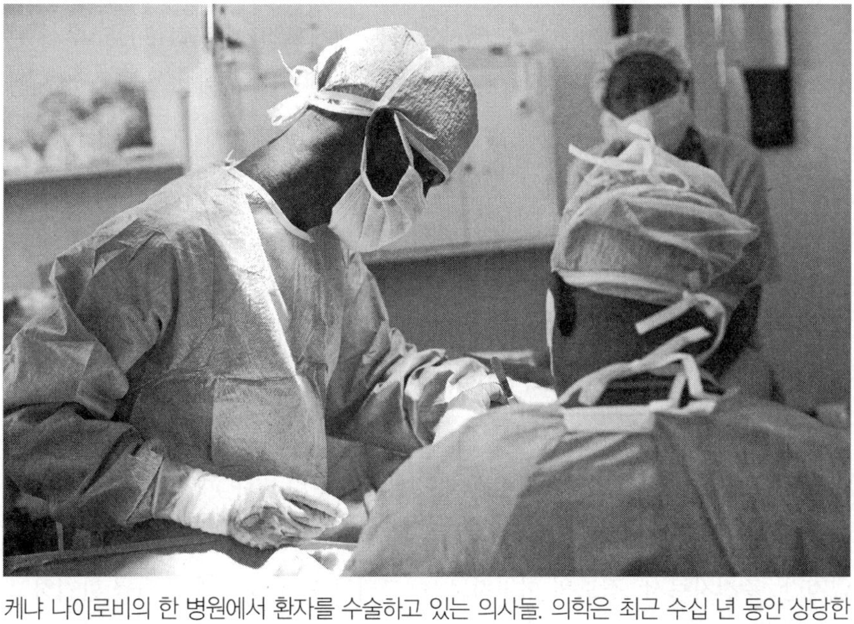

출처: veronicadana / iStock

케냐 나이로비의 한 병원에서 환자를 수술하고 있는 의사들. 의학은 최근 수십 년 동안 상당한 진전을 이뤘지만 보건의료의 질은 국가마다 다르다.

국가적 대응을 형성하는 데 있어 중요한 역할을 하고 있지만, 글로벌 대응을 형성하는 데에도 중요한 역할을 하고 있으며, 곧 살펴보게 되겠지만 많은 국가는 그 대응에 대해 동의할 의사가 없거나 능력이 없는 것으로 판명되었다.

글로벌보건레짐

이 장에서 이미 본 바와 같이, 에볼라나 코로나19와 같은 보건 비상사태는 세계의 상호연결성을 드러내는 결과를 낳기도 했지만, 동시에 우리가 글로벌 관점에서 보건을 접근하는 데에 있어서 얼마나 느리게 반응해 왔는지를 새롭게 조명하기도 한다. 보건의료의 전달은 여전히 지역 및 국가의 책임이지만, 이러한 사건들은 새로운 아이디어와 접근법을 개발하기 위해 협력하는 것의 중요성과 보건의료를 글로벌 의제로 끌어올리는 것의 시급성을 역설한다. 글로벌보건 이슈에 관한 기록의 결과 중 하나는 글로벌보건레짐이 이 책에서 논의되는 여러 레짐 중 내부적으로 더 단절된 체제 가운데 하나이며, 또한 NGO의 역할에 더 많이 의존하는 레짐 중 하나라는 것이다. 이 레짐의 진화는 유드(Youde, 2018)가 글로벌보건 거버넌스의 진화에 있어 '7개의 결정적인 순간 또는 과정'이라고 설명한 것에 요약되어 있다 (표 12.2 참조).

보건 문제에 관심을 가진 주요 국제기구는 세계보건기구(WHO)로, 수십 년 동안 보건을 글로벌 관점에서 바라볼 수 있다는 생각을 거의 유일하게 대표했다. 제네바에 본부를 두고 있는 WHO의 업무에는 유엔체계 내 보건의료에 대한 접근 조정, 유엔 회원국에게 조언 제공, 기준 제정, 연구 장려, 보건 동향 모니터링, 보건 비상사태에 대한 경보 발령, 질병 근절 프로그램 조정 등이 포함된다. 예를 들어, 천연두와 말라리아 근절을 위한 글로벌 수준의 노력을 이끌고, 에볼라 발생, 브라질 일부 지역의 황열 확산, 그리고 코로나19 팬데믹에 대한 대응을 조정한 것이 WHO였다. 2018년 비디오게임 중독을 장애로 분류하고, 아동을 대상으로 한 폭력 문제에 관한 국제회의를 개최하고, 항생제 내성 사례 증가에 대해 경고하는 보고서를 발간한 것도 WHO였다.

WHO는 자금 조달 기관이 아니며 보건의료 지원을 제공할 충분한 인력은 없지만, 촉진자로서, 정보의 처리자로서, 그리고 문제에 대한 주의를 환기하고 각국 정부와 NGO가 이러한 문제에 대한 대응을 설계하고 실행하도록 소집하

표 12.2 글로벌보건의료 발전의 결정적 단계

날짜	단계	초점/목표
1851~1938년	14개의 국제위생회의(International Sanitary Conference) 중 절반은 파리에서, 나머지 절반은 이스탄불, 비엔나, 베니스와 같은 도시에서 개최됨.	콜레라, 페스트, 황열의 확산을 막기 위한 검역 조치를 표준화. 1892년 '국제위생협약'(그리고 몇 개의 후속 협약)의 채택 및 세계보건기구(WHO) 창설의 길을 닦음.
1923년	국제연맹 산하 보건기구의 설립.	국지적 유행 통제, 검역 조치, 의약품 표준화에 초점을 두고, WHO 창설을 위한 추가 조치를 취함.
1948년	WHO 설립.	보건 여건의 개선을 위한 국제 협력의 증진이라는 임무를 부여받음. 설립일인 4월 7일을 '세계 보건의 날'로 기념하기로 함.
1969년	WHO의 세계보건총회에 의해 '국제보건규칙' 채택.	질병의 국제적 확산을 막고, 통제하고, 대응하기 위한 법적 의무를 WHO 회원국에게 부과함.
1977년	유엔총회에 의해 '모든 이들의 건강을 위한 글로벌 전략' 채택.	모든 이들이 2000년까지 사회적, 경제적으로 생산적인 삶을 영위할 수 있을 정도의 건강 수준을 가져야 함.
2000년	빌앤멜린다게이츠 재단 발족.	보건의료를 개선하고 빈곤을 줄이기 위한 핵심 목표들.
2002년	'에이즈·결핵·말라리아 퇴치를 위한 글로벌펀드'의 설립.	에이즈, 결핵, 말라리아와의 전쟁에 대한 투자를 이끌어내고 활성화하기 위한 목적임.

는 기관으로서 필수적인 역할을 한다. 그 사명의 중요성에도 불구하고, WHO는 회원국과 민간 재원으로부터의 자발적인 기부금에 의존해야 하고, 2020년 그 수입은 70억 달러에도 못 미쳤다 (이는 가령 2019~2020년 세계은행이 대출해준 560억 달러와 비교해도 미미한 금액이다). 독일, 미국, 영국 등 3개국이 전체의 25퍼센트를 조금 넘는 비율을 차지했고, 빌앤멜린다게이츠 재단은 거의 12퍼센트를 차지했다. 2020년 5월 미국의 트럼프(Donald Trump) 행정부가, WHO가 코로나19 팬데믹 상황에서 중국을 보호했고 코로나19에 대해 부정확하거나 호도하는 주장을 한다고 불평하면서 WHO에 대한 미국의 자금 지원을 삭감하고 심지어 탈퇴하겠다고 위협했던(이 두 입장은 2021년 바이든[Joe Biden] 행정부에 의해 신속하게 취소되었음) 2020년 5월, 민간 재원은 새로운 중요성을 띠게 되었다.

WHO는 다음 네 가지의 구조적 요소를 가지고 있다.

- 각 회원국의 대표단이 참석하는 '세계보건총회(World Health Assembly)'로, 이들은 매년 1회 회의를 열어 정책을 수립하고 예산 승인과 같은 전략적 결정

을 내린다.

- 34명의 회원으로 구성된 '집행이사회(Executive Board)'는 매년 2회 만나 총회에 의한 결정의 이행을 감독한다.
- WHO에 대한 행정적, 기술적 지원을 제공하는 '사무국(Secretariat)'은 총회에서 선출된 5년 임기의 사무총장이 그 수장을 맡는다. 코로나19 팬데믹 기간에 사무총장(Director-General)은 에티오피아의 전 보건부 장관이자 아프리카인으로는 처음으로 그 직책을 맡은 거브러여수스(Tedros Adhanom Ghebreyesus) 박사였다.
- 아프리카, 아메리카 대륙, 지중해 동부, 유럽, 동남아시아 및 서태평양을 대표하는 6개의 독립된 '지역보건기구(regional health organization)'. 각각은 독자적인 예산과 지도부를 가지고 있어 WHO는 이례적으로 분권화된 성격을 띠게 되었다.

백신(Vaccine): 소아마비, 홍역, 독감, 코로나19와 같은 특정한 전염병에 대한 면역을 제공하는 생물학적 조제 물질.

WHO는 결핵, 말라리아, 천연두, 한센병, 소아마비와 같은 전염병 퇴치를 위한 여러 프로그램을 시작했다. 가장 성공적인 프로그램은, 궤양, 피부 발진, 물집을 일으키면서 사망률이 30퍼센트에 달하는 질병인 천연두를 대상으로 하였다. 세계 최초의 **백신(vaccine)**인 천연두 백신은 1796년 영국에서 제너(Edward Jenner)에 의해 개발되었으나, 기원이 알려지지 않은 이 질병은 이후에도 계속해서 수백만 명의 목숨을 앗아갔다. 1959년 WHO 프로그램이 시작되었을 당시 매년 200만 명이 이 고통으로 목숨을 잃고 있었다. 퇴치의 열쇠는 WHO가 조정 역할을 하는 발병 보고와 백신 배포였다. 마지막으로 알려진 천연두 사례는 1977년에 있었고, WHO가 1980년 천연두 박멸을 선언했을 때 이는 중요한 의학적 이정표로서 천연두는 인간의 노력으로 근절된 역사상 최초의 질병이었다.

비록 그 후 단 하나의 질병(소, 버팔로 및 관련 동물들을 괴롭히는 질병인 우역)만이 근절되었지만, 천연두 사례는 적절한 수준의 협력과 효율성으로 이룰 수 있는 것이 무엇인가를 보여주는 지표이다. 소아마비(중추신경계에 영향을 미쳐 근육 약화를 초래하는 질병)는 아직 근절되지는 않았지만 희귀해졌고, 2019년 WHO는 야생형 폴리오바이러스(poliovirus, 소아마비를 일으키는 바이러스 – 역자 주) 중 한 종류가 퇴치되었음을 선언했다. 모기를 통해 전염되는 병인 말라리아와 관련해서는 WHO의 노력이 덜 성공적이어서, 유럽, 북미, 호주에서 이 병은 제거되었다고 할 수 있지만 근절되지는 않았고, 여전히 사하라 이남 아프리카의 많은 시골 지역에서는 만연한 문제이다. WHO는 1955년 퇴치 프로그램을 시작했지만 별다른 지지를 얻지 못했고 1969년 중단됐다. 말라리아를 억제, 제거 또는 근절하려는 노력 사이를 오가던 WHO는 1990년대 후반에 이르러 말라리아 '반격' 프로그램으로 이동했지만, 예산 제약과 공공 및 민간 기관의 업무 조정이라는 도전에 맞서 고전할 뿐만 아니라 말라리아 퇴치제 및 모기살충제에 대해 커지는 반발과도 싸워야 했다 (Beigbeder, 2018). 사망률이 하락하고 있고, 향후 20년 안에 근절될 수 있다는 새로운 낙관론도 대두되고 있지만, 수백만 명에게는 여전한 위협으로 남아있다.

WHO가 미지의 질병 전염이라는 문제를 최초로 경험한 것은 2003년 중국 광둥성에서 사스(SARS)가 발병했을 때였다. WHO는 재빨리 여행 경보를 발표하였고, 8,400명 이상이 감염되었고 916명이 사망했지만, 국지적 유행은 곧 저지되었다. 사스 유행사태는 신속한 국제보건규칙 개정을 통해 각국이 WHO에 질병의 발생을 보고하도록 장려하고, WHO가 돼지독감, 에볼라, 코로나19 등에 더 잘 대응할 수 있도록 만드는 데 도움을 주었다. 그럼에도 불구하고 WHO의 행동에 대한 책임성의 정도에 관해서 (McArdle, 2017), 그리고 글로벌보건 문제에 효율적으로 대응하는 능력에 대해서 의문이 제기되어 왔다. WHO의 지지자들조차 개혁이 필요하다는 데에 대체로 동의하지만 그러한 개혁이 정확히 어떤 모습을 취할지는 분명하지 않다.

WHO가 직면한 도전 중 하나는 WHO 임무의 일부를 다루면서도 WHO의 작동을 지체시키는 관료주의에 관한 우려를 불식시키기 위해 별도로 세워진 새로운 기관의 창설이었다 (Beigbeder, 2018). 에이즈에 대한 글로벌 대응에는 이러한 사례에 해당하는 두 개의 기관이 활동하고 있다. WHO는 독자적인 '글로벌 에이즈 프로그램(Global Program for AIDS)'을 가지고 있었지만, 1996년에 새로운 조직인 '유엔에이즈계획(UNAIDS)'이 설립되어 에이즈에 대한 유엔의 대응을 조정하는 역할을 한다. 6년 후에는 '에이즈·결핵·말라리아 퇴치를 위한 글로벌펀드(Global Fund to Fight AIDS, Tuberculosis and Malaria)'가 각국 정부와 NGO가 함께 모이는 혼종형 기구로 설립되었지만 WHO와는 별개로 활동한다.

다른 유엔 전문기구들도 글로벌보건정책을 수립하고 실행하는 데 중요한 역할을 한다. 개발도상국 보건 프로그램의 최대 자금원인 세계은행(Park, 2018)과 유니세프(UNICEF: UN International Children's Emergency Fund)가

이에 포함된다. 후자는 1946년 분쟁으로 분단된 국가들의 아동에게 긴급 원조와 보건 서비스를 제공하는 임무를 가지고 설립됐으며 이후 아동 인권 증진 등 전 세계 어린이들에게 장기적인 도움을 제공하는 것으로 목적을 확대해 왔다. 가장 초기 프로그램은 1950년대에 WHO와 함께 요스(yaws)라는, 보기에는 흉하나 대부분 치명적이지는 않은 이 질병을 가진 아동을 치료하는 것이었다. 유니세프는 공로를 인정받아 1965년에 노벨평화상을 받았다.

이 책에서 다루는 대부분의 다른 레짐과 마찬가지로, 보건의료는 NGO와 특히 자선재단의 관심을 끌었다. 미국에서는 록펠러 재단이 1935년 황열 백신 개발을 지원했고, 포드 재단은 인구 과잉의 잠재적 문제점에 대해 주의를 환기하는 데 역할을 했고, 보건의료는 빌앤멜린다게이츠 재단(Bill and Melinda Gates Foundation)이 우선순위에 두는 사안으로서, 2020년 기준 기금 규모가 470억에 가까운 이 재단은 세계에서 가장 부유한 자선 단체이다.

보건의료 문제에 대해 적극적인 NGO 중 가장 저명한 단체는 다음과 같다.

- '국경없는의사회(MSF: Doctors Without Borders)'는 분쟁과 자연재해 발생 시 의사, 간호사, 엔지니어를 동원하여 도움을 제공하는 것을 목표로 프랑스에서 설립되었다. 또한, 제7장에서 살펴본 바와 같이 인권 문제에도 관여한

출처: HOANG DINH NAM / Getty Images

지진이 거주지역을 강타한 이후 국경없는의사회의 자원봉사자로부터 지원을 받기 위해 기다리고 있는 아프가니스탄 사람들.

다. 정치적인 독립성을 유지하기 위해 민간 재원에 의존하는 국경없는의사회는 1999년 노벨평화상을 수상했다.

- '세이브더칠드런(Save the Children)'은, 제11장에서 살펴보았듯이 교육과 보건의료의 개선을 통해 아동의 삶을 향상하고, 전쟁이나 자연재해 발생 시 지원을 제공하는 것을 목적으로 한다. '유엔 아동권리선언(UN Declaration of the Rights of the Child, 1959년 채택)'과 1989년 채택된 '유엔 아동의 권리에 관한 협약(UN Convention on the Rights of the Child)'의 발전에 적극적이었으며 현재 30여 개 국가에 지부를 두고 있다.

이 책에서 다루는 대부분의 다른 레짐들은 일련의 국제 조약들이 뒷받침하

비전염성 질환(Non-communicable disease): 인간이나 동물 간 전염될 수 없는 질병. 만성질환(chronic disease)이란 이름으로도 알려져 있으며 다양한 유전적, 육체적, 환경적, 행태적 요인에 의해 유발된다.

글로벌과 로컬 12

비전염성 질환

이 장의 많은 분량이 감염성 또는 전염성 질병 문제에 할애된 까닭은 이것이 세계화의 결과로서 가장 명백히 뒤따라온 보건 문제이기 때문이고, 종종 국경을 넘나들어 국제적인 대응이 요구되기 때문이다. 그렇다 해도 매년 세계에서 4,100만 명의 목숨을 앗아가고 연간 사망자 수의 약 71퍼센트를 차지하는 **비전염성 질환**(NCD: non-communicable disease)을 간과해서는 안 된다. 심혈관계 질환(심장마비, 뇌졸중 등)은 가장 흔한 사망 원인이고 암, 천식과 같은 호흡계 질환과 당뇨가 그 뒤를 잇고 있다 (모든 자료는 World Health Organization, 2018).

이러한 질환들은 비전염성이므로 글로벌보건의 성격에 관해 다른 이야기를 말해주며, 원인과 결과는 지역적인 차이를 반영한다. 표 12.3의 두 가지 목록은 고소득과 저소득 국가의 주요 사망 원인이 눈에 띄게 다르다는 것을 보여주는데, 전자에서는 비전염성 질환이 우세하고 후자에서는 전염병이 우세하다. 그 원인은 지역적으로 상이하여 고소득 국가에서는 신체활동 부족과 건강에 해로운 식습관이 요인으로 작용한다 (따라서 비전염성 질환은 종종 '생활방식 질환'으로 불린다). 또한, 비전염성 질환으로 앓거나 사망하는 것은 고소득 국가에서 주로 인생의 늦은 시기에 발생하므로 보건의료시스템에 부담을 초래한다.

반대로 저소득 국가에서 그 원인은 열악한 보건의료 수준, 부적절한 위생, 의약품의 부족, 전염병의 위험에 대한 대중적 인식개선을 위한 프로그램의 부족과 실패 등에 있다. 저소득 국가에서는 더 많은 이들이 비전염성 질환으로도 조기 사망한다. 경제발전이 진행되면서 많은 인구가 고소득 국가의 나쁜 습관들을 받아들이고 있다는 징후가 보이고, 사망의 주요 원인으로서 비전염성 질환이 전염병을 따라잡을 것으로 기대되는 결과들을 낳고 있다.

고 있지만 보건의료와 관련해서는 그렇지 못한데 이는 보건의료가 국가 차원의 문제로 여겨져 온 까닭이다. 1892년 '국제위생협약(International Sanitary Convention, 콜레라의 통제에 초점을 맞춘)'은 1944년까지 이를 대체하는 몇 개의 협약 제정과 개정이 있었고, 1969년의 '국제보건규칙(International Health Regulations)'에 대한 2005년 개정안은 특정한 공중보건 사건을 국제적인 우려를 낳는 보건 비상사태로 지정할 수 있다는 획기적인 요건을 수립함으로써 글로벌보건안전과 협력을 제고하였다. 이와 같은 비상사태의 예로는 사스와 돼지독감 대유행, 에볼라 유행, 코로나19 팬데믹이 포함되나, 각국 정부의 협조 능력 차이로 인해 지금까지의 결과는 엇갈린다.

명확한 목표대상을 가진 보건의료 조약의 예로는 2003년에 채택되어 2005년에 발효된 'WHO 담배규제기본협약(WHO Framework Convention on Tobacco Control)'이 있다. 이 조약은 WHO에게 조약 채택 권한을 부여하는 헌장(제19조)에 의거해 협상이 이루어진 최초의 조약일 뿐만 아니라 만성 및 비전염성 질환에 대한 최초의 다자간 구속력 있는 협정이었다. WHO는 담배

표 12.3 부유한 국가와 가난한 국가의 10대 주요 사망 원인

부유한 국가	가난한 국가
허혈성 심장질환†	신생아 질환*
알츠하이머 및 기타 치매	하기도 감염
뇌졸중	허혈성 심장질환†
기관, 기관지, 폐암	뇌졸중
만성폐쇄성폐질환	설사병*
하기도 감염*	말라리아*
대장암과 직장암	교통사고
신장질환	결핵*
고혈압성 심장질환‡	HIV/AIDS*
당뇨	간경변

출처: 세계보건기구 (2020c). 2019년 자료 기준.

† 혈류의 차단 또는 감소로 유발.

* 전염병.

‡ 고혈압에 의해 유발.

사용이 건강에 미치는 영향, 그리고 북에서의 새로운 규제들이 담배회사로 하여금 남으로 새롭게 눈을 돌리도록 만드는 방식에 대해 오랫동안 우려해왔다. 이 조약은 담배업계와 의회의 의원들 간 교류에 관해 규제하고, 담배제품의 수요를 줄이기 위한 세금 사용을 장려하며, 담배광고를 포괄적으로 금지하고, 간접흡연으로부터의 보호에 대한 의무를 포함하며, 건강에 대한 경고문을 포장에 담도록 의무화한다. 이 조약은 보건에 관한 SDG 달성을 위한 노력의 중요한 일환이라 생각된다.

이러한 예들 외에 글로벌보건에 영향을 미치는 대부분의 국제 조약은 초점이 다른 곳에 맞춰져 있어, 건강 증진은 그들의 핵심 목표로부터 떨어진 주변적인 것에 불과하다. 그 예로, 깨끗한 공기와 물, 또는 오염에 대한 통제를 목표로 하는 많은 환경 조약들, 아동의 건강권을 포함하고 있는 인권 조약인 1989년 '아동의 권리에 관한 협약(Convention on the Rights of the Child)', 그리고 2006년 '유엔 장애인의 권리에 관한 협약(UN Convention on the Rights of Persons with Disabilities)'을 들 수 있다.

전염병 문제

헨리 맥코믹(Henry McCormick)이라는 나의 먼 친척은 제1차 세계대전 중 영국 육군으로 참전했다. 그는 왕립 야전 포병대의 일원이었고 1917년 초 서부전선으로 이동하기 전에는 갈리폴리와 이집트전투에 참가했다. 그는 제3차 이프르(Ypres) 전투의 참화와 1918년 3월 독일의 솜므(Somme)전투 춘계 공세를 견뎌냈고 솜므강에서 대(對)독일 8월 공세에 참가하여 살아남아 1918년 11월 11일 종전을 축하할 수 있었다. 4개월이 채 지나지 않아, 겨우 24세의 나이에 병에 걸려 벨기에에서 사망한 후 집으로 보내졌다. 제1차 세계대전 중 가장 격렬한 전투에서 살아남았지만, 그는 세계 최초의 독감 대유행, 즉 스페인독감(이렇게 불리게 된 이유는 스페인이 이 감염병 발생에 대한 언론 보도를 통제하지 않은 유일한 나라였기 때문인데 이로 인해 스페인이 대유행의 근원이라는 잘못된 인상을 남기게 되었다)의 희생양이 되었다. 이 사태는 1918년 초부터 1920년 말까지 지속되었고, 약 세 명 중 한 명이 이 병에 걸린 것으로 추정된다. 사망자 추정치는 5,000만 명에서 1억 명으로, 약 1,800만 명이 사망한 제1

차 세계대전 사망자 수를 훨씬 웃돌았다 (Spinney, 2017).

여기에 관련된 바이러스인 H1N1은 2009년에 새로운 버전으로 귀환하여 멕시코에서 시작해 제2차 대유행으로 20만 명이 추가로 사망했다. 돼지를 괴롭히는 바이러스와 비슷하기 때문에 돼지독감(swine flu)으로도 알려진 H1N1은 계절성 독감과는 다른데, 계절성 독감이 노인이나 만성 기저 질환을 가진 사람들에게 가장 심각하고 북반구와 남반구의 겨울에 가장 활발한 반면, H1N1은 여름에 가장 활발하며 청년들의 사망률이 높다. 계절성 독감은 성인의 5~10퍼센트와 아동의 20~30퍼센트가 매년 감염되는 것으로 추정될 정도로 충분히 심각한 문제이나, H1N1은 훨씬 더 위협적이고, 전염병의 더 광범위한 문제점을 보여준다.

한 인간에서 다른 인간으로 전염될 수 있는 질병은 역사를 통틀어 매우 흔했고 (표 12.4 참조), 맥닐(William McNeill)이 저서 『역병과 인간(*Plagues and Peoples*)』(1998)에서 고찰한 바로는, 질병의 역사는 곧 인류의 역사이다. 중국과 유럽의 흑사병의 영향에서부터 스페인의 멕시코 정복에서 천연두의 역할, 인간 정착의 패턴을 바꾸고 전쟁의 결과에 영향을 미치는 말라리아의 역할, 그리고 오늘날의 코로나19에 이르기까지 전염병은 정치적, 경제적, 사회적, 인구학적, 환경적, 심리적 영향을 미쳐왔다.

의학이 계속하여 눈부신 진전을 이루고 개별 국가들이 보건의료에 있어서 진보하고 있는 가운데에서도, 미생물에 의해 퍼지는 질병(많은 경우 한 인간

표 12.4 역사상 주요 전염병 대유행

시기	질병	장소	추정 사망자 수
541~542년	유스티니아누스 역병(Plague of Justinian)	유럽	3,000만~5,000만 명
1347~1351년	선페스트(Bubonic plauge, 흑사병 – 역자 주)	유럽	7,500만~2억 명
1520년~미상	신대륙의 천연두	아메리카대륙	2,500만~5,500만 명(대부분 원주민)
1877~1977년	천연두	글로벌	5억 명
1918~1920년	스페인독감	글로벌	5,000만~1억 명
1981년~현재	HIV/AIDS	글로벌	3,500만 명
2020년~현재	코로나19	글로벌	181만 명*

* 2020년 12월 31일 현재. 최신 수치는 WHO 코로나19 대시보드(http://covid19.who.int)에서 볼 수 있음.

에서 다른 인간으로 전염되는)의 문제는 여전하다. 1960년대에는 천연두 박멸 등의 성공에 힘입어 의학이 전염병을 다루는 데에 있어서 그 능력의 최대치를 거의 달성했다는 시각이 존재했고, 대신 연구의 초점은 암과 같은 만성(지속성) 질환에 맞춰지기 시작했다. 그 후 1980년대에 HIV와 에이즈가 등장하여 다시금 전염병에 대한 관심을 불러일으켰는데, 이러한 전염병의 영향은 도시화, 무역, 해외여행, 이민으로 인해 악화되어 왔고, 보다 많은 사람이 서로 가까이 살고 국경을 넘어 이동하는 것은 질병의 확산을 용이하게 한다. 전 세계적으로 전염병은 현재 인간의 주요 사망 원인 중 하나이며, 2019년에는 전 세계적으로 약 1,300만 명의 사망자를 기록하였으나 저소득 국가에서 더 많은 사망자가 발생한다 (World Health Organization, 2020c).

독감과 같은 이러한 질병 중 일부는 우리에게 오랫동안 친숙하지만, 다른 질병들은 덜 친숙하다 (표 12.5 참조). 일부는 의학의 변화로 인해 더 심각한 문제가 되었는데, 예를 들어 항생제 남용으로 인해 내성을 갖는 박테리아 균주가 등장하였다. 다른 것들은 통제되거나 지리적으로 제한되었다가 세계화

표 12.5 전염병의 예시

질병	속성	상태
천연두	25퍼센트의 치명률로, 20세기에 5억 명의 목숨을 앗아감.	1980년 박멸됨.
독감	접촉이나 기침, 콧물로 전염되는 호흡기 질병으로서 때때로 대유행으로 발전함.	예방과 치료가 가능하나 돌연변이(유전자 형태가 변할 수 있음)의 성질을 가지고, 종종 치명적이며, 매년 300만~500만 명이 감염되고 300명~65만 명이 사망.
말라리아	학질모기에 물려 전염되는 기생충에 의해 발병됨.	한때 널리 퍼져있었으나 북에서는 대부분 제거되었고, 열대 아프리카에서는 주요한 질병 원인으로 남아있는데, 2016년 2억 2,800만 명이 감염되고, 40만 5,000명이 사망.
콜레라	오염된 음식이나 물의 섭취로 인해 야기되는 급성 설사성 전염병. 열악한 위생과 관련 있음.	물 공급과 위생의 개선으로 통제 가능. 매년 최대 400만 명이 감염되고 15만 명이 사망.
HIV/AIDS	체액을 통해 전파되는 이 바이러스는 대부분 에이즈로 진행되며, 과거 한때는 대부분 치명적이었음.	1980년대 심각한 문제로 등장. 예방과 치료가 가능하나 아프리카와 동남아시아에서는 주요 사망 원인 중 하나이며 2019년 69만 명이 사망한 것으로 추정됨.
결핵	공기를 통해 전파되며 주로 폐를 감염시킴.	2019년 사망자 수는 140만 명이며 주로 남에서 발생.

출처: World Health Organization (2021c)에 일부 기초함.

의 여파로 확산되기 시작했다. 한 예로, 유럽인들이 아메리카 대륙으로 이주할 때, 그들은 말라리아, 수두, 홍역, 매독, 그리고 심지어 일반 감기 등과 같이 원주민들에게 면역력이 없는 많은 질병을 함께 가져왔다. 최근에는 도시가 성장하고 이주와 해외여행으로 사람들의 이동성이 증가하면서 질병은 더 널리 퍼질 수 있게 되었다. 가령 웨스트나일 바이러스(West Nile virus)의 경우를 생각해 보자. 1930년대에 우간다에서 처음 발견된 이 바이러스는 북아프리카, 중앙아시아, 유럽으로 확산되었고, 북미에서는 1999년에 처음 확인되었는데, 당시 국지적 유행을 겪고 있던 이스라엘에서 감염된 방문객에 의해 유입된 것으로 의심된다 (Gubler, 2007).

한편, 남의 많은 지역은 통제가 가능한 전염병으로 인해 여전히 고통받고 있는데, 이는 보건의료시스템이 발전되지 못했거나, 위생 상태가 열악하거나, 필수의약품이 너무 비싸거나 불충분하기 때문이다. 말라리아 기생충을 지닌 모기에 물렸을 때 전염되는 질병인 말라리아의 예를 다시 한번 생각해 보면, 고열, 두통, 구토와 같은 증상을 나타내며, 가장 심각한 경우 사망에 이르게 된다. 침대 위에 모기장을 치거나(모기는 밤에 가장 활동적임) 항말라리아 약을 복용함으로써 예방할 수 있다. 좋은 의료 서비스에 접근할 수 있다면 질병에 걸려도 꽤 쉽게 치료가 가능하지만, 기생충이 약물에 대한 내성을 갖게 되면서 이는 더욱 어려워지고 있다. 말라리아는 열대 아프리카의 많은 지역에서 여전히 유행하는(흔한) 질병으로 남아 있으며 매년 수십만 명이 이로 인해 사망하고 사하라 이남 아프리카에서는 사망 아동 5명 중 1명의 사망 원인이기도 하다.

전염병의 세계화에 있어서 등장한 새로운 요소로는 환경변화가 있다. 인구가 증가함에 따라 과거에는 정착에 너무 적대적이라고 여겨졌던 지역으로도 사람들이 이주하면서 새로운 질병에 노출되고 다른 질병을 확산시키는 결과가 나타나고 있다. 댐 건설은 말라리아와 트리파노소마증(trypanosomiasis, '수면병'이란 이름으로 더 알려져 있음)과 같은 수인성 질병의 확산을 촉진했고, 농작물 경작은 기생충을 옮기는 설치류의 확산을 촉진했으며, 포식자를 없애는 것은 질병을 옮기는 해충의 증식을 부추겼다. 이 중 몇몇 원인은, 미국 북동부 지역에서 교외 지역의 확장으로 인해 늑대와 같은 포식자들이 밀려나면서 진드기를 옮기는 사슴의 수가 증가하게 됨으로써 라임병(Lyme disease)* 사례가 증가하게 된 것에 기여했다. 기온 상승과 날씨 패턴 변화로 인해 질병을 옮기는 곤충과 동물들이 자연적인 경계 밖으로 이동하면서 열대성 질병을 더

* 역자 주
사슴 진드기가 사람을 무는 과정에서 보렐리아균이 신체에 침범하여 여러 기관에 병을 일으키는 감염성 질환으로 미국 북동부 지역의 풍토병.

북쪽과 남쪽으로 전파하는 등 기후변화는 이제 더 큰 문제를 유발하고 있다.

코로나19 사례

2019년 12월 31일, 세계보건기구의 중국 지역사무소는 중국 중부의 대도시 우한의 위생건강위원회가 '바이러스성 폐렴'의 몇몇 지역 발생사례에 대해 언론에 발표한 내용을 포착했다. 지역사무소는 이 정보를 WHO 내부로 전달했고, WHO는 중국 당국에 더 많은 정보를 요청했다. WHO는 또한 비상대응지침에 따라 사고관리지원팀을 가동하고 중국 보건 당국에 지원을 제공했다 (World Health Organization, 2021d). 연표 12에서 보듯 이후 사건은 빠르게 진행되고 변화하기 시작했다.

이 바이러스는 중국의 발원지를 벗어나 빠르게 퍼졌고, 이로 인해 야기된 질병은 코로나19(Covid-19)로 명명되었으며, WHO는 그 확산 속도와 각국 정부의 무대응에 대해 심각성을 인식하고 확산의 억제와 통제에 필요한 어떠한 조치라도 취하기를 촉구하였는데, 여러 국가가 봉쇄에 들어갔고 마스크 착용, 사회적 거리두기, 손 씻기를 강력히 권고했다. 유럽은 곧 대유행의 중심지가 되어, 3월 중순 무렵에는 중국을 제외한 세계의 다른 모든 곳을 합친 것보다 더 많은 발병자와 사망자가 유럽에서 발생한 것으로 보고되었다. 4월 초까지 100만 건 이상의 사례가 보고되었고 보고된 사망자 수는 거의 6만 명으로 늘어났다. 많은 이들은 권장된 조치들이 시민의 자유에 대한 침해라고 불평했고 제한조치에 협조하는 것을 거부했는데, 한편 제3장에서 다룬 것과 같은 과학부정(science denial)이 나타나면서 바이러스가 조작이거나 음모라는 주장이 대두하기도 했다. 도표 12.2와 12.3에서 보듯이 2020년 말까지 전 세계적으로 9,200만 건 이상의 사례가 보고되었고 180만 명 이상의 사망자가 발생했다. 부정확한 보고도 있으므로 두 수치 모두 실제 총계보다는 거의 확실히 적을 것이다.

코로나19 팬데믹은 진정한 의미에서 글로벌한 사건으로서, 감염되었는지, 또는 감염으로부터 스스로를 보호하기 위한 조치를 취했는지, 또는 팬데믹 대처를 위한 조치에 영향을 받았는지,또는 사업과 무역의 지장으로 인한 영향을 느꼈는지 여부와 관계없이, 영향을 받지 않은 사람이 거의 아무도 없었다. 한

연표 12 코로나19 팬데믹의 기원에 있어서 주요 사건 (2020년)

날짜	전개
1월 2일	WHO가 우한의 발생사례에 대한 글로벌 경보를 발표.
1월 9일	중국 당국이 이 발생이 '새로운 코로나바이러스' 또는 동물에게서 유래하여 사람에게 호흡기 및 다른 질환을 유발하는 신종 코로나바이러스(coronavirus)에 의한 것이라고 보고.
1월 11일	중국 언론이 이 신종 코로나바이러스로 인한 첫 번째 사망을 보고.
1월 13일	중국 외부의 첫 번째 확진 사례가 태국에서 보고됨.
1월 16일	중국 외부의 두 번째 확진 사례가 일본에서 보고됨. 곧이어 이 바이러스가 사람 간 전염될 수 있음이 확인됨.
1월 21일	미국에서 첫 번째 확진 사례가 보고됨.
1월 24일	유럽(프랑스)에서 최초의 확진 사례가 세 건 보고됨.
1월 30일	WHO사무총장이 신종 코로나바이러스 발생에 대해 WHO가 정의한 최고 수준 경보인 국제적 공중보건비상사태로 선포.
2월 7일	미국 트럼프 대통령이 언론인과의 인터뷰에서 코로나바이러스는 독감보다 더 치명적이라고 인정했지만, 대중에게는 미국이 '전적으로 통제'하고 있는 상황이라며 그 위험을 축소.
2월 11일	WHO가 신종 코로나바이러스에 의한 질병을, 지리적 위치, 동물, 개인, 집단에게 낙인이 찍히는 것을 피하고자 한 의도에서 선택한 이름인 코로나19(Covid-19)로 명명한다고 발표.
3월 7일	코로나19 확진 사례가 10만 건에 도달.
3월 11일	WHO가 코로나19를 팬데믹으로 선포.

출처: World Health Organization (2021d).

편, 그 확산 속도는 우리가 전 세계와 연결되어 있음을 분명하게 확인시켜 주었다. 중국 밖의 대부분 이들에게는 낯선 중국의 한 도시의 시장에서 시작된 이 팬데믹은 몇 주 만에 세계 거의 모든 지역으로 퍼져나갔고, 여러 가지 결과를 가져왔다.

- 보건의료시스템이 한계상황에 몰렸다.
- 생활과 근무 습관에 변화가 왔다.
- 세계화의 진행 속도가 느려졌다.
- 많은 기업이 문을 닫았고 수백만 명이 일자리를 잃거나 옮겼다.
- 글로벌공급사슬이 가로막혔다.

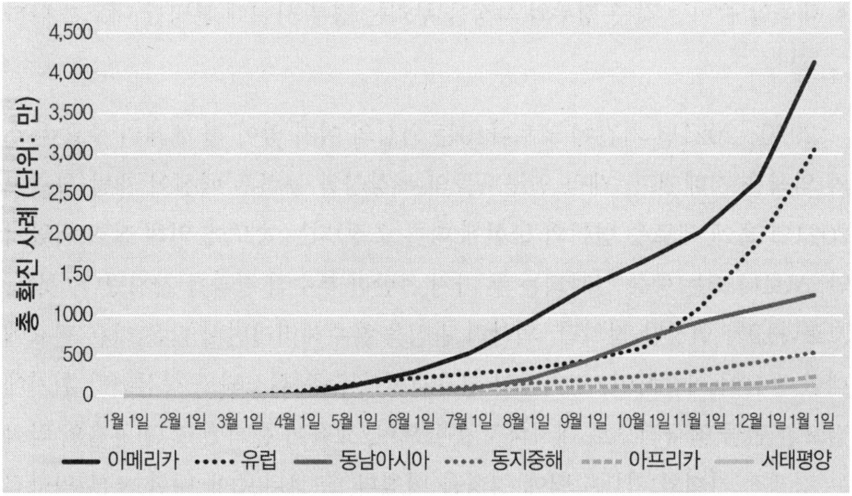

도표 12.2 2020년 코로나19 확진 사례

출처: World Health Organization, 2021d의 2020년 자료에 기초.

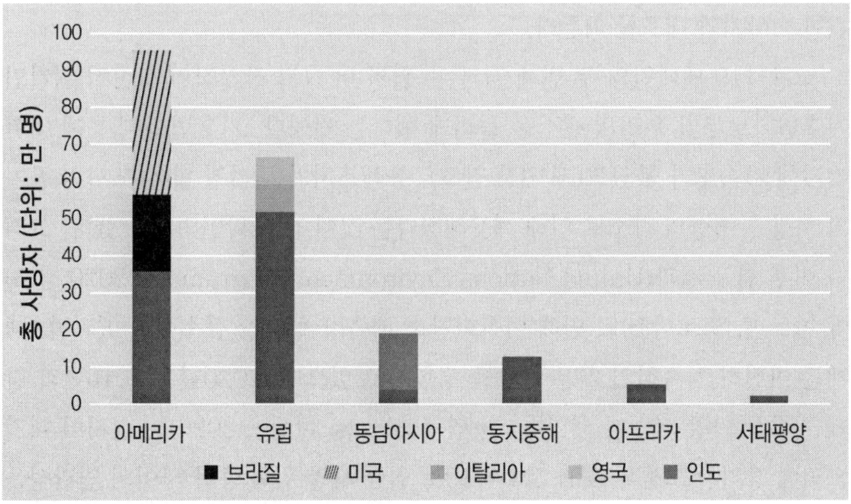

도표 12.3 2020년 지역별 코로나19 확진 사망자

출처: World Health Organization, 2021d의 2020년 자료에 기초.
주: 12월 31일 기준 총 세계 사망자 수는 181만 명.

- 더 많은 이들이 온라인에서 일하고 생활하면서 기술 사용이 가속화되었다.
- 여행과 사회적 교류가 축소되었다.
- 이러한 규모의 위기에 대처하는 우리의 능력의 한계가 드러났다.

- 대응할 준비를 갖춘 정부와 늑장을 부리는 정부 사이에 분명한 대조가 나타났다.

2020~2021년 기간에 코로나19는 의심의 여지 없이 전 세계의 주요 뉴스와 의식을 지배했고, 제약 연구자들의 독창성과 능력은 백신이 개발(그리고 2021년 초에 새로운 변이의 출현에 따른 조정)되는 속도에 의해 잘 드러났지만, 코로나19는 종종 간과되는 두 가지 곤란한 부수적 결과를 가져왔다. 첫째, 코로나19가 엄청난 정치적, 의학적 관심을 흡수해버리면서 많은 다른 필요에 대한 관심이 이탈하여, 정기적인 건강검진이 종종 취소되고 정신건강 위기에 필요한 만큼 적극적으로 대처하지 못했으며, 교육이 붕괴했고, 빈곤율의 악화는 경제적 기회와 기대수명에 영향을 미쳤다. 코로나19에 대한 빠른 의학적 대응은 에볼라와 같이 백신(많은 생명을 구하는 예방 통제와 치료법은 존재하긴 하지만)이 아직 개발되지 못한 질병, 그리고 콜레라와 말라리아와 같이 통제조치와 치료가 이를 필요로 하는 이들에게 적시에 닿지 못하곤 하는 질병에 관한 이야기와 대조를 이룬다.

코로나19 팬데믹의 두 번째 결과는, 훨씬 더 크고 장기적인 실존적 위기인 기후변화로부터 우리의 관심을 돌리게 했다는 것이다. 기후변화 대응에 대한 지지에 가속도가 붙었고(제13장 참조), 봉쇄조치가 내려진 많은 도시의 공기가 차량 통행량의 감소로 인해 깨끗해졌다는 것이 잠시 확인되기도 했다. 그러나 이후 연구 결과(United Nations Environment Programme, 2020 참조)에 따르면, 코로나19로 인해 이산화탄소 배출량이 약간 감소했긴 했지만, 세계는 여전히 지속적인 기온 상승을 경험하고 있으며, 2020년은 2016년과 함께 기록상 가장 더웠던 해였다. 한 연구 (Pozzer et al., 2020)는 심지어 대기 오염에 장기간 노출된 것과 코로나19로 인한 사망 위험 증가 사이의 연관성을 제시하였는데, 장기간의 대기 오염 노출은 전 세계적으로 코로나19로 인한 사망의 15퍼센트를 설명하는 것으로 나타났으며, 오염이 더 심각한 동아시아의 도시들에서 그 수치는 27퍼센트까지 커진다.

또한, 코로나19의 이야기는 글로벌불평등 문제를 다시 떠올리게 만든다. 예를 들어, 지역적 수준에서, 북과 도시화된 남의 많은 대학생과 학생들은 봉쇄 기간에 온라인 교육으로 전환할 수 있었는데, 이는 대부분(그러나 결코 전부는 아닌) 인터넷과 온라인 교육에 접근할 수 있었기 때문이다. 그러나 남의 가난한 지역에 사는 많은 학생들은 그러한 연결망이 없어, 학교는 문을 닫았고 교육은 완전히 중단되었다. 2020년 말과 2021년 초, 코로나19 백신이 보급되기 시작했을 때 북의 국가들이 인구 규모에 비해 훨씬 많은 양을 신속히 구매했던 현상을 통해 글로벌 수준에서 우리는 **백신 민족주의**(vaccine nationalism) 문제를 알게 되었다. 이 문제는 진단, 치료 및 백신에 대한 동등한 접근을 제고하기 위한 목적으로, WHO와 유럽연합의 지원하에 각국 정부, 보건기구, 제조기업, 과학자, 자선가, 그리고 민간 부문의 협력을 촉진하는 코백스(COVAX)*라는 프로그램이 2020년 중반 개시되었음에도 발생하였다.

코로나19 이후 세계가 단기적으로나 장기적으로 어떤 모습일지, 우리는 추측만 할 수 있을 뿐이다. 다른 장에서는 가능성이 있는 결과에 대해 제시하였고, 여기에는 도시화의 패턴, 노동 관습, 기술의 활용 등이 포함된다. 자카리아(Zakaria, 2020)는 코로나19가 정부의 본질에 대한 재검토를 요구하고, 전문가의 말을 경청하는 것의 중요성을 강조한다고 보며, 글로벌불평등을 악화시킬 가능성이 높지만, 세계화의 과정을 늦추지는 않을 것이라고 주장한다. 한편, 크리스타키스(Christakis, 2020)는 코로나19가 협력의 새로운 기회를 제공하는 동시에 국제사회에서 새로운 분열을 일으킬 것이라고 믿는다. 거의 필연적으로 글로벌보건레짐이 진화해 온 다소 단절적인 방식은 종말을 고하게 될 것이며, 미래에는 공중보건 필요에 대처하는 각국의 상대적인 능력, 전염병에 대처하는 방식, 그리고 향후 전염병 발생에 대한 대응을 조정하는 우리의 능력에 더 많은 주의를 기울이게 될 것으로 기대된다.

백신 민족주의(Vaccine nationalism): 부유한 국가가 코로나19 백신에 대한 우선 접근권을 갖고 실제 필요한 것보다 훨씬 더 많은 수량을 구매하기 위해 노력했던 것을 말한다.

* 역자 주
전 세계에 코로나19 백신을 공평하게 공급하기 위해 설립된 세계 백신 공동 분배 프로젝트로, 특히 저소득 국가에서 진단, 치료, 백신 이용이 이루어질 수 있도록 국제 자원의 배분 조정 역할을 한다.

토의주제

1. 우리는 최근 수십 년 동안의 놀라운 의학적 성취에 대해 기뻐해야 하는가, 아니면 아직 남아있는 숙제에 대해 걱정해야 하는가?
2. 세계의 모든 이들을 위한 보편적 의료는 달성가능하거나 바람직한 목표인가?
3. 양질의 보건의료에 대한 동등한 접근권은 기본적인 인권인가?
4. 어떤 종류의 개혁이 WHO를 글로벌보건레짐의 효과적인 리더로 만들기 위해 필요한가?
5. 남의 국가들이 전염병의 확산을 통제하는 것을 돕기 위해 북의 나라들과 제약산업은 어느 정도의 도덕적 혹은 실제적 의무를 가지고 있는가?
6. 코로나19 이후 세계는 어떻게 변화할 것인가?

핵심용어

- ▶ 감염병/전염병(Infectious disease)
- ▶ 팬데믹/대유행(Pandemic)
- ▶ 국지적 유행(Epidemic)
- ▶ 기대수명(Life expectancy)
- ▶ 백신(Vaccine)
- ▶ 백신 민족주의(Vaccine nationalism)
- ▶ 보편적 의료(Universal health care)
- ▶ 비전염성 질환(Non-communicable disease)
- ▶ 영아사망률(Infant mortality)
- ▶ 일차 의료(Primary health care)

유용한 웹사이트

국경없는의사회(M□decins Sans Fronti□res/Doctors Without Borders) https://www.msf.org
국제보건규칙(International Health Regulations) https://www.who.int
빌앤멜린다게이츠 재단(Bill and Melinda Gates Foundation) https://www.gatesfoundation.org
세계보건기구(World Health Organization) http://www.who.int
세이브더칠드런(Save the Children) https://www.savethechildren.net

추가 읽을 거리

Beigbeder, Yves (2018) *The World Health Organization: Achievements and Failures* (Routledge). WHO의 활동에 대한 개괄로서 그 구조와 역사, 그리고 사스와 에볼라와 같은 감염병 대유행 및 말라리아, 소아마비, 에이즈와 같은 전염병 대응에 있어서의 역할을 살펴봄.

Emanuel, Ezekiel J. (2020) *Which Country has the World's Best Health Care?* (Public Affairs). 나라간 보건의료시스템에 대한 비교 시도로서 호주, 캐나다, 중국, 대만, 미국 및 유럽 6개국에 초점.

Jacobsen, Kathryn H. (2018) *Introduction to Global Health*, 3rd edn (Jones & Bartlett). 글로벌보건에 대한 개괄서로서 핵심 우선순위, 보건 및 인권, 글로벌보건 거버넌스, 핵심 보건의료 분야의 발전에 대한 장들을 포함.

Youde, Jeremy (2018) *Global Health Governance in International Society* (Oxford University Press). 글로벌보건이 국제 어젠다의 우선순위로 올라오게 된

방식에 대한 개괄로서, 관련 행위자와 핵심 이슈에 대한 평가를 포함.

Zakaria, Fareed (2020) *Ten Lessons for a Post-Pandemic World* (W. W. Norton), and Nicholas A. Christakis (2020) *Apollo's Arrow: The Profound and Enduring Impact of Coronavirus on the Way We Live* (Little, Brown Spark). 코로나19가 경제, 정치, 기술, 세계화에 미친 잠재적 영향에 대한 초기 연구 중 두 가지.

글로벌환경

13장

개요

이 장에서는 환경을 글로벌이슈 차원에서 살펴본다. 이 장은 환경보호주의의 본질, 환경에 미치는 인간 행동의 영향, 환경 문제에 대한 우리의 관점 변화에 대한 개관으로 시작한다. 이어 글로벌환경레짐, 환경 관련 주요 기관들, 그리고 국제환경법의 주안점과 그 효과를 들여다본다. 이 장은 두 개의 이슈에 대한 논의로 끝을 맺는다. 즉, 이 장은 생물다양성이 직면하고 있는 위협 그리고 기후변화라는 궁극적인 글로벌 위협의 원인과 결과를 검토하고, 이에 대한 대응 수립에 영향을 미치는 정치적, 경제적, 사회적 주장들을 논의한다.

차례

출처: Getty Images/Paul Souders

핵심사항

- 환경 문제는 산업혁명 이후, 인구 성장, 자원 소비 증가, 오염 유발 화석 연료에 대한 과도한 의존으로 인해 더욱 확대되고 심화되었다.
- 환경 문제에 대한 이해가 제고됨에 따라, 녹색 성장과 지속가능 발전으로의 패러다임 전환이 이루어졌다.
- 환경에 대한 부실 관리의 원인과 결과에 대한 인식이 특히 1960년대 이후 높아졌지만, 북과 남의 국가들은 이 문제에 대해 계속해서 서로 다른 관점에서 접근하고 있다.
- 환경과 관련해 많은 법들이 합의되었지만, 변화를 향한 압력의 상당 부분은 정부의 주도보다는 시민들의 행동에서 비롯되었다.
- 인간 활동은 그 범위와 깊이로 인해 생물다양성에 영향을 미쳐왔으며, 생물종과 생태계에 심각한 위협이 되어 왔다.
- 기후변화는 궁극적인 글로벌 문제로 대두되어 글로벌 영향을 미치고 있기에, 이에 효과적으로 대처하기 위해서는 글로벌 차원의 대응이 필요하다.

환경의 이해

1980년대 후반, 태평양을 연구하는 과학자들은 환류(gyres)라고 알려진 해류를 따라 넓은 지역에 떠다니고 있는 대단히 고밀도로 집적된 쓰레기더미를 발견했다. 이 쓰레기더미는 그 이후 '태평양 거대 쓰레기 패치(the Great Pacific garbage patch)'로 알려지게 되었지만, 육안이나 인공위성으로는 볼 수 없다. 이 쓰레기더미에는 플라스틱, 화학 슬러지* 및 기타 형태의 폐기물들이 보통의 경우보다 더 높게 집적되어 있으며, 이것들은 모두 대양에서 떠다니고 있다. 이 쓰레기더미의 존재는, 해안과 해변에 종종 밀려 들어오는 쓰레기들과 더불어, 인간들이 바다를 자신들이 더 이상 필요로 하지 않는 것들은 무엇이나 쏟아버리는 간편한 쓰레기 투척장으로 오랫동안 사용해 왔다는 것을 뚜렷하게 입증하고 있다. 이 폐기물들의 상당수는 사라지지 않으며 심지어 먹이 사슬에 다시 환원되어 인간의 입에 들어갈 수도 있다.

* 역자 주
슬러지는 산업폐기물의 일종으로서 물속의 부유물이 침전하여 진흙 상태로 된 것을 말하며, 하수도와 산업배수처리의 부산물로 대량 발생한다. 오니라고도 한다.

글로벌 문제가 되어버린 해양폐기물은 인간의 행동이 **환경**(environment)에 끼친 피해들 중의 한 예일 뿐이다. 인간 행동의 영향은 자연환경(natural environment)과 구축환경(built environment) 모두를 포함하여 우리들을 둘러싼 물리적 환경 전반에 걸쳐 감지되고 있다. 구축환경은 우리가 살고있는 집, 우리가 일하는 사무실, 우리가 물건을 구매하는 상점, 우리가 건설한 마을과 도시, 우리가 사용하는 교통 네트워크 등을 말한다. 인간은 (모든 생물들과 마찬가지로) 수천 년 동안 주변 환경에 영향을 끼쳐 왔지만, 산업혁명 이후 인간에 의한 환경변화는 가속화되었으며, 이는 종종 해로운 결과를 초래했다. 이러한 결과들은 정치적, 경제적, 재정적, 사회적 함의와 더불어 심지어는 윤리적 함의도 가지면서 표 13.1에 요약되어 있듯이 여러 우려를 제기하고 있다.

환경(Environment): 인간, 동물, 식물, 곤충, 박테리아, 무생물 등 개체가 존재하는 물리적 환경.

인간에게서 비롯된 환경변화는 새로운 것이 아니며, 수천 년을 거슬러 올라가면서 수많은 관련 사례들을 볼 수 있다. 이들 사례에는 중동의 비옥한 초승달 지대 토양의 소금 축적, 8세기와 9세기 마야 문명의 붕괴에 기여한 가뭄에 영향을 미친 토양 침식, 15세기와 16세기 유럽과 아메리카 신대륙 간 벌어진 '콜럼버스의 교환(Columbian Exchange)'**의 일부로서 번식력이 강한 외래침입종과 각종 질병의 아메리카 신대륙 전파 등이 포함되어 있다. 지금이 과거와 다른 점은 우리가 현재 직면하고 있는 변화의 속도, 깊이, 폭으로서, 이것들은 우리의 정치·경제 시스템이 가진 많은 약점들을 드러내 보이면서 변화에

** 역자 주
'콜럼버스의 교환'은 크리스토퍼 콜럼버스가 1492년 아메리카 대륙을 발견한 이후 신대륙인 아메리카대륙과 구대륙인 유럽 간 이루어진 동식물, 사람, 문화, 질병, 기술, 종교, 사상 등 광범위한 분야에서의 상호 이동 및 교류 그리고 이것이 양 대륙에 미친 생태학적 변화를 의미한다.

표 13.1 주요 환경 우려

문제	특징
대기질	산업 및 차량의 배출 가스, 석탄 화력 발전소, 남반구 도시들에서의 나무 태우기 등으로 인한 위협.
수질	도시 및 농촌에서의 유출수, 폐기물 투기, 기름 및 화학물질 유출 사고 등으로 인한 위협.
화학물질	주로 합성화학물질이 생태계와 생물체에 미치는 영향으로 인한 위협.
폐기물	인간/도시/농업/산업 폐기물과 방사성 폐기물의 생산, 선적 및 처리에 기인하는 위협.
천연자원	토지, 삼림, 어류, 농작물 등의 오용 및 잘못된 관리로 인한 위협.
에너지	화석 연료의 생산 및 사용 그리고 재생가능 대안에너지의 개발 지체에 따른 위협.
생물다양성	서식지 훼손, 외래종 침입, 오염, 인구 증가, 남획 등에 따른 위협.

대한 우리의 대응 능력도 시험해왔다.

이 변화들은 너무나도 중대해서 어떤 사람들은 우리가 다른 시대와 뚜렷이 구별되는 지질 시대 즉 **인류세(Anthropocene)**[*]라는 시대에 살고 있다고까지 말하고 있다. 인류세는 이르게는 이미 1870년대에 제기된 명칭인데, 최근 들어서 노벨상 수상자인 크루첸(Crutzen, 2002)에 의해 한층 더 대중화되었다. 인류세는 최소한 산업 시대 도래 이후 인간들이 지구에 초래한 변화들을 담고 있지만, 인간들이 지구에 끼친 변화는 아마도 약 12,000년 전에 일어난 농업혁명까지 거슬러 올라갈 것이다. 인류세의 모습은 인류 인구의 늘어나는 크기, 세계 거의 모든 곳으로 인간 정착지 확산, 지구 경관과 생태계의 광범위하면서도 종종 심대한 변화, 대기 및 수질의 오염 물질 수준 상승, 멸종 생물종 숫자의 급격한 증가 등에 잘 나타나 있다 (Zalasiewicz et al., 2010). 공동의 국제적 대응 없이는 인류세가 야기하고 있는 문제들은 심화될 것이 명백하며, 여기에는 아마존 열대우림의 멸실, 얼음이 사라진 북극, 산호초들의 죽음, 어류 및 곤충 개체수의 감소, 점점 더 비정상적인 날씨 출현 등이 포함될 것이다.

인류세(Anthropocene): 인간이 일으킨 광범위한 지질 및 생태계 변화를 특징으로 하는 신(新) 지질학적 시대를 호칭하기 위해 제시된 이름.

* 역자 주

Anthropocene는 그리스어로 인류(人類)를 뜻하는 'anthropos'와 세(世)를 나타내는 접미사 'cene'가 결합되어 만들어진 단어로서 한국어로는 '인류세(人類世)'로 번역한다.

이러한 문제들에 대한 인식은 1960년대 이후 높아져, 인간이 내세우던 가치들과 오랫동안 가장 유력한 경제 **패러다임(paradigm)**이라고 여겨져 왔던 것에 대한 의문이 제기되기 시작했다. 이 패러다임은 사회의 복지는 자유시장을 통해 최대화될 수 있고, 천연자원은 무한히 공급될 것이며, 강, 바다, 그리고 대기는 쓰레기들을 버리는 편리한 하수구라고 여겨왔다. 그런데 이러한 접근 방식의 약점들이 더욱 분명해지면서 이에 대한 반작용으로 **환경보호주의(en-**

패러다임(Paradigm): 인간 행동의 안내자인 가치, 신념, 아이디어를 기반으로 하는 모델, 패턴, 체계.

환경보호주의(Environmentalism): 인간 행동이 환경에 미치는 영향에 대해 보다 더 깊은 이해를 갖도록 촉구하는 철학, 이론, 또는 이데올로기.

vironmentalism)가 등장했다. 환경보호주의는 우리가 환경과 상호 작용하는 방식에 변화가 필요하다는 것을 정치적, 경제적 사례를 들어 주장할 뿐만 아니라, 인간은 지구의 생태적 청정성을 보호할 윤리적 책임도 있다는 것을 설파하였다. 처음에는, 환경보호주의의 초점은 대기 및 수질오염을 비롯하여 인간들의 행위가 환경에 미친 가시적 영향들을 해결하는 데 놓여있었다. 이후에, 과학은 인간이 일으킨 환경변화가 갖는 미묘한 차이에 대해 우리에게 더 많이 가르쳐 주었고, 이 차이가 생태계에 미치는 눈에 잘 보이지 않는 영향에 대해서도 알려주었다. 과학은 이러한 문제들을 해결하기 위해서는 보다 전략적인 접근법의 채택과 새로운 패러다임의 추구가 필요하다고 우리에게 촉구해왔다.

우리가 이 책의 다른 부분에서 보았듯이 새로운 패러다임 중 하나는 지속가능 발전이다. 지속가능 발전 패러다임은 무절제한 자본주의는 존속할 수 없으며 재생가능 자원들의 무기한 공급 확보를 위해서는 이들 자원을 보다 더 신중하게 관리해야 한다는 관점에 기반하고 있다. 유엔이 후원하는 '세계환경개발위원회(WCED: World Commission on Environment and Development)'의 1987년 보고서에 따르면, 개발은 "자신들의 필요를 충족할 수 있는 미래 세대의 능력에 손상을 입히지 않으면서, 현재의 필요를 충족할 때"에만 지속가능하다 (Brundtland et al., 1987). 정부와 정책수립자들은 이 아이디어를 점차 더 많이 채택하게 되었으며, 최상의 자원 사용법에 대한 의사결정에서 이 아이디어는 핵심으로 자리 잡았다. 이 아이디어는 이후 **녹색 성장**(green growth)에 대한 논의로 그 범위가 확대되었으며, **녹색 정치**(green politics)가 내세우는 원칙들은 지속가능성 기반 정책들을 지지하는 정당들의 활동에 반영되었다.

녹색 성장(Green growth): 천연자원의 사용 및 지속가능 방식의 환경 관리에 기반하는 경제 성장.

녹색 정치(Green politics): 환경 의식, 사회 정의, 비폭력, 풀뿌리 민주주의에 뿌리를 둔 지속가능 사회 건설을 목적으로 하는 정치 철학.

환경정의(Environmental justice): 모든 당사자가 환경 계획과 정책의 개발 및 실행에서 평등하게 대우받아야 한다는 시각.

또 다른 패러다임 전환은 **환경정의**(environmental justice)에 대한 논쟁에서 찾을 수 있다. 환경정의는 계획과 개발은 민족, 재산, 종교, 또는 기타 정치적, 사회적, 경제적 구분과 관계없이 이 계획과 개발에 영향을 받는 모든 사람이 참여한 가운데 수립되고 추진되어야 한다고 말하고 있다 (Coolsaet, 2021 참조). 예를 들어, 미국 소비자가 재활용을 위해 규정에 맞추어 중고배터리를 반납하였는데, 이 중고배터리를 멕시코로 보내서 미국에서는 불법으로 간주하는 방법으로 납을 추출해버린다면 환경정의는 실현되지 않는 것이다. 또한, 오래된 컴퓨터와 휴대전화 형태의 전자폐기물들이 불법적으로 유럽에서 서아프리카로 운송되어 이 지역에 버려지는 경우에서도 환경정의는 훼손된다. 부유한 나라에서 환경 관련 법규가 빈약한 가난한 나라로 일자리들이 옮겨지는 경우도 마찬가지이다. 환경보호주의 비평가들은 이러한 일은 부유한 사람들의 필요와 이익에만 너무 골몰하는 것이며, '가진 자들'이 누리는 삶의 질을 절대로 손해 보지 않겠다는 데에만 집중하여, '못 가진 사람들'의 필요는 그냥 지나쳐 버리는 것이라고 비난하고 있다. 환경불의(environmental injustice)는 흔히 국가 내에서 나타나지만, 부유한 국가와 가난한 국가 간의 관습과 국력의 엇박자가 확대되면서 글로벌 문제로 전이되고 있다.

모든 사람들이 환경 문제의 심각성이나 환경 문제에 대응하기 위하여 채택한 법률들과 규정들이 도움이 된다고 확신하는 것은 아니다. 환경보호주의와 녹색 정책에 대한 지지가 높아진 것처럼, 반환경적 반발도 세계의 많은 곳에서 일어나고 있다. 일부는 환경 문제들(특히, 기후변화)의 심각성을 알리는 과학에 의문을 제기하고 있으며, 또 다른 일부는 환경 규제가 경제 발전에 제동을 건다고 주장하고 기존의 기술과 에너지원에 신뢰를 계속 보내면서, 환경 운동가들의 주장들은 공들여 만든 사기의 한 부분일 뿐이라는 주장마저(우리가 제3장에서 보았듯이) 때때로 펼치고 있다. 하지만, 환경 문제는 유엔의 17가지 지속가능 발전 목표 (표 0.1 참조) 중 7가지 이상을 차지하고 있는데, 여기에는 깨끗한 물과 위생, 저렴하고 깨끗한 에너지, 지속가능한 도시와 지역사회, 책임성 있는 소비와 생산, 천연자원의 신중한 이용, 기후변화에 대처하기 위한 행동 등이 포함되어 있다. 우리는 문제 해결을 위한 인식은 분명히 하고 있다. 즉, 우리의 도전 과제는 글로벌 접근 방식을 취하고 글로벌 대응 방안을 조율하여 우리 앞에 닥친 재난을 피할 수 있는 방법을 찾는 것이다.

글로벌환경에 대한 관점의 변화

인간이 환경에 일으킨 변화는 산업혁명 이후 가속화되어 더 광범위하고 더 깊어졌다. 산업혁명은 기계화와 도시화의 결합으로서 석탄(그리고 나중에는 석유와 천연가스)과 같은 오염 유발 화석 연료의 사용에 기반하였으며, 인구 증가, 천연자원에 대한 수요, 그리고 환경을 착취, 통제 및 재설계하는 인간들의 능력에 의해 심화하였다 (Josephson, 2012 참조). 처음에는, 변화가 일어나도 이것이 시간과 공간에 미치는 보다 광범위한 영향들에 대해 사람들이 거의 신경을 쓰지 않았으나, 우리의 과학적 이해가 진일보함에 따라 산업과 도시화가 불러일으키는 환경 비용에 대해 사람들은 새로운 인식을 하게 되었다. 환경을 바라보는 태도의 전환점은 산업화한 북반구 국가들의 사회 여론이 처음으로 환경변화의 원인과 결과에 대해 보다 많은 주의를 기울이게 되고, 환경 운동가들이 더 활발하게 정치적 활동을 하기 시작한 1960년대에 찾아왔다. 이러한 변화는 환경 관련 새로운 법률들의 제정과 환경 문제를 다루는 국가 정부 부서들의 창설로 이어졌다 (자세한 내용은 McCormick, 2018 참조).

또한, 환경 문제의 원인과 결과에 대해 인식의 세계화도 진행되었다. 처음에는 환경 문제와 그 해결책에 대해, 지역적 관점에서 접근하거나, '보이지 않으면 마음 쓸 것 없다(out of sight, out of mind)'라는 관점에서 접근했었다. 즉, 오염 물질이 대기에 의해 날아가거나 강과 호수로 씻겨 내려가면, 더 이상 걱정할 것이 없다는 태도였다. 그러나 실상은 그렇지 않다는 것을 과학이 곧 밝혀냈으며, 지역의 환경 문제는 종종 국제적 또는 글로벌환경 문제로 옮아갔다.

글로벌환경에 대한 가장 초창기 우려 중 하나는 1950년대 대기권에서의 핵실험들로 인한 방사능 낙진으로 시작되었는데, 1962년 '부분적 핵실험 금지조약(Partial Test Ban Treaty)' 체결로 대기권에서의 핵실험은 금지되었다. 이후에는, 바람을 타고 국경을 넘어 이동하는 산성 오염, 추진제와 냉매에 사용되는 합성화학물질로 인한 오존층 손상 등에 대한 우려가 제기되었고, 이어 궁극적인 글로벌환경 문제인 기후변화에 대한 우려가 등장하였다. 한편, 부유한 산업 국가들이 안고 있는 환경 문제의 원인은 가난한 농촌 국가들의 환경 문제 원인과 대체로 서로 다르며, 환경 문제에 대한 최선의 대응책에서도 서로 다르다는 것이 분명해졌다 (북과 남 비교 13 참조).

환경 문제에 대처하는 데 있어 어떤 국가들은 다른 국가들보다 분명히 더 적극적이고 더 진보적이었다. 이에 대한 한 척도로 미국의 예일 대학교와 컬럼비아 대학교가 관리하는 '환경성과지수(Environmental Performance Index)'를 들 수 있다. 이 환경성과지수는 다양한 환경 지표에 따라 세계의 거의 모든 국가들을 대상으로 순위를 매기며, 100점 만점을 기준으로 각 국가에 점수를 부여하고 있다. 이 환경성과지수에 따르면 일본, 호주, 뉴질랜드, 캐나다, 미국 등과 함께 대부분의 유럽국가들(덴마크가 2020년 평가국가목록에서 1위를 차지)에서 최고의 성적들이 나오고 있고, 인도, 방글라데시 그리고 사하라 이남의 여러 아프리카국가들은 평가 순위의 후미에 무기력하게 처져있다 (지도 13.1 참조). 환경 문제에 있어 가장 활동적인 국가들과 가장 덜 활동적

북과 남 비교 13

환경에 대한 상반된 관점

환경에 대한 인식이 1960년대에 등장하기 시작하면서, 처음에는 대기오염, 수질오염, 화학물질이 자연 그리고 인간의 건강에 미치는 영향, 폐기물의 배출과 처리 문제 등 주로 산업 국가들이 당면한 환경 문제들에 초점이 맞추어졌다. 남의 신흥 국가들이 직면한 좀 다른 환경 문제들에 관심이 가게된 것은 나중에서였다. 이들 신흥 국가들의 환경 문제는 대부분 급속한 인구 증가와 빈곤에 뿌리를 두고 있는데, 이러한 종류의 빈곤은 사람들로 하여금 토양 침식이나 어류 남획 등이 초래하는 장기적인 영향은 크게 고려하지 않고 자원을 그저 자기들 마음대로 활용하도록 부추겼다. 우리가 북에서는 부가 초래하는 환경적 영향을 목격했다면, 남에서는 빈곤이 가져오는 환경적 영향을 보고 있다고 할 수 있다. 북의 사람들은 자신들의 실수로부터 남의 사람들이 깨닫기를 원했지만, 북의 사람들이 제안하는 종류의 변화는 남의 사람들에게는 남의 경제개발계획에 제동을 거는 것으로 종종 인식되었다.

대부분의 북의 사람들은 식량, 에너지, 그리고 그 사용이 당연한 것으로 흔히 여기는 수많은 소비재들이 중단 없이 공급될 것이라고 오랫동안 믿어왔다. 그들은 화학물질의 사용, 석탄과 석유와 같은 화석 연료의 연소가 환경에 미치는 영향, 생산자로부터 소비자에게까지 상품을 운반하는 데 필요한 운송네트워크의 확장이 주는 여파, 그리고 지역 폐기물 서비스 업체가 집에서부터 편리하게 수거해가는 음식물, 종이, 포장, 유리, 금속 쓰레기들에 무슨 일이 벌어지는지 등에 대해서는 거의 관심을 기울이지 않았다. 이후에, 북의 사람들은 환경을 바라보는 태도를 바꾸었고, 이제는 대부분의 사람들이 더 신중하게 소비하려고 더 많은 노력을 기울이고 있다. 그러나 사람들은 석탄 화력이나 원자력 발전소에서 생성되는 전기의 사용, 에너지 비효율적인 주거나 차량의 운행, 화학기반 농업에의 의존 등을 자제하는 것에 여전히 어려움을 겪고 있다.

한편, 남의 도시들에서 빈곤이 환경에 미치는 영향은 교통 혼잡, 도시의 흔한 난개발, 음식조리와 난방을 위한 모닥불 사용, 깨끗한 물과 위생시설이 결여된 빈민가의 확장에서 볼 수 있다. 남의 시골 지역들에서는 사람들이 삼림 서식지의 파괴, 토양 침식 악화, 강의 퇴적 등이 가져오게 되는 장기적인 걱정거리는 제쳐두고, 단기적 필요에 이끌려 땔감용으로 나무들을 베어내거나, 작물을 재배하기 위해 토지를 마구 개간하고 있다. 우리가 생계를 유지하거나 가족을 먹여 살리는 데 집중하게 되면, 자연이 누려야 할 보호는 우리의 우선순위 목록에서 낮아질 수밖에 없다. 현재 남의 많은 지역들이 산업혁명 이후 북에서 목격했던 것과 같은 종류의 환경 문제들을 겪고 있다. 북과의 차이점은 이러한 환경 문제들의 많은 부분이 북과 경쟁하기 위해 애를 쓰고, 값싼 소비재들을 북에 공급하고, 그리고 북의 환경 규제가 강화되면서 북의 오염 산업을 남이 유치해온 결과로 발생했다는 것이다.

선도자-후발자 역학(Leader-laggard dynamic): 환경정책에 대해 상반된 입장을 취하는 국가들 간의 갈등을 말하며 종종 상호 간 타협이 필요.

인 국가들 사이의 갈등은 **선도자-후발자 역학**(leader-laggard dynamic)으로 표현되는데, 이 갈등은 환경 문제를 다루는 데 있어 긍정적인 변화를 성취하기 위한 국제적 노력에서 오랫동안 핵심적 주제가 되어 왔다.

일각에서는 보다 큰 그림으로 바라보면서 그리고 이 책 제4장의 논의를 다시 언급하면서, 환경정책을 수립하는 데에 있어 국가의 역할은 세계화, 무역, 기술이전의 결과로 쇠퇴하고 있으며, 환경정책에 가장 중요한 영향을 미치는 선택들에서는 다국적기업들이 핵심적 역할을 하고 있다고 말한다. 그러나 환경 문제의 본질, 그리고 환경 문제는 국경을 개의치 않는다는 사실은, 여전히 국가 간 협력이, 국제사회의 정부간기구들 및 비정부기구들 간 중요 네트워크에 힘입어, 환경 문제 해결의 진전을 이루는 열쇠임을 말해준다.

글로벌환경레짐

제2차 세계대전 이전에는 주요 도시들의 대기오염과 공장들로부터 흘러나오는 오염수에도 불구하고 환경 문제에 대응하기 위한 조직적인 노력이 거의 없

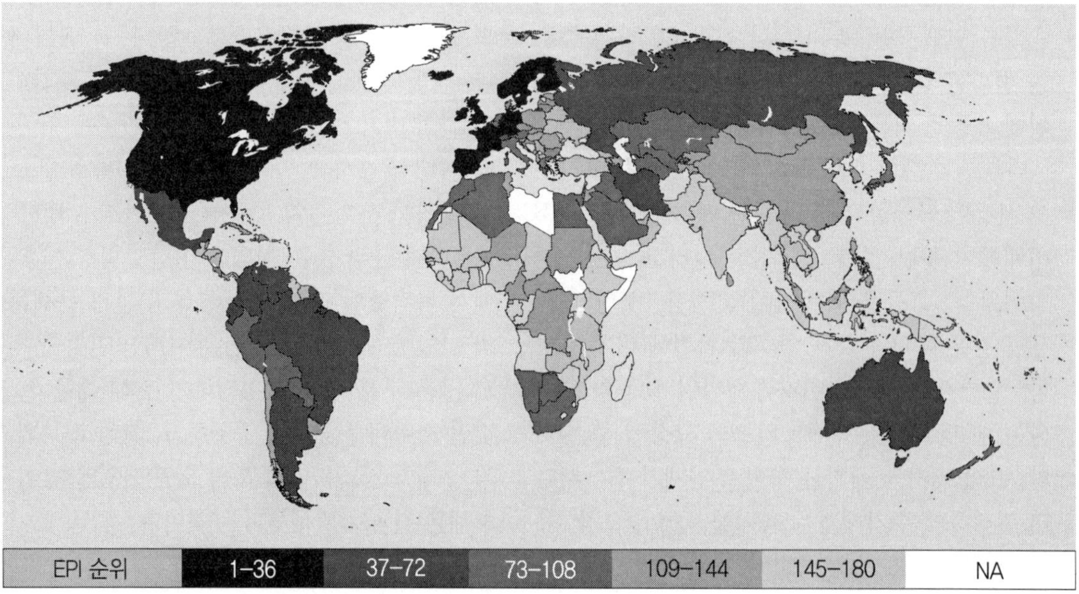

지도 13.1 환경성과지수

출처: Environmental Performance Index (2020).

었다. 몇 안 되는 초기 행동들은 지역 차원에서 자연을 보존하거나, 오염된 공기로부터 잠시 휴식을 취할 수 있는 편의 시설을 도시 주민들에게 제공하기 위해 설립된 비정부기구들(NGOs)에서 주로 나왔다. 1960년대에 들어서서야 한결 나아진 과학적 이해와 대중 및 정치적 인식 제고가 서로 결합하여 환경 문제에 대해 보다 조직화된 대응을 고취시켰다. 조직적 대응은 국내 차원에서 시작되었지만, 환경 문제의 초국경적 특성을 보다 잘 이해하게 되고 각 정부가 환경정책의 형성에 협력하기 시작함에 따라 곧 국제적으로 발전하였다. 그럼에도 불구하고 환경은 대부분 국가들의 정부 의제에서 주목 받는 것이 느렸으며, 변화를 위한 많은 시도들은 계속해서 정부가 아닌 시민, NGO, 그리고 심지어 기업들에서 나왔다.

이들의 노력 덕분에 글로벌환경레짐은 성장했다. 오늘날에는 국제환경 협력에 초점을 맞추고 있는 정부간기구 및 비정부기구들의 대규모 커뮤니티가 존재하고 있으며, 전체 국제환경법은 그 내용이 깊고 범위도 넓다. 어느 데이터베이스(Mitchell, 2020)는 환경 주제와 관련하여 국지적이고 양자적인 협약에서 글로벌하고 다자적인 협약에 이르기까지 3,750개 이상의 국제 협약을 식별해냈다 (표 13.2의 예시들을 참조). 이러한 협정들의 대부분은 1945년 이후, 환경에 대한 국제 협력의 증가, 과학적 이해 향상, 행동에 대한 대중의 지지 확대의 결과로 체결되었다.

그러나 양이 반드시 질로 변환되는 것은 아니며, 환경 문제에 대한 국가들의 입장은 다음과 같은 몇 가지 주요 영향들에 따라 달리 나타나고 있다.

- 환경 문제에 대한 국가들의 입장은, 국경을 넘어가는 환경 문제들로부터 영향을 받는 정도나, 강, 호수, 어장과 같은 공유 자원들의 관리에 있어 이웃 국가들과 협력을 해야만 하는 정도에 따라 다르다. 예를 들어, 유럽국가들은 대기오염의 해결을 위해 서로 협력해야 했다. 왜냐하면 이들 국가들은 상대적으로 규모가 작고 그들이 만들어내는 오염의 대부분이 국경을 넘나들기 때문이다.
- 또한, 환경 문제에 대한 국가들의 입장은 다른 국가들과의 관계에서 얼마나 많이 이득을 얻거나 또는 얼마나 많이 잃을 수 있느냐에 달려있다. 국가들은 한편으로는 문제 해결과 관련된 비용의 분담에서 자신들이 내야 할 공정한 몫 이상은 지불하기를 원치 않지만, 다른 한편으로는 동맹국들 및 무역 파트너들과의 관계를 해치고 싶지 않아 한다. 예를 들자면, 기후변화를 해결하는

표 13.2 국제환경조약: 일부 사례

서명연도	서명 지역	주제
1946	워싱턴 D.C.	고래잡이
1954	런던	기름 유출로 인한 바다 오염
1971	람사르	습지
1972	런던	폐기물 투척으로 인한 해양 오염
1973	워싱턴 D.C.	멸종위기종의 국제 거래
1979	제네바	국경을 넘는 장거리 이동 대기오염
1979	본	이동성 야생동물
1980	캔버라	남극 해양 생물자원
1985	비엔나	오존층
1989	바젤	유해폐기물의 국가 간 이동 및 처리
1992	뉴욕	기후변화
1992	리우데자네이루	생물 다양성
1994	비엔나	핵 안전
1994	제네바	열대목재
2001	스톡홀름	잔류성 유기오염물질

데 있어 가장 끈덕진 난제는 어떻게 하면 온실가스 생산 감소의 책임을 공평하게 분담할 수 있는 것인가에 있다.

- 환경 문제에 대한 국가들의 입장은 국내 주요 산업들의 힘이나 국가의 상대적 부와 같은 국내 경제적 영향 변수에 의해서도 좌우된다. 예를 들어, 석유와 석탄의 주요 생산국들과 수출국들은 에너지 정책에 대해 수입국들과 다른 입장을 취할 것이다.
- 국내 환경운동과 소비자 의식도 환경 문제에 대한 국가들의 입장에 영향을 미친다. 북은 남에 비해 환경보호주의 사고에서 더 앞서있는 경향을 보이고 있으며, 소비자들은 구매 제품이 유발하는 환경적 영향에 대해 더 엄격한 입장을 취하는 경향이 있다.
- 글로벌경제 및 무역시스템에서 각 국가가 갖는 위치도 환경 문제에 대한 국가별 입장에 영향을 준다. 경제대국들은 상대적으로 작은 국가들보다 더 큰

목소리를 내고 더 폭넓게 잠재적 영향력을 행사하고 있는 반면에, 작은 국가들은 환경 논쟁에서 주변부로 밀려나 있는 경향을 보이고 있다.

환경에 중점을 둔 가장 중요한 정부간기구(IGO)는 1973년에 설립되어 케냐의 나이로비에 본부를 둔 '유엔환경계획(UNEP: United Nations Environment Programme)'이다. UNEP의 공식적인 임무는 "국가와 사람들이 미래 세대의 삶의 질을 손상시키지 않으면서 지신들의 삶의 질을 향상시킬 수 있도록 영감을 주고, 정보를 알리고, 힘을 불어 넣어줌으로써, 환경 돌봄의 리더십을 제공하고 파트너십을 장려하는 것"이다 (United Nations Environment Programme, 2021). UNEP는 주로 환경 동향의 모니터링, 국제 조약의 개발 및 관리 지원, 교육 및 공공 정보의 증진을 통해 이 임무를 수행하고 있다. UNEP는 기후변화에 대해 특별한 관심을 갖고 있으며, '세계기상기구(WMO: World Meteorological Organization)'와 협력하여 '기후변화에 관한 정부간 협의체(IPCC: Intergovernmental Panel on Climate Change)'를 공동 후원하고 있다. 이 협의체는 기후변화에 대한 이해 상태를 정기적으로 평가하는 과학자들의 네트워크이다. UNEP는 또한 1992년의 '기후변화에 관한 유엔 기본협약(UN Framework Convention on Climate Change)'의 서명을 계획하고, 조직하고, 추진했다.

출처: mantaphoto / iStock

UNEP가 후원하는 연구는 기후변화의 영향에 대해 새로운 과학적 확실성을 부여하는 데 도움이 되었으며, 그중 하나는 극지방의 만년설이 녹아내리고 있다는 것이다.

UNEP는 국가들의 자발적 협력에 대한 의존, 독립적 권한의 결여 등을 비롯하여 IGO 일반이 안고 있는 문제들 대부분에 직면해 있다. 또한, UNEP는 기구 고유의 임무와 관련하여 몇 가지 추가적 문제들을 갖고 있는데 그중 가장 큰 문제는 구조적 문제이다. UNEP는 세계은행(World Bank)이나 국제통화기금(IMF)과 같은 유엔의 전문적이고 자주적인 기관들과는 달리 유엔이 관장하는 프로그램 중의 하나로서 이들 기관이 누리는 지위나 독립성을 갖고 있지 못하며, 유엔총회의 보조기구로서 운영자금 대부분을 유엔 회원국들로부터 의무적 기부금이 아닌 자발적 기부금의 형태로 지원받고 있다. 또한, UNEP는 다른 유엔 기구들(이들 기구는 UNEP의 요구에 때때로 불만을 표하기도 한다)의 활동들을 조정해야 하고, 장기적 계획에 따라 일을 추진하기보다는 단기적 상황들에 맞추어 그때그때 행동을 취해야 하는 경우가 많기에, 타 기관들에 비해 불리한 위치에 놓여있다. UNEP의 성과에 대해서는 의견들이 나뉘는데, 일각에서는(예를 들어, Biermann and Bauer, 2005의 주장처럼), 현재의 UNEP를 새로운 세계환경기구(World Environment Organization)로 탈바꿈시켜, 더 많은 자율성을 갖도록 하고, 기구에 대한 예산 지원도 의무화하고, 환경문제에 대한 유엔의 대처에 있어서도 보다 더 강력한 목소리를 내게 하는 것이 한층 더 나을 것이라는 제안이 나오고 있다.

유엔의 다른 여러 전문기구들도 환경 문제와 관련해 검토 과제들을 갖고 있다.

- '식량농업기구(FAO: Food and Agriculture Organization)'는 토지 및 천연자원의 관리에 환경 문제가 미치는 영향에 관심을 갖고 있다.
- '세계기상기구'는 기후변화의 전개에 대한 데이터 생성 및 모니터링에 참여하고 있다.
- '유엔 교육·과학·문화기구(UNESCO: United Nations Educational, Scientific and Cultural Organization)'는 글로벌 차원의 생태적 중요성을 가진 장소들을 특별히 보호하는 프로그램인 '세계생물권보전지역(World Biosphere Reserves)'과 '세계유산지(World Heritage Sites)'의 지정 업무를 담당하고 있다.
- '세계은행'은 지속가능 발전을 더 많이 지원하기 위해 대출 정책을 변경했다.

다른 많은 IGO들은 공유하천의 관리(예: 다뉴브강, 메콩강, 니제르강)에서 삼림, 어장, 보호지역 등의 관리에 이르기까지 보다 구체적인 정책 또는 특정한 지리적 사안에 관심을 집중하고 있다. 모든 IGO와 마찬가지로 이들 IGO들의 영향력과 실적은 그들에게 부여된 권한과 확보한 지원의 규모, 추진 사업에 대한 기구 구성원들의 동의 또는 비동의 정도, 그리고 그들에게 주어진 책임의 범위에 따라 다르게 나타난다.

감성적이면서 첨예화된 이슈를 다루며 갈등을 빚고 있는 IGO가 있는데 국제포경위원회(IWC: International Whaling Commission)가 바로 그렇다. 1946년에 설립된 이 기구의 원래 목표는 지속가능한 고래 어획 활동을 보장하는 것이었지만 그 이후 고래잡이를 완전히 종식시키는 것이 이 기구가 기울이는 노력의 초점이 되었다. 1985년 전 세계적으로 포경의 일시 중단이 발효되었으며, IWC는 '인도양 고래 보호구역(Indian Ocean Whale Sanctuary)'과 '남극해 고래 보호구역(Southern Ocean Whale Sanctuary)'을 설정하는 데 중요한 역할을 하였다. 인도양 고래 보호구역과 남극해 고래 보호구역에서는 모든 상업적 포경이 금지되어 있다 (Fitzmaurice, 2018 참조). 그 결과, 전 세계적으로 포획되는 고래 개체 수는 급격히 감소했지만, 일본은 이른바 과학적 연구를 위한다는 명분으로 고래잡이를 계속하고 있으며, 고래 고기를 먹는 것은 중요한 문화적 전통(실제로 고래 고기를 먹는 일본인은 거의 없지만)이라는 주장도 아울러 펼치고 있다. 2019년 일본은 IWC 탈퇴(일본은 2018년 12월에 IWC 탈퇴를 발표 – 역자 주) 이후 30년 만에 처음으로 상업적 포경을 재개했다.

비정부기구들의 전선에서는 환경에 관심을 가진 수많은 국내 NGO들이 있으며, 그 중 많은 수가 정치적, 경제적, 사회적 수단들을 폭넓고 창의적으로 활용하여 국제 NGO들로 발전했다. 가장 오래된 단체들은 19세기로까지 거슬러 올라가기도 하는데, '왕립조류보호협회(Royal Society for the Protection of Birds, 영국, 1889년 설립)', '독일 자연보호연합(Naturschutzbund Deutschland, 독일, 1899년 설립)', '노르웨이 자연보존협회(Norwegian Society for the Conservation of Nature, 1914년 설립)', '네이처 캐나다(Nature Canada, 1939년 설립)' 등이 대표적인 NGO들이다. 1960년대와 1970년대에 환경에 대한 인식이 제고된 이후로 다음 기구들을 포함하여 국제적으로 활동하는 그룹들이 많이 설립되었다.

- '세계자연기금(World Wide Fund for Nature)'은 스위스에 본부를 두고 생물다양성 보호를 위한 기금을 조성하면서, 70개국 가까이에 지사를 두고 있다.

- '지구의 친구들(Friends of the Earth)'는 미국에서 설립되었지만 네덜란드에 본부를 두고 있으며 75개국에 있는 국가 및 지역 그룹들과 함께 환경 문제에 광범위한 관심을 갖고 있다.
- '그린피스(Greenpeace)'는 캐나다에서 설립되었지만 역시 네덜란드에 본부를 두고 있으며 직접적인 행동과 캠페인을 통해 고래잡이, 원자력, 오염과 같은 문제들에 대중의 관심을 끌어모으고 있다.
- '아프리카 생물다양성 네트워크(African Biodiversity Network)'는 케냐에 본부를 두고 12개국 국가 그룹들의 활동을 조정하고 있다.
- '멸종저항(Extinction Rebellion, 줄여서 XR)'은 비폭력 시민 불복종을 바탕으로, 기후변화 그리고 생물다양성 훼손에 대처하기 위한 정치적 행동을 북돋우고자 하는 환경운동으로서, 2018년 영국에서 시작되었다.

기업은 환경 문제의 야기와 대응 양 측면 모두에서 중추적인 역할을 하고 있기에, 환경정책 개선을 위한 노력에서도(그리고 종종 이를 저해하는 데에서도) 핵심 행위자 노릇을 해왔다. 에너지 산업, 농업, 임업, 수산업 분야의 기업들이 환경에 특히 영향을 미치고 있으며, 이 기업들이 국경을 넘나들며 활동하는 경우 이들이 환경에 미치는 영향은 그 어디에서보다도 커진다. 환경 분야에서 다국적기업들(MNEs: Multinational Enterprises)이 수행한 역할에 대해 듣게 되는 것들의 상당부분은 다국적기업들의 역할이 기껏해야 논란의 여지가 있고 최악의 경우는 부정적이라는 것이다. 다국적기업들은 환경 보호보다는 이익을 우선시하고, 환경기준이 더 높은 국가에서는 사업을 접으면서, 더 낮은 환경기준과 더 저렴한 노동력을 가진 국가로 사업을 이전하고 있다는 비판을 일상적으로 받고 있다. 또한, 다국적기업들은, 자국의 천연자원을 어떤 대가를 치르고서라도 개발하고야 말겠다는 빈곤 국가들의 여러 시도에 가담하고 있는데, 나이지리아 유전을 마구잡이로 개발하는 데에 있어 거대 다국적 에너지 기업들이 행한 역할을 그 예로 들 수 있다. 특히 쉘 오일(Shell Oil)은 나이지리아 남동 삼각주 지역의 기름 유출과 관련이 있다는 비판을 받아왔으며, 국제앰네스티(Amnesty International, 국제사면위원회)로부터는 지역주민들의 권리와 생계를 침해하였다는 비난을 받아왔다.

그러나 실제 상황은 그렇게 단순하지가 않다. 모든 기업들은 이익을 극대화하고, 비용을 최소화하며, 주주들을 행복하게 해주기를 원하지만, 아울러 자신들의 고객들을 행복하게 해주고 긍정적인 브랜드 아이덴티티(BI: Brand Identity)

를 구축하기를 원한다. 소비자들이(최소한 북반구의 사람들이) 자신들 스스로와 기업들에 더 많은 환경적 책임을 요구함에 따라, 기업들의 비즈니스 습관이 바뀌었고, 많은 기업들이, 환경에 새롭게 민감해진 소비자들의 주장에 편승하고 또 이를 마케팅 도구로 활용함으로써, 어차피 해야만 했던 일들을 하면서도 이를 자기들이 마치 무슨 미덕을 쌓고 있는 것처럼 밖으로 내세웠다(Crane et al., 2009 참조). 1990년대 초반 이래, 기업들이 에너지 투입과 낭비를 줄여 비용을 절감하고 보다 친환경적인 제품과 서비스를 제공하면서 **기업의 사회적 책임(corporate social responsibility)**을 장려하기 위한 움직임은 그 기반을 굳혀가고 있다. 여기에는 '마이크로소프트(Microsoft, 이산화탄소 순배출량이 제로라는 측면에서 마이크로소프트는 글로벌 운영에서 탄소 중립을 달성)'와 같은 기술기업들, '제너럴모터스(General Motors)' 및 '폭스바겐(Volkswagen)'과 같은 자동차 제조업체들(하이브리드 및 전기 자동차의 생산을 증대), 그리고 일련의 운송, 은행, 통신 기업들이 포함되는데, 이들 기업들은 에너지 사용을 줄이거나, 재생 에너지로 전환하거나, 지속가능한 방식으로 원자재를 조달하고 있다.

기업의 사회적 책임(Corporate social responsibility): 기업은 사회적, 환경적 이슈를 의사결정의 핵심에 두어야 한다는 주장.

기업이 환경 문제에 주도적으로 나서지 않는다면 소비자들은 다른 선택과 수요를 통해 기업의 행동을 촉구할 수 있다. 즉, 한 사람이 혼자 행동하면 큰 차이를 만들 수 없지만, 충분한 수의 소비자들이 자신들의 수요를 변경하면 그 누적 효과는 상당할 수 있다. 환경 운동과 소비자 운동은 사람들로 하여금 행동과 효과 사이의 연관성을 더 잘 이해하도록 해주었으며, 사람들이 자신의 소비 습관을 바꾸도록 이끌었다. 그러나 비록 이러한 변화가 일어나고는 있지만, 이 변화는 일상적이거나 보편적인 경우에 이르지 못하고 있으며 (Shirani et al., 2015), 남반구의 늘어나는 중산층들에게는 다가가지 못한 채 여전히 북반구의 소비자들 사이에서 일어나는 현상으로만 주로 머물러 있을 뿐이다.

생물다양성 보호하기

2019년, 일단의 연구자들이 아르후아코족(Arhuaco) 원주민 공동체의 본거지가 자리하고 있는 콜롬비아 북부의 외딴 지역 산타마르타의 시에라네바다(Sierra Nevada de Santa Marta) 산맥을 방문하도록 초대받았다. 그곳에서 그들은 아르후아코족이 신성시하지만 적어도 30년 전에 멸종한 것으로 여겨졌던 '별이 빛나는 밤 두꺼비'로 알려진 작은 양서류 한 무리를 보게 되었다. 검은색 바탕에 흰색 표시가 독특하게 색칠되어 있어(콜롬비아 산악지역의 맑은 밤하늘을 연상하게 함), 이에 따라 이름이 붙여진 이 두꺼비들은 서식지의 훼손과 이 두꺼비들이 잘 감염되는 곰팡이성 질환이 서로 조합하면서 멸종한 것으로 간주되었다. 그런데 이 두꺼비들이 재발견됨으로써 과학자들이 때때로 언급하는 '라자루스 종(Lazarus species)'* 에 이 두꺼비들이 새롭게 추가되었는데, 이는 이 두꺼비들이 죽은 것들의 세계로부터 살아 돌아왔음을 의미한다.

* 역자 주
라자루스 종은 멸종된 것으로 생각되었다가 오랜 세월 뒤에 살아 있는 것으로 재발견된 종이나 개체군을 가리키는 것으로서 '나사로 분류군(Lazarus taxon)'이라고도 하는데, 기독교 성서에서 예수 그리스도가 나사로를 죽은 자 가운데서 살린 것에서 이 용어의 기원을 찾을 수 있다.

생물다양성(Biodiversity): 생물학적 다양성(biological diversity)이라는 용어의 축약형으로서, 지구상에 존재하는 많은 생물종들의 다양성과 개체군들을 표현.

사람들 대부분이 들어본 적도 없는 어느 한 양서류 종의 안녕을 굳이 염려할 이유가 없어 보일 수도 있지만, '별이 빛나는 밤 두꺼비'의 곤경은 인간들의 활동이 지구에서 가장 외진 곳에서조차도 생물종들을 어떻게 멸종위기 또는 그 이상으로 몰아가 버리고 있는지를 예시해주고 있다. 또한, 이 두꺼비의 곤경은 **생물다양성(biodiversity)** 또는 지구에 사는 모든 다양한 생물종들이 직면하고 있는 더 광범위한 도전 과제들을 아울러 보여주고 있다. 즉, 생물종 개수, 종별 개체 수, 개체들의 지리적 분포, 종의 유전적 다양성, 생태계 및 자연 서식지의 다양성 등이 바로 이 도전 과제들이다 (Hall, 2010).

인간 활동의 폭과 깊이는 넓고 깊어서 인간들에 의해 손을 타지 않거나, 변형되지 않거나, 어떤 식으로든 영향을 받지 않은 생물종들은 거의 없다. 사정이 이렇기에, 우리가 생물종에 관심을 가져야만 하는 많은 이유가 있다. 즉, 지구상의 생명에 대해서 우리가 책임져야 한다는 도덕적, 윤리적 주장뿐만 아니라, 실리적인 차원에서도 우리가 고려해야 할 사항들이 있다. 생명의 그물(web of life)은 광대하게 서로 연결된 시스템으로서, 우리에게 식량 공급을 약속하고, 영양분을 토양에 내려주고, 물의 순환을 지탱하고, 산소를 생산하고, 유기물을 확실하게 분해하고, 약재들을 공급하고, 자연 재해로부터의 회복을 도와준다. 지구의 건강한 환경과 생태적 활력은 지구에서의 다양한 삶을 형성하는 수백만 생물종의 건강과 모두 밀접하게 연결되어 있고, 인간의 안위는 건강한 환경과 밀접하게 연결되어 있기에, 개별 생물종들의 이야기는 모두에게 관심사가 된다. 미국의 생물학자 윌슨(Wilson, 2007)의 다음과 같은 경고에는 이러한 현실이 요약되어 있다. "만약 우리가 이 행성에서 곤충들만을 박멸한다면, 우리는 지금 그러한 일을 열심히 하고 있는데, 나머지 생명체들 그리고 그 생명체들과 더불어 인류도 이 땅에서 대부분 사라질 것이다. 그것도 몇 개월 안에."

중대한 사안이 걸려 있음에도 불구하고, 우리는 놀라우리만큼 자연계의 상태에 대해 거의 알지 못하고 있다. 우리는 생물다양성이 위협받고 있다는 것은 알고 있지만, 문제가 얼마나 심각한지에 대해서는 현실적 지식이 거의 없다. 우리는 지금까지 한 번이라도 존재했었거나 현재 존재하고 있는 생물종의 수에 대해 추측만 할 뿐이다. 즉, 인간의 행동으로 인해 얼마나 많은 생물종이 멸종위기에 처했거나 멸종되었는지에 대해서는 경험에 근거한 추측만 할 수 있다. 지구상 생물종 수에 대한 추정치는 수백만 개에서 시작하여 수백억 개에까지 이르고 있는데, 로시와 레논(Locey and Lennon, 2016)은 미생물만 해도 종의 개수가 1조 개까지 달할 수 있으며, 과학은 지금까지 이중에서 겨우 0.001퍼센트만 식별했다고 말하고 있다.

멸종위기 생물종에 대한 우리의 지식에 관한 한, 권위 있는 자료는 스위스에 기반을 둔 국제 NGO인 '국제자연보전연맹(International Union for Conservation of Nature)'이 관리하는 '적색 목록(Red List)'이다. 그러나 비록 이 목록의 2020년판에 12만 종 이상의 생물종에 대한 정보가 들어있으며, 이 목록이 호랑이, 아프리카코끼리, 팬더 등의 소위 '카리스마 있는 대형동물(charismatic megafauna)'*들이 겪는 곤경에 대해 대중의 관심을 끌어모으는 데는 기여했지만, 이 목록이 멸종위기 생물종이라는 광대한 문제를 얼마나 잘 담고 있는지는 아무도 모른다. 많은 생물종들이 심지어 우리가 알아차리지도 못한 채 멸종된 것이 거의 확실하며, 지금 현재 얼마나 더 많은 생물종들이 멸종위기에 처해 있는지도 우리는 모른다.

* 역자 주
'카리스마 있는 대형동물'은 보호 운동이나 보호 기금 모금 운동을 할 정도로 대중에게 호소력이 있는 동물을 지칭한다.

우리는 생물종들의 수와 개체군에 대해서는 거의 알지 못하지만, 생물종들이 직면한 위협의 종류에 대해서는 이보다는 더 잘 알고 있다. 윌슨은 생물종들이 직면한 위협을 HIPPO라는 약어를 사용하여 다섯 가지 유형으로 분류했다 (표 13.3 참조). 그 첫 번째는 서식지 파괴(habitat destruction)로서, 이는 농지 확보를 위한 숲과 기타 자연 식생들의 벌채 그리고 도시 개발로 인해 주로 발생한다. 서식지 파괴는 세계에서 농업 및 산업혁명을 제일 먼저 겪은 지역들에서는 수 세기 전으로 거슬러 올라가는 이야기인데, 오늘날 이 지역들에는 자연 서식지가 거의 남아 있지 않다. 가장 빠른 변화는 중남미, 아프리카, 아시아에 있는 지역 중 도시들이 급속하게 확장되고 숲이 벌채되는 곳에서 나타나고 있다. 관광 또한 서식지의 손상에 치명적인 역할을 하는데, 관광이 자연이 주는 매력에 종종 얼마나 크게 의존하고 있는지를 감안한다면 이와 같은

표 13.3 생물다양성에 대한 5가지 주요 위협

위협	예시
서식지 파괴(Habitat destruction)	숲의 철거, 습지의 변화, 맹그로브와 산호초의 퇴화.
침입종(Invasive species)	선박 및 무역을 통한 유입, 작물과 나무의 식재, 질병의 확산, 우발적/고의적 방출.
오염(Pollution)	도시 유출수, 농업 유출수, 석탄과 석유의 추출과 운송, 쓰레기 투척, 기후변화.
인구(Population)	타운과 도시의 확산, 지원 기반 시설, 자원 수요 팽창.
과도한 수확(Overharvesting)	산림, 어장, 식량작물의 지속불가능한 사용.

출처: Wilson, 2003에 기초.

사실은 아이러니하다고 할 수 있다.

둘째, 외래종의 유입으로 인해 자연은 위협을 받고 있다. 외래종은 자기들의 자연적 서식지를 넘어 다른 지역들로 침입해 그 지역들의 토착종, 생태계, 서식지에 위협을 가하고 있다. 세계화의 결과 중 하나는 식품과 토양의 이송, 이국적 애완동물의 수출, 보균자들의 질병 전파, 관상식물의 야생 방출, 외래 품종 농작물과 나무의 의도적 식재, 선박 밸러스트 탱크의 배출청소, 목재 내 잔류 곤충들의 유입 등을 통해 외래종의 침입이 발생한다는 것이다. 해외여행을 해 본 사람이라면 누구나 입국 시 심사 목록에 여행 수화물에 농산물이 들어있는지 여부를 묻는 질문이 흔히 포함되어 있다는 것을 알 것이다. 침입종(invasive species)과 관련하여 한 가지 악명 높은 사례로, 1859년에 사냥과 스포츠를 위해 호주의 한 농장에 유럽 토끼 몇 마리를 풀어 놓은 경우를 들 수 있다. 이 유럽 토끼들은 빠르게 번식하고 또 널리 퍼져서 호주 고유의 많은 동식물종들을 위협하기까지 이르렀다. 유럽 토끼들을 통제하기 위해 토끼 침입 방지용 울타리를 만들고, 점액종증(토끼에게는 치명적인 질병)도 퍼뜨리는 등 무수한 노력을 기울였지만 아무 것도 효과가 없었다. 현재 호주에는 북부 지역을 제외한 모든 지역에 걸쳐서 약 2억 마리의 야생 토끼가 서식하는 것으로 추정되고 있다.

셋째, 오염(pollution)도 문제로 대두되었다. 강과 호수에 해를 끼치는 농업 유출수와 도시 유출수, 민감한 생태계를 위협하는 석유 시추 및 운송, 이 장의 시작 부분에서 묘사되었듯이 태평양과 카리브 해를 떠다니는 거대한 쓰레기 지대를 만들어 낸 대량의 폐기물 해양 투기 등이 오염의 예시들이다. 북의 공

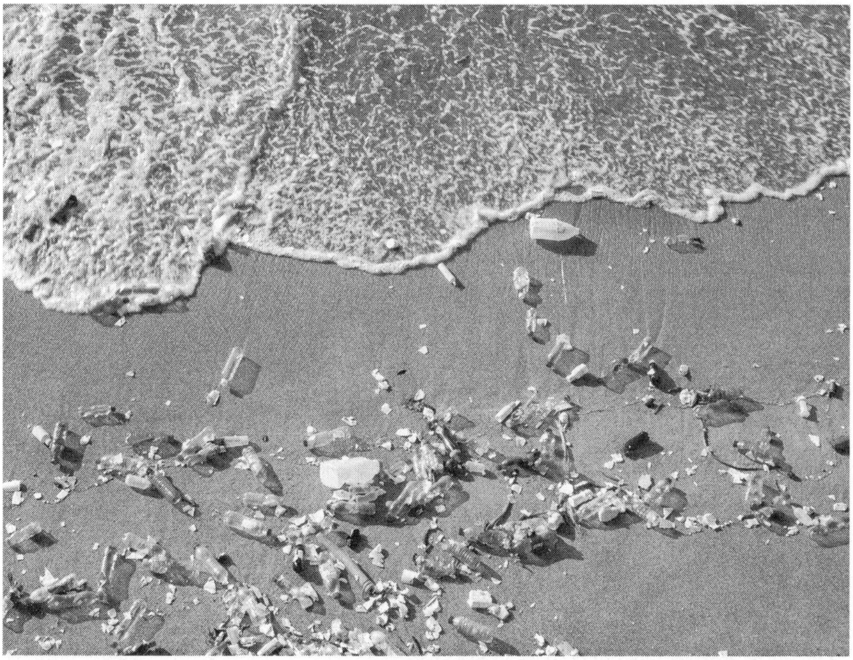

플라스틱 쓰레기들이 카리브 해 해변으로 밀려 올라와 있다. 인간이 생산하고 버리는 폐기물만큼 소비사회의 실패를 — 또는 생물다양성에 대한 위협을 — 명확하게 보여주는 문제들도 별로 없다.

장들이 문을 닫고 남에서 환경 규제가 상대적으로 약한 지역들로 공장들이 이전하고, 북의 소비자 수요로 남의 산업화가 더 많이(그리고 종종 아무런 규제 없이) 이루어지고, 이에 맞추어 석탄과 석유가 더 많이 채굴되고 추출됨에 따라, 오염 문제는 남으로 전파되었다. 이 모든 것에 이제는 기후변화 문제가 추가되었다 (이 장의 뒷부분 참조).

넷째, 인류의 인구(population) 팽창과 그에 따른 필요와 수요 증가도 생물다양성에 위협이 되고 있다. 이것은 생물다양성에 대한 5가지 주요 위협 중 가장 모호하게 받아들여질 수 있지만, 타운과 도시의 확장, 이를 지원하는 기반시설(예: 도로)의 건설, 식량 및 깨끗한 물과 같은 자원에 대한 수요 증가 등이 위협이 되고 있다. 대부분의 북반구 국가들의 인구는 안정화되었고 일부 국가들의 경우는 심지어 감소하기 시작했지만, 북의 소비자들은 에너지 및 소비재들(상당수는 수입품임)에 대해 뿌리 깊은 수요를 갖고 있다. 한편, 남반구는 많은 경우에서 인구가 빠르게 증가하고 있는데, 이와 같은 인구 증가로 인해 북이 산업혁명을 거치면서 목격했던 인구 증가의 생물다양성 관련 영향들이 남의 생물다양성에서도 똑같이 일어나고 있다.

마지막으로, 과도한 수확(overharvesting)은 생물종이나 자연 서식지가 지속불가능하게 사용될 때 발생한다. 우리는 제2장에서 과도한 수확이 숲, 대양, 어업에 미치는 영향을 보았다. 자원에 대한 남용과 잘못된 관리는 우리가 의존하고 있는 나무, 어류, 식량 작물 등의 개별 생물종을 위협할 뿐만 아니라 각각의 종들이 자리하고 있는 더 큰 생태계를 훼손하게 된다. 따라서, 열대 우림이 목재업, 농업, 광산업을 위해 벌채되면, 풍성했던 자연 서식지와 그 서식지에서 살아가는 수많은 생물종들이 함께 사라지게 되는데, 이들 중 상당수는 단 한 번도 기록되거나 확인되지 않은 채 멸종한 것으로 여겨지고 있다.

이 다섯 가지 문제에 대한 지금까지의 대응은 기껏해야 단편적이었다. 세상에는 서식지 유형(예: 습지나 남극), 생물종(예: 이동성 생물종 전체를 대상으로 하거나, 아니면 예를 들어, 북극곰 한 개체군으로 특정하거나) 또는 현상(예: 팬더, 호랑이, 코뿔소 등 멸종위기에 처한 생물종의 거래)에 초점을 맞춘 수많은 국제 조약들이 있지만, 생물다양성과 관련하여 광범위한 관점을 취하고 있는 것은 1992년의 '생물다양성협약(Convention on Biological Diversity)' 하나뿐이다. 이 협약의 초기 목표는 국가들이 '국가 생물다양성 전략'을 개발하도록 장려하는 것이었으며, 여기에 2010년까지 생물다양성 손실률을 '상당히' 감축하자는 야심 찬 목표가 2002년에 추가되었다. 그러나 생물다양성 문제의 심각성에 대한 확실한 정보가 우리에게 거의 없고, 생물다양성을 위협하는 HIPPO의 배후 압력들을 해소하기가 너무나도 힘들기에, 이와 같은 목표는 달성하기가 어려웠다. 2010년에는 2020년까지 '정부와 사회 전반에 걸쳐 생물다양성의 주류화'라는 추가 목표(예를 들어, 사람들이 생물다양성의 가치를 더 많이 인식하도록 함으로써 이 목표의 달성을 지원)가 협약에 도입되었다. 생물다양성의 손실을 되돌리는 것은 유엔의 '2030년 지속가능 발전 목표(Sustainable Development Goals for 2030)'가 제시한 주제 중의 하나이기도 하다.

생물다양성을 보호하기 위한 한 가지 실용적인 접근 방식은 국립공원과 자연보호구역 등 보호 자연 지역을 따로 지정하는 것이었다. 미국은 1872년 옐로스톤에 세계 최초의 국립공원을 만들면서 이 분야에서 글로벌선도국가가 되었다. 이후 거의 모든 국가가 미국의 사례를 따라 하고 있다. 한 추정치(International Union for Conservation of Nature, 2021)에 따르면, 지구 육지 표면의 약 10퍼센트(남미 대륙의 크기 정도)가 현재 어떤 방식으로든 보호받고 있다. 하지만 이는 생물다양성협약이 2020년에 설정한 17퍼센트 목표치에는 미치지 못하고 있을 뿐만 아니라, 보호지역의 규모도 보호의 수준과 마찬가지로 국가마다 다르게 나타나고 있다.

해양보호구역을 설정하려는 노력도 있었지만, (예를 들어) 특히 산호초와 맹그로브 숲이 기후변화와 같은 더 광범위한 문제로 위협받고 있다는 점을 감안할 때, 해양보호구역을 보호하는 것이 육지에서의 보호구역을 보호하는 것보다 훨씬 더 어려운 것으로 판명되었다. 호주, 브라질, 중국, 인도네시아, 마다가스카르, 페루, 남아프리카공화국 등 열대지방을 중심으로 한 17개국은 이들 국가에 서식하고 있는 생물종의 수와 다양성을 인정받아 '최고 생물다양성(megadiverse) 국가'로 분류되어 세간의 주목을 받아왔다. 그러나 그들 중 많은 국가들이 급속히 산업화하고 있거나, 인구가 빠르게 증가하거나, 삼림 파괴로 인해 상당한 정도의 환경적 변화를 보이고 있어, 모두가 HIPPO의 영향에 특히 취약한 상태에 놓여있다.

기후변화에 대처하기

몰디브공화국은 인도양에 있는 섬나라로 국제 뉴스의 헤드라인을 장식하는 경우는 거의 없다. 인구는 약 32만 5,000명이며 주로 관광업에 의존하는 소규모 경제의 국가다. 몰디브공화국은 또한 국토에서 가장 높은 지점이 해발 약 2미터(6피트)에 불과해 폭풍 해일과 해수면 변화의 위험에 특히 취약하다는 것으로 세상에 알려져 있다. **기후변화(climate change)**로 인한 해수면 상승 위협에 당연히 두려움을 갖고 있던 몰디브공화국정부는, 각료들이 스쿠버 장비를 착용하고 화이트보드와 수신호로 의사소통하는 수중 내각 회의를 열자는 아이디어를 2009년 10월 실행에 옮겼다. 회의는 30분밖에 지속되지 않았지만, 스노클링 장비를 착용한 사진작가들과 언론인들이 참석했으며, 이 행사는 전 세계적으로 주목받는 일련의 이미지들을 만들어냈다.

기후변화(Climate change): 화석 연료 연소 시 주로 생성되는 이산화탄소와 같은 온실가스의 농도 증가로 온실 효과가 강화되어 지구의 기후가 변하는 것.

이 책에서 논의된 모든 문제들과 도전 과제들 중에서 기후변화만큼 참으로 글로벌한 성격을 가진 것은 없다. 기후변화는 이 책에서 다루는 마지막 주제일 수는 있지만 의심할 여지없이 가장 중대한 주제이다. 기후변화의 가장 가시적인 영향(예: 빙하의 해빙, 가뭄, 산불, 극단적 기상 현상)을 경험한 지역들에서는 기후변화를 제일 즉각적으로 느꼈겠지만, 지구 기후가 변화함에 따라 우리 중 누구도 그 영향에서 벗어날 수 없다. 기후변화 문제는 지구상 생명들의 안위를 위협한다는 의미에서 실존적인 문제라고까지 간주될 수 있다. 기후변화는 최악의 경우 가장 강인한 종을 제외한 모든 생물종의 지속적인 존재 가능성에 의문을 던져주고 있으며, 상황이 가장 덜 나쁜 경우에도 지구상 생물종들이 감내해야 할 존재의 질(quality of existence)에 대해 의문을 제기하고 있다. 기후변화에 대한 해결책들은 각기 지방, 국가, 지역의 수준에서 모색하고 시행할 수도 있겠지만, 기후변화에 대한 대응이 성공하려면 글로벌 수준에서 조정이 이루어져야만 한다. 요컨대, 기후변화는 전형적인 글로벌 문제이며, 제2장에서 논의한 '공유지의 비극(tragedy of the commons)'의 궁극적인 예라고 할 수 있다.

온실 효과(Greenhouse effect): 태양이 방출하는 것들을 대기권에 가두어 두는 자연현상으로서 우리가 알고 있는 지구상의 생명들이 생존할 수 있게 기능한다.

기후변화 문제는 의심할 여지없이 인간의 행동에서 비롯되고 있다. **온실 효과(greenhouse effect)**는 자연현상으로서, 태양복사(태양에서 방출되는 모든 전자파의 총칭 – 역자 주)가 수증기, 이산화탄소(CO2), 메탄에 의해 지구 대기권 내에 갇히게 되면서, 안정된 온도의 기후가 만들어지고, 이에 따라 지구에 생명체가 살 수 있는 여건이 마련된다. 대기는 주기적으로 따뜻해지고 추워지며, 극지방의 만년설은 축소와 확대를 반복한다. 우리는 모두 5개의 빙하기를 알고 있으며, 마지막 빙하기는 약 1만 년 전에 끝났다. 그러나 오늘날 우리가 목격하고 있는 것은 온실 효과의 상승이다. 이는 석탄, 석유, 천연가스를 연료로

출처: Philips / iStock

호주 퀸즐랜드의 산불이 맹위를 떨치고 있다. 인간에 의해 비롯된 기후변화의 결과를 보여주는 또 하나의 증거이다.

사용하는 우리의 습관과 주로 관련되어 있는데, 이산화탄소와 같은 **온실가스들**(GHGs: greenhouse gases)의 대기 내 농도가 높아짐으로써 일어난다. 여기에 더하여, 농업이 더욱 집약적으로 이루어지면서 메탄의 배출량이 증가했고, 숲이 사라지면서 CO2의 자연처리장치 역할을 하는 초목의 양이 감소했다. 대기 내의 GHGs의 농도가 상승함에 따라, 지구의 평균 온도도 상승해 왔으며(도표 13.1 참조), 이에 따라 여러 결과들이 발생했다.

온실가스(Greenhouse gases): 이산화탄소, 메탄, 아산화질소 등 온실 효과와 관련된 가스.

- 온대 지역의 겨울과 여름이 보다 온건해지고, 전 세계 작물 재배 패턴에 변화가 예상되는 등 날씨의 패턴이 바뀌었다.
- 허리케인, 토네이도, 폭염, 가뭄, 홍수, 산불과 같은 극단적인 기상 현상이 더 많이 발생하고 있다.
- 바다가 따뜻해지는 가운데 만년설, 빙하, 눈덩이들, 떠다니는 얼음들이 녹아 해수의 양이 늘어나고 연안의 수위가 상승했다.
- 습지와 맹그로브 숲의 생태적 변화, 이동 생물종들의 이동 경로 변경 등을 포함하여 생물다양성과 생태계에 여러 위협이 제기되었다.
- 기후변화의 영향이 계속 느껴짐에 따라, 환경 이주자들이 발생할 것이라는 경고가 더욱 현실적으로 다가오기 시작했다 (글로벌과 로컬 13 참조).

기후변화에 대한 과학적 연구는 1800년대 후반부터 알려졌지만, 1950년대

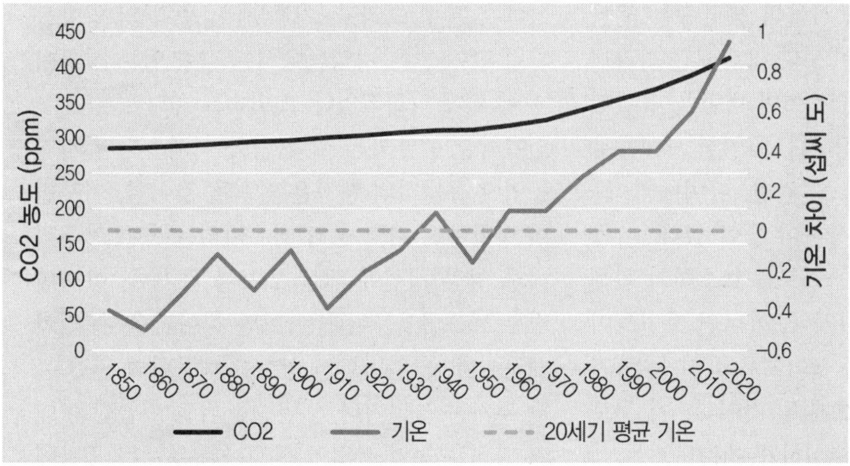

도표 13.1 기후변화 추세

출처: United States National Oceanic and Atmospheric Administration (2021)의 데이터에 기초하였음.

글로벌과 로컬 13

기후변화와 환경 이주자들

우리는 제11장에서 이주는 경제적 동기나 전쟁과 불안정이 가장 흔한 유발요인이라는 것을 보았다. 또 다른 요인은 앞서 그 장에서 언급한 더스트 볼(Dust Bowl)처럼 역사적으로 인간이 초래한 가뭄 사례들과 같은 환경변화이다. 보다 최근에는 이 목록에 기후변화와 그로 인한 많은 실제 또는 잠재적 영향들이 추가되었다 (Ionesco et al., 2017 참조). 기후변화는 글로벌 문제이지만, 열대성 폭풍과 허리케인이 더 강해지고, 가뭄과 산불이 더 흔해지고, 상승한 해수면이 해안의 도시와 커뮤니티들을 적시면서, 기후변화의 영향을 직접 체감하게 되는 것은 바로 해당 지역들이다. 기후변화를 일으킨 오염 물질들의 대부분은 세계의 주요 산업 중심지들에서 발생하지만, 기후변화의 영향은 모든 곳에서 체감되면서, **환경 이주자들(environmental migrants)**이라는 새로운 계층을 잠재적으로 만들어 내고 있다.

해수면의 잠재적 상승 문제만 콕 집어 논의하면, 세계에서 가장 큰 도시들의 상당수는 해안에 있으며, 많은 도시들이 보다 극심해진 허리케인, 태풍, 쓰나미의 여파로 이미 범람을 경험했다. 해수면 상승으로 가장 위험에 처한 도시들로는 다카, 자카르타, 라고스, 런던, 마이애미, 뭄바이, 뉴욕, 상파울루, 상하이 등이 있다. 이들 도시들은 범람으로부터 스스로를 보호하기 위해 상당한 투자를 해야만 하거나, 아니면 주민들이 집과 상가 등의 부동산을 팔아치우고 더 높은 지대로 떠나는 것을 지켜보게 될 것이다. 이 새로운 이주 물결의 규모를 확실하게 예측하기는 어렵지만, 그 규모는 상당할 것이며 비용도 많이 들 것이다.

기후변화는 또한 작물 재배 패턴을 변화시킬 것으로 예측되고 있다. 작물을 재배하고 가축을 키울 수 있는 능력은 토양의 품질, 기온, 강수량, 가축을 위한 목초지 등의 적절한 조합 그리고 질병 및 해충 퇴치 역량에 달려있다. 만약 기온이 너무 더워지고, 물 공급이 감소하고, 해충과 질병이 만연하면 (기후가 변화하면 이 모든 것들이 일어날 수 있음), 작물 수확량은 떨어질 것이다. 유엔의 식량농업기구(The Food and Agriculture Organization, 2020a)는 현재 세계가 인간의 수요를 충족시키기에 충분한 양 이상의 식량을 생산하고 있다고 적시하지만, 그럼에도 불구하고 8억 2,000만 명(세계 인구의 10퍼센트) 이상의 사람들이 정기적으로 굶주리고 있다고 아울러 지적하고 있다. 또한, 식량농업기구는 세계에서 기아 문제가 늘어나고 있으며, 사하라 이남 아프리카와 동남아시아 및 서아시아에서 분쟁 그리고 '기후 관련 충격'의 영향을 가장 많이 받은 지역들에서는 식량 안보 상황이 '눈에 띄게 악화되었다'고 밝히고 있다.

이러한 종류의 글로벌 변화가 계속되면 지역 농업 커뮤니티의 재정은 악화될 것이다. 기후변화 상황에서 지역 농업 커뮤니티는 용수 공급과 식물 영양 개선에 대한 투자를 하거나, 아니면 정부 보조금을 지급받아야만 살아남을 수 있기 때문이다. 기후변화의 영향에 대응하여 관련 분야 투자를 늘리거나 정부 보조금을 지급받는 대처 방식은 농업 산업이 선진화된 부유한 국가에서는 작동할 수 있을지 모르지만, 빈곤한 국가,

계속 ▸▸

특히 식량 생산 감소와 인구 증가라는 쌍둥이 전망에 직면해 있는 아프리카국가들에게는 훨씬 더 어려울 것이다. 환경 이주자들에게 놓인 앞날은 키리바시와 미크로네시아와 같은 태평양의 작은 섬나라들 사례들이 예증하고 있다. 이 국가들에서는 여러 개의 작은 섬들이 이미 사라졌고, 식수 공급 시설은 바닷물의 유입으로 오염되었다 (Podesta, 2019).

에 데이터수집을 통해 대기 중 CO2 농도가 우려스러울 정도로 상승했다는 것이 밝혀질 때까지는, 기후변화는 실제 상황이라기보다는 이론적인 차원에서의 문제로 머물렀었다. 기후변화의 잠재적 영향들에 대한 첫 번째 경고는 1980년대에 내려졌다. 이 이슈를 논의하기 위해 여러 국제회의들이 소집되었으며, 1988년 유엔은 이 문제에 대한 과학적 정보 교환을 촉진하기 위해 '기후변화에 관한 정부간 협의체(IPCC)'를 설립했다. 협상들도 열려서 1992년에는 '기후변화에 관한 유엔 기본협약'의 서명도 이루어졌다. 대부분의 국제 조약들과 마찬가지로 이 협약은 개괄적 원칙만 담았고, 이후의 협약 서명국들 회의에서 보다 더 엄격한 서약들이 협의되었다.

환경 이주자들(Environmental migrants): 가뭄, 토양 침식, 사막화, 기후변화와 같은 갑작스러운 또는 점진적인 환경 파괴의 결과로 인해 자발적 또는 비자발적으로 타지역으로 이주하는 사람들.

이러한 회의들 중 가장 중요한 것은 1997년 일본 교토에서 개최된 회의로, 이 회의에서는 온실가스 배출의 구체적 감축 목표를 설정하는 조약 의정서가 만들어졌다. 그러나 감축 대상, 관련 시간표, 그리고 기존의 산업화된 국가들과 신흥 산업화 국가들 간의 상대적 감축 책임량에 대해서는 의견이 엇갈렸었다. 교토 목표(선진국들은 2008~2012년까지 GHG 배출량을 1990년 수준에서 6~8퍼센트 감축하기로 하되, 개발도상국들에게는 아무런 책무를 부과하지 않았음)는 도출되었다가 많은 국가에서 달성하지 못한 채 사라졌으며, 대부분의 실제 진전들은 지역 협정들이나 시장의 힘에 따른 에너지 소비 변화를 통해 이루어졌다.

2012년 교토의정서의 종료와 함께 새로운 협상이 시작되어, 2015년 12월 파리에서 새로운 기후변화 협정이 체결되었다. 이 협정은 획기적 진전을 이룬 것으로 찬사를 받았는데, 서명국들은 산업화 이전 대비 지구 평균 기온의 상승폭이 섭씨 2도(화씨 3.6도)보다 '훨씬 낮게' 유지되도록 노력할 것이며, GHG 배출량이 글로벌 정점을 지나 감축 추세로 돌아서는 시점을 '최대한 빨리' 앞당기기로 약속하였다. 즉, 이 협정은 온실가스 배출 감축 목표들을 담았던 교토의정서와는 달리 지구의 기온 상한선을 설정하였으며, 각 서명국들이 자체적으로 기후변화 대응계획을 수립하도록 일임하였고, 화석 연료에서 벗어나 태양광, 풍력, 수력 발전 등과 같은 재생가능한 에너지원으로 옮겨갈 필요성을 강조하였다. 아주 많은 국가들이 이 협정의 비준을 서둘렀으며, 협정은 예정보다 4년 앞당겨진 2016년에 발효되었다.

한편, 유럽연합(EU)의 사례는 기후변화 대응에 있어 지역적 차원에서의 진전 가능성을 보여주고 있다. EU는 CO2 배출량이 약간 감소하는 모습을 이미 보여 왔지만, 2007년에 '20-20-20 전략(20-20-20 Strategy)'의 형태로 야심찬 목표를 자체적으로 설정했다. 이 전략은 GHG 배출량을 20퍼센트 줄이고(1990년의 배출량을 기준으로 하여), 에너지 효율성을 20퍼센트 개선하고, 필요한 에너지의 20퍼센트를 재생가능한 에너지원에서 생성하는 것을 목표로 하며, 이 모든 것을 2020년까지 달성하겠다는 내용을 담았다 (Delreux and Happaerts, 2016, 제9장 참조). EU는 이를 성취하기 위해, '시장기반 배출권 거래제도(market-based emissions trading scheme)'를 주로 활용하였다. 즉, 일정 지역 내 대기 질 기준을 설정하고, 온실가스 배출량 수준에 상한선을 설정하여, 이 상한선에 미달하는 기업들은 상한선을 초과하는 기업들에게 그 차이만큼 '오염 권리(right to pollute)'* 를 거래할 수 있도록 하였다. EU는 2020년까지 에너지 효율성 목표와 재생가능 에너지 목표를 거의 달성하였으며, GHG 배출량 목표는 초과 달성하여 배출량을 거의 25퍼센트 가량 줄였다 (Olivier and Peters, 2020). 이후 EU는 목표치를 높여서 CO2 배출량을 2030년까지는 40퍼센트, 2050년까지는 80퍼센트 감축하는 목표를 세웠다. 아이러니하게도, EU가 거둔 성과 중 적어도 일부는 따뜻해진 겨울들의 효과 그리고 제조업을 중국과 같은 다른 국가들에 아웃소싱한 결과라고 할 수 있다.

* 역자 주
특정기간 동안 일정량의 온실가스를 배출할 수 있는 '온실가스 배출권'을 의미.

한편, 미국에서는 우리가 제3장에서 보았듯이, 기후변화와 인간 행동 사이의 연관성에 대해 사람들의 의견이 엇갈리고 있고 정치적 우파들이 강력한 반규제 정서를 보이고 있어, 시장의 힘이 기후변화 대응에 핵심적 역할을 담당하였다. 미국은 2005년에서 2019년 사이에 GHG 배출량을 7퍼센트 감축하였는데, 그 주된 원인은 많은 미국 전력 회사들이 채굴하고 운송하는 데 비용이 많이 들고 지저분한 석탄 대신 더 저렴하고 더 깨끗한 천연가스로 에너지원을 전환하였고, 많은 제조업 일자리들이 해외로 이전해 나갔기 때문이다.

기후변화 대응의 역학을 이해하려면 여러 국가 그룹들의 대조적인 입장들을 이해해야만 한다. 이산화탄소의 최대 생산국(절대량 기준으로)은 중국, 미국, 인도, EU, 러시아 (생산량 순)이며, 이들 국가는 모두 합쳐 글로벌 탄소 생산량의 70퍼센트를 차지한다. 그렇다면, 언뜻 보기에, 기후변화 대응에 있어 세계에서 이들의 책임이 가장 큰 것으로 생각할 수 있다. 이에, EU는 기후변화 대응을 위한 행동들을 실제로 실행해 왔다. 반면에, 미국은 1990년에서 2018년 사이에 온실가스 배출량이 각각 350퍼센트와 265퍼센트가 증가한 중국과 인도의 상응하는 행동 없이는 미국도 행동을 취해서는 안 된다고 주장하는 사람들이 많이 있다 (도표 13.2 참조). 그러나 미국은 1인당 온실가스 배출량(20.5kg의 이산화탄소에 상응)이 중국과 인도(각기, 9.4kg과 2.7kg에 상응)보다 훨씬 더 많기에, 미국이 이들 국가보다 감축 목표를 더 높이 잡도록 요청받는 것은 합리적이라고 할 수 있다.

한편, 신흥 경제국들은 기존 선진국들이 수십 년간 대기오염 문제에 대해 별다른 제한을 받지 않고 경제를 건설해 왔기에, 자기들의 개발 계획도 탄소 배출 제한으로 인해 방해를 받아서는 안 된다는 나름의 일리 있는 주장을 하고 있다. 즉, 신흥 경제국들의 논리는 북반구 국가들이 기후변화 문제를 야기했으니, 북반구 국가들이 이 문제 해결에 앞장서야 한다는 것이다. 이른바 'BASIC 국가들(브라질, 남아프리카공화국, 인도, 중국)'은 서로 공조하면서 자신들의 요구가 관철되지 않으면 그룹 전체가 회의장에서 떠나기로 상호 약속하는 등, 이 논쟁에서 특히 두드러진 역할을 해왔다 (Hochstetler and Milkoreit, 2015).

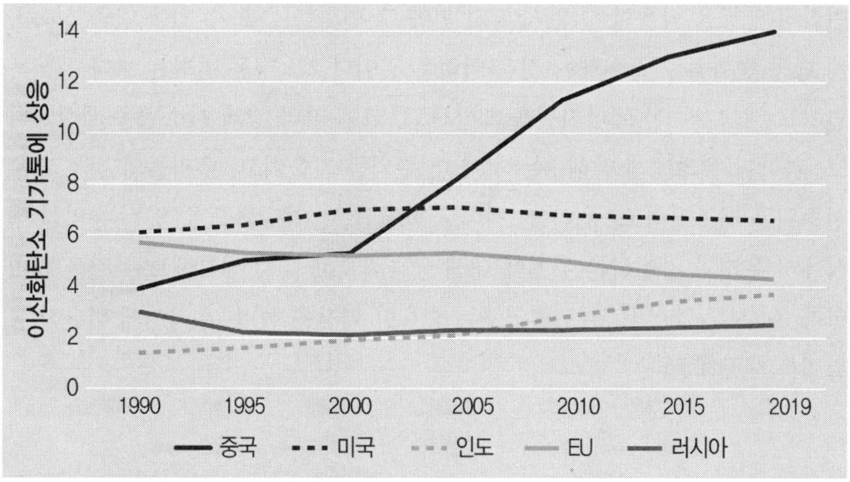

도표 13.2 온실가스 배출 추세

출처: Olivier and Peters (2020)의 데이터에 기초하였음.

주요 산유국들이 재생가능한 에너지원으로의 전환이 갖는 경제적 영향에 대해 우려하고 있는 가운데, 열대우림이 풍부한 많은 국가들은 탄소 흡수 장치 역할을 하는 숲에 대해 북반구 국가들의 투자 증대를 끌어내기 위한 로비를 벌여왔다 (숲은 대기로부터 이산화탄소를 흡수할 수 있는 능력이 있음). 한편, 40개가 넘는 소규모의 해안 및 섬 국가들(앞서 언급한 몰디브와 같은)은 해수면 상승의 영향으로부터 가장 즉각적인 위협을 받고 있지만, 문제 해결을 위해 정치적·경제적 영향력을 행사하기에는 너무 작고 또 상대적으로 가난하다. 또한, 온실가스 배출을 무엇을 기준으로 제한해야 하는지에 대해서도 질문이 제기되어 왔다. 즉, 전체 배출량, 1인당 배출량, GDP 단위당 배출량, 그리고 현재의 배출량 수준 또는 과거의 배출량 수준 등 배출 제한 기준들에 대한 질문이 나오고 있다. 아울러, 과거의 배출량 감축에 대해 얼마나 많은 인정 점수를 부여해야 하는지, 그리고 숲을 가꾸는 노력에 대해서는 얼마나 많은 인정 점수를 주어야 하는지에 대해서도 질문은 이어지고 있다.

기후변화 문제는 글로벌연구에 관한 이 책의 마지막 장을 끝맺음하기에 적합한 주제이다. 기후변화가 일어나고 있는 것은 산업혁명이 에너지원으로서 석탄, 석유, 천연가스에 지나치게 높은 의존도를 갖는 방향으로 우리를 몰아간 것의 직접적인 결과이다. 또한, 그것은 농업이 점점 더 집약화되고, 농장, 정착지, 도로 등을 만들기 위해 오랫동안 산림이 벌채되어 온 것의 직접적인 결과이기도 하다. 기후변화를 유발한 활동 유형들에서의 변화를 촉구하고, 기후변화의 영향을 되돌릴 수 없게 되기 전에 그 변화를 늦출 수 있을 만큼 신속하게 행동 변화를 이끌어내는 것은 어려운 일이다. 그 행동 변화는 보다 깨끗하면서도 재생가능한 에너지원을 개발하고, 그에 따라 경제 시스템을 재설계하고, 과학이 우리에게 말해주는 것에 더 주의를 기울이고, 우리들의 정치적 우선순위를 재조정하고, 우리를, 적어도 한동안은, 지탱해줄 수 있는 유일한 행성에서 우리가 차지하는 위치에 대해 궁극적으로 다시 생각해보는 것을 의미한다. 이 모든 것에서, 글로벌연구는 중요한 역할을 하며, 우리에게 비판적 통찰력을 제공해준다.

토의주제

1. 지배적 경제 패러다임이라는 것이 여전히 지배적인가?
2. 환경과 관련하여 북과 남의 상반된 관점들을 어떻게 해소할 수 있는가?
3. UNEP를 세계환경기구로 전환하는 것이 환경 문제에 대한 국제적 대응을 개선하는 데 도움이 될 것인가?
4. 환경 문제를 일으킨 가장 큰 책임은 누구에게 있는가: 기업인가? 소비자인가?
5. 생물다양성이 직면한 어려움에 대처하는 데 있어 어떤 종류의 주장이 가장 설득력이 있는가: 윤리적 주장? 생태적 주장? 실용적 주장?
6. 당신에게 완전한 재량이 주어진다면, 기후변화 문제를 어떻게 해결하겠는가?

핵심용어

- 기업의 사회적 책임(Corporate social responsibility)
- 기후변화(Climate change)
- 녹색 성장(Green growth)
- 녹색 정치(Green politics)
- 생물다양성(Biodiversity)
- 선도자-후발자 역학(Leader-laggard dynamic)
- 온실 효과(Greenhouse effect)
- 온실가스(Greenhouse gases)
- 인류세(Anthropocene)
- 패러다임(Paradigm)
- 환경 이주자들(Environmental migrants)
- 환경(Environment)
- 환경보호주의(Environmentalism)
- 환경정의(Environmental justice)

유용한 웹사이트

기후변화에 관한 정부간 협의체(Intergovernmental Panel on Climate Change) https://www.ipcc.ch
세계자연기금(World Wide Fund for Nature) https://wwf.panda.org
유엔환경계획(UN Environment Programme) https://www.unenvironment.org
환경성과지수(Environmental Performance Index) https://epi.yale.edu

추가 읽을 거리

Gates, Bill (2021) *How to Avoid a Climate Disaster* (Knopf). 자선가이자 마이크로소프트 공동 창립자가 기후변화에 대한 행동을 촉구.

Maslin, Mark (2014) *Climate Change: A Very Short Introduction*, 3rd edn (Oxford University Press). 기후변화에 대한 과학, 영향, 대응 및 솔루션에 대한 짧은 개관.

McCormick, John (2018) *Environmental Politics and Policy* (Red Globe Press). 대기 및 수질 오염, 폐기물, 기후변화와 같은 문제에 대한 장을 포함하여 국가 및 글로벌 접근 방식을 비교하고 환경 문제 및 환경정책의 본질을 개관.

Morin, Jean-Frederic, and Amandine Orsini (eds) (2021) *Essential Concepts of Global Environmental Governance*, 2nd edn (Earthscan). 글로벌환경 거버넌스의 주요 개념들에 대한 간략한 기술과 논의의 모음집.

Wilson, Edward O. (2010) *The Diversity of Life* (Harvard University Press). 퓰리처상을 수상한 미국 생물학자의 지구 생물다양성 규모에 대한 리뷰(1992년에 처음 출판).

용어해설

감염병/전염병(Infectious disease) 박테리아, 바이러스, 기생충과 같이 질병의 숙주로 기능하거나 전달하는 역할을 하는 미생물을 통해 전염되는 질병으로서 인간 대 인간 또는 인수간 전염될 수 있는 질병을 말한다.

강대국(Great powers) 대규모 군사, 그리고 대륙 또는 글로벌 이해관계를 가진 국가.

개발(Development) 국민, 공동체 또는 국가의 경제적·사회적 복리의 개선. 많은 경우 가난한 국가와 관련된 맥락에서 사용된다.

개발원조(Development aid) 장기적으로 빈곤의 경감을 위해 주로 기술지원의 형태로 부유한 국가로부터 빈곤한 국가에게 제공되는 지원.

거버넌스(Governance) 공식 기관의 투입 여부에 관계없이 집단적 의사결정이 이루어지고 이행되는 여러 가지 방법의 총합.

경제연합(Economic union) 사람, 자본, 상품, 서비스의 자유로운 이동과 공동의 대외경제정책 등 참여국 간 단일시장을 형성하는 것이다.

경제학(Economics) 재화와 서비스의 생산, 분배, 소비에 관한 학문으로 화폐, 시장, 공급, 수요, 비용, 경쟁, 효율성 등의 문제를 다룬다.

공급사슬(Supply chain) 원재료와 천연자원에서부터 완제품까지 연결하여 하나의 상품이나 서비스를 소비자에게 공급하는 데에 수반되는 사람, 조직, 정보, 자원의 시스템.

공동이용자원(Common pool resources) 대기나 바다와 같이 그 크기나 범위로 인해 개인들의 사용을 막는 것이 어렵거나 불가능한 자원.

공유지의 비극(Tragedy of the commons) 사회 전체의 안녕보다는 개인적 이득을 우선하는 개인들의 이기주의가 공동이용자원의 남용을 조장한다는 경제학 이론.

공정무역(Fair trade) 가난한 나라의 생산자들에게 상품 판매의 수익을 더 많이 배분하자는 사회 운동.

과학(Science) 핵심적인 사실을 정립하고 일반이론과 법칙을 발전시키는 것을 목적으로 하는 물리·자연·사회 세계에 대한 체계적 연구.

과학부정(Science denial) 어떤 현상의 경험적 증거가 개인적 가치, 선호, 혹은 인식과 배치되는 경우 이를 받아들이기를 꺼리는 것.

관광(Tourism) 비즈니스나 즐거움을 위해 하는 단기 여행.

구조적 폭력(Structural violence) 차별, 비하, 학대를 통해 사람들을 함정에 빠뜨리는 과정과 조건의 유지.

국가(State) 인구와 정부가 있으며, 국제법에 의거하여 존재와 독립을 인정받은 영토.

국가자본주의(State capitalism) 국가가 경제에 대해 높은 수준의 통제력을 행사하는 체제로서 자본주의체제라면 자유 시장에 맡겨져 있을 많은 기능과 활동에 대해 국가가 책임을 진다.

국가정체성(National identity) 언어, 출생지, 시민권의 조합으로 결정되는 국가 또는 민족과의 자기 일체화.

국내실향민(Internally displaced person) 혼란의 결과로 고향을 떠나야 했지만 다른 나라의 국경을 넘지 않은 사람.

국내총생산(Gross domestic product) 경제 규모를 측정하는 핵심적인 지표로서 특정한 연도에 한 국가에서 생산된 모든 재화와 서비스를 화폐가치로 계산한 것이다.

국제기구(IO: International Organization) 국가 간 협력을 증진하기 위해 설립된 기구로, 정부 또는 비정부 행위자가 회원으로 있다.

국제법(International law) 국가 간의 관계를 규정하는 일련의 규칙이며, 관습과 공식 협정의 조합으로 구성.

국제비정부기구(INGO: international non-governmental organizations) 개인이나 민간단체와 같은 비국가적 회원의 활동을 통해 국제협력을 장려하기 위해 행동하는 단체다.

국지적 유행(Epidemic) 특정한 지역에서 특정 기간 감염병의 사례가 급증하는 상황.

권위(Authority) 국가 또는 정부가 행동하거나 통치할 수 있도록 인정받은 권리.

권위주의(Authoritarianism) 권력 유지를 위해 사회 전체를 조작하려는 지배 엘리트들의 수중에 권력이 집중되어 있는 정치체제.

근대(Modern) 말 그대로 현재(present) 또는 당시의(contemporary) 시대이며, 역사, 기술, 사회 규범, 문화, 예술과 관련하여 가장 자주 사용되는 용어다.

글로벌가치사슬(Global value chain) 완제품이 시장에 도달하기 전 여러 나라에서 각기 다른 공정을 수행함으로써 이루어지는 국제적인 생산 분업.

글로벌거버넌스(Global governance) 국경을 초월한 요구와 문제를 해결하는 데 도움이 되는 제도, 과정, 합의, 절차, 규범, 행동의 축적.

글로벌금융위기(Global financial crisis) 2007년 미국에서 탈(脫) 금융규제와 투기로 촉발되어 유럽으로 급속히 번진 위기.

글로벌도시(Global city) 도시의 규모와 정치적/경제적 역량이 막대하여 자신이 지리적으로 속한 국가를 넘어서까지 영향력을 행사하는 도시.

글로벌문화(Global culture) 글로벌 차원의 문화.

글로벌시민사회(Global civil society) 시민들이 글로벌 수준에서 참여하는 공공 영역.

금본위제(Gold standard) 국가들이 자신들의 통화가치를 금에 고정시켰던 제도. 1930년대 영국과 미국이 이를 포기함으로써 더는 사용되지 않는다.

기대수명(Life expectancy) 개인이나 집단이 평균적으로 살 수 있을 것으로 기대되는 수명으로서 보건의료, 영양, 질병, 성별, 유전, 경제적 상황 등의 요인에 의해 결정된다.

기술(Technology) 문제를 해결하고, 상품과 서비스를 생산하고, 삶의 질을 높이며, 생명을 연장하는 데에 사용되는 방편, 기량, 방법 및 과정.

기술이전(Technology transfer) 라이선스 등을 통해 원작자로부터 2차 사용자에게 기술을 이전하는 것이다.

기업의 사회적 책임(Corporate social responsibility) 기업은 사회적, 환경적 이슈를 의사결정의 핵심에 두어야 한다는 주장.

기후변화(Climate change) 화석 연료 연소 시 주로 생성되는 이산화탄소와 같은 온실가스의 농도 증가로 온실 효과가 강화되어 지구의 기후가 변하는 것.

난민(Refugee) 전쟁, 폭력, 박해, 자연재해, 또는 환경변화의 결과로 인해 집을 떠나야 하는 사람.

내전(Civil war) 동일한 국가, 민족, 공동체 내에서 집단들과 시민들 사이의 분쟁.

냉전(Cold War) 1940년대 후반과 1980년대 후반 사이에 미국과 소련, 그리고 각각의 동맹국이나 피후견국들이 참여한 논쟁과 아이디어의 전쟁.

노예제(Slavery) 인간이 재산으로 정의되고, 소유되거나 매매가 가능한 제도.

녹색 성장(Green growth) 천연자원의 사용 및 지속가능 방식의 환경 관리에 기반하는 경제 성장.

녹색 정치(Green politics) 환경 의식, 사회 정의, 비폭력, 풀뿌리 민주주의에 뿌리를 둔 지속가능 사회 건설을 목적으로 하는 정치 철학.

녹색혁명(Green revolution) 제2차 세계대전 후 글로벌 식량 생산의 성장을 말하는 것으로서 화학물질 사용, 물 공급 개선, 다수확 농작물 개발 등 농업과학의 변화에 기인.

다국적기업(MNE: multinational enterprise) 두 개 이상의 국가에 시설과 소득 창출 자산을 가지고 있으며, 모국에서 글로벌 활동을 관리하는 민간 기업.

다극(Multipolarity) 3개 이상의 극 또는 주요 행위자를 기반으로 하는 국제체제. 오늘날 다극의 후보로는 미국, 중국, 유럽연합, 인도가 있다.

다문화주의(Multiculturalism) 여러 문화로 구성된 사회에 대한 믿음과 그 문화들에 대한 인정.

다민족국가(Multinational state) 하나의 정부 아래 여러 다른 민족들이 함께 살고 있는 국가.

덤핑(Dumping) 원산지 시장가격보다 낮은 가격에 상품을 대량 수출하여 판매하는 것.

두뇌 유출(Brain drain) 훈련이 되어 있거나 재능 있는 개인이 한 국가에서 다른 국가로 이주하는 것을 말하며, 이에 따라 원래의 국가에서는 기술 자원의 손실이 발생.

두뇌 획득(Brain gain) 두뇌 유출의 반대로서 목적지 국가에는 기술 자원의 추가가 발생.

디아스포라(Diaspora) 자기의 출신 지역이나 태어난 모국을 벗어나는 인구 분산이나 인구 이동, 또는 모국 밖에서 널리 퍼져 거주하는 인구.

디지털 격차(Digital divide) 개인 간, 공동체 간, 지리적 공간 간 또는 국가 간 정보통신 기술에의 접근수준의 차이.

디지털 시민권(Digital citizenship) 정치, 정부, 사회, 공동체에 관여하기 위해 정보기술을 이용하는 것.

디지털혁명(Digital revolution) 디지털 정보의 생성, 저장 및 가공, 그리고 상거래, 교육, 정치와 같이 다양한 영역에서의 온라인 기회의 창출에 있어서 일어난 혁명.

레짐(Regime) 주어진 문제를 둘러싼 규칙, 규범, 제도, 합의의 집합이며, 관련된 행위자들의 기대가 수렴됨.

망명(Asylum) 자기 나라로 돌아갈 경우 신변 안전이 위협받을 수 있는 외국인에게 국가가 제공하는 보호.

매스미디어(Mass media) 텔레비전, 라디오, 웹사이트와 같이 다수에게 도달하는 커뮤니케이션의 통로.

메가시티(Megacity) 인구가 최소한 천만 명 이상인 도시. 메가시티 리스트는 늘어나고 있으며, 오늘날 도쿄, 델리, 상하이, 멕시코시티, 그리고 상파울루가 수위를 차지하고 있다.

무국적(Statelessness) 개인이 한 국가의 시민권을 갖지 못한 상태로서 보통 내전의 결과에 기인.

무역 적자(Trade deficit) 한 국가의 수입이 수출을 초과하는 상황.

무역 흑자(Trade surplus) 한 국가에서 수출이 수입을 초과하는 상황.

무역(Trade) 물물교환이든 통화와 같은 교환수단을 사용하든 간에 생산자와 소비자 사이에서 이루어지는 상품과 서비스의 교환.

무정부(Anarchy) 조직적인 정부가 부재한 상태. 무정부주의자(anarchist)들은 정부가 불필요하고 해로우며 자발적 결사에 기반한 자치 사회를 선호한다고 주장.

문명(Civilization) 인류 발전의 진보된 단계로서, 정치적·사회적 조직과 같은 특징들을 보이며, 문화와 동의어이지만 더 광범위하고 더 집합적인 의미로 사용.

문화(Culture) 사회 또는 공동체가 종종 무의식적으로 그리고 개인별 차이에도 불구하고 함께 신봉하고 호응하는 가치, 신념, 습관, 태도, 그리고/또는 규범.

문화 제국주의(Cultural imperialism) 지배 세력이나 국가가 자기보다 약한 국가를 대상으로 자신의 문화를 강요하고 촉진하는 것.

문화 충격(Culture shock) 자기에게 가장 친숙한 문화가 아닌 다른 문화로 이동하거나 이를 경험할 때 사람들이 느낄 수 있는 불편함.

민족(Ethnicity) 공통의 조상 그리고 공동의 사회적, 문화적 배경을 기반으로 서로를 동일시하는 사람들의 그룹으로서, 흔히 공통의 언어가 그룹 분류의 기준.

민족(Nation) 역사, 문화, 언어, 신화의 공유를 바탕으로 서로를 동일시하는 사람들의 집단.

민족국가(Nation-state) 언어와 문화의 공유를 기반으로 공통의 민족 정체성을 가진 시민들로 구성된 국가.

민족주의(Nationalism) 민족은 자신의 운명을 스스로 결정하고, 스스로 다스리고, 자신만의 국가를 가지며, 자신의 이익을 다른 민족들의 이익보다 우선하며, 자신의 국경을 통제할 권리가 있다는 믿음.

민족중심주의(Ethnocentrism) 자신의 가치와 규범의 관점에서 다른 문화를 보거나 판단하는 것.

민주주의/민주주의체제(Democracy) 국가내 합법적 시민 자격을 갖춘 모두의 공정하고 공개적인 위임에 의거하여 정부가 구성되고, 정해진 법적 절차에 따라 정부가 운영되는 정치체제.

민주평화론(Democratic peace theory) 민주국가들은 서로 전쟁을 거의 또는 전혀 하지 않는다는 이론.

민주화(Democratization) 안정된 민주주의체제 구축에 필요한 제도와 절차를 국가가 건설하는 과정.

반향실(Echo chamber) 폐쇄적인 시스템 안에서 생각들이 유포되고 반복을 통해 확대되고 강화되는 방식을 묘사하기 위한 비유.

백신(Vaccine) 소아마비, 홍역, 독감, 코로나19와 같은 특정한 전염병에 대한 면역을 제공하는 생물학적 조제 물질.

백신 민족주의(Vaccine nationalism) 부유한 국가가 코로나19 백신에 대한 우선 접근권을 갖고 실제 필요한 것보다 훨씬 더 많은 수량을 구매하기 위해 노력했던 것을 말한다.

베스트팔렌체제(Westphalian system) 1648년 베스트팔렌 평화조약으로부터 등장한 근대국가체제는 국가의 주권과 정치적 자결을 기반으로 한다.

보안국가(Security state) CCTV, 전화 감청 및 인터넷 사용 감시, 그리고 여타 수단을 동원해서 시민들의 동태를 추적하는 국가.

보편적 의료(Universal health care) 모든 의학적 필요를 포괄하며, 기저 질환이나 비용 지불 능력과 관계없이 직접적인 비용을 전혀 부담하지 않거나 소액 부담하는 것을 통해 누릴 수 있는 보건의료 서비스.

보편주의(Universalism) 모든 인간은 그들이 누구인지, 어디에 사는지, 또는 어디 출신인지와 관계없이 동등한 일련의 권리를 지닌다는 관점.

보호주의(Protectionism) 국제무역이 흔히 유발하는 경쟁으로부터 국내 시장이 보호되어야 한다는 시각.

부(Wealth) 양과 질로 측정될 수 있는 화폐, 물질적 소유 및 기회의 풍족함.

북과 남(North and South) '개발된' 그리고 '개발되고 있는' 사회와 경제를 일컫는 짧은 용어이며, 대부분은 각각 세계의 북반구와 남반구에서 발견된다. 종종 '글로벌'이라는 형용사가 앞부분에 위치한다.

불개입(Non-intervention) 모든 전쟁(자기방어를 위해 싸우는 전쟁은 제외)과 동맹을 피하고, 다른 나라의 내정에 간섭하지 않는 것을 기반으로 하는 정책.

브레튼우즈체제(Bretton Woods system) 자유무역과 환율 안정을 통해 1945년 이후의 평화와 번영을 장려하기 위해 고안된 국제경제체제.

브릭(BRIC) 브라질, 러시아, 인도, 중국의 약자로, 그들의 새로운 영향력 있는 글로벌 역할을 반영.

비교우위(Comparative advantage) 만약 각국이 각자 우위를 가지고 있는(풍부한 부존 또는 값싼 노동력과 같이) 상품과 서비스의 생산에 집중하고, 상호 간 자유로운 교역이 이루어진다면 모두가 혜택을 누릴 것이라는 이론.

비국가행위자(Non-state actor) 국가 구조에는 속하지 않지만, 지역, 국가, 국제 또는 글로벌 차원에서 정책에 영향을 미치는 기관.

비자(Visa) 외국인의 입국을 허가하는 문서로서, 일반적으로 사업, 교육, 관광 등의 특정한 입국 목적과 최대 체류 기간 등이 명기.

비전염성 질환(Non-communicable disease) 인간이나 동물 간 전염될 수 없는 질병. 만성질환(chronic disease)이란 이름으로도 알려져 있으며 다양한 유전적, 육체적, 환경적, 행태적 요인에 의해 유발된다.

비폭력 저항(Non-violent resistance) 협력하기를 꺼리거나 법을 어기는 것과 같은 비폭력적(또는 수동적) 수단의 사용을 통해 변화를 이끌어내기 위한 노력.

빈곤(Poverty) 양과 질로 측정될 수 있는 화폐, 물질적 소유 및 기회의 결핍.

사물인터넷(Internet of things) 전력망, 스마트자동차, 스마트홈등과 같은 물리적인 것과 디지털의 결합.

사실(Fact) 실재하거나 참인 것으로 알려지거나 입증된 현상 또는 양(quantity).

사이버안보(Cybersecurity) 인터넷에 연결된 컴퓨터, 네트워크, 모바일 장치, 전자 시스템 및 데이터를 악의적인 공격으로부터 보호하기 위한 노력.

사회과학(Social science) 인간사회와 사회 안의 사람들 간 상호작용에 관한 연구.

사회주의(Socialism) 보다 적극적인 국가의 시장 개입을 통해 기회와 부를 재분배하자는 경제 철학.

상대주의(Relativism) 인권은 문화적으로 상대적이며, 일률적으로 적용되는 권리의 유일무이한 조합은 없다는 관점.

생물다양성(Biodiversity) 생물학적 다양성(biological diversity)이라는 용어의 축약형으로서, 지구상에 존재하는 많은 생물종들의 다양성과 개체군들을 표현.

생태관광(Ecotourism) 지역주민을 방해하거나 서식지와 생태계를 손상하지 않고 야생 지역을 경험하고자 하는 방문객에 맞춤한 관광.

서양(West) 유럽 및 유럽인의 정착과 침략으로부터 성장한 지역사회와 연관된 정치적, 경제적, 문화적 개념이다. 아시아, 특히 중국, 일본, 인도와 관련된 동양의 개념과 구별된다.

서양(Western) 원래는 유럽을 의미했지만 이후 유럽의 식민지 건설에 의해 생성되고 형성된 모든 사회들까지 포함하는, 확장된 개념의 '서방'과 연계된 사상과 가치.

선도자-후발자 역학(Leader-laggard dynamic) 환경정책에 대해 상반된 입장을 취하는 국가들 간의 갈등을 말하며 종종 상호 간 타협이 필요.

세계관(Worldview) 개인 또는 같은 생각을 가진 그룹의 구성원으로서, 우리 각자가 우리 주변의 세계를 인식하는 방식.

세계대전(World War) 세계 여러 지역의 국가들이 포함된 군사 충돌.

세계인권선언(Universal Declaration of Human Rights) 1948년 유엔총회에서 채택된 인권에 관한 가장 권위 있는 개요.

세계주의(Cosmopolitanism) 세계와의 유대, 보편적 사상과의 제휴, 그리고 모든 인간은 국경과 국가정체성을 초월하는 하나의 공동체에 속한다는 신념과의 결합.

세방화(Glocalization) 변화는 글로벌 차원과 로컬 차원에서 동시에 일어날 수 있고, 두 차원은 연결되어 있으며, 하나의 차원이 다른 차원을 구동한다는 아이디어다.

세속주의(Secularism) 종교와 국가는 분리되어야 한다는 믿음.

소극적 평화(Negative peace) 폭력의 부재에 의해 정의된 평화이며, 적극적 평화의 경우에 발견되는 지속적 평화를 유지하려는 노력과 반대 상황.

소액금융(Microfinance) 개발도상국에서 소규모 사업을 대상으로 한 소규모 대출 및 투자.

소프트 파워(Soft power) 격려와 인센티브의 사용을 통한 영향력 행사.

송금(Remittances) 외국 또는 외지에서 일하는 사람들이 본국의 가족에게 보내는 금전.

시민권(Citizenship) 출생 또는 시민권 부여의 결과로 어느 특정 국가에 법적으로 '속해 있고', 이와 관련된 권리와 책임을 가지고 있다는 개념.

시민사회(Civil society) 시민들이 공동 관심사를 해결하기 위해 서로 협력하는 공공 영역.

시민적 권리(Civil right) 인간을 자신이 누구인가에 근거한 차별로부터 보호하는 권리.

시민적 자유(Civil liberty) 인간이 자신의 정부에 대하여 가지는 권리와 자유.

식량안보(Food security) 사람들이 안전하고 영양가 있는 식량을 충분히 입수하고 섭취할 수 있는 상태.

식민주의(Colonialism) 한 지역의 정부 또는 시민들이 정착, 경제적 착취 또는 전략적 이익을 목적으로 외국 영토를 점령하고 통제하려는 시도.

신자유주의(Neo-liberalism) 1980년대 이후 많은 서구 국가에 의해서 채택되어 온 경제적 자유화에 바탕을 둔 경제 철학.

신제국주의(Neo-imperialism) 힘이 약한 행위자들에게 변화나 양보를 요구함으로써 영향력을 확장하려는 힘 있는 행위자들의 노력.

실패하는 국가(Failing state) 내부의 중대한 분열, 취약한 정부 기구, 실패했거나 실패하는 경제 등 심각한 구조적 문제들을 안고 있는 국가.

아웃소싱(Outsourcing) 기업이 일반적으로는 자체적으로 조달했을 서비스를 공급받기 위해 외부 업체를 고용하는 과정.

안보(Security) 물리적, 정치적, 경제적 또는 환경적 위협으로부터 공동체 구성원, 가치, 자원이 보호되는 조건.

애국주의(Patriotism) 나라의 역사, 상징, 신화에 대한 자부심에 나타나있듯이 나라에의 헌신, 나라와 개인의 일체화, 나라 사랑 등을 의미.

양심수(Prisoner of conscience) 정부나 국가에 의해 자신의 의견을 표명하는 것이 물리적으로 금지된 사람.

역사의 종말(End of history) 정치, 경제, 사회 시스템이 논리적이고 결정적인 최종 상태에 도달한 지경에 이르렀다는 생각.

연쇄 이주(Chain migration) 소셜 네트워크로 연결된 이민자들이 같은 지역사회 또는 같은 가족 출신의 초기 개척 이민자들을 따라가는 장기적인 과정.

영구적 평화(Perpetual peace) 영구적이고 지속가능한 평화이며, 전쟁을 일으킬 수 있는 조건들의 부재로 인해 가능.

영아사망률(Infant mortality) 선천적 결함, 산전 관리의 부족, 환경요인, 질병, 오염된 물, 열악한 위생과 같은 요인으로 인한 만 1세 미만 영유아 인구당 사망률.

영양실조(Malnutrition) 영양의 수요와 공급 그리고 질 간의 불일치를 말하는 것으로서, 음식을 과소 섭취하거나 저질의 음식을 과다 섭취하는 것을 의미.

예방외교(Preventive diplomacy) 분쟁의 발생 가능성을 방지하거나 감소시키기 위한 외교적 노력.

온실가스(Greenhouse gases) 이산화탄소, 메탄, 아산화질소 등 온실 효과와 관련된 가스.

온실 효과(Greenhouse effect) 태양이 방출하는 것들을 대기권에 가두어 두는 자연현상으로서 우리가 알고 있는 지구상의 생명들이 생존할 수 있게 기능한다.

외교(Diplomacy) 협상과 타협을 통해 국가 간의 관계를 관리하는 기술과 관행.

외국인 혐오(Xenophobia) 지역사회나 국가에서 외국인으로 규정된 사람들을 두려워하거나, 거부하거나, 배제하는 것을 말하는 것으로서, 인종주의 및 토착주의와 밀접하게 관련되어 있다.

이동성(Mobility) 한 장소에서 다른 장소로, 한 직업에서 다른 직업으로, 심지어 한 사회 계층에서 다른 계층으로 이동할 수 있는 역량.

이론(Theory) 하나의 현상이나 일련의 현상들을, 이를 뒷받침하는 상당한 양의 증거를 바탕으로 설명하거나 이해하고자 하는 추상적인 혹은 일반화된 접근.

이주(Migration) 사람들이 한 장소에서 다른 장소로 이동하는 것으로서 밖으로 나가는 이동(emigration)과 밖에서 들어오는 이동(immigration)을 모두 포함.

이주자(Migrant) 국가 내 한 지역에서 다른 지역으로 이주하거나, 한 국가에서 다른 국가로 이주한 사람.

인간안보(Human security) 국가나 국익보다는 인간 차원에서 정의되고, 인간의 생명과 존엄성에 대한 우려를 해결하는 안보.

인구변천(Demographic transition) 인구수가 경제와 사회 유형의 변화 그리고 보건의료의 향상에 조응하여 어떻게 변화하는가를 설명하는 모델.

인구학(Demography) 출생률과 사망률, 소득, 질병, 연령, 그리고 교육 등 인구 관련 통계와 추세에 관한 학문.

인권(Human right) 모든 인간이 누릴 자격이 있는 자연적이고 보편적이며 양도불가능한 권리.

인도적 개입(Humanitarian intervention) 인권 침해, 자연재해, 전쟁 범죄, 집단학살 등으로 인해 이루어지는 군사적 개입으로서 난민을 발생시키는 문제를 완화하고자 하는 목적. 인도주의적 개입이라고도 한다.

인도주의(Humanitarianism) 인간의 안녕에 관한 일반적인 우려.

인류세(Anthropocene) 인간이 일으킨 광범위한 지질 및 생태계 변화를 특징으로 하는 신(新) 지질학적 시대를 호칭하기 위해 제시된 이름.

인종(Race) 피부색 및 얼굴 특징과 같은 유전적인 신체적 차이에 기초한 인간의 그룹화 또는 분류.

인종청소(Ethnic cleansing) 민족 동질화를 달성하기 위해 민족의 영토에서 다른 소수 민족을 체계적으로 그리고 대개는 강제적으로 제거하는 것.

인터넷(Internet) 표준화된 통신 프로토콜을 통해 연결된 컴퓨터 네트워크의 글로벌시스템으로서 '월드 와이드 웹(World Wide Web)'과 이메일과 같은 서비스를 전달함.

일차 의료(Primary health care) 기본적이고 개인적이며 일반적인 보건의료서비스로서 특수하거나 진행이 많이 된 질병을 다루기보다는 초기 치료에 초점을 둔다.

자본주의(Capitalism) 생산, 분배, 가격에 관한 결정을 가능한 시장에 맡겨두자는 경제 철학.

자연권(Natural right) 자연의 보편적 법칙의 결과로 존재하며, 정부에 의해 부여될 수도 없고 빼앗길 수 없는 권리.

자연법(Natural law) 어떤 권리는 정부나 사회의 규칙이 아닌 자연으로부터 유래한 것이라고 보는 관점.

자원의 저주(Resource curse) 수익성 있는 한 자원의 가치가 한 국가에게 경제적 문제들을 안겨주는 상황.

자유무역(Free trade) 무역장벽을 줄이거나 제거하여 두 국가 간 혹은 셋 이상의 국가 간 개방적이고 경쟁적인 시장을 조성하는 것이다.

자유무역협정(Free trade agreement) 참여국 간 상호 무역장벽을 낮추거나 제거하는 것이다.

자유주의(Liberalism) 국제공조는 가능하고 바람직하며, 전쟁은 필연적이지 않으며, 국제관계를 이해하고 견인하는 데 국제기구와 국제법이 중요하다는 이론.

자유주의(Liberalism) 시장을 개방하고 무역통제를 줄이는 것이 모두의 광범위한 이익에 부합한다는 시각.

재생가능 에너지(Renewable energy) 태양력, 풍력, 수력 등과 같이 잠재적이든 실제이든 무한 공급이 가능한 원천으로부터 생성되는 에너지.

재생산권(Reproductive right) 재생산을 할 것인지 하지 않을 것인지 결정하는 것에 대한 권리 및 적절한 정보와 보건의료에 접근할 수 있는 개인의 권리.

적극적 평화(Positive peace) 분쟁의 건설적인 해결을 촉진하고 모두를 위한 기회와 자원에 대한 평등한 접근을 보장하는 시스템과 네트워크의 구축을 통해 충돌을 피하기 위한 적극적 노력으로 유지되는 평화.

전자상거래(E-commerce) 온라인상에서 이루어지는 상품과 서비스의 구매와 판매.

전쟁(War) 국가, 비국가행위자 및/또는 국가 내 집단이 관련된 지속적이고 조정된 폭력의 기간.

정부(Government) 공동체 주민들의 요구를 관리하고 처리하는 책임을 맡은 제도·절차·법률체계.

정부간기구(Intergovernmental Organization) 국가 사이의 협력을 조장하고 촉진하며, 국가들로 구성된 기구.

정부간주의(Intergovernmentalism) 국가 간 주요 협력의 결정은 해당 국가 대표 간의 협상의 결과로 이루어진다는 생각에 기초한 이론/모델.

정의로운 전쟁(Just war) 도덕적으로 방어할 수 있는 전쟁.

정체성(Identity) 나이, 젠더, 문화, 민족, 출생지, 직업, 언어 등 경우에 따라 유동적이기도 한 속성들에 기초한 자아 개념.

정치범(Political prisoner) 현재 정부와 반대되는 행동이나 신념으로 인해 투옥된 사람.

정치체계(Political system) 사회가 집단적 결정을 내리고 이를 시행하게 하는 상호작용과 기구(정부 포함).

정통성(Legitimacy) 국가의 법적 존재와 자국 내 권한 행사 권리에 대한 인정.

제3세계(Third World) 20세기 후반 아시아, 아프리카, 중동, 중남미의 신흥국가를 느슨하고 비공식적으로 분류하기 위해 사용된 명칭.

제국주의(Imperialism) 외교, 경제적 통제, 군사정복을 통해 세력과 영향력을 확대시키기 위한 정부와 국가의 정책.

제도(Institution) 실행을 정의하고 역할을 할당하며 상호 작용을 안내하는 비공식 또는 공식적인 규칙 및 절차의 집합.

제로 인구 성장(Zero population growth) 출산율과 사망률이 서로 평형을 이루어 인구가 늘어나지도 또 줄어들지도 않는 상태.

젠더(Gender) 생물학적 성별 속성과는 구별되는 남성다움과 여성다움의 특징들과 사회적 또는 문화적으로 구성된 역할들(규범, 기대 및 행동과 연관된) 및 젠더정체성을 지칭.

젠더정체성(Gender identity) 사람이 자기 자신에 대해 갖고 있는 개념으로서, 남성, 여성, 둘 다, 또는 둘 다 아님으로 인식할 수 있으며, 이는 예를 들자면 복장, 말, 매너를 통해 표출된다.

조약(Treaty) 국가들로 하여금 특정 원칙을 준수하거나 특정 목표와 기한을 달성하게 하도록 책임을 부과하는 국가 사이의 협정.

조약사무국(Treaty secretariat) 국제조약의 준수 상황을 감시하고, 서명국들 간의 협상을 촉진하는 업무를 담당하는 기관.

종교(Religion) 일반적으로 신 또는 신들의 형태로 나타나는 초인간적 통제력에 대한 믿음과 숭배를 말하며, 믿음, 신화, 의례의 조합에 의해 주도된다.

주권(Sovereignty) 국가는 자신보다 더 높은 정치적 또는 법적 권위를 인정하지 않는다는 원칙.

준비통화(Reserve currency) 정부가 보유하고 있는 외환을 말하며, 채무를 상환하거나 환위험(exchange rate risk)을 낮추기 위해 사용된다.

중립(Neutrality) 전쟁을 피하고 다른 국가들과 관련된 분쟁에서 어느 한쪽 편을 들지 않는 것에 기반을 둔 정책.

중소기업(Small and medium enterprises) 종업원 수와 매출액이 적은 기업을 말하며, 대기업(및 다국적기업)과 구분된다.

지구촌(Global village) 전자미디어가 인간 간의 연결을 단단히 조여서 세계의 크기를 줄였다는 발상을 전달하기 위한 비유.

지니계수(Gini coefficient) 특정한 인구집단 내에서 부의 분배를 나타내기 위해 사용되는 소득 불평등의 척도.

지속가능 발전(Sustainable development) 미래의 니즈를 손상시키지 않고 단기적인 니즈를 충족시키는 방식으로 계획되고 시행되는 발전.

지역개발은행(Regional development bank) 한 지역(region)에서 설립 및 운영되는 은행으로, 주주들로부터 기금을 모아 역내 국가를 대상으로 저금리 대출을 제공한다.

지역통합(Regional integration) 공동의 이익과 목표의 확인에 기초한 주변국 집단 간의 협력과 집단행동 촉진, 그리고 공동정책과 집단법(collective law)의 개발.

지적재산(Intellectual property) 디자인, 저작권, 상표, 특허와 같은 정신적인 발명 및 창조물.

집단안보(Collective security) 안보동맹의 모든 국가들이 한 국가의 안전이 그들 모두의 관심사라는 것에 동의한다는 생각.

집단학살(Genocide) 민족, 인종, 종교를 이유로 한 집단의 사람들을 완전히 또는 부분적으로 파괴하려는 의도적인 노력.

천연자원(Natural resources) 지구에서 자연적으로 발견되는 것으로서 인간과 다른 생물들에게 가치가 있는 물질이나 원자재. 천연자원에는 토지, 식량, 물, 식물, 동물, 토양, 광물, 에너지 그리고 목재 등이 있다.

초강대국(Superpower) 글로벌한 차원에서, 특히 군사적인 의미에서 활동할 능력과 의지를 가진 국가.

초국가주의(Supranationalism) 일반이익에 관련된 국가의 권한을 정부간기구에 이양함으로써 협력하는 국가들의 공동이익을 추진하는 이론/모델.

최혜국 지위(Most-favored nation status) 모든 회원국은 상호 간 동등하게 대우해야 한다는, WTO 가입국에게 요구되는 동의조항.

탈식민지화(Decolonization) 한 국가의 다른 국가에 대한, 또는 한 공동체의 다른 공동체에 대한 식민지 지배를 뒷받침하는 구조와 생각의 해체.

탈진실(Post-truth) 의견을 형성하는 데에 있어서 객관적 사실과 증거가 가치, 감정, 믿음에 호소하는 것보다 덜 중요해지는 세계에 우리가 살고 있다는 생각.

테러리즘(Terrorism) 정치적 또는 사회적 변화를 달성할 목적으로 공포를 조성하기 위해 재산 또는 민간인을 대상으로 폭력을 위협하거나 실제로 사용하는 것.

토착주의(Nativism) 원주민의 이익이 이민자의 이익보다 우선되어야 한다는 견해.

통화연합(Monetary union) 참여국 간 단일통화가 존재하고 통화공급과 금리의 통제에 있어 공동 정책이 존재하는 상황.

특별인출권(Special Drawing Right) IMF에 의해 만들어져서 유지되는 가상의 통화로, 표준적인 준비통화를 보완한다.

특혜무역협정(Preferential trade agreement) 하나의 무역블록 내 회원국의 특정 상품에 대한 관세를 제거하는 것은 아니고 낮춤으로써 접근성에 있어서의 특혜를 제공하는 것이다.

패러다임(Paradigm) 인간 행동의 안내자인 가치, 신념, 아이디어를 기반으로 하는 모델, 패턴, 체계.

팬데믹/대유행(Pandemic) 감염병이 발생하여 국경을 넘어 전 세계적으로까지 확산되기도 하는 감염병 대유행 상황.

평화(Peace) 서로 다른 당사자들이 폭력에 의존하지 않고 의견 불일치를 할 수 있는 조건.

평화유지(Peacekeeping) 평화협정이나 휴전 이후 분쟁지역에 중립적인 외국의 군인, 경찰 또는 민간인을 투입하여 평화를 유지하기 위한 노력

포드주의(Fordism) 포드 자동차회사(Ford Motor Company)로부터 유래한 용어로서, 전문적인 반숙련 노동을 활용해 조립 라인에서 표준화된 상품을 대량 생산하는 것을 뜻한다.

포퓰리즘(Populism) 지배 엘리트에 대항하여 국민들(people)의 권리와 이익을 옹호하는 정치 프로그램 또는 정치 운동.

푸시 요인(Push factors) 사람들로 하여금 자기 고향이나 나라를 떠나도록 부추기는 이유와 압력들.

풀 요인(Pull factors) 사람들을 새로운 지역이나 국가로 끌어들이는 기회들.

프로파간다(Propaganda) 어떤 의제를 지지하기 위해, 또는 사람들이 믿는 것이나 느끼는 방식을 변화시키기 위해 퍼뜨려지는 정보.

하드 파워(Hard power) 위협과 강압의 사용을 통한 영향력의 행사.

해외직접투자(Foreign direct investment) 어떤 사업을 대상으로 외국의 정부, 기업 또는 국민에 의해 이루어지는 대규모 투자.

허위정보(Disinformation) 사람들을 고의적으로 호도하려는 목적에서 퍼뜨려지는 현혹하거나 거짓되거나 편향된 정보 (잘못된 정보[misinformation]는 호도하려는 의도와 관계없이 제공된 거짓 정보).

현실주의(Realism) 우리가 무정부 상태의 글로벌시스템(규칙이나 국가 수준 이상의 권위체가 없는 시스템)에 살고 있으며, 국제관계는 자기 이익만 추구하는 국가 간의 권력이나 영향력 다툼에 의해 주도된다는 이론.

화석 연료(Fossil fuels) 유기체가 수백만 년간 부패 변성되면서 생성된 연료로서 석탄, 석유, 천연가스 등이 있다.

환경(Environment) 인간, 동물, 식물, 곤충, 박테리아, 무생물 등 개체가 존재하는 물리적 환경.

환경보호주의(Environmentalism) 인간 행동이 환경에 미치는 영향에 대해 보다 더 깊은 이해를 갖도록 촉구하는 철학, 이론, 또는 이데올로기.

환경 이주자들(Environmental migrants) 가뭄, 토양침식, 사막화, 기후변화와 같은 갑작스러운 또는 점진적인 환경 파괴의 결과로 인해 자발적 또는 비자발적으로 타지역으로 이주하는 사람들.

환경정의(Environmental justice) 모든 당사자가 환경계획과 정책의 개발 및 실행에서 평등하게 대우받아야 한다는 시각.

환율(Exchange rate) 한 통화가 다른 통화에 대해 가지는 상대적 가치.

참고문헌

Abramowitz, Michael J. (2020) Cited in *Democracy Under Lockdown* (New York: Freedom House).

Abusharaf, Rogaia Mustafa (ed.) (2006) *Female Circumcision: Multicultural Perspectives* (Philadelphia: University of Pennsylvania Press).

Anderson, Benedict (1983) *Imagined Communities: Reflections on the Origins and Spread of Nationalism* (London: Verso).

Anderson, M. S. (1998) *The Origins of the Modern European State System, 1494–1618* (Abingdon: Routledge).

Aslan, Reza (2009) *How to Win a Cosmic War: God, Globalization, and the End of the War on Terror* (New York: Random House).

Babb, Sarah, and Alexander Kentikelenis (2018) 'International financial institutions as agents of neoliberalism', in Damien Cahill, Melinda Cooper, Martijn Konings, and David Primrose (eds) *The Sage Handbook of Neoliberalism* (Thousand Oaks, CA: Sage Publications).

Baldwin, Richard (2016) *The Great Convergence: Information Technology and the New Globalization* (Cambridge, MA: Belknap Press).

Balestra, Carlotta, and Richard Tonkin (2018) 'Inequalities in Household Wealth Across OECD Countries: Evidence from the OECD Wealth Distribution Database', Working Paper No. 88, OECD, 20 June.

Baptist, Edward E. (2016) *The Half Has Never Been Told: Slavery and the Making of American Capitalism* (New York: Basic Books).

Barnett, Michael N., and Kathryn Sikkink (2011) 'From International Relations to Global Society', in Robert E. Goodin (ed.) *The Oxford Handbook of Political Science* (Oxford: Oxford University Press).

Beauchamp, Zack (2014) 'Where People Really Love Their Countries – and Where They Kinda Don't', in *Vox*, 18 May.

Beck, Ulrich (2006) *The Cosmopolitan Vision* (Cambridge: Polity Press).

Beigbeder, Yves (2018) *The World Health Organization: Achievements and Failures* (Abingdon: Routledge).

Bellamy, Richard (2008) *Citizenship: A Very Short Introduction* (Oxford: Oxford University Press).

Bernstein, William J. (2008) *A Splendid Exchange: How Trade Shaped the World* (New York: Atlantic Monthly).

Bhagwati, Jagdish (1995) 'US Trade Policy: The Infatuation with FTAs'. Columbia University Department of Economics, Discussion Paper No. 726.

Bhagwati, Jagdish N., Pravin Krishna, and Arvind Panagariya (eds) (2016) 'The World Trade System Today' in Bhagwati et al. (eds) *The World Trade System: Trends and Challenges* (Cambridge, MA: MIT Press).

Biermann, Frank, and Steffen Bauer (eds) (2005) *A World Environment Organization: Solution or Threat for Effective International Environmental Governance?* (Aldershot: Ashgate).

Black, Jeremy (2002) *Europe and the World, 1650–1830* (Abingdon: Routledge).

Blainey, Geoffrey (1988) *The Causes of War*, 3rd edn (New York: Free Press).

Blair, Dennis C., and Keith Alexander (2017) 'China's Intellectual Property Theft Must Stop', in *New York Times*, 15 August.

Bohman, James, and Matthias Lutz-Bachmann (eds) (1997) *Perpetual Peace: Essays on Kant's Cosmopolitan Ideal* (Boston, MA: MIT Press).

Bol, Damien, Marco Giani, André Blais, and Peter John Loewen (2020) 'The effect of COVID-19 lockdowns on political support: Some good news for democracy?', in *European Journal of Political Research*, May, pp. 1–9.

Brook, Daniel (2013) *A History of Future Cities* (New York: W. W. Norton).

Brown, Keith R. (2013) *Buying into Fair Trade: Culture, Morality, and Consumption* (New York: New York University Press).

Brown, Wendy (2010) *Walled States, Waning Sovereignty* (Brooklyn, NY: Zone Books).

Browne, Waldo R. (ed.) (1946) *Leviathan in Crisis: An International Symposium on the State, its Past, Present, and Future* (New York: Viking).

Brundtland, Gro Harlem, et al. (1987) *Our Common Future: World Commission on Environment and Development* (Oxford: Oxford University Press).

Caspersen, Nina (2011) *Unrecognised States: The Struggle for Sovereignty in the Modern International System* (Cambridge: Polity Press).

Chandler, Alfred D., and Bruce Mazlish (eds) (2005) *Leviathans: Multinational Corporations and the New Global History* (Cambridge: Cambridge University Press).

Chandy, Laurence, and Brina Seidel (2016) 'Is Globalization's Second Wave about to Break?' Brookings Institution, *Global Views* No. 4, October.

Chatzky, Andrew and James McBride (2020) 'China's massive Belt and Road Initiative'. Backgrounder published by Council on Foreign Relations, 28 January, at https://www.cfr.org/backgrounder/chinas-massive-belt-and-road-initiative. Retrieved May 2021.

Chin, Rita (2017) *The Crisis of Multiculturalism in Europe: A History* (Princeton, NJ: Princeton University Press).

Chinkin, Christin, and Keina Yoshida (2020) '40 years of the Convention on the Elimination of All Forms of Discrimination Against Women'. Centre for Women, Peace and Security, London School of Economics.

Chiras, Daniel D., and John P. Reganold (2009) *Natural Resource Conservation: Management for a Sustainable Future*, 10th edn (London: Pearson).

Christakis, Nicholas A. (2020) *Apollo's Arrow: The Profound and Enduring Impact of Coronavirus on the Way We Live* (New York: Little, Brown Spark).

Clark, Barry (2016) *The Evolution of Economic Systems: Varieties of Capitalism in the Global Economy* (Oxford: Oxford University Press).

Clark, Christopher (2012) *The Sleepwalkers: How Europe Went to War in 1914* (New York: HarperCollins).

Clausing, Kimberly (2019) *Open: The Progressive Case for Free Trade, Immigration, and Global Capital* (Cambridge, MA: Harvard University Press).

Cobham, Alex, and Andy Sumner (2013) 'Is it all about the tails? The Palma measure of income inequality'. Center for Global Development, Working Paper 343, September.

Cohen, Robin, and Carolin Fischer (eds) (2019) *Routledge Handbook of Diaspora Studies* (Abingdon: Routledge).

Collier, Paul (2007) *The Bottom Billion: Why the Poorest Countries are Failing and What Can Be Done About It* (New York: Oxford University Press).

Conway, Ed (2014) *The Summit: Bretton Woods, 1944 – J. M. Keynes and the Reshaping of the Global Economy* (New York: Pegasus).

Cook, Nancy, Meredith McGraw, and Adam Cancryn (2020) 'What Did Trump Know and When Did He Know It? Inside His Feb. 7 Admission', in *Politico* at https://www.politico.com, 10 September.

Coolsaet, Brendan (ed) (2021) *Environmental Justice: Key Issues* (Abingdon: Routledge).

Correlates of War Project (2021) at http://www.correlatesofwar.org. Retrieved May 2021.

Cosentino, Gabriele (2020) *Social Media and the Post-Truth World Order: The Global Dynamics of Disinformation* (London: Palgrave).

Cosgrove, Serena, and Benjamin Curtis (2018) *Understanding Global Poverty: Causes, Capabilities and Human Development* (Abingdon: Routledge).

Craig, Iona (2017) '"Only God Can Save Us": Yemeni Children Starve as Aid is Held at Border', in *The Guardian*, 12 November.

Crane, Andrew, Dirk Matten, Abagail McWilliams, Jeremy Moon, and Donald Siegel (eds) (2009) *The Oxford Handbook of Corporate Social Responsibility* (Oxford: Oxford University Press).

Cranny-Francis, Anne, Wendy Waring, Pam Stavropoulos, and Joan Kirby (2019) *Gender Studies: Terms and Debates* (London: Red Globe Press).

Crawford, James (2007) *The Creation of States in International Law*, 2nd edn (Oxford: Oxford University Press).

Crisp, Nigel (2010) *Turning the World Upside Down: The Search for Global Health in the 21st Century* (London: Royal Society of Medicine Press).

Crutzen, Paul J. (2002) 'Geology of Mankind', in *Nature* 415:6867, 3 January, p. 23.

De Keersmaeker, Goedele (2017) *Polarity, Balance of Power, and International Relations Theory* (London: Palgrave).

Delreux, Tom, and Sander Happaerts (2016) *Environmental Policy and Politics in the European Union* (London: Res Globe Press).

Desai, Raj M., and James Raymond Freeland (2014) 'What the New Bank of BRICS is all About', in *The Washington Post*, 17 July.

Diamond, Larry (2015) 'Facing up to the Democratic Recession', in *Journal of Democracy* 26:1, January, pp. 141–55.

Diamond, Larry, Marc F. Plattner, and Christopher Walker (eds) (2016) *Authoritarianism Goes Global: The Challenge to Democracy* (Baltimore, MD: Johns Hopkins University Press).

Dionne, Kim Yi (2018) *Doomed Interventions: The Failure of Global Responses to AIDS in Africa* (Cambridge: Cambridge University Press).
Donnelly, Jack, and Daniel J. Whelan (2020) *International Human Rights*, 6th edn (New York: Routledge).
Doyle, Michael W. (2011) *Liberal Peace: Selected Essays* (Abingdon: Routledge).
Dyson, Tim (2010) *Population and Development: The Demographic Transition* (London: Zed Books).
Eatwell, Roger and Matthew Goodwin (2018) *National Populism: The Revolt Against Liberal Democracy* (London: Pelican Books).
Economist, The (2018) 'Africa's Broken Heart: Congo is Sliding Back to Bloodshed', 15 February.
Economist, The (2019) 'The Steam Has Gone Out of Globalization', 24 January.
Economist Intelligence Unit (2021) *Democracy Index 2020* at https://www.eiu.com/topic/democracy-index. Retrieved May 2021.
Ehrlich, Paul (1968) *The Population Bomb* (New York: Ballantine Books).
Elsea, Jennifer (2002) 'US Policy Regarding the International Criminal Court', Congressional Research Service/US Library of Congress, 3 September.
Emanuel, Ezekiel J. (2020) *Which Country has the World's Best Health Care?* (New York: Public Affairs).
Environmental Performance Index (2020), at https://epi.yale.edu. Retrieved May 2021.
Esipova, Neli, Anita Pugliese, and Julie Ray (2013) 'The Demographics of Global Internal Migration', in *Migration Policy Practice* 3:2, April–May, pp. 3–5.
European Court of Human Rights (2020) at http://www.echr.coe.int. Retrieved May 2021.
European Space Agency (2017) 'Mapping the World's Forests' at https://www.esa.int. Retrieved May 2021.
Eurostat (2020) Migration and Migrant Population Statistics at https://ec.europa.eu. Retrieved May 2021.
Farkas, Johan, and Jannick Schou (2019) *Post-Truth, Fake News and Democracy: Mapping the Politics of Falsehood* (Abingdon: Routledge).
Favell, Adrian (2008) *Eurostars and Eurocities: Free Movement and Mobility in an Integrating Europe* (Oxford: Blackwell).
Fenton, Steve (2010) *Ethnicity*, 2nd edn (Cambridge: Polity Press).
Fink, Carole K. (2017) *Cold War: An International History*, 2nd edn (Boulder, CO: Westview Press).
Fioramonti, Lorenzo (2013) *Gross Domestic Problem: The Politics behind the World's Most Powerful Number* (London: Zed Books).
Fitzmaurice, Malgosia (2018) *Whaling and International Law* (Cambridge: Cambridge University Press).
Fitzmaurice, Peter (2012) 'Between the Wars – The Refugee Convention of 1933: A Contemporary Analysis', in David Keane and Yvonne McDermott (eds) *The Challenge of Human Rights: Past, Present and Future* (Cheltenham, UK: Edward Elgar).
Foltz, Richard (2010) *Religions of the Silk Road: Premodern Patterns of Globalization*, 2nd edn (New York: Palgrave).
Food and Agriculture Organization (2016) *The State of Food and Agriculture 2016: Climate Change, Agriculture and Food Security* (Rome: FAO).
Food and Agriculture Organization (2019) *The State of Food and Agriculture 2019* (Rome: FAO).
Food and Agriculture Organization (2020a) *The State of Food Security and Nutrition in the World 2020* (Rome: FAO).
Food and Agriculture Organization (2020b) *Global Forest Resources Assessment 2020* (Rome: FAO).
Food and Agriculture Organization (2020c) *The State of World Fisheries and Aquaculture 2020* (Rome: FAO).
Fortune Global 500 (2020) at http://fortune.com/global500. Retrieved May 2021.
Fox, W. T. R. (1944) *The Super-Powers: The United States, Britain, and the Soviet Union – Their Responsibility for Peace* (New York: Harcourt Brace).
Fox, Michael Allen (2014) *Understanding Peace: A Comprehensive Introduction* (Abingdon: Routledge).
Freed, Dan (2016) 'JP Morgan's Dimon rolls eyes up at gloom and Davos billionaires'. Reported by Reuters, 23 February.
Freedom House (2019), *Freedom in the World 2019* (New York: Freedom House).
Freedom House (2020) *Freedom in the World 2020* at https://freedomhouse.org. Retrieved May 2021.
Friedman, Thomas L. (2000) *The Lexus And The Olive Tree: Understanding Globalization* (New York: Anchor/Random House).
Friedman, Thomas L. (2016) *Thank You for Being Late: An Optimist's Guide to Thriving in the Age of Accelerations* (New York: Picador).
Fukuyama, Francis (1989) 'The End of History?', in *The National Interest*, Summer.
Fund for Peace (2020) Fragile States Index 2020, at https://fragilestatesindex.org/. Retrieved May 2021.
Garner, Steve (2017) *Racisms: An Introduction*, 2nd edn (London: Sage).

Gilley, Bruce (2009) *The Right to Rule: How States Win and Lose Legitimacy* (New York: Columbia University Press).

Glaeser, Edward (2012) *Triumph of the City: How Urban Spaces Make us Human* (London: Pan).

Glendon, Mary Ann (2002) *A World Made New: Eleanor Roosevelt and the Universal Declaration of Human Rights* (New York: Random House).

Global Slavery Index (2018) at https://www.globalslaveryindex.org. Retrieved May 2021.

Global Terrorism Database (2019) at https://www.start.umd.edu/gtd. Retrieved May 2021.

Gomez, Michael A. (2020) *Reversing Sail: A History of the African Diaspora*, 2nd edn (Cambridge: Cambridge University Press).

Gören, Erkan, (2013) 'Economic Effects of Domestic and Neighbouring Countries' Cultural Diversity' in *ZenTra Working Paper in Transnational Studies* 16/2013, 23 April.

Greenfield, Liah (2019) *Nationalism: A Short History* (Washington DC: Brookings).

Griffith-Jones, Stephany, David Griffith-Jones, and Dagmar Hertova (2008) 'Enhancing the Role of Regional Development Banks'. G-24 Discussion Paper 50, July (New York: United Nations).

Grugel, Jean, and Matthew Louis Bishop (2014) *Democratization: A Critical Introduction*, 2nd edn (London: Palgrave).

Gubler, Duane J. (2007) 'The Continuing Spread of West Nile Virus in the Western Hemisphere' in *Clinical Infectious Diseases* 45:8, 15 October, pp. 1039–46.

Guillen, Mauro F. (2016) *The Architecture of Collapse: The Global System in the 21st Century* (Oxford: Oxford University Press).

Gvosdev, Nikolas, and Andrew Stigler (2011) 'Defining War in an Ill-Defined World', in *The New York Times*, 28 June.

Gwartney, James, Robert Lawson, Joshua Hall, and Ryan Murphy (2020) *Economic Freedom of the World: 2020 Annual Report* (Vancouver: Fraser Institute).

Haass, Richard (2017) *A World in Disarray: American Foreign Policy and the Crisis of the Old Order* (New York: Penguin).

Hall, C. Michael (2010) 'Tourism and Biodiversity: More Significant than Climate Change?', in *Journal of Heritage Tourism* 5:4, November, pp. 253–66.

Hamid, Shadi (2020) 'Reopening the world: How the pandemic is reinforcing authoritarianism'. Brookings Institution briefing, 16 June.

Hardin, Garrett (1968) 'The Tragedy of the Commons', in *Science* 162:3859, 13 December, pp. 1243–48.

Harper, Sarah (2016) *How Population Change Will Transform Our World* (Oxford: Oxford University Press).

Harper, Sarah (2018) *Demography: A Very Short Introduction* (Oxford: Oxford University Press).

Harvey, David (2007) *A Brief History of Neoliberalism* (Oxford: Oxford University Press).

Hellen, Nicholas (2019) 'BBC films teach children of "100 genders, or more"', in *The Times*, 8 September.

Henrich, Joseph, Steven J. Heine, and Ara Norenzayan (2010) 'The Weirdest People in the World?', in *Behavioral and Brain Sciences* 33:2–3, pp. 61–83.

Higgott, Richard, Geoffrey Underhill and Andreas Bieler (eds) (2011) *Non-State Actors and Authority in the Global System* (Abingdon: Routledge).

Hobbs, Renee (2020) *Mind Over Media: Propaganda Education for a Digital Age* (New York: W. W. Norton).

Hochstetler, Kathryn, and Manjana Milkoreit (2015) 'Responsibilities in Transition: Emerging Powers in the Climate Change Negotiations', in *Global Governance* 21:2, April–June, pp. 205–26.

Hoekman, Bernard M., and Petros C. Mavroidis (2016) *The World Trade Organization*, 2nd edn (Abingdon: Routledge).

Hoornweg, Daniel, and Kevin Pope (2014) 'Socioeconomic Pathways and Regional Distribution of the World's 101 Largest Cities'. Working Paper No. 04, January; Global Cities Institute, University of Toronto, Canada.

Hough, Peter (2018) *Understanding Global Security*, 4th edn (Abingdon: Routledge).

House of Commons Library (UK) (2020) NHS Staff from Overseas: Statistics, at https://commonslibrary.parliament.uk. Published 4 June.

Howard, Philip N. (2020) *Lie Machines: How to Save Democracy from Troll Armies, Deceitful Robots, Junk News Operations, and Political Operatives* (New Haven, CT: Yale University Press).

Huemer, Michael (2013) *The Problem of Political Authority: An Examination of the Right to Coerce and the Duty to Obey* (London: Palgrave).

Hunt, Lynn (2007) *Inventing Human Rights: A History* (New York: W. W. Norton).

Huntington, Samuel P. (1991) *The Third Wave: Democratization in the Late Twentieth Century* (Norman, OK: University of Oklahoma Press).

Huntington, Samuel P. (1996) *The Clash of Civilizations and the Making of World Order* (New York: Simon & Schuster).

Ikenberry, G. John (2000) 'Don't Panic: How Secure Is Globalization's Future?', in *Foreign Affairs* 79:2, May/June, pp. 145–51.

Independent Commission on International Development Issues (1980) *North/South: A Programme for Survival* (London: Pan).

Inglehart, Ronald F. (2020) 'Giving up on God: The Global Decline of Religion', in *Foreign Affairs* 99:5, September/October, pp. 110–18.

International Air Transport Association (2020) World Air Transport Statistics, at https://www.iata.org. Retrieved May 2021.

International Energy Agency (2020) *Key World Energy Statistics*, at https://www.iea.org/reports/key-world-energy-statistics-2020. Retrieved May 2021.

International Labour Organization (2020a) *Global Wage Report 2020/21* (Geneva: ILO).

International Labour Organization (2020b). Labour migration statistics for Arab states at https://www.ilo.org. Retrieved May 2021.

International Organization for Migration (2018) Global Migration Indicators 2018, at https://www.iom.int/global-migration-trends. Retrieved May 2021.

International Organization for Migration (2020) at https://www.iom.int. Retrieved July 2020.

International Organization for Migration (2021) Migration Data Portal, at https://migrationdataportal.org. Retrieved May 2021.

International Telecommunications Union (2019) *Measuring Digital Development: Facts and Figures 2019*, at https://www.itu.int/en/ITU-D/Statistics/Documents/facts/FactsFigures2019.pdf. Retrieved May 2021.

International Telecommunication Union (2020) Global Cybersecurity Index 4, at https://www.itu.int/en/ITU-D/Cybersecurity/Pages/global-cybersecurity-index.aspx. Retrieved May 2021.

International Union for Conservation of Nature (2021) at https://www.iucn.org. Retrieved May 2021.

Ionesco, Dina, Daria Mokhnacheva, and François Gemenne (2017) *The Atlas of Environmental Migration* (Abingdon: Routledge).

Jackson, Robert (2007) *Sovereignty* (Cambridge: Polity Press).

Jacob, Margaret C. (2006) *Strangers Nowhere in the World: The Rise of Cosmopolitanism in Early Modern Europe* (Philadelphia, PA: University of Pennsylvania Press).

Jessop, Bob (2016) *The State: Past, Present, Future* (Cambridge: Polity Press).

Jones, Adam (2017) *Genocide: A Comprehensive Introduction*, 3rd edn (Abingdon: Routledge).

Jones, Reece (2017) *Violent Borders: Refugees and the Right to Move* (London: Verso).

Josephson, Paul (2012) 'Technology and the Environment', in J. R. McNeill and Erin Stewart Mauldin (eds) *A Companion to Global Environmental History* (Chichester: John Wiley).

Judah, Tim (2011) 'Senegal's Mourides: Islam's Mystical Entrepreneurs' at BBC Online, 4 August.

Juergensmeyer, Mark (2017) *Terror in the Mind of God: The Global Rise of Religious Violence*, 4th edn (Oakland, CA: University of California Press).

Kagan, Robert (2008) *The Return of History and the End of Dreams* (New York: Knopf).

Kant, Immanuel ([1795] 2009) *Perpetual Peace: A Philosophical Essay* (London: Penguin).

Karns, Margaret P., Karen A. Mingst, and Kendall W. Stiles (2015) *International Organizations: The Politics and Processes of Global Governance*, 3rd edn (Boulder, CO: Lynne Rienner).

Kassam, Ashifa, Rosie Scammell, Kate Connolly, Richard Orange, Kim Willsher, and Rebecca Ratcliffe (2015) 'Europe Needs Many More Babies to Avert a Population Disaster', in *The Guardian*, 22 August.

Keating, Christine, and Cynthia Burack (2016) 'Sexual Orientation, Gender Identity and Human Rights', in Michael Goodhart (ed.) *Human Rights: Politics and Practice*, 3rd edn (Oxford University Press).

Khan, Alam, and Mario Arturo Ruiz Estrada (2017) 'Globalization and Terrorism: An Overview', in *Quality and Quantity* 51:4, July, pp. 1811–19.

Khanna, Parag (2016) 'These 25 Companies Are More Powerful Than Many Countries' in *Foreign Policy*, 15 May.

King, Stephen D. (2017) *Grave New World: The End of Globalization, the Return of History* (New Haven, CT: Yale University Press).

Kivisto, Peter, and Paul R. Croll (2012) *Race and Ethnicity: The Basics* (Abingdon: Routledge).

Knorr, Klaus (1973) *Power and Wealth: The Political Economy of International Power* (New York: Basic Books).

Kotkin, Joel (2014) 'The World's Most Influential Cities', in *Forbes*, 14 August.

Kovarik, Bill (2016) *Revolutions in Communication: Media History from Gutenberg to the Digital Age*, 2nd edn (London: Bloomsbury).

Krasner, Stephen D. (ed.) (1983) *International Regimes* (Ithaca, NY: Cornell University Press).

Kuhar, Roman, and David Paternotte (eds) (2017) *Anti-Gender Campaigns in Europe: Mobilizing Against Equality* (Lanham, MD: Rowman & Littlefield).

Kurlansky, Mark (2006) *Nonviolence: The History of a Dangerous Idea* (New York: Modern Library).

La Rue, Frank (2011) 'Report of the Special Rapporteur on the Promotion and Protection of the Right to Freedom of Opinion and Expression'. UN Human Rights Council, Seventeenth Session, 16 May.

Langlois, Anthony J. (2016) 'Normative and Theoretical Foundations of Human Rights', in Michael Goodhart (ed.) *Human Rights: Politics and Practice*, 3rd edn (Oxford University Press).

Launch and Scale Speedometer (2021) at https://launchandscalefaster.org/COVID-19. Retrieved May 2021.

Levy, Jack S. (1983) *War in the Modern Great Power System, 1495-1975* (Lexington, KY: University Press of Kentucky).

Levy, Jack S., and William R. Thompson (2010) *Causes of War* (Chichester: John Wiley & Sons).

Locey, Kenneth J., and Jay T. Lennon (2016) 'Scaling Laws Predict Global Microbial Diversity', in *Proceedings of the National Academy of Sciences* 113:21, 24 May, pp. 5970–75.

Lori, Noora (2019) *Offshore Citizens: Permanent Temporary Status in the Gulf* (Cambridge: Cambridge University Press).

Lukes, Steven (2005) *Power: A Radical View*, 2nd edn (London: Red Globe Press).

Lutz, James M., and Brenda J. Lutz (2019) *Global Terrorism*, 4th edn (Abingdon: Routledge).

Lyon, Sarah, and E. Christian Wells (2012) *Global Tourism: Cultural Heritage and Economic Encounters* (Lanham, MD: AltaMira Press).

McArdle, Scarlett (2017) *'Accountability, International Law, and the World Health Organization: A Need For Reform?'*, in *Global Health Governance* 11:1, pp. 27–39.

McCormick, John (2018) *Environmental Politics and Policy* (London: Red Globe).

McCormick, John (2020) *European Union Politics*, 3rd edn (London: Red Globe).

McCormick, John (2021) *Understanding the European Union*, 8th edn (London: Red Globe).

McCrone, David, and Frank Bechhofer (2015) *Understanding National Identity* (Cambridge: Cambridge University Press).

Mackenzie, Ruth, Cesare Romano, and Yuval Shany (2010) *The Manual on International Courts and Tribunals*, 2nd edn (Oxford: Oxford University Press).

McLeman, Robert, and François Gemenne (2018) 'Environmental migration research: Evolution and current state of the science', in Robert McLeman and François Gemenne (eds) *Routledge Handbook of Environmental Displacement and Migration* (Abingdon: Routledge).

McLuhan, Marshall (1964) *Understanding Media: The Extensions of Man* (New York: McGraw Hill).

Macmillan, Margaret (2014) The War That Ended Peace: The Road to 1914 (New York: *Random House*).

McNeill, William H. (1998) *Plagues and Peoples* (New York: Anchor Books).

Malthus, Thomas (1798) *An Essay on the Principle of Population* (London: J. Johnson).

Manik, Julfikar Ali, and Jim Yardley (2013) 'Building Collapse in Bangladesh Leaves Scores Dead', in *New York Times*, 24 April.

Marmot, Michael (2016) *The Health Gap: The Challenge of an Unequal World* (London: Bloomsbury).

Martelle, Scott (2014) 'The Slow-spreading News of American Independence', in *Los Angeles Times*, 4 July.

Martin, Eric (2012) 'Goldman Sachs's MIST Topping BRICs as Smaller Markets Outperform', on Bloomberg website at https://www.bloomberg.com. Retrieved May 2021.

Mathews, Jessica Tuchman (1997) 'Power Shift', in *Foreign Affairs* 76:1, January/February, pp. 287–93.

Mearsheimer, John J. (2018) *The Great Delusion: Liberal Dreams and International Realities* (New Haven, CT: Yale University Press).

Migration Policy Institute (2020) at https://www.migrationpolicy.org. Retrieved May 2021.

Minahan, James B. (2000) *One Europe, Many Nations: A Historical Dictionary of European National Groups* (Westport, CT: Greenwood).

Mitchell, Ronald B. (2020) *International Environmental Agreements Database Project*, at https://iea.uoregon.edu. Retrieved May 2021.

Moore, Gordon E. (1965) 'Cramming more Components onto Integrated Circuits', in *Electronics* 38:8, 19 April.

Moyo, Dambisa (2009) *Dead Aid: Why Aid is Not Working and How There is a Better Way for Africa* (New York: Farrar, Straus & Giroux).

Nathan, Otto, and Heinz Norden (eds) (1960) *Einstein on Peace* (New York: Simon & Schuster).

Nederveen Pieterse, Jan (2013) 'What is Global Studies?' in *Globalizations* 10:4, pp. 499–514.

Nederveen Pieterse, Jan (2015) *Globalization and Culture: Global Mélange*, 3rd edn (Lanham, MD: Rowman & Littlefield).

Nielsen, Sara Trab (2010) 'Coastal Livelihoods and Climate Change', in Dorte Verner (ed.) *Reducing Poverty, Protecting Livelihoods, and Building Assets in a Changing Climate: Social Implications of Climate Change for Latin America and the Caribbean* (Washington DC: World Bank).

Nongbri, Brent (2013) *Before Religion: A History of a Modern Concept* (New Haven, CT: Yale University Press).

Nye, Joseph S. (1970) 'Comparing Common Markets: A Revised Neofunctionalist Model', in *International Organization*, 24:4, Autumn, pp. 796–835.

Nye, Joseph S. (2004) *Soft Power: The Means to Success in World Politics* (New York: Public Affairs).

Nye, Joseph S. (2015) *Is the American Century Over?* (Cambridge: Polity Press).

O'Connell, Mary Ellen (ed.) (2012) *What is War? An Investigation in the Wake of 9/11* (Leiden: Martinus Nijhoff Publishers).

Olivier, Jos, and Jeroen Peters (2020) *Trends in Global CO2 and Total Greenhouse Gas Emissions: 2020 Report* (The Hague: Netherlands Environmental Assessment Agency).

Organization for Economic Cooperation and Development (2015) *OECD Reviews of Health Care Quality: Japan 2015. Raising Standards* (Paris: OECD).

O'Neill, Jim (2001) 'Building Better Global Economic BRICs'. Global Economics Paper No. 66, Goldman Sachs, 30 November.

Ostrom, Elinor (1990) *Governing the Commons: The Evolution of Institutions for Collective Action* (Cambridge: Cambridge University Press).

Overy, Richard (2017) *The Origins of the Second World War*, 4th edn (Abingdon: Routledge).

Oxfam International (2018) *Reward Work, Not Wealth* (Oxford: Oxfam).

Pan, Christoph, and Beate Sibylle Pfeil (2004) *National Minorities in Europe* (West Lafayette, IN: Purdue University Press).

Park, Susan (2018) *International Organizations and Global Problems: Theories and Explanations* (Cambridge: Cambridge University Press).

Peake, Stephen (ed.) (2018) *Renewable Energy: Power for a Sustainable Future*, 4th edn (Oxford: Oxford University Press).

Pedersen, Susan (2015) *The Guardians: The League of Nations and the Crisis of Empire* (Oxford: Oxford University Press).

Pew Research Center (2015) 'The Future of World Religions: Population Growth Projections, 2010–2050', 2 April, at http://www.pewforum.org (retrieved May 2021).

Pew Research Center (2017a) 'Christians Remain World's Largest Religious Group, But They Are Declining in Europe' 5 April, at https://www.pewresearch.org. Retrieved May 2021.

Pew Research Center (2017b) 'The Changing Global Religious Landscape', 5 April, at http://www.pewforum.org. Retrieved May 2021.

Pew Research Center (2019) 'The Global Divide on Homosexuality Persists', at https://www.pewresearch.org/global. Retrieved May 2021.

Pew Research Center (2020) 'The Global God Divide', at https://www.pewresearch.org/global/2020/07/20/the-global-god-divide. Retrieved May 2021.

Phelps, James R., Jeffrey Dailey, and Monica Koenigsberg (2018) *Border Security* (Durham, NC: Carolina Academic Press).

Podesta, John (2019) 'The Climate Crisis, Migration, and Refugees', Policy Briefing (Washington DC: Brookings Institution).

Pozzer, Andrea, Francesca Dominici, Andy Haines, Christian Witt, Thomas Münzel, and Jos Lelieveld (2020) 'Regional and Global Contributions of Air Pollution to Risk of Death From COVID-19', in *Cardiovascular Research* 116:14, 1 December, pp. 2247–53.

Prendergast, Mark (1993) *For God, Country and Coca-Cola* (New York: Scribner's).

Primoratz, Igor, and Aleksandar Pavković (eds) (2007) *Patriotism: Philosophical and Political Perspectives* (Aldershot: Ashgate).

Redden, Elizabeth (2018) 'Global Attack on Gender Studies', in *Inside Higher Ed*, 5 December.

Reimann, Kim D. (2006) 'A View from the Top: International Politics, Norms and the Worldwide Growth of NGOs', in *International Studies Quarterly* 50:1, March, pp. 45–67.

Repucci, Sarah (2019) 'Media Freedom: A Downward Spiral', in Freedom House, *Freedom in the World 2019* (New York: Freedom House).

Robertson, Roland (1992) *Globalization: Social Theory and Global Culture* (London: Sage).

Robins, Nick (2012) *The Corporation That Changed the World: How the East India Company Shaped the Modern Multinational*, 2nd edn (London: Pluto Press).

Rosenboim, Or (2017) 'Globalism and Nationalism: Why Interconnectedness Does Not Threaten Sovereignty', in *Foreign Affairs*, 10 July.

Sacerdoti, Giorgio (2017) 'The WTO Dispute Settlement System', in Manfred Elsig, Bernard Hoekman, and Joost Pauwelyn (eds) *Assessing the World Trade Organization: Fit for Purpose?* (Cambridge: Cambridge University Press).

Sagan, Carl (1996) *The Demon-Haunted World: Science as a Candle in the Dark* (New York: Ballantine).

Salamah, Mohammed Bani (2017) 'The World Bank and International Monetary Fund as Mechanism of Western Domination: Historical and Contemporary Analysis', in *Arab Journal for Arts* 14:2, pp. 923–44.

Sassen, Saskia (2005) 'The Global City: Introducing a Concept', in *Brown Journal of World Affairs* 11:2, Winter/Spring, pp. 27–43.

Sayle, Timothy Andrews (2019) *Enduring Alliance: A History of NATO and the Postwar Global Order* (Ithaca, NJ: Cornell University Press).

Schwab, Klaus (2016) *The Fourth Industrial Revolution* (New York: Crown).

Selin, Henrik (2014) 'Global Environmental Law and Treaty-Making on Hazardous Substances: The Minamata Convention and Mercury Abatement', in *Global Environmental Politics* 14:1, February, pp. 1–19.

Shamshad, Rizwana (2017) *Bangladeshi Migrants in India: Foreigners, Refugees, or Infiltrators?* (New Delhi: Oxford University Press).

Sharpe, Eric J. (1983) *Understanding Religion* (New York: St Martin's).

Shaw, Malcolm N. (2021) *International Law*, 9th edn (Cambridge: Cambridge University Press).

Shirani, Fiona, Catherine Butler, Karen Henwood, Karen Parkhill, and Nick Pidgeon (2015) '"I'm Not a Tree Hugger, I'm Just Like You". Changing Perceptions of Sustainable Lifestyles', in *Environmental Politics* 24:1, pp. 57–74.

Simons, Gary F., and Charles D. Fennig (eds.) (2020) *Ethnologue: Languages of the World*, 23rd edn (Dallas, TX: SIL International).

Skovgaard-Smith, Irene (2017) 'The Complex World of the Global Citizen', on *BBC Capital*, 10 November.

Slaughter, Anne-Marie (2011) 'War and Law in the 21st Century: Adapting to the Changing Face of Conflict', in *Europe's World* 19, Autumn, pp. 32–37.

Spinney, Laura (2017) *Pale Rider: The Spanish Flu of 1918 and How it Changed the World* (London: Jonathan Cape).

Spracklen, Karl (2016) *Making the Moral Case for Social Sciences: Stemming the Tide* (London: Palgrave).

Srinivasan, Ramesh (2017) *Whose Global Village? Rethinking how Technology Shapes our World* (New York: New York University Press).

Stearns, Peter N. (ed.) (2013) *Demilitarization in the Contemporary World (Urbana, IL: University of Illinois Press).*

Sterri, Aksel Braanen (ed.) (2014) *Global Citizen: Challenges and Responsibility in an Interconnected World* (Rotterdam: Sense).

Stevens, Harry (2017) 'Let's Talk about Racism – India is Open to Foreigners if They Are White', in *Hindustan Times*, 24 May.

Stiglitz, Joseph (2011) 'Of the 1%, by the 1%, for the 1%', in *Vanity Fair*, May.

Stiglitz, Joseph E. (2018) *Globalization and its Discontents Revisited: Anti-Globalization in the Era of Trump* (New York: W. W. Norton).

Stockholm International Peace Research Institute (2020). Military Expenditure Database, at https://www.sipri.org. Retrieved May 2021.

Stokes, Bruce (2017) 'What it Truly Takes to be "One of Us"'. Pew Research Center poll, 1 February.

Sultana, Farhana, and Alex Loftus (eds) (2012) *The Right to Water: Politics, Governance and Social Struggles* (Abingdon: Earthscan).

Sussman, Robert Wald (2014) *The Myth of Race: The Troubling Persistence of an Unscientific Idea* (Harvard, MA: Harvard University Press).

Thomas, Hugh (1999) *The Slave Trade: The Story of the Atlantic Slave Trade 1440–1870* (New York: Simon and Schuster).

Thompson, Janna (2009) *Intergenerational Justice: Rights and Responsibilities in an Intergenerational Polity* (Abingdon: Routledge).

Tickner, Arlene B., and Karen Smith (eds) (2020) *International Relations from the Global South* (Abingdon: Routledge).

Todaro, Michael P., and Stephen C. Smith (2016) *Economic Development*, 12th edn (Boston, MA: Pearson).

Traphagan, John W. (2015) 'The Japanese Government's Attack on the Humanities and Social Sciences', in *The Diplomat*, 26 September.

Treves, Tullio (2015) 'Historical Development of the Law of the Sea', in Donald Rothwell, Alex Oude Elferink, Karen Scott, and Tim Stephens (eds) *The Oxford Handbook of the Law of the Sea* (Oxford: Oxford University Press).

UN Women (2020) Global Database on Violence Against Women, at https://evaw-global-database.unwomen.org. Retrieved May 2021.

Union of International Associations (various years) *Yearbook of International Organizations*, at UIA website at https://www.uia.org. Retrieved May 2021.

United Nations (2015) *The Millennium Development Goals Report* (New York: United Nations).

United Nations (2021) Universal Declaration of Human Rights, at https://www.un.org/en/about-us/universal-declaration-of-human-rights. Retrieved May 2021.

United Nations Conference on Trade and Development (2020) *World Investment Report 2020* (Geneva: UNCTAD).

United Nations Department of Economic and Social Affairs (2020) *World Social Report 2020* (New York: United Nations).

United Nations Department of Economic and Social Affairs (2021). Sustainable Development Goals, at https://sdgs.un.org. Retrieved May 2021.

United Nations Development Programme (1994) *Human Development Report 1994* (Oxford: Oxford University Press).

United Nations Development Programme (2020) *Human Development Report 2019*, at http://hdr.undp.org/en/2019-report. Retrieved May 2021.

United Nations Educational, Scientific and Cultural Organization (1969) 'Four Statements on the Race Question' (Paris: UNESCO).

United Nations Educational, Scientific and Cultural Organization (2020) Institute for Statistics: Global Flow of Tertiary-Level Students, at http://uis.unesco.org. Retrieved May 2021.

United Nations Environment Programme (2020) *Emissions Gap Report 2020* (Nairobi: UNEP).

United Nations Environment Programme (2021) at http://web.unep.org/about. Retrieved May 2021.

United Nations High Commissioner for Refugees (2020) *Global Trends: Forced Displacement in 2019*, at http://www.unhcr.org. Retrieved May 2021.

United Nations High Commissioner for Refugees (2021) at http://www.unhcr.org. Retrieved May 2021.

United Nations Population Division (2019) *Trends in International Migrant Stock: The 2019 Revision* (New York: UN Department of Economic and Social Affairs, Population Division).

United Nations Population Division (2020) *World Population Prospects 2019*, at https://population.un.org/wpp. Retrieved May 2021.

United States Census Bureau (2021) at https://www.census.gov. Retrieved May 2021.

United States National Oceanic and Atmospheric Administration (2021) at http://www.noaa.gov. Retrieved May 2021.

Van den Bossche, Peter, and Denise Prévost (2016) *Essentials of WTO Law* (Cambridge: Cambridge University Press).

Vosoughi, Soroush, Deb Roy, and Sinan Aral (2018) 'The Spread of True and False News Online' in *Science* 359:6380, 9 March, pp. 1146–51.

Walt, Stephen M. (2019) 'You Can't Defeat Nationalism, So Stop Trying', in *Foreign Policy*, 4 June.

Walter, Barbara F. (2017) 'The New Civil Wars' in *Annual Review of Political Science* 20, pp. 469–86.

Walzer, Michael (2004) 'After 9/11: Five Questions about Terrorism', in *Arguing About War* (New Haven, CT: Yale University Press).

Walzer, Michael (2015) *Just and Unjust Wars: A Moral Argument with Historical Illustrations*, 5th edn (New York: Basic Books).

Webster, Paul, and Jason Burke (2012) 'How the Rise of the Megacity is Changing the Way we Live', in *The Observer*, 21 January.

Weinar, Agnieszka, Saskia Bonjour, and Lyubov Zhyznomirska (eds) (2019) *The Routledge Handbook of the Politics of Migration in Europe* (Abingdon: Routledge).

Weiss, Jessica Chen (2020) 'China's Self-Defeating Nationalism: Brazen Diplomacy and Rhetorical Bluster Undercut Beijing's Influence' in *Foreign Affairs*, 16 July.

Weiss, Thomas (2013) *Global Governance: Why? What? Whither?* (Cambridge: Polity Press).

Wiesner-Hanks, Merry E. (2013) *Early Modern Europe, 1450–1789* (Cambridge: Cambridge University Press).

Wilson, E. O. (2003) *The Future of Life* (New York: Vintage).

Wilson, E. O. (2007) 'My Wish: Build the Encyclopaedia of Life'. Speech at acceptance of TED Prize, March, at https://www.ted.com/talks/e_o_wilson_on_saving_life_on_earth/transcript?language=en. Retrieved May 2021.

Woodward, Kath (2014) *Social Sciences: The Big Issues*, 2nd edn (Abingdon: Routledge).

Woodward, Richard (2009) *The Organisation for Economic Co-operation and Development* (Abingdon: Routledge).

World Bank (2017) 'Migration and Remittances: Recent Developments and Outlook'. Migration and Development Brief 27, at http://pubdocs.worldbank.org. Retrieved May 2021.

World Bank (2020) 'COVID-19 Crisis Through a Migration Lens'. Migration and Development Brief 33, at https://www.knomad.org. Retrieved May 2021.

World Bank Economic Indicators (2021) at https://data.worldbank.org/indicator. Retrieved May 2021.

World Economic Forum (2020) *The Global Gender Gap Report 2020* (Geneva: World Economic Forum).
World Health Organization (2018). Factsheet on non-communicable diseases, at https://www.who.int/news-room/fact-sheets/detail/noncommunicable-diseases. Retrieved February 2021.
World Health Organization (2019) Drinking-Water Fact Sheet, at https://www.who.int/news-room/fact-sheets/detail/drinking-water. Retrieved May 2021.
World Health Organization (2020a) Obesity and Overweight Fact Sheet, at https://www.who.int/news-room/fact-sheets/detail/obesity-and-overweight. Retrieved May 2021.
World Health Organization (2020b). Data on Air Pollution and Human Health, at https://www.who.int . Retrieved May 2021.
World Health Organization (2020c) Global Health Estimates, at https://www.who.int/data/global-health-estimates. Retrieved May 2021.
World Health Organization (2021a) Gender and health, at https://www.who.int/health-topics/gender#tab=tab_1. Retrieved May 2021.
World Health Organization (2021b) at http://www.who.int. Retrieved May 2021.
World Health Organization (2021c) Fact Sheets on Infectious Diseases, at http://www.who.int/topics/infectious_diseases/factsheets/en. Retrieved May 2021.
World Health Organization (2021d). WHO Coronavirus Disease (COVID-19) Dashboard, at https://covid19.who.int. Retrieved May 2021.
World Health Organization and other UN bodies (2020) 'Managing the COVID-19 Infodemic: Promoting Healthy Behaviours and Mitigating the Harm From Misinformation and Disinformation'. Joint statement, 23 September, at https://www.who.int/news. Retrieved May 2021.
World Resources Institute (2021a) Climate Watch, at https://www.climatewatchdata.org/ghg-emissions. Retrieved May 2021.
World Resources Institute (2021b) Global Forest Watch, at https://www.wri.org/our-work/project/global-forest-watch. Retrieved May 2021.
World Tourism Organization (2020a) *Tourism Highlights: 2019 Edition* (Madrid: WTO).
World Tourism Organization (2020b) 'International Tourist Numbers Down 65% in First Half of 2020, UNWTO Reports', 15 September, at https;//www.unwto.org/news. Retrieved May 2021.
World Tourism Organization (2021) at http://www2.unwto.org. Retrieved May 2021.
World Trade Organization (2020a) at https://data.wto.org. Retrieved May 2021.
World Trade Organization (2020b) 'Trade Shows Signs of Rebound From COVID-19, Recovery Still Uncertain'. Press release 862, 6 October.
World Trade Organization (2020c) *World Trade Statistical Review 2020*, at https://www.wto.org/english/res_e/statis_e/wts2020_e/wts20_toc_e.htm. Retrieved May 2021.
World Travel and Tourism Council (2020) Economic Impact Reports, at https://wttc.org/Research/Economic-Impact. Retrieved May 2021.
Wydick, Bruce (2016) 'Ten Reasons Fair-Trade Coffee Doesn't Work'. Blog at *Huffington Post*, http://www.huffingtonpost.com, 7 August. Retrieved May 2021.
Yardley, Jim (2013) 'Repot on Deadly Factory Collapse in Bangladesh Finds Widespread Blame', in *New York Times*, 22 May.
Youde, Jeremy (2018) *Global Health Governance in International Society* (Oxford: Oxford University Press).
YouGov (2019) Survey of public opinion on climate change, 16 September, at https://today.yougov.com.
Young, Oran R. (2002) *The Institutional Dimensions of Environmental Change: Fit, Interplay, and Scale* (Cambridge, MA: MIT Press).
Yunus, Muhammad (2007) *Banker to the Poor: Micro-Lending and the Battle Against World Poverty* (New York: Perseus).
Zakaria, Fareed (2020) *Ten Lessons for a Post-Pandemic World* (New York: W. W. Norton),
Zalasiewicz, Jan, Mark Williams, Will Steffen, and Paul Crutzen (2010) 'The New World of the Anthropocene', in *Environmental Science and Technology* 44:7, 1 April, pp. 2228–31.
Zartman, I. William, Paul Meertz, and Mordechai Melamud (eds) (2014) *Banning the Bang or the Bomb? Negotiating the Nuclear Test Ban Regime* (Cambridge: Cambridge University Press).

찾아보기

저자소개

존 맥코믹(John McCormick)

로즈대학교 역사 및 저널리즘 전공
런던대 석사(환경연구)
인디애나대 정치학 박사

현 인디애나대 인디애나폴리스 캠퍼스 정치학과 교수

유럽연합정치 장모네의장
유럽대학 EU-미국관계 분야 풀브라이트-슈만 의장 역임

연구분야

비교정치, 글로벌연구, 유럽연합, 환경정치 등

주요 서적

Understanding the European Union, 8th edition (Red Globe Press)
Cases in Comparative Government and Politics (Red Globe Press)
Contemporary Britain, 4th edition (Palgrave Macmillan)
Environmental Politics and Policy (Palgrave Macmillan)
Understanding the European Union, 7th edition (Palgrave Macmillan)
Comparative Government and Politics, 12th edition (with Rod Hague and Martin Harrop) (Bloomsbury Academic)
European Union Politics, 2nd edition (Palgrave Macmillan)
The European Union: Politics and Policies, 5th edition (Westview Press)
Why Europe Matters: The Case for the European Union (Palgrave Macmillan)
Comparative Politics in Transition, 7th edition (Wadsworth/Cengage)
Europeanism (Oxford University Press)
The European Superpower (Palgrave Macmillan)
Environmental Policy in the European Union (Palgrave Macmillan) 외 다수

역자소개

김계동 (kipoxon@hanmail.net • 서론, 1, 6, 8장 번역)

연세대 정치외교학과 졸업
영국 옥스퍼드대 정치학 박사

현 건국대 안보·재난관리학과 초빙교수
  외교부 국립외교원 명예교수
  군사편찬연구소 자문위원

연세대 국가관리연구원 교수
국가정보대학원 교수(교수실장)
한국국방연구원 연구위원
한국전쟁학회 회장/한국정치학회 부회장/국가정보학회 부회장/국제정치학회 이사
국가안보회의(NSC)/민주평통 자문회의/국군기무사 자문위원
연세대, 고려대, 경희대, 성신여대, 국민대, 숭실대, 숙명여대, 동국대, 통일교육원 강사 역임

주요논저

Foreign Intervention in Korea (Dartmouth Pub-lishing Company)
『남북한 체제통합론: 이론, 역사, 정책, 경험, 제2판』(명인문화사)
『북한의 외교정책과 대외관계: 협상과 도전의 전략적 선택』(명인문화사)
『한반도 분단, 누구의 책임인가?』(명인문화사)
『한국전쟁, 불가피한 선택이였나』(명인문화사)
『현대유럽정치론: 정치의 통합과 통합의 정치』(서울대학교출판부)
『현대외교정책론, 제4판』(공저, 명인문화사)
『현대 한미관계의 이해』(공저, 명인문화사)
『한국정치와 정부』(공저, 명인문화사)
『국가정보학개론: 제도, 활동, 분석』(역서, 명인문화사)
『국가정보: 비밀에서 정책까지』(역서, 명인문화사)
『국제관계와 세계정치』(역서, 명인문화사)
『동북아 정치』(역서, 명인문화사)
『정치학의 이해』(역서, 명인문화사)
『현대 유럽의 이해』(역서, 명인문화사) 외 다수

김동성 (dskim@gri.re.kr • 2, 4, 5, 11, 13장 번역)

서울대 독어독문학과 졸업
미국 메릴랜드주립대 국제정치학 박사

현 경기연구원 선임연구위원
　대한민국 시도지사협의회 남북협력자문위원회 위원

경기연구원 균형발전본부장/북부연구센터장/기획조정실장/통일동북아연구센터장 역임

주요 논저

『한반도 동맹구조와 한국의 신대외전략』(한울 아카데미)
『동북아시아 국제질서의 변화와 대응』(경기연구원)
『남북교류협력과 경기도』(공저, 경기연구원) 외 다수

김현경 (fhin2021@gmail.com • 3, 7, 9, 10, 12장 번역)

고려대 정치외교학과 졸업
미국 컬럼비아(Columbia)대 정치학 석·박사

현 경희대 종교시민문화연구소 선임연구원

고려대 평화와민주주의연구소 및 일민국제관계연구원 연구교수
연세대 북한연구원(현 통일연구원) 전문연구원, 경희대 객원교수 역임

주요 논저

『촛불 이후, 한국 복지국가의 길을 묻다』(공저, 한울아카데미)
"From a Dualized Labor Market to a Dualized Welfare State: Employment Insecurity and Welfare State Development in South Korea" (*International Area Studies Review*)
"Korean Workers' Employment Status and Its Effects on Job Security and Social Policy Preferences" (한국사회)
"경제통합은 고용불안정성을 높이는가?: OECD 국가군의 고용보호법제를 통해 본 노동시장유연성의 결정요인분석" (국제정치논총)
"한국의 최저임금 결정 과정과 사회·정치적 기반의 분석: 문재인 정부의 최저임금정책을 중심으로" (세계지역연구논총) 외 다수

명인문화사 정치학 관련 서적

정치학 분야

정치학의 이해
Roskin 외 지음 / 김계동 옮김

정치학개론: 권력과 선택, 15판
Shively 지음 / 김계동, 민병오, 윤진표, 이유진, 최동주 옮김

비교정부와 정치, 제12판
McCormick, Hague, Harrop 지음 / 김계동, 민병오, 서재권, 이유진, 이준한 옮김

정치이론 Heywood 지음 / 권만학 옮김

정치학방법론 Burnham 외 지음 / 김계동 외 옮김

정치 이데올로기: 이론과 실제
Baradat 지음 / 권만학 옮김

민주주의국가이론
Dryzek, Dunleavy 지음/ 김욱 옮김

사회주의 Lamb 지음 / 김유원 옮김

자본주의 Coates 지음 / 심양섭 옮김

신자유주의 Cahill, Konings 지음 / 최영미 옮김

정치사회학 Clemens 지음 / 박기덕 옮김

복지국가: 이론, 사례, 정책 정진화 지음

시민사회, 제3판 Edwards 지음, 서유경 옮김

포커스그룹: 응용조사 실행방법
Krueger, Casey 지음 / 민병오, 조대현 옮김

문화로 읽는 세계 Gannon, Pillai 지음 / 남경희 외 옮김

거버넌스의 정치학: 한국정치의 새로운 패러다임 모색
김의영 지음

한국현대사의 재조명 한국전쟁학회 편

성공하는 리더십의 조건 Keohane지음 / 심양섭 외 옮김

여성, 권력과 정치 Stevens 지음 / 김영신 옮김

국제관계 분야

국제관계와 세계정치 Heywood 지음 / 김계동 옮김

국제정치경제 Balaam, Dillman 지음 / 민병오 외 옮김

국제관계이론 Daddow 지음 / 이상현 옮김

국제개발: 사회경제이론, 유산, 전략
Lanoszka 지음 / 김태균, 문경연, 송영훈, 최규빈, 김보경 옮김

국제기구의 이해: 글로벌 거버넌스의 정치와 과정, 제3판
Karns, Mingst, Stiles 지음 / 김계동, 김현욱 외 옮김

현대외교정책론, 제4판
김계동, 김태환, 김태효, 김현, 마상윤, 서정건, 신범식 외 지음

외교: 원리와 실제 Berridge 지음 / 심양섭 옮김

공공외교의 이해 김병호, 마영삼, 손선홍, 연상모 외 지음

세계화와 글로벌 이슈, 제6판
Snarr 외 지음 / 김계동, 민병오, 박영호, 차재권, 최영미 옮김

세계화의 논쟁: 국제관계 접근에서의 찬성과 반대논리, 제2판 Haas, Hird 엮음 / 이상현 옮김

세계무역기구: 법, 경제,정치 Hoekman 외 지음 / 김치욱 옮김

현대 한미관계의 이해 김계동, 김준형, 박태균 외 지음

현대 북러관계의 이해 박종수 지음

중국의 외교정책과 대외관계
Shambaugh 편저 / 김지용, 서윤정 옮김

신국제질서와 한국외교전략 김상배, 김흥규, 박재적 외 지음

갈등과 공존의 인도·태평양: 각국의 인태전략 황재호 편

글로벌 환경정치와 정책 Chasek 외 지음 / 이유진 옮김

지구환경정치: 형성, 변화, 도전 신상범 지음

기후변화와 도시: 감축과 적응 이태동 지음

기후변화 정치: 기후변화 국제규범의 국내 정치적 변환
정하윤 지음

핵무기의 정치 Futter 지음 / 고봉준 옮김

비핵화의 정치 전봉근 지음

비정부기구의 이해, 제2판 Lewis 외 지음 / 이유진 옮김

한국의 중견국 외교 손열, 김상배, 이승주 외 지음

지역정치 분야

동아시아 국제관계
McDougall 지음 / 박기덕 옮김

동북아 정치: 변화와 지속 Lim 지음 / 김계동 옮김

일본정치론 이가라시 아키오 지음 / 김두승 옮김

현대 중국의 이해, 제3판
Brown 지음 / 김흥규 옮김

현대 미국의 이해
Duncan, Goddard 지음 / 민병오 옮김

현대 러시아의 이해 Bacan 지음 / 김진영 외 옮김

현대 일본의 이해 McCargo 지음 / 이승주, 한의석 옮김

현대 유럽의 이해 Outhwaite 지음 / 김계동 옮김

현대 동남아의 이해, 제2판 윤진표 지음

현대 아프리카의 이해
Graham 지음 / 김성수 옮김

현대동아시아의 이해 Kaup 편 / 민병오, 김영신 외 옮김

미국외교는 도덕적인가: 루스벨트부터 트럼프까지
Nye 지음 / 황재호 옮김

미국정치와 정부 Bowles, McMahon 지음 / 김욱 옮김

한국정치와 정부 김계동, 김욱, 박명호, 박재욱 외 지음

대변동의 미국정치, 한국정치: 비유와 투영
정진민, 임성호, 이현우, 서정건 편

일본의 정치체제와 제도 한의석 지음

세계질서의 미래 Acharya 지음 / 마상윤 옮김

일대일로의 국제정치 이승주 편

중일관계 Pugliese, Insisa 지음 / 최은봉 옮김

북한, 남북한 관계 분야

북한의 외교정책과 대외관계: 협상과 도전의 전략적 선택
김계동 지음

북한의 체제와 정책: 김정은시대의 변화와 지속
체제통합연구회 편

북한의 통치체제: 지배구조와 사회통제 안희창 지음

북한행정사 홍승원 지음

남북한 체제통합론: 이론 · 역사 · 경험 · 정책 , 제2판
김계동 지음

한반도 평화: 분단과 통일의 현실 이해 김학성 지음

한국전쟁, 불가피한 선택이었나 김계동 지음

한반도 분단, 누구의 책임인가? 김계동 지음

한류, 통일의 바람 강동완, 박정란 지음

안보, 정보 분야

국가정보학개론: 제도, 활동, 분석
Acuff 외 지음 / 김계동 옮김

국제안보의 이해: 이론과 실제
Hough, Malik, Moran, Pilbeam 지음 / 고봉준, 김지용 옮김

국제분쟁관리
Greig, Owsiak, Diehl 지음 / 김용민, 김지용 옮김

사이버안보: 사이버공간에서의 정치, 거버넌스, 분쟁
Puyvelde, Brantly 지음 / 이상현, 신소현, 심상민 옮김

전쟁과 평화 Barash, Webel 지음 / 송승종, 유재현 옮김

국제안보: 쟁점과 해결 Morgan 지음 / 민병오 옮김

전쟁: 목적과 수단 Codevilla 외 지음 / 김양명 옮김

국가정보: 비밀에서 정책까지 Lowenthal 지음 / 김계동 옮김

국가정보의 이해: 소리없는 전쟁
Shulsky, Schmitt 지음/ 신유섭 옮김

테러리즘: 개념과 쟁점 Martin 지음 / 김계동 외 옮김